LAW SCHOOL

2권 핵심주제 및 기출문제편

합격생이 추천하는

이민철 로스쿨 면접

이민철 편저

메가로스쿨
성공을 위한 러닝 메이트

박영사

　　법무부의 학교별 변호사시험 합격률 공개에 따른 로스쿨 서열화로, 법학전문대학원은 법학수학 능력을 갖춘 신입생을 선발하기 위해 서류심사 및 면접고사 등 정성평가요소를 강화해가고 있는 추세입니다. 대학들이 입시요강에서 밝히고 있듯이 면접고사는 법률가로서의 자질 및 법학수학능력을 평가하는 시험입니다. 법학전문대학원에서 신입생 선발 시 법학수학능력을 가장 중요하게 본다는 점을 고려할 때, 면접준비도 여기에 초점을 맞춰 준비할 필요가 있습니다. 본서는 수험생들이 심층면접에서 좋은 결과를 거둘 수 있도록, 법학전문대학원에서 면접문제 출제 및 평가위원으로 신입생을 선발했던 경험과 메가로스쿨에서 면접강의를 하면서 체득한 교수법을 바탕으로 면접서를 출간하였습니다.

　　본서는 총 2권으로 구성되어 있습니다. 1권은 면접시험을 준비하기 위해 반드시 알아야 할 기본이론을 관련 판례와 함께 정리하여 수험생들이 체계적으로 법이론을 공부해 나갈 수 있도록 구성하였습니다. 그리고 면접시험에서 가장 많이 출제되는 '기본권'을 중심으로 법철학, 형사법, 민사법, 국제법 등 면접에서 출제되는 법학 분야 기본이론을 정리해 두었습니다. 2권은 핵심주제와 최근 5개년 기출문제를 담았습니다. 핵심주제를 선정하기 위해 2009년도부터 2023년도까지 출제된 면접문제를 하나도 빠짐없이 분석하였으며, 시의성과 출제가능성을 고려하여 핵심주제를 선정하였습니다. 110개의 핵심주제 중 기본이론서에 충분한 설명이 있는 경우에는 핵심주제 관련 기출문제만 수록하였고, 핵심주제 관련해서 보충할 내용이 있는 경우에는 참고자료와 관련 판례를 추가하였습니다.

수험생 여러분들이 기본이론을 숙지하고, 관련 판례를 통해 헌법재판소 재판관과 대법관들의 법논리를 익힌 후, 진도에 맞춰 엄선된 기출문제를 열심히 풀어보면, 여러분들은 로스쿨 심층면접에 충분히 대비한 자신의 모습을 발견하게 될 것입니다. 수험생 여러분 모두 내년에는 로스쿨에서 법조인의 꿈을 향해 나아가는 법학도가 되기를 진심으로 바랍니다.

본서를 마무리하기까지 2년여 시간이 걸렸습니다. 짧지 않은 기간 동안 묵묵히 곁을 지키며 응원해준 사랑하는 아내에게 고마움을 전합니다. 또한 본서가 나오기까지 집필을 독려해 주신 메가로스쿨 정동수 부원장님께 감사드리며, 본서의 출간을 위해 힘써주신 박영사 조성호 이사님, 김선민 이사님과 김경수 과장님께도 감사의 말씀 전합니다.

2023. 8.

이민철

CONTENTS
| 차례

CONTENTS
| 차례

5개년 기출문제

합격생이 추천하는
이민철
로스쿨 면접

핵심주제

다음 제시문을 읽고 문제에 답하시오.

2021 경희대

제시문 A

1932년부터 40년 동안 미국 정부는 앨라배마주의 터스키지에서 매독을 무료로 치료해주겠다는 광고를 보고 찾아온 흑인 매독 환자들을 대상으로 치료제를 투여하지 않은 채 이들을 관찰만 하는 실험을 수행하였다. 이 때문에 수백 명의 흑인들이 매독을 걸린 채 비참한 삶을 살게 되었으며, 이 중 28명은 매독으로 사망하였다. 게다가 터스키지의 실험결과가 발표된 후 흑인이 매독에 걸리기 쉬운 열등한 인종이라는 인종차별적 인식이 확산되기도 하였다. 1997년 당시 미국 대통령 빌 클린턴은 소위 터스키지 매독 실험 사건의 피해자와 가족들에게 공식적으로 사과하였다. 클린턴은 한 개인으로서 사과한 것이 아니라 미국 국민을 대표하는 대통령으로서 사과한 것이다. 이런 사례는 역사 속에서 드물지 않게 찾아볼 수 있다. 나치의 전쟁범죄에 대한 독일 정치 지도자들의 사과도 이러한 경우이다.

제시문 B

도덕적 책임에 관한 '자유주의(liberalism)'라고 불릴 수 있는 입장에 의하면 도덕적 책임을 발생시키는 주체는 오직 개인일 뿐 그 개인이 속한 집단이 될 수 없다. 개인은 스스로 자발적으로 행한 행위에 대해서만 도덕적 책임을 지는 것이다. 개인에게 부과할 수 있는 도덕적 의무가 있다면 그것은 오직 그 개인 스스로가 명시적이든 암묵적이든 자발적으로 합의한 결과여야만 한다. 그 누구도 자신의 의지로 하지 않은 일 때문에 도덕적 책임을 져서는 안 된다. 물론 우리는 동료 시민이나 조상들이 범한 악행에 대해서 같은 공동체에 속한 시민으로서 피해자들에게 유감을 표명할 수는 있다. 그러나 이러한 유감 표명에 가치를 부여한다면 그것은 오직 실용적인 이유 때문일 것이다.

제시문 C

도덕적 책임에 관해서 '공동체주의(communitarianism)'라고 흔히 불리는 입장에 의하면 개인이 속한 공동체도 도덕적 책임을 발생시킬 수 있다. 도덕적 주체로서 개인은 합리적 이성, 자발적 판단과 행위 능력만으로 구성된 무개성의 자아가 아니다. 각자가 가지고 있는 도덕적 주체로서의 정체성은 그가 속한 공동체의 역사와 분리될 수 없다. 한 명의 개인은 누군가의 아버지이거나, 어머니이거나, 자녀이다. 그는 또한 특정 국가의 시민이고, 이웃들과 교류하고 있다. 그리고 각자는 자신이 속한 공동체의 역사와 문화, 가치관 등을 다른 구성원들과 공유한다. 이러한 사실들은 모두 도덕적 주체의 구체적 특수성을 규정한다. 이 때문에 각 개인은 단순히 자신이 합의한 원칙이나 스스로가 행한 행위들에 대해서만 도덕적 책임을 지는 것이 아니라, 그가 속한 공동체의 역사 속에서 이루어진 합의와 행위의 결과에 대해서도 연대 책임을 진다.

제시문 D

고대의 어떤 도덕 학파에서 이상적으로 여기는 한 성인(聖人)에게 누군가 다음과 같이 물었다. "만일 당신의 가족 중 한 사람과 이름 모를 외국인 한 사람이 사고로 동일한 피해를 입었다고 합시다. 당신은 이들 중 한 사람만 구제할 수 있습니다. 어느 쪽을 돕는 것이 도덕적으로 더 올바른 일입니까?" 성인은 말했다. "둘 다 도덕적으로 동등하게 선한 일이다. 내 가족의 고통에 대해서 내가 더 가슴 아파하고, 내 가족을 우선하여 도우려는 욕구는 자연스러운 인간의 본성이다. 그러나 그것은 도덕적인 평가의 대상이 될 수 없다." 내(화자)가 보기에 이 성인의 견해에는 도덕적으로 뭔가 심각한 결함이 있는 것으로 보인다. 내 가족이나 이웃, 또는 동료 시민을 이름 모를 외국인보다 우선하지 않고 동등하게 대하는 사람이 있다면 내가 보기에 이런 사람은 마땅히 해야 할 일을 외면하고 있는 것이다.

문제

1. [A]에서 한 미국 국민이 "터스키지의 만행에 동의하거나 참여한 적도 없는데 왜 클린턴은 날 대표해서 사과를 하는가?" 라고 항의하였다면, [B]와 [C]의 입장에서 이러한 항의에 대해 어떤 평가를 할 수 있는지를 설명하시오. (40점)
2. [D]에서 '성인'과 '화자' 사이에 견해가 충돌하는 원인을 설명하고, '성인'의 입장에 대한 본인의 견해를 밝혀 보시오. (60점)

관련내용: 제3장 법의 이념

핵심이론 자유주의 vs. 공동체주의

자유주의와 공동체주의는 서로 다른 지적 전통을 형성해가면서 이어져 오다 두 입장이 새롭게 맞서게 된 것은 1980년대 들어서다. 칸트의 전통을 이어받아 도덕성을 지닌 자유주의를 확립한 롤스(John Rawls)가 「정의론」을 출판한 이래 이에 대한 공동체주의자들의 비판과 대안이 제시되었다. 로크의 생각을 극단적으로 발전시킨 노직(Robert Nozick)과 달리 롤스는 "불평등은 사회의 가장 취약한 계급의 이익을 최대화하는 수준까지 허용된다"는 차등의 원칙을 통해 필요한 한도 내에서 재분배의 정당성을 제시했다. 노직으로 대표되는 자유지상주의에서는 기회의 균등과 절차의 공정성이 보장된다면 그 결과에 대해서는 누구도 개입할 수 없다고 주장했다. 그러나 롤스는 계약의 도덕적 한계를 강조하고 기회가 균등하더라도 소득과 부가 공정하게 배분되지 못함을 주장했다. 개인의 타고난 운이나 능력, 역사적 사회적 우연성과 같은 요인들이 임의로 작동하는 과정을 통제할 수 없기 때문이다.

롤스의 자유주의 사상이 이전에 비해 상당한 정도로 도덕성을 강조하고 개인과 공동체의 관계를 재정립했음에도 불구하고 공동체주의자들은 이에 대한 비판을 전개했다. 가장 대표적으로 샌델이 그러하다. 현대의 자유주의와 공동체주의는 몇 가지 논점을 둘러싸고 대립하고 있다. 이들은 개인이 공동체와 관계를 맺는 방식, 이유, 개인에 대한 공동체의 개입 등에 있어서 서로 다른 생각으로 맞서고 있다. 개인의 존재 형태에 관해 자유주의는 자유롭고 평등한 개인이 공동체로부터 독립된 자율성을 지니고 있다고 주장하는 데 반해, 공동체주의는 이러한 '무연고적 자아'가 실제로 가능한가에 대해 문제를 제기한다. 오히려 개인은 처음부터 공동체 속에서 태어나고 공동체 속에서 성장하기 때문에 개인의 기본적 속성은 무연고적 자아가 아니라 사회적 자아라는 것이다.

사회가 추구하는 가치에서도 두 입장은 대립하고 있다. 자유주의에서는 자유와 평등, 기회균등, 공정성과 같은 보편적 가치를 중심으로 공동체가 운영되어야 하고 그 외의 어떤 특정한 공동체의 가치가 개인에게 강요되거나 주입되어서는 안 된다고 주장한다. 따라서 자유주의 사상에서는 다양한 가치의 중립성을 주장하고 다원주의 사회를 지향한다. 이에 반해 공동체주의에서는 공동체가 추구하는 가치를 설정하고 개인들이 이를 공유함으로써 바람직한 개인-공동체의 관계가 맺어질 수 있음을 주장한다. 때로는 구성원들이 공유하는 가치가 종교성을 띨 수도 있지만, 시민사회에서 자발적으로 형성되거나 국가에 의해 주입될 수도 있다. 그런 점에서 공동체주의에서는 보편적 가치가 아니라 특정 집단이나 사회에 적합한 특수적 가치가 공유될 필요가 있고, 사익보다는 전체의 이익을 추구하는 가치가 우선성을 가진 것으로 인정한다.

이렇듯 개인주의와 공동체주의가 추구하는 바람직한 사회의 모습은 상당히 대조적이다. 공동체주의에서는 사회 구성원이 특정한 가치를 공유하고, 개인은 이 가치를 통해 공동체에 통합되며, 공동체의 가치 실현을 위해 책임과 의무를 다하는 사회를 추구하고 있다. 이런 사회는 좋은 사회로 개념화된다. 그러나 자유주의에서는 개인의 자유와 평등과 같은 보편적 가치를 우선시하고, 개인이 자신을 위해 인위적으로 공동체를 만들기 때문에 공동체에 대한 개인의 권리가 우선시된다. 이런 사회는 올바른 사회로 표현된다. 좋은 사회를 추구하는 공동체주의는 공동체의 가치를 흔히 도덕적 선으로 제시하며, 이는 공동체가 궁극적으로 추구해야 할 목적으로 존중된다. 그러나 자유주의는 올바른 사회를 위해서는 가치의 공유가 아니라 개인의 자유와 평등을 지킬 수 있는 기회균등과 공정한 절차가 보장되어야 한다고 주장한다. 이것이 곧 공정성의 핵심이며 사회적 정의의 실체이다.

바람직한 사회의 모습이 근본적으로 다른 만큼 두 사상은 여러 구체적 영역에서 서로 다른 장단점을 지니고 있고 상호 비판의 대상이 되었다. 공동체주의는 개인주의가 개인들 사이의 갈등을 적절히 인식하지 못하고, 개인주의 가치의 추구가 공동체를 와해시키고, 개인주의에서 강조하는 개인의 자유가 형식적 자유에 머무를 위험성이 있음을 비판했다. 역으로 개인주의는 공동체주의가 전체주의적 사회를 가져올 가능성, 공동체 내 개인들 사이의 위계성과 획일성을 조장할 위험성, 공동체 안팎을 차별화는 사회적 배타성의 문제 등을 지적했다. 이러한 대립 속에서도 두 입장을 결합하여 새로운 길을 모색하는 시도도 일어나고 있다. 이들은 개인에 대한 존중과 이에 기반한 공동체의 형성, 개인들 사이의 신뢰와 협력, 개인의 권리와 책임 사이의 균형과 조화, 개인의 자유와 공동체의 공공선의 결합 가능성을 찾기 위한 다양한 시도를 하고 있다.

출처: 김동노, "개인주의, 집단주의, 자유주의, 공동체주의와 한국 사회의 변화, 사회이론, 한국사회이론학회, 2023, 159-165면.

풀어보기_ ✎

다음 제시문을 읽고 문제에 답하시오.

2023 동아대

제시문 1

"오늘의 혁명 이데올로기는 내일의 반동 이데올로기가 된다"는 말이 있다. 이걸 잘 보여주는 게 바로 능력주의 이데올로기다. 개인의 능력에 따라 사회적 지위나 권력이 주어지는 능력주의는 지위와 권력을 세습하는 귀족주의와 비교할 때에 혁명적으로 진보적인 이데올로기였다. 능력주의(meritocracy)라는 말은 영국의 정치가이자 사회학자인 마이클 영이 1958년에 출간한 <능력주의의 부상>이라는 책에서 귀족주의의 반대말로 만들어낸 것이지만, 개인의 능력을 중시하는 것은 17~18세기의 시민혁명 이후 존재해온 착한 이데올로기였다. 하지만 영이 이 용어를 선보인 1958년경엔 이미 타락할 대로 타락해 사실상 반동 이데올로기로 전락하던 시점이었다.

영은 당시 우경화하려는 노동당 정부에 경고하기 위한 풍자로 그 책을 썼지만, 영의 뜻과는 다르게 읽히면서 긍정적인 의미로 사용되었다. 그래서 노동당을 이끌고 1997년 총선에서 크게 이기며 영국 보수당의 18년간의 집권을 끝낸 토니 블레어는 "엘리트가 영국을 지배하던 시대는 끝났다. 새로운 영국은 능력주의가 지배한다"고 선언했다.

영의 책은 특히 미국에서 큰 주목을 받으면서 사회 전반에 큰 영향을 미쳤으며, 미국인들은 능력주의를 대학교육은 물론 아메리칸드림의 이론적 기반으로 간주했다. 그래서 미국에선 능력주의가 자랑스럽게 여겨지는 말이었을 뿐만 아니라 불공정한 차별을 정당화하고 더 나아가 차별의 피해자를 게으른 사람으로 비난할 수 있는 논거로 이용되었다.

한국은 미국 못지않게 능력주의를 예찬해온 나라인데, 이른바 '한강의 기적'으로 일컬어지는 압축성장의 동력은 바로 능력주의였다고 해도 과언이 아니다. "개천에서 용 난다"는 슬로건이 전 국민의 가훈으로 받아들여진 가운데 능력이 오직 학력·학벌이라는 단일 기준으로 평가되면서 전 국민이 뜨거운 교육열을 보여오지 않았던가. 한국의 발전이 과연 그런 교육열 덕분이었는가에 대해선 이견이 있긴 하지만, 자녀 교육에 목숨을 건 한국인들의 삶의 방식이 발전에 친화적이었다는 건 분명하다.

그러나 고성장의 시대가 끝나면서 '개천에서 용 나는 시대'는 종언을 고하기 시작했고, 개천에서 난 용들의 기득권 집단화가 공고해지면서 학력·학벌은 개인의 능력보다는 가족의 능력에 더 의존하게 되었다. 이에 따라 능력주의는 변형된 세습적 귀족주의로 되돌아가고 말았지만, 반동으로 전락한 능력주의를 대체할 새로운 혁명 이데올로기는 아직 그 모습을 드러내지 못하고 있다.

지금 우리는 그런 과도기의 상황에서 큰 사회적 위기와 혼란을 경험하고 있다. 정규직 노동자와 비정규직 노동자의 과도한 임금 격차는 정의롭지 못하다. 정규직 노동자도 이 총론엔 공감하지만 각론으로 들어가 그 격차를 해소하기 위한 시도가 자신의 조직에서 이루어질 경우엔 반발한다. 그들의 반발은 '공정'의 이름으로 나타난다. 정규직이 되기 위한 능력을 입증하기 위해 피땀 어린 노력을 기울였는데, 어느 날 갑자기 그런 능력을 보이지 못한 사람들이 정규직이 된다거나 자신의 임금을 희생으로 해서 임금을 더 받는 것은 불공정하다는 논리다.

그런 반발을 집단 이기주의로 비난할 수 있을까? 문제의 핵심은 잘못된 게임의 법칙인데, 그 게임의 법칙에 충실했던 사람에게 갑자기 정의의 이름으로 다른 게임의 법칙을 제시하면서 수용하라고 하면 납득할 사람이 얼마나 되겠는가. 이건 문제에 접근하는 자세와 태도의 문제이기도 하다. 우리는 사회 전 분야에 걸쳐 고성장을 전제로 한 능력주의의 틀을 여전히 고수하고 있는데, 이 틀에 대한 근본적인 문제 제기가 필요하며 이거야말로 범국민적 공론화 작업이 필요한 사안이다.

이제 우리는 능력주의의 파탄을 인정할 때가 되었다. 능력의 정체를 의심하면서 그간 능력으로 간주해온 것에 따른 승자 독식 체제를 사회 전 분야에 걸쳐 바꿔나가야 한다. 불평등은 개인의 능력이 아니라 법적 질서의 산물일 뿐이다. 우리가 부동산 투기나 투자로 번 돈을 불로소득으로 간주해 많은 세금을 물리는 법을 제대로 만들어 시행했다면 현 불평등 양극화의 양상은 크게 달라졌을 것이다. '개천에서 난 용'에 환호하며 내 자식도 그렇게 키워보겠다고 허리끈을 조여 맸던 과거의 꿈에 이제는 작별을 고하면서 더불어 같이 살아가는 세상에 대한 꿈을 키워갈 때다.

출처: 강준만 교수, 능력주의의 파탄, 한겨레, 2017.12.17.

능력주의(Meritocracy·실력주의)는 모든 사람이 자신이 닦은 능력과 업적에 따라 보상받는 사회를 지향한다. 신분이나 연줄 대신 자유로운 개인의 노력을 중시하는 자유경쟁 시대에 직관적 호소력이 크다. 하지만 능력주의 담론의 기원은 자본주의보다 훨씬 오래됐다. '각자에게 각자의 몫을!'(Suum Cuique)이라는 명제가 기원전 700년경 호머의 서사시 '오딧세이'에 처음 등장한 것이 단적인 증거다. 능력주의가 시대를 넘어선 보편적 소구력을 가졌다는 사실을 증명한다.

아리스토텔레스는 '각자에게 각자의 몫을 주라'는 명제를 보편적 분배 정의론으로 발전시켰다. '동등한 사람들이 동등한 몫을 받는 것이 정의이며, 동등하지 못한 사람들이 동등한 몫을 받을 때 불평과 불만이 싹튼다'는 그의 통찰이 예리하다. 봉건적 계급 차별과 포퓰리즘적 평등주의를 두루 극복한 빼어난 능력주의 정의론이 아닐 수 없다. 그러나 능력주의 담론에 허점이 없는 것은 아니다.

'개천에서 용이 나지 않는' 사회는 운의 영향력을 최대한 줄여야 한다. 대학의 지역 인재 균형 선발이 정당화되는 이유다. 공정 경쟁의 형식만을 중시하는 '닫힌 능력주의'는 평등한 기회와 공정 경쟁을 토대로 정의를 추구하는 '열린 능력주의'로 대체되어야 한다. 나아가 열린 능력주의는 롤스(J Rawls·1921~2002)의 통찰처럼 사회적 약자를 배려하는 '차등(差等) 원리(Difference Principle)'를 수용해야 한다. 인권 선진국에서 약자 우대 정책을 강력히 시행해 온 데는 철학적·현실적 이유가 엄존한다. 여성할당제·청년할당제는 정당한 차등 원리의 구체적 사례들이라고 할 수 있다.

공정 경쟁의 형식만 강조하면 '가진 자'에게 유리한 닫힌 능력주의로 퇴행한다. 기회 평등과 공정 경쟁의 결과를 인정함과 동시에 패자 부활전을 도입하고 약자를 존중해야 열린 능력주의가 탄생한다. 진정한 능력주의는 한국 사회의 기강과 가치 규범을 되살릴 최강의 치료제다. 공정을 열망하는 오늘의 시대정신이 열린 능력주의를 부른다. 약자를 살리고 패자와 동행하는 성숙한 능력주의야말로 정의롭고도 옳다. 열린 능력주의만이 대한민국을 구원한다.

출처: 윤평중 한신대 명예교수, 조선일보, 2021.8.1.

능력에 따라 분배를 하는 능력주의에 대하여 찬반을 나누어 토론하시오.

관련내용: 제3장 법의 이념

⚖ 관련판례 공무담임권과 능력주의(헌재 1999.12.23. 98헌마363)

헌법 제25조는 "모든 국민은 법률이 정하는 바에 의하여 공무담임권을 가진다"고 규정하여 공무담임권을 보장하고 있는바, 공무담임권은 각종 선거에 입후보하여 당선될 수 있는 피선거권과 공직에 임명될 수 있는 공직취임권을 포괄하고 있다. 공무담임권도 국가안전보장·질서유지 또는 공공복리를 위하여 필요한 경우 법률로써 제한될 수 있으나 그 경우에도 이를 불평등하게 또는 과도하게 침해하거나 본질적인 내용을 침해하여서는 아니된다.

선거직공직과 달리 직업공무원에게는 정치적 중립성과 더불어 효율적으로 업무를 수행할 수 있는 능력이 요구되므로, 직업공무원으로의 공직취임권에 관하여 규율함에 있어서는 임용희망자의 능력·전문성·적성·품성을 기준으로 하는 이른바 능력주의 또는 성과주의를 바탕으로 하여야 한다. 헌법은 이 점을 명시적으로 밝히고 있지 아니하지만, 헌법 제7조에서 보장하는 직업공무원제도의 기본적 요소에 능력주의가 포함되는 점에 비추어 헌법 제25조의 공무담임권 조항은 모든 국민이 누구나 그 능력과 적성에 따라 공직에 취임할 수 있는 균등한 기회를 보장함을 내용으로 한다고 할 것이다. "공무원의 임용은 시험성적·근무성적 기타 능력의 실증에 의하여 행한다"고 규정하고 있는 국가공무원법 제26조와 "공개경쟁에 의한 채용시험은 동일한 자격을 가진 모든 국민에게 평등하게 공개하여야 하며……"라고 하고 있는 동법 제35조는 공무담임권의 요체가 능력주의와 기회균등에 있다는 헌법 제25조의 법리를 잘 보여주고 있다. 따라서 공직자 선발에 관하여 능력주의에 바탕한 선발기준을 마련하지 아니하고 해당 공직이 요구하는 직무수행능력과 무관한 요소, 예컨대 성별·종교·사회적 신분·출신지역 등을 기준으로 삼는 것은 국민의 공직취임권을 침해하는 것이 된다.

다만, 헌법의 기본원리나 특정조항에 비추어 능력주의원칙에 대한 예외를 인정할 수 있는 경우가 있다. 그러한 헌법원리로는 우리 헌법의 기본원리인 사회국가원리를 들 수 있고, 헌법조항으로는 여자·연소자근로의 보호, 국가유공자·상이군경 및 전몰군경의 유가족에 대한 우선적 근로기회의 보장을 규정하고 있는 헌법 제32조 제4항 내지 제6항, 여자·노인·신체장애자 등에 대한 사회보장의무를 규정하고 있는 헌법 제34조 제2항 내지 제5항 등을 들 수 있다. 이와 같은 헌법적 요청이 있는 경우에는 합리적 범위 안에서 능력주의가 제한될 수 있다.

여기 두 사회가 있다. 한 곳은 태어남과 동시에 계급이 정해지는 귀족정 사회이고, 다른 한 곳은 능력에 따라 계급이 달라지는 능력주의 사회. 보통 이런 선택지 뒤엔 '당신은 어느 사회에서 살고 싶은가?'라는 질문이 따라붙겠지만(그리고 아마도 다수가 후자를 선택하겠지만), 마이클 샌델 하버드대 교수는 이 뻔한 질문을 한 번 더 꼰다. "두 사회 모두에서 상류층으로 살 수 있게 보장해 준다면, 당신은 어디를 택하겠는가?"

아마도 대답은 후자일 것이다. 생득적으로 주어진 승리보다, 재능과 노력으로 쟁취한 승리가 더 떳떳하고 더 폼이 나니까. 경제적 부에 더해 '능력 자본'까지 덤으로 얻을 수 있으니까. 샌델 교수의 대답도 다르지 않다. "귀족적 특권과 달리 능력주의적 성공은 스스로의 자리를 스스로 얻었다는 인식을 심어준다. 이런 관점에서, 부자가 된다면 귀족정보다 능력주의 사회가 더 낫다." 반대로 능력주의 사회에서 가난은 더 "맥빠지는 일"이다. 귀족정 사회에서 가난은 내 책임이 아니지만, 능력주의 사회에서는 "재능과 야심이 부족했던 탓이라고 생각하지 않을 수 없기 때문"이다. 능력주의 사회에서 부자가 단순한 부 이상의 것을 향유하듯, 빈자도 단순한 궁핍 그 이하를 겪어낸다. 바로 모멸감과 절망이다.

샌델 교수의 새 책 〈공정하다는 착각〉은 원제(능력주의의 폭정, The Tyranny of Merit)가 암시하듯, 능력주의가 부자에게는 오만을, 빈자에게는 절망을 주는 방식으로 쌍방향 폭정을 저지르며 민주주의 공동체를 황폐하게 만들고 있다고 고발한다. 샌델 교수는 이번에도 주특기인 '생경한 질문 던지기'를 유감없이 발휘해 독자가 능력주의의 이면을 스스로 들춰보게 한다.

초반부터 질문은 능력주의 그 자체를 향한다. "완벽한 능력주의는 정의로운가." 입시·채용 비리 같은 '간섭'이 없다면, 그러니까 정말 능력대로 보상을 받는다면, 능력주의는 한 사회가 지향할 만한 정의로운 원칙이 될 수 있냐는 물음이다. 이에 답하기 위해 그는 능력에 상당한 지분을 가진 '재능'이란 단어부터 해체하기 시작한다. "수백만 달러를 받는 농구선수 르브론 제임스가, 르네상스 시대 피렌체처럼, 농구선수가 아닌 프레스코 화가가 각광받던 시대에 태어난다면 어땠을까?" 이런 질문을 통해 샌델이 유도하는 결론은 이렇다. "재능은 내 노력이 아니라 행운의 결과이고(샌델이 아무리 노력한들 르브론 제임스만큼 농구를 할 수는 없다) (…) 내 재능을 후하게 보상하는 사회(농구가 인기 있는 대중 스포츠인 여건)에 산다는 것도 역시 우연의 산물"이기에 "능력에서 비롯된 혜택을 온전히 누릴 자격이 있다는 판단은 실수이자 자만"이라는 것이다. 샌델 교수의 문제의식은 이 '오만'이 공동체에 필수적인 사회적 연대감까지 약하게 만든다는 데까지 나아간다. 자신의 능력만으로 모든 것을 이뤄냈다고 확신하는 사람은 타인에게 도움을 줘야 할 이유도, 받아야 할 필요도 느끼지 못하기 때문이다.

사회적 연대감을 부식시키기는 반대 상황도 마찬가지다. 능력주의를 온몸으로 흡수한 '패자'는 사회 시스템이 아니라 자신의 능력 부족을 탓한다. 이들은 공론장에 참여해 불평등한 상황에 목소리를 내지 않거나 주저하게 되고, 이 때문에 공론장은 소수 엘리트의 목소리로 채워지며 '공동화'된다는 게 샌델 교수의 주장이다. 그는 2016년 트럼프 전 대통령의 당선도 이런 맥락에서 해석한다. 굴욕감을 표현("언제부터 미국이 모욕을 당해야 했습니까?" "언제부터 그들이 우리를 형편없는 나라라고 여겼습니까?")하는 트럼프의 전략이, 능력주의 사회에서 낙오된 이들이 꾹꾹 삼켜왔던 모욕감과 분노를 정확히 타격했다는 것이다.

샌델 교수는 마지막으로 "능력주의는 불평등을 정당화한다"는 결정타를 날린다. "능력주의에서 중요한 건 '모두가 성공의 사다리를 오를 평등한 기회를 가져야 한다'는 것이다. 그 사다리의 단과 단이 얼마나 떨어져 있는지는 문제가 안 된다. (…) 능력주의의 이상은 '이동성'에 있지 '평등' 그 자체에 있지 않다." 능력주의 찬성론자들은 이 '이동성'이 불평등 단차를 줄인다고 반박하지만, 이에 대해 샌델 교수는 다른 의견을 제시한다. 1950~1960년대 명문대학들이 사립 기숙학교를 졸업해야 입학자격을 부여하던 방식에서, 인종·계급과 관계 없이 대학입학 자격시험(SAT·에스에이티) 점수로 선발하는 방식으로, 즉 '이동성'을 강화하는 방향으로 입시 전형을 바꾸었으나 "노동계급과 빈민층 자녀들은 1954년에 비해 오늘날 빅3에 진학할 가능성이 나아지지 않았다"는 것이다.

능력주의가 그 자체로 결함을 가지고 있다고 해도, 이미 사회에 광범위하게 공유된 이 원칙을 하루아침에 폐기하기는 어렵다. 샌델 교수가 급진적 대안이 아닌 능력주의를 개보수하는 선에서 대안을 제시하는 이유다. 일단 과열된 입시 경쟁으로 오히려 사회의 '단차'를 벌리고 있는 교육부터 건드린다. 일정 수준 이상의 능력을 갖췄다면 제비뽑기로 합격자를 선발하는 '유능력자 제비뽑기' 방식을 도입해 '능력'의 폭정을 약화시키자는 것이다. 또 모두가 대학이라는 하나의 사다리에만 몰리지 않도록 노동이라는 또 다른 사다리를 튼튼하게 건설하자는 제안도 한다. 대학 졸업장 없이도 일로써 사회적 가치와 기여를 인정받는다면 굴욕과 절망에 몸부림치지 않아도 된다.

'공부 안 하면 더울 때 더운 데서 일하고 추울 때 추운 데서 일한다'는 한 개그맨의 말이 '명언'으로 추앙받는 사회, 전교 1등 출신 의사가 그렇지 않은 의사보다 더 '좋은 의사'라고 믿어 의심치 않는 의사들이 다수인 사회에서 이 책이 던지는 질문은 전작 〈정의란 무엇인가〉보다 결코 가볍지 않다.

출처: 최윤아 기자, 한겨레, 2020.11.27.

야당의 젊은 신임 대표가 능력주의를 들고나와 화제가 됐다. 능력주의는 능력과 장점을 보여주는 사람에게 사회적 지위나 성공을 배분하는 제도다. 하지만 능력주의는 엘리트 중심주의와 불평등을 확대한다는 비판도 있다. 마이클 샌델 하버드대 교수는 최근작 '공정하다는 착각'에서 능력주의가 생각만큼 공정한 제도가 아니라고 비판한다. 이참에 능력주의에 대한 논점을 정립해 보는 것도 좋을 것이다. 첫 번째 질문이다. 당신은 가장 일을 잘할 수 있는 사람에게 역할을 맡기고, 그에 따라 보상을 제공해야 한다는 것에 찬성하는가. 능력주의를 비판하는 사람들도 이 명제까지 반대하는 경우는 흔치 않다. 다만 이를 다른 가치에 비해 얼마나 중요하게 보는가에 대한 의견은 갈릴 수 있다. 권위 있는 경제학 학술지에 실린 한 연구 결과가 힌트가 될 것이다. 이에 따르면 지난 50년간 미국이 이룬 경제성장의 20~40%는 인재를 적재적소에 배치하는 변화를 통해 얻어진 것이다.

두 번째 질문은 능력자를 제대로 가려낼 수 있다고 믿는지 여부다. 능력주의에 대한 많은 비판은 이 부분에 집중된다. 성별이나 학력, 시험점수 등은 한 사람의 능력을 제대로 드러내지 못하는 경우가 많다는 것이다. 옳은 지적이다. 하지만 이에 대한 대안들 역시 능력주의를 벗어나지 않는다. 예를 들어 여성할당제는 능력이 없는 여성을 뽑자는 것이 아니다. 여성이라는 이유로 인정을 받지 못하거나 충분히 발현되지 못한 능력을 제대로 반영하기 위한 수단이라고 봐야 한다.

한편 이러한 전제에 동의한다면 모든 직종에 기계적으로 할당 비율을 정하는 것이 바람직하지 않음도 추론할 수 있다. 능력의 왜곡이 많이 발생하는 직종이라면 오히려 할당 비율을 높일 수도 있을 것이다. 요는 직종에 맞는 능력을 판단하는 적절한 기준을 찾는 것이다. 토론 배틀로 대변인을 뽑는 것은 쉽게 수긍이 가지만 '엑셀' 능력이 공천의 기준이 된다는 말에는 갸우뚱하게 되는 것도 같은 이유다.

세 번째 질문은 능력주의가 공정성을 얻기 위한 수단이냐는 것이다. 감히 샌델 교수에게 토를 달고 싶지는 않지만 능력주의는 공정성과는 별 관련이 없다. 능력주의는 수술대에서 내 생명을 책임지는 의사가 그 순간에 가장 유능한 사람이기를 바라는 원칙일 뿐이다. 그 의사의 집안이 부유한지, 의대를 운 좋게 합격했는지, 심지어 노력을 얼마나 했는지도 중요하지 않다. BTS 멤버가 고급 아파트를 산 소식에 박탈감을 느꼈다는 SNS 글이 화제가 된 적이 있다. 자신이 BTS보다 더 노력했다는 주장이 맞는지도 알 수 없지만 BTS가 많은 보상을 받는 이유는 지금 대중이 바라는 가치를 가장 잘 만족시켜주기 때문일 뿐 노력 여부와는 관계가 없다.

네 번째 질문은 능력주의가 자본주의와 불평등을 옹호하느냐는 것이다. 공산주의 시절 소련이나 중국에서도 최고 엘리트를 선발했음을 생각하면 능력주의가 자본주의의 전유물은 아니다. 능력주의와 재분배 역시 다른 문제다. 세계경제포럼은 능력에 따라 경영진으로 승진시키는지를 묻는 서베이를 매년 하는데 여기서 재분배 우등생 북유럽 국가들이 늘 최상위권을 차지한다. 물론 능력주의와 자본주의 시장경제의 궁합이 잘 맞는다는 점은 부인할 수 없다. 시장경제는 수요자가 원하는 능력이 무엇인지를 가장 잘 찾아주는 시스템이기 때문이다.

마지막으로 가장 중요한 질문은 능력주의의 진정한 대안이 존재하느냐는 것이다. 능력주의가 사라지면 정실인사와 족벌주의가 이를 메우게 된다. 샌델 교수가 능력주의를 한껏 비판한 뒤 대학 입시 추첨제라는 허망한 대안을 제시할 수밖에 없었던 이유이기도 하다. 우리 사회에서 능력주의에 대한 관심이 다시 높아진 이유도 이와 무관하지 않을 것이다.

출처: 권남훈 교수, 매일경제, 2021.6.24.

Thema 03 정의

풀어보기 🖊

다음 제시문을 읽고 문제에 답하시오.   2020 부산대

제시문

아돌프 아이히만은 제2차 세계대전 당시 유대인 운송의 실무 책임자로서 500만 명 이상의 유대인의 대학살과 관련이 있다는 혐의를 받았다. 그는 독일군의 친위대 대대장으로서, 1941년에 나치가 유대인 절멸을 결정했을 때 그 집행을 위임받은 책임자였다. 독일이 전쟁에서 패망한 이후 신분을 위장하여 재판을 피한 후 1950년에 아르헨

티나로 도주하였다. 그는 그곳에서도 나치 잔당과 모임을 가지고 독일의 청년들에게 새로운 반유대주의 독일인의 사명감을 심어주려 하였다. 이스라엘은 이 사실을 안 이후에 공작원들을 시켜서 아이히만을 납치하여 재판에 회부하였고, 1962년에 생중계로 교수형에 처해진 장면이 공개되었다. 사람들은 이 재판을 통해 유대인이 얼마나 고통을 받았는지를 세계에 알리고자 했으며, 정의의 승리를 보여주고자 하였다.

당시 한나 아렌트는 유대인 출신으로 나치를 피해 미국으로 망명했던 정치철학자였다. 당시 '뉴요커'지의 요청으로 이 재판을 취재했고, 1963년 '예루살렘의 아이히만'이라는 책을 출간했다. 그녀는 이 책에서 아이히만을 악인, 유대인을 악인에게 희생당한 '불쌍한' 존재로 묘사한 검사를 '과잉'이라고 표현하였고, 예루살렘 법정은 "피고 아이히만이 무엇을 잘못하였는가?"보다는 "유대인이 어떤 일을 겪었는가?"를 다루었다며 쇼와 같았다고 지적하였다. "정의는 은둔을 요구하고, 분노보다는 슬픔을 허용하며, 그 자신을 주목받는 자리에 놓음으로써 갖게 되는 모든 쾌락을 아주 조심스럽게 피하도록 처방한다" 이에 따르면 정의는 은둔에 가까운 것이며, 사법의 핵심적 목적은 유형된 형량의 판단, 재판 그리고 그 집행으로 한정되는 것이다. 그 이상의 과잉된 의도, 혹은 소위 '기록된 정의'를 목적으로 이루어진 아이히만의 재판은 많은 한계와 모순을 드러냈으며, '정의를 실현하기 위한' 재판이 아니었다고 하였다.

문제

1. 한나 아렌트가 말하는 사법적 정의가 무엇이라고 생각하는가?
2. 아이히만은 자신이 공직자로서 국가의 명령을 따랐을 뿐 죄가 없다고 주장했다. 이에 대해 어떻게 생각하는가?
3. 이스라엘은 2차대전 당시 국가가 아니었기 때문에 이스라엘이 민족을 내세워 전범재판을 한 것은 무효라는 주장이 있다. 이에 대해 어떻게 생각하는가?
4. 아이히만을 납치해 법정에 세운 것에 대해 비판이 있다. 이에 대해 어떻게 생각하는가?

관련내용: 제3장 법의 이념

Thema 04 공리주의

풀어보기_

다음 제시문을 읽고 문제에 답하시오.

2019 서울대

제시문

(가) 공리주의의 원리는 우리들의 행복을 증진시키느냐 감소시키느냐에 따라 어떤 행동을 승인하고 거부하는 원리이다. 공리주의의 원리는 크게 행위 공리주의 그리고 규칙 공리주의 2가지로 나누어 볼 수 있다. 행위 공리주의자들은 옳고 그름을 판단할 때 행위에 초점을 맞춘다. 행위 공리주의에서 개별적 행위가 옳은지 그른지를 알기 위해서는 그 행위의 결과를 알아야 한다. 옳은 행위란 다른 어떤 가능한 행위보다 더 큰 공리성을 갖는 것으로 평가된다. 규칙 공리주의는 도덕에 있어서 규칙의 중요성을 강조한다. 즉 일반적으로 우리가 특정한 상황에서 해야 할 바를 판단함에 있어서 어떤 특정한 행위가 문제의 상황에서 최선의 결과를 가져오는가를 묻는 것에 의존하지 않고 어떤 규칙에 호소한다는 것을 주장한다. 공리주의에 입각한 규칙은 그 규칙을 보편적으로 따르는 것이 더 큰 유용성을 갖는 규칙을 의미한다. 공리주의에 대한 일반적 비판은 전체주의로 흐를 수 있다는 점이다. 사회의 효용 극대화에 초점을 맞추다보면 다수를 위한 소수의 희생을 정당화할 수 있다. 어떤 행위가 사회에는 큰 효용을 가져다주지만, 소수에게는 효용감소를 유발할 경우 공리주의의 원칙에 의해 정당화될 수 있기 때문이다. 하지만 이러한 사회는 많은 사람들에게 불안감을 가져다줄 것이다. 누구나 희생양이 될 수 있다는 사실은 불안감을 가져다주고 효용을 저해한다. 사람들은 안정을 보장할

수 있도록 일련의 규칙에 합의할 것이다. 규칙 공리주의하에서는 전체주의가 정당화될 수 없다. 독재자의 자의에 의해 지배되는 사회 대신 개인의 안정을 보장해주는 사회가 정당화된다. 사람들은 모두 불안감을 싫어하고 배제되는 것을 두려워한다. 이것이 계산하지 않는 영역의 필요성을 발생시켰다. 그들이 어떠한 상황에서도 침해받지 않아야 하는 영역을 설정하는 것이다. 정의나 인권 같은 것들이 계산되지 않는 영역으로 설정되었다. 규칙 공리주의는 이러한 계산되지 않는 영역을 설정할 수 있다. 그러한 규칙 설정을 통해서 사람들에게 안정감을 가져다줄 수 있다.

(나) 버크에게 건전한 정치 질서는 역사적 과정의 산물로서 유지되어온 우연한 인과물이었다. 그는 단순히 과거를 배제하고 선험적으로 이루어지는 판단을 공격했다.

과거 선조들이 쌓아온 판단이 담긴 역사나 경험을 배제하고 전적으로 선험적 판단에 기반해서 행해지는 행위를 부정했다. 자의로 이어질 수 있기 때문이다. 버크에게 있어서 혁명은 과거와의 단절을 의미했다. 이상을 설정하고 그것을 극단적 방법을 통해 실현하려는 것은 과거의 경험과 역사를 모두 부정하는 것이었다.

버크에게 있어서 편견은 어떤 의미로 해석되었을까? 버크에 따르면 편견은 사람들이 사고를 하기 전에 판단을 내릴 수 있도록 도와준다. 과거의 유사하거나 동일한 상황에 있었던 사람들이 내린 결정들과 이후 경험을 통해 쌓은 지식들이 결합되어 만들어진 것이다. 이성에 기반한 선험적 판단은 상황과 개인에 따라 다른 답을 내릴 수 있다. 편견에 따르면서 틀린 행위를 할 수 있지만 대신 사회의 안정감을 가져다주는 반면, 선험적 판단에 따르면 옳은 행위를 할 수도 있지만 사회의 불안정감을 가져다 줄 것이다. 편견을 따르면서 얻을 수 있는 안정감은 버크에게 더 큰 의미가 있었다.

(다) 다수의 사람들이 함께 사고하고 협력함으로써 집단지성을 발휘하여 더 나은 결과를 얻을 수 있다. 하지만 이러한 집단지성의 질을 저하시키는 것이 있다. 집단사고가 나타나면 집단지성의 질이 저하된다. 집단사고란 집단 구성원 간에 의사결정이 일어날 때, 그 문제 상황과 관련하여 나타날 수 있는 가능한 대안이나 반대되는 정보를 고려하기 어려운 사고 과정에서 문제가 생긴 것이다.

사람들은 갈등을 회피하는 성향이 있다. 다양한 의견을 낸다면 갈등을 촉발할 수 있기 때문에 다양한 의견을 내기보다는 이미 다수가 찬성하는 의견에 편승하려 한다. 집단사고는 다양한 의견을 펼치지 못하게 함으로써 더 나은 결론에 도달하지 못할 뿐만 아니라, 결론이 옳다고 하더라도 그 결론에 대해서 심도 있는 논의를 하지 않기 때문에 결론을 잘 활용하지도 못하게 한다. 이러한 점에서 집단사고는 해결되어야 한다. 해결 방법으로는 우선 여러 방안을 적절히 고려하기 위해서 개방적인 토론과 반대의견 제시를 적극적으로 촉구해야 하며, 회의적 의견을 조장하는 사람을 비공식적으로 지명하여 집단의사결정의 단점이나 실수를 찾는 방식도 필요하다.

(라) 사람들은 행위를 결정할 때 불확실성을 줄이는 것을 원한다. 불확실성은 개인의 효용에 부정적 영향을 끼치기 때문이다. 사람들은 불확실성을 줄이기 위해 이미 일정한 정도 친밀감을 형성한 사람과만 신뢰에 기반한 행위를 한다. 이러한 관계에 기반한 행위는 불확실성을 줄여주어 안심을 가져다주는 행위로 보인다. 하지만 친밀한 관계가 아닌 다른 사람들과 거래를 하지 않는 것은 '안심의 기회비용'을 발생시킨다. 친밀한 관계가 아닌 사람들과 거래를 했더라면 더 큰 이득을 얻을 수 있다. 사회 전반적으로 불확실성이 클 경우에는 친밀한 사람들과만 거래를 하려고 하는 안심을 추구하는 사람보다는 친밀한 사람뿐만 아니라 다른 사람들과도 거래를 하려고 하는 사람들이 더 이득을 볼 것이다. 사회 전반적으로 친밀한 관계의 사람들과만 거래를 하는 안심 사회는 큰 손해를 가져오고 고착화된다. 사람들은 개인적으로 안심을 추구함으로써 신뢰를 잃게 되는 것이다.

문제

1. 제시문을 2분 이내로 요약하시오.
2. 네 개의 제시문을 저자 한 명이 작성했다고 가정하고 제목을 붙여 보시오.
3. 행위 공리주의와 규칙 공리주의의 차이는 무엇인가?
4. 난민 문제를 공리주의적으로 접근해 보시오.
5. 공론화 과정이 다수결과 다른 점은 무엇인가?
6. 제시문 (가)가 규칙 공리주의를 옹호하는 근거는 무엇인가?
7. 제시문 (나)와 (다)는 어떤 관계에 있는가?
8. 제시문 (라)에 해당하는 사례를 제시해 보시오.
9. 집단지성과 집단사고는 어떻게 다른가?
10. 공리주의가 개인의 희생을 강요한다는 비판에 재반박해 보시오.

📖 참고 　 **공리주의**

공리주의(功利主義, utilitarianism)는 공리성을 가치 판단의 기준으로 하는 사상이다. 곧 어떤 행위의 옳고 그름은 그 행위가 인간의 이익과 행복을 늘리는 데 얼마나 기여하는가 하는 유용성과 결과에 따라 결정된다고 본다. 넓은 의미에서 공리주의는 효용·행복 등의 쾌락에 최대의 가치를 두는 철학·사상적 경향을 통칭한다. 하지만 고유한 의미에서의 공리주의는 19세기 영국에서 벤담(Jeremy Bentham), 제임스 밀(James Mill), 존 스튜어트 밀(John Stuart Mill) 등을 중심으로 전개된 사회사상을 가리킨다.

공리주의는 쾌락의 계량가능성을 주장한 벤담의 '양적 공리주의'와 쾌락의 질적 차이를 인정한 J.S. 밀의 '질적 공리주의'로 나뉜다. 벤담은 1789년 발표된 〈도덕 및 입법 원리의 서론〉에서 공리주의 사상의 핵심 원리들을 체계화하여 공리주의를 대표하는 사상가가 되었다. 그는 쾌락을 추구하고 고통을 피하려는 인간의 자연성에 따라 행동하는 것이 개인은 물론 개인의 집합체인 사회에도 최대의 행복을 가져다 준다고 보았다. 그는 쾌락의 질적인 차이를 인정하지 않고 계량가능한 것으로 파악했으며, 강도·계속성·확실성·원근성·생산성·순수성·연장성이라는 7가지 척도로 그것을 계산하려 했다. 그리고 '최대 다수의 최대 행복'을 도덕과 입법의 원리로 제시하였다. 하지만 J.S. 밀은 쾌락의 질적인 차이를 주장하며 벤담의 사상을 수정하였다. 그는 인간이 동물적인 본성 이상의 능력을 가지고 있으므로 질적으로 높고 고상한 쾌락을 추구한다고 보았다. 곧 "만족한 돼지가 되는 것보다는 불만족한 인간임이 좋고, 만족한 바보보다는 불만족한 소크라테스임이 좋다"는 것이다. 그리고 법률에 의한 정치적 제재를 중시한 벤담과는 달리 양심의 내부적인 제재로서 인간이 가지는 인류애를 중시하였다.

공리주의는 인간을 언제나 쾌락(행복)을 추구하고 고통(불행)을 피하려 하는 본성을 지닌 존재로 파악한다. 인간 행동에 대한 윤리적 판단의 기준도 이러한 공리적 인간관에 기초하는데, 이에 따르면, 인간의 쾌락과 행복을 늘리는 데 기여하는 것은 선한 행위이지만, 고통과 불행을 크게 하는 것은 악한 행위이다. 나아가 사회의 행복을 최대로 하려면 되도록 많은 사람들이 가능한 한 많은 행복을 받을 수 있도록 하는 것이 필요하다. 따라서 공리주의의 목표는 '최대 다수의 최대 행복'을 실현하는 것으로 나타난다. 행위의 선악을 쾌락의 기준으로 정하는 이러한 원리를 '공리의 원리'라고 한다.

출처: 두산백과 두피디아, 두산백과

Thema **05** ┃ **착한 사마리아인법**

📝 **풀어보기_**

다음 제시문을 읽고 문제에 답하시오.　　　　2016 아주대, 2015 충남대, 2012 한국외대[1]

제시문

A. 얼마 전 LA다운타운 자바시장에서 한 상점주인이 절도범들에 맞서 싸우다 참변을 당한 사건이 발생했다. 고인은 자신의 업소에서 가발을 훔쳐 달아나던 10대 절도범들을 쫓다 그들이 휘두른 흉기에 변을 당했다. 이번 사건은 대낮 도심 도로 한복판에서 벌어졌지만 말리는 사람은 없었다. 사건 당시 현장 상황이 담긴 동영상을 보면 주변에 있던 사람들은 방관만 하고 있었다.

왜 현장에 있던 사람들은 눈앞에서 벌어지고 있는 일에 나서려 하지 않았을까? 주변에 사람이 많으면 많을수록 책임이 분산되어 오히려 위험에 처한 사람을 돕는 일을 주저하는 현상을 '방관자 효과(Bystander Effect)'라고 한다. 고인의 참변도 이 같은 '방관자 효과'로 인한 것일 가능성이 높다. 사람들은 일반적으로 주위에 많은 사람이 있으면 '나 말고도 다른 사람이 신고하겠지', 혹은 '누군가 돕기 위해 나서겠지'라는 생각을 하게 된다는 것이다.

---

1 '착한 사마리아인 법' 관련 문제는 2016학년도 아주대, 2015학년도 충남대, 2012학년도 한국외대에서 면접문제로 출제된 바 있다. 여기서는 최근에 발생했던 사례를 바탕으로 제시문을 새로 구성하였다.

이 현상은 1964년 뉴욕 퀸즈 지역 주택가에서 키티 제노비스라는 사람이 강도에 살해된 사건에서 유래됐다. 이후 사회심리학자 존 달리와 빕 라테인의 연구와 실험을 통해 사람의 수에 따라 위기에 처한 사람을 돕는 데 걸리는 시간도 다르다는 사실을 발견했다. 실험 결과에 따르면 사람이 적을수록 신고하는 시간은 더 빨랐다.

고인은 생명의 위협까지 받는 상황에서도 범죄를 막기 위해 용기를 냈지만 정작 이웃을 위해 싸운 고인의 주변에는 아무도 없었다. '방관자 효과'가 또 하나의 비극을 남겼다.

개인주의와 이기주의로 인해 갈수록 심각해지는 '방관자 효과' 문제를 해결하기 위해 유럽을 포함한 많은 국가는 대응 방법으로 '착한 사마리아인 법'을 도입했다.

강도를 만나 길에서 죽어가는 사람을 구한 성서 속 착한 사마리아인의 이야기에서 유래한 '착한 사마리아인 법'은 위험에 처한 사람을 돕지 않으면 처벌할 수 있도록 한 법이다.

굳이 '착한 사마리아인 법'이 아니더라고 공동체의 일원으로서 도덕적 의무에 대한 인식이 필요한 때다. 사건 당시 현장에 있던 사람들도 이런 생각을 했다면 지금 고인의 죽음을 애도하는 대신 그의 용기에 박수를 보내고 있지 않았을까.

B. 사회공동체는 개개인의 생존을 위해 필수적인 존재로 꼽힌다. 실제로 인류는 생존을 위해 오랜 세월에 걸쳐 공동체 구성원 간 상호부조의 가치를 형성, 유지해왔다.

상호부조의 가치는 자신이 홀로 해결하기 어려운 문제에 대해 타인의 도움을 받고 이를 또 다른 타인에게 베푸는 문화라고 할 수 있다. 상호부조의 가치는 개인별 평안과 공동체 발전에 널리 기여해 온 것이 사실이다. 즉 상호부조의 가치는 우리 사회 유지를 위해 꼭 필요한 도덕적 개념이라고 정의할 수 있다.

심장마비 등의 치명적인 질환과 더불어 교통사고 등의 갑작스러운 사건까지 고려할 경우 인간이 홀로 모든 위험에 대비한다는 것은 불가능에 가깝다. 다만 사회구성원들이 생명의 위기 상황 속에서 상호 긴밀하게 협조한다면 이야기는 달라질 수 있다.

특히 위험한 상황 속에서 타인이 최선을 다해 도와줄 것이라는 사실을 인지하고 신뢰한다면 죽음에 대한 개개인의 불안을 덜어낼 수 있을 것이다.

하지만 둘도 없는 생명을 타인의 도덕심에 맡기고 의존하는 것은 충분하지 않다. 생명을 구조하는 활동과 관련해 조력에 대한 최소 책임을 법률로 명확히 제정하는 노력이 필요하다.

사마리아인법은 위험에 처한 사람을 구조하는 과정에서 자신이 위험에 빠지지 않는 상황임에도 구조 불이행(Failure-to-Rescue)을 저지른 사람을 처벌하는 법이다. 즉 구조거부죄 또는 불구조죄라고 할 수 있다. 또한 해당 과정에서 문제가 발생했을 때 내용을 면밀히 파악하여 면책할 수 있도록 한 착한 사마리아인법도 존재한다.

문제는 사마리아인법이 피구호자와 사회적 이익을 위해 구호자를 일방적으로 희생시키는 제도로 보일 수 있다는 점이다. 하지만 생명의 위험, 신체상해의 공포는 범죄 재난 사고 등 갑작스러운 상황 속에서 누구나 겪을 수 있기 때문에 일방적인 수혜라고 주장할 수는 없다.

또한 사회구성원들이 갑작스러운 위험과 이에 대한 공포에서 벗어나 안전하고 편안하게 살 수 있도록 함으로써 발생하는 공익을 주목해야 한다. 이러한 공익은 사회 발전으로 이어져 구호자에게 수혜로 돌아갈 수 있다.

착한 사마리아인법은 어려운 사람을 외면하고 도와주지 않는 비인간적인 사람을 처벌하자는 목적이다. 반대로 생각해보면 처벌 수단을 동원함으로써 위험에 처한 사람을 적극 도와주기 위한 방안인 셈이다.

문제

지난 2022년 10월 29일 발생한 '이태원 참사' 사건에서 뒤엉킨 대열에서 탈출한 사람들이 골목 안 가게로 몸을 피하려 하자 가게를 지키는 이른바 '가드'들이 출입을 막았다는 증언이 잇따랐다. 이를 두고 압사 직전 상태인 이들을 구하지 않고 오히려 위험한 상황으로 다시 내몬 가드들을 형사처벌해야 한다는 목소리가 높다. 그러나 '구조하지 않은 행위'에 대한 처벌 규정이 없는 우리나라에서 이들에게 법적 책임을 묻기는 어려울 전망이다. 그간 우리나라에서는 위급한 상황에서 남을 구조하지 않았을 때 처벌하는 '착한 사마리아인법'의 도입이 국회에서 몇 차례 논의됐지만 모두 무산됐다.

'착한 사마리아인법' 도입에 대해 수험표 끝자리가 홀수인 학생은 찬성 입장에서, 짝수인 학생은 반대 입장에서 토론하시오.

관련내용: 제4장 법과 도덕

📖 참고 착한 사마리아인법

"어떤 사람이 예루살렘에서 예리고로 내려가다가 강도들을 만났다. 강도들이 그의 옷을 벗기고 상처를 입혀 거의 죽게 된 것을 버려두고 갔다. 마침 한 제사장이 그 길을 내려가다가 그 사람을 보고 피해 지나갔다. 그러나 한 사마리아인이 그 길을 지나가다가 그를 보고 측은한 마음이 들어 가까이 가서 그 상처에 감람유와 포도주를 붓고 싸맨 후에 자기 짐승에 태워 여관으로 데리고 가서 돌봐주었다. 다음날 그는 두 데나리온을 꺼내어 여관주인에게 주며 "이 사람을 돌봐주시오. 비용이 더 들면 내가 돌아오는 길에 갚겠소"라고 말했다"
누가복음 10장 30절~35절

"위험에 처해 있는 사람을 구조해 주어도 자기가 위험에 빠지지 않음에도 불구하고 자의로 구조하지 않은 자는 3개월 이상 5년 이하의 징역, 혹은 360프랑 이상 15,000프랑 이하의 벌금에 처한다"(프랑스 형법 제63조 2항)

'착한 사마리아인 법'이란 자신에게 특별한 부담이나 피해가 오지 않는데도 불구하고 다른 사람의 생명이나 신체에 중대한 위험이 발생하고 있음을 보고도 구조에 나서지 않는 경우에 처벌하는 법을 이르는 말이다. 이는 성서에 나오는 비유로서, 강도를 만나 죽게 된 사람을 제사장이나 레위 사람도 그냥 지나쳤으나 한 사마리아인만은 성심껏 돌봐 주었다는 데에서 비롯되었다. 결국 '착한 사마리아인 법'은 도덕적인 의무를 법으로 규정하여 강제하는 것을 말한다. 이러한 입법의 예는 프랑스 형법 제63조 2항에서뿐만 아니라 독일·폴란드·포르투갈·스위스·네덜란드·이탈리아·노르웨이·덴마크·벨기에·러시아·루마니아·헝가리·중국도 구조거부행위를 처벌하고 있다. 또한 미국은 연방정부 차원의 통일된 법은 없지만 이 법을 채택하고 있는 주가 늘어가고 있는 추세에 있다.
1953년 제정된 우리나라 형법에는 착한 사마리아인 조항을 두고 있지 않지만,[2] '착한 사마리아인 법'의 내용이 담긴 형법 일부 개정안이 지속적으로 발의되고 있다. '착한 사마리아인 법'은 다시 좁은 의미의 '착한 사마리아인 법'과 착한 사마리아인처럼 행동하지 않았을 경우 처벌하는 법 두 가지로 나눌 수 있는데, 법학계에서는 후자를 '나쁜 사마리아인 처벌법'이라고 부르기도 한다. 좁은 의미의 '착한 사마리아인 법'은 응급환자에게 응급처치를 하는 등 선의를 가지고 타인을 돕는 과정에서 문제가 생기더라도 책임을 묻지 않는 것을 말한다. 현행 응급의료법 제5조의2는 "생명이 위급한 응급환자에게 법에서 정하고 있는 응급의료 또는 응급처치를 제공하여 발생한 재산상 손해와 사상에 대해 고의나 중과실이 없으면 그 행위자는 민사책임과 상해에 대한 형사책임을 지지 아니하며 사망에 대한 형사책임을 감면한다"고 규정하여 좁은 의미의 '착한 사마리아인 법' 내용을 담고 있다.

---

2 우리나라 형법에 왜 '착한 사마리아인 법' 조항이 빠졌는가는 형법 제정 당시의 국회 속기록을 보면 잘 알 수 있다. 원래 법전편찬위원회에서 엄상섭이 기초한 정부 원안에는 이 조항이 들어 있었는데, 1953년 7월 6일 제16회 국회 제17차 회의에서 삭제되었다. 삭제하는 이유에 대해 당시 윤길중 의원은 이렇게 발언하였다. "이 유기죄에 관해서는 부양할 의무가 있는 사람이 유기를 해서 생명의 위태를 초래하였다고 하는 그런 경우인데, 이 의무라는 것은 법률상 의무, 계약상 의무 혹은 사회 관습상의 의무 이러한 것이 늘 유기하는 범죄의 대상이 될 것입니다. 그런데 지금 제289조 이런 경우는 법률상 부양의 의무가 있다든지 계약상으로 부양의 의무가 있다든지 해서 확실하게 그 의무가 드러난 때이고, 지금 통과된 제293조 이것을 삭제하기로 하는 것은 이러한 법률상이나 계약상 또는 사회 관습상으로 당연한 의무가 있다는 것보다도 숭고한 도덕적 의무에서 자기문전에 가령 거지나 병들어 누워 있거나 혹은 길을 가는데 아주 용이하게 구조할 수 있는 사람이 물에 빠져 있거나 그런 것을 보고 그냥 지나갔다. 이런 것을 부작위로 그 사람을 죽게 했다든지 그런 것을 방치했다. 그런 의미로서 이것을 처벌하자는 것인데 그렇기 때문에 이 문제는 대단히 어려워서 보통 범죄 구성을 이렇게 막연하게 해놓을 것 같으면 도의적으로 대단히 좋은 일이나 이것을 법률적으로 범죄로 만든다고 하는 것은 대단히 어려운 일이 아닌가? 그렇기 때문에 이 조문은 삭제를 해가지고는 지극히 불가한 경우 이런 것은 조례로서도 289조에 의해 가지고 그것을 하는 동시에 작위범이나 부작위범이냐에 대해 지극히 부당한 경우는 289조를 가지고서도 이것을 처벌할 수 있는 까닭으로 해서, 이러한 293조 이것을 둘 것 같으면 대단히 막연하니까 이 조문을 삭제하자 그런 것입니다." 한국형사정책연구원 편, 형법, 1990, 475면.

풀어보기

다음 제시문을 읽고 문제에 답하시오.

제시문

동굴탐사 애호가 단체의 5명 회원들은 어느 날 중부 고원지대의 석회암 동굴을 탐사하고 있었다. 로저 윗모어(가상인물)를 포함한 5명이 동굴입구에서 멀리 떨어져 내부로 들어가는 도중에 산사태가 나 거대한 바위들이 동굴의 입구를 막아버렸다. 이들은 가족들에게 자신들이 동굴 안에 갇힌 사실을 알렸고, 가족들은 이 사실을 동굴협회 관계자에게 알렸다. 그래서 구조대가 현장에 급파되었다. 그러나 구조작업은 난항을 겪었는데 많은 장비와 인력이 투입되었음에도 불구하고, 수차례의 산사태로 인하여 몇 명의 인부들이 목숨을 잃었다.

동굴 안에는 식량이 소량밖에 없었으며, 결국 20일째 되던 날 구조대는 탐사대가 무전기를 갖고 있음을 알게 되어 그들과 교신을 하게 되었다. 회원들은 구조에 얼마나 시간이 걸릴 것인지를 물었고, 구조대는 최소한 10일이 걸릴 것이라고 답하였다. 그들은 의사와 통화하여 앞으로 아무것도 먹지 않고 10일을 버틸 수 있을지를 물었다. 의사는 가능성이 희박하다고 말하였다. 이후 회원 중에 윗모어가 의사와 다시 통화하여 자신들이 한 명을 죽여 그 살을 먹는다면 살 수 있는지를 물었고, 의사는 가능할 수 있다고 답변하였다. 그 후 통화는 더 이상 이루어지지 않았다. 동굴에 들어간 후 23일째 되던 날 회원 동료들이 로저 윗모어를 죽여 그의 살을 먹은 사실이 구조 후에 알려졌다.

재판정에 선 4명의 피고인 증언에 따르면 처음에 한 명을 희생하여 4명의 식량으로 이용하자고 제안했던 회원은 로저 윗모어였다고 한다. 윗모어가 자신이 가지고 있던 주사위를 사용해 희생양을 정하고자 처음 제안하였다는 것이다. 그러나 주사위를 던지기 바로 전에 윗모어가 자신은 주사위로 희생양을 결정하는 일에 참여하지 않겠다고 선언했다는 것이다. 다른 사람들은 윗모어가 약속을 파기하였다고 그를 비난하며 주사위 던지기를 강행하였다. 윗모어의 순서가 되었을 때 피고인들은 그에게 주사위 던지기의 공정성에 반대하는가를 물었고, 그는 반대하지 않는다고 말하였다. 피고인 중 한 명이 그를 대신하여 주사위를 던졌고, 행운의 여신은 그의 손을 들어주지 않았다. 그는 결국 살해되어 동료들의 식량으로 사용되었다.

〈조건〉

① 이 나라의 법률에는 '사람을 죽인 자는 사형에 처한다'는 규정이 있다.
② 1심 재판에서 판사는 피고인들에게 살인죄를 선고했다.
③ 피고인들의 형을 징역 6개월로 감경해달라는 청원이 올라왔다.
④ 피고인들의 형 감경에 대한 청원은 판사가 아닌 국가의 원수가 승인 여부를 결정할 수 있다.

문제

1. 탐사대원이 4명이 아니라 10명이었다면 이들에 대한 평가가 달라질 여지가 있는가?
2. 지원자가 이 국가의 원수라면, 징역 6개월로 감형해달라는 청원을 승인할 것인지 여부에 대해 말하고, 그 근거를 설명하시오.
3. 피고인들에게 살인죄가 적용되어야 하는지 여부와 그 근거를 설명하시오.

관련내용: 제4장 법과 도덕

📖 **참고** ｜ **트롤리 딜레마**

사례 1(트롤리 사례)

트롤리 전차가 철길 위에서 일하고 있는 다섯 명의 인부들을 향해 빠른 속도로 돌진한다. 당신은 이 트롤리의 방향을 오른쪽으로 바꿀 수 있는 레일 변환기 옆에 서 있다. 당신이 트롤리의 방향을 오른쪽으로 바꾸면 오른쪽 철로에서 일하는 한 명의 노동자는 죽게 된다. 이러한 선택은 도덕적으로 허용되는가?

사례 2(육교 사례)

트롤리가 철길 위에서 일하고 있는 노동자 다섯 명을 향해 빠른 속도로 달려간다. 당신은 철길 위의 육교에서 이 상황을 바라보고 있다. 당신이 트롤리를 세우기 위해서는 큰 물건을 열차 앞에 던져야 한다. 마침 당신 앞에 몸집이 큰 사람이 난간에 기대아래를 보고 있다. 당신이 트롤리를 세우기 위해서는 그 사람을 밀어야 한다. 떨어진 사람 때문에 트롤리가 멈추고, 철길에서 일하던 노동자 다섯 명의 목숨을 구할 수 있다. 이러한 선택은 도덕적으로 허용될 수 있는가?

진화심리학자 마크 하우저(Marc Hauser)는 트롤리 딜레마를 바탕으로 2007년 5,000명을 대상으로 통계 심리 실험을 실시했는데, 그는 도덕적 판단은 이성의 결과이므로 실험 참가자들의 나이와 문화에 따라 답이 다를 것이라고 보았다. 그러나 실험 결과 참가자들의 인종, 나이, 학력, 종교, 문화적 차이를 막론하고 트롤리 사례에 대해서 85%의 참가자가 도덕적으로 허용할 수 있다고 답했다. 그러나 육교 사례에 대해서는 12%의 참가자들만이 몸집이 큰 사람을 떨어트리는 것을 도덕적으로 허용할 수 있다고 답했다. 심지어 '트롤리'가 뭔지 모르고, 공식적인 종교가 없는 중앙아메리카의 쿠나족이라는 원시 부족에게 '카누에 탄 사람들에게 다가오는 악어 떼'란 형태로 번안해서 질문했을 때도 비슷한 결과가 나왔다.

실험 결과에 대해 하우저는 한 사람의 목숨을 희생해 다섯 사람의 목숨을 구하는 것은 두 사례 모두 같지만, 목적을 위해 수단과 방법을 정당화해서는 안 된다는 도덕 가치로 인해 이와 같은 차이가 발생한다고 보았다.

출처: 네이버 지식백과와 나무위키에서 "트롤리 딜레마" 참고

Thema 07 ｜ 시민불복종

✏️ **풀어보기_**

다음 제시문을 읽고 문제에 답하시오. 2018 동아대[3]

제시문

(1) 소로우(Henry D. Thoreau)는 그의 저서 「시민불복종」에서 이렇게 말한다: "나는 '가장 적게 다스리는 정부'라는 표어를 진심으로 찬성하는 사람이며 그것이 하루 빨리 조직적으로 실현되기를 바라마지 않는다. 그 말은 결국 '가장 좋은 정부는 전혀 다스리지 않는 정부'라는 데까지 가게 되는데, 나는 또한 그 말을 믿는다. 사람들에게 그럴 만한 자격만 생긴다면 그들이 앞으로 가질 정부는 그러한 종류의 정부일 것이다. 정부는 기껏해야 편의기관이다. 그런데 대부분의 정부는 언제나 불편한 것이고, 또 모든 정부는 이따금씩은 그러한 것이다. 세워두는 군대에 대하여는 수많은, 그리고 유력한 반대들이 있으며, 또 그래 마땅하지만, 마찬가지로 '세워두는 정부'에 대하여서도 반대해야 할 것이다."

소로우는 불법을 저질러서는 아니 된다는 최고의 도덕원리로부터 다음과 같은 시민불복종의 기준을 제시했다. 첫째, 사람은 불법을 저질러서는 안 된다. 둘째, 부정의한 것을 지지한다면 불법을 행하는 것이다. 셋째, 부정

---

3 풀어보기 문제는 2018학년도 동아대에서 출제된 면접문제의 질문을 바탕으로 제시문을 재구성하였다.

의한 법을 제정하고 집행하는 국가의 권위를 인정하는 것은 국가의 불법을 지지하는 것이다. 넷째, 국가가 부정의한 정책이나 법을 시행하는 경우에는 시민은 저항을 하여야 한다. 다섯째, 저항의 방식은 '정중하고', '비폭력적'인 방식이어야 한다.

(2) 2016년 7월 11일 경상북도 성주가 사드 배치 최적 후보지로 발표될 무렵 성주군수, 성주군 의회, 사회단체협의회가 주축이 되어 '사드성주배치반대 범군민비상대책위원회'를 결성하였고, 성주군청 앞마당에서는 7월 12일 밤부터 촛불 집회가 열렸다. 매일 저녁 1,000여 명 이상이 모인 촛불 문화제를 통해서 사드의 성주 배치에 반대하던 8월 15일에 815명의 군민들이 사드 배치에 항의하는 삭발식을 비롯하여 여러 차례 대규모 항의 집회를 열었다. 항의 집회 개최와 더불어 성주군민들은 국방부를 상대로 사드배치와 관련해서 행정소송을 제기했는데, 이 소송은 국방부가 환경영향평가와 주민 사전계획 열람 및 의견절차 등을 거치지 않는 것이 위법하다는 내용을 담고 있었다. 9월 초가 되자 제3 부지 배치가 급물살을 타면서 성주군 초전면 소성리의 롯데스카이힐 성주 골프장이 유력한 후보지로 부상하였고, 2017년 4월 성주군 초전면 소성리의 성주 골프장을 주한 미군기지로 용도 변경하여 사드 1개 포대가 배치되었다.

(3) "나는 두렵지 않다. 나는 두렵지 않다(No tinc por, no tinc por)." 2017년 9월 18일 스페인 바르셀로나 카탈루냐 광장에서 울려 퍼진 함성이다. 10월 1일 스페인 북부 카탈루냐 자치정부가 주도하는 분리·독립 투표에서 한 표를 행사하려는 카탈루냐 주민들과 스페인 경찰들이 유혈 충돌하면서 부상자가 속출했다. AP통신에 따르면 스페인 당국 발표로 현지 오후 10시 30분 현재 주민 844명과 경찰 33명이 부상당한 것으로 집계됐다. 스페인 정부는 이날 오전 9시 투표가 시작되자마자 바르셀로나의 주요 투표소들에서 투표용지와 투표함을 강제 압수 조치했다. 카탈루냐 자치정부에 따르면 2,315개 투표소 중 319곳이 스페인 경찰에 의해 봉쇄조치를 당했다. 이날 투표소 곳곳에서는 스페인 경찰이 투표를 지지하는 시위대에게 곤봉을 휘두르고 고무탄을 쏘며 강제 해산하는 과정에서 부상자들이 속출했다. 심근경색으로 쓰러지고 눈을 크게 다친 주민이 나왔다. 현행 스페인 헌법은 스코틀랜드와는 달리 카탈루냐인들이 투표로 독립을 의결하는 것은 위헌이고 전체 스페인 국민이 국민투표를 통해 찬성할 경우에만 카탈루냐 분리독립이 가능하다.

(4) 2017년 11월 15일 발생한 진도 5.4의 경북 포항 지진 때문에 핵발전소에 대한 불안이 더욱 커지면서, 국민공론화 과정을 거쳐 건설하기로 결정한 신고리원전 5·6호기 건설 백지화를 촉구하는 시민운동이 경남에서 다시 불붙었다. 탈핵경남시민행동, 밀양765kV송전탑 반대 대책위, 어린이책 시민연대 경남 등 시민사회단체들은 경남도청 프레스센터에서 합동 기자회견을 열어 "안전성 검증되지 않은 신고리 5·6호기 백지화하라"고 정부에 요구했다. 이들 단체는 기자회견문에서 "대한민국 정부는 '우리 원전은 안전하다'며 국민을 다독이고 있다. 그러나 포항 지진에 그치지 않고 더 큰 지진, 현재 원전 내진설계를 넘어서는 지진이 언제라도 올 수 있다. 세계적 수준의 원전 기술을 갖췄다고 장담하지 않기를 바란다. 교만은 재난을 초래한다는 사실을 깨달아야 한다"고 주장했다. 이들은 또 "고리원전 사고를 가정한 영화 <판도라>에서처럼 '국민 여러분 죄송합니다. 정부가 할 수 있는 일이 아무것도 없습니다'라고 대통령이 고개 숙이는 일이 없도록 해야 한다. 신고리 5·6호기 건설 중단과 백지화가 그 시작이 되어야 한다"고 덧붙였다.

| 문제 |

1. 제시문 2, 3, 4 중 시민불복종에 해당하는 것은?
2. 지원자가 생각하는 시민불복종의 요건에 대해 말하고, 시민불복종이 폭동과 다른 점은 무엇인가?
3. 간디의 무저항투쟁, 넬슨 만델라의 옥중투쟁, 킹목사의 평화대행진 운동의 공통점에 대해 말해 보시오.

관련내용: 제5장 법효력

| 핵심이론 | 시민불복종의 정당화 판단기준 |

시민불복종을 수행하는 경우 정당한 법불복종인지 여부를 판단하는 기준은 다음과 같다.
1. 법제정·법적용·법집행의 절차적 조건을 충족하는 한 법질서는 일단 정당한 권위를 가지며, 전체 법질서가 정당한 권위를 가지는 한 시민들은 구체적인 악법들에 대해서도 일단 복종할 의무가 있다. 그러나 그 악법의 부정의한 정도가 극심한 경우에는 불복종하는 것이 정당하다.
2. 어떤 법률이 극도로 부정의하다는 것은 그 법률이 인간존엄성의 핵심요소를 부정하는 경우이다. 동등한 인간존엄성 원리를 명백하게 침해하여 기본적 인권을 완전히 훼손하는 법률들에 대한 법불복종은 즉각적으로 정당화된다.

3. 극도로 부정의하지 않은 법에 대해서는 일단 복종하는 것 역시 시민의 덕목이다. 그러나 정의이념을 극도로 침해하여 합리적 평등과 합리적 차별을 무시하는 법률이나 정책이 입헌민주주의 헌법의 핵심정신을 근본적이고 반복적으로 훼손하고 있는 상황에서,
   (1) 문제의 악법이 정치과정을 통해서 조만간 개선되리라는 희망이 보이지 않고,
   (2) 제도적으로 설정된 설득 및 구제절차의 방법을 통해 정치권력의 의사를 변화시킬 가능성이 조만간에는 미미한 경우에,
   (3) 법불복종이라는 수단의 실현 방식이 필요하고도 적절하다면, 이런 경우에 법불복종은 정당화된다.
4. 법불복종이 필요하고도 적절하다는 것은 다음과 같은 기준을 충족시키는 경우이다.
   (1) 비례성의 원칙을 충족시키는 경우: 불복종의 목적이 입헌민주주의적 헌법에 내재하는, 훼손된 정의와 공공선을 회복하는 데 있으며(불복종의 이익이 그 피해보다 큰 경우),
   (2) 공공성의 원칙을 충족시키는 경우: 공적이고 공개적인 비판 및 불복종의 방식으로 이루어지고(방법상의 적절성),
   (3) 불복종자의 양심성과 도덕성이 갖추어진 경우: ① 무조건적 처벌감수의 태도를 보이거나 ② 재판을 받을 수도 있는 위험을 감수하겠다는 의사를 보이거나 또는 ③ 그 불복종행위에 대한 사회적 평가과정에서 광범위한 합의와 동의를 받지 못할 정도로 정당화되지 않는 경우에는 처벌까지도 감수하겠다는 태도를 보이는 것과 같이, 진지한 자세를 통해 악법을 교정하고 개선하겠다는 의사가 있는 경우이다.

출처: 이상영·김도균 공저, 법철학, 한국방송통신대학교출판문화원, 2020.

📖 **참고** **시민불복종과 낙천 낙선운동**

시민불복종은 양심상 부정의하다고 확신하는 법제도나 정책을 개선할 목적으로 법체계 전체가 아니라 기존의 법 중 해당 부분을 위반하여 행하는 공적이고 정치적인 항의행위라고 정의하는 것이 보통이다. 이 경우에는 행위자에게 실천적 정보는 확실하지만 규범 준수의 의지가 전혀 없고, 오히려 규범 파괴의 의지가 뚜렷한 경우라고 할 것이므로 시민의 불복종도 현행법상 처벌은 감수되어야 할 것이다. 우리나라에서 이른바 '낙천 낙선운동'이 문제되었는데, 이 문제는 시민의 불복종의 한 형태로 국민주권과 기본권(표현의 자유 등 정치적 자유) 및 형법상 정당행위의 논점이 있기는 하지만, 결국 모두 유죄 인정되어 처벌되었다. 이러한 시민의 불복종에 대하여는 법적 정당화가 불가능하다는 견해에서부터 관대한 처벌론이나 헌법이나 법적 정당화론이 있다. 예컨대 낙천 낙선운동은 헌법상 정치적 자유의 폭을 확장하여 형법 제20조의 사회상규에 반하지 않는 행위로 법적 정당화가 이루어질 여지는 있을 것이다.

출처: 김대휘, 법철학과 법이론 입문, 성안당, 2021, 163면.

Thema **08** / 공론화위원회

풀어보기_ ✎

다음 제시문을 읽고 문제에 답하시오.

2020 부산대

제시문 A
공공선을 실현하기 위해서는 민중보다는 소수의 선출된 집단이 현명한 판단을 내릴 수 있으므로, 민주주의 실현을 위한 가장 적합한 방법이다. 즉, 직접 민주주의보다는 대의제가 낫다는 견해이다.

제시문 B
직접 민주주의를 통해서 국민이 정치에 참여함으로써 인간적 삶의 정신을 고양시킬 수 있다. 다만, 대의제가 국민의 진정한 의사를 실현시킬 수 있다는 부분은 동의한다. 즉, 대의제하에서 참여 민주주의를 확대해야 한다.

공론화위원회는 직접 민주주의의 요소가 포함되어 있다. 국민이 직접 참여하고, 토론과 대화를 통해 합의점에 도달하며, 이는 숙의 민주주의를 실현하는 과정이다. 공론화위원회 구성원은 15명의 전문위원과 무작위로 선출된 시민위원 560명으로 구성된다. 대입제도와 관련된 공론화위원회가 개체되었으며, 이 역시 각 분야를 대표하는 다양한 인사로 구성되었다.

문제

1. 제시문 A와 B에서 말하는 민주주의에 대하여 비교 설명하시오.
2. 제시문 A와 B가 상충하는가? 아니면 상호 보완하는 관계인가?
3. 위 문제 1, 2를 토대로 자신의 견해를 밝히고, C 사례를 평가하시오.

관련내용: 제7장 헌법총론

📖 참고   공론조사의 의의 및 법적 성질

1. 의의

공론화위원회의 원형이라 할 수 있는 공론조사(Deliberative polling)는 과학적 확률표집을 통해 대표성을 가지는 시민들을 선발하여 정보를 제공하고 이에 대해 토론하게 한 후 참여자들의 의견을 조사하는 참여방법으로서, 1988년 미국의 제임스 피쉬킨(James Fishikin)이 제안하고 1994년 영국을 시초로 하여 세계 각국에서 실시되고 있다. 공론조사는 통상적인 여론조사 방법이 시민들의 피상적인 의견을 조사하는 데 그친다는 단점을 보완하기 위하여 숙의과정을 결합시킨 것으로서, 충분한 정보제공과 심도 깊은 토론을 통해 개인의 의견과 선호를 변화시킬 수 있고 이러한 변화는 결과적으로 질 높은 합리적 의견을 도출할 수 있으며, 이를 공공의사결정에 반영하는 것을 목적으로 한다. 공론조사는 참여자의 수가 상대적으로 많으므로 다른 참여 방법들보다 높은 대표성을 확보할 수 있으며, 주제에 대한 정보제공과 토론을 통해 도출된 합리적인 여론이 정책에 반영될 수 있다는 것을 장점으로 한다. 그러나 비교적 많은 시간과 비용을 요구하는 방법이기 때문에 효율성의 면에서 충분한 고려가 필요하고, 토론에 참여하는 인원이 많은 관계로 숙의과정의 진행에 어려움이 존재한다.

2. 법적 성질

공론조사는 여론확인을 목적으로 하는 숙의적 참여방법에 해당한다. 또한 공론조사 결과의 구속력을 인정하기 위해서는 의사결정기구의 설치 및 의사결정의 효력 등에 관한 법적 근거가 요구된다. 따라서 이러한 법률이 마련되지 않은 현재의 상황 하에서 이루어지는 공론조사는 구속적 효력이 없는 자문적 성격을 가진다. 그러나 이러한 성격의 시민참여방법들이 그 비구속성으로 인해 특정한 법적 근거를 요하지 않는다고 하더라도 무제한 허용되는 것은 아니다. 이 또한 법치국가에서의 공적작용에 해당하기 때문에 법치국가의 일반법원칙의 범위 내에서만 가능하다고 보아야 한다. 따라서 행정은 조직법상 주어진 권한 내에서 평등원칙, 비례원칙 등 행정법의 일반원칙의 범위 내에서 이루어져야 한다. 한편 이러한 행정의사결정방법이 법제화된 경우에는 규정된 참여의 절차와 범위 내에서 행해져야 한다.

출처: 김은주, "숙의 민주주의와 공론화위원회", 공법연구 제48집 제4호, 2020.6.

풀어보기 ✏

다음 제시문을 읽고 문제에 답하시오.

제시문

뉴질랜드 국적의 A씨는 2008년 8월 한국에 입국했고, 며칠 뒤 B교육청에서 1년간 원어민 영어보조교사로 고용계약을 체결했다. 계약 다음날 A씨는 병원에서 에이즈검사, 마약반응검사 등 건강검진을 받고 결과를 제출했다. A씨는 그 무렵 모 초등학교에서 원어민 영어보조교사로 근무를 시작했다. 2009년 4월 A씨는 초등학교를 통해 재계약 희망 의사를 밝혔다. 그 무렵 실시된 교장과 동료 교사들의 평가점수도 괜찮았다. 그런데 교육감은 <2009년도 지침>에 따라 2009년 5월 A씨에 대해 에이즈검사를 포함한 건강검진결과를 제출할 것을 요구했다.

당시 다수의 원어민 보조교사들이 에이즈에 감염되고, 마약거래를 하다가 적발되는 등 사회적 물의가 빚어졌기 때문에 교육부도 <2009년도 지침>을 마련해서 에이즈검사 및 마약검사를 포함한 신체검사서를 요구해 원어민 영어보조교사의 적격 여부를 엄격하게 심사할 것을 요구했던 것이다.

그러나 A씨는 교육감의 수검 요구가 외국인에 대한 차별적 조치라는 이유로 거절했고, 이에 교육감은 건강검진을 받지 않으면 재계약을 할 수 없다고 하면서 건강검진 결과를 제출할 것을 다시 요구했으나 A씨는 끝내 응하지 않았다. 그러자 교육감은 2009년 6월 A씨를 재계약 검토 대상에서 제외했고, 그 결과 재계약이 체결되지 않아 A씨는 2009년 9월 대한민국을 출국했다.

A씨는 2009년 7월 한국계 외국인 교사나 한국인 교사에게는 실시하지 않는 에이즈·마약검사를 외국인 교사에게만 강제하는 차별적 조치를 고발하는 진정을 국가인권위원회에 제출하였으나 거부당하였고, 2012년 12월 유엔의 인종차별철폐위원회에 이 사건을 다시 진정하였다.

문제

B교육청이 A씨를 재계약 검토 대상에서 제외시킨 처분이 정당한지에 대해 말해 보시오.

관련내용: 제8장 2. 기본권의 주체

🔍 관련판례   서울중앙지방법원 2019.10.29. 2018가단5125207

〈판시사항〉

뉴질랜드 국민인 갑이 국가 산하 교육부가 시행하는 'EPIK(English Program in Korea) 사업'(이하 'EPIK 사업'이라 한다)의 신규 원어민 영어보조교사로 채용이 확정되어, 광역시교육청 교육감과 원어민 영어보조교사 고용계약을 체결하고 초등학교에서 원어민 영어보조교사로 근무하였는데, 재계약을 논의하는 과정에서 교육감이 EPIK 사업지침에 따라 갑에 대하여 에이즈(HIV) 검사 등을 포함한 건강검진 수검 결과를 제출할 것을 요구하였으나, 갑이 교육감의 건강검진 수검 요구가 외국인에 대한 차별적 조치라는 이유로 이를 거절하였고 이에 교육감이 갑에 대한 초등학교 교장과 동료 교사들의 평가 점수가 낮지 않았는데도, 갑을 재계약 검토 대상에서 제외한 결과 갑에 대한 재계약이 체결되지 않은 사안에서, 교육감이 피고용자로서 구 후천성면역결핍증 예방법 시행령에 따른 에이즈 검진 대상자에 해당되지도 아니하는 갑에 대해서 에이즈 검진결과서를 제출하도록 요구하는 것은 그 자체로 구 후천성면역결핍증 예방법 제8조의2 제3항에 위반되는 행위이거나 위법성이 농후한 행위로서 사회질서에 위반되는 행위라는 이유 등으로 국가배상책임을 인정한 사례

〈판결요지〉

뉴질랜드 국민인 갑이 국가 산하 교육부가 시행하는 'EPIK(English Program in Korea) 사업'(이하 'EPIK 사업'이라 한

---

4 풀어보기 문제는 2017학년도 한국외대에서 출제된 면접문제의 사례와 질문을 통해 제시문을 다시 구성하였다.

다)의 신규 원어민 영어보조교사로 채용이 확정되어, 광역시교육청 교육감과 원어민 영어보조교사 고용계약을 체결하고 초등학교에서 원어민 영어보조교사로 근무하였는데, 재계약을 논의하는 과정에서 교육감이 EPIK 사업지침에 따라 갑에 대하여 에이즈(HIV) 검사 등을 포함한 건강검진 수검 결과를 제출할 것을 요구하였으나, 갑이 교육감의 건강검진 수검 요구가 외국인에 대한 차별적 조치라는 이유로 이를 거절하였고 이에 교육감이 갑에 대한 초등학교 교장과 동료 교사들의 평가 점수가 낮지 않았는데도, 갑을 재계약 검토 대상에서 제외한 결과 갑에 대한 재계약이 체결되지 않은 사안이다.

구 후천성면역결핍증 예방법의 입법 목적과 내용, 규정 형식 등에 비추어 보면, 사업자가 근로자에게 후천성면역결핍증에 관한 검진결과서를 제출할 것을 요구할 수 없도록 정한 구 에이즈예방법 제8조의2 제3항은 외국인 근로자에 대하여도 적용되는 강행법규에 해당하는데, 교육감이 피고용자로서 구 후천성면역결핍증 예방법 시행령에 따른 에이즈 검진 대상자에 해당되지도 아니하는 갑에 대해서 에이즈 검진결과서를 제출하도록 요구하는 것은 그 자체로 구 에이즈예방법 제8조의2 제3항에 위반되는 행위이거나 감염인 또는 감염인으로 오해받아 불이익을 입을 처지에 놓인 사람에 대한 보호의무를 저버린, 위법성이 농후한 행위로서 사회질서에 위반되는 행위이며, 교육감이 갑에 대하여 후천성면역결핍증에 관한 검진결과서를 제출하도록 요구한 것은 국가의 지침에 따른 것이므로 비록 국가가 갑과 사이에 고용계약을 체결하거나 갑에 대하여 직접 위 요구를 하지 않았다고 하더라도 교육감 등과 공동하여 객관적 정당성을 상실한 위법행위를 저질렀음을 인정할 수 있고, 국가 소속 공무원들의 과실 또한 인정된다는 이유로 국가배상책임을 인정한 사례이다.

Thema 10 | 난쟁이 던지기

풀어보기_ ✎

다음 제시문을 읽고 문제에 답하시오.   2019 서강대

제시문

프랑스 어느 도시에서는 난쟁이 던지기 놀이가 전통놀이로서 행해지고 있다. 난쟁이 던지기 놀이란 작은 체구의 난쟁이를 누가 멀리 던지는지를 겨루는 놀이이다. 난쟁이 던지기 놀이를 할 때는 안전한 에어쿠션을 투척 장소에 준비해놓기 때문에 위험하지는 않다. 이 전통놀이를 도시 사람들은 자주 즐기며, 난쟁이들 역시 생계를 유지하기 위해 참여하고 있다. 한편 이 도시에 새로 취임한 시장은 난쟁이 던지기 놀이는 인간의 존엄성을 침해한다고 보아 금지하려고 한다. 이에 대해서 이 도시에서는 찬반 논의가 팽팽하게 벌어지고 있다. 다음과 같은 세 견해가 제시되었다.

A 견해: 난쟁이는 자율적으로 참여하고 있는 것이기 때문에 존엄성을 침해하지 않는다.
B 견해: 난쟁이 던지기 놀이가 존엄성을 반드시 침해하는 것이라고 보기는 어렵고, 설사 난쟁이 던지기 놀이가 존엄성을 침해할 가능성이 있다고 하더라도, 비공개된 장소에서 성인들이 보게 한다면 존엄성을 침해할 우려가 없다.
C 견해: 난쟁이 던지기 놀이는 그 자체로 존엄성에 반하는 것이다.

문제

1. 각 견해를 설명하고, 그 차이점을 설명하시오.
2. 본인이 생각하는 타당한 견해가 무엇인지 밝히고, 그 이유를 논하시오.
3. 결국 개인의 생존권 및 직업의 자유와 공동체의 가치라고 할 수 있는 인간의 존엄성이 충돌하는 상황이라고 볼 수 있다. 이 경우, 적절한 해결 방법이 무엇이 될 수 있는지 설명해 보시오.

관련주제: 제8장 4. 기본권의 경합과 충돌

핵심이론 기본권의 충돌의 해결

1. 기본권충돌의 의의
기본권의 충돌은 서로 다른 기본권주체가 각기 충돌하는 권익을 실현하기 위하여 서로 대립되는 기본권의 적용을 국가에 대하여 주장하는 것이다. 예컨대 인공임신중절의 경우 모의 행복추구권과 태아의 생명권이 충돌하게 된다.

> * 언론기관의 과거의 범죄사건의 보도(보도의 자유와 법인의 인격권), 사용자의 반노조적 의사표현(언론의 자유와 근로자의 단결권), 기업주의 공해산업의 운용[직업의 자유(재산권)와 건강권(환경권)], 문학작품에서 개인의 사생활침해(예술의 자유와 사생활의 자유), 종교단체의 거리에서의 종교집회(종교의 자유와 시민의 교통권)

2. 구별하여야 할 문제
(ⅰ) 기본권의 충돌은 사적 영역에서 이해관계의 충돌을 다룬다는 점에서 기본권의 대사인적 효력과 밀접한 관련이 있다. 그러나 기본권의 대사인적 효력은 사인 사이에 기본권을 주장하는 문제인 데 대하여 기본권의 충돌은 쌍방 당사자가 국가에 대하여 기본권을 주장하는 것이기 때문에 양자는 구별되어야 한다.

(ⅱ) 기본권 사이의 충돌이 아니라 기본권과 헌법이 보호하는 다른 법익(국가안전보장·질서유지, 공공복리 등)과의 충돌은 기본권의 충돌로 볼 수 없다. 기본권과 다른 법익의 충돌은 곧 기본권제한의 문제이다.

(ⅲ) 겉으로는 충돌로 보이지만 실제로 기본권의 충돌로 볼 수 없는 유사충돌, 즉 부진정충돌이 있다. 예컨대 사람을 살해한 자가 자신의 행복추구권을 주장한다면 이는 희생자의 생명권과 충돌하는 것처럼 보이나, 살인행위는 행복추구권의 보호영역에 해당되지 아니하기 때문에 기본권의 충돌이 일어나지 않는다.

3. 기본권충돌의 해결
(ⅰ) 일반이론: 이익형량의 원칙에 입각한 규범조화적 해석
    헌법재판소는 교사의 수업권과 학생의 학습권이 충돌하는 경우 이익형량의 원칙에 입각하여 판시하고, 보도기관의 언론의 자유와 피해자의 반론권이 충돌하는 경우 규범조화적 해석에 입각한 과잉금지의 원칙에 따라 해결하고, 집회의 자유를 행사함으로써 발생하는 일반대중에 대한 불편함이나 법익에 대한 위험은 보호법익과 조화를 이루는 범위 내에서 국가와 제3자에 의하여 수인되어야 한다고 하면서 과잉금지의 원칙에 따라 판단한다.

(ⅱ) 언론의 자유와 인격권·사생활의 상충관계에서의 구체화
    언론의 자유와 개인의 인격권·사생활의 비밀과 자유가 충돌할 때 권리포기이론, 공익이론, 공적인물의 이론 등과 같은 특수한 이론이 개발된다.

(ⅲ) 기본권의 서열가능성
    기본권 사이에 우열을 정하는 것이 쉽지 않지만, 판례는 기본권의 서열가능성을 적시한다.

4. 사건
(ⅰ) 기본권의 충돌을 해결하기 위하여 이익형량의 원칙에 따라 기본권 사이의 우열을 정하는 경우 생명권·인격권과 자유권 우선의 원칙 등을 제시할 수 있다. 그러나 기본권 사이의 우열을 확정할 수 없는 경우에는 형평성의 원칙에 따라 공평한 제한의 원칙·대안발견의 원칙이나, 규범조화적 해석의 원칙에 따라 공평한 제한의 원칙·대안적 해결방법·최후수단억제방법 등을 동원할 수밖에 없다. 결국 과잉금지의 원칙이나 비례의 원칙 등에 입각하여 규범조화적인 해석을 하는 것이 바람직하다.

(ⅱ) 입법 자체가 문제되는 경우, 기본권의 충돌문제는 그 입법의 합헌성, 즉 기본권의 제한문제로 전화된다. 그런데 이를 규율하는 입법이 없거나, 그 입법만으로는 규율이 불충분하여, 행정청의 처분 등 입법이 아닌 국가의 다른 작용이 문제되는 경우에도 비례의 원칙으로 해결이 가능하다. 왜냐하면 비례의 원칙은 입법을 제외한 모든 국가작용에 적용되는 원칙이기 때문이다. 이러한 점에서 기본권의 충돌문제는 그 중요성이 반감된다.

출처: 성낙인, 헌법학, 법문사, 2021, 1023-1030면.

구치소 내 과밀수용

다음 제시문을 읽고 문제에 답하시오.   2023 이화여대

제시문 A
국영교도소의 과밀수용 문제는 인간 존엄성에 어긋나며 수용자들의 인권보호에 문제가 생긴다. 그러나 추가적으로 국영교도소 건립엔 행정적인 이유로 시간이 오래 걸리기에 민영교도소를 통해 맡기는 것이 효율적이다. 또한 민영교도소는 획기적인 프로그램 운영으로 출소자 재범률이 낮다는 것을 보면 교화의 목적 달성에도 효과적이다.

제시문 B
국가형벌권의 행사는 민간기관으로 이전될 수 있는 성질의 것이 아니며, 민간에게 위탁할 수 없는 국가의 의무이다. 민영교도소의 재범률이 낮다는 통계는 재소자들을 선별적으로 수용하였기에 나타난 결과이다. 민영교도소 간의 여건에 따라 어느 교도소로 이감될지 선별적으로 수용하는 과정에서 비리가 발생할 수 있다. 또한 이윤 추구 목적의 민영교도소를 도입할 경우 수감자에 대한 인권 유린 등 악용 사례가 많을 수 있다. 그리고 민영교도소가 확대되면 과거 형제복지원 사건과 같은 인권 침해의 사례가 재발되지 않으리라는 보장이 없다.

문제
1. 제시문 A와 B의 공통점과 차이점에 대해 말하시오.
2. A와 B의 견해 중 본인은 어느 쪽에 찬성하는지와 그 이유를 설명하시오.
3. 2에서 선택한 본인 견해에 대해 제기되는 비판에 대한 대안을 제시하시오.

관련내용: 제9장 1. 인간의 존엄과 가치

인간존엄의 형량가능성

다음 제시문을 읽고 문제에 답하시오.   2021 서강대

제시문
갑: 제2차 세계대전 당시 원자폭탄을 투하함으로써 전쟁을 종식시킨 것은 잘한 일이야.
을: 다수의 사람이 희생되었는데 어떻게 그럴 수 있지?
갑: 원자폭탄을 투하함으로써 그 이후에 생길 수 있는 무고한 희생을 막았기 때문이야.
을: 이해할 수 없는 말이네. 아무리 목적이 선했을지라도 다수의 무고한 인명에게 피해를 끼친 것은 옳지 않아. 목적은 수단을 정당화할 수 없어.
갑: 결과가 더 큰 선을 보장할 수 있다면, 과정은 불법적이어도 인정될 수 있어. 이건 일반인의 시각에서 이해할 수 있는 사안이 아니야.

을: 다수의 사람들을 보호한다는 것만이 결과가 보장되는 것은 아닐 텐데. 나는 수긍할 수 없어.

갑: 글쎄, 나는 다수의 이익을 위해 과감한 결정을 내리는 사람을 좋아해.

문제

1. 갑과 을의 관점의 차이를 비교하여 서술하라.
2. 갑과 을 중 자신이 지지하는 견해를 제시하고 논증하라.
3. 도심의 상당 부분을 파괴할 수 있는 시한폭탄이 설치된 지점을 알아내기 위해 테러 혐의자에게 고문을 가하는 것이 허용될 수 있는지 답변하시오.

관련주제: 제8장 5. 기본권의 제한, 제9장 1. 인간의 존엄과 가치

참고　인간의 존엄은 형량 가능한가

'인간의 존엄'이라는 규범이 가지는 절대성은 기존에 '인간존엄의 불가침성'이라는 공식으로 표현되었다. 그리고 그러한 불가침성은 곧잘 인간존엄의 보호영역 안에 드는 법익의 '형량 불가능성'으로 이해되곤 하였다. 이를 제한하는 행위는 그것이 어떤 동기에 의한 것이든, 어떤 수단에 의한 것이든 결코 용납될 수 없는 위법이라고 보았던 것이다.

그러나 인간존엄의 법적 형량가능성과 관련하여 중요한 국외 판결이 존재한다. 이러한 판결들 중 인간존엄의 법적 형량가능성과 관련하여 프랑크푸르트 고문위협사건(2005)을 살펴보기로 한다.

한 대학생이 어린이를 유괴하고 그 부모에게 돈을 주면 아이를 풀어주겠다고 협박했는데, 이 대학생이 경찰에 붙잡혔다. 그가 아이가 있는 곳을 실토하지 않자, 관할경찰청장은 부하경관에게 우선 신체적 고통의 투입이 있을 수 있음을 위협하라고 말하고, 그래도 실토하지 않으면 고통을 실제 가하라고 주문했다. 고통의 부과에 이르기 전의 위협단계에서 그는 실토하였고, 경찰은 아이가 이미 죽었음을 알게 되었다. 그런데 경찰의 이러한 행위에 대해 사회적 논란이 일었고, 결국 고문을 위협한 경찰은 협박죄로, 이를 명령한 지휘관은 부하에 대한 범죄유인죄로 기소되었다.

인간의 존엄과 관련하여 문제가 된 지점은 과연 이들의 행위에 대해 긴급피난 혹은 정당방위를 이유로 위법성이 조각될 수 있을지의 여부였다. 법원은 이러한 가능성을 부인하였다. 고문이나 그 위협행위는 범죄피의자를 자율적 의사결정주체가 아닌, 한낱 정보담지체로 보고 그의 몸뚱아리에 고통을 가하여 정보를 끌어내기 위한 수단으로 취급한 것(수단화, 객관화)이다. 따라서 전형적인 인간존엄의 침해에 해당하며, 긴급피난이나 정당방위에 의한 위법성의 조각이 배제된다는 것이다. 인간존엄 법리의 지배적 입장에 의거해 인간존엄의 형량불가를 전제한 것이고, 그에 따라 정당방위나 긴급피난에 요구되는 정당화 가능성을 애초에 차단시킨 것이다. 결국 법원은 경찰의 위법행위를 인정하였다. 다만, 양형에 있어서 제반 상황을 참작하여 경미한 벌금형을 부과하였을 뿐이다.

그럼에도 법원의 논리가 모두에게 만족스러운 것은 아니었다. 여전히 많은 이들은 유괴범의 존엄보다 납치된 이의 존엄이나 생명이 보다 존중되어야 한다고 생각한다. 만약 인간존엄의 형량불가 때문에 그것이 방해받는다면, 이는 특정한 법리가 과도히 남용된 것으로서 받아들일 수 없는 것이라고 본다. 이러한 문제의식하에 일부 법률가들은 인간존엄의 형량불가법리를 완화하고자 시도하였다.

우선 인간존엄의 보호영역 축소론은 인간존엄의 형량불가법리를 견지하면서도 '구조를 위한 최소한의 고문'을 인간존엄의 보호영역에 해당되지 않는 것으로 설정하는 방법이다. 예컨대, 인간의 존엄에 반하는 '고문'과 인간 구조를 위해서 불가피하게 최소한도로 시행하는 '고통의 부과'를 구분한 후 후자를 고문의 범주에서 배제하는 것이다. 전자는 여전히 인간의 존엄침해로서 절대 정당화되어질 수 없는 행위이지만, 허가될 수 있는 '고통부과'는 엄격한 비례성 심사를 충족해야 하는 것으로 설정된다. 그 목적은 고차적 법익의 보호, 특히 생명의 구조나 존엄의 보호를 위한 것 등에 제한되어야 하고, 최소침해의 원칙이 지켜져서 오직 최후수단으로만 투입될 수 있어야 한다고 한다. 그리고 고통부과의 방식과 내용 역시 그에 대한 사후통제가 가능할 수 있게끔 엄격하게 규율되어야 한다는 입장이다.

이외에도 헤어데겐의 제안도 주목해볼 필요가 있다. 그런데, 구조를 위한 고문을 인정하는 가장 간단한 이론구성은 '인간존엄의 형량가능성을 정면으로 인정하는 방법이다. 이러한 방법을 취하는 학자들은 인간존엄의 고차적 비중 때문에 인간존엄의 형량은 오직 또 다른 인간의 존엄과의 충돌 시에만 혹은 추가적으로 생명권과의 충돌 시에만 인정하고자 한다. 그리고 그러한 형량은 엄격한 비례성 심사를 충족시킬 수 있어야 한다고 본다. 인간존엄은 원칙적으로 형량불가 영역에 놓여야 하는 고차적 법익이지만, 또 다른 인간의 존엄이나 생명권과 충돌하는 경우라면 형량이 불가피해진다고 보는 것이다. 중요한 것은 그러한 가능성을 처음부터 배제하는 것이 아니라, 이를 엄격한 조건으로 통제하는 것이라고 한다.

출처: 윤진수·한상훈·안성조, 법의 딜레마, 법문사, 2020, 103-109면.

풀어보기_✎

다음 제시문을 읽고 문제에 답하시오.   2016 전북대, 2015 중앙대[5]

제시문

베이비박스(baby box)는 부득이한 사정으로 아기를 키울 수 없는 산모가 작은 철제상자 안에 아기를 두고 갈 수 있도록 만든 것으로, 유기되는 아이들의 안전을 위해 만들어졌다. 우리나라에서는 서울 주사랑공동체교회의 이종락 목사가 어느 대학병원 의사의 부탁을 받아 부모가 병원에 버린 장애 아기 4명을 거뒀고, 그 소식을 들은 누군가 2007년 이 목사 집 근처에 다운증후군 아기를 두고 가면서 베이비박스가 시작됐다고 한다. 하지만 이 베이비박스는 찬반논란에 휩싸여 있다. 길바닥이나 쓰레기통에 버려져 죽을 수 있는 어린 생명들을 살린다는 입장과, 결국 아기를 죄책감 없이 버리는 행위를 더욱 조장하게 만든다는 입장이다.

이런 상황에서 최근 사회적으로 영아 살해·유기가 큰 논란이 일자 관련 처벌이 강화됐다. 지난 7월 18일 국회는 본회의를 열고, 영아 살해·유기범도 일반 살인·유기범처럼 최대 사형에 처하도록 처벌을 강화하는 내용의 형법 개정안을 통과시켰다. 그리고 기존 영아유기죄의 2년 이하 징역 또는 300만원 이하 벌금 규정을 삭제하고, 영아 유기 역시 일반 유기죄의 3년 이하 징역 또는 500만원 이하 벌금, 존속유기죄의 10년 이하 징역 또는 1천 500만원 이하 벌금 규정을 적용하기로 했다. 그러나 영아유기죄 처벌 강화 등 법 개정도 좋지만, 벼랑 끝에 내몰린 미혼모들의 손을 한 번 더 잡아주고, 왜 이런 선택을 할 수밖에 없었는지 등을 합리적으로 살핀 뒤, 그에 맞춰 법을 개정해야 한다는 주장도 제기된다.

우리나라에서 2012년 8월 출생신고가 된 아이만 입양을 할 수 있도록 입양특례법이 개정되면서, 미혼모 등 출산 사실 자체를 숨기고 입양을 보내고 싶어하는 이들에게는 사실상 입양 문턱이 높아져 오히려 영아 유기나 불법 거래로 이어졌다는 지적도 있다.

이런 가운데 지난 6월 30일 국회는 본회의를 열고 '가족관계의 등록 등에 관한 법률 개정안'을 통과시켰다. 출생통보제는 건강심사보험평가원이 지자체에 출생 사실을 통보하면, 지자체가 신고 여부를 확인하고 필요시 법원의 허가를 받아 직권으로 출생 등록을 하는 제도다. 부모가 출생신고를 하지 않아도 국가가 직권으로 신고할 수 있다. 그러나 출생통보제 시행으로 강제로 출생 사실을 등록하면 미혼모들이 병원 방문을 꺼릴 수 있고, 오히려 미혼모들을 최악의 상황으로 내몰 수 있다는 우려의 목소리도 크다.

상황이 이렇게 되자 임산부가 익명을 보장받은 채 아이를 출산할 수 있게 하는 제도인 보호출산제도를 도입해야 한다는 목소리가 나온다. 현재 독일, 프랑스, 이탈리아, 오스트리아 등에서는 익명출산제를 도입, 운영하고 있다. 의료진의 조력을 받아 익명으로 출산하고, 아이를 두고 떠날 수 있도록 하고 있다. 또 친생모의 정보를 국가가 밀봉상태로 보관하고 있다가, 아동이 일정한 나이가 되면 이를 열람할 수 있도록 한다.

2014년부터 합법적으로 비밀출산을 보장하는 독일은, 출산 시 산모와 아이에 대한 의료서비스를 제공하는 신뢰출산제를 시행하고 있다. 그 결과 2017년 독일 정부는 3년간의 신뢰출산제 성과를 평가하는 보고서를 발표하기도 했다. 다만 독일, 프랑스 등 주요 선진국은 1990년대 영아 살해에 대한 감경 규정을 일찌감치 삭제하기도 했다. 영아 유기에 대한 현장의 목소리를 충분히 반영해 합리적인 방안을 도출한 것으로 풀이된다.

문제

1. 베이비박스에 대한 지원자의 견해를 밝히시오.
2. 제시문을 참고해서 우리나라에서 영아 유기 문제를 해결할 수 있는 방안을 제시해 보시오.

관련내용: 제9장 1. 인간의 존엄과 가치

---

5 베이비박스 관련 문제는 2016학년도 전북대와 2015학년도 중앙대에서 출제된 바 있다. 풀어보기 문제는 2023년 영아유기문제가 이슈화된 상황을 반영해서 제시문을 새로 구성하였다.

풀어보기 ✎

다음 제시문을 읽고 문제에 답하시오.   2019 전남대

제시문

장기이식 대기자 규모가 4만 명에 임박한 가운데, 실제 기증은 전체 대기자의 약 10%에 불과한 것으로 드러났다. 국회 보건복지위원회 기동민 간사(더불어민주당, 성북 을)가 질병관리본부 장기이식관리센터에 받은 자료에 의하면 2019년 8월 기준 장기이식 대기자는 39,301명으로 나타났다. 2015년 27,444명이던 장기이식 대기자 수는 2016년 30,286명, 2017년 34,187명, 2018년 37,217명으로 계속 증가하고 있다. 매년 평균 3,258명이 증가하고 있는 셈이다. 현재 추세에 따르면 2019년 말 장기이식 대기자는 4만 명을 넘어설 것으로 보인다

장기이식 대기자와 달리 장기기증자의 규모는 크게 상승하지 못했다. 2015년 2,569명이던 장기기증자는 2016년 2,886명, 2017년 2,897명, 2018년 3,396명으로 조금씩 증가했다. 그러나 장기이식 대기자 수의 10%에 미치지 못하고 있다.

이 중 생존 시 기증과 달리 많은 장기기증이 가능해 중요성이 큰 뇌사기증은 2016년 이후 계속 감소하고 있었다. 2016년 573명까지 올라선 뇌사기증자는 이후 계속해서 줄어 2018년에는 500명 아래로 내려갔다. 뇌사자 가족들의 기증 동의율 또한 2016년 이후 매년 전년 대비 8%씩 낮아져 과거 50% 이상의 동의율이 35%까지 하락했다. 현행법상 가족이 동의하지 않으면 뇌사자의 장기기증은 불가하다.

장기기증 희망 등록자의 수도 급감해 장기이식의 수요와 공급의 불균형이 더 심화될 것으로 보인다. 2014년 10만 명을 넘었던 장기기증 희망 등록자는 2015년 88,524명, 2016년 85,005명, 2017년 75,915명으로 줄어들었다. 2018년 장기기증 희망 등록자 수는 7만 763명으로 2014년에 비해 35%나 감소했다.

장기이식 대기자가 늘고 장기기증자가 줄면서 장기이식 대기자의 대기시간도 늘어났다. 2014년에서 2018년간 장기이식 대기자의 평균 대기시간은 1,182일이었다. 이식을 받기 위해 약 3년 3개월을 기다려야 한다. 이마저도 대기시간이 점차 길어지고 있다. 2018년 장기이식 대기시간은 1,220일로 2014년에 비해 82일이 늘어났다.

따라서 장기매매를 합법화해야 한다는 주장과, 합법화할 경우 발생하는 문제가 너무나 심각하기 때문에 장기매매를 합법화하면 안 된다는 주장이 팽팽하게 대립하고 있다.

문제

장기매매 합법화 문제에 대해 찬성과 반대 두 가지 입장 중 하나를 골라 자신의 의견을 논증하시오.

관련내용: 제9장 1. 인간의 존엄과 가치

풀어보기_✎

다음 제시문을 읽고 문제에 답하시오.   2019 아주대

제시문

국가인권위원회는 제16회 세계 사형폐지의 날을 맞아 국회에서 기념식을 갖고 '사형제도 폐지 및 대체형벌 마련을 위한 토론회'를 개최했다. 이 토론회에서 김도우 경남대 교수는 20세 이상 성인남녀 1,000명을 대상으로 실시한 '사형제도 폐지 및 대체형벌에 관한 국민인식조사' 조사 결과를 발표했다. 조사 결과 사형제도에 대한 찬반 의견을 묻는 질문에서, '당장 혹은 향후에 폐지해야 한다'는 의견이 20.3%, '강화되어야 한다'는 의견은 19.9%로 찬반 의견이 팽팽했다. 또 '유지되어야 하지만 집행에 신중해야 한다'는 의견은 59.8%로 나왔다. 또 설문 참가자 중 71%가 '사형제도의 정책효과가 있다'고 답했고 84.5%가 '범죄예방 효과가 있다'고 답했다.

김 교수는 "사형제도 폐지에 대한 의견은 다양한 상황에 따라 다르게 나타난다"면서, "대체형벌 도입을 전제로 할 경우, 참가자 가운데 66.9%가 사형제도 폐지에 동의한 것으로 드러나 일반 국민들은 사형제도를 대신할 대체 형벌 마련에 공감하고 있다"고 설명했다.

대체형벌을 묻는 중복응답이 가능한 질문에선 설문 참가자들은 석방과 가석방이 불가능한 '절대적 종신형제도'와 '징벌적 손해배상'을 병행해야 한다는 의견이 82.5%로 가장 높았고, 다음으로 절대적 종신형(78.9%), 무기징역(43.9%) 순이었다. 절대적 종신형은 가석방 없이 평생 복역을 하는 것을 의미하며, 상대적 종신형은 일정 기간 복역 이후에 가석방할 수 있는 형벌을 의미한다. 현재 한국에는 종신형 제도가 없다. 다만 정해진 복역기간 없이 무기한 수감할 수 있는 무기징역제도가 마련되어 있다. 형벌은 시대적 배경에 따라 다를 수 있고, 사회, 문화, 역사적 영향을 받는다.

문제

지원자는 사형제가 폐지된다고 할 때 그 대안으로, '절대적 종신형'과 '상대적 종신형' 중 어느 쪽을 찬성하는가?

관련내용: 제9장 1. 인간의 존엄과 가치

◈ 관련판례 1   사형제도에 대한 위헌의견(헌재 2010.2.25. 2008헌가23)

재판관 김희옥의 위헌의견

사형제도는 인간의 존엄과 가치를 천명하고 생명권을 보장하는 우리 헌법 체계에서는 입법목적 달성을 위한 적합한 수단으로 인정할 수 없고, 사형제도를 통하여 확보하고자 하는 형벌로서의 기능을 대체할 만한 가석방 없는 무기자유형 등의 수단을 고려할 수 있으므로 피해의 최소성 원칙에도 어긋나며, 사형 당시에는 사형을 통해 보호하려는 타인의 생명권이나 중대한 법익은 이미 그 침해가 종료되어 범죄인의 생명이나 신체를 박탈해야 할 긴급성이나 불가피성이 없고 사형을 통해 달성하려는 공익에 비하여 사형으로 인하여 침해되는 사익의 비중이 훨씬 크므로 법익의 균형성도 인정되지 아니한다. 또한 사형제도는 이미 중대 범죄가 종료되어 상당 기간이 지난 후 체포되어 수감 중인, 한 인간의 생명을 일정한 절차에 따라 빼앗는 것을 전제로 하므로, 생명에 대한 법적 평가가 필요한 예외적인 경우라고 볼 수 없어 생명권의 본질적 내용을 침해하고, 신체의 자유의 본질적 내용까지도 침해한다.

사형제도는 범죄인을 사회전체의 이익 또는 다른 범죄의 예방을 위한 수단 또는 복수의 대상으로만 취급하고 한 인간으로서 자기의 책임하에 반성과 개선을 할 최소한의 도덕적 자유조차 남겨주지 아니하는 제도이므로 헌법 제10조가 선언하는 인간의 존엄과 가치에 위배되며, 법관이나 교도관 등 직무상 사형제도의 운영에 관여하여야 하는 사람들로 하여금 인간의 생명을 계획적으로 빼앗는 과정에 참여하게 함으로써 그들을 인간으로서의 양심과 무관하게 국가목적을 위한 수단으로 전락시키고 있다는 점에서 그들의 인간으로서의 존엄과 가치 또한 침해한다.

재판관 김종대의 위헌의견

형벌로서 사형을 부과할 당시에는 국가의 존립이나 피해자의 생명이 범인의 생명과 충돌하는 상황은 이미 존재하지 않으며, 국가가 범인을 교도소에 계속해서 수용하고 있는 한 개인과 사회를 보호하는 목적은 범인을 사형시켰을 때와 똑같이 달성될 수 있다. 사형제도는 범죄억제라는 형사정책적 목적을 위해 사람의 생명을 빼앗는 것으로 그 자체로 인간으로서의 존엄과 가치에 반하고, 사형제도를 통해 일반예방의 목적이 달성되는지도 불확실하다. 다만, 지금의 무기징역형은 개인의 생명과 사회의 안전의 방어라는 점에서 사형의 효력을 대체할 수 없으므로, 가석방이나 사면 등의 가능성을 제한하는 최고의 자유형이 도입되는 것을 조건으로 사형제도는 폐지되어야 한다.

재판관 목영준의 위헌의견

(1) 생명권은 개념적으로나 실질적으로나 본질적인 부분을 그렇지 않은 부분과 구분하여 상정할 수 없어 헌법상 제한이 불가능한 절대적 기본권이라고 할 수밖에 없고, 생명의 박탈은 곧 신체의 박탈도 되므로 사형제도는 생명권과 신체의 자유의 본질적 내용을 침해하는 것이다.

(2) 사형제도는 사회로부터 범죄인을 영원히 배제한다는 점 이외에는 형벌의 목적에 기여하는 바가 결코 명백하다고 볼 수 없고, 우리나라는 국제인권단체로부터 사실상의 사형폐지국으로 분류되고 있어 사형제도가 실효성을 상실하여 더 이상 입법목적 달성을 위한 적절한 수단이라고 할 수 없으며, 절대적 종신형제 또는 유기징역제도의 개선 등 사형제도를 대체할 만한 수단을 고려할 수 있음에도, 생명권을 박탈하는 것은 피해의 최소성 원칙에도 어긋나고, 사형을 통해 침해되는 사익은 범죄인에게는 절대적이고 근원적인 기본권인 반면, 이를 통해 달성하고자 하는 공익은 다른 형벌에 의하여 상당 수준 달성될 수 있어 공익과 사익 간에 법익의 균형성이 갖추어졌다고 볼 수 없다.

(3) 사형은 악성이 극대화된 흥분된 상태의 범죄인에 대하여 집행되는 것이 아니라 이성이 일부라도 회복된 안정된 상태의 범죄인에 대하여 생명을 박탈하는 것이므로 인간의 존엄과 가치에 위배되며, 직무상 사형제도의 운영에 관여하여야 하는 사람들로 하여금 그들의 양심과 무관하게 인간의 생명을 계획적으로 박탈하는 과정에 참여하게 함으로써, 그들의 인간으로서 가지는 존엄과 가치 또한 침해한다.

(4) 사형제도가 헌법에 위반되어 폐지되어야 한다고 하더라도 이를 대신하여 흉악범을 사회로부터 영구히 격리하는 실질적 방안이 강구되어야 하는바, 가석방이 불가능한 절대적 종신형제도를 사형제도를 (대신하여) 도입하고, 엄중한 유기징역형을 선고할 수 있도록 경합범 합산규정을 수정하고 유기징역형의 상한을 대폭 상향조정해야 하므로, 형벌의 종류로서 사형을 열거하고 있는 형법 제41조 제1호를 위헌으로 선언함과 동시에, 무기징역형, 경합범 가중규정, 유기징역형 상한 및 가석방에 관한 현행 법규정들이 헌법에 합치되지 않음을 선언하여야 한다.

재판관 조대현의 일부위헌의견

인간의 생명권은 지고(至高)의 가치를 가지는 것이므로 이를 제한하기 위한 사유도 역시 지고의 가치를 가지는 인간의 생명을 보호하거나 구원하기 위한 것이라야 하는데, 범죄에 대한 형벌로서 범죄자를 사형시키는 것은 이미 이루어진 법익침해에 대한 응보에 불과하고, 살인자를 사형시킨다고 하여 피살자의 생명이 보호되거나 구원되지 아니하므로, 사형제도는 인간의 생명을 박탈하기에 필요한 헌법 제37조 제2항의 요건을 갖추지 못하였으며, 생명권의 본질적인 내용을 침해하는 것이라고 보지 않을 수 없다.

🔺 관련판례 2 　사형제도에 대한 합헌의견(헌재 2010.2.25. 2008헌가23)

(3) 우리 헌법이 명문으로 사형제도를 인정하고 있는지 여부

우리 헌법은 사형제도에 대하여 그 금지나 허용을 직접적으로 규정하고 있지는 않다. 그러나, 헌법 제12조 제1항은 "모든 국민은 …… 법률과 적법절차에 의하지 아니하고는 처벌·보안처분 또는 강제노역을 받지 아니한다."고 규정하는 한편, 헌법 제110조 제4항은 "비상계엄하의 군사재판은 군인·군무원의 범죄나 군사에 관한 간첩죄의 경우와 초병·초소·유독음식물공급·포로에 관한 죄 중 법률이 정한 경우에 한하여 단심으로 할 수 있다. 다만, 사형을 선고한 경우에는 그러하지 아니하다."고 규정하고 있다. 이는 법률에 의하여 사형이 형벌로서 규정되고, 그 형벌조항의 적용으로 사형이 선고될 수 있음을 전제로 하여, 사형을 선고한 경우에는 비상계엄하의 군사재판이라도 단심으로 할 수 없고, 사법절차를 통한 불복이 보장되어야 한다는 취지의 규정이라 할 것이다.

따라서 우리 헌법은 적어도 문언의 해석상 사형제도를 간접적으로나마 인정하고 있다고 할 것이다.

(4) 생명권이 헌법 제37조 제2항에 의한 일반적 법률유보의 대상이 되는지 여부

인간의 생명에 대하여는 함부로 사회과학적 혹은 법적인 평가가 행하여져서는 아니 되고, 각 개인의 입장에서 그 생명은 절대적 가치를 가진다고 할 것이므로 생명권은 헌법 제37조 제2항에 따른 제한이 불가능한 절대적 기본권이 아닌지가 문제 될 수 있다.

그런데 우리 헌법은 절대적 기본권을 명문으로 인정하고 있지 아니하며, 헌법 제37조 제2항에서는 국민의 모든 자유와 권리는 국가안전보장·질서유지 또는 공공복리를 위하여 필요한 경우에 한하여 법률로써 제한할 수 있도록 규정하고 있는바, 어느 개인의 생명권에 대한 보호가 곧바로 다른 개인의 생명권에 대한 제한이 될 수밖에 없거나, 특정한 인간에 대한 생명권의 제한이 일반국민의 생명 보호나 이에 준하는 매우 중대한 공익을 지키기 위하여 불가피한 경우에는 비록 생명이 이념적으로 절대적 가치를 지닌 것이라 하더라도 생명에 대한 법적 평가가 예외적으로 허용될 수 있다고 할 것이므로, 생명권 역시 헌법 제37조 제2항에 의한 일반적 법률유보의 대상이 될 수밖에 없다. 예컨대 생명에 대한 현재의 급박하고 불법적인 침해 위협으로부터 벗어나기 위한 정당방위로서 그 침해자의 생명에 제한을 가하여야 하는 경우, 모체의 생명이 상실될 우려가 있어 태아의 생명권을 제한하여야 하는 경우, 국민 전체의 생명에 대하여 위협이 되는 현재적이고 급박한 외적의 침입에 대한 방어를 위하여 부득이하게 국가가 전쟁을 수행하는 경우, 정당한 이유 없이 타인의 생명을 부정하거나 그에 못지 아니한 중대한 공공이익을 침해하는 극악한 범죄의 발생을 예방하기 위하여 범죄자에 대한 극형의 부과가 불가피한 경우 등 매우 예외적인 상황하에서 국가는 생명에 대한 법적인 평가를 통해 특정 개인의 생명권을 제한할 수 있다 할 것이다.

한편, 헌법 제37조 제2항에서는 자유와 권리를 제한하는 경우에도 자유와 권리의 본질적인 내용을 침해할 수 없다고 규정하고 있다. 그런데 생명권의 경우, 다른 일반적인 기본권 제한의 구조와는 달리, 생명의 일부 박탈이라는 것은 상정할 수 없기 때문에 생명에 대한 제한은 필연적으로 생명권의 완전한 박탈을 의미하게 되는바, 이를 이유로 생명권의 제한은 어떠한 상황에서든 곧바로 개인의 생명권의 본질적인 내용을 침해하는 것으로서 기본권 제한의 한계를 넘는 것으로 본다면, 이는 생명권을 제한이 불가능한 절대적 기본권으로 인정하는 것과 동일한 결과를 가져오게 된다.

그러나 앞서 본 바와 같이 생명권 역시 그 제한을 정당화할 수 있는 예외적 상황하에서는 헌법상 그 제한이 허용되는 기본권인 점 및 생명권 제한구조의 특수성을 고려한다면, 생명권 제한이 정당화될 수 있는 예외적인 경우에는 생명권의 박탈이 초래된다 하더라도 곧바로 기본권의 본질적인 내용을 침해하는 것이라 볼 수는 없다. 따라서 사형이 비례의 원칙에 따라 최소한 동등한 가치가 있는 다른 생명 또는 그에 못지 아니한 공공의 이익을 보호하기 위한 불가피성이 충족되는 예외적인 경우에만 적용됨으로써 생명권의 제한이 정당화될 수 있는 경우에는, 그것이 비록 생명권의 박탈을 초래하는 형벌이라 하더라도 이를 두고 곧바로 생명권이라는 기본권의 본질적인 내용을 침해하는 것이라 볼 수는 없다.

(5) 사형제도가 생명권 제한에 있어서의 헌법상 비례원칙에 위배되는지 여부

(가) 앞서 본 바와 같이, 생명권 역시 헌법 제37조 제2항에 의한 일반적 법률유보의 대상이 될 수 있다 할 것이므로, 생명권의 제한을 형벌의 내용으로 하는 사형제도의 위헌성 여부를 판단하기 위하여 사형제도가 생명권 제한에 있어서의 헌법상 비례원칙에 위배되는지 여부를 살펴본다.

(나) 입법목적의 정당성 및 수단의 적합성

사형은, 이를 형벌의 한 종류로 규정함으로써, 일반국민에 대한 심리적 위하를 통하여 범죄의 발생을 예방하며, 이를 집행함으로써 극악한 범죄에 대한 정당한 응보를 통하여 정의를 실현하고, 당해 범죄인 자신에 의한 재범의 가능성을 영구히 차단함으로써 사회를 방어한다는 공익상의 목적을 가진 형벌인바, 이러한 사형제도의 입법목적은 정당하다고 할 것이다.

나아가 사형은 인간의 죽음에 대한 공포본능을 이용한 가장 냉엄한 궁극의 형벌로서 이를 통한 일반적 범죄예방효과가 있다고 볼 수 있으므로 일반적 범죄예방목적을 달성하기 위한 적합한 수단이라 할 것이다. 또한 잔혹한 방법으로 다수의 인명을 살해하는 등의 극악한 범죄의 경우, 그 법익침해의 정도와 범죄자의 책임의 정도는 가늠할 수 없을 만큼 심대하다 할 것이며, 수많은 피해자 가족들의 형언할 수 없는 슬픔과 고통, 분노 및 일반국민이 느낄 불안과 공포, 분노까지 고려한다면, 이러한 극악한 범죄에 대하여는 우리 헌법질서가 허용하는 한도 내에서 그 불법정도와 책임에 상응하는 강력한 처벌을 함이 정의의 실현을 위하여 필수불가결하다 할 것인바, 가장 무거운 형벌인 사형은 이러한 정당한 응보를 통한 정의의 실현을 달성하기 위한 적합한 수단이라 할 것이다.

(다) 피해의 최소성

1) 특정 범죄와 그 법정형 사이에 적정한 비례관계가 존재하는 일반적인 상황하에서는, 형벌이 무거울수록, 즉, 형벌 부과에 의한 범죄자의 법익침해 정도가 커질수록 범죄를 실행하려는 자의 입장에서는 범죄를 통하여 얻을 수 있는 이익에 비하여 범죄로 인하여 부과될 수 있는 불이익이 보다 커지게 됨으로써 그 범죄행위를 포기하게 될 가능성이 커진다고 볼 수 있다. 따라서, 우리 형법체계에 비추어 보면, 일반적으로 벌금형보다는 징역형이, 단기의 징역형보다는 장기의 징역형이, 유기징역형보다는 무기징역형이 범죄억지효과가 크다고 봄이 상당하다. 특히, 무기징역형이나 사형의 대체형벌로 논의될 수 있는 가석방이 불가능한 종신형을 선고받은 범죄자의 경우 사회로부터의 격리라는 자유형의 집행 목적에 반하지 아니하는 한도 내에

서는 인격권 등의 기본권을 그대로 가지는 반면, 사형을 선고받은 범죄자는 사형집행으로 인하여 생명을 박탈당함으로써 인간의 생존을 전제로 한 모든 자유와 권리까지 동시에 전면적으로 박탈당한다는 점에 비추어 보면, 한 인간에게 있어서 가장 소중한 생명을 박탈하는 내용의 사형은 무기징역형이나 가석방이 불가능한 종신형보다도 범죄자에 대한 법익침해의 정도가 크다 할 것이다. 여기에다 인간의 생존본능과 죽음에 대한 근원적인 공포까지 고려하면, 사형은 잠재적 범죄자를 포함하는 모든 일반국민에 대하여 무기징역형이나 가석방이 불가능한 종신형보다 더 큰 위하력을 발휘함으로써 가장 강력한 범죄억지력을 가지고 있다고 봄이 상당하다. 따라서 입법자가 이러한 범죄와 형벌의 본질 및 그 관계, 인간의 본성 등을 바탕으로 하여 사형이 무기징역형 등 자유형보다 더 큰 일반적 범죄예방효과를 가지고 있다고 보아 형벌의 한 종류로 규정한 이상, 이러한 입법자의 판단은 존중되어야 할 것이고, 이와 달리 무기징역형이나 가석방이 불가능한 종신형이 사형과 동일한 혹은 오히려 더 큰 일반적 범죄예방효과를 가지므로 사형을 대체할 수 있다는 주장은 이를 인정할 만한 명백한 근거가 없는 이상 받아들일 수 없다.

나아가 이와 같이 사형이 무기징역형이나 가석방이 불가능한 종신형보다 일반적 범죄예방효과가 크다고 볼 수 있는 이상, 무기징역형 등 자유형보다 사형을 통하여 살인범죄 등 극악한 범죄의 발생을 보다 더 감소시킬 수 있다 할 것이다. 이는 무고하게 살해되는 일반국민의 수가 사형제도의 영향으로 감소될 수 있다는 것, 즉, 무고한 생명의 일부라도 사지(死地)로부터 구해낼 수 있다는 것을 의미한다. 그리고 설령 사형과 무기징역형 등 자유형 사이의 일반적 범죄예방효과 차이가 탁월하게 크지는 아니하여 사형제도로 인하여 보다 더 구제되는 무고한 생명의 수가 월등히 많지는 않다고 하더라도, 구제되는 생명의 수의 많고 적음을 떠나, 이러한 무고한 국민의 생명 보호는 결코 양보하거나 포기할 수 있는 성질의 것이 아니라 할 것이다.

2) 또한 잔혹한 방법으로 다수의 인명을 살해한 범죄 등 극악한 범죄의 경우에는, 범죄자에 대한 무기징역형이나 가석방이 불가능한 종신형의 선고만으로는 형벌로 인한 범죄자의 법익침해 정도가 당해 범죄로 인한 법익침해의 정도 및 범죄자의 책임에 미치지 못하게 되어 범죄와 형벌 사이의 균형성을 잃게 될 뿐만 아니라 이로 인하여 피해자들의 가족 및 일반국민의 정의관념에도 부합하지 못하게 된다. 결국, 극악한 범죄에 대한 정당한 응보를 통한 정의의 실현이라는 목적을 달성함에 있어서 사형보다 범죄자에 대한 법익침해의 정도가 작은 무기징역형이나 가석방이 불가능한 종신형은 사형만큼의 효과를 나타낸다고 보기 어렵다.

3) 한편, 생명을 박탈하는 형벌인 사형은 그 성격상 이미 형이 집행되고 난 후에는 오판임이 밝혀지더라도 범죄자의 기본권 제한을 회복할 수 있는 수단이 없다는 점에서 최소침해성원칙에 위배되는지 여부가 문제된다.

그런데, 인간은 완벽한 존재일 수가 없고 그러한 인간이 만들어낸 어떠한 사법제도 역시 결점이 없을 수는 없다는 점에 비추어 보면, 형사재판에 있어서의 오판가능성은 사법제도가 가지는 숙명적 한계라고 할 것이지 사형이라는 형벌제도 자체의 문제라고 보기는 어렵다. 따라서 오판가능성 및 그 회복의 문제는, 피고인의 방어권을 최대한 보장하고, 엄격한 증거조사절차를 거쳐 유죄를 인정하도록 하는 형사공판절차제도와 오판을 한 하급심 판결이나 확정된 판결을 시정할 수 있는 심급제도, 재심제도 등의 제도적 장치 및 그에 대한 개선을 통하여 오판가능성을 최소화함으로써 해결할 문제이지, 이를 이유로 사형이라는 형벌의 부과 자체를 최소침해성원칙에 어긋나 위헌이라고 할 수는 없다.

4) 위에서 살펴본 바와 같이, 사형은 그보다 완화된 형벌인 무기징역형이나 가석방이 불가능한 종신형에 비하여 일반적 범죄예방목적 및 정당한 응보를 통한 정의의 실현이라는 목적을 달성함에 있어서 더 효과적인 수단이라고 할 것이고, 위와 같은 입법목적의 달성에 있어서 사형과 동일한 효과를 나타내면서도 사형보다 범죄자에 대한 법익침해 정도가 작은 다른 형벌이 명백히 존재한다고 보기 어려우므로 사형제도는 최소침해성원칙에 어긋난다고 할 수 없다.

(라) 법익의 균형성

모든 인간의 생명은 자연적 존재로서 동등한 가치를 갖는다고 할 것이나 그 동등한 가치가 서로 충돌하게 되거나 생명의 침해에 못지 아니한 중대한 공익을 침해하는 등의 경우에는 국민의 생명 등을 보호할 의무가 있는 국가로서는 어떠한 생명 또는 법익이 보호되어야 할 것인지 그 규준을 제시할 수 있는 것이다. 인간의 생명을 부정하는 등의 범죄행위에 대한 불법적 효과로서 지극히 한정적인 경우에만 부과되는 사형은 죽음에 대한 인간의 본능적인 공포심과 범죄에 대한 응보욕구가 서로 맞물려 고안된 "필요악"으로서 불가피하게 선택된 것이며 지금도 여전히 제 기능을 하고 있다는 점에서 정당화될 수 있다.

나아가 사형으로 인하여 침해되는 사익은 타인의 생명을 박탈하는 등의 극악한 범죄를 저지른 자의 생명 박탈이라 할 것인바, 이는 범죄자의 자기책임에 기초한 형벌효과에 기인한 것으로서 엄격하고 신중한 형사소송절차를 거쳐 생명이 박탈된다는 점에서, 극악무도한 범죄행위로 인하여 무고하게 살해당하였거나 살해당할 위험이 있는 일반국민의 생명권 박탈 및 그 위험과는 동일한 성격을 가진다고 보기 어렵고, 두 생명권이 서로 충돌하게 될 경우 범죄행위로 인한 무고한 일반국민의 생명권 박탈의 방지가 보다 우선시되어야 할 가치라 할 것이다.

따라서 사형제도에 의하여 달성되는 범죄예방을 통한 무고한 일반국민의 생명 보호 등 중대한 공익의 보호와 정의의 실현 및 사회방위라는 공익은 사형제도로 발생하는 극악한 범죄를 저지른 자의 생명권 박탈이라는 사익보다 결코 작다고 볼 수 없을 뿐만 아니라, 다수의 인명을 잔혹하게 살해하는 등의 극악한 범죄에 대하여 한정적으로 부과되는 사형이 그 범죄의 잔혹함에 비하여 과도한 형벌이라고 볼 수 없으므로, 사형제도는 법익균형성원칙에 위배되지 아니한다.

(마) 결국 사형이 극악한 범죄에 한정적으로 선고되는 한, 사형제도 자체는 위에서 살펴본 바와 같이 입법목적의 정당성, 수단의 적합성, 피해의 최소성, 법익균형성 등을 모두 갖추었으므로 생명권 제한에 있어서의 헌법상 비례원칙에 위배되지 아니한다.

(6) 사형제도가 인간의 존엄과 가치를 규정한 헌법 제10조에 위배되는지 여부

헌법 제10조는 "모든 국민은 인간으로서의 존엄과 가치를 가지며, 행복을 추구할 권리를 가진다. 국가는 개인이 가지는 불가침의 기본적 인권을 확인하고 이를 보장할 의무를 진다."라고 하여 모든 기본권의 종국적 목적이자 기본이념이라 할 수 있는 인간의 존엄과 가치를 규정하고 있다. 이러한 인간의 존엄과 가치 조항은 헌법이념의 핵심으로 국가는 헌법에 규정된 개별적 기본권을 비롯하여 헌법에 열거되지 아니한 자유와 권리까지도 이를 보장하여야 하고, 이를 통하여 개별 국민이 가지는 인간으로서의 존엄과 가치를 존중하고 확보하여야 한다는 헌법의 기본원리를 선언한 것이라 할 것이다.

그런데 사형제도가 범죄자의 생명권 박탈을 그 내용으로 하고 있으므로 인간의 존엄과 가치를 규정한 헌법 제10조에 위배되는지에 관하여 보건대, 앞서 살펴본 바와 같이, 사형제도 자체는 우리 헌법이 적어도 문언의 해석상 간접적으로나마 인정하고 있는 형벌의 한 종류일 뿐만 아니라, 사형이 극악한 범죄에 한정적으로 선고되는 한, 기본권 중의 기본권이라고 할 생명권을 제한함에 있어서 헌법상 비례원칙에 위배되지 아니한다고 할 것인바, 이와 같이 사형제도가 인간존엄성의 활력적인 기초를 의미하는 생명권 제한에 있어서 헌법 제37조 제2항에 의한 헌법적 한계를 일탈하였다고 볼 수 없는 이상, 사형제도가 범죄자의 생명권 박탈을 내용으로 한다는 이유만으로 곧바로 인간의 존엄과 가치를 규정한 일반조항인 헌법 제10조에 위배되어 위헌이라고 할 수는 없다.

또한 사형은 형벌의 한 종류로서, 앞서 살펴본 바와 같이, 다수의 무고한 생명을 박탈하는 살인범죄 등의 극악한 범죄에 예외적으로 부과되는 한, 그 내용이 생명권 제한에 있어서의 헌법적 한계를 일탈하였다고 볼 수 없을 뿐만 아니라, 사형제도는 공익의 달성을 위하여 무고한 국민의 생명을 그 수단으로 삼는 것이 아니라, 형벌의 경고기능을 무시하고 극악한 범죄를 저지른 자에 대하여 그 중한 불법 정도와 책임에 상응하는 형벌을 부과하는 것으로서 이는 당해 범죄자가 스스로 선택한 잔악무도한 범죄행위의 결과라 할 것인바, 이러한 형벌제도를 두고 범죄자를 오로지 사회방위라는 공익 추구를 위한 객체로만 취급함으로써 범죄자의 인간으로서의 존엄과 가치를 침해한 것으로 보아 위헌이라고 할 수는 없다.

한편, 사형을 선고하는 법관이나 이를 집행하여야 하는 교도관 등은 인간의 생명을 박탈하는 사형을 선고하거나 집행하는 과정에서 인간으로서의 자책감을 가지게 될 여지가 있다고 할 것이나, 이는 사형제도가 본래 목적한 바가 아니고 사형의 적용 및 집행이라는 과정에서 필연적으로 발생하게 되는 부수적인 결과일 뿐이다. 물론 사형을 직접 집행하는 교도관의 자책감 등을 최소화할 수 있는 사형집행방법의 개발 등은 필요하다고 할 것이지만, 앞서 살펴본 바와 같이, 사형제도는 무고한 일반국민의 생명 보호 등 극히 중대한 공익을 보호하기 위한 것으로서 생명권 제한에 있어서의 헌법적 한계를 일탈하였다고 할 수 없는 이상, 이러한 공익을 보호하여야 할 공적 지위에 있는 법관 및 교도관 등은 다른 형벌의 적용, 집행과 마찬가지로 사형의 적용, 집행을 수인할 의무가 있다고 할 것이다. 따라서 법관 및 교도관 등이 인간적 자책감을 가질 수 있다는 이유만으로 사형제도가 법관 및 교도관 등을 공익 달성을 위한 도구로서만 취급하여 그들의 인간으로서의 존엄과 가치를 침해하는 위헌적인 형벌제도라고 할 수는 없다.

(7) 소결론

앞서 살펴본 바와 같이, 형법 제41조 제1호 규정의 사형제도 자체는 우리의 현행 헌법이 스스로 예상하고 있는 형벌의 한 종류이기도 할 뿐만 아니라 생명권 제한에 있어서의 헌법 제37조 제2항에 의한 한계를 일탈하였다고 할 수 없고, 인간의 존엄과 가치를 규정한 헌법 제10조에 위배된다고 볼 수 없으므로 헌법에 위반되지 아니한다고 할 것이다.

국가는 때로 보다 더 소중한 가치를 지키기 위하여 소중한 가치를 포기할 수밖에 없는 상황에 직면하게 되기도 한다. 사형제도 역시, 무고한 일반국민의 생명이나 이에 준하는 중대한 공익을 지키기 위하여 이를 파괴하는 잔악무도한 범죄를 저지른 자의 생명을 박탈할 수밖에 없는 국가의 불가피한 선택의 산물이라고 할 것이다.

다만, 사형이란 형벌이 무엇보다 고귀한 인간의 생명을 박탈하는 극형임에 비추어, 우리의 형사관계법령에 사형을

법정형으로 규정하고 있는 법률조항들이 과연 행위의 불법과 형벌 사이에 적정한 비례관계를 유지하고 있는지를 개별적으로 따져 보아야 할 것임은 물론 나아가 비록 법정형으로서의 사형이 적정한 것이라 하더라도 이를 선고함에 있어서는 특히 신중을 기하여야 할 것이다.

📖 참고 1　세 번째 헌재 심판대 오른 사형제…'위헌' 재판관 2명 → 4명 → ?명

사형제가 세 번째로 헌법재판소 심판대에 오르면서 헌재가 사형제 위헌이라는 결단을 할 수 있을지 관심이 쏠리고 있다. 앞서 헌법소원에서는 헌재 재판관 9명 중 사형제 합헌의견이 5명, 위헌의견이 4명으로 팽팽했다. 윤석열 정부의 헌법재판관 물갈이가 본격화되기 전이라, 중도·진보 성향의 재판관이 다수를 차지하는 만큼 이번엔 사형제 위헌결정이 이뤄질 수 있다는 전망도 나온다.

사형제가 처음 헌재 판단을 받은 것은 1996년 11월이다. 살인, 강간미수 등 혐의로 1·2심에서 사형선고를 받은 정아무개씨가 낸 헌법소원에서 헌재는 재판관 7대2로 합헌 결정했다. 당시 다수의견은 "사형은 죽음에 대한 인간의 본능적 공포심과 범죄에 대한 응보 욕구가 서로 맞물려 고안된 '필요악'"이라고 밝혔다. 다만 위헌의견을 낸 김진우 당시 재판관은 "사형제도로 달성하려는 목적인 범인의 영구적 격리는 무기징역에 의해서도 달성될 수 있다"고 했고, 조승형 재판관은 "사형은 범죄자의 생명을 박탈하는 것이므로 형벌의 목적 중 하나인 개선 가능성을 포기하므로 정당성을 인정할 수 없다"며 사형제 폐지론에 불을 지폈다.

1996년 2명에 불과했던 사형제 위헌 의견은 2010년 2월 두 번째 사형제 헌법소원에서 4명으로 늘었다. 위헌 결정은 재판관 6명의 찬성을 필요로 하기에 결과적으로는 합헌 결정이 났지만, 사형제도에 대한 헌재의 판단이 점차 변하고 있음을 보여줬다. 위헌 의견을 낸 조대현·김희옥·김종대·목영준 당시 재판관들은 △사형의 범죄예방 효과가 증명되지 않은 점 △'실질적 사형폐지국'으로서 사형이 형벌로서의 실효성을 상실한 점 △법관의 사형판결 뒤 법무부장관·검사·교도소장 등이 개인의 신념과 무관하게 생명박탈에 참여하게 된다는 점 등을 위헌 근거로 들었다. 현재 헌재는 존속살해 등 혐의로 1심에서 사형을 구형받고 최종 무기징역이 확정된 무기수 윤아무개씨가 청구한 사형제 관련 헌법소원을 심리 중이다.

법조계에서는 사형제에 대한 법조계 일반의 인식 변화와 현재 헌재 재판관 구성 등을 돌아볼 때, 위헌결정 가능성이 있다는 분석이 나온다. 재판관 인사청문회에서 사형제에 대해 폐지나 위헌 가능성을 언급한 재판관은 9명 중 7명이나 된다. 청문회 속기록을 보면, 사형제 폐지에 비교적 긍정적인 입장을 밝힌 재판관은 유남석 소장과 이석태·이은애·문형배·이미선 재판관 5명이다. 이영진 재판관은 '제한적인 범위 내에서는 위헌 소지도 있을 수 있다'는 취지로 답했고, 정정미 재판관은 "국가가 국민의 생명을 빼앗을 수 있는가를 생각해 보면 사형폐지론 쪽으로 생각이 좀 기운다"고 했다. 다만 정 재판관은 지난 1월 대전고법 재직 시절, 재소자 살해 혐의로 기소된 무기수에게 무기징역을 선고한 1심을 깨고 사형을 선고한 바 있다. 김기영 재판관은 "확실하게 결론을 못 냈다"고 답하며 유보적 입장을 보였다. 김형두 재판관의 인사청문회에선 관련 질의가 없었다.

다만 사형제 존폐에 대한 입장은 생명과 인간성에 대한 철학, 종교적 가치관이 충돌하는 주제라 과거 발언이나 판결만으로 결과를 속단하기 어렵다. 한 고법 형사부 판사는 "피고인을 둘러싼 사정이나 교화 가능성을 더 고려하면서 법원이 사형선고를 잘 하지 않는 경향이 짙어졌다"며 "교화 가능성이 없다고 단정해야 사형선고를 할 수 있는데, 아예 없다고 보기는 쉽지 않은 경우가 많다"고 말했다. 서울 법원의 다른 판사도 "반성의 기미가 없고 교화 가능성이 없는 피고인에게 무기징역이나 사형을 선고하게 될 텐데, 그런 피고인을 만나보지 못하는 판사도 많다"며 "과거 판결만으로 사형제에 대한 생각을 짐작하긴 어렵다"고 말했다.

출처: 신민정 기자, 한겨레, 2023.4.9.

📖 참고 2　사형제 없어지면 대안은… "가석방 없는 무기징역 도입해야"

"저희 가족을 끔찍하게 죽인 김태현이 20년간 옥살이를 하면 세상 밖으로 나올 수도 있대요. 그때 출소하면 고작 40대 후반이에요. 저희도 보복당할 수 있고 무고한 피해자가 또 나올까 봐 두려워요. 이런 죄를 지었으면 교도소에서 평생 고통받고 자신의 죄를 참회하는 게 맞지 않나요?"

'노원 세 모녀' 살인사건의 피해자 유족 A씨는 본보와의 인터뷰에서 '가석방 없는 무기징역' 도입에 찬성하는 이유를 이렇게 밝혔다. 현행법에 따르면 20년 이상 복역한 무기수와 형기의 3분의 1을 넘긴 유기수가 모범적인 수형생활을 했다면 가석방 대상이 될 수 있고, 무기징역을 확정받은 김태현은 훗날 그 혜택을 받을 수도 있다는 것이다. 가석방 여부는 ① 교정시설별 가석방 예비심사 ② 법무부 산하 가석방심사위원회의 적격심사 ③ 법무부장관 허가를 거쳐 결정된다.

가석방을 통한 조기 출소가 끊이지 않는 추세는 유족의 우려를 더욱 키운다. 지난해 법무부가 발표한 교정통계 연보에 따르면, 2012~2021년 연평균 무기수 가석방 인원은 10.5명, 징역 10년 이상을 받았던 유기수의 가석방 인원은 149.4명에 달했다. 특히 가석방된 무기수는 2017년부터 두 자릿수로 뛰어올랐고, 2018년에는 무려 40명이 가석방됐다. 정확한 통계가 공개되지 않는 특별사면과 감형까지 합치면 조기 출소한 인원은 더 많을 것으로 추정된다. 감형은 선고받은 형량을 깎아주는 대통령 특권으로서 법무부와 국무회의 심의를 거쳐 정해진다.

흉악범의 조기 출소는 또 다른 살인의 원인이 되기도 한다. 생존 사형수 59명 가운데 4명은 과거에 살인죄로 복역하다 조기 출소한 뒤 또다시 사람을 죽였다. 강종갑(71)은 1999년 12월 동거녀를 살해해 무기수로 살다가 징역 20년으로 감형받아 출소한 지 7개월 만에 이복형수와 그의 어머니를 죽였다. 박광(60)은 1996년 7월 강도살인죄로 징역 15년을 받고 14년간 복역하다가 가석방된 지 2개월 만에 주점 종업원 3명을 살해했다. "국가가 흉악범으로부터 안전을 지켜달라"는 요구가 피해 유족과 잠재적 피해자인 일반 시민들을 중심으로 거세질 수밖에 없는 이유다.

가석방 없는 무기징역(절대적 종신형)은 사형제가 폐지될 경우 이를 대체할 수 있는 유력한 대안으로 꼽혀 왔다. 악질적 흉악범을 사회에서 영원히 격리시키면서도 오판으로 인한 생명권 박탈의 위험성을 없앨 수 있기 때문이다. 2007년 여성들을 성폭행하려 4명을 살해하고 사형을 확정받은 오종근(85)을 대리해 사형제 위헌 청구까지 넣었던 이상갑 변호사는 "사형제가 없어지지 않더라도 절대적 종신형을 도입함으로써 잘못에 상응하는 적절한 처벌을 내릴 수 있고, 유족을 포함한 피해자들과 시민들의 분노를 누그러뜨릴 수 있다"고 말했다.

법원 역시 여러 판결을 통해 절대적 종신형 도입의 필요성을 강조했다. 2021년 여성 두 명을 살해한 최신종(33)에게 무기징역을 선고한 재판부는 "국회가 가석방 없는 종신형 형태의 무기징역 제도를 조속히 입법해 사실상 사형제가 폐지된 국가로 분류되는 대한민국에서 국민들을 안전하게 지켜달라"고 호소하기도 했다. 수도권 법원의 한 부장판사는 "현행 법체계에서 절대적 종신형까지 도입되면 판사의 선택지는 3가지(사형·절대적 종신형·가석방 있는 무기징역)로 늘어나고, 범죄의 경중을 보다 면밀히 따져 형량을 정할 수 있을 것"이라고 내다봤다.

하지만 반대 목소리도 만만치 않다. "절대적 종신형은 사회로 다시 나갈 수 있다는 희망에 근거한 교화 가능성을 빼앗는다"(김대근 한국형사·법무정책연구원 연구실장)는 이유 때문이다. 실제 독일 연방헌법재판소는 절대적 종신형에 대해 "국가가 자유를 회복할 수 있는 희망을 수감자로부터 앗아간다면 인간 존엄성의 심장부에 타격을 가하는 것"이라며 위헌결정을 내렸다. 영국과 스위스 등 유럽 국가들은 대체로 절대적 종신형을 도입하지 않고 있다.

절대적 종신형 도입을 반대하는 이들은 가석방과 감형은 유지하되 현행보다 강력한 무기징역을 사형의 대안으로 꼽는다. 한영수 아주대 법학전문대학원 교수는 2021년 발표한 '사형의 대체형벌로서 종신형의 도입에 관한 연구' 논문에서 "법원이 종신형을 선고하면서 30~50년 동안 가석방 불허기간을 정하고, 가석방되더라도 사망할 때까지 보호관찰을 받고 전자발찌를 착용하게 하는 등 조건을 건다면 사형을 실질적으로 대체할 수 있을 것"이라고 밝혔다.

절대적 종신형 도입 여부와 별개로 흉악범의 가석방과 감형과 관련한 법을 손질하는 게 우선이라는 지적도 있다. ① 무기수 등의 가석방 최소 복역기간이 높아져야 하며 ② 가석방 요건도 엄격해져야 한다는 것이다. 김현 전 대한변협 회장은 "행정부가 모호한 기준으로 장기수와 무기수를 가석방 또는 감형하는 건 법원의 판결권을 침해하는 측면이 있다"며 "외부 전문가를 가석방 심사에 참여시키거나 심사위원회 명단과 논의 결과를 공개해 투명성을 높여야 한다"고 지적했다. 그러나 가석방 최저 복역기간을 20년보다 낮게 정한 국가들도 적지 않기 때문에, 현행 제도로도 충분하다는 반론도 만만치 않다.

범죄피해자 지원을 강화해야 한다는 목소리도 있다. 수사단계부터 사후 지원까지 유족을 포함한 피해자들이 국가로부터 보호받지 못한다고 느끼는 경우가 많기 때문이다. 승재현 한국 형사·법무정책연구원 연구위원은 "국가가 안전을 지키지 못해 살인범죄가 발생한 것이기 때문에 경제적·정신적 피해를 충분히 보상할 의무가 있다"며 "흉악한 무기수를 가석방하지 않는 게 우선이지만, 만약 심사를 해야 한다면 유족 등에게 가석방에 관한 의견을 물어보고, 가석방 시 피해자들에게 통지하거나 강력한 보호관찰을 하는 방향으로 시스템을 정비해야 한다"고 강조했다.

출처: 박준규 기자, 한국일보, 2023.6.7.

풀어보기_ ✎

다음 제시문을 읽고 문제에 답하시오.   2021 충남대

> 제시문
>
> 안락사는 회복의 가망이 없는 중환자의 고통을 덜어주기 위하여 인위적으로 생명을 단축시켜 사망케 하는 의료행위이다. 이에 대해 찬성하는 입장과 반대하는 입장이 있다. 먼저 안락사를 찬성하는 입장은 환자의 고통을 줄여줄 수 있고, 죽음에 대한 자기결정권을 존중해야 하며, 회복 가능성이 없는 환자에게 들어가는 의료비용의 부담을 줄여줄 수 있다는 것이다.
>
> 이에 비해 안락사를 반대하는 입장은 생명의 존엄성을 침해하고, 의사의 윤리적 가치관에 반하는 결정을 하는 것이며, 정치적·사회적으로 안락사가 악용될 수 있고, 호스피스 등 대체 의료가 이미 있어서 삶의 질을 유지시켜줄 수 있다는 것이다.

> 문제
>
> 1. 안락사에 대한 찬반과 그 근거를 제시하시오.
> 2. 소극적 안락사가 적극적 안락사에 비하여 명백하게 도덕적으로 우월하다고 볼 수 있는가?

관련내용: 제9장 1. 인간의 존엄과 가치

1 안락사의 개념

안락사는 육체적·정신적 고통에 시달리는 불치 상태의 환자에 대하여 그 고통을 덜어주기 위한 목적으로 죽는 시기를 앞당기는 의학적인 조치를 말한다.

2 안락사에 대한 찬반론

찬성론	▶ 생명연장도구에 의지해 삶을 유지하는 것보다 죽음을 택하는 것이 더 존엄함 　－인내하기 힘든 육체적 고통이 있는 생존은 무의미하기 때문에 품위 있는 죽음을 인정해야 함 ▶ 죽음은 숙명이 아닌 인간주체의 권한임 　－생명을 가진 주체가 죽음에 대한 자기결정권 및 고통으로부터 해방될 권리를 가짐 ▶ 환자의 소망을 존중하고 고통을 덜어주는 것이 의료행위가 추구하는 이상의 근간이며 의사의 의무이기도 함 　－안락사를 '의사 조력 자살'로 보아 이를 합법화하는 것이 타당함
반대론	▶ 생명의 결정권은 인간에게 없기 때문에 죽을 권리를 인정할 수 없음 　－자살을 비롯하여 인간이 인간의 생명을 빼앗는 행위는 신의 뜻에 위배되며 생명윤리에 어긋남 ▶ 삶은 누구에게나 가치가 있으며 환자의 고통이 죽음보다 못하다는 판단의 근거가 없기 때문에 안락사는 용인 불가함 　－특히 적극적 안락사는 '의사 주도적 살인'에 불과한 것임 ▶ 의료보험 혜택이 아직 보편적이지 않은 상황에서 의료사각지대에 처해 있는 사회적 약자들이 경제적 부담 때문에 안락사를 강요받거나 선택할 가능성이 높음 　－특히, 말기 암환자의 가족들이 심리적 고통과 경제적 부담을 줄이기 위해 안락사를 악용할 소지가 있음('미끄러운 경사길' 논란 가중)

이성적 죽음만을 허용되는 안락사 유형으로 제시하는 것은 안락사에 대한 현대적 조건과는 다르다. 개인의 회복 불가능한 신체적 질환이나 극도의 고통이라는 현대적 조건은 니체에게는 고려의 대상이 아니다. 오히려 이성적 죽음이야말로 합리적이면서도 도덕적 정당화도 가능한 안락사의 조건이며 이것은 자의적 안락사의 한 경우다. 이런 안락사에 대해 니체는 공리주의 옹호논거와 의무론적 옹호논거를 모두 동원해 정당화하려 한다. 먼저 의무론적 옹호론으로 이해될 수 있는 부분은 인용문에서 언급된 인간의 권리와 관련된 부분이다. 인간 권리의 본질적 특징은 자신이 그 권리를 포기하기로 선택하면 그렇게 할 수 있다는 것이다.

즉 '더 이상은 당당하게 살 수 없는 경우에 당당하게 죽는 것', 달리 말하면 생명권을 포기할 권리 역시 인간의 권리인 것이다. 따라서 자신의 생명을 스스로 포기하는 자살이 인간의 권리일 수 있는 것처럼, 대리인에게 자신의 생명을 끊어주는 요청을 할 수 있는 것 역시 인간의 권리에 속한다. 공리주의적 안락사 논거로 이해할 수 있는 부분은, 개인의 죽음이 관련된 모든 이의 관심과 욕구의 충족도를 고려해서 최선의 결과를 가져오는 경우에 대한 언급이다. 이것은 이성적 죽음이 개인적 효용과 사회적 효용이 충족되는 죽음이라는 니체의 기본 입장을 배경으로 한다. 이성적 죽음이면서도 자의적 안락사를 원하는 개인은 그 자신의 죽음으로 인해 최선의 효용을 창출하기를 바라며, 또 오로지 그 목적에 의거해서만 이성적 죽음은 옹호될 수 있다.

더 이상은 당당하게 살 수 없을 경우에 당당하게 죽는 것, 자발적으로 선택한 죽음, 제때에 자식들과 다른 이들이 지켜보는 가운데 명료한 의식 상태에서 기뻐하며 죽는 것 : 그래서 작별을 고하는 자가 아직 살아 있는 동안 진짜로 작별을 고하는 것이 가능한 죽음. 또한 자신이 성취한 것과 원했던 것에 대한 진정한 평가와 삶에 대한 총결산이 가능한 죽음 … 사회, 아니! 삶 자체가 그렇게 해서 체념하거나 빈혈증을 앓거나 다른 덕들을 갖는 '삶'보다 더 많은 이득을 얻는 것이다.

출처: 백승영, 니체 「우상의 황혼」, 서울대학교 철학사상연구소, 2006, 171-172면.

〈쟁점〉
연명치료 중단의 허용 기준

〈판결요지〉
다수의견
(가) 의학적으로 환자가 의식의 회복가능성이 없고 생명과 관련된 중요한 생체기능의 상실을 회복할 수 없으며 환자의 신체상태에 비추어 짧은 시간 내에 사망에 이를 수 있음이 명백한 경우(이하 '회복불가능한 사망의 단계'라 한다)에 이루어지는 진료행위(이하 '연명치료'라 한다)는, 원인이 되는 질병의 호전을 목적으로 하는 것이 아니라 질병의 호전을 사실상 포기한 상태에서 오로지 현 상태를 유지하기 위하여 이루어지는 치료에 불과하므로, 그에 이르지 아니한 경우와는 다른 기준으로 진료중단 허용 가능성을 판단하여야 한다. 이미 의식의 회복가능성을 상실하여 더 이상 인격체로서의 활동을 기대할 수 없고 자연적으로는 이미 죽음의 과정이 시작되었다고 볼 수 있는 회복불가능한 사망의 단계에 이른 후에는, 의학적으로 무의미한 신체 침해 행위에 해당하는 연명치료를 환자에게 강요하는 것이 오히려 인간의 존엄과 가치를 해하게 되므로, 이와 같은 예외적인 상황에서 죽음을 맞이하려는 환자의 의사결정을 존중하여 환자의 인간으로서의 존엄과 가치 및 행복추구권을 보호하는 것이 사회상규에 부합되고 헌법정신에도 어긋나지 아니한다. 그러므로 회복불가능한 사망의 단계에 이른 후에 환자가 인간으로서의 존엄과 가치 및 행복추구권에 기초하여 자기결정권을 행사하는 것으로 인정되는 경우에는 특별한 사정이 없는 한 연명치료의 중단이 허용될 수 있다. 한편, 환자가 회복불가능한 사망의 단계에 이르렀는지 여부는 주치의의 소견뿐 아니라 사실조회, 진료기록 감정 등에 나타난 다른 전문의사의 의학적 소견을 종합하여 신중하게 판단하여야 한다.
(나) 환자가 회복불가능한 사망의 단계에 이르렀을 경우에 대비하여 미리 의료인에게 자신의 연명치료 거부 내지 중단에 관한 의사를 밝힌 경우(이하 '사전의료지시'라 한다)에는, 비록 진료 중단 시점에서 자기결정권을 행사한 것은 아니지만 사전의료지시를 한 후 환자의 의사가 바뀌었다고 볼 만한 특별한 사정이 없는 한 사전의료지시에 의하여 자기결정권을 행사한 것으로 인정할 수 있다. 다만, 이러한 사전의료지시는 진정한 자기결정권 행사로 볼 수 있을 정도의 요건을 갖추어야 하므로 의사결정능력이 있는 환자가 의료인으로부터 직접 충분한 의학적 정보를 제공받은 후 그 의학적 정보를 바탕으로 자신의 고유한 가치관에 따라 진지하게 구체적인 진료행위에 관한 의사를 결정하여야 하며, 이와 같은 의사결정 과정이 환자 자신이 직접 의료인을 상대방으로 하여 작성한 서면이나 의료인이 환자를 진료하는 과정에서 위와 같은 의사결정 내용을 기재한 진료기록 등에 의하여 진료 중단 시점에서 명확하게 입증될 수 있어야 비로소 사전의료지시로서의 효력을 인정할 수 있다.

(다) 한편, 환자의 사전의료지시가 없는 상태에서 회복불가능한 사망의 단계에 진입한 경우에는 환자에게 의식의 회복 가능성이 없으므로 더 이상 환자 자신이 자기결정권을 행사하여 진료행위의 내용 변경이나 중단을 요구하는 의사를 표시할 것을 기대할 수 없다. 그러나 환자의 평소 가치관이나 신념 등에 비추어 연명치료를 중단하는 것이 객관적으로 환자의 최선의 이익에 부합한다고 인정되어 환자에게 자기결정권을 행사할 수 있는 기회가 주어지더라도 연명치료의 중단을 선택하였을 것이라고 볼 수 있는 경우에는, 그 연명치료 중단에 관한 환자의 의사를 추정할 수 있다고 인정하는 것이 합리적이고 사회상규에 부합된다. 이러한 환자의 의사 추정은 객관적으로 이루어져야 한다. 따라서 환자의 의사를 확인할 수 있는 객관적인 자료가 있는 경우에는 반드시 이를 참고하여야 하고, 환자가 평소 일상생활을 통하여 가족, 친구 등에 대하여 한 의사표현, 타인에 대한 치료를 보고 환자가 보인 반응, 환자의 종교, 평소의 생활 태도 등을 환자의 나이, 치료의 부작용, 환자가 고통을 겪을 가능성, 회복불가능한 사망의 단계에 이르기까지의 치료 과정, 질병의 정도, 현재의 환자 상태 등 객관적인 사정과 종합하여, 환자가 현재의 신체상태에서 의학적으로 충분한 정보를 제공받는 경우 연명치료 중단을 선택하였을 것이라고 인정되는 경우라야 그 의사를 추정할 수 있다.

(라) 환자 측이 직접 법원에 소를 제기한 경우가 아니라면, 환자가 회복불가능한 사망의 단계에 이르렀는지 여부에 관하여는 전문의사 등으로 구성된 위원회 등의 판단을 거치는 것이 바람직하다.

재판관 이홍훈, 재판관 김능환의 반대의견

생명에 직결되는 진료에서 환자의 자기결정권은 소극적으로 그 진료 내지 치료를 거부하는 방법으로는 행사될 수 있어도 이미 환자의 신체에 삽입, 장착되어 있는 인공호흡기 등의 생명유지장치를 제거하는 방법으로 치료를 중단하는 것과 같이 적극적인 방법으로 행사되는 것은 허용되지 아니한다. 환자가 인위적으로 생명을 유지, 연장하기 위한 생명유지장치의 삽입 또는 장착을 거부하는 경우, 특별한 사정이 없는 한, 비록 환자의 결정이 일반인의 관점에서는 비합리적인 것으로 보이더라도 의료인은 환자의 결정에 따라야 하고 일반적인 가치평가를 이유로 환자의 자기결정에 따른 명시적인 선택에 후견적으로 간섭하거나 개입하여서는 아니 된다. 그러나 이와는 달리, 이미 생명유지장치가 삽입 또는 장착되어 있는 환자로부터 생명유지장치를 제거하고 그 장치에 의한 치료를 중단하는 것은 환자의 현재 상태에 인위적인 변경을 가하여 사망을 초래하거나 사망시간을 앞당기는 것이므로, 이미 삽입 또는 장착되어 있는 생명유지장치를 제거하거나 그 장치에 의한 치료를 중단하라는 환자의 요구는 특별한 사정이 없는 한 자살로 평가되어야 하고, 이와 같은 환자의 요구에 응하여 생명유지장치를 제거하고 치료를 중단하는 것은 자살에 관여하는 것으로서 원칙적으로 허용되지 않는다. 다만, 생명유지장치가 삽입, 장착되어 있는 상태에서도 환자가 몇 시간 또는 며칠 내와 같이 비교적 아주 짧은 기간 내에 사망할 것으로 예측, 판단되는 경우에는, 환자가 이미 돌이킬 수 없는 사망의 과정에 진입하였고 생명유지장치에 의한 치료는 더 이상 의학적으로 의미가 없으며 생명의 유지, 보전에 아무런 도움도 주지 못하는 것이므로, 이 때에는 생명유지장치를 제거하고 치료를 중단하는 것이 허용된다.

⚖ 관련법률 **호스피스 · 완화의료 및 임종과정에 있는 환자의 연명의료결정에 관한 법률(약칭: 연명의료결정법)**

연명의료결정법은 호스피스·완화의료 및 임종과정에 있는 환자의 연명의료결정 및 그 이행에 관한 필요한 사항을 규정함으로써 환자의 최선의 이익을 보장하고 자기결정을 존중하여 인간으로서의 존엄과 가치를 보호하는 것을 목적으로 제정되었다.

연명의료결정법은 ⅰ) "임종과정에 있는 환자"를 담당의사와 해당 분야의 전문의 1명으로부터 회생의 가능성이 없고, 치료에도 불구하고 회복되지 아니하며, 급속도로 증상이 악화되어 사망에 임박한 상태에 있다는 의학적 판단을 받은 자로, ⅱ) "말기환자"를 적극적인 치료에도 불구하고 근원적인 회복의 가능성이 없고 점차 증상이 악화되어 보건복지부령으로 정하는 절차와 기준에 따라 담당의사와 해당 분야의 전문의 1명으로부터 수개월 이내에 사망할 것으로 예상되는 진단을 받은 환자로, ⅲ) "연명의료"를 임종과정에 있는 환자에게 하는 심폐소생술, 혈액 투석, 항암제 투여, 인공호흡기 착용 및 그 밖에 대통령령으로 정하는 의학적 시술로서 치료효과 없이 임종과정의 기간만을 연장하는 시술로, ⅳ) "호스피스·완화의료"를 암, 후천성면역결핍증, 만성 폐쇄성 호흡기질환, 만성 간경화 및 그 밖에 보건복지부령으로 정하는 질환으로 말기환자로 진단을 받은 환자 또는 임종과정에 있는 환자와 그 가족에게 통증과 증상의 완화 등을 포함한 신체적, 심리사회적, 영적 영역에 대한 종합적인 평가와 치료를 목적으로 하는 의료로 정의하고 있다(연명의료결정법 제2조).

연명의료법에 따르면 담당의사는 환자에 대한 연명의료중단 등 결정을 이행하기 전에 해당 환자가 임종과정에 있는지 여부를 해당 분야의 전문의 1명과 함께 판단하여야 한다(연명의료결정법 제16조 1항). 의료기관에서 작성한 연명의료계획서가 있는 경우, 담당의사가 사전연명의료의향서의 내용을 환자에게 확인한 경우 이를 연명의료결정에 관한 환자의 의사로 본다(연명의료결정법 제17조 1항 1호, 2호). 그리고 연명의료계획서 또는 사전연명의료의향서가 없고 19세 이상의 환자가 의사를 표현할 수 없는 의학적 상태인 경우 환자의 연명의료중단등결정에 관한 의사로 보기에 충분한 기간 동안 일관하여 표시된 연명의료중단 등에 관한 의사에 대하여 환자가족 2명 이상의 일치하는 진술이 있으면 담당 의사와 해당 분야의 전문의 1명의 확인을 거쳐 이를 환자의 의사로 본다(연명의료결정법 제17조 1항 1호, 3호). 담당의 사는 환자에 대한 연명의료중단 결정시 즉시 이를 이행하여야 하고(연명의료결정법 제19조 1항), 담당의사는 연명의료 중단등결정을 이행하는 경우 그 과정 및 결과를 기록하여야 한다(연명의료결정법 제19조 4항).

📖 참고 2 형법 제252조 제1항과 존엄사 관련 논의

현행 형법 제252조 제1항은 "사람의 촉탁 또는 승낙을 받아 그를 살해한 자는 1년 이상 10년 이하의 징역에 처한다"고 규정하고 있다. 이에 따르면 환자의 촉탁을 받아 자연적 시기에 앞서 사망에 이르게 한 경우, 혹은 환자의 동의를 얻어 치료를 중단함으로써 자연적 시기에 앞서 환자를 사망에 이르게 한 자는 형사적 처벌을 받게 된다. 이 규정에 의하면 촉탁 혹은 승낙을 받아 사람을 자연적 시기에 앞서 사망에 이르게 한 모든 의사들이 촉탁·승낙살인죄로 처벌받게 되지만, 형법학계에서는 안락사라는 개념을 통하여 일정한 요건하의 치료중단행위는 위법성이 조각되는 행위로 파악하고자 한다.

형법학계에서는 안락사를 "죽음의 고통에 시달리는 불치 또는 빈사상태의 환자에게 고통을 제거하거나 덜어주는 방법으로 생명을 단축시키는 조치", "격렬한 고통에 허덕이는 불치 또는 빈사의 환자에게 그 고통을 제거 또는 감경하기 위하여 그를 살해하는 것", "심한 육체적 고통에 시달리는 불치 또는 빈사의 환자에 대하여 그 고통을 덜어주기 위한 목적으로 사기(死期)를 앞당기는 의학적 조치", "심한 육체적 고통에 시달리며 사기가 임박한 불치 또는 난치의 환자의 촉탁·승낙을 받아 그 고통을 제거하거나 완화하기 위한 의료적 조처가 생명의 단축을 가져오는 경우" 등으로 정의하면서, 살인죄의 위법성조각사유로 논의하고 있다.

또한 형법학계는 생명연장장치를 중단하여 사망에 이르게 하는 존엄사의 경우에는 일정한 요건하에서 허용될 수 있다고 보는 것이 다수설의 입장이다. 여기서의 일정한 요건에는 일본 名古屋고등법원의 1962년 12월 12일의 판결이 자주 원용된다. 즉, ⅰ) 현대의학의 견지에서 판단할 때 환자가 불치의 질병에 걸려 있고 사기가 임박해 있을 것, ⅱ) 환자의 육체적 고통이 심할 것, 안락사가 오로지 환자의 육체적 고통을 완화할 목적으로 행해질 것, ⅲ) 환자의 의사표명이 가능한 경우에는 환자의 진지하고도 명시적인 촉탁 또는 승낙이 있을 것, ⅳ) 안락사를 시행하는 자가 원칙적으로 의사일 것, 안락사를 시행하는 방법이 윤리적으로 타당할 것 등의 요건이 충족된 경우에는 적법한 행위라는 것이다.

반면에 일정한 요건하에 존엄사가 형법적으로 정당화될 수 있다는 점을 인정하더라도 그와 같은 법적 논의는 현실을 거의 반영하지 못한다는 비판도 따른다. 왜냐하면 의료현실에서 발생하는 대다수의 치료중단은 상당한 기간 치료를 계속하였지만 회생의 가능성이 거의 없는 경우로서 의식불명이 되기 이전에 치료 계속 여부에 대한 명확한 의사표시가 없었던 경우가 많기 때문이다. 따라서 위의 요건을 충족하는 존엄사만이 법적으로 정당하다는 견해는 실제 의료현장에서는 별반 기능하지 않는 것으로 평가된다는 의견도 있다.

나아가 앞서 언급한 요건을 충족하는 존엄사가 논리적으로 모호할 뿐만 아니라 현실적으로 별반 기능을 못하기 때문에 존엄사를 전면적으로 금지하여야 한다는 주장도 있지만, 이러한 주장은 그다지 설득력을 가지지 못할 것으로 생각된다. 왜냐하면 존엄사를 전면적으로 금지하는 것은 연명치료의 발달로 인하여 이미 의학적으로 의미가 없는 치료를 지속하여 경우에 따라서는 환자의 의사에 반하는 치료가 될 수 있고, 환자 가족에게도 정신적·육체적 고통뿐만 아니라 경제적 고통을 가하기도 하기 때문이다. 따라서 존엄사 혹은 연명치료중단에 대한 전면적 금지보다는 보다 합리적인 기준을 마련할 필요가 있을 것이다.

출처: 이만우·조규범, 존엄사 입법화의 쟁점과 과제, 국회입법조사처, 2009, 17-19면.

풀어보기_ ✎

다음 제시문을 읽고 문제에 답하시오.　　　　　　　　　　　　　　　　　　　　　　　　2017 동아대

제시문

(가) 난자 기증은 고통이 따르고 개인의 결정이 중요하므로 충분한 설명에 근거한 동의가 필요하다. 충분한 설명에 근거한 동의가 되려면, 첫째, 기증자가 의사결정능력이 있어야 하며, 둘째, 실험자는 기증자에게 내용을 충분히 설명해야 한다. 셋째, 기증자는 그 내용을 충분히 이해해야 하며, 넷째, 기증자가 강요받지 않고 자발적으로 결정했는가 등의 네 가지 요건이 필요하다.

(나) 신약 개발을 위한 동물실험은 동물보호단체들이 지속적으로 반대를 제기한 사회적 이슈다. 인간의 편리한 생활을 위해 동물들을 위험한 실험에 동원하는 것이 과연 윤리적으로 정당한가에 대한 논의가 계속되고 있다. 신약 개발은 신약 후보 물질이 도출됐을 때, 이를 상용화하기 위한 일련의 과정을 의미한다. 여기에는 시험관 내에서 세포와 단백질 DNA 등을 사용하는 기초실험과 실험동물을 사용하는 전임상단계의 동물실험, 실제 사람을 대상으로 실험하는 임상시험이 모두 포함된다. 신약 개발 과정에서 동물모델은 특정 유전자와 질병의 관계를 연구하고 신약 후보 물질이 나왔을 때 해당 물질을 테스트 하는 역할을 하게 된다. 사람에게 사용해도 안전한지, 특정 병이 정말 치료될 수 있는지, 사람에게 임상시험을 하기 전 전(前)임상단계로 활용되는 것이다. 약은 질병을 치료하는 반면, 어느 종류든 부작용을 갖고 있다. 그런 약을 개발할 때 아무런 검증도 없는 상태에서 사람에게 투여해 버리면 지금의 몇 배가 되는 수의 사람이 사망하게 될지 모른다. 이렇게 목숨을 잃는 사람을 조금이라도 줄이고, 질병으로 고통받는 사람의 아픔을 덜기 위해 동물에게 먼저 투여를 하게 되는 것이다. 임상시험은 실제 사람을 대상으로 이뤄지는 만큼 위험성이 크고 비용 또한 천문학적으로 소요된다. 따라서 전임상단계에서 좀 더 명확히 약에 관한 결과를 얻는 게 중요하다. 이를 위해 1960년대부터 동물실험에서 인체의 부작용을 예측하기 위한 시도가 본격적으로 진행됐다. 하지만 전임상실험에서 인체 부작용을 예측할 수 있는 확률은 최대 50%로 동전 뒤집기 확률 정도로 낮은 편이며 독성이 심한 항암제의 경우 예측력이 25%를 넘지 못하는 실정이다. 그렇지만, 50%가 아닌, 단 1%의 확률이라 할지라도 임상시험에서 사람에게 나타나는 부작용을 줄일 수 있고, 질병으로 고통받는 환자의 생명을 1%라도 구할 수 있다면 동물실험은 계속 진행해야 한다.

(다) 유럽연합은 2004년 완성화장품에 대한 동물실험을 금지했고, 2009년에는 화장품 원료에 대한 동물실험을 금지했으며, 2013년부터는 동물실험을 거친 원료를 사용한 화장품의 제조, 판매를 전면 금지하고 있다. 2023년부터 미국 뉴욕주도 동물실험을 거친 화장품의 판매가 전면 금지된다. 캐시 호컬 뉴욕주지사는 지난해 12월 동물실험 화장품 판매를 금지하는 법안에 서명했고, 2023년 1월 1일부터 시행된 이 법은 화장품의 최종 형태 혹은 화장품에 포함된 성분을 살아 있는 척추동물의 피부, 눈 또는 그 외 다른 부위에 적용하는 것을 '동물실험'으로 규정하고 있다. 기존에 뉴욕주에서 판매되고 있던 모든 동물실험 화장품도 예외 없이 판매가 금지된다. 이로써 뉴욕주는 미국에서 동물실험 화장품 판매를 금지하는 10번째 주가 됐다. 국제 동물보호단체인 미국 휴메인 소사이어티(The Humane Society of the U.S.)에 따르면 현재 캘리포니아, 버지니아, 루이지애나, 뉴저지, 메인, 하와이, 네바다, 일리노이, 매릴랜드가 이미 뉴욕주와 비슷한 법을 시행하고 있다. 이 법을 공동 발의한 린다 로젠탈 뉴욕주 하원의원은 CNN과의 인터뷰에서 "지난 수십 년간 힘없는 동물들이 화장품 제조 목적으로 잔혹하고 고통스러운 실험의 대상이 됐다"며 "동시에, 연구 방법의 발달로 샴푸나 마스카라를 만드는 데 동물들을 대상으로 한 잔혹한 실험이 불필요하게 됐다"고 밝혔다. 휴메인 소사이어티는 인간의 세포 조직을 기반으로 한 테스트나 컴퓨터 모델링 등 현대적 테스트 방식은 토끼의 눈에 화학약품을 떨어뜨리거나 쥐에게 억지로 먹이를 먹이는 등의 동물실험을 대체할 수 있는 수준에 이르렀다고 밝혔다.

1. 난자 기증이 고통 및 후유증이 있음에도 불구하고, 기증자가 실험자의 설명을 귀담아 듣지 않고 난자 기증이 인류에 도움이 될 수 있는 성스럽고 훌륭한 행위라고 생각하여 동의했다. [제시문] (가)를 통해 볼 때, 기증자의 난자 기증이 충분한 설명에 근거한 동의라고 할 수 있는가? 근거를 들어 설명해 보시오.
2. [제시문] (나)와 (다)를 읽고 신약개발과 화장품개발을 위해 동물실험을 하는 것에 대한 자신의 견해를 근거를 들어 제시해 보시오.
3. 동물실험에 찬성한다면 동물실험을 하는 경우 지켜야 할 윤리적인 원칙은 무엇인지 말해 보고, 동물실험에 반대한다면 동물실험에 부정적인 사람들의 입장에서 보완해야 할 것은 무엇인지 말해 보시오.

관련내용: 제9장 1. 인간의 존엄과 가치

📖 참고   美, 신약개발 동물실험 의무 규정 삭제

미국 정부가 신약개발 시 반드시 거쳐야 하는 동물실험 규정을 전격 폐지하면서 향후 글로벌 시장에도 적지 않은 영향을 미칠 것으로 보인다. 우리나라 역시 이 같은 움직임이 일고 있다.

조 바이든 미국 대통령은 지난해 12월 동물실험을 의무 규정한 '식품·의약품·화장품법'개정법안에 서명했다. 이로써 1938년 '식품·의약품·화장품법'이 제정된 이래 84년간 지속된 동물실험 규정은 역사 속으로 사라지게 됐다. 미국 식품의약국(FDA)은 앞으로 동물실험을 하지 않아도 신약 승인을 할 수 있게 됐다.

전 세계적인 동물보호단체인 페타(PETA)에 의하면, 연간 실험으로 희생되는 동물의 수는 약 1억 1,000만 마리에 달한다. 우리나라 역시 의약품을 개발하면서 적지 않은 동물을 실험에 사용하고 있다. 농림축산검역본부 산하 동물실험윤리위원회에 따르면, 지난 2020년 한 해 동안 국내에서 실험에 사용된 동물은 414만 1,433마리로, 2008년 76만 마리 대비 12년 만에 5.4배나 증가했다.

기술 혁신과 혁신적인 의약품 개발의 확산은 동물실험에 대한 찬반 논란에도 불을 지폈다. 찬성 측에서는 수많은 생명을 구하는 치료법을 개발하기 위해 동물실험이 불가피하다고 주장하는 반면, 반대 측은 동물실험이 잔인하고 비인간적이며 전임상(동물실험) 데이터가 임상시험에서 그대로 적용되지 않는 점을 들어, 실험 반대 입장을 고수해왔다.

"동물실험, 비동물실험 통해 대체 가능"

동물실험 반대 진영은 이전부터 비동물실험을 통해 이를 대체 가능할 수 있다고 주장해 왔다. 비동물실험이란 동물이 아닌 유기체를 대상으로 실험하는 것으로, 대체제로는 체내 장기 기관, 인간 조직을 기반으로 생성된 장기유사체(Organoid) 등이 있다. 장기 기관을 통한 비동물실험은 전자 칩을 주로 간에 삽입하여 약물에 독성을 파악하는 방법이다. 간은 해독 작용 및 살균 작용 등의 주요 기능을 담당하므로 약물의 세포 독성 작용을 동물실험 없이 파악할 수 있다는 것이다.

미국의 생명공학사 에뮬레이트는 자사의 간 칩(Liver Chip) 후보에 대한 연구 결과를 발표한 바 있다. 이에 따르면, 간 칩은 기존 동물실험 독성 테스트 기준 87%의 정확도를 보였다. 하지만, 이후 간 독성 증상으로 인해 상용화 가능성은 아직까지 희박한 것으로 보인다.

다른 대안으로는 장기유사체가 있다. 장기유사체는 줄기 세포를 바탕으로 특정 조직을 모방한 인공 3D 세포 군집을 형성하여 약물의 세포 독성을 확인할 수 있다. 동물실험 반대 측은 첨단 기술과 병합되어 활용될 수 있으므로 약물의 독성을 신속하게 파악할 수 있다는 입장이다.

도널드 잉버(Donald Ingber) 미국 하버드 대학 생명 공학자 및 에뮬레이트 간 칩 개발자는 "동물실험 데이터의 약 90%는 인체 대상 임상 시험에서 적용되지 않는다"며 "일부 업체들은 과도한 동물실험 요구 사항에 불필요한 비용을 소모하여 약물 개발 속도를 늦춘다는 불만이 있다"고 말했다. 이어 "근본적으로 동물실험은 무고한 생명을 희생시키는 비인도주의적인 방법이다. 이를 대체할 수 있는 방법을 강구해야 할 시기"라고 덧붙였다.

"동물실험 배제시 인간 치명적 위험 노출"

하지만 동물실험 찬성 진영은 법안의 실효성에 의문을 제기한다. 이들은 "동물실험 의무 규정 삭제는 인간을 실험 대상으로 삼는다는 무모한 시도"라며 "비동물실험 대체 방법이 회자되고 있으나, 이같은 방식들이 시행되기까지는 수십 년은 더 소요될 것"이라고 비판했다.

웬디 제럿(Wendy Jarrett) 영국 비영리 의료 단체 언더스탠딩 애니멀 리서치 회장은 "동물이 아닌 약물 개발은 사람을 치명적인 위험에 빠뜨릴 수 있다"고 경고했다. 간 칩 혹은 장기유사체가 미리 설계된 환경에서 독성 효과가 나타나지 않을 수 있는데, 이럴 경우 인간에게 동일한 효과를 보인다는 보장이 없다는 것이다.

나만제 범푸스(Namandj Bumpus) FDA 수석 과학자는 "FDA는 과학적 근거를 기반으로 동물을 대체할 수 있는 방법을 독려하지만 인체 대상 안전성은 엄격하게 평가되어야 할 것"이라고 말했다.

FDA 측은 개정안 통과 이후 비동물실험 방법에 대한 연구개발지원 프로그램 약 500만 달러를 마련한 것으로 확인됐다.

동물실험 찬반에 대한 논의는 국내에서도 활발히 진행되고 있다. 더불어민주당 한정애 국회의원(보건복지위원회)은 지난해 12월 '동물대체시험법의 개발, 보급 및 이용 활성화에 관한 법률안'을 대표 발의한 바 있다. 해당 법률안은 △동물대체시험법이란 첨단 기술 등을 이용하여 동물을 사용하지 않는 방법이나 동물 대체 수를 감소시키는 방법으로 정의 △식품의약품안전처장이 관계 중앙행정기관과의 장과 협의를 거쳐 동물대체시험 활성화를 위한 5년 기본계획 수립 △동물대체시험법 활성화 위원회를 국무총리 소속으로 두는 내용을 포함했다.

출처: 이충만 기자, 헬스코리아뉴스, 2023.1.16.

Thema 18 / 동물윤리

풀어보기_

다음 제시문을 읽고 문제에 답하시오.   2019 충남대

제시문

(1) 전통적 윤리에서는 이성적 사고를 하는 존재가 도덕적 고려의 대상이 된다고 판단하였다. 그러나 제러미 벤담(Jeremy Bentham)을 중심으로 한 공리주의에서는 도덕적 고려 대상의 기준을 '쾌고감수능력'의 소유 여부로 보았다.

쾌고감수능력을 그대로 풀이하면 쾌락과 고통을 느낄 수 있는 능력이라는 의미이다. 쾌고감수능력이 있는 존재는 자신의 쾌락을 극대화하고 고통을 최소화하려고 한다. 벤담은 인간뿐만 아니라 동물도 쾌락을 좋아하고 고통을 피하고 싶어하므로, 동물에게도 도덕적으로 고려받을 권리가 있다고 주장하며, 인간 이외의 존재에게 직접적인 도덕적 지위를 부여하였다.

이후 오스트레일리아의 철학자 피터 싱어(Peter Singer)가 벤담의 공리주의 관점을 계승하여 현대 동물운동으로 확대시켰다. 그는 1975년 저서 ≪동물해방(Animal Liberation)≫을 통하여 동물이 느끼는 고통을 감소시켜야 한다는 동물해방론을 주장하였다. 싱어는 쾌고감수능력에 기반하여 이익 평등 고려의 원칙(principle of equal consideration of interests)을 내세웠는데, 이익 평등 고려의 원칙이란 어떤 행위에 대해서 영향을 받는 모든 사람들의 이익은 동등하게 고려되어야 한다는 원칙이다. 싱어는 이익 평등 고려의 원칙을 동물에게도 적용하며 동물도 쾌고감수능력을 가지고 있으므로 이에 근거하여 사람뿐만 아니라 동물의 이익도 동등하게 고려되어야 한다고 보았으며, 이를 바탕으로 동물에게 고통을 가하는 동물 학대와 육류 산업 등을 금지해야 한다고 주장하였다.

(2) 공리주의의 4가지 원칙은 다음과 같다.

첫째, 도덕적 판단의 대상이 될 수 있는가의 기준은 오로지 쾌락 혹은 고통을 느낄 수 있는가 여부이며, 그 이외의 나머지 것들은 그 기준이 아니다.

둘째, 도덕적 판단의 대상이 되는 주체들은 그가 어느 종에 속하느냐와 관계없이, 그리고 모두 동등하게 도덕적 지위(권리)를 갖는다.

셋째, 도덕적 판단의 대상이 되는 주체들 간의 고통이나 행복에 차이가 있을 경우, 더 많은 고통을 느끼는 주체의 고통이 더 적은 고통을 느끼는 주체의 고통보다 더 먼저 해소되어야 한다.

넷째, 도덕적 판단의 대상이 되는 주체들 간의 고통이나 행복이 동등한 경우, 같은 고통을 느끼더라도, 그가 겪는 고통으로 인해 더 많은 대상에게 이익을 가져오는 고통이 더 적은 대상에게 이익을 가져오는 고통보다 더 늦게 해소되어야 한다.

1. 공리주의 원칙 4가지를 들어 동물을 보호해야 하는 이유에 대해 설명하시오.
2. 육식도 금해야 하고, 동물실험도 금해야 하는가?

관련내용: 제9장 1. 인간의 존엄과 가치

Thema **19** / **동물권**

다음 제시문을 읽고 문제에 답하시오.   2022 제주대

(1) 법무부는 민법 제92조의2에 '동물은 물건이 아니다'는 조항을 신설하는 법률 개정안을 19일 입법 예고했다. 현행 민법 제98조는 물건을 '유체물 및 전기 기타 관리할 수 있는 자연력'으로 규정하고 동물은 유체물로서 물건으로 취급한다. 법무부 관계자는 "민법 개정안은 '동물은 물건이 아니다'라는 조항을 신설해 동물을 법적으로 더 이상 물건으로 취급하지 않고, 동물 그 자체로서의 법적 지위를 인정하는 것"이라고 설명했다. 이어 "동물학대에 대한 처벌이나 동물피해에 대한 배상수위가 높아지고, 생명존중을 위한 다양하고 창의적인 제안들이 제시되는 등 우리 사회가 동물을 포함해 생명 그 자체를 존중하는 사회로 나아가는 데 도움이 될 것이라고 기대한다"고 말했다. 그런데 법무부는 개정안이 통과되더라도 동물은 여전히 권리의 객체로 법률에 특별한 규정이 있는 경우를 제외하면 물건에 관한 규정을 준용하게 된다고 설명했다.

(2) 갑은 X라는 강아지 잡종을 지인에게 무상으로 분양받아 4년간 애지중지 기르던 중이었다. 그런데 산책을 하다가 초록색 불이 켜지자마자, X가 횡단보도에 뛰어들어서 을이 몰던 차에 치였다. 자동차를 몰았던 을은 신호등의 초록불이 켜졌음에도 속도를 줄이지 않았다. 갑은 X를 아기라고 부르며 가족같이 지냈다. 현재 잡종 강아지의 가격은 10만 원이고, 갑이 강아지 X를 약 4년간 기르는 데 사용된 비용은 150만 원이다. 을은 연봉이 5,000만원 정도의 평범한 회사원이며, 보신탕도 즐겨먹는다.

1. 민법개정안이 시행되었을 때 발생할 수 있는 긍정적인 측면과 부정적인 측면은 무엇인가?
2. 민법개정안의 〈동물〉 범위에 파충류와 어류도 포함되어야 한다고 생각하는가?
3. 지원자가 갑과 을의 중재인이 되어 갑이 받을 수 있는 손해배상액을 제시하고, 그 근거를 설명해 보시오.

관련내용: 제9장 1. 인간의 존엄과 가치

풀어보기_ ✎

다음 제시문을 읽고 문제에 답하시오.   2023 부산대

제시문

성인용 전신인형(리얼돌) 규제에 대해 국내 여론은 "리얼돌은 성인용품일 뿐이며 개인의 자유를 인정해야 한다"는 주장과 "여성을 성적 대상화해 인권을 침해한다"는 의견으로 갈린다. 리얼돌을 찬성하는 쪽에서는 "리얼돌 통관을 불허하는 행위는 국가가 정당한 사유 없이 개인의 행복을 침해하는 행위"라며 "결혼을 포기한 사람, 노인, 혹은 정신적, 신체적으로 정상적인 성생활을 즐길 수 없는 사람들에게도 인간의 3대 욕구 중 하나인 성욕의 훌륭한 대체재가 될 수 있다"고 주장한다. 반면 시민단체 및 여성계는 인간의 존엄성을 훼손한다며 이를 반대한다. 윤지영 교수는 '리얼돌, 지배의 에로티시즘' 논문에서 "인형은 일방적으로 예뻐해주고 귀여워 해주며 사랑해주는 대상임과 동시에, 언제든 맘에 들지 않으면 짓이기거나 훼손 가능하며 대체·폐기 가능한 취약성을 의미한다"며 "인형 위상은 남성 중심적 사회에서 여성이 갖는 위상을 상징하는 것"이라고 지적했다. 또한 "남성들의 치료와 성욕 해소를 위한 도구적 존재로 여성 신체가 형상화되는 일이 여성들에게 어떤 인격침해나 심리적·신체적 훼손을 유발하는지, 어떤 측면에서 트라우마적 요소가 될 수 있는지는 전혀 고려의 대상이 되고 있지 않다"고 비판했다.

리얼돌 논란은 한 성인용품 업체가 2017년 리얼돌 수입통관 보류 처분을 받은 후 법원에 행정소송을 제기하면서 시작됐다. 관세청은 그간 '풍속을 해치는 물품을 수입할 수 없다'는 관세법 234조에 근거해 수입통관을 불허해왔다. 1심 재판부는 2018년 9월 "전체적인 모습이 실제 사람과 흡사한 리얼돌이 인간의 존엄성과 가치를 심각하게 훼손했다"며 수입 금지가 합당하다고 판결했다. 하지만 2심 재판부는 2019년 초 1심 판결을 뒤집고 수입업체의 손을 들어줬고 이 판결은 대법원에서도 유지됐다. 2019년 6월 대법원은 리얼돌이 음란물이 아니라고 판시했다. 대법원은 "리얼돌 수입 금지가 인간의 존엄성과 자유를 실현하는 데 어긋난다"며 관세청의 수입통관 보류 처분을 취소하라는 판결을 내렸다. 리얼돌 수입을 처음으로 합법화한 것이다. 항소심 재판부는 리얼돌 외형이 문제라면 의학 수업을 위한 인형, 인체의 신비를 주제로 한 박물관 전시 인형 등도 문제가 된다고 했다. 성기구라는 용도를 배제한 채 인간과 닮았다는 이유만으로 음란한 물건이라고 볼 수는 없다는 판결이다. 또 사람의 외형을 닮거나 인체 묘사가 사실적이고 적나라하면 풍속을 해하는 것인지 의문을 제기했다. 재판부는 사람과 비슷한 외형이더라도 성기구로 쓰이지 않는다면 당연히 음란한 물건이 아니라고 했다. 반면 성기구라는 목적을 인정한다면 이는 '사적이고 은밀한' 개인 행복권 영역에 속하므로 국가가 개입해선 안 된다는 취지다.

문제

리얼돌, 섹스로봇 등 성적 인공물의 상용화에 대한 본인의 의견을 말하고, 향후 우리나라의 대응방안에 대해 답변하시오.

관련내용: 제9장 2. 행복추구권

📖 참고   판례와 리얼돌을 둘러싼 문제

1. 대법원 2019.6.13. 2019두35503
   관세청은 그동안 리얼돌은 「관세법」 제234조 제1호의 '풍속을 해치는 물품'에 해당한다고 판단하여, 그 수입통관을 허용하지 않았다. 그러나 이에 대하여 리얼돌 수입업자가 해당 처분 취소청구의 소를 제기하여 대법원까지 진행되었고, 2019년 6월, 대법원이 리얼돌의 수입통관보류처분에 대한 취소판결을 최종 확정하였다.
   처음 1심 법원의 판단은 대법원의 판결과는 달랐다. 해당 사건 리얼돌에 대해 "남성용 자위기구로서 머리를 제외하고는 성인 여성의 전신과 비슷한 형태와 크기로 사람의 피부와 비슷한 색깔로 실리콘 재질로 만들어지고 .... 그 전체적인 모습 등이 실제 사람의 형상과 흡사한 점, 이 사건 물품은 전체적으로 관찰하여 볼 때 사람의 존엄성과 가치를 심각하게 훼손·왜곡하였다고 평가할 수 있을 정도로 노골적으로 사람의 특정한 성적 부위 등을 적나라하게 표현 또는 묘사한 것으로 봄이 타당하다."라고 판단하여, 「관세법」 제234조 제1호의 '풍속을 해치는 물품'에 해당하므로, 수입통관보류처분은 적법하다고 보았다.

반면에 2심은 해당 리얼돌에 관하여 "전체적으로 관찰하여 볼 때 그 모습이 상당히 저속하고 문란한 느낌을 주지만 이를 넘어서서 사람의 존엄성과 가치를 심각하게 훼손·왜곡하였다고 평가할 수 있을 정도로 노골적인 방법에 의하여 성적 부위나 행위를 적나라하게 표현 또는 묘사한 것이라 볼 수 없다."고 보았다. 또, "성기구는 필연적으로 사람의 형상을 사실적으로 표현하거나 묘사하는 것을 주된 목적으로 제작되고 사용되는 것이고 … 그 표현의 구체성과 적나라함만으로 정상적인 성적 수치심을 해하여 성적 도의관념에 반할 정도에 이른다고 쉽게 단정할 것은 아니다."라고 하여 공중에게 성적 혐오감을 줄 만한 성기구가 공공연하게 전시·판매됨으로써 그러한 행위를 제재할 필요가 있는 경우 등이 아니라면 성기구를 음란한 물건으로 취급하여 수입 자체를 금지하는 일은 신중할 필요가 있다고 보아, 성인의 사적이고 은밀한 사용을 본래 목적으로 한 성기구의 수입 자체를 금지할 법적 근거를 찾아보기 어렵다고 판단하였다. 이에 따라 1심 판결 및 수입통관보류처분은 취소되었고, 대법원은 관세청의 상고 이유가 이유 없다하여 원심법원의 판결을 받아들여 최종 확정하였다.

2. 찬성하는 입장

관세청의 리얼돌 수입통관보류처분에 대하여 취소청구의 소를 제기한 리얼돌 수입업자 및 리얼돌의 수입에 대하여 찬성하는 입장의 논거는 다음과 같다. 첫째, 리얼돌은 단순히 여성의 성기 모습을 단순화한 남성용 '자위기구'일 뿐이라고 한다. 이는 '기능적인 측면'에 중점을 둔 자위기구로서 사람의 존엄성과 가치를 심각하게 훼손·왜곡하였다고 평가할 수 있을 정도로 노골적으로 사람의 특정한 성적 부위 등을 적나라하게 표현하거나 묘사한 것이라 볼 수 없다는 것이다. 더욱이 이러한 물품은 공개적으로 사용되는 것이 아니라 은밀한 공간에서 사적 용도로 사용되는 것이므로 「관세법」 제234조 1호의 수출입 금지 물품인 '풍속을 해치는 물품'에 해당하지 않는다고 본다.

둘째, 리얼돌의 수입통관을 보류하는 처분은 개인의 성적 결정권의 행사에 지나치게 간섭하는 것으로서 헌법상 기본권을 침해하는 것으로 위법하다고 본다.

셋째, 리얼돌은 성적 욕망을 해소하기 위한 성인용품의 하나로 개인 선택의 문제이며, 나아가 리얼돌을 통하여 성욕을 해소하여 성범죄를 줄일 수 있다고 한다. 결국, 이미 한국에 수많은 성인용품들이 판매되고 있는 상황에서 리얼돌도 성인용품의 일종이므로 이를 소유하고 사적 용도로 사용하는 것은 문제가 되지 않는다고 보고 있다.

3. 반대하는 입장

반면에 리얼돌의 수입 및 판매를 반대하는 입장에서는, 리얼돌은 대부분 여성을 본떠 만들어 놓은 인형이므로 그것을 대상으로 잘못된 성 관념을 갖게 될 것을 우려한다.

첫째, 리얼돌은 여성을 성욕 해소의 도구로 인식하게 하는 여성 성 상품화의 전형적인 형태라고 판단한다. 나아가 맞춤형 제작을 통하여 여성의 인격권을 침해하고 또 다른 범죄를 낳을 가능성을 내재하고 있다고 보는 것이다. 즉, 여성을 존엄한 인격체로 보는 것이 아니라, 성적으로 거래 가능한 대상으로 용인하게 된다는 데 그 심각성이 있다고 본다.

둘째, 인간의 신체를 적나라하게 모방한 리얼돌은 기존 성인용품과는 달리, 여성에 대한 성적 대상화를 심화시킬 수 있는 물건이라고 본다. 즉, 성적 만족은 온도나 강도, 다양한 자극 등 기능 면에서 발달하는 것이 맞는데, 굳이 여성 형태의 몸이 필요하다는 것은 우리 사회가 여성의 몸을 성적으로 물화하고 있다는 것이다.

셋째, 강간 욕구와 성욕은 다른 문제로, 성폭력을 감소시키기 위해서는 성차별이나 여성의 성대상화에 대한 인식을 줄여서 해결해야 할 문제이며, 리얼돌이 그 해결책으로 될 수는 없다고 본다. 결국, 리얼돌은 개인의 성적 결정권의 행사로 치부될 수 있는 단순한 자위기구가 아니며, 여성을 성적 대상물로 만드는 기능을 하기에 문제가 되고, 이렇듯 여성의 신체 형상이 남성에게 특화된 성기구로 전락하게 되는 현실은 여성들의 인권을 침해하는 일이라고 보고 있다.

4. 검토

리얼돌의 수입 및 판매에 대하여 찬성하는 입장에서 제시하는 논거는 다음과 같은 사유로 타당하다고 할 수 없다.

우선 남성용이든 여성용이든 성인용품으로 자위기구의 판매가 이루어지고 있는 상황에서, 리얼돌 또한 여성의 성기 모습을 단순화한, '기능적 측면'에 중점을 둔 남성용 '자위기구'일 뿐이라고 주장하지만, 리얼돌은 일반 자위기구와는 확연히 다르다. 주로 (남성보다는) 여성의 몸과 매우 흡사하게 만들어진 리얼한 인형인 것이다. 사람의 피부와 비슷한 색깔, 촉감을 내는 실리콘 재질로 이루어져 있으며 여성의 가슴, 성기 등 그 모양과 색상 등 전체적인 모습에서 실제 여성의 신체 부위와 비슷하게 형상화되어 있다. 즉, 남성용 자위기구의 '기능'을 위하여 여성의 신체 형상을 사용한 것이다.

위에서 언급된 바와 같이 자위기구의 '기능'을 위해서라면, 다양한 자극이나 강도, 온도 등으로도 충분히 가능하다. 그럼에도 불구하고 성적 만족도를 위해서 실제 여성의 형상 자체와 매우 흡사한 리얼돌을 사용해야 한다는 것이 문제인 것이다. 가격마다 다르긴 하지만, 고가의 리얼돌은 단순한 인형이라고 볼 수 없을 정도로 실제 여성의 신체와 높은 유사성을 가진다. 그리하여 이 리얼한 여성의 몸을 가지고 어떤 성적 행위를 어디까지 할 것인지, 또 이 리얼돌이 종국적으로는 실제 여성의 신체에 대한 폭력적·강압적 성행위를 위한 시뮬레이션 장치가 되지 않을지 우려하는 것이다. 여성 신체 형상을 지나치게 사실적으로 모사한 리얼돌은 여성이라는 존재를 리얼돌처럼 성적인 이미지로 극대화시켜 성적 대상화를 초래할 수 있다. 따라서 단순한 자위기구라고 볼 수는 없다.

둘째, 리얼돌의 수입통관을 보류하는 처분은 개인의 성적 결정권의 행사에 지나치게 간섭하는 것이라고 하지만, 리얼돌로 인하여 발생할 수 있는 여성의 성적 대상화 문제는 여성의 인권과 무관하지 않다. 성적 결정권이 인권보다 우위에 있을 수는 없으며, 누군가의 성적 자유와 사생활을 위해 인권을 희생시킬 수는 없는 것이다.

셋째, 리얼돌은 성적 욕망을 해소하기 위한 성인용품의 일종일 뿐이며, 나아가 리어돌을 통해 성욕을 해소하여 성범죄를 줄일 수 있다고 하나, 소위 찬성하는 입장에서 말하는 '성욕을 해소하기 위한 성인용품'들이 지금도 판매되고 있음에도 성범죄는 꾸준히 발생하고 있다. 결국, 성욕과 강간 욕구는 엄연히 다른 것이며, 성인용품이 강간 욕구에 의한 성범죄를 감소시키기 위한 역할을 하지는 못한다는 것이다. 성범죄를 감소시키기 위해서는 여성의 신체를 통해 성욕을 해소해야 한다는 인식을 바꾸어 나가며 해결해야 하는 것이지, 강간 대상의 대체품으로 리얼돌을 사용한다는 것은 그 해결책이 될 수가 없다.

출처: 강미영, 리얼돌과 형사규제의 필요성, 법학논문집 제44집 제2호, 2020, 103-136면.

⚖ **관련판례 1** 형법 제243조 등 위헌소송(헌재 2013.8.29. 2011헌바176)

〈쟁점〉
1. 형법 제243조 중 '음란한 물건을 판매한 자'에 관한 부분 및 제244조 중 '판매할 목적으로 음란한 물건을 소지한 자'에 관한 부분이 죄형법정주의의 명확성원칙에 위배되는지 여부(소극)
2. 이 사건 법률조항이 성기구 판매자의 직업수행의 자유 및 소비자의 사생활의 비밀과 자유를 침해하는지 여부(소극)

〈결정요지〉
1. 헌법재판소는 여러 차례에 걸쳐 형벌법규상 음란개념에 대하여 "표현물을 전체적으로 관찰·평가해 볼 때 단순히 저속하다거나 문란한 느낌을 준다는 정도를 넘어서서 존중·보호되어야 할 인격을 갖춘 존재인 사람의 존엄성과 가치를 심각하게 훼손·왜곡하였다고 평가할 수 있을 정도로 노골적인 방법에 의하여 성적 부위나 행위를 적나라하게 표현 또는 묘사한 것으로서, 사회통념에 비추어 전적으로 또는 지배적으로 성적 흥미에만 호소하고 하등의 문학적·예술적·사상적 가치 등을 지니지 아니하는 것을 뜻한다."고 하여 죄형법정주의의 명확성원칙에 위배되지 않는다고 판단하여 왔다. 이 사건 법률조항의 경우에도 음란개념이 수범자와 법집행자에게 적정한 판단기준 또는 해석기준을 제시하고 있어 명확성원칙에 위배되지 않는다.
2. 음란한 물건으로부터 사회 일반의 건전한 성풍속 내지 성도덕을 보호하고 사회적 혐오감과 불쾌감 유발을 방지하기 위하여 음란한 물건의 판매 및 판매 목적 소지행위를 금지시킬 필요성이 있으므로 입법목적이 정당하고, 수단의 적절성이 인정된다. 또한, 헌법재판소와 대법원의 판례상 음란개념은 매우 엄격하게 인정되고 있고, 이 사건 법률조항은 '영리'를 위한 음란한 물건 판매행위 및 판매 목적 소지행위만을 규율하고 있을 뿐 판매 목적이 없는 음란한 물건의 단순 소지 등의 행위까지 금지하는 것이 아니다. 성기구라고 하여 무차별적으로 판매 등이 금지되는 것이 아니라 그 형상이나 색깔, 재질 등을 살펴 형상 자체의 자극과 표현의 노골성을 이유로 사람의 존엄성과 가치를 심각하게 훼손·왜곡함으로써 음란한 물건으로 인정되는 예외적인 경우에만 판매 등이 금지되고, 그러한 성기구를 소비자가 구입하지 못하게 될 뿐 음란성이 인정되지 아니하는 성기구 일반의 판매 또는 소지가 금지되는 것은 아닌 점, 이처럼 예외적으로 판매 등이 금지되는 성기구를 일반적으로 유형화하기 어려워 개별 사안에서 판단할 수밖에 없는 점 등에 비추어 보면, 이 사건 법률조항이 성기구 판매자의 직업수행의 자유 및 성기구 사용자의 사생활의 비밀과 자유를 과도하게 제한하여 침해최소성원칙에 위반된다고 보기는 어렵고, 법익의 균형성도 인정되므로 이 사건 법률조항은 과잉금지원칙에 위배되지 아니한다.

⚖ **관련판례 2** 수입통관보류처분취소(인천지방법원 2020.6.12. 2020구합51192)

〈판단〉
1) 관세법 제234조 제1호가 규정하는 '풍속을 해치는'이라고 함은, 특별한 사정이 없는 한, 성풍속을 해치는 '음란성'을 의미하는 것으로 해석함이 상당하고,[6] 여기서 '음란'이라 함은 사회통념상 일반 보통인의 성욕을 자극하여 성적 흥분을 유발하고 정상적인 성적 수치심을 해하여 성적 도의관념에 반하는 것으로서, 표현물을 전체적으로 관찰·평가해 볼 때 단순히 저속하다거나 문란한 느낌을 준다는 정도를 넘어서서 존중·보호되어야 할 인격을 갖춘 존재인 사람의 존엄성과 가치를 심각하게 훼손·왜곡하였다고 평가할 수 있을 정도로 노골적인 방법에 의하여 성적 부위나 행위를

---

6 대법원 2004.2.26. 2002도7166 참조.

적나라하게 표현 또는 묘사한 것이어야 한다.[7]

그런데 '음란'이라는 개념은 사회와 시대적 변화에 따라 변동하는 상대적이고도 유동적인 것이고, 음란성에 관한 논의는 자연스럽게 형성·발전되어 온 사회 일반의 성적 도덕관념이나 윤리관념 및 문화적 사조와 직결되고 아울러 개인의 사생활이나 행복추구권 및 다양성과도 깊이 연관되는 문제로서 국가 형벌권이 지나치게 적극적으로 개입하기에 적절한 분야가 아니다.[8]

성기구는 일반적인 성적인 표현물과는 달리 성기관과의 직접적인 접촉을 통한 성적 만족감 충족이라는 목적을 위해 제작·사용되는 도구로서, 그것은 단순한 성적인 만족이나 쾌락을 위한 경우뿐만 아니라 그 사용자가 육체적·심리적 성기능 장애를 가지고 있는 경우나 일시적 혹은 상시적으로 성행위 상대가 없는 경우에도 중요한 역할을 한다. 특히 성기구는 인간이 은밀하게 행하기 마련인 성적 행위에 사용된다는 점에서 매우 사적인 공간에서 이용되는데, 이러한 사적이고도 은밀한 영역에서의 개인적 활동에는 국가가 되도록 간섭하지 않는 것이 개별적 인격체로서의 인간의 존엄성과 자유를 실현하는 길이 된다. 따라서 음란한 물건의 판매가 개인적인 영역에 머무르지 않고 건전한 성풍속이라는 사회의 성도덕 관념과 연관되어 있다는 점에서 원칙적으로 그것을 규제할 필요성이 인정된다 하더라도, 성기구의 위와 같은 특성을 고려한다면 성기구를 일반적인 성적 표현물인 음란물과 동일하게 취급하여 규제하는 것은 자제할 필요가 있다.[9]

2) 위 인정 사실과 앞서 든 증거 및 갑 제5 내지 7호증의 각 기재에 변론 전체의 취지를 종합하여 인정되는 다음과 같은 사정을 종합하여 보면, 이 사건 물품을 전체적으로 관찰하여 볼 때 그 모습이 저속하고 문란한 느낌을 주지만 이를 넘어서서 사람의 존엄성과 가치를 심각하게 훼손·왜곡하였다고 평가할 수 있을 정도로 노골적인 방법에 의하여 성적 부위나 행위를 적나라하게 표현 또는 묘사한 것이라 볼 수 없다.

① 이 사건 물품은 성인 여성의 신체 중 가슴, 성기를 진한 색으로 도드라지게 보이게 하고 전체적으로 피부색과 유사한 실리콘을 재질로 사용하여 성인 여성의 신체를 재현한 것으로 그 전체적인 모습이 실제 사람의 형상과 유사하다. 피고는 이와 같이 이 사건 물품이 신체를 사실적으로 묘사하고 성기 등을 노골적이고 적나라하게 표현함으로써 사람의 존엄성과 가치를 심각하게 훼손·왜곡하여 성풍속을 해치는 물품에 해당한다고 주장하나, 성기구는 신체접촉을 대신하여 성기구를 통한 성적 만족감 충족이라는 목적을 위해 제작·사용되는 도구로서 필연적으로 신체의 형상이나 속성을 사실적으로 묘사하거나 구현할 수밖에 없고, 앞서 든 성기구와 관련된 법리를 함께 고려하면 그 전체적인 모습이 신체와 유사하다거나 성기 등의 표현이 다소 구체적이고 적나라하다는 것만으로 그 본질적인 특징이나 성질이 달라져 사람의 존엄성과 가치를 심각하게 훼손·왜곡하고 정상적인 성적 수치심을 해하여 성적 도의관념에 반할 정도에 이른다고 쉽게 단정할 것은 아니다.

② 이 사건 물품이 성기구 이외의 다른 의학, 교육, 예술 등의 목적으로 제작된 것이고 실제 그 목적에 맞게 사용되는 것이라면 일반적으로 보통인의 성욕을 자극하여 성적 흥분을 유발하고 정상적인 성적 수치심을 해하여 성적 도의관념에 반하는 것이라고 보기는 어렵다. 피고의 처분에는 이 사건 물품의 용도가 성기구인 점이 전제되어 있으나, 앞서 든 법리와 같이 신체와 유사한 성기구는 단순한 성적인 만족이나 쾌락을 위한 경우뿐만 아니라 그 사용자가 육체적·심리적 성기능 장애를 가지고 있는 경우나 일시적 혹은 상시적으로 성행위 상대가 없는 경우에도 중요한 역할을 하는 점, 통상 매우 사적인 공간에서 이용되는 점에 비추어 보면, 이 사건 물품의 원래 용도나 목적을 고려하여 음란성 여부를 다르게 판단하는 것은 더욱 신중할 필요가 있다.

③ 피고는 그 형상이 조잡한 신체 형상의 성기구 수입을 허용하고 있어 '성기구'라는 이유만으로 풍속을 해치는 것이라 판단하지 않고 있다. 우리나라 법률도 성기구 전반에 관하여 일반적인 법적 규율을 하고 있지 않다. 이는 성기구는 성적인 내용을 대외적으로 표현하는 일반적인 음란물과는 달리 사용자의 성적 욕구 충족에 은밀하게 이용되는 도구에 불과하고, 개인의 사적이고 은밀한 영역에 대한 국가의 개입은 최소화되어야 한다는 인식을 전제로 한 것이라 볼 수 있다. 따라서 적어도 공중에게 성적 혐오감을 줄 만한 성기구가 공공연하게 전시·판매됨으로써 그러한 행위를 제재할 필요가 있는 경우 등이 아니라면 성기구를 음란한 물건으로 취급하여 수입 자체를 금지하는 일은 매우 신중하여야 한다.[10]

④ 청소년보호법은 '성기구'를 청소년유해물건으로 분류하여 '청소년유해표시'를 하도록 하고 성기구를 취급하는 업소는 '청소년유해업소'로 삼아 청소년의 출입과 고용을 금지하는 동시에 성기구를 청소년에게 판매·대여·유포하는 경우를 형사 처벌하도록 하고 있다.[11] 이처럼 우리나라 법률은 미성숙한 청소년이 성기구에 노출됨으로써 발

---

7 대법원 2009.6.23. 2008두23689 등 참조.

8 대법원 2009.2.26. 2006도3119 등 참조.

9 헌재 2013.8.29. 2011헌바176 전원재판부의 보충의견 참조.

10 헌재 2013.8.29. 2011헌바176 전원재판부의 보충의견 참조.

11 청소년보호법 제2조, 제28조, 제58조 등 참조.

생할 수 있는 문제점에 대하여만 별도 보호장치를 마련하고 있다. 성인의 사적이고 은밀한 사용을 본래 목적으로 한 성기구의 수입 자체를 금지할 법적 근거는 달리 찾아보기 어렵다. 피고는 일반 성기구와 달리 신체 형상을 한 성기구가 공공연하게 전시·판매되는 경우 공중에게 성적 혐오감을 줄 가능성이 상당하다고 주장하나, 이러한 전시·판매가 공중에 성적 혐오감을 줄 경우 공연음란죄 등 관련 형사법에 따라 처벌하면 될 것이고, 이러한 우려로 인하여 신체 형상의 성기구 자체의 수입통관을 보류할 것은 아니다.

3) 따라서 이 사건 물품이 성풍속을 해치는 음란물이어서 관세법 제234조 제1호의 '풍속을 해치는 물품'에 해당함을 전제로 한 이 사건 처분은 위법하다.

Thema 21 / 오토바이 헬멧 착용 의무화

풀어보기_ ✎

다음 제시문을 읽고 문제에 답하시오.   2022 아주대

제시문

1) 다음은 존 스튜어트 밀의 '자유론'과 공권력 행사에 대한 설명이다. 개인의 자유는 타인의 안전에 위협을 끼칠 때만 제한될 수 있다. 이 경우에만 본인의 의사에 반해 본인의 자유를 제한하는 공권력의 행사가 정당화될 수 있다. 그렇다면 타인에게 위협이 되지 않지만, 본인의 건강과 안전에 위협이 되는 행동에 대해 공권력의 행사가 가능한가. 이를 정당화하는 것으로 '가부장적 공권력'이라는 것이 있는데, 이 경우에는 공권력이 너무 비대해져 개인의 자유에 대한 과도한 침해가 우려된다.

2) 교통사고가 났을 때 오토바이 운전자 등 승차자의 머리를 보호하기 위해 도로교통법은 운전자의 헬멧 착용을 의무화하고 있다. 안전모 착용 시 사망 감소 효과를 37%로 가정할 때, 이륜자동차 승차자 모두가 안전모를 착용할 경우 연간 74명의 생명을 더 살릴 수 있을 것으로 추정된다. 국토해양부(교통안전공단 자동차안전연구원) 관계자는 운전자 개개인의 안전 운전 의식 없이는 보험 가입 의무화 같은 정책도 그 효과가 제한될 수밖에 없다며, "이륜자동차 사고로부터 소중한 생명을 지키기 위해 이륜자동차 탑승 시에는 유일한 안전장치인 안전모를 반드시 착용해 줄 것"을 당부하였다.

문제

제시문 2)의 오토바이 헬멧 착용 의무화와 위반 시 법적 처벌에 대해 제시문 1)을 기반으로 찬성·반대 의견을 정하고, 그 논거를 제시하시오.

관련내용: 제9장 2. 행복추구권

동성혼

다음 제시문을 읽고 문제에 답하시오.   2021 전남대

제시문

2013년 미국 연방대법원은 동성커플을 이성커플에 비해 차별하고 있던 결혼보호법이 평등 보호에 반한다고 선언하였다. 그리고 2015년에는 결혼에 반한 권리는 인간의 자유권에 내재된 기본적 권리로서 이성커플뿐만이 아니라 동성커플에게도 이러한 권리와 자유가 훼손당하지 않고 보장되어야 하므로, 이것을 금지하는 주의 모든 행위를 위헌이라고 결정하였다. 이에 따라서 미국은 동성 간에 혼인이 가능한 국가가 되었다. 또한 프랑스에서도 2013년 동성혼인법을 제정하여 동성 간의 결합을 혼인으로 인정하는 법이 시행되었다.

위의 판결과 법에 근거하여 미국과 프랑스에서는 공동체를 구성하고 생활해온 동성커플의 합법적인 혼인이 가능하게 되었다. 이에 미국 어느 주에서 동성커플이 혼인을 하고 담당공무원에게 결혼증명서 발급을 요청하였다. 그러나 담당공무원은 자신의 종교적 신념에 근거하여 동성커플에게 결혼증명서 발급을 거절하고 이로 인하여 징계를 받게 되었다. 또한 프랑스에도 혼인식 수행 사무를 처리하는 공무원들이 개인의 양심의 자유를 근거로 이를 거부하는 현상이 나타나고 있다. 뿐만 아니라 일부 지역의 사진사협회는 동성 간 혼인을 하는 커플에 대한 사진 촬영을 거부하기로 하였다.

문제

1. 동성커플에게 결혼증명서 발급을 거절한 공무원에 대해 징계를 하는 것은 정당한가?
2. 동성 간 혼인을 하는 커플에 대해 사진 촬영을 거부하기로 한 사진사협회에 대해 제재수단이 마련되어야 하는가?

관련내용: 제9장 2. 행복추구권

낙태죄

다음 제시문을 읽고 문제에 답하시오.   2019 영남대

제시문

대한민국 형법은 낙태죄를 규정하고 있다. 그리고 모자보건법 제14조에서는 우생학적, 윤리적, 범죄적, 보건의학적 사유에 따른 임신중절 수술을 허용하고 있으나, 이러한 허용 사유에는 사회·경제적 사유를 포함하지 않는 등 그 범위가 좁다. 낙태 허용 사유로는 임신의 지속이 산모의 건강에 심각한 위협이 되는 경우, 본인이나 배우자에게 전염성 질환이 있는 경우, 강간에 의해 임신된 경우, 법률상 혼인할 수 없는 혈족 또는 인척 간에 임신된 경우 등이 있다.

문제

낙태죄 존치 여부에 대한 자신의 입장을 밝히시오.

관련내용: 제9장 2. 행복추구권

Thema 24 · 성인 간 성매매

풀어보기_ ✎

다음 제시문을 읽고 문제에 답하시오.   2015 건국대

제시문

성매매특별법이 시행된 지 10년이 지났지만 여전히 그 실효성에 의문이 제기되고 있다. 표면적으로는 집창촌이 거의 사라졌지만 성매매가 줄어든 것은 아니다. 오히려 신종 성매매가 나타났을 뿐만 아니라 일반 주택가로 숨어들거나 해외 원정 성매매로 확산되고 있다. 이런 상황에서 성매매특별법에 대해 다시 활발하게 논의가 이루어지고 있다.

성매매를 옹호하는 주장은 성인들이 합의에 의하여 성을 매매하는 것에 대하여 국가가 간섭할 수 없다는 입장이다. 그리고 성매매여성은 교화나 복지정책의 대상이지 형사처벌의 대상은 아니라는 주장도 있다. 성매매특별법이 시행된 지 10년이 지난 시점에서도 성매매가 줄어들지 않았다는 것은 성매매특별법의 실효성이 크지 않다는 것을 의미하므로, 성매매 정책에 대한 변화가 필요하다는 주장도 제기된다.

문제

제시문에서 언급하고 있는 각각의 주장들에 대해 반론하고, 정책적 대안을 제시하시오.

관련내용: 제9장 2. 행복추구권

Thema 25 · 기호용 대마금지

풀어보기_ ✎

다음 제시문을 읽고 문제에 답하시오.   2018 서강대[12]

제시문

(가) 인간이 개인적으로나 집단적으로 어느 한 사람의 자유에 개입할 수 있는 유일한 경우는 자기보호를 위한 경우밖에 없다. 또 문명화된 공동체의 어느 한 구성원에게 그의 의사에 반해서 국가권력이 정당하게 행사될 수 있는 유일한 경우는 타인들에게 해를 끼치는 것을 막기 위한 경우밖에 없다. 국가가 강제력을 행사한 결과가 자유를 제약당하는 개인에게 이익을 가져다줄 것이라는 사유는 개인의 자유를 제약할 충분한 근거가 될 수 없다. 개인의 자유를 제약하는 것을 정당화하기 위해서는, 행위당사자의 행동이 제지되지 않으면 다른 누군가에게 해를 끼칠 것이 예측되어야 한다. 한 사람의 행동 가운데 그가 사회에 책임을 지는 경우는 그의 행동이 타인과 관련되어 있거나 타인에게 영향을 미치는 경우이다. 어떤 개인의 행동이 자기 자신하고만 관련되어 있는 경우에는 개인은 절대적 자유를 누려야 한다. 자기 자신, 자기 자신의 신체와 정신에 대해서는 개인은 누구의 간섭도 받지 않는 주권자이다.

---

12 면접문제의 출제의도를 고려해 관련 글을 가져와 제시문으로 구성하였다.

(나) 어떤 행위가 타인에게 직접 피해를 주지는 않지만 지배적 공중도덕을 훼손한다면, 사회는 사회의 존립을 위해 필수적인 질서를 보호하려고 법을 사용하는 것과 마찬가지로 이러한 공중도덕을 유지하기 위하여 법을 사용할 수 있다. 사회의 존립 자체를 위해 필수적인 공공도덕의 핵심 요소는 형벌에 의해서 지켜져야 한다. 이때 법으로 보호되어야 할 공공도덕의 요소는 그 내용이 정당한지 그러지 않는지에 상관없이 사회에서 널리 인정되고 공유되어서 사회의 안정에 중대한 기능을 수행하는 내용의 도덕기준을 일컫는다.

(다) "저는 대마초를 30년간 피웠지만 전혀 문제가 없었습니다. 대마랑 담배를 같이 했는데 대마가 담배보다 중독성이 강하다거나 신체에 해를 주는지 잘 모르겠습니다. 오히려 대마랑 함께 했던 담배가 중독성이 더 강했던 것 같습니다. 미국에서 진행된 다수의 연구 결과도 대마의 중독성이 담배와 비슷하다고 나왔습니다."

문제

1. (가)의 입장을 국가나 사회, 도덕이라는 용어를 사용해 쉽게 설명해 보시오.
2. (나)의 입장을 국가나 사회, 도덕이라는 용어를 사용해 쉽게 설명해 보시오.
3. (가)의 입장에서 (다)의 발언을 어떻게 평가할 것인가?
4. (나)의 입장에서 (다)의 발언을 어떻게 평가할 것인가?

관련내용: 제9장 2. 행복추구권

Thema 26 / 머그샷

풀어보기 ✎

다음 제시문을 읽고 문제에 답하시오.   2020 아주대

제시문

'머그샷'은 구속 피의자에 대한 경찰 사진의 속어로, 미국 등에서 수의를 입은 피의자가 식별용 번호판을 들거나 목에 걸고 찍은 사진을 말한다. 국내에서도 피의자 체포 시 식별용 사진을 촬영하는 경우가 있으나 이를 공개하지는 않고 있다. 현재 피의자 신상이 공개될 때, 실제 피의자들이 고개를 숙이거나 교묘하게 얼굴이 드러나는 것을 피하는 등의 문제점이 제시되고 있다. 따라서 피의자 신상공개제도의 실효성을 담보하기 위하여 머그샷 제도를 도입하여 그들의 신상을 공개해야 한다는 주장이 있다.

문제

머그샷 제도를 도입해야 하는지에 대해 의견을 제시하시오.

관련내용: 제9장 2. 행복추구권

풀어보기_ ✎

다음 제시문을 읽고 문제에 답하시오.

제시문

(가) '평등'이란 주어진 조건에 상관없이 모두 같은 환경에서 관람해야 한다는 논리다. 키가 큰 아버지와 큰아들, 그리고 막내아들 모두 같은 크기의 발 받침대를 밟고 올라가 경기를 관람한다. 그러나 문제는 키가 큰 아버지와 큰아들은 발 받침대를 밟고 올라가면 경기를 잘 볼 수 있지만, 막내아들은 발 받침대 한 개로는 경기를 관람할 수 없다.

그렇다면 '형평'이 실현되는 모습은 무엇일까? 형평이란 균형이 맞는 상태를 의미한다. 이를 그대로 실현하면 키가 큰 아버지는 발 받침대가 없어도 경기를 관람할 수 있으므로 막내아들에게 두 개의 발 받침대를 주는 것이 맞다. 그렇게 해야만 아버지와 아들 모두 경기를 관람할 수 있기 때문이다.

(나) 우리나라는 그동안 부의 축적을 불법, 탈법과 정경유착의 산물로 보고, 특정 계층에 집중된 부를 공공부문으로 흡수하는 것이 선이라는 사회적 시각에서 상속 과세를 강화하여 왔다. 그러나 글로벌 경쟁이 심화되고 기업의 경쟁력이 국가의 존립과 직결되는 상황에서, 일자리 및 소득 창출 기업의 사회적 기여와 출발선의 평등, 과세 형평 등의 부의 양극화 완화에 대한 냉정한 평가가 필요하다. 부의 양극화 완화는 정부지출과 예산을 주된 수단으로 하고, 조세는 보조 수단으로 활용하는 것이 보다 효과적인 점을 직시해야 한다. 기업의 승계를 원활하게 하여 기업이 일자리 및 소득 창출을 계속할 수 있도록 하고, 증가된 기업활동으로 추가 징수되는 소득세·법인세·부가가치세 등으로 소득재분배 내지 사회적 약자를 지원하는 것이 보다 효과적이고 생산적인 방법이다. 미국·독일·스웨덴 등 주요 선진국은 차등 의결권 주식발행, 공익재단에 대한 주식 출연, 지분관리회사 설립 등 다양한 방식으로 경영권을 승계할 수 있으나, 우리나라는 이러한 방법들이 원천적으로 차단되어 원활한 경영권 승계가 어렵다. 현재 상속세 평가 시 최대주주의 주식은 20%(중소기업 10%)를 가산하고, 최대주주 지분이 50%를 초과하는 경우 30%(중소기업 15%)를 가산하고 있다. 미국·영국·독일·일본 등 주요국은 최대주주에 대한 일률적인 할증평가제도가 없으며, 영국·독일 등은 오히려 소액주주에 대하여 할인평가를 적용하고 있다. 최대주주에 대한 획일적인 할증평가로 인해 최대주주 상속세율이 최고 65%에 달하여, 상속 재산의 크기가 줄어들 뿐만 아니라 경영권의 승계라는 권리 자체가 불확실해져 기업가 정신이 크게 약화될 우려가 있다. 따라서 구체적 타당성이 결여되고 상속세 부담만 과중시키는 최대주주 할증평가제도는 폐지하는 것이 바람직하다.

(다) 최근 선별적 복지와 보편적 복지에 대한 논쟁이 가열되고 있지만, 논쟁의 상당 부분이 가치 혹은 이념적인 주장에 바탕을 두고 있어 선별적 복지와 보편적 복지의 타당성에 대한 결론을 내기 쉽지 않은 상황이다. 이러한 맥락에서 최근 논란이 되고 있는 무상급식, 무상보육, 반값등록금 등 보편적 복지의 전형적 사례인 무상복지 정책을 상정하여 무상복지와 선별적 복지의 소득재분배 효과를 비교하고, 무상복지 정책과 선별적 복지정책의 정책적 효과를 검토하였다. 본 연구에서 노동패널 데이터를 사용하여 분석한 결과 무상급식, 무상보육, 반값등록금 등의 무상복지 정책을 전 가구를 대상으로 시행하게 되면 정책 시행 전보다 지니계수가 0.0076~0.0084 포인트 감소하는 것으로 나타나 소득재분배와 소득분배의 불평등도 개선 효과가 있는 것으로 분석되었다. 하지만 무상복지와 동일한 정책을 유지하되 급식, 보육 및 등록금 지원 대상자의 소득분위 대상을 맨 처음 소득하위 10% 수준으로 한정한 후 이를 점차 확대시켜 나가면 지니계수가 점차 낮아지는데, 소득하위 70% 이하에서 지니계수가 가장 낮게 나타나고 소득하위 70%를 넘게 되면 지니계수가 다시 상승하는 것으로 나타났다. 소득하위 70%까지만 제공하는 경우에는 지니계수가 0.0110~0.0113 포인트 낮아지는 것으로 나타나, 선별적 복지에서의 소득재분배와 소득불평등도 전면적 무상복지에서의 소득재분배 효과보다 개선 효과가 훨씬 큰 것으로 분석되었다.

(라) 소수인종 등 사회 후발주자의 도약을 돕기 위해 마련된 미국의 적극적 우대 조치(Affirmative action)가 갈림길에 놓였다. 텍사스주 스티븐 F 오스틴 고등학교 학생이었던 애비게일 피셔는 2008년 텍사스 대학에 지원했다. 피셔의 고등학교 졸업 성적은 674명 중 82등, 대학입학자격시험(SAT)에선 1,180점(1,600점 만점)을 받

앉으나, 결과는 불합격이었다. 당시 텍사스 대학 신입생들의 SAT 성적은 1,120~1,370점 사이였고, 피셔는 SAT 점수가 합격선보다 높았다는 점과 자신보다 졸업 성적이 낮았던 소수인종 동급생들은 합격했다는 점 등을 들어 대학에 항의했다. 자신이 백인이라 낙방했다며 텍사스 대학을 상대로 소송도 제기했다. 미국 수정 헌법 제14조항이 보장한 평등권을 침해당했다는 것이다.

문제

1. (가)에 나타난 평등과 형평의 개념을 설명해 보시오.
2. (가)의 평등과 형평의 개념을 사용하여 (나)와 (다)의 논지를 설명해 보시오.
3. (가)에 근거해서 (라)를 옹호할 것인지 비판할 것인지를 정하고 그 논거를 제시하시오.

관련내용: 제10장 평등권

Thema 28 여성징병제

풀어보기

다음 제시문을 읽고 문제에 답하시오.   2018 영남대

제시문

아직까지 대부분의 국가에서는 남성들만이 의무적으로 군 복무를 하도록 되어 있다. 그러나 일부 국가에서는 여성들도 군 복무를 할 수 있도록 하는 정책을 시행하고 있다. 이러한 정책을 여성징병제라고 하는데, 이를 도입한 국가 중 하나가 이스라엘이다. 이스라엘에서는 여성들도 군대에 복무해야 하는 의무가 있으며, 이를 위해 이스라엘은 여성들에게 군대에서의 역할과 임무를 수행할 수 있도록 군사 훈련을 제공하고 있다. 여성들은 군 복무를 위해 자원 투입되며, 전투 부대에서는 남녀 구분 없이 동등하게 훈련을 받고 복무한다.

우리나라에서도 병역법, 예비군법, 민방위법을 개정해 여성도 남성과 동일하게 현역, 예비역, 민방위로 병역의 의무를 이행할 수 있게 해야 한다는 주장이 있다. 저출산시대에 접어들면서 병역 충원에 어려움을 겪을 것이 예상되는 만큼 여성징병을 통해 부족한 병력을 보충해야 하며, 병역의 의무를 남성만 지도록 하는 것은 평등권에도 침해된다고 주장한다.

문제

여성징병제에 대한 지원자의 의견을 밝히시오.

관련판례 남성만의 병역의무 부과(헌재 2010.11.25. 2006헌마328)

〈쟁점〉
대한민국 국민인 남자에 한하여 병역의무를 부과한 구 병역법 제3조 제1항 전문(이하 '이 사건 법률조항'이라 한다)의 평등권 침해 여부

〈평등권 침해 여부 관련 판단〉
재판관 이강국, 재판관 김희옥, 재판관 이동흡, 재판관 송두환의 기각의견
…… 일반적으로 집단으로서 남자는 여자에 비하여 근력, 순발력 등이 우수하고, 여자는 남자에 비하여 유연성 등이 우수한 것으로 평가되는 등 서로 다른 신체적 능력을 보유하고 있다고 보인다. 그런데 전투를 수행함에 있어 요청되는

신체적 능력과 관련하여 본다면, 무기의 소지·작동 및 전장의 이동에 요청되는 근력 등이 우수한 남자가 전투에 더욱 적합한 신체적 능력을 갖추고 있다고 할 수 있다. 물론 집단으로서의 남자와 여자가 아니라 개개인을 대상으로 판단하는 경우, 여자가 남자에 비하여 전투에 적합한 신체적 능력이 우월한 사례가 있음은 분명하다. 그러나 개개인에 적용되는 신체적 능력의 구체적인 평가기준을 세우는 것은 곤란하고, 병역기피를 위하여 신체적 능력 측정에 성실하게 임하지 않는 경우가 있을 수 있다는 점을 감안하면, 전투수행을 위한 신체적 능력이 현저하게 부족하여 병역면제 대상임이 명백한 경우를 발견하는 것을 넘어, 보다 구체적으로 개개인의 신체적 능력을 수치화, 객관화하여 비교하는 검사체계를 갖추는 것은 현실적으로 매우 어렵다. 또한 신체적 능력이 매우 뛰어난 여자의 경우에도 그 생래적 특성상 월경이 있는 매월 1주일 정도의 기간 동안 훈련 및 전투 관련 업무수행에 장애가 있을 수 있고, 특히 가임기 여자는 현재 임신상태가 아니라고 하더라도 언제든 임신·출산과 출산 후 수유 등 대체 불가능한 부담을 질 개연성이 있는바, 임신 중이거나 출산 후 일정한 기간은 위생 및 자녀양육의 필요성에 비추어 영내생활이나 군사훈련 자체가 거의 불가능하다. 나아가 여자는 전시에 포로가 되는 경우 등에 있어, 남자에 비하여 성적 학대를 비롯한 위험에 노출될 가능성이 더 크다는 점에서 군사작전 등 실전투입에 부담이 크다. 이러한 신체적 특징의 차이의 기초하여, 입법자가 최적의 전투력 확보를 위하여 남자만을 징병검사의 대상이 되는 병역의무자로 정한 것이 현저히 자의적인 것이라 보기 어렵다 ……

적정한 병력규모를 초과하는 과다한 병력을 형성하는 경우, 그와 같은 병력을 유지하고 효율적으로 운용하는 데 소요되는 비용을 감당하는 것은 우리의 경제현실에 비추어 곤란하고, 또한 과다한 병력의 유지는 인접 국가를 자극하여 군비경쟁을 촉발하고 오히려 국가안보에 위해를 가져올 가능성을 배제할 수 없으며, 군사문화의 사회적인 확산 및 헤게모니 장악은 자유와 평등, 평화의 헌법적 이념의 실현에 부정적으로 작용할 우려가 있기 때문에 평시의 병력규모는 일정한 수준에서 유지되어야 하고, 현역의 수는 제한될 수밖에 없다. 그러나 혹시라도 발생할 수 있는 국가 비상사태에 대비하여 예비적 전력을 확보하고, 유지할 필요가 있음 역시 부인하기 어렵다 ……

비교법적으로 보아도, 이 사건 법률조항과 같은 입법이 현저히 자의적인 기준에 의한 것이라 볼 수 없다. 징병제가 존재하는 70여 개 나라 가운데 여성에게 병역의무를 부과하는 국가는 이스라엘 등 극히 일부 국가에 한정되어 있으며, 여성에게 병역의무를 부과하는 대표적 국가인 이스라엘의 경우도 남녀의 복무기간 및 병역거부 사유를 다르게 규정하는 한편, 여성의 전투단위 근무는 이례적인 것이 현실이다.

그 밖에 남녀의 동등한 군복무를 전제로 한 시설과 관리체제를 갖추는 것은 역사적으로나 비교법적으로 전례가 없어 추산하기 어려운 경제적 비용이 소요될 수 있고, 현재 남자를 중심으로 짜여져 있는 군조직과 병영의 시설체계하에서 여자에 대해 전면적인 병역의무를 부과할 경우, 군대 내부에서의 상명하복의 권력관계를 이용한 성희롱 등의 범죄나 남녀간의 성적 긴장관계에서 발생하는 기강 해이가 발생할 우려가 없다고 단언하기 어렵다.

결국 이 사건 법률조항이 성별을 기준으로 병역의무자의 범위를 정한 것이 합리적 이유 없는 차별취급으로서 자의금지 원칙에 위배하여 평등권을 침해한 것이라고 볼 수 없다.

관련내용: 제10장 평등권

📖 참고   **남성징병제의 정당성, 여성징병제의 가능성**

남성들만을 징집 대상으로 하는 징병제는 정당한가? 정당하지 않다. 성별에 따른 차별, 즉 평등 원칙을 위반한 제도다. 여성 등에게까지 징집 대상을 넓히는 소위 '여성징병제'는 필요한가? 현실적이지 않다. 헌법재판소 군가산점제 위헌 결정 이후 20여 년, '여성도 군대 가라'는 계속된 주장에 담긴 분노와 울분을 이해해야겠지만, 현존하는 제도의 모순과 그 모순의 대안처럼 보이는 것의 비현실성 사이 틈에 좀 더 주목해야 한다.

먼저, 남성징병제는 정당한가? 헌법재판소가 2010년 남성징병제를 합헌으로 결정했던 핵심 논거는 신체적 능력이었다. "근력 등이 우수한 남자가 전투에 더욱 적합한 신체적 능력"이고, 일부 여성의 능력이 뛰어날 순 있어도 "월경이 있는 매월 1주일 정도 훈련 및 전투 관련 업무수행에 장애"가 있기에 군복무에 부적합한 신체라는 판단. 동의할 수 없다. 위 판단에 깔린 수많은 편견과 왜곡은 차치하고서라도, 군복무가 전투병과만 존재하는 것도 아니며 군사훈련 자체가 배제된 복무 영역까지 등장하고 있다. '전투'에 초점을 맞춰보더라도 여군의 전투부대 보직 확대는 세계적 추세이며, 남성 내부에도 신체적 차이가 존재한다. 여성 전체를 '복무 부적합한 신체'로 판단하는 것은 사실 왜곡이다. 위 헌법재판소 결정은 '여성이 포로가 되는 경우 남자에 비해 성적 학대를 당할 가능성이 높다'는 점도 근거로 들었는데, 이 부분에선 할 말을 잃는다. 법여성학자 양현아 교수는 이미 2008년 남성만을 징병 대상으로 하는 병역법은 성별 간 평등 위반(위헌)이라는 의견을 제시했다.

남성징병제가 평등 원칙을 위반한 제도라면, 여성징병제가 도입되어야 하나? 이 논의는 최근 무게감을 갖게 되었는데, 저출생으로 인한 병역자원 부족 때문이다. 현재 한국군은 50만명 규모의 상비병력을 유지할 계획인데, 육군 18개월 복무를 기준으로 당장 2025년부터 50만명 구성이 어려워진다. 2036년 이후에는 40만명 정도가 가능할 뿐이다. 50만 병력을 고집할 경우 복무 기간을 늘리거나 복무 부적합 판정 비율을 최대한 줄여야 한다. 전자는 추가적인 고통을, 후자는 복무 중 사건 발생 가능성을 높이기에 결코 쉬운 선택이 아니다.

그러나 여성징병제 역시 현실적 선택항이 될 수 없다. 지금의 병력 부족 상황은 여성인구 전체를 징집 대상으로 할 만큼의 수준이라 할 수는 없고, 그럴 경우 소요될 예산과 사회적 비용을 고려할 때 정책적 현실성도 없다. 모병제라면 이 모순들이 한순간에 해결되는 듯하지만, 한국 사회와 같이 병역에 대한 거부감이 큰 사회에서 모병제는 '빈민의 군대' 탄생으로 이어질 것이다. 저소득층 입대 비율이 압도적일 것이고, 이미 존재하는 격차가 더 확대될 것이다. 전투 환경의 변화로 모병제는 불가피한 길이지만 장기적 과제일 수밖에 없다.

정당성 없는 남성징병제에 대한 비판과 대안은 '여자도 군대 가라'일 수밖에 없을까? 그렇지 않다. "군대 가고 싶은 사람 나와보라고 해"와 "그런데 왜 너희들은 안 가냐" 사이에 강요된 침묵이 존재한다. '나를 끌고 가는 국가의 책임'이다. 국가는 '숭고한 희생'이라는 수사 뒤에 숨어 있었고, 결국 징병제라는 고통의 제도는 남성과 여성 사이의 싸움처럼 방치되었다.

50만 상비병력은 합당한가? 저출생이라는 중대한 사회적 변화에도 불구하고 병력 규모가 어느 정도여야 하는지에 대한 투명한 논쟁과 검증은 없었다. '북 급변사태 발생 시 안정할 전력' 가설에 기댄 산출로 추정하지만, 방식이 과장되었다는 비판도 상당하다. 변화된 전투 환경에서 30만명 정도의 상비병력이면 충분하다는 의견도 설득력 있다. 병력이 부족한 것이 아니라, 사실상 공짜로 쓰는 노동력을 엄밀한 기준 없이 국가가 동원해왔던 것은 아닐까?

국가는 병역이 남성들에 대한 차별이지만 현실적으로 남성징병제 유지가 불가피하다는 점을 인정하고, 차별 시정을 위한 적극적 조치를 해야만 한다. 오직 그 조치가 충분할 때만 남성징병제는 존재할 수 있다. 월급 인상 등 복무 여건이 개선되고 있지만, 대체 불가능한 '젊은 날의 시간'에 대한 보상은 특별해야 한다. 군가산점제와 같이 국가부담 없이 여성과 장애인들을 차별하는 보상이 아닌 분명한 정책적 결단이 필요하다.

'너도 고생해야 한다'가 아닌 '군복무의 고통을 줄여야 한다'라는 싸움은 인권의 문제다. 모두가 연대해야 할 문제다.

출처: 임재성, 한겨레, 2021.4.21.

Thema **29** 병역특례

풀어보기_✎

다음 제시문을 읽고 문제에 답하시오.   2023 한국외대

제시문

병역법 제33조의7 제1항에 의거, 예술·체육 분야의 특기를 가진 사람은 병역 혜택을 받을 수 있다는 조항이 있는데, 현역 군 복무 대신 해당 특기 분야에서 지속적인 활동을 하게 함으로써 국위 선양에 기여할 수 있도록 하고 있다. 1973년 제정된 병역특례법에는 순수 문화예술인과 체육인만을 대상으로 하고 있고, 방탄소년단과 같은 대중문화예술인은 제외되어 있다. 이에 최근 법개정의 움직임이 있다.

문제

대중문화예술인의 병역특례 혜택을 위한 병역특례법 개정에 대해 찬반 의견 중 하나를 선택해 답변하시오.

관련내용: 제10장 평등권

풀어보기_✎

다음 제시문을 읽고 문제에 답하시오.   2016 한국외대

제시문

1998년 외환위기 이후 그 전까지 2%대이던 실업률이 7%로 급격히 올라갔고, 특히 29세 이하 청년의 실업률은 전체 생산가능인구의 실업률보다 2배 이상 증가하였다. 또한 종사자수 500인 이상 사업체에서 일하는 사람의 비중이 급격히 줄어들고 종사자수 50인 미만의 중소영세업체에서 일하는 사람의 비중이 70% 수준으로 급증하였다. 이러한 노동시장의 변화로 인력의 수요와 공급 균형이 맞지 않게 되어 청년 실업률이 외환위기 이전 수준으로 회복되기 어렵게 되었다.

청년실업 문제는 청년 개개인의 자존감 상실과 경제적 어려움은 물론, 사회 전체의 노동력이 사장되고 사회 불안이 조성될 수 있다는 점에서 시급하게 해결하여야 할 과제이다. 청년할당제는 이처럼 심각한 사회문제로 대두된 청년실업 문제를 시급하게 해결하기 위한 수단으로 도입되었다. 2004년 청년실업해소특별법을 제정할 당시 청년할당제는 공공기관과 지방공기업의 장에게 매년 정원의 3% 이상씩 청년 미취업자를 고용하도록 노력하여야 한다는 것으로서 법적 강제력이 없는 권고사항이었다.

이러한 입법에도 불구하고 2011년 12월 기준 15세~29세 청년 실업률은 7.7%로 전체 실업률 3.0%의 2배 이상이고, 청년 실업자는 32만 1천명으로 전체 실업자(85만 5천명)의 42.6%에 이르렀다. 한편, 2010년을 기준으로 보면, 총 394개 기관의 약 32%인 126개 기관만이 청년할당제에서 제시한 3% 권고기준을 충족하였고, 2012년에도 권고기준을 이행한 기관은 약 48%에 불과하였다.

이와 같이 청년실업이 악화되고 취업난을 피하여 졸업을 미루고 학업을 계속하거나 진학을 선택하여 학력 과잉이 사회적·경제적 문제로 대두되자, 국회는 2013.5.22. 청년할당제를 권고사항에서 의무사항으로 바꾸고 2016년까지 3년간 한시적으로 적용하도록 법을 개정하였다. 즉, 청년고용의무를 이행하지 아니한 공공기관과 지방공기업의 명단을 공표하고(제5조 제4항), 그 고용실적을 「공공기관의 운영에 관한 법률」 제48조 또는 「지방공기업법」 제78조에 따른 경영평가에 반영하도록 하였다(제5조 제5항).

청년할당제가 적용되는 기관은 ① '공공기관의 운영에 관한 법률'에 따른 공공기관 중 공기업과 준정부기관 및 정원 30명 이상의 기타 공공기관과 ② 지방공기업법에 따른 지방공사 및 지방공단 중 정원이 30명 이상인 지방공사 및 지방공단이다(다음부터 이들을 모두 합하여 '공공기관'이라고 한다). 다만, 정원이 전년도에 비하여 100분의 10 이상 감축된 연도, 처음으로 법에 따라 지정·설치 또는 설립된 연도, 고용노동부장관이 기획재정부장관과 협의하여 고시하는 전문적인 자격이나 능력 또는 경력 등의 기준에 맞는 사람을 해당 연도 고용인원의 100분의 70 이상 고용하는 경우의 어느 하나에 해당하는 공공기관에는 일정한 예외를 두고 있다(법 제5조 제1항, 시행령 제6조 제2항). 2014년 6월 현재 청년할당제가 적용되는 공공기관은 약 400개 정도 된다.

문제

청년고용할당제처럼 청년들에게 법으로 고용쿼터를 보장하는 제도에 대한 지원자의 의견을 말하시오.

관련내용: 제10장 평등권

📖 참고   벨기에의 로제타 플랜(Rosetta Plan)과 우리나라의 청년고용할당제

벨기에에서는 2000년부터 이른바 로제타 플랜을 시행하고 있다. 로제타 플랜은 1990년대 말 당시 벨기에의 청년층, 특히 저학력 청년층의 실업률이 높게 나타나자, 근로자수 50명 이상인 민간기업의 고용주들에게 당해 사업장 정원의 3%에 해당하는 인원을 청년실업자들로 신규 채용해야 할 의무를 부과한 제도이다. 로제타 플랜은 그 대상이 될 수 있는 청년층을 세 개의 그룹으로 구분하고, 18세 이상 25세 미만으로서 학교를 졸업한 지 6개월이 경과하지 않은 청년층 그룹을 최우선적인 지원대상으로 하였다. 로제타 플랜에 대하여는, 적극적 복지국가의 이념에 부합하고 효과적인 노동공급 및 고용증대를 가져온다는 긍정적 평

가와 위 제도로 인하여 기업들은 보다 경험이 풍부한 구직자들 대신에 경험이 별로 없는 청년층 구직자들을 채용할 수밖에 없어 생산성이 저하되며 효율적인 인사관리가 어렵게 되어 기업의 대외경쟁력을 약화시킬 수 있다는 부정적 평가가 있다.

위 제도가 시행된 이후 벨기에의 청년실업률의 감소가 통계적으로 유의미한 수준으로 나타나지 않고 있어 제도의 실효성에 대한 의문이 제기되고 있으며, 장기실업자나 성인실업자 등 실업기간이 길어서 상대적으로 지원의 필요성이 큰 집단이 위 제도의 우선적인 혜택을 받지 못한다는 점에서 형평에 반한다는 비판도 있다.

우리나라의 청년할당제는 위 로제타 플랜을 참고한 제도이다. 그런데 로제타 플랜은 저학력 노동력이 많고 학생들의 학업 중단이 사회적 문제가 된 벨기에의 상황을 반영한 제도이다. 이에 반하여 우리나라는 고등학교 졸업생의 대부분이 대학에 진학하면서 고학력의 청년실업자 비중이 갈수록 증가하고 있는바, 벨기에와는 노동시장의 상황이 전혀 다르다(벨기에의 대학진학률은 2001년 32%로 OECD 평균인 48%에 비하여 16% 포인트나 낮았으며 2008년까지 전혀 상승하지 않고 OECD 평균 56%와의 격차는 더 벌어졌다고 한다. 반면 우리나라의 대학진학률은 2001년 48%에서 2008년 71%로 7년 사이 23% 포인트나 증가하였다).

청년할당제는 국회 입법과정에서 주무 부처인 고용노동부조차 헌법상 평등원칙에 위배될 뿐만 아니라 고용정책기본법 등 현행 법체계와 모순된다는 이유로 반대를 하였고, 청년실업 대책으로서 효과가 있을지 여부에 대한 논란도 있었다. 게다가 개별 공공기관의 경영사정 내지 인력수요를 고려하지 않고 일률적으로 정원의 3%를 신규 채용하도록 강제하는 것이어서, 기존 인력의 감축이 강제되고 결과적으로 고령근로자에 대한 차별로 이어질 가능성이 있다는 우려도 제기되었다. 청년할당제는 청년실업난 해소를 위한 근본 대책이라기보다 일부 여론을 의식하여 로제타플랜의 피상적인 부분만을 조급하게 도입하여 입법화된 측면이 있다.

⚖ 관련판례 청년고용할당제 사건(헌재 2014.8.28. 2013헌마553)

재판관 이정미, 재판관 김이수, 재판관 김창종, 재판관 강일원의 합헌의견

〈청년할당제의 위헌 여부〉

(1) 심사방법

심판대상조항은 15세 이상 34세 이하인 사람에게 공공기관 취업에 혜택을 줌으로써 여기에 해당하지 않는 사람들의 직업선택의 자유와 평등권이 제한된다. 이와 같이 입법자가 일정한 집단에게 혜택을 줌으로써 여기에 포함되지 않는 집단이 제한받는 직업선택의 문제와 불평등 처우의 문제는 서로 밀접하게 결합되어 있으므로, 직업선택의 자유에 대한 제한 문제와 차별 취급의 정당성은 함께 심사하는 것이 타당하다.

(2) 목적의 정당성과 수단의 적합성

국가는 사회적·경제적 방법으로 근로자의 고용증진과 적정임금의 보장에 노력하여야 하고, 균형 있는 국민경제의 성장 및 안정과 적정한 소득의 분배를 유지하기 위하여 경제에 관한 규제와 조정을 할 수 있다(헌법 제32조 제1항, 제119조 제2항). 그런데 높은 실업률은 균형 있는 국민경제의 성장과 안정에 해가 될 뿐만 아니라 경제주체 사이의 적정한 소득의 분배를 어렵게 한다. 특히, 국가 전체의 입장에서 보면 노동시장에 신규로 유입되어야 할 청년층의 높은 실업률은 국가와 사회뿐 아니라 개인에게도 중대한 영향을 미친다. 청년층의 노동시장 진입이 늦어짐으로써 발생하는 막대한 사회적 기회비용은 차치하더라도, 높은 청년실업률은 국가의 지속적인 경제성장과 사회 안정을 저해하는 주된 요인으로 작용한다. 또한 청년실업은 실업 자체로 인한 경제적인 문제뿐만 아니라 결혼과 출산에도 영향을 미치는 등 사회적인 문제도 야기한다. 최근 10년간 15세 이상 29세 이하의 청년실업률은 약 7% 내지 8%로 전체 실업률의 2배가 넘고 청년실업자가 전체 실업자의 약 40%를 초과하고 있다. 이처럼 높은 청년실업률은 최근 수년간 지속적으로 이어졌고 점차 악화되는 추세에 있다.

입법자는 이러한 사정을 종합적으로 고려하여 국가적 차원에서 청년실업문제를 우선 시급하게 해소하고, 지속적인 경제성장과 사회 안정을 위하여 공공부문에서나마 청년층의 고용확대를 꾀한다는 취지에서 심판대상조항을 만들었다. 이와 같은 청년할당제의 입법목적은 정당하고, 청년할당제는 청년실업을 완화하는 데 다소나마 기여할 것이므로 입법목적 달성을 위한 적합한 수단이라고 인정할 수 있다.

(3) 피해의 최소성

입법자와 정부는 청년실업 해소를 위하여 다양한 정책을 도입하고 시행하는 등 상당기간 노력해 왔다. 2004년 청년실업해소특별법을 제정하여, ① 청년할당제에 대한 권고규정을 두고, ② 공공근로사업에 청년 미취업자 사용 확대 및 예산지원, ③ 청년 미취업자를 고용하거나 직업능력개발훈련을 실시하는 공공기관 및 중소기업체에 대한 조세감면 내지 보조금 지급 등 청년고용촉진을 위한 재정적 지원수단을 강구하는 한편, ④ 취업실태의 조사·공표, 민간부문과 공공부문의 인력수급 및 취업정보를 연결하는 통합인력전산망 구축 및 인적자원의 효율적 배분 등의 다각적인 대책을 실시하였다.

이러한 노력에도 불구하고 청년실업률이 오히려 증가하는 추세를 보이자, 공공부문에서나마 청년고용을 늘리기 위해 한시적으로 청년할당제를 권고사항에서 의무사항으로 바꿨다. 하지만 청년할당제는 모든 공공기관에 일률적으로 강제되는 것이 아니고 일정 규모 이상의 공공기관에만 제한적으로 적용된다. 또한 전문적인 자격이나 능력 또는 경력 기준에 맞는 사람을 채용해야 되는 경우 등 필요에 따라 상당한 예외를 두고 있다. 이와 같이 제한적인 적용과 폭넓은 예외를 허용함으로써 청년할당제의 시행으로 불이익을 받을 수 있는 35세 이상 구직자들에 대한 불이익을 완화하고 있다. 더구나 청년할당제는 2014년부터 3년간 한시적으로만 시행하도록 하여 혜택을 받지 못하는 연령층에 대한 불이익 내지 공공기관 취업의 자유 제한을 최소화하고 있다.

청년할당제가 35세 이상 연령층에게 불이익을 초래할 수 있음은 제도의 취지상 불가피하다. 그러나 청년실업의 증가로 말미암아 초래되는 국가적·사회적 문제를 다소나마 완화하기 위한 입법자의 부득이하고 불가피한 선택의 하나이고, 제도 시행에 따른 피해를 최소화하기 위한 조치를 취하고 있는 점에 비추어 보면, 피해의 최소성 원칙에 위배된다고 보기 어렵다.

(4) 법익 균형성

청년할당제 시행으로 기대되는 34세 이하 청년층의 실업해소를 통한 지속적인 경제성장과 사회 안정이라는 공익의 중요성은 다시 강조할 필요가 없다. 34세 이하 연령층은 노동시장에 신규 진입이 절실히 요구되는 핵심취업계층인데 이들의 실업률이 전체 실업률에 비하여 2배 이상 높고, 이들의 실업이 미치는 국가적·사회적 폐해가 매우 심각하므로 이들의 취업을 적극 장려하고 촉진할 필요성이 크다. 그런데 청년할당제 적용대상인 공공기관에 취업하고자 응시하는 사람의 절대 다수가 34세 이하의 연령층에 속하므로, 청년할당제의 한시적인 시행으로 35세 이상 미취업자가 받는 불이익이나 직업선택 자유의 제한은 현실적으로는 크지 않다고 볼 수 있다.

더욱이 청년할당제는 35세 이상 미취업자의 공공기관에의 진입 자체를 원천적으로 제한하거나 공공기관 취업을 불가능하게 하는 것이 아니라 34세 이하 미취업자에 비하여 채용기회가 상대적으로 줄어드는 것에 불과하다. 실제로 고용노동부가 제출한 '공공기관 청년채용 현황 및 2012년 고용노동부 산하기관 청년채용 현황'에 따르면, 공공기관의 전체 정원 대비 신규채용 인원은 2010년 4.58%, 2011년 5.4%, 2012년 6.29%였고, 29세 이하 채용률만 보더라도 2011년 3%, 2012년 3.3%에 이른다. 또한 한국수출입은행과 한국투자공사의 자료에 따르면, 최근 2년 동안 입사시험에 응시한 사람 중 35세 이상인 사람은 1% 남짓에 불과하였고 시험에 합격한 사람은 전원 34세 이하였다. 이는 청년할당제가 의무적으로 시행되더라도 사실상 35세 이상 지원자들이 취업기회에서 불이익을 받을 가능성은 거의 없다는 것을 보여준다.

그렇다면 비록 청년할당제도가 35세 이상의 미취업자들의 공공기관 취업기회에 불이익을 준다고 할지라도 그로 인한 불이익이 수인할 수 없는 정도라고 볼 수 없는 데 비하여, 청년할당제가 시행됨으로써 청년실업률이 조금이라도 호전된다면 그로 인하여 얻게 되는 사회 안정 등 공익적 효과는 상대적으로 크다고 볼 수 있다. 따라서 심판대상조항이 법익의 균형성도 갖추고 있다고 인정된다.

(5) 결론

결국, 심판대상조항이 35세 이상의 미취업자를 비례의 원칙에 어긋나게 차별하는 것이라고 볼 수 없고, 이들의 직업선택의 자유를 과도하게 침해하여 헌법에 위반된다고 보기도 어렵다.

재판관 박한철, 재판관 이진성, 재판관 안창호, 재판관 서기석, 재판관 조용호의 위헌의견

〈청년할당제의 위헌성〉

(1) 과잉금지원칙 위반

(가) 목적의 정당성 및 수단의 적합성

법정의견이 설시하고 있는 바와 같이, 국가적 차원에서 청년실업문제를 해소하고 경제성장과 사회 안정을 위하여 청년층의 고용을 늘리려는 청년할당제의 입법목적 자체 및 심판대상조항이 이러한 입법목적에 다소나마 기여한다는 측면에서 수단의 적합성은 수긍할 수 있다.

(나) 침해의 최소성

심판대상조항은 직업선택의 자유를 제한하고 있으므로, 헌법재판소가 그 위헌 여부를 심사함에 있어서는 엄격한 비례의 원칙이 그 심사척도가 되어야 한다. 그런데 청년할당제는 위와 같은 입법목적을 달성하기 위한 필요한 최소한의 제한이라고 볼 수 없어 침해의 최소성이 인정되지 않는다.

1) 청년할당제는 청년실업을 완화하는 근본적인 대책이 되지 못한다. 최근 10여 년간 지속된 높은 청년실업률은 경기위축으로 인한 채용축소, 국내제조업체의 해외이전 등으로 인한 산업공동화현상 및 대기업과 중소기업의 임금격차상승으로 인한 인력의 수요와 공급 불일치 등 노동시장의 구조적인 문제에 그 근본 원인이 있다. 이런 구조적이고 고착화된 청년실업난을 해소하기 위해서는 공공부문과 민간부문의 투자확대를 유도하고, 노동수요를 예측하여 청년층에 대한 적정한 직업교육과 훈련을 하는 등 청년실업의 근본 대책을 수

립·시행하여 적정한 일자리를 창출하여야 한다. 그런데 청년할당제는 일자리 창출 없이 한정된 일자리 일부를 특정 연령층으로 채우도록 강제하는 대증적(對症的)인 처방에 불과할 뿐이다.

종래 청년할당제가 권고사항이었던 2013년 이전에도 공공기관의 전체 청년고용률은 권고기준인 3%를 넘었지만, 청년실업률은 결코 낮아지지 않았다. 청년할당제가 청년실업 완화에 기여하기 위해서는 공공기관의 채용정원의 증가로 창출된다는 전제하에서만 가능한 것이고, 한정된 일자리를 특정 연령대의 청년층에게 우선 배분하는 것에 불과한 청년할당제는 세대 간의 갈등만 조장할 뿐 전체 실업률은 물론 청년실업 완화에도 기여하는 바가 미미하다.

2) 공공기관은 사익을 추구하는 민간기업과 달리 공익사업을 추구하는 특별단체로서 국가나 지방자치단체로부터 경영 내지 운용지침을 받고 예산을 지원받으며 경영상의 지도·감독을 받는 준(準)국가기관의 성격을 가진다. 따라서 공공기관은 사기업이나 사적 단체와는 달리 그 소속 직원의 채용에 있어서 일반국민에게 균등한 취업기회를 보장하여야 한다. 즉, 공공기관은 특별한 사정이 없는 한 성별, 나이, 연고, 학별 등을 배격하고 오로지 능력주의 내지 성적주의에 입각하여 경쟁에 의한 공정한 채용기회를 보장하여야 한다.

그런데 청년할당제는 합리적 이유 없이 능력주의 내지 성적주의를 배제한 채 단순히 생물학적인 나이를 기준으로 특정 연령층(15세 이상 34세 이하)에게 특혜를 부여함으로써 사실상 다른 연령층의 공공기관 취업기회를 박탈하거나 제한하고 있다. 즉, 청년할당제는 35세 이상 연령층의 공공기관 취업기회를 박탈하거나 또는 12세 이상 14세 이하 연령층 일부 내지 32세 이상 34세 이하 연령층 일부의 공공기관 취업기회를 잠식할 가능성이 크다. 특히 2012년 상반기 대졸 신입사원의 평균연령이 남자의 경우 33.2세라고 하는 '한국고용정보원'의 통계자료에 비추어 보면, 청년할당제의 실효성에 의문이 더욱 커진다.

3) 나아가 불가피하게 청년할당제를 선택할 수밖에 없는 사정이 있더라도, 이 사건 청년고용촉진특별법과 같이 채용정원의 일정 비율을 할당하는 이른바 경성(硬性)고용할당제를 강제할 것이 아니라, 채용정원은 경쟁을 통하여 공정하게 선발하되 정원 외 고용을 할당하거나 자발적인 추가 고용의 경우 재정지원(보조금 또는 지원금) 내지 조세감면 혜택을 주는 이른바 연성(軟性)고용할당제를 도입하였어야 한다.

4) 이처럼 청년할당제는 청년실업을 완화하는 근본 대책이 되지 못할 뿐만 아니라, 다른 경쟁자들의 취업의 자유를 덜 제한하면서도 청년층의 고용을 촉진·확대하는 제도가 존재하므로, 청년할당제는 기본권 제한 입법이 지켜야 할 침해 최소성 원칙에 부합된다고 할 수 없다.

(다) 법익 균형성

청년할당제는 국가기관 내지 공공기관의 취업에 있어서 기준이 되는 능력주의에 대한 중대한 예외이므로, 이를 정당화하기 위해서는 그 예외를 인정할 만한 중대한 공익상의 필요가 있어야 한다. 청년층의 일자리 제공을 통한 소득보장, 경제성장과 사회 안정은 국가공동체의 운영에 있어서 결코 간과할 수 없는 국가의 공적 과제이지만, 이는 국가가 법치국가 원칙의 범위 내에서 다양한 사회경제적인 정책과 제도 개선을 통하여 달성해야 할 국가의 목표이지, 특정 연령층의 구직자를 합리적 이유 없이 우대하면서까지 긴급하게 달성해야 할 정도로 중대한 공익이라고 볼 수 없다. 직업은 모든 사람에게 생존의 도구이자 인격실현의 수단이다. 국가는 공정한 경쟁과 균등한 기회보장을 통하여 모든 국민이 헌법상의 자유와 권리를 행사하고 자신의 인격을 실현할 수 있도록 하여야 한다. 특히 공공기관은 구직자들이 선망하는 직장이므로, 성별·연령·학별·출신지역 등과 관계없이 공정한 경쟁이 이루어져야 할 취업시장이다. 공공기관의 취업이 능력주의와 평등원칙에 입각하여 공정한 경쟁으로 실시되지 않고, 능력과 무관한 나이를 기준으로 불합리한 차별을 한다면 그로 인하여 불이익을 받는 연령층의 기본권이 침해되는 것은 물론 정의사회에 대한 믿음과 희망마저 잃게 된다.

결국 청년할당제는 그 제도의 시행으로 얻게 되는 특정 연령층의 실업해소라는 공익보다 청구인들과 같은 다른 연령층 미취업자들의 직업선택의 자유에 대한 제한이 훨씬 커서 법익 균형성 원칙에도 위배된다.

(라) 소결

이처럼 청년할당제는 청구인들과 같은 다른 연령층 미취업자들의 직업선택의 자유를 과도하게 침해하여 헌법에 위반된다.

(2) 평등원칙 위반

(가) 차별취급의 체계부조화성

국회가 입법을 함에 있어서는 헌법의 이념과 정신, 개별 기본권조항을 존중하여야 하고, 헌법을 정점으로 형성된 우리 법체계의 기본질서와 조화되도록 하여야 한다.

그러나 청년할당제는 헌법과 이를 정점으로 형성된 우리 법체계와 모순된다. 헌법 제11조는 "모든 국민은 법 앞에 평등하다. 누구든지 성별·종교 또는 사회적 신분에 의하여 정치적·경제적·문화적 생활의 모든 영역에 있어서 차별을 받지 아니한다."고 선언함으로써 모든 영역에서 불합리한 차별을 금지하고 있고, 이러한 헌법이념을 구현하기 위하여 입법자는 근로의 영역에 있어서 기회의 균등한 보장을 위한 법체계를 확립해 놓고 있다. 즉, 고용정책기본법 제7조 제1항은 "사업주는 근로자를 모집·채용할 때에 합리적인 이유 없이 성별, 신앙, 연령, 신체조건, 사회적 신분, 출신지역, 출신학교, 혼인·임신 또는 병력(病歷) 등(이하 "성별등"이라 한다)을 이유로 차별을 하여서는 아니 되며, 균등한 취업기회를 보장하여야 한다."고 규정하고 있고, '고용상연령차별금지 및고령자고용촉진에관한법률' 제4조의4 제1항은 "사업주는 모집·채용 등의 분야에서 합리적인 이유 없이 연령을 이유로 근로자 또는 근로자가 되려는 자를 차별하여서는 아니 된다."고 규정하여 특별히 '연령'을 이유로 한 근로기회의 차별 금지를 입법화하고 있다. 국가인권위원회법 제2조 제3호도 합리적인 이유 없이 나이를 이유로 고용(모집·채용 등)과 관련하여 특정한 사람(특정한 사람들의 집단을 포함)을 우대·배제·구별하거나 불리하게 대우하는 행위를 '평등권 침해의 차별행위'로 규정하고 이를 금지하고 있으며, 우리나라도 가입한 국제노동기구(ILO)의 '고령근로자의 평등대우와 보호에 관한 권고(제162호)' 제3조는 고령근로자에 대한 고용차별금지 조치를 취할 것을 요구하고 있다. 이처럼 고용영역에 있어서 기회의 균등 내지 연령차별의 금지는 우리 법체계 내에서 정립된 기본질서이고, 보편적인 국제규범이다.

따라서 청년할당제는 헌법의 이념과 이를 구체화하고 있는 전체 법체계 내지 기본질서와 부합하지 아니하여 정책수단으로서의 합리성을 결여하였다.

(나) 청년할당제의 역차별성

한편, 청년할당제는 장애인고용할당제도(구 장애인고용촉진등에관한법률, 헌재 2003.7.24. 2001헌바96 합헌결정)나 여성할당제도(남녀고용평등과 일·가정 양립지원에 관한 법률)와 같이 역사적으로 차별을 받아 왔기 때문에 특별한 보호가 필요한 장애인이나 여성과 같은 사회적 약자들에게 과거의 차별로 인한 불이익을 시정하고 이를 보상해 주기 위한 적극적 평등실현조치가 아니다.

15세 이상 34세 이하의 연령층은 독립된 개체로서 새롭게 인생을 시작하는 단계에 있는 사람들이라는 점에서 사회의 관심과 배려, 지원이 필요한 시기이기는 하나, 우리들 각자가 삶을 살아가는 과정에서 반드시 거쳐야 하는 인생의 한 단계이지, 역사적으로나 사회적으로 의도적으로 불평등한 취급을 받거나 차별을 받아온 고립되고 단절된 소수집단이 아니다. 오히려 다른 연령층에 비하여 고용주들이 더 선호하여 온 연령층이다.

청년실업을 완화하기 위해 일정한 범위 내에서 사회정책적으로 지원하는 것은 가능할 것이나, 합리적 이유 없이 이들에게 특혜를 주고 결과적으로 다른 연령층을 차별하는 것은 결코 헌법적으로 정당화될 수 없다.

(다) 소결

따라서 청년할당제는 고용영역에서의 불합리한 연령차별금지라는 우리 법체계의 기본질서와 부합하지 않고, 과거의 차별로 인한 불이익을 시정하고 이를 보상해 주기 위한 적극적 평등실현조치도 아니며, 동등한 처지에 있는 다른 연령집단의 취업기회를 박탈하거나 잠식하는 것이어서, 헌법상 평등원칙에 위반된다.

(3) 결론

결국 청년할당제는 헌법상 평등원칙 및 직업선택의 자유를 침해하여 헌법에 위반된다.

Thema **31** 지역할당제

풀어보기_✎

다음 제시문을 읽고 문제에 답하시오.

2017 원광대

제시문

이전공공기관 지역인재 채용제도는 지역균형발전을 달성하고 사회형평적 인력채용을 확대하기 위한 적극적 조치의 일환으로 「공공기관 지방이전에 따른 혁신도시 건설 및 지원에 관한 특별법」 제29조의2에 따라 도입된 제도로서, 공공기관이 이전하는 지역에 있는 지방대학 또는 고등학교를 졸업하였거나 졸업예정인 사람을 우선하여 고용하는 제도를 말한다. 기존에는 권고사항으로 운영되던 이전공공기관 지역인재 채용제도가 법개정으로 의무화됨에 따라 이전공공기관은 시행령으로 정하는 일정한 비율의 이전지역 인재를 채용하여야 한다. 그러나 여전히 해당 제도를 둘러싼 역차별 논란 등 비판적 의견이 끊이지 않고 있으며, 국회 법안심사 과정에서도 지역별 사정을 고려하지 않고 일률적으로 채용목표를 정하면 지역 간 형평성에 맞지 않는다는 지적이 제기된 바 있다.

문제

현재 공공기관에서 신규인력을 채용 시 지역의 대학생들을 채용하는 지역인재 채용제도가 시행되고 있다. 이에 대한 찬성 측, 반대 측의 주장과 논거를 말해 보시오.

관련내용: 제10장 평등권

참고   지역인재 채용제도의 의무화에 대한 찬반 논의

1. **찬성하는 의견**

   이전공공기관 지역인재 채용의 의무화에 대해 찬성하는 논거는 다음과 같다. 첫째, 지역인재가 수도권으로 빠져나가는 가장 큰 원인이 취업기회의 불균형에 기인하고 있음을 감안할 때, 지역인재 채용 의무화는 지역출신 인재에게 해당 지역 내의 일자리를 제공함으로써 지역인재의 지속적인 역외 유출로 인하여 심화되고 있는 지역 간 불균형을 억제하는 효과를 기대할 수 있다. 둘째, 지역 학생들의 수도권 진학으로 지방대학의 경쟁력 저하와 경영난이 심화되고 있는 가운데 지방대학 출신에 대한 양질의 일자리 제공은 지방대학 위기 해소에 기여할 수 있다. 또한, 지역대학이 공공부문의 지역 엘리트 후보를 선발할 수 있는 자격을 가지게 되고, 실제로 졸업생들이 공공기관의 우수인력으로 활용됨으로써 지역대학을 포함하여 지역사회의 자긍심을 진작시키고, 나아가 지역의 정체성을 제고시킬 수도 있다. 셋째, 지역인재 채용 의무화에 따라 필요한 인력이 지역별로 적정하게 공급될 경우 지역별로 투자수요가 큰 각종 산업이나 그와 관련된 활동과 기능의 입지여건이 크게 향상될 수 있다. 지역의 경쟁력을 확보하는 일차적인 조건이 고급인력을 지역에서 적정하게 공급할 수 있느냐에 달려 있다는 점을 감안할 때, 지역 우수인력에 대한 지역 소재 공공기관에의 채용기회 확대는 이러한 조건을 개선시키는 역할을 수행할 수 있을 것이다.

2. **반대하는 의견**

   이전공공기관 지역인재 채용의 의무화에 대해 반대하는 논거는 다음과 같다. 첫째, 이전공공기관이 이전한 지역의 지방대학 출신을 우선 고용하도록 하는 것은 수도권 지역 대학 출신 또는 타 지역 대학 출신들에 대한 역차별 논란을 야기할 수 있다. 둘째, 이전공공기관 지역인재 채용제도는 공공기관 입사시험 성적에 따라 선발하는 현행채용 제도에 비하여 합격자의 질 저하로 업무의 전문성과 생산성을 저하시키고, 실적주의를 위협할 수 있다. 또한, 지역인재에 대한 우대는 특정 집단의 이익을 지나치게 우선시함으로써 개인의 권익을 지나치게 침해할 우려가 있으며, 지역인재 채용비율이 클 경우에는 위헌 여부에 대한 논란이 발생할 가능성도 있다. 셋째, 현재 시행되고 있는 이전공공기관 지역인재 채용제도는 지방대학 출신 채용을 장려하는 방식으로 운영되고 있어 해당 인재가 지역을 대표하는 지역인재라고 볼 수 있는지에 대한 논란이 발생할 우려가 있다. 예를 들어, 현행 제도에 따르면, 서울 등 수도권 지역 출신이더라도 지방대학을 졸업하면 지역인재에 포함되어 제도의 혜택을 누릴 수 있지만, 이전지역 출신이 서울 소재 대학을 졸업한 후 귀향하는 경우에는 지역인재로 인정되지 않는다.

   출처: 김재환, 국회입법조사처 이슈와 논점 제1375호, 2017.11.6.

Thema 32 · 적극적 우대조치

풀어보기_✎

다음 제시문을 읽고 문제에 답하시오.   2018 경북대

제시문 1

오스카 피스토리우스는 다리가 없는 장애인 육상선수로 2011년 세계선수권대회에서 비장애인 선수들과 겨뤄 남자 400m 준결승까지 진출했으며, 남자 1600m 계주 예선에 참가해 소속팀이 2위를 함으로써 장애인 선수 최초로 세계선수권대회 은메달을 획득하는 기록을 세웠다. 그런데 그가 착용한 의족은 탄성력 등에서 인간의 다리보다 육상경기에서 성과를 내기에 유리한 부분이 있었고 이에 대하여 비장애인 선수들이 장애인의 의족사용에 대하여 문제를 제기했다.

제시문 2

장애인 골퍼 '케이시 마틴'은 혈액순환장애를 가지고 있어서 정상인보다 장거리를 걷는 활동에 더 많은 피로감을 느낀다. 케이시 마틴은 이러한 자신의 장애로 인하여 골프경기에서 정상인에 비해 자신이 불리한 환경에서 경쟁해야 함을 주장하며 경기 중 이동용 카트를 이용할 수 있게 해달라고 요청했다. 이에 미국 프로골프협회(PGA)는 홀 간 이동하면서 소모되는 체력이 골프에 영향을 미치기 때문에 대회 규정을 근거로 마틴의 요청을 거절했다. 하지만 미국 사법부는 1심에서 연방대법원까지 일관되게 마틴이 카트를 타고 이동하는 것이 골프 경기의 본질적인 요소를 변경하는 것은 아니므로 허용해야 한다고 판시하였다.

문제

1. 오스카 피스토리우스와 케이시 마틴에 대한 우대조치는 타당한가?
2. 제시문 1과 2에서의 우대조치의 차이점은 무엇인가?
3. 비장애인 농구선수가 장애인과 마찬가지로 휠체어를 타고 장애인 농구대회에 참가하는 것은 허용될 수 있다고 생각하는가?

관련내용: 제10장 평등권

Thema 33 · 노키즈존

풀어보기_✎

다음 제시문을 읽고 문제에 답하시오.   2020 부산대

제시문

A씨는 이번 여름휴가를 제주도로 갔고, 숙소 근처에 맛있다는 이탈리아 레스토랑을 방문했다. 그런데 이곳을 운영하는 B씨는 '13세 미만 아동 출입금지'라는 게시물을 식당 입구에 붙여 놓았다. 다른 고객에게 피해를 주거나 장식품을 파손하는 일이 발생했었고, 안전사고가 발생했을 때 책임소재가 명확하지 않아서 곤란하다는 것이다.

그러나 A씨는 9세의 아들과 함께 레스토랑을 방문하였기 때문에 식당 사장으로부터 입장이 불가하다는 말을 들었다. 아이를 동반하였다는 이유로 식당 입장을 거부당한 것이 부당하다고 생각한 A씨는 국가인권위원회에 진정서를 냈고, 국가인권위원회는 13세 이하의 아동의 입장을 일률적으로 제한하는 것은 부당하다며 시정명령을 내렸다.

문제

1. 아동의 출입을 제한하는 것에 대한 자신의 입장과 그 근거를 말해 보시오.
2. 국가 인권위원회에서 음식점 사장에게 시정명령을 내렸다. 본인이 제시문의 사장이라면 이 문제를 해결하기 위해 어떤 방법을 사용할 것인가?

관련내용: 제10장 평등권

Thema 34 · 블라인드 채용

풀어보기 ✎

다음 제시문을 읽고 문제에 답하시오.   2020 아주대

제시문

2017년부터 직무수행과 관련이 없는 내용은 모두 가린 채로 진행하는 블라인드 채용이 지방 공공기관을 중심으로 시행되고 있다. 법에 따르면 직무수행과 관련 없는 개인의 신상 관련 내용은 밝힐 수 없고, 입증자료 수집도 불가하다. 최근 한 정부출연연구기관에서 뽑은 박사급 연구원 채용이 취소되었는데, 연구 경력을 허위기재한 사실이 밝혀졌기 때문이다. 지원자의 출신학교와 지도교수 등의 세부 정보를 가린 채 진행되는 공공기관 블라인드 채용의 특성상 이 같은 혼란으로 이어졌다. 이로 인하여 블라인드 채용에 대한 비판이 나오고 있다. 블라인드 채용이 시행된 이후에 인재의 전문성을 판별하기가 어렵고, 전문적 역량이 필요한 박사급 연구원을 채용하기 위해 최소한의 정보와 짧은 시간 동안 진행되는 면접만으로는 좋은 인재를 등용하기도 어렵다는 것이다.

이에 반해 블라인드 채용은 학벌, 지역 등 연고주의를 타파할 수 있는 제도로서, 이를 시행하지 않는다면 채용의 불공정성이 지속될 것이라는 문제 또한 제기되고 있다. 반면 외국에서는 박사급 연구원에 대해서는 그의 능력의 지표가 되는 사항은 모두 기재하여 채용에 반영하도록 하고 있다.

문제

블라인드 채용 방식에 대한 지원자의 의견을 말하시오.

관련내용: 제10장 평등권

풀어보기_ ✎

다음 제시문을 읽고 문제에 답하시오.   2020 아주대

제시문

소득격차를 줄이기 위해 최고임금제를 도입하자는 의견이 나오고 있다. 최고임금제란 재벌총수나 CEO, 임원 등의 과다한 임금을 줄여서 최저임금제와 함께 사회적 불평등을 해소하는 제도이다. 유럽에서는 이미 시행하는 국가도 있으며, 우리나라에서는 민간기업 임원의 최고임금을 최저임금의 30배, 공공기관 임직원은 10배, 국회의원과 고위 공직자는 5배를 넘지 못하도록 하는 안이 발의되었다.

문제

최고임금제에 대한 지원자의 의견을 말하시오.

관련내용: 제10장 평등권

Thema **36** 성충동 약물치료(화학적 거세)

풀어보기_ ✎

다음 제시문을 읽고 문제에 답하시오.   2013 인하대, 2013 전남대[13]

제시문

(가) 성충동 약물치료는 주기적으로 주사를 놓거나 알약을 먹여 남성호르몬 생성을 억제해 성욕을 감퇴시키는 방법으로, 수술로 고환을 제거하는 물리적 거세와 구별된다. 19세 이상 성인이 저지른 모든 성범죄 사건이 그 대상이 된다. 단, 치료명령을 선고받지 않은 성폭력 수감자들 가운데 재발 위험이 인정되고 당사자가 동의하면 법원의 결정에 따라 약물치료를 할 수 있다. 정신건강의학과 전문의의 진단 및 감정을 받은 뒤 검찰이 법원에 최장 15년까지 치료명령을 청구할 수 있다.

(나) 우리나라의 경우 2011년 7월에 16세 이하 아동을 대상으로 한 성범죄자에게 화학적 거세가 허용되는 '성폭력범죄자의 성충동 약물치료에 관한 법률'이 시행되었고, 이는 대부분의 국가에서 범죄자 본의의 동의에 따라 시행되는 것과는 달리 법원의 결정에 따라 강제 시행된다. 그리고 2013년 3월 19일부터는 16세 이하로 한정된 피해자의 연령제한이 폐지되어, 피해자의 나이와 상관없이 모든 성폭력범죄자를 대상으로 시행하도록 변경됐다. 이밖에도 부칙에 '시행일 이전의 성폭력범죄에 대해서도 적용한다.'는 단서를 달고 있어 법 시행일 이전에 성범죄를 저질러 수사나 재판을 받고 있는 성범죄자에게도 소급 적용된다. 현재 화학적 거세를 결정할 권한은 법원과 법무부 치료감호심의위원회 등 두 곳이 갖고 있다.

---

13 '화학적 거세' 관련 기출문제를 복기한 내용의 완성도가 높지 않아서 2013년도에 인하대와 전남대에서 '화학적 거세'와 관련된 문제가 출제됐다는 사실만 밝히고, '화학적 거세' 관련 문제는 기출문제가 아니라 풀어보기 문제로 대체하였다.

(다) 화학적 거세에 사용하는 약물은 상당히 다양하다. 대표적인 것으로는 황체유리호르몬 촉진체(LHRH agonist)가 있다. 촉진제니까 결과적으로 남성호르몬 분비도 늘어날 것으로 생각하기 쉬운데 이 약물은 뇌하수체의 황체유리호르몬 수용체(LHRH receptor)를 변형시켜 결국 황체호르몬(LH) 분비를 저하시킨다. 약물 복용 후 2주 이내에 고환을 절제한 것과 같이 남성호르몬 수치가 떨어진다. 황체유리호르몬 촉진체는 경구 복용은 어렵고 매달 1회 또는 3달에 1회씩 피하주사를 놓는 것으로 효과를 볼 수 있다. 그 외에도 에스트로겐(estrogen)도 사용할 수 있는데 이는 황체호르몬의 분비를 억제해 결과적으로 남성호르몬 분비를 감소시키는 것이다. 에스트로겐 중 가장 많이 쓰는 제제는 DES(diethylstilbestrol)이며 3~5mg을 매일 투약하면 수술적 거세 수준으로 남성호르몬 수치가 떨어진다. 그 외에 항남성호르몬제제(antiandrogen) 약물도 있고 무좀 치료제 또는 항진균 치료제로 알려진 ketoconazole과 같은 제품도 화학적 거세에 쓰인다. 화학적 거세 약물에 의한 부작용으로는 남성에게 여성형 유방이 생기고, 얼굴 홍조, 피로감, 체중 증가, 골밀도 감소 등이 생길 수 있다. 약 때문에 생기는 고혈압과 혈액이 끈끈해지는 것이 있을 수 있으며 우울증과 간기능에도 이상 소견이 있을 수 있다. 이 성충동 약물치료에 드는 비용은 1인당 연간 500만 원 선으로, 비용은 국가가 부담한다.

(라) 화학적 거세 시행에도 이 제도에 대한 효과와 부작용에 대한 찬반 논란은 팽팽히 전개되고 있다. 화학적 거세를 찬성하는 측에서는 성폭력범죄는 기존의 형벌만으로는 해결이 어렵고 약물치료 같은 근본적인 해결책이 필요하다는 주장이다. 즉, 약물의 힘을 빌려서라도 성범죄 충동을 억제해야 하고, 화학적 거세를 통해 성범죄 재발 방지 효과를 높일 수 있다는 것이다. 반면 화학적 거세를 반대하는 측에서는 약물 투약이 끝난 뒤에는 효과가 없고, 치료대상자의 동의를 구하지 않기 때문에 인격권을 침해하는 물론 약물의 부작용 우려도 제기한다.

(마) 물리적 거세는 화학적 거세와 목적은 같지만, 시행 방법에 차이가 있다. 화학적 거세가 약물을 이용해 일시적으로 성 기능을 약화한다면, 물리적 거세는 고환을 외과적으로 제거해 남성호르몬(테스토스테론) 분비를 영구적으로 억제하는 방법이다. 독일, 스웨덴, 덴마크, 미국 텍사스주 등은 범죄자의 동의하에 물리적 거세를 시행하고 있다. 특히 덴마크는 1929년부터 물리적 거세를 합법화해 시행하고 있다. 우리나라에서도 2012년 물리적 거세가 추진된 바 있다. 성범죄자 처벌(치료) 방법에 물리적 거세를 추가하는 법안이 발의된 것이다. 당시 법안을 발의한 甲의원은 "성범죄자에게 경종을 울리려면 거세와 같은 특단의 대책이 마련돼야 한다"고 법안 발의 배경을 밝혔다. 다만, 이 법안은 수차례 논의가 진행됐으나 논란 끝에 국회를 통과하지 못했다.

(바) 2012년 당시 물리적 거세 도입을 반대하는 측은 물리적 거세가 화학적 거세보다 부작용이 크고, 과잉금지원칙 위반 여지가 있다고 주장했다. 하지만 의학적으로 볼 때 물리적 거세와 화학적 거세는 큰 차이가 없는 시술이다. 오히려 의료계는 물리적 거세가 이름만 다를 뿐, 암 치료 목적으로 오랫동안 시행되어 안전성이 입증된 방법이라고 전했다. A병원 B교수는 "화학적 거세에 쓰이는 성선자극호르몬 길항제, CPA, MPA 등은 남성의 전립선암 등의 치료에도 사용하는 약물이다"고 밝혔다. 그는 "이 약물들은 남성호르몬인 테스토스테론을 낮추는 게 목적인데, 물리적 거세 역시 테스토스테론 저하가 목적인 시술이라 두 가지 방법의 효과는 같다고 보면 된다"고 말했다. C병원 D교수는 "물리적 거세, 즉, 고환 절제술은 화학적 거세보다 더 오랫동안 전립선암 치료를 위해 시행된 치료법 중 하나"라고 말했다. 그는 "남성호르몬을 억제해 전립선암을 치료하는 방법은 1900년대 초 노벨상을 받은 오래된 치료법으로, 화학적 거세에 사용되는 약물들은 고환 절제술에 따른 문제를 해결하기 위해 개발된 것이다"고 설명했다. B교수는 "약물을 사용해 남성호르몬을 억제하면 골다공증, 당뇨·고혈압 등 발병률 상승, 우울증, 두통, 근육 약화 등의 부작용이 발생하는데 물리적 거세도 같은 부작용이 생긴다"고 말했다. 그는 "화학적 거세와 물리적 거세는 물리적인 차이와 남성호르몬의 회복가능성, 부작용이 서서히 생기느냐 한꺼번에 생기느냐의 차이만 있을 뿐 효과와 부작용은 거의 같다"고 밝혔다. D교수도 "화학적 거세는 약물 주입을 중단하면 남성호르몬이 언제든 회복될 수 있고, 물리적 거세는 되돌아오지 않는다는 차이만 있을 뿐 물리적 거세가 화학적 거세보다 부작용이 많다 하기 어렵다"고 밝혔다.

문제

1. 화학적 거세에 대한 본인의 입장을 정하고, 근거를 들어 설명하시오.
2. 화학적 거세의 경우 부작용에 대해 아직도 논란이 되고 있으므로, 부작용도 없고 효과도 확실한 물리적 거세를 시행하면 성범죄를 현저히 줄이는 데 큰 기여를 할 수 있는데, 이러한 물리적 거세에 대한 본인의 찬반 의견은?

관련내용: 제11장 1. 신체의 자유

1 성충동 약물치료명령의 종류

현행 성충동약물치료법에 의한 성충동 약물치료명령은, ① 성폭력범죄를 저지른 성도착증환자로서 성폭력범죄를 다시 범할 위험성이 있다고 인정되는 19세 이상의 사람에 대한 법원의 판결에 의한 치료명령, ② 성폭력범죄를 저질러 징역형 이상의 형이 확정되었으나 치료명령이 확정되지 아니한 수형자 중 성도착증 환자로서 재범의 위험성이 인정되고 약물치료에 동의하는 자에 대한 법원의 결정에 의한 치료명령, ③ 성폭력범죄자 중 성도착증환자로서 치료감호의 집행 중 가종료 또는 치료위탁되는 피치료감호자나 보호감호의 집행 중 가출소되는 피보호감호자에 대한 치료감호심의위원회에 의한 치료명령으로 나누어진다.

2 치료명령 청구 대상자

치료명령 청구 대상자는 "사람에 대하여 성폭력범죄를 저지른 성도착증 환자로서 성폭력범죄를 다시 범할 위험성이 있다고 인정되는 19세 이상의 사람"이고, 여기서 "성도착증 환자"란 ① '치료감호법' 제2조 제1항 제3호(소아성기호증, 성적가학증 등 성적 성벽이 있는 정신성적 장애자로서 금고 이상의 형에 해당하는 성폭력범죄를 지은 자)에 해당하는 사람 및 ② 정신건강의학과 전문의의 감정에 의하여 성적 이상 습벽으로 인하여 자신의 행위를 스스로 통제할 수 없다고 판명된 사람을 말한다.

3 성충동 약물치료의 법적 성격

(1) 형벌과 보안처분

형사제재에 관한 종래의 일반론에 따르면, 형벌은 본질적으로 행위자가 저지른 과거의 불법에 대한 책임을 전제로 부과되는 제재를 뜻함에 반하여, 보안처분은 행위자의 장래 위험성에 근거하여 범죄자의 개선을 통해 범죄를 예방하고 장래의 위험을 방지하여 사회를 보호하기 위해서 형벌에 대신하여 또는 형벌을 보충하여 부과되는 자유의 박탈과 제한 등의 처분을 뜻하는 것으로서, 양자는 그 근거와 목적을 달리하는 형사제재이다. 연혁적으로도 보안처분은 형벌이 적용될 수 없거나 형벌의 효과를 기대할 수 없는 행위자를 개선·치료하고, 이러한 행위자의 위험성으로부터 사회를 보호하기 위한 형사정책적인 필요성에 따라 만든 제재이므로 형벌과 본질적인 차이가 있다. 즉 형벌과 보안처분은 다 같이 형사제재에 해당하지만, 형벌은 책임의 한계 안에서 과거 불법에 대한 응보를 주된 목적으로 하는 제재이고, 보안처분은 장래 재범 위험성을 전제로 범죄를 예방하기 위한 제재이다.[14]

(2) 성충동 약물치료의 법적 성격

성충동약물치료법은 사람에 대하여 성폭력범죄를 저지른 성도착증 환자로서 성폭력범죄를 다시 범할 위험성이 있다고 인정되는 사람에 대하여 성충동 약물치료를 실시하여 성폭력범죄의 재범을 방지하고 사회복귀를 촉진하는 것을 목적으로 한다(제1조). 즉 성충동 약물치료의 근본적인 목적은 재범의 방지 및 이를 통한 사회 방위에 있다.

또한 성충동약물치료법 제4조 제1항은 치료명령 피청구자의 요건으로서 '사람에 대하여 성폭력범죄를 저지른 성도착증 환자'일 것을 규정하는 외에 '성폭력범죄를 다시 범할 위험성'(동종 재범의 위험성)이 있어야 함을 명확히 하고 있다.

나아가 입법자는 치료명령의 선고가 피고사건의 양형에 유리하게 참작되어서는 아니 된다는 점을 명문으로 규정함으로써(제8조 제6항), 성충동 약물치료가 행위자의 불법에 대한 책임과 무관하게 이루어지도록 하고 있다. 즉 범죄자의 책임이 아니라 행위에서 제시된 위험성이 치료명령 여부, 기간 등을 결정하고, 치료명령은 장래를 향한 조치로서 기능하는바, 성충동 약물치료는 본질적으로 '보안처분'에 해당한다고 할 것이다.

---

14 헌재 2012.12.27. 2010헌가82등 참조.

헌법재판소는 '성폭력범죄자의 성충동 약물치료에 관한 법률'[15]의 약물치료명령제도는 원칙적으로 과잉금지원칙에 위배되지 않는다고 판단하였다. 아래에서는 약물치료명령제도가 과잉금지원칙에 위배되는지 여부에 대한 재판관들의 의견을 중심으로 살펴보기로 한다.

[심판대상조문]
성폭력범죄자의 성충동 약물치료에 관한 법률 제4조 【치료명령의 청구】 ① 검사는 사람에 대하여 성폭력범죄를 저지른 성도착증 환자로서 성폭력범죄를 다시 범할 위험성이 있다고 인정되는 19세 이상의 사람에 대하여 약물치료명령(이하 "치료명령"이라고 한다)을 법원에 청구할 수 있다.

심판대상조항들이 치료명령 피청구인의 신체의 자유 등 기본권을 침해하는지 여부에 대해 헌법재판소는 "심판대상조항들은 성폭력범죄를 저지른 성도착증 환자의 동종 재범을 방지하기 위한 것으로서 그 입법목적이 정당하고, 성충동 약물치료는 성도착증 환자[16]의 성적 환상이 충동 또는 실행으로 옮겨지는 과정의 핵심에 있는 남성호르몬의 생성 및 작용을 억제하는 것으로서 수단의 적절성이 인정된다. 또한 성충동 약물치료는 전문의의 감정을 거쳐 성도착증 환자로 인정되는 사람을 대상으로 청구되고, 한정된 기간 동안 의사의 진단과 처방에 의하여 이루어지며, 부작용 검사 및 치료가 함께 이루어지고, 치료가 불필요한 경우의 가해제제도가 있으며, 치료 중단시 남성호르몬의 생성과 작용의 회복이 가능하다는 점을 고려할 때, 심판대상조항들은 원칙적으로 침해의 최소성 및 법익균형성이 충족된다"고 판시하였다.

[심판대상조항들에 의하여 제한되는 기본권]
심판대상조항들에 의한 성충동 약물치료명령에 의하여 약물투여가 되면 치료대상자의 성적 충동·욕구가 억제되고, 성기능이 제한될 수 있으며, 이에 따라 범죄행위에 해당하지 아니하는 성적 욕구나 행위까지도 억제될 수 있다.
따라서 심판대상조항들은 피치료자의 정신적 욕구와 신체기능에 대한 통제를 그 내용으로 하는 것으로서, 신체의 완전성이 훼손당하지 아니할 자유를 포함하는 헌법 제12조의 신체의 자유를 제한하고, 사회공동체의 일반적인 생활규범의 범위 내에서 사생활을 자유롭게 형성해 나가고 그 설계 및 내용에 대해서 외부로부터의 간섭을 받지 아니할 권리인 헌법 제17조의 사생활의 자유를 제한한다.
또한 심판대상조항들은 피치료자의 동의를 요건으로 하지 않으므로, 환자가 질병의 치료 여부 및 방법 등을 결정할 수 있는 신체에 관한 자기결정권 내지 성행위 여부 등에 관한 성적자기결정권 등 헌법 제10조에서 유래하는 개인의 자기운명결정권을 제한한다.
그 밖에 강제적인 성적 욕구·기능의 통제 자체로 대상자로 하여금 물적(物的) 취급을 받는 느낌, 모욕감과 수치심을 가지게 할 수 있으므로 헌법 제10조로부터 유래하는 인격권 역시 제한한다.

재판관 김이수, 재판관 이진성, 재판관 안창호의 반대의견
심판대상조항들의 입법목적의 정당성에는 의문이 없으나, 성폭력범죄의 동기나 행위태양의 다양성에 비추어 성기능 무력화가 성폭력범죄를 불가능하게 한다고 보기 어렵고, 성충동 약물치료에 사용되는 약물은 성도착증의 병리적 문제를

---

15 성충동약물치료법은 사람에 대하여 성폭력범죄를 저지른 성도착증 환자로서 성폭력범죄를 다시 범할 위험성이 있다고 인정되는 사람에 대하여 성충동 약물치료를 실시하여 성폭력범죄의 재범을 방지하고 사회복귀를 촉진하는 것을 목적으로 한다(제1조). 즉 성충동 약물치료의 근본적인 목적은 재범의 방지 및 이를 통한 사회 방위에 있다. 또한 이 사건 청구조항인 성충동약물치료법 제4조 제1항은 치료명령 피청구자의 요건으로서 '사람에 대하여 성폭력범죄를 저지른 성도착증 환자'일 것을 규정하는 외에 '성폭력범죄를 다시 범할 위험성'(동종 재범의 위험성)이 있어야 함을 명확히 하고 있다. 나아가 입법자는 치료명령의 선고가 피고사건의 양형에 유리하게 참작되어서는 아니된다는 점을 명문으로 규정함으로써(제8조 제6항), 성충동 약물치료가 행위자의 불법에 대한 책임과 무관하게 이루어지도록 하고 있다. 즉 범죄자의 책임이 아니라 행위에서 제시된 위험성이 치료명령 여부, 기간 등을 결정하고, 치료명령은 장래를 향한 조치로서 기능하는바, 성충동 약물치료는 본질적으로 '보안처분'에 해당한다고 할 것이다. 보안처분은 행위자의 장래 위험성에 근거하여 범죄자의 개선을 통해 범죄를 예방하고 장래의 위험을 방지하여 사회를 보호하기 위해서 형벌에 대신하여 또는 형벌을 보충하여 부과되는 자유의 박탈과 제한 등의 처분을 뜻하는 것으로서, 보안처분은 형벌이 적용될 수 없거나 형벌의 효과를 기대할 수 없는 행위자를 개선·치료하고, 이러한 행위자의 위험성으로부터 사회를 보호하기 위한 형사정책적인 필요성에 따라 만든 제재이다.

16 "성도착증 환자"란 "소아성기호증, 성적가학증 등 성적 성벽이 있는 정신성적 장애자로서 금고 이상의 형에 해당하는 성폭력범죄를 지은 자 및 정신건강의학과 전문의의 감정에 의하여 성적 이상 습벽으로 인하여 자신의 행위를 스스로 통제할 수 없다고 판명된 사람"을 말한다(제2조 제1호).

근본적으로 해결하는 치료제가 아닌 점 등을 고려할 때 수단의 적절성에 의문이 있다. 또한 자발적 치료의지가 없는 치료대상자에 대한 약물치료의 효과를 기대하기 어려운 점, 성폭력범죄의 원인이 된 성도착증의 치료와 재범방지는 현행법상 치료감호제도 및 보호관찰, 전자발찌 부착 등 대책을 결합하여 대처할 수 있는 점, 법정의견이 지적하는 위험성 등을 종합하여 보면, 심판대상조항들은 목적 달성에 필요한 범위를 넘는 과도한 제한을 규정하여 침해의 최소성에 반한다. 나아가 심판대상조항들에 의한 재범 억제 효과는 제한적이거나 한시적이고 그 달성 여부가 불확실하나, 피치료자가 받게 되는 불이익은 심대하므로, 심판대상조항들은 인간의 존엄과 가치에 반하여 법익균형성이 인정되지 않는다. 따라서 심판대상조항들은 모두 과잉금지원칙에 위배되어 치료명령 피청구인의 신체의 자유 등 기본권을 침해하는 것으로서 헌법에 위반된다.

📖 참고   **화학적 거세법 필요한가**

[찬성] 전자발찌 등 보안처분 약해 … '상처투성이' 피해자 생각해야
대전지방법원 제12형사부(재판장 안병욱)는 지난 8일 '화학적 거세가 기본권을 침해하고 부작용에 대한 충분한 연구가 없었다'며 헌법재판소에 성충동 약물치료에 관한 법률 제4조 1항(검사의 약물치료 명령 청구)과 제8조 1항(법원의 치료명령 선고)에 대해 위헌법률 심판 제청을 결정했다. 구체적으로 '본인의 동의를 구하지 않고 법원의 명령으로 화학적 거세를 강제적으로 집행하는 것은 과잉금지의 원칙을 위반하고 기본권을 침해하며, 화학적 거세 제도가 보호하고자 하는 이익이 아무리 크다 하더라도 치료명령 피청구자가 입는 불이익을 등한시할 수는 없다'며 위헌법률 심판 제청의 이유를 밝혔다.
조두순 사건, 김길태 사건 등이 터질 때마다 성범죄의 처벌 수위를 점점 높여 나가지만 실제 성범죄는 나날이 증가하고, 흉폭화하고 있어 국민들의 불안이 심각하다. 그래서 성범죄의 형량을 대폭 올리는 것뿐 아니라 전자발찌, 신상정보 공개, 성충동 약물치료를 통해 출소 후 다시 성범죄를 저지르지 않도록 하는 재발 방지 방안도 강해졌다. 하지만 이런 보안처분의 실효성에 대해 논란이 있으며, 이미 형을 다 마친 상태에서 성범죄자의 자유를 지나치게 구속하고 인격을 침해하는 것은 오히려 사회 적응과 재활 차원에서 방해가 된다는 의견도 적지 않다. 이런 시점에 대전지법에서 성충동 약물치료에 대해 위헌 여부를 제기하는 것은 법리적 차원에서 본다면 일견 이해가는 면도 있다. 그러나 가장 중요한 것은 성범죄를 예방하고 근절해 다시는 성폭력이 일어나지 않도록 하는 일이다. 또 성폭력으로 몸과 마음의 상처가 깊은 피해자를 위로하고, 그 고통을 어루만지고 치유하는 것이 앞서야 하는 가치이다.

가해자 동의? 현장과 동떨어져 … 약물치료 연구 앞당겨야
이런 관점에서 성범죄자를 다룰 때는 판결을 담당하는 재판부의 법리적 시각 외에 피해자의 인권, 성범죄 예방과 재발 방지, 사회적 약자 보호 등 모든 측면을 고려할 수 있는 시각을 가져야 합리성과 형평성을 유지할 수 있다. 성폭력 피해자와 그 가족들은 이번에 위헌법률 심판을 청구한 재판부의 주장을 과연 받아들일 수 있겠는가. 나는 그렇게 처참하게 당했는데, 가해자가 동의하지 않고, 그 효과성이 제대로 검증되지 않았다는 이유로 변태적인 성(性)적 습벽이 교정되지 않은 채 그대로 사회에 다시 나온다면 얼마나 불안하고 분노가 치밀까. 따라서 재판부가 주장하는 성범죄자의 인권보호, 보안처분의 효과성을 입증하는 것도 중요하지만 성범죄 척결·처리·예방을 위해 더 중요하게 고려해야 할 점들이 있음을 강조하고자 한다.
첫째, 재판부는 가해자의 기본권 침해와 불이익을 거론할 때 성폭력을 당한 피해자의 고통과 인권, 생명권 침해를 함께 고려해야 한다. 가해자의 인권은 피해자의 인권과 동시에 놓고 논해야 합리적이다. 또 재발 위험성이 높은 성범죄자가 형기 만료 후 제대로 된 보안처분 없이 세상에 나왔을 때 또다시 성범죄를 저질러 무고한 여성, 어린이에게 고통을 주고 사회를 불안하게 만드는 비용을 생각하면 가해자에게 돌아가는 기본권 침해에 대한 불이익은 감히 비교하기조차 어려울 정도로 적다고 본다.
둘째, 재판부는 성충동 약물치료를 할 때 가해자의 동의 여부가 중요하다고 봤다. 옳은 지적이다. 무슨 치료든지 본인 동의 없이 억지로 이뤄진다면 그 효과는 당연히 떨어진다. 하지만 성범죄자를 한 번이라도 치료해본 경험이 있는 전문가라면 초기에 성충동 약물치료에 동의를 받자는 의견이 얼마나 상황을 모르고 하는 주장인지 알 것이다. 실제 성범죄자가 재판을 받을 당시 순순히 자신의 성충동을 치료로 줄이고 싶다고 동의하는 심리 상태라면 재범을 저지를 위험이 거의 없는 사람일 것이므로 오히려 치료가 필요없다.
성범죄를 지속적으로 저지르는 사람의 심리에는 '술 때문에', '그 여자가 유혹해서'와 같이 자신의 비뚤어진 욕망을 부정하고 남 탓이나 상황 탓을 하는 병적인 부분이 강하다. 이런 점 때문에 성충동 약물치료를 할 때 반드시 심리치료를 함께 하도록 현행법에 명시돼 있으며, 1년 치료비는 500만원 정도의 고비용으로 추정하고 있다. 혹자는 성범죄를 저지른 사람에게 고가의 치료비를 들여서 치료해주는 것이 못마땅하다고 주장하기도 하지만, 재범죄에 의해 희생당하는 피해자의 고통과 사회적 불안을 생각하면 결코 비싸지 않다고 생각한다.
셋째, 성충동 약물치료의 효과성이 검증되지 않았다는 재판부의 주장도 일부는 옳고 일부는 틀리다고 본다. 물론 한국의 성범죄자들에게 성충동 약물치료를 해서 재범률이 얼마나 감소하는지, 장기 부작용은 없는지를 면밀하게 연구하는 것은 꼭 필요하다. 하지만 성범죄자에게 성충동 약물치료를 허락하는 법률 없이는 이런 연구조차 할 수 없다는 사실을 알아야 한다. 이런 법이 있어야 성충동 억제 약물 투여에 관한 연구를 시작할 수 있음을 과연 사법부는 모른다는 것인가. 화학적 거세법이 위헌 이라면서 부작용에 대한 연구를 요구한다는 것 자체가 모순이라는 점을 어떻게 설명해야 할까.

넷째, 현재 우리 사회에서는 성범죄자를 관리할 때 개개인의 특성을 과학적으로 관리하고자 하는 시각이 거의 없다. 사실 성범 죄자는 굉장히 다양한 군이다. 즉 친딸만 성폭행하는 자, 어린이만 성폭행하는 자, 강도죄와 함께 성폭력을 행사하는 자 등 그 범행 동기가 매우 다양하기 때문에 이들을 제대로 관리하기 위해서는 과학적으로 분류해 유형별로 관리해야 재범률을 제대로 감소시킬 수 있다. 필자가 오래 전부터 성범죄자의 과학적 관리를 주장해왔지만 아직 이뤄지지 않고 있다. 따라서 이번 위헌법 률 심판 제청을 기회로 수사, 재판 과정에서부터 철저히 전문가의 협조를 얻어 성범죄자의 심리를 분석하고 그 결과를 재판 과정에 반영, 그 범죄자에게 효과적인 보안처분을 내릴 수 있는 제도를 꼭 마련했으면 하는 바람이다.

출처: 한국경제, 2013.2.15.

Thema 37 고령운전자 면허반납

풀어보기_✎

다음 제시문을 읽고 문제에 답하시오.   2022 인하대

제시문

2017년 고령사회에 진입한 우리나라는 2025년이면 전체 인구의 20%가 65세 이상 고령자인 초고령 사회에 진입 할 것으로 예상된다. 이에 따라 인지능력이 떨어지는 고령 운전자의 교통사고도 꾸준히 증가하게 된다. 2019년 기준 전체 운전면허 소지자 중 고령자 비율은 10.2%이나, 사망사고를 일으킨 비율은 22.9%로 2.2배나 높다. 고령 운전자 사고 예방을 위한 선제 대응이 필요한 시점이다. 이러한 사회적 흐름에 발맞춰 고령 운전자 사고 예방을 위한 개선대책을 발굴할 필요가 있다.

문제

1. 고령자 운전면허 문제와 관련하여 고령자 운전면허를 제한하는 제재적 접근방법과 안전한 운전 환경을 만드는 보완적 접근방법 중에 어떤 입장이 바람직한지 2개 이상의 근거를 제시하여 답변하시오.
2. 본인이 정한 입장을 실현하는 제도, 정책을 3가지 이상 제시하시오.

관련내용: 제11장 1. 신체의 자유

풀어보기 ✎

다음 제시문을 읽고 문제에 답하시오. 2019 충북대

제시문

최근 A고등학교에서 여학생 2명이 액체손세정제가 든 물을 마신 뒤 병원에 옮겨져 치료를 받은 사건이 발생했다. 경찰은 수사하는 과정에서 물통에 묻어 있는 지문을 발견하고 두 학급의 학생들에게 학부모의 동의 없이 지문을 채취하였다. 물론 학생들에게는 지문채취를 거절할 수 있다고 고지하였으나, 이를 거절할 경우 범인으로 의심받을 수 있다고 생각한 학생들은 모두 이에 응한 것이다. 이후 학생들과 학부모는 이러한 수사 과정이 인권침해의 소지가 있다며 강력히 항의하고 있다.

문제

학교 내 범죄발생 시 지문을 채취하는 것이 인권침해에 해당하는가?

관련내용: 제11장 2. 사생활의 안전과 자유

🔍 관련판례 주민등록법 제17조의8 등 위헌확인 등(헌재 2005.5.26. 99헌마513)

〈쟁점〉

1. 이 사건 심판대상(개인의 지문정보, 수집, 보관, 전산화 및 범죄수사 목적 이용)과 개인정보자기결정권의 관련 여부 (적극)
2. 위 심판대상이 법률유보의 원칙에 위배되는지 여부(소극)
3. 위 심판대상이 개인정보자기결정권을 과잉제한하는 것인지 여부(소극)

〈결정요지〉

1. 이 사건 심판대상조항과 행위 중 본안판단의 대상이 되는 것은 주민등록법시행령 제33조 제2항에 의한 별지 제30호 서식 중 열 손가락의 회전지문과 평면지문을 날인하도록 한 부분(이하 '이 사건 시행령조항'이라 한다)과 경찰청장이 청구인들의 주민등록증발급신청서에 날인되어 있는 지문정보를 보관·전산화하고 이를 범죄수사목적에 이용하는 행위(이하 '경찰청장의 보관 등 행위'라 한다)의 각 위헌 여부인데, 결국 이 사건 심판청구는 개인정보의 하나인 지문정보의 수집·보관·전산화·이용이라는 일련의 과정에서 적용되고 행해진 규범 및 행위가 헌법에 위반되는지 여부를 그 대상으로 하는 것이다.

   개인정보자기결정권은 자신에 관한 정보가 언제 누구에게 어느 범위까지 알려지고 또 이용되도록 할 것인지를 그 정보주체가 스스로 결정할 수 있는 권리, 즉 정보주체가 개인정보의 공개와 이용에 관하여 스스로 결정할 권리를 말하는바, 개인의 고유성, 동일성을 나타내는 지문은 그 정보주체를 타인으로부터 식별가능하게 하는 개인정보이므로, 시장·군수 또는 구청장이 개인의 지문정보를 수집하고, 경찰청장이 이를 보관·전산화하여 범죄수사목적에 이용하는 것은 모두 개인정보자기결정권을 제한하는 것이다.

2. 가. 주민등록법 제17조의8 제2항 본문은 주민등록증의 수록사항의 하나로 지문을 규정하고 있을 뿐 "오른손 엄지손가락 지문"이라고 특정한 바가 없으며, 이 사건 시행령조항에서는 주민등록법 제17조의8 제5항의 위임규정에 근거하여 주민등록증발급신청서의 서식을 정하면서 보다 정확한 신원확인이 가능하도록 하기 위하여 열 손가락의 지문을 날인하도록 하고 있는 것이므로, 이를 두고 법률에 근거가 없는 것으로서 법률유보의 원칙에 위배되는 것으로 볼 수는 없다.

   나. 공공기관의개인정보보호에관한법률 제10조 제2항 제6호는 컴퓨터에 의하여 이미 처리된 개인정보뿐만 아니라 컴퓨터에 의하여 처리되기 이전의 원 정보자료 자체도 경찰청장이 범죄수사목적을 위하여 다른 기관에서 제공받는 것을 허용하는 것으로 해석되어야 하고, 경찰청장은 같은 법 제5조에 의하여 소관업무를 수행하기 위하여 필요한 범위 안에서 이를 보유할 권한도 갖고 있으며, 여기에는 물론 지문정보를 보유하는 것도 포함된다.

따라서 경찰청장이 지문정보를 보관하는 행위는 공공기관의개인정보보호에관한법률 제5조, 제10조 제2항 제6호에 근거한 것으로 볼 수 있고, 그 밖에 주민등록법 제17조의8 제2항 본문, 제17조의10 제1항, 경찰법 제3조 및 경찰관직무집행법 제2조에도 근거하고 있다.

다. 경찰청장이 보관하고 있는 지문정보를 전산화하고 이를 범죄수사목적에 이용하는 행위가 법률의 근거가 있는 것인지 여부에 관하여 보건대, 경찰청장은 개인정보화일의 보유를 허용하고 있는 공공기관의개인정보보호에관한법률 제5조에 의하여 자신이 업무수행상의 필요에 의하여 적법하게 보유하고 있는 지문정보를 전산화할 수 있고, 지문정보의 보관은 범죄수사 등의 경우에 신원확인을 위하여 이용하기 위한 것이므로, 경찰청장이 지문정보를 보관하는 행위의 법률적 근거로서 거론되는 법률조항들은 모두 경찰청장이 지문정보를 범죄수사목적에 이용하는 행위의 법률적 근거로서 원용될 수 있다.

라. 따라서 이 사건 시행령조항 및 경찰청장의 보관 등 행위는 모두 그 법률의 근거가 있다.

3. 가. 이 사건 시행령조항 및 경찰청장의 보관 등 행위는 불가분의 일체를 이루어 지문정보의 수집·보관·전산화·이용이라는 넓은 의미의 지문날인제도를 구성하고 있다고 할 수 있으므로, 지문정보의 수집·보관·전산화·이용을 포괄하는 의미의 지문날인제도(이하 '이 사건 지문날인제도'라 한다)가 과잉금지의 원칙을 위반하여 개인정보자기결정권을 침해하는지 여부가 문제된다.

나. 이 사건 지문날인제도가 범죄자 등 특정인만이 아닌 17세 이상 모든 국민의 열 손가락 지문정보를 수집하여 보관하도록 한 것은 신원확인기능의 효율적인 수행을 도모하고, 신원확인의 정확성 내지 완벽성을 제고하기 위한 것으로서, 그 목적의 정당성이 인정되고, 또한 이 사건 지문날인제도가 위와 같은 목적을 달성하기 위한 효과적이고 적절한 방법의 하나가 될 수 있다.

다. 범죄자 등 특정인의 지문정보만 보관해서는 17세 이상 모든 국민의 지문정보를 보관하는 경우와 같은 수준의 신원확인기능을 도저히 수행할 수 없는 점, 개인별로 한 손가락만의 지문정보를 수집하는 경우 그 손가락 자체 또는 지문의 손상 등으로 인하여 신원확인이 불가능하게 되는 경우가 발생할 수 있고, 그 정확성 면에 있어서도 열 손가락 모두의 지문을 대조하는 것과 비교하기 어려운 점, 다른 여러 신원확인수단 중에서 정확성·간편성·효율성 등의 종합적인 측면에서 현재까지 지문정보와 비견할 만한 것은 찾아보기 어려운 점 등을 고려해 볼 때, 이 사건 지문날인제도는 피해 최소성의 원칙에 어긋나지 않는다.

라. 이 사건 지문날인제도로 인하여 정보주체가 현실적으로 입게 되는 불이익에 비하여 경찰청장이 보관·전산화하고 있는 지문정보를 범죄수사활동, 대형사건사고나 변사자가 발생한 경우의 신원확인, 타인의 인적사항 도용 방지 등 각종 신원확인의 목적을 위하여 이용함으로써 달성할 수 있게 되는 공익이 더 크다고 보아야 할 것이므로, 이 사건 지문날인제도는 법익의 균형성의 원칙에 위배되지 아니한다.

마. 결국 이 사건 지문날인제도가 과잉금지의 원칙에 위배하여 청구인들의 개인정보자기결정권을 침해하였다고 볼 수 없다.

재판관 송인준, 재판관 주선회, 재판관 전효숙의 반대의견

1. 가. 주민등록증발급기관이 주민등록증에 지문정보를 수록하는 것에 대하여만 주민등록법 제17조의8 제2항에 근거가 마련되어 있을 뿐 경찰청장이 지문원지를 수집·보관할 수 있도록 하는 법률의 직접적인 규정은 찾아볼 수 없다.

공공기관의개인정보보호에관한법률은 공공기관이 적법하게 보유하고 있는 개인정보를 전제로 이를 컴퓨터에 의하여 이용·처리하는 경우에 발생하는 개인정보에 대한 침해로부터 개인의 기본적 인권을 보호하고자 제정된 법률로서 컴퓨터에 의하여 처리되기 전의 원 정보자료의 적법성 등을 규율하고자 하는 것은 아니므로, 경찰청장이 지문정보를 보관하는 행위가 위 법률 제5조, 제10조 제2항 제6호에 근거한 것으로는 볼 수 없다. 그 밖에 주민등록법 제17조의8 제2항 본문, 제17조의10 제1항, 경찰법 제3조 및 경찰관직무집행법 제2조 또한 경찰청장이 지문원지를 송부받아 보관할 수 있는 근거규정이라고 해석할 수는 없다.

따라서 경찰청장의 지문정보의 수집·보관행위는 헌법상 법률유보원칙에 어긋난다.

나. 위에서 살펴본 바와 같이 경찰청장이 지문원지를 수집·보관하는 행위는 법률상의 근거가 없는 것이므로 개인정보 침해의 위험성이 더 큰 경찰청장의 지문원지의 전산화나 범죄수사목적에 활용하는 행위는 더욱더 법률상 근거가 없는 것이다.

2. 가사 이 사건 시행령조항을 포함한 심판대상행위가 모두 법률적 근거를 갖추었다고 하더라도 다음과 같은 이유로 기본권의 과잉제한금지원칙에 위배된다.

주민의 거주관계 등 인구 동태를 파악하여 주민생활의 편익을 증진시키고 행정사무의 적정한 처리를 도모하고자 하는 주민등록법의 입법취지를 달성하기 위하여 반드시 하나가 아니라 열 손가락의 지문 모두를 수집하여야 할 필요성이 있다고 보기는 어렵다.

수사상의 목적을 위한 경우라도 범죄의 전력이 있는 자나 성향을 가진 자의 지문정보를 수집·보관하고 이를 후일 범죄수사에 활용할 수 있을 것임에도, 그런 전력이 없는 모든 일반 국민의 주민등록증발급신청의 기회에 열 손가락의 지문 일체를 보관·전산화하고 있다가 이를 그 범위, 대상, 기한 등 어떠한 제한도 없이 일반적인 범죄수사목적 등에 활용하는 것은 개인정보자기결정권에 대한 최소한의 침해라고 할 수 없다.

Thema 39 / CCTV

풀어보기_ ✎

다음 제시문을 읽고 문제에 답하시오.   2020 이화여대

제시문 A

최근 한 병원에서 담당의사 대신 의료기기 영업사원이 수술을 해서 사고가 발생했고, 간호사가 신생아를 수술실에서 떨어뜨려 사망에 이르게 한 사건이 발생하면서 수술실 내에 CCTV를 설치해야 한다는 주장이 제기되었다. 그러나 의사들은 자신들을 잠재적 범죄자로 취급하는 것이고, 수술 집행 시에 심리적 압박감으로 인해 자신의 의술을 충분히 발휘하는 데 문제가 생긴다고 주장하며 CCTV의 설치를 반대하고 있다.

제시문 B

어린이집에서의 아동 학대 사고가 빈번하게 일어나자 2015년부터 어린이집에 CCTV 설치를 의무화하였다. 그러나 이에 대해 한 어린이집 교사는 학부모들이 조금만 이상한 장면이 있어도 CCTV를 보여달라고 하고 유포하는 상황 때문에 정신적인 스트레스가 심하고, 근무시간 동안 감시를 당하고 있다는 생각으로 위축되고 극심한 심리적 압박감을 느낀다고 호소하였다.

제시문 C

A회사는 작년부터 IC칩을 이용하여 직원들의 출퇴근 시간과 동선을 기록하고 있다. 해당 회사의 한 직원은 매 시간 자신의 일거수일투족을 감시받는 것 같아서 심리적으로 불편하고 몹시 불쾌하다고 호소하였다.

문제

1. 제시문 A, B, C의 논거의 공통점이 무엇인지 논하시오.
2. 제시문 A와 B의 논거의 공통점과 제시문 C의 논거 간의 차이점이 무엇인지 논하시오.
3. 제시문 A, B, C의 의견에 대한 자신의 견해를 찬성, 반대, 절충 중 하나를 선택하여 논하시오.

관련내용: 제11장 2. 사생활의 안전과 자유

청소년 성매수자에 대한 신상공개

풀어보기_ ✎

다음 문제에 답하시오.   2013 아주대

'청소년의 성보호에 관한 법률'에 따라 성범죄를 저지른 자의 신상공개에 구체적인 주소와 사망 시까지 범죄사실을 공개하는 것으로 입법하려고 한다. 이에 대한 지원자의 견해를 밝히시오.

관련내용: 제11장 2. 사생활의 안전과 자유

범죄피의자 얼굴(사진) 공개

풀어보기_ ✎

다음 제시문을 읽고 문제에 답하시오.   2017 전남대

> 제시문
>
> 현재 우리 사회에는 수많은 강력범죄들이 발생하고 있다. 차마 입에 담기도 힘든 흉악한 범죄들이 지속적으로 발생하지만 일반 시민의 인권보다 범죄자의 인권이 더 보장되고 있지 않나 하는 의견들이 제시되고 있다. 이에 범죄피의자의 얼굴과 신상을 공개하여 국민의 알권리와 공공의 이익을 보장하고 범죄의 재발을 막아야 한다는 주장이 제기되고 있다. 물론 이는 무죄추정의 원칙에 따라 확정판결을 받지 않는 사람에게 이중처벌과 같은 부당한 침해가 있을 것이라고 예상된다. 그러나 신상공개는 명백한 증거가 있고 피의자가 거의 확신범 수준으로 여겨질 때 공개되기 때문에 이러한 문제는 어느 정도 해소될 것이라 본다. 그러나 여기에는 부정적인 측면도 있다. 신상공개의 기준이 모호하다는 것이다. 실제로 강남역 살인사건의 경우와 제주도 살인사건의 경우 모두 흉악한 범죄였지만 한 사건에서는 얼굴이 공개되었고 한 사건은 그러지 아니하였다. 또한 확정판결을 받지 않은 피의자에게 낙인을 찍을 수도 있다는 우려가 있다.

> 문제
>
> 이러한 점들을 고려하여 범죄피의자 얼굴(사진) 공개의 긍정적인 면과 부정적인 면을 제시하고 지원자의 의견을 제시하라.

관련내용: 제11장 2. 사생활의 안전과 자유

📖 **참고 1   무죄추정 원칙 고수 vs 알권리 보호 … 신상공개 확대 놓고 엇갈리는 시각**

'부산 돌려차기' 사건을 계기로 윤석열 대통령이 강력 범죄자의 신상공개 확대를 법무부에 지시한 가운데, 정부와 여당이 나서서 신상공개 범위를 확대하는 방안을 추진하고 있다. 법조계 일각에서는 신상공개 확대를 본격적으로 추진할 경우 위헌과 관련된 논란이 불거질 소지가 있다고 본다.
26일 법조계에 따르면, 당정은 현재 '피의자'에 머무는 신상공개 대상을 '피고인'으로 확대하는 내용을 담은 특별법을 추진할 방

침이다. 지난 18일 서울 삼청동 총리공관에서 고위당정협의회를 열고 이 같은 내용에 대해 논의했다. 아울러 당정은 현재 살인, 성폭력 등 일부 강력범죄에 국한된 신상공개 범위를 내란·외환·테러·조직폭력·마약 같은 중대범죄, '묻지마 폭력'까지 확대하는 한편 실효성을 높이기 위해 신상공개 결정 후 30일 안에 범죄자의 모습을 공개하고 수사기관이 얼굴을 촬영할 수 있도록 하는 근거 규정을 마련하겠다고 밝혔다.

◇ 헌재 위헌심판 결과, 신상공개 확대 여부에 영향 미칠 것

현재 신상공개는 '특정강력범죄의 처벌에 관한 특례법(특강법)'과 '성폭력 범죄 처벌에 관한 특례법(성폭력처벌법)'에 따라 이뤄지고 있다. 범행의 잔혹성과 피해의 중대성, 신상공개 시 공공의 이익 유무 등 몇 가지 요건이 충족될 때에 한해 엄격하게 결정한다. 또 신상공개 대상은 기소 전 단계의 피의자에 국한된다. 기소 후 피고인의 신상공개에 대해선 법적 근거가 없다. 하지만 법조계 일각에선 이러한 신상공개 확대 방안이 헌법에 위배될 소지가 있다는 얘기가 나온다. 헌법 제27조 4항에 따르면, 형사 피고인은 유죄 판결이 확정될 때까지 무죄로 추정해야 한다. 형사소송법 제275조의2도 같은 내용을 담고 있다. 수도권에 재직 중인 A판사는 "피고인의 신상공개를 지나치게 확대하면 피고인의 자기 방어권을 위축시키는 부작용을 낳을 수 있다"고 우려를 나타냈다. 이 판사는 "재판에서 피고인이 혐의를 벗는 경우도 있는데, 신상이 공개되면 비판적인 여론이 형성되고 방어를 위한 증언과 증거를 모으기 어려울 수 있다"고 말했다.

장영수 고려대 법학전문대학원 교수도 "현행 법 체계에서 피의자의 신상공개는 일부 중대 범죄에 국한돼 엄격하게 이뤄지고 있는데, (당정에서 추진하는 것처럼) 신상공개 대상을 지나치게 확대한다면 향후 피고인이 무죄 판결을 받을 때 심각한 문제가 발생할 수 있다"고 신중론을 폈다. 장 교수는 "일방적으로 여론을 따라갈 게 아니라 어떤 위험이 발생할 수 있는지 등을 신중하게 짚어볼 필요가 있다"고 덧붙였다.

실제로 최근 헌법재판소는 성범죄 피의자의 신상공개가 위헌인지 심리하고 있다. 서울고법 춘천재판부가 텔레그램 'N번방'에서 불법 촬영물을 산 피고인이 신상공개에 불복해 낸 소송 항소심을 심리하던 중 위헌법률심판을 제청했다. 재판부는 신상공개가 인격권·개인정보자기결정권 등 기본권을 침해하고 무죄추정의 원칙 등을 위반해 위헌 소지가 있다고 판단했다. 만약 헌재가 이를 위헌으로 판단할 경우, 피고인 신상공개 확대 특별법에는 제동이 걸릴 가능성이 크다.

A판사는 "(신상공개 확대는) 헌재의 심리 결과를 보고 입법을 추진해도 늦지 않을 것"이라고 말했다.

◇ "어차피 재판서 피고인 볼 수 있어 … 범죄 예방 효과도"

반면, 다른 한편에서는 신상공개 확대가 무죄추정의 원칙에 반하지 않는다는 주장도 나온다. 재판이 공개주의로 진행돼 피고인의 모습을 법정에서 볼 수 있을 뿐 아니라, 피의자 신상을 공개하는 현행법상 피고인 신상을 공개해도 큰 문제가 되지 않는다는 것이다.

이창현 한국외대 법학전문대학원 교수는 "피고인이 범행을 부인하거나 재판 과정에서 결과가 어떻게 될지 모르는 사건은 조심해야 한다"면서도 "다만 법정에서 피고인의 이름이나 얼굴 등을 알 수 있고 언론 관심이 큰 사건도 대부분 공개되고 있어서, 논란이 될 사안은 아니다"라고 밝혔다.

신상공개 확대가 범죄를 예방하는 데 효과가 있을 것이라는 의견도 있다. 전형환 법무법인 YK 변호사는 "현행 특강법과 성폭력처벌법만으로는 신상공개 요건이 미흡하다"며 "피의자 단계에서 신상을 공개할 정도면 국민적인 관심사가 있는 경우라서, 국민의 알권리 충족 및 경각심 제고를 위해 신상공개를 확대할 필요가 있다"고 말했다.

출처: 홍인석 기자, 조선비즈, 2023.6.26.

📖 참고 2 범죄피의자 얼굴사진 공개

범죄자 신상공개 방식을 놓고 찬반 논란이 거세다. 흉악범죄 피의자의 얼굴·이름 등을 공개하는 신상공개제도가 있지만 긴 머리카락으로 얼굴을 가리는 문제 등이 발생하자 경찰은 피의자 얼굴을 촬영해 공개하는 머그샷 도입을 검토하고 있다. 이를 놓고 국민의 알권리와 공익적 가치를 위해 필요하다는 찬성 의견과 무죄추정 원칙을 지켜 피의자 인권을 보호해야 한다는 반대 의견이 팽팽히 맞서고 있다.

■ 찬성: 오윤성 순천향대 경찰행정학과 교수

전남편 살해범 고유정이 머리카락을 앞으로 내리고 고개를 숙이는 꼼수로 신상공개 결정을 무력화시키자 경찰은 머그샷 공개를 검토했다. 머그샷 공개 소식이 전해지자 다시 신상공개 논란이 머리를 들고 있다. 신상공개 반대 주장 측 논거는 이렇다. 신상공개는 피의자 인권을 침해하고 무죄추정의 원칙에 반하며, 사회와 장기간 격리돼 있을 흉악범에게는 신상공개를 통한 범죄 예방 효과가 없다는 주장이다. 그러므로 신상공개의 효과성에 의문을 제기하면서 단지 응보적 차원에서의 신상공개는 대중의 일시적 복수심이나 호기심을 충족해줄 뿐이라는 주장이다. 그러나 2011년 신상공개 이후 신상이 공개된 흉악범은 21명에 불과하다. 그만큼 엄격한 기준에 의해 신중하게 결정되고 있다는 결과다. 오히려 복구 불가능한 피해자와 유가족의 인권이 외면받고 있는 실정이다. 법원 확정판결 전 피의자 신상공개가 무죄추정의 원칙에 반한다는 주장은 일견 타당한 것으로 보인다. 그러나 무죄추

정의 원칙을 채택하고 있는 선진국에서는 신상공개제도를 시행하고 있다. 미국 괌에 관광을 간 한국 판사 부부가 아이를 뜨거운 햇볕에서 차 안에 방치한 혐의로 체포돼 머그샷이 공개된 예도 있다. 난폭운전을 하고 도로상에서 폭력을 사용했던 남성 얼굴을 즉각 공개하고 수배한 최근 일본 사례도 있다. 범행 직후 피의자 검거를 위한 긴급수배제도나 인터넷을 통한 인터폴 적색수배도 현실적으로 운용되고 있다. 수배제도는 모두 법원에서 확정판결이 나기 전 단계에서 시행하는 것으로, 따라서 무죄추정의 원칙과 연관시키는 것은 무리한 주장이다.

범죄 예방은 특별예방과 일반예방으로 구분된다. 신상공개를 하게 될 흉악범은 장기간 사회와 격리될 것이므로 범죄 예방 효과가 없다는 주장은 특별예방만을 고려한 주장이다. 일반예방 측면에서 신상공개로 인해 잠재적 범죄자들에게 예방 효과가 없다는 주장도 수용하기 어렵다.

그동안 신상공개심의위원회가 관할 경찰서에서 지방경찰청으로 격상된 것, 고유정의 편법으로 인해 머그샷을 통한 신상공개 대안 고려 등은 피의자 신상공개제도가 점차적으로 보완돼 가는 과정이다. 정당한 신상공개 결정이 농락당하고 범인과 이름이 같은 36세 긴 머리 여성들의 인권이 침해당하고 있는 상황에서 이번에 논의되고 있는 머그샷 정책이 불필요한 신상공개 논란을 잠재우는 현실적 대안이 될 것으로 기대한다.

■ **반대: 오창익 인권연대 사무국장**

피의자 신상공개 결정에도 불구하고 그의 얼굴은 제대로 볼 수 없었다. 소문난 잔치에 먹을 것 없는 셈이었다. 경찰은 살인사건 피의자 고유정에 대한 신상공개를 결정했지만, 고개를 푹 숙이고 머리카락으로 얼굴을 가리면 그만이었다. 얼굴 공개가 아니라 정수리 공개라는 비난도 있었다. 고유정이 애써 얼굴을 감춘 까닭은 간단하다. 얼굴을 보이기 싫다는 것이다. 신상공개가 흉악범에게 심리적 타격 등 상당한 불이익이 되는 것이다. 그럼으로써 흉악범에게 일종의 응징을 할 수 있다는 것도 빼놓을 수 없다. 흉악범의 얼굴을 직접 보고 싶다는 대중적 욕구도 단순한 호기심으로만 치부할 수는 없다. 형벌 종류에는 신상공개가 없지만, 사실 거명하고 창피 주기(Naming & Shaming)는 유엔 등 국제사회가 가장 활발하게 쓰는 무기다. 흉악한 범죄를 저질렀으니, 창피를 줘서 죗값의 일부라도 치르게 하자는 취지도 얼마든지 이해할 수 있다.

그러나 신상공개제도를 지금처럼 운용하는 것은 문제. 너무 엉성하다. 엄정한 기준은 찾아볼 수 없고 오락가락하는 경우가 많다. 어떤 해에는 한 건도 없던 신상공개를 올해는 벌써 네 번째 진행하고 있다. 흉악범이 급증했다든지 하는 객관적 변화가 전혀 없는데도 이렇다. 하긴 '범행이 잔인하고 중대한 피해가 발생한 강력범죄 사건'이라는 기준 자체가 모호하다. 외부 전문가의 심의를 받는다지만, 경찰의 의도가 더 중요한 것처럼 보인다.

당장 들끓는 여론이 신상공개 기준이 될 수는 없다. 보다 구체적인 기준을 마련하고, 특정한 범죄는 반드시 신상공개를 하지만 그렇지 않은 경우에는 대중의 관심이 높아도 신상공개를 하지 않는다는 식으로 명확한 기준을 마련해야 한다. 마치 흉악한 범죄를 저지르면 중형을 선고받는 것처럼, 합리적인 예측 가능성을 확보해야 한다.

사실 신상공개제도는 꽤 오래됐다. 공개수배가 그렇다. 조선시대 방문(榜文)처럼 범인을 잡기 위해 범인 얼굴과 신상을 공개하기도 한다. 이 제도를 두고 뭐라 하는 사람은 없다. 무죄추정의 원칙이 있다지만, 당장 범인 검거가 급하니 범죄자 인권을 따질 계제가 아니다.

무릇 제도는 이렇게 운영해야 한다. 무엇보다 그 제도를 운영하는 합리적 까닭이 있어야 한다. 꼭 필요한 제도여야 한다는 것이다. 안전한 사회에 살고 싶다는 시민들의 염원을 바탕으로 보다 정밀한 제도를 만들어야 한다.

출처: 매일경제, 2019.9.26.

Thema **42** **특정범죄자에 대한 위치추적 전자장치 부착**

풀어보기_

다음 제시문을 읽고 문제에 답하시오.   2021 영남대

제시문

범죄자 Z는 초등학생을 교회 앞에서 납치한 후 성폭행하고 심각한 장기 손상 등의 중상을 입혔지만 주취감경을 받아 징역 12년 형을 선고받았다. 이에 많은 국민들이 주취감경 폐지를 원하는 국민청원을 제기하기도 했다. Z는 출소 후 피해자의 주거 지역에서 불과 500m 떨어진 곳에 거주지를 마련할 예정이어서 피해자 가족이 Z의 거주지

이주를 주장했으나, 거주의 자유라는 기본권을 이유로 받아들여지지 않았다. 결국 피해자 가족이 이사를 가는 상황이 벌어졌고, 지역 주민들의 불안도 심한 상황이다. 따라서 정부는 Z의 출소 후에도 전자발찌 착용 연장, CCTV 설치, 감시인력 증원 등의 대책을 내놓았지만, Z의 기본권 역시 보호되어야 하기 때문에 지나친 제한을 하는 것은 어렵다고 한다.

> **문제**
>
> 제시문을 고려하여 범죄자의 기본권을 보호할 것인가, 아니면 범죄자의 기본권을 제한할 수 있을 것인가에 대한 견해를 밝히시오.

관련내용: 제11장 2. 사생활의 안전과 자유

1 위치추적 전자감시제도

전자장치부착법에 의한 전자감시제도는 "특정범죄"[성폭력범죄, 미성년자 대상 유괴범죄, 살인범죄 및 강도범죄를 저지른 사람의 재범방지를 위하여, 형기를 마친 뒤에 보호관찰 등을 통하여 지도하고 보살피며 도움으로써 건전한 사회복귀를 촉진하고 위치추적 전자장치를 신체에 부착하게 하는 조치이다. 전자장치부착법에 따른 전자장치의 부착은 ① 형 집행 종료 후의 전자장치 부착, ② 가석방 및 가종료 등과 전자장치 부착, ③ 형의 집행유예와 부착명령 등으로 나누어진다. '형 집행 종료 후의 전자장치 부착'은, 특정범죄를 범한 사람 중 재범의 위험성이 인정되는 경우 검사의 청구에 의해 법원이 판결을 통해 일정 기간 전자장치 부착을 명하는 제도다.

> **🔒 관련판례 1** 전자장치 부착을 통한 위치추적 감시제도 사례(헌재 2012.12.27. 2010헌가82등)[17]
>
> 〈쟁점〉
> 전자장치 부착을 통한 위치추적 감시제도가 처음 시행될 때 부착명령 대상에서 제외되었던 2008.9.1. 이전에 제1심판결을 선고받은 사람들 중 구 '특정 범죄자에 대한 위치추적 전자장치 부착 등에 관한 법률' 시행 당시 징역형 등의 집행 중이거나 집행이 종료, 가종료·가출소·가석방 또는 면제된 후 3년이 경과하지 아니한 자에 대하여도 위치추적 전자장치를 부착할 수 있도록 규정하고 있는 '특정 범죄자에 대한 위치추적 전자장치 부착 등에 관한 법률' 부칙 제2조 제1항이 형벌불소급의 원칙에 위배되는지 여부
>
> 〈결정요지〉
> 전자장치부착법상 전자장치 부착명령은 제도의 목적, 요건, 보호관찰 부가 등 관련 규정의 내용에 비추어 형벌과 구별되므로, 형벌과는 목적이나 심사대상 등을 달리하는 보안처분에 해당한다고 보아야 한다. … 보안처분은 형벌과는 달리 행위자의 장래 재범위험성에 근거하는 것으로서, 행위시가 아닌 재판시의 재범위험성 여부에 대한 판단에 따라 보안처분 선고를 결정하므로 원칙적으로 재판 당시 현행법을 소급적용할 수 있다고 보는 것이 타당하고 합리적이다. 그러나 보안처분의 범주가 넓고 그 모습이 다양한 이상, 보안처분에 속한다는 이유만으로 일률적으로 소급효금지원칙이 적용된다거나 그렇지 않다고 단정해서는 안 되고, 보안처분이라는 우회적인 방법으로 형벌불소급의 원칙을 유명무실하게 하는 것을 허용해서도 안 된다. 따라서 보안처분이라 하더라도 형벌적 성격이 강하여 신체의 자유를 박탈하거나 박탈에 준하는 정도로 신체의 자유를 제한하는 경우에는 소급효금지원칙을 적용하는 것이 법치주의 및 죄형법정주의에 부합한다. … 전자장치 부착명령은 전통적 의미의 형벌이 아닐 뿐 아니라, 성폭력범죄자의 성행교정과 재범방지를 도모하고 국민을 성폭력범죄로부터 보호한다고 하는 공익을 목적으로 하며, 전자장치의 부착을 통해서 피부착자의 행동 자체를 통제하는 것도 아니라는 점에서 이 사건 부착조항이 적용되었을 때 처벌적인 효과를 나타낸다고 보기 어렵다. 그러므로 이 사건 부착명령은 범죄행위를 한 사람에 대한 응보를 주된 목적으로 그 책임을 추궁하는 사후적 처분인 형벌과 구별되는 비형벌적 보안처분으로서 소급효금지원칙이 적용되지 아니한다. … 따라서 이 사건 부칙조항에 따른 전자장

---

17 동 사례는 전자장치 부착명령은 비형벌적 보안처분에 해당하므로 소급효금지원칙이 적용되지 아니한다고 판단한 결정이다. 다만 보안처분이라 하더라도 형벌적 성격이 강하여 신체의 자유를 박탈하거나 박탈에 준하는 정도로 신체의 자유를 제한하는 경우에는 소급효금지원칙이 적용됨을 분명히 하였다는 점에 유의할 필요가 있다.

치 부착명령은 비형벌적 보안처분으로서 소급효금지원칙이 적용되지 아니하므로 전자장치부착법 시행 당시 대상자에 포함되지 않았던 사람들까지 부착명령의 대상자로 포함시켰다고 하여 소급효금지원칙에 위배되는 것은 아니다.

⚖ 관련판례 2 특정 범죄자에 대한 위치추적 전자장치 부착에 관한 법률 시행령 제8조 1항 등 위헌확인(헌재 2013.7.25. 2011헌마781)

〈쟁점〉

1. '특정 범죄자에 대한 보호관찰 및 전자장치 부착 등에 관한 법률 시행령' 제8조 제1항, 제3항이 기본권침해의 직접성이 인정되는지 여부(소극)
2. '특정 범죄자에 대한 보호관찰 및 전자장치 부착 등에 관한 법률'에 의한 전자장치 부착기간 동안 다른 범죄를 저질러 구금된 경우, 그 구금기간이 부착기간에 포함되지 않는 것으로 규정한 위 법 제13조 제4항 제1호, 제2호 및 제5항 제2호가 과잉금지원칙에 위배되는지 여부(소극)
3. 심판대상 법률조항이 평등권을 침해하는지 여부(소극)

〈결정요지〉

1. 전자장치 부착명령 집행 중 다른 죄를 범하여 구금되고 금고 이상의 형이 확정된 경우, 구금 시에 부착명령의 집행이 정지되었다가 형 집행 종료 후 부착명령의 잔여기간이 집행되는 것에 관한 법률적 지위는 전자장치부착법 제13조 제4항 각 호 및 제13조 제5항 각 호에 의해서 이미 확정적으로 정해져 있고, 심판대상 시행령조항은 법률에 정해져 있는 사항의 기계적인 집행에 관한 조항에 불과하다. 따라서 심판대상 시행령조항은 기본권침해의 직접성이 인정되지 아니한다.
2. 심판대상 법률조항은 전자장치 부착명령을 집행할 수 없는 기간 동안 집행을 정지하고 다시 집행이 가능해졌을 때 잔여기간을 집행함으로써 재범방지 및 재사회화라는 전자장치 부착의 목적을 달성하기 위한 것으로서 입법목적의 정당성 및 수단의 적절성이 인정되며, 부착명령 집행이 불가능한 기간 동안 집행을 정지하는 것 이외에 덜 침해적인 수단이 있다고 보기도 어렵다. 또한 특정 범죄자의 재범방지 및 재사회화라는 공익을 고려하면, 침해되는 사익이 더 크다고 볼 수 없어 법익균형성도 인정되므로, 심판대상 법률조항은 과잉금지원칙에 위배되지 아니한다.
3. 제도의 목적과 요건, 제재의 법적 성격, 집행방법 및 집행기간이 가지는 의미 등을 고려할 때, 전자장치 부착명령을 선고받은 사람들과 형법상 자격정지 혹은 노역장유치를 선고받거나 운전면허 취소·정지처분을 받은 사람들이 본질적으로 동일한 비교집단이라고 보기 어렵다. 그러므로 심판대상 법률조항은 본질적으로 같은 것을 다르게 취급하는 차별적 효과를 야기하지 아니하므로, 청구인의 평등권을 침해하지 아니한다.

Thema 43 잊혀질 권리

풀어보기_ ✎

다음 제시문을 읽고 문제에 답하시오.   2016 한국외대

> **제시문**
>
> 2010년 스페인의 변호사 마리오 코스테자 곤잘라스는 구글에서 자기 이름을 검색해봤다. 헌데, 기억하고 싶지 않은 과거가 나왔다. 그가 경제적으로 어려웠던 시절인 1998년에 연금을 제때 내지 않아 집이 경매에 처해졌던 내용이 담긴 신문 기사가 검색 결과로 떴다. 곤잘라스 변호사는 이젠 형편도 나아졌고 빚도 다 갚았으니 그 신문 내용은 자신에 대해 적절하지 않은 정보라고 생각했다. 그는 스페인 개인정보보호원에 기사와 검색결과 노출을 삭제해 달라고 요청했다. 이에 대해 스페인 개인정보보호원은 기사는 삭제하지 않되 구글 검색 결과 화면에서는 관련 링크를 없애라는 결정을 내렸다. 구글은 이 결정에 이의를 제기해 제소했다.
> 유럽연합(EU) 최고법원인 유럽사법재판소는 "구글 검색 결과에 링크된 해당 웹페이지의 정보가 합법적인 경우에

도 링크를 삭제할 의무가 있다"라며 곤잘레스의 손을 들어줬다. EU의 판결은 그 정보가 합법적이고, 온라인에서 이미 공개된 정보일지라도 프라이버시에 관한 것이라면 링크를 삭제할 수 있는 권리가 있다는 결정이었다.

문제

1. 곤잘레스의 기사 및 검색어 삭제 요청이 합당한지에 대해 견해를 밝히시오.
2. 곤잘레스의 기사 및 검색어 삭제 요청을 할 수 있는 권리가 표현의 자유를 침해하는지에 대해 견해를 밝히시오.
3. 곤잘레스의 권리를 보호할 수 있는 방안에 대해 견해를 밝히시오.

관련내용: 제11장 2. 사생활의 안전과 자유

Thema 44 | 개인정보 데이터 활용

풀어보기_✎

다음 제시문을 읽고 문제에 답하시오. 2021 전북대

제시문

4차 산업 기술혁명이 진전됨에 따라, 개인정보를 활용하는 빅데이터가 중요해지고 있다. 인공지능(AI), 사물인터넷(IoT) 등 다양한 부분에서 개인정보는 4차 산업의 원유, 쌀이라고 불릴 만큼 핵심을 차지하고 있다. 개인정보를 활용하려는 기업 입장에서는 자신의 서비스를 무료로 제공함으로써 사용자들의 개인정보를 요구하는 측면이 있다. 기업들의 사업 범위가 확장됨에 따라 더 많은 개인정보 수집을 요구하고 있고, 사용자들은 이에 대해 무의식적으로 동의를 함에 따라 개인정보 무단 사용으로 이어지기도 한다. 실제 개인정보가 유출된 사례도 존재한다. Facebook-캠브릿지 애널리티카에서 개인정보가 유출된 사건에 있어서 독일은 페이스북을 비롯한 인터넷 플랫폼 기업들이 취해야 할 조치들을 발표하기도 했다.

문제

개인정보 제공 여부는 자신이 결정해야 한다는 입장과 4차 산업혁명 시대에 데이터를 이용하여 경쟁력을 강화해야 한다는 입장을 요약하고, 본인의 입장을 선택하여 근거 3가지와 대안책을 제시하시오.

관련내용: 제11장 2. 사생활의 안전과 자유

일과 후 일반병사들의 휴대폰 사용

풀어보기_ ✎

다음 제시문을 읽고 문제에 답하시오.

2015 한국외대[18]

제시문

일부 병사가 복무 중 인스타그램 등 소셜미디어에 총기와 장갑차 사진 등을 올린 것이 알려지면서 네티즌 사이에 논란이 일었다.

16일 '육군훈련소 대신 전해드립니다' 페이스북 페이지에는 '인스타그램 근황'이라는 제목으로 사진 2장이 올라왔다. 한 사진에는 육군 병사들이 총기손질을 하고 있는 모습이 담겼다. 군대 내 총기 촬영은 엄격하게 금지되어 있다. 사진을 올린 병사는 "내일 야간 사격 있다고 개인정비시간에 (총기손질 중이다). 이게 맞아 XX?"이라고 썼다. 다음날 야간사격이 예정되어 있었고, 이를 위해 상관이 개인정비시간에 총기손질을 지시하자 불만을 표시한 것으로 보인다. 일반적으로 개인정비시간에는 휴식을 취하지만 상황에 따라 침구 및 복장 세탁, 전투장구 손질, 개인화기 (총기) 손질 등을 하는 경우도 있다.

또 다른 사진에는 시골 논길 수로에 빠져 있는 장갑차 모습이 담겼다.

육대전 게시물에는 하루 만에 약 2,100개의 댓글이 달리는 등 화제를 모았다. 대부분 네티즌은 "아무리 휴대폰 써도 된다지만 소셜미디어에 올리는 건 통신보안 위반이다" "이런 사람들 때문에 군대 내 휴대폰 사용에 부정적인 시각이 생기는 거다" "보안 교육을 어떻게 한 거냐" 등 비판의 목소리를 높였다.

군대 내 휴대폰 사용으로 인한 잡음은 지속해서 나오고 있다. 조명희 국민의힘 의원이 지난해 10월 육군, 해군, 공군 등으로부터 제출받은 '군사경찰·검찰에 접수된 군대 내 사이버 범죄 건수' 자료에 따르면, 육군의 경우 병사들의 휴대폰 사용이 허가된 2019년에만 총 115건의 사이버 범죄가 발생했다. 2020년에는 285건으로 두배 이상 증가했고, 지난해에는 상반기에만 139건 발생한 것으로 알려졌다.

한편 국방부는 지난 6월 20일부터 오는 12월 31일까지 약 6개월간 병사의 휴대전화 소지 시간을 확대하는 방안을 시범 운영하기로 했다. 현재 병사는 평일 일과 후인 오후 6시~9시와 휴일 오전 8시 30분~오후 9시에만 휴대전화 사용이 가능하다.

이를 '최소형', '중간형', '자율형' 등 세 가지 유형으로 나눠 소지 시간을 늘린다는 게 국방부의 방침이다. 최소형은 아침 점호 이후부터 오전 8시 30분까지, 오후 5시 30분부터 9시까지 휴대폰을 소지할 수 있다. 중간형은 아침 점호 이후부터 오후 9시까지, 자율형은 24시간 내내 갖고 있을 수 있다. 훈련병의 경우 입소 1주 차 평일 30분, 주말·공휴일은 1시간 사용을 허용하는 최소형과 입소 기간 중 평일 30분, 주말·공휴일 1시간을 허용하는 확대형으로 나뉘어 운영된다. 국방부는 시범운영 결과를 바탕으로 병사 휴대전화 소지 시간 확대 범위와 보완 사항 등을 마련한다는 방침이다.

문제

일반병사들의 일과 후 휴대폰 사용문제에 대한 지원자의 견해를 밝히시오.

관련내용: 제11장 2. 사생활의 안전과 자유

---

18 '일과 후 일반병사들의 휴대폰 사용' 관련해서는 2015학년도 로스쿨 입시에서 한국외대가 면접문제로 출제한 바 있으나, 그 당시에는 병사들의 휴대폰 사용이 허용되기 이전이어서 휴대폰 사용이 제한적으로 허용된 현시점을 기준으로 문제를 재작성하였다.

다음 제시문을 읽고 문제에 답하시오. 2021 충북대

제시문

많은 고등학교에서 이루어지고 있는 등교 후 휴대전화 일괄 수거가 학생들의 인권을 침해한다는 판단이 나왔다. 국가인권위원회는 매일 아침 조례 시간에 학생들의 휴대전화를 수거하고 종례 시간에 돌려주는 한 고등학교의 생활 규정은 학생들의 기본권을 침해한다고 판단했다. 인권위는 이 규정이 헌법상 일반적 행동과 통신의 자유를 침해한다고 판단해 해당 규정을 개정할 것을 권고했다. 인권위에 따르면 이 고등학교는 매일 오전 8시 20분에 학생들의 휴대전화를 걷어가고 방과후학교가 끝난 오후 8시 30분에 돌려준다. 특히 실제 사용하는 휴대전화인지를 확인하기 위해 담당 교사와 선도부원이 학생들의 휴대전화를 일일이 켜 보거나 공기계를 제출한 학생에게는 벌점을 부과했다. 학교 현장에서는 인권위 판단에 대해 "수업 현실을 고려하지 않은 것"이라는 반응이 나온다. 한국교총은 "국가인권위원회가 교사의 수업권과 학생의 학습권 등 교육 본질을 훼손하는 권고를 계속하고 있다."며 "교실은 휴대전화와 전쟁 중이라는 학교 현실을 고려해야 한다."고 주장했다.

문제

청소년의 휴대폰 사용을 학교에서 일률적으로 규제하는 것에 대한 본인의 견해를 밝히시오.

관련내용: 제11장 2. 사생활의 안전과 자유

다음 제시문을 읽고 문제에 답하시오. 2017 제주대

제시문

양심적 병역거부란 종교적 신앙이나 윤리적·철학적 신념을 이유로 하는 전쟁참가의 거부뿐만 아니라, 평화로울 때에 전쟁에 대비하여 무기를 들고 하는 병역의무의 이행 거부도 포함한다. 우리 헌법에서는 양심의 자유와 종교의 자유를 보장하고 있을 뿐만 아니라, 병역의 의무에 대해서도 규정하고 있다. 그리고 헌법에 근거해서 정당한 이유 없이 병역을 거부할 경우 형사처벌하는 조항도 두고 있다.

A판사는 양심적 병역거부자 갑에게 유죄를 선고하였다. 종교와 양심의 자유가 헌법에서 보장하고 있는 자유라 하더라도 이는 무제한적으로 행사할 수 있는 권리가 아니며, 병역의 의무의 궁극적 목적은 인간의 존엄과 가치를 실현하는 일이므로 양심의 자유보다 가치가 덜하다고 볼 수 없기 때문에 병역의 의무를 이행하지 않는 것은 형사처벌의 대상이 된다고 판단하였다.

B판사는 양심적 병역거부자 을에게 무죄를 선고하였다. 즉 종교와 양심의 자유는 헌법에 보장된 기본권으로 존

중받아야 하며, 세계적으로 양심적 병역거부자에 대한 관점이 바뀌고 있는 추세여서 이를 반영할 필요가 있다는 것이다.

문제

1. A판사의 유죄판결에 대한 찬성논거를 2개 이상 제시하시오.
2. B판사의 무죄판결에 대한 찬성논거를 2개 이상 제시하시오.
3. 우리나라는 현재 징병제를 채택하고 있다. 그런데 여러 가지 상황을 고려하여 모병제로 전환하자는 주장도 있는데, 둘 중 어느 제도가 타당한지 자신의 견해를 밝히시오.

관련내용: 제11장 3. 정신적 자유

> 📖 **참고** | **인권의 기념비적 결정 '대체복무'**

헌법재판소가 2011년 집총거부를 불허하는 결정을 내린 이후, 7년의 침묵을 깨고 양심적 집총거부를 허용하는 결정을 내렸다. 그간 집총거부에 대해 법원의 위헌제청이 7건 있었고, 2015년 이후에는 무려 80건에 달하는 무죄판결이 1심, 2심 법원에서 내려졌다. 하급심판사가 대법원판례에 정면으로 배치되는 판단을 내리기 어려운 점을 감안하면 상당한 양의 무죄판결이다. 이는 집총거부에 관한 법관의 높아진 인권의식의 반영으로 보인다. 900여명의 병역거부자들이 헌재의 결정만을 목매어 기다리고 있었는데, 위헌결정으로 이들을 구제할 수 있게 돼 늦었지만 다행이다.

금번 헌재결정은 인권보장의 기념비적 결정이지만, 집총거부와 관련해 대법원의 공개변론이 8월 30일로 예정된 가운데 조금은 급하게 서둘렀다는 의혹에서 완전히 자유롭지 못하다. 헌재는 정의를 지연했고, 소신이 부족했음을 유념해야 한다.

■ 집총거부는 보편성의 인권문제

양심적 집총거부란 '양심, 신념, 신앙(이하, 양심)'을 이유로 '전쟁 또는 집총(이하, 집총)'을 거부하는 것으로, 사람을 죽이거나 죽이는 것을 준비하는 것을 절대 악으로 여기는 사람들에 의해 주장되고 있다. 집총거부를 절대 악으로 보아 이를 거부하는 양심을 보호할 것인가, 보호할 경우 병역의무와의 형평을 어떻게 확보할 것인가가 문제된다. 집총거부를 허용한다고 해도 특정한 적, 특정 무기 등을 조건으로 하는 소위 '상황조건부 집총거부'는 허락되지 않는다. 예를 들어 전쟁 그 자체가 아니라 특정 전쟁(베트남전쟁)을 반대하는 경우에는 집총거부가 허용되지 않는다. 이는 전쟁을 반대하는 것이 아니라 국가의 정책을 반대하는 것이기 때문이다.

양심적 집총거부에 대해서는 병역기피로 보는 것이 일반적이었다. 그런데, 병역법위반으로 최소 1년 6개월을 교도소에서 지내면서, 전과자로서의 사회적 낙인과 취업의 곤란을 감수하면서까지 교도소에 갈지언정 병역을 거부하는 사람들이 있다면, 그들을 단순한 병역기피자로 보기 어렵다. 1950년 이래 현재까지 1만 9천여 명의 청년들이 교도소에 수감됐고, 지금도 연 500~600명이 처벌을 감수하면서 집총을 거부하고 있다.

대체복무란 반전과 반집총의 확신을 가진 자들에게, 군과 관련 없는 시설에서 군복무를 대신하게 하는 제도를 말한다. 대체복무를 허용하지 않는다면, 양심적 집총거부를 확신하는 사람들은 양심을 꺾든지 아니면 형사처벌을 감수해야 하는데, 어떤 선택을 하더라도 인간의 존엄과 가치는 큰 손상을 받게 된다. 대체복무제가 실시되어야 할 중요한 이유이다. 다만 대체복무에 대한 거부는 허용되지 않는다.

양심적 집총거부행위는, 첫째 국가공동체의 법질서에 대한 적극적인 공격행위가 아니라 자신의 양심을 지키려는 소극적인 행위이며, 둘째 집총 이외의 분야에서는 국가공동체를 위한 어떠한 의무도 이행하겠다고 호소하고 있고, 셋째 집총거부는 양심적 확신에 기한 것으로 형벌로 변경될 수 있는 성질의 것이 아닌 것으로 보이는바, 이들에게 다른 대안을 마련할 수 있는 여지가 있음에도 불구하고 형사처벌을 강행하는 것은 소수의 인권까지 보호해야 하는 우리 헌법의 기본이념이나 기본가치와 조화를 이룬다고 보기 어렵다.

집총거부하면 '여호와의 증인'을 떠올리지만, 해당 종교와는 별개로 자신의 평화주의 신념 때문에 사람을 죽이는 총을 들 수 없다며 병역을 거부한 사람들도 적지 않다. 2003년에 만들어진 '전쟁 없는 세상'은 15년 동안 집총거부자를 지원하고, 집총거부에 대한 여론을 환기시켜왔는데, 불교신자가 주도했다. 그래서 집총거부는 특정 종교의 문제가 아니라 보편성을 띤 인권문제라는 점이다.

■ 안보논리 극복 … '소수' 보장한 것

헌법재판소가 처벌보다 관용하기로 한 이상, 남은 과제는 합리적인 대체복무제도의 마련이다. 복무기간, 복무형태, 복무강도 등 여러 요소를 고려해서, 대체복무가 병역기피의 수단으로 악용될 여지가 없도록 하고, 집총거부자 여부를 검증하는 관찰기간과 함께, 해당 종교의 위장신도가 늘 수도 있기에 심사요건을 엄격하게 하며, 대체복무의 부담이 병역의무와 실질적으로 등가적인 것이 되게 해야 한다. 대체복무기간에 관한 외국의 예를 보면, 대만, 덴마크, 스웨덴은 현역복무와 동일하며, 오스트리아, 스위스, 스페인은 1.5배로 하고 있다. 독일은 2011년 징병제가 폐지되면서 대체복무제가 중단되었다. 유럽평의회 사회권위원회는 대체복무제의 길이는 군복무의 1.5배를 넘지 말도록 지적한 바 있다. 남북대치 속에서 병역기피문제로 이어지지 않을까 걱정할 수 있고, 국가안보에 해가 되지 않을까 걱정도 되지만, 그 수가 매우 소수라 염려할 정도도 못된다.

국가의 법질서는 다수의 정치적 의사와 도덕적 기준에 따라 형성되기 때문에 다수가 만든 법질서에서 배제된 소수의 양심을 배려하고 보호해 다수와 공존할 수 있도록 조정이 요구된다. 양심의 자유에 대한 헌법적 보장은 다수가치로서의 법질서와 소수양심이 충돌할 경우 소수의 양심을 지켜주겠다는 의지의 표명이다. 그동안 우리는 안보, 성장, 발전을 기본이념이나 가치로 여겨왔는데 금번의 결정은 강고한 안보논리를 극복하면서 '인권'을 선택한 것이기에, 또 기존질서의 심장을 건드리는 사안에 대해서 '소수'를 보장한 것이기에, 그리고 '닫힌 징병제'에서 '희망의 병역제'를 보게 되었기에, 인권옹호의 기념비적 결정으로 보아야 한다. 절대 소수에게 '숨 쉴 공간'을 마련해주는 것이야말로 우리의 성숙을 보여주는 것으로 어느 한 쪽의 승리가 아니라 우리 모두의 승리가 된다.

출처: 김학성 교수, 일간투데이, 2018.7.18.

⚖ 관련판례 병역법위반(대법원 2004.7.15. 2004도2965)

〈쟁점〉
1. 헌법 제19조가 규정하고 있는 양심의 자유의 보호범위 및 성격
2. 헌법 제19조의 양심의 자유가 헌법 제37조 제2항에 따라 법률에 의하여 제한될 수 있는 상대적 자유인지 여부(적극)
3. 양심적 병역거부자의 양심의 자유가 또 다른 헌법적 법익인 국방의 의무보다 우월한 가치라고 할 수 있는지 여부(소극)
4. 양심 및 종교의 자유를 이유로 현역입영을 거부하는 자에 대하여 현역입영을 대체할 수 있는 특례를 두지 아니하고 형벌을 부과하는 병역법 제88조 제1항이 과잉금지의 원칙 등을 위반한 것인지 여부(소극)
5. 양심적 병역거부자에게 그의 양심상의 결정에 반하는 적법행위를 기대할 가능성이 있는지 여부

〈결정요지〉
1. 헌법이 보호하고자 하는 양심은 '어떤 일의 옳고 그름을 판단함에 있어서 그렇게 행동하지 않고는 자신의 인격적 존재가치가 파멸되고 말 것이라는 강력하고 진지한 마음의 소리로서 절박하고 구체적인 양심'을 말하는 것인데, 양심의 자유에는 이러한 양심 형성의 자유와 양심상 결정의 자유를 포함하는 내심적 자유뿐만 아니라 소극적인 부작위에 의하여 양심상 결정을 외부로 표현하고 실현할 수 있는 자유, 즉 양심상 결정에 반하는 행위를 강제받지 아니할 자유도 함께 포함되어 있다고 보아야 할 것이므로 양심의 자유는 기본적으로 국가에 대하여, 개인의 양심의 형성 및 실현 과정에 대하여 부당한 법적 강제를 하지 말 것을 요구하는, 소극적인 방어권으로서의 성격을 가진다.
2. 헌법상 기본권의 행사가 국가공동체 내에서 타인과의 공동생활을 가능하게 하고 다른 헌법적 가치 및 국가의 법질서를 위태롭게 하지 않는 범위 내에서 이루어져야 한다는 것은 양심의 자유를 포함한 모든 기본권 행사의 원칙적인 한계이므로, 양심 실현의 자유도 결국 그 제한을 정당화할 헌법적 법익이 존재하는 경우에는 헌법 제37조 제2항에 따라 법률에 의하여 제한될 수 있는 상대적 자유라고 하여야 할 것이다.
3. 병역법 제88조 제1항은 가장 기본적인 국민의 국방의 의무를 구체화하기 위하여 마련된 것이고, 이와 같은 병역의무가 제대로 이행되지 않아 국가의 안전보장이 이루어지지 않는다면 국민의 인간으로서의 존엄과 가치도 보장될 수 없음은 불을 보듯 명확한 일이므로, 병역의무는 궁극적으로는 국민 전체의 인간으로서의 존엄과 가치를 보장하기 위한 것이라 할 것이고, 양심적 병역거부자의 양심의 자유가 위와 같은 헌법적 법익보다 우월한 가치라고는 할 수 없으니, 위와 같은 헌법적 법익을 위하여 헌법 제37조 제2항에 따라 피고인의 양심의 자유를 제한한다 하더라도 이는 헌법상 허용된 정당한 제한이다.
4. 병역의무의 이행을 확보하기 위하여 현역입영을 거부하는 자에 대하여 형벌을 부과할 것인지, 대체복무를 인정할 것인지 여부에 관하여는 입법자에게 광범위한 입법재량이 유보되어 있다고 보아야 하므로, 병역법이 질병 또는 심신장애로 병역을 감당할 수 없는 자에 대하여 병역을 면제하는 규정을 두고 있고, 일정한 자에 대하여는 공익근무요원, 전문연구요원, 산업기능요원 등으로 근무할 수 있는 병역특례제도를 두고 있음에도 양심 및 종교의 자유를 이유로 현역입영을 거부하는 자에 대하여는 현역입영을 대체할 수 있는 특례를 두지 아니하고 형벌을 부과하는 규정만을 두고 있다고 하더라도 과잉금지 또는 비례의 원칙에 위반된다거나 종교에 의한 차별금지 원칙에 위반된다고 볼 수 없다.
5. 양심적 병역거부자에게 그의 양심상의 결정에 반한 행위를 기대할 가능성이 있는지 여부를 판단하기 위해서는, 행위 당시의 구체적 상황하에 행위자 대신에 사회적 평균인을 두고 이 평균인의 관점에서 그 기대가능성 유무를 판단하여야 할 것인바, 양심적 병역거부자의 양심상의 결정이 적법행위로 나아갈 동기의 형성을 강하게 압박할 것이라

고 보이기는 하지만 그렇다고 하여 그가 적법행위로 나아가는 것이 실제로 전혀 불가능하다고 할 수는 없다고 할 것인바, 법규범은 개인으로 하여금 자기의 양심의 실현이 헌법에 합치하는 법률에 반하는 매우 드문 경우에는 뒤로 물러나야 한다는 것을 원칙적으로 요구하기 때문이다.

재판관 이강국의 반대의견

피고인에게 병역법상의 형벌법규의 기속력이 미치지 않는다고 할 수는 없겠지만, 그렇다고 하여 절대적이고도 진지한 종교적 양심의 결정에 따라 병역의무를 거부한 피고인에게 국가의 가장 강력한 제재 수단인 형벌을 가하게 된다면 그것은, 피고인의 인간으로서의 존엄성을 심각하게 침해하는 결과가 될 것이고 형벌 부과의 주요 근거인 행위자의 책임과의 균형적인 비례관계를 과도하게 일탈한 과잉조치가 될 것이며, 또한, 피고인에 대한 형벌은 그 정도에 상관없이 범죄에 대한 응징과 예방, 피고인의 교육 등 그 어떠한 관점에서도 형벌의 본래적 목적을 충족할 수 없음이 명백해 보이고, 특히 보편적 가치관을 반영한 집총병역의무와 종교적 양심의 명령 사이의 갈등으로 인한 심각한 정신적 압박 상황에서 절박하고도 무조건적인 종교적 양심의 명령에 따른 피고인에게는 실정 병역법에 합치하는 적법한 행위를 할 가능성을 기대하기가 매우 어렵다고 보인다. 따라서 피고인과 같은 경우에는 국가의 형벌권이 한 발 양보함으로써 개인의 양심의 자유가 보다 더 존중되고 보장되도록 하는 것이 상당하다 할 것이어서 피고인에게는 범죄의 성립요건인 책임성을 인정할 수 없다고 보아야 하고, 이러한 점에서 피고인에게는 병역법 제88조 제1항의 적용을 배제할 '정당한 사유'가 존재한다.

재판관 유지담, 재판관 윤재식, 재판관 배기원, 재판관 김용담의 다수의견에 대한 보충의견

대체복무제 도입은 입법정책상 바람직한 것이기는 하지만, 이를 국가의 헌법적 의무라고 보기는 어렵다. 이미 앞에서 다수의견이 지적한 바와 같이 법률로써 국민의 헌법상 기본의무인 국방의 의무를 구체적으로 형성하는 일은 그 목적이 국가의 안전보장과 직결되어 있고, 변화하는 국내외의 안보 상황을 정확하게 반영하여 최고의 국방능력을 갖춘 국군이 구성되도록 합목적적으로 대처하여야 할 영역이어서 이에 관한 한 입법자에게 광범위한 입법형성권이 주어져 있다고 할 것이므로, 병역법이 구체적 병역의무를 부과하면서 종교적인 이유 등으로 양심상의 갈등에 처하게 되는 일부 국민에게 이러한 갈등을 완화할 수 있는 대안을 제공하지 않고 있다고 하여 그것을 들어 바로 양심 및 종교의 자유를 침해하였다거나 평등의 원칙에 반하여 위헌이라고 할 수는 없다고 할 것이고, 국가가 양심의 자유와 병역의무를 합리적으로 조정하여야 할 헌법적 의무를 다하지 못하였음을 전제로 병역법 제88조 제1항의 적용을 배제할 '정당한 사유'가 있다는 해석론도 받아들일 수 없으며, 이 점에서 피고인에 대한 병역법 제88조 제1항의 적용은 불가피하다.

재판관 조무제의 다수의견에 대한 보충의견

병역의무행위 중 집총행위는 피고인의 종교적 양심상의 신조에 어긋나는 것이라고 전제하더라도, 피고인이 이행하여야 할 '입영'이라는 구체적 의무행위는 인명을 살상하거나 사람에게 고통을 주기 위한 집총훈련행위(그의 거부행위는 병역법이 아닌 군형법에 의해 규율된다.)의 앞선 단계의 행위이기는 하지만 집총훈련행위 그 자체는 물론 그와 유사한 성질의 행위라 할 수도 없어서 입영행위를 피고인의 종교적 양심상의 신조에 어긋나는 행위라고 하여 기대할 수 없다고 단정할 것은 아니다.

Thema 48 | 이슬람사원 건립

풀어보기_

다음 제시문을 읽고 문제에 답하시오.   2023 영남대

> **제시문**
>
> 행복동에 이슬람 센터 건설이 추진되고 있다. 그러나 주민들은 치안 불안, 문화적 괴리 등을 이유로 반대의사를 표하고 있다. 이에 대해 이슬람 센터 건설 찬성 측은 기존 주민들의 반대는 이슬람에 대한 무분별한 차별성이 강하고, 이슬람에 대한 일부 몰이해적이고 검증되지 않은 주장들에 근거한 것이므로 옳지 않다고 반박하고 있다. 이에 대해 기존 주민들은 이슬람 센터의 건설은 행복동에 존재하는 기존의 사회문화적인 배경에 맞지 않다고 주장하고 있다. 특히 기존 종교시설이 밀집해 있는 환경에서 이슬람 센터의 건설이 불필요한 사회적 갈등을 낳을 수

있다고 우려하고 있다. 갈등이 고조되자 해당 지자체는 다른 장소를 선정하여 센터 건설을 추진하는 조정안을 이슬람 센터 건설 추진 측에 제시하였다. 그러나 센터 건설 추진 측은 합의안을 수용할 수 없다고 밝혔다.

추가자료 (1)
유럽 국가에서 이슬람 센터 건설 후 생긴 '샤리아 존'의 등장으로 해당 지역에 거주하는 비이슬람 시민조차 이슬람 율법인 샤리아에 강제적으로 따를 것을 강요당하는 일이 빈번하게 발생하고 있다.

추가자료 (2)
UN의 세계 인권 선언에서는 천부적 인권으로서 모든 사람이 성별과 피부색, 신념, 종교 등에 관계없이 자유롭고 평등하다고 명시되어 있다.

문제
홀수 번호를 뽑은 사람은 센터 건설에 찬성하는 입장에서, 짝수 번호를 뽑은 사람은 센터 건설에 반대하는 입장에서 토론하시오.

관련내용: 제11장 3. 정신적 자유

Thema **49** **예술·표현의 자유의 제한**

풀어보기_

다음 제시문을 읽고 문제에 답하시오. 2022 건국대

제시문
갑은 A대학교의 무용학과에 재학 중인 학생으로, 학교 축제에서 아프리카 문화를 알리기 위해 아프리카 전통춤을 선보이려고 한다. 그런데 갑은 더욱 실감나게 공연하기 위해 피부를 까맣게 칠하고 공연하려고 했고, 학생회장인 을은 이를 문제 삼았다.

갑: 아프리카 문화도 알리고 좀 더 실감나게 공연하려고 흑인분장을 하려고 해

을: 얼굴을 검은색으로 칠하는 것은 흑인이 불쾌감을 느낄 수 있는 인종차별적 행동이야. 블랙페이스는 1830년대부터 100년간 영국과 미국 등지에서 유행했어. 백인 배우가 흑인 역할을 맡아 얼굴을 검게 칠하고, 과장된 춤과 노래로 흑인을 희화화시키는 공연을 했어. 그러다가 1950년대 흑인 인권운동이 일어나고 1964년에 제정된 민권법의 영향으로 인종차별적 행위라는 비판을 받고 금기시되었어.

갑: 난 흑인을 희화화하기 위해 분장을 하려는 게 아니야. 단지 아프리카 전통춤을 잘 표현하려고 하는 거지 흑인을 비하할 어떠한 의도도 없어. 네 논리대로라면 젊은 사람이 노인을 연기해서 노인이 불쾌감을 느꼈다면 그것도 금지해야겠네.

을: 단순히 불쾌감을 느끼고 느끼지 않고의 문제가 아니야. 흑인이 아닌 백인이 흑인분장을 하고 흑인을 따라 한 게 문제라니까.

갑: 따라한 게 잘못이야? 그럼 장애가 없는 사람이 장애인을 연기한 것도 잘못이네.

을: 그럼 예시를 한국인으로 바꿔보자. 미국 토크쇼 진행자가 한류열풍의 원인이 무엇인지 알아보자면서 눈을 찢는 제스처를 취했다면, 이걸 보는 한국인은 불쾌하지 않을까?

갑: 난 괜찮은데. 토크쇼 진행자가 한국인을 비하할 의도가 없었다면 문제될 게 없어. 그리고 한국인이 백인에 비해 눈이 작고 찢어진 것도 사실이잖아. 사실을 있는 그대로 표현한 것뿐인데 이게 왜 인종차별적 행동이야?

다시 말하지만 내가 흑인분장을 한 것은 인종차별적인 의도는 없어. 난 이번 공연에 흑인분장을 할 거야.

을: 그래. 네 의견은 알겠어. 그렇지만 난 네 행위가 잘못되었다는 것을 알리겠어. 학생회 회의를 열어 학생회 구성원들에게 흑인분장의 잘못된 점을 알리고, 네가 공연에서 흑인분장을 한다면 학생회 차원에서 공연을 금지시킬 수밖에 없어.

문제

갑과 을의 대화를 바탕으로 갑의 흑인분장에 대한 지원자의 의견을 말해 보시오.

관련내용: 제11장 3. 정신적 자유

Thema 50 / 알권리

풀어보기_ ✎

다음 제시문을 읽고 문제에 답하시오.   2022 충북대

제시문

2008년 캐나다에서는 정자 기증으로 태어난 이들이 생물학적 아버지의 기록 공개 및 파기와 관련한 집단소송을 제기했고, 대법원은 이들의 '알권리'를 인정했다. 국내에서는 헌법상 "모든 자녀는 생물학적 부모를 알 권리가 있다"고 규정하고 있지만, 기증자의 "알리고 싶지 않은 권리"도 있어서 법적으로 충돌하는 상황이다.

문제

정자 기증자인 생물학적 아버지의 정보공개에 대한 지원자의 의견을 말해 보시오.

관련내용: 제11장 3. 정신적 자유

Thema 51 / 인터넷 실명제

풀어보기_ ✎

다음 제시문을 읽고 문제에 답하시오.

제시문

악성 댓글(악플) 문제가 어제오늘 일이 아니지만, 더는 방치할 수 없는 수준에까지 왔다. 최근 일부 네티즌이 쏟아낸 악플로 고통을 호소했던 한 프로배구 남자 선수가 자택에서 숨진 채 발견됐다. 연이어 악플과 루머 등으로

우울증을 앓았다고 전해진 한 여성 인터넷방송 진행자도 극단적인 선택을 했다.

악플에 노출된 유명인이 극단적인 공포와 우울증에 시달리다 극단적인 선택을 한 것이 한두 번이 아니다. 유명인 뿐만 아니라 누구든 피해자가 될 수 있다. 얼마나 많은 사람이 악플로 목숨을 버리거나 씻을 수 없는 상처를 받는 것을 지켜봐야 할 것인가.

악플 피해가 커지면서 인터넷 실명제를 다시 도입해야 한다는 주장이 힘을 얻고 있다. 2012년 헌법재판소는 인터넷 실명제에 대해 위헌 결정을 내린 바 있다.

그러나 악플로 사회적 부작용과 피해가 갈수록 심각해지고 있는 현실을 고려하면 표현의 자유에 관한 헌법재판소의 당시 법 논리가 서서히 퇴색하고 있음을 부정할 수 없다.

악플의 피해는 사후에 대응하는 것보다 사전에 예방하는 것이 최선이다. 시민단체 등 민간 주도로 불건전 사이트 모니터링, 선플달기운동, 클린인터넷운동 등이 더욱 확산되고, 다양하고 건전한 인터넷 문화 정화활동 또한 지속적으로 전개해 나가야겠다.

그러나 무엇보다 중요한 것은 인터넷 이용자 개개인의 윤리의식이다. 인터넷 이용자 모두는 건전한 인터넷 윤리의식을 가지고 악플 피해의 심각성을 인식하면서 인터넷을 사용해야 할 것이다. 네티켓을 자율적으로 준수하는 성숙하고 건전한 네티즌 문화 조성을 위한 시스템 마련도 절실하다.

익명의 그늘에 숨어 타인을 근거 없이 비방하고 매도하는 악플이 지금도 무차별적으로 유포되고 있다. 생각 없이 올리는 나의 댓글 한 줄이 누군가를 죽음으로 몰고 가는 소리 없는 흉기가 될 수 있음을 명심해야 한다. 악플이 표현의 자유를 내세워 보호받아야 할 정상적인 의사표현이 아님은 자명하다.

문제

인터넷 실명제 재도입 문제에 대한 지원자의 견해를 밝히시오.

관련내용: 제11장 3. 정신적 자유

관련판례 정보통신망법 제44조의5 제1항 제2호 등 위헌확인(헌재 2012.8.23. 2010헌마47)

헌법재판소는 인터넷실명제 소위 본인확인제의 전면적인 실시는 위헌이라고 본다. 그러나 선거기간, 청소년 유해매체물, 게임, 휴대전화가입 등에서는 본인확인과 관련된 일련의 규정에 대하여 합헌이라고 판시한다.

건전한 인터넷 문화의 조성 등 입법목적은, 인터넷 주소 등의 추적 및 확인, 당해 정보의 삭제·임시조치, 손해배상, 형사처벌 등 인터넷 이용자의 표현의 자유나 개인정보자기결정권을 제약하지 않는 다른 수단에 의해서도 충분히 달성할 수 있음에도, 인터넷의 특성을 고려하지 아니한 채 본인확인제의 적용범위를 광범위하게 정하여 법집행자에게 자의적인 집행의 여지를 부여하고, 목적달성에 필요한 범위를 넘는 과도한 기본권 제한을 하고 있으므로 침해의 최소성이 인정되지 아니한다. 또한 국내 인터넷 이용자들의 해외 사이트로의 도피, 국내 사업자와 해외 사업자 사이의 차별 내지 자의적 법집행의 시비로 인한 집행 곤란의 문제를 발생시키고 있고, 나아가 본인확인제 시행 이후에 명예훼손, 모욕, 비방의 정보의 게시가 표현의 자유의 사전 제한을 정당화할 정도로 의미 있게 감소하였다는 증거를 찾아볼 수 없는 반면에, 게시판 이용자의 표현의 자유를 사전에 제한하여 의사표현 자체를 위축시킴으로써 자유로운 여론의 형성을 방해하고, 본인확인제의 적용을 받지 않는 정보통신망상의 새로운 의사소통수단과 경쟁하여야 하는 게시판 운영자에게 업무상 불리한 제한을 가하며, 게시판 이용자의 개인정보가 외부로 유출되거나 부당하게 이용될 가능성이 증가하게 되었는바, 이러한 인터넷게시판 이용자 및 정보통신서비스 제공자의 불이익은 본인확인제가 달성하려는 공익보다 결코 더 작다고 할 수 없으므로, 법익의 균형성도 인정되지 않는다. 따라서 본인확인제는 과잉금지원칙에 위배하여 인터넷게시판 이용자의 표현의 자유, 개인정보자기결정권 및 인터넷게시판을 운영하는 정보통신서비스 제공자의 언론의 자유를 침해한다.

Thema **52** 가짜뉴스

다음 제시문을 읽고 문제에 답하시오.   2020 전남대

제시문

최근 가짜뉴스로 인해 사회적으로 심각한 문제들이 발생하고 있고, 가짜뉴스를 규제하기 위한 법안도 발의된 상태다. 이 법안은 법원, 언론중재위, 선관위가 주체가 되어 가짜뉴스를 규제하는 방안에 중점을 두고 있으며, 가짜뉴스를 생산하고 유통하는 업체에 대한 규제도 포함하고 있다.

가짜뉴스에 대한 구체적인 규제
1. 가짜뉴스 생산자에 대한 형사처벌
2. 가짜뉴스의 플랫폼이자 유통창구인 기업들에 대한 모니터링 의무 부과
3. 기업이 모니터링 의무를 수행하지 않을 시 과징금 부과
4. 방송통신위원회에 의한 가짜뉴스 유통금지 조치

그러나 가짜뉴스 규제에 대해서도 논란이 있다. 가짜뉴스 규제를 통해서 가짜뉴스로 인한 피해, 사회적 해악을 막는다는 점에 대해서는 긍정적이나, 가짜뉴스 규제가 가능한 기존의 입법이 있고, 규제의 모호성으로 인해 언론의 자유를 침해하는 등 악용될 가능성이 있음을 우려하는 목소리도 존재한다.

문제

가짜뉴스 규제에 대한 자신의 견해를 밝히시오.

관련내용: 제11장 3. 정신적 자유

Thema **53** 징벌적 손해배상제도

다음 제시문을 읽고 문제에 답하시오.   2021 전북대

제시문

(1) 2021년 국경 없는 기자회에서 발표한 세계 언론자유 지수를 보면, 한국은 최근 3년 연속 아시아 1위, 세계 42위에 위치하고 있으며, 이는 미국(44위), 일본(67위), 대만(43위) 등의 국가보다도 상당히 앞선 수치란 점에서 한국은 국제사회 속에서 언론의 자유가 잘 보장되는 국가로 인정받고 있다고 할 것이다.

(2) 반면 영국 옥스퍼드대 부설 로이터저널리즘연구소가 최근 발간한 '디지털 뉴스리포트 2020'에서 한국이 조사대상 40개국 중 언론 신뢰도 21%로 올해도 최하위를 기록했다. 지난해에도 22%로 최하위였고, 조사에 포함된 이래로 매년 최하위권이다. 핀란드가 1위, 미국은 31위였다.

(3) 한국 언론은 언론자유에 비해 거기에 걸맞은 신뢰도를 보여주지 못하고 있다. 그런 이유로 가짜뉴스에 대해 징벌적 손해배상제도를 도입하자는 주장이 제기되었고, 이러한 제도의 도입을 놓고 의견이 분분하다. 징벌적

손해배상제도는 불법행위로 인해 피해가 발생할 경우, 그 행위로 인해 생긴 손해액보다 더 큰 액수를 배상금으로 지불하게 하는 제도로, 국가가 처벌의 성격을 가진 고액의 손해배상을 부과해 유사한 불법행위의 재발을 막는 것을 목적으로 하고 있다.

문제

언론사의 징벌적 손해배상제도에 대한 찬성과 반대 입장을 정하고, 근거를 들어 설명하시오.

관련내용: 제11장 3. 정신적 자유

Thema 54 혐오표현 규제

풀어보기_ ✎

다음 제시문을 읽고 문제에 답하시오.   2020 전북대

제시문

헤이트스피치(hate speech)란 특정한 인종이나 국적·종교·성별 등을 기준으로 다른 사람들에 대한 증오를 선동하는 발언을 일컫는다. 현재 우리나라도 김치녀, 한남충 등의 단어를 사용하면서 남녀 갈등뿐만 아니라 다문화가정 및 사회적 약자에 대한 혐오 표현이 많이 등장하는 실정이다. 미국, 영국, 독일 등을 비롯한 여러 국가에서도 외국에서 이주한 사람들에 대해 "테러리스트 아니냐, 너희 나라로 돌아가라"라는 혐오 표현들이 난무하고 있다. 영국, 프랑스, 독일, 캐나다는 혐오표현에 대해 형사처벌을 통한 엄격한 규제를 하고 있다. 일본의 극우단체는 "조선인은 일본을 떠나라, 조선인을 죽여라", "재일조선인이 일본을 장악하고 있다.", "재일조선인들 때문에 일자리가 부족하다." 등등의 구호를 노골적으로 길거리에서 외치며 헤이트스피치를 일삼고 있다. 이에 맞서기 위해 결성된 한 단체는 '헤이트스피치는 국적, 민족, 성별, 출신지에 관계없이 모든 인간이 존엄성과 인권을 가지고 있다는 신념과 평화, 공존하려는 정신을 언어와 물리적 폭력으로 손상하는 행위'라고 말했다. 일본은 헤이트스피치 금지법을 제정하여 규제하지만 형사처벌을 규정하지는 않아 거리 행진에서 혹은 인터넷상 혐오표현 제재에 어려움이 있다. 하지만 표현의 자유를 폭넓게 인정하는 미국의 법원은 이러한 혐오표현 그 자체가 아무리 선동적이고 폭력적일지라도 급박한 위험이 없는 한 처벌하는 것은 위헌이며, 혐오표현이 위법하거나 폭력, 차별 행위와 같은 명백한 범죄행위로 나아갔을경우에만 처벌 가능하다고 판결을 내렸다.

문제

혐오표현에 대한 형사처벌 규제 실시에 대해 찬반 여부를 밝히고 근거를 제시하시오.

관련내용: 제11장 3. 정신적 자유

거주 · 이전의 자유

다음 제시문을 읽고 문제에 답하시오.   2021 영남대

제시문

범죄자 Z는 초등학생을 교회 앞에서 납치한 후 성폭행하고 심각한 장기 손상 등의 중상을 입혔지만 주취감경을 받아 징역 12년 형을 선고받았다. 이에 많은 국민들이 주취감경 폐지를 원하는 국민청원을 제기하기도 했다.
Z는 출소 후 피해자의 주거 지역에서 불과 500M 떨어진 곳에 거주지를 마련해서 피해자 가족이 Z의 거주지 이주를 주장했으나, 거주의 자유라는 기본권을 이유로 기각되었다. 결국 피해자 가족이 이사를 가는 상황이 벌어졌고, 지역 주민들의 불안도 심한 상황이다. 따라서 정부는 Z의 출소 후에도 전자발찌 착용 연장, CCTV 설치, 감시 인력 증원 등의 대책을 내놓았지만, Z의 기본권 역시 보호되어야 하기 때문에 지나친 제한을 하는 것은 어렵다고 한다.

문제

피해자 보호를 위해 복역을 마친 가해자의 주거 및 생활지역 등을 제한할 수 있는지에 대해 홀수 번호표를 뽑은 수험생은 찬성 입장에서, 짝수 번호표를 뽑은 수험생은 반대 입장에서 토론하시오.

관련내용: 제11장 4. 사회·경제적 자유

단체협약상 특별채용

다음 제시문을 읽고 문제에 답하시오.   2019 전북대

제시문

H사는 노동조합과 단체협약을 맺었다. 이 중 "노동조합원이 업무상 재해로 사망 혹은 장애로 퇴직했을 경우 당사자의 직계가족 또는 배우자 중 1인이 요청할 경우, 결격사유가 없는 한 요청일로부터 6개월 이내에 특별고용을 해야 한다."라는 규정이 있다. A는 노동조합원인 아버지가 업무상 재해로 사망하고, 이러한 단체협약 규정을 근거로 하여 자신을 특별고용해 줄 것을 요청했다.

문제

A의 요청을 우리나라의 법적, 정의적 측면에서 보았을 때 받아들여야 한다고 생각하는가?

관련내용: 제11장 4. 사회·경제적 자유

[사실관계 및 소송의 경과]

소외 망인은 자동차회사에서 근무하던 중 산업재해로 사망하였다. 자동차회사가 노동조합과 체결한 단체협약에는 '업무상 재해로 사망한 조합원의 직계가족 1인에 대하여 결격사유가 없는 한 요청일로부터 6월 이내 특별 채용하도록 한다'라고 규정되어 있다. 망인의 자녀인 원고는 단체협약에 근거하여 채용에 대한 승낙의 의사표시를 구하는 소송을 제기하였다. 1심 법원과 항소심 법원은 단체협약 특별채용조항은 사용자의 채용의 자유를 현저하게 제한하며, 단체협약의 대상이 될 수 없으며, 채용의 공정을 현저하게 침해하여 무효라고 판단하면서 원고의 채용청구를 기각하였다.

[대법원의 판단]

1. 다수의견

11인의 대법관은 산재유족 특별채용조항이 민법 제103조에 위배되지 않아 그 효력이 인정되어야 한다는 다수의견을 개진하였다(파기환송). 첫째, 헌법이 직접 보장하는 기본권인 단체교섭권의 결과물인 단체협약의 효력에 대한 사법심사는 신중하여야 한다. 둘째, 업무상 재해로 인한 보상책임을 보완하는 특별채용은 근로조건의 기준에 해당한다. 셋째, 사용자는 결격사유에 대한 심사를 통하여 최소한의 업무수행능력을 검증한다. 넷째, 사회적 약자를 배려하기 위하여 채용의 기회를 제공하는 것은 법질서에서 예정되어 있다. 다섯째, 별도의 특별채용 절차를 통하여 소수의 인원을 채용한 것으로 인하여 구직희망자들의 현실적 불이익이 크다고 볼 수 없다.

2. 반대의견

2인의 대법관은 산재유족 특별채용조항이 민법 제103조에 위배되어 무효라는 반대의견을 개진하였다(상고기각). 첫째, 사용자가 장차 새로운 근로관계를 창설할 상대방을 정하는 문제는 근로조건에 해당하지 않으므로 이에 대하여는 헌법상 특별한 보호가 인정되지 않는다. 둘째, 산재유족 특별채용조항은 구직희망자들이나 다른 조합원을 합리적 이유 없이 차별하는 것이어서 사회질서에 반한다. 셋째, 취업보호에 관한 특별법은 일정한 경쟁을 전제로 하는데, 특별채용조항은 그렇지 않다. 넷째, 산재유족 특별채용조항은 국제기준이나 정책 방향과 거리가 있다. 다섯째, 산재유족 특별채용조항의 혜택이 일부에게만 돌아간다.

[평석]

1. 단체협약의 법적 성격

단체협약의 법적 성격에 대한 학설 상황은 매우 복잡하다(계약설, 법규범설, 복합설). 우선 노동조합과 사용차 측의 계약이라는 점이 강조되어야 한다. 협약 당사자들의 자유로운 교섭의 결과물인 단체협약을 순수한 법규범으로 보는 것은 타당하지 않다. 따라서 단체협약의 효력에 관하여 민법상 법률행위에 관한 규정이 적용되고, 사적 자치의 원칙이 존중되어야 한다. 노동조합이 사용자에 비하여 열악한 지위를 가지는 노동자인 조합원을 대변하여 근로조건에 협상하는 것은 노동조합의 본질에 해당한다. 노동조합이 조합원인 근로자의 근로조건에 대하여 협상하고 그 효력이 조합원에 미치는 것이다. 그러나 단체협약의 효력은 조합원에 한정되는 것이 아니고 근로자보호를 위한 노동법의 정신에 비추어 일정한 요건을 갖춘 경우에 비조합원에게도 확대된다. 비조합원에 대하여도 단체협약의 효력이 확대되는 국면에서 법규범성을 지닌다. 결국 단체협약의 법적 성격은 협약당사자의 계약이라는 점에서 출발되어야 하고, 근로자보호를 위한 노동법의 정신에 비추어 예외적으로 범규범성이 가미된 것이다(소위 복합설). 사용자와의 대등한 협상력을 보유하기 위하여 법인된 노동조합의 위상에 비추어 노동조합이 현행 재해보상제도의 한계를 의식하고 협상력을 발휘하여 특별채용조항을 얻은 것이므로 특별채용의 혜택이 극소수에게 돌아간다고 하여 그 효력을 부정하는 것은 노동조합의 존립 자체를 위태롭게 할 수 있다. 물론 노동조합의 기능과 위상만을 강조하여 다양한 형태의 특별채용조항들의 효력이 곧바로 긍정되는 것은 아니다.

2. 사용자의 채용의 자유와 단체협약의 대상

사용자가 다양한 채용방식(공개채용, 제한경쟁, 특별채용)을 선택하여 채용의 자유를 행사할 수 있다. 다른 한편으로 사용자는 원만한 노사관계를 위하여 경영상 판단에 따라 채용의 자유의 일부를 포기할 수 있으며, 매우 제한된 범위에서 전개되는 특별채용으로 인하여 사용자의 채용의 자유가 본질적으로 침해되는 것은 아니다. 사용자는 채용에 관한 사항을 단체교섭의 대상으로 삼을 수 있고(임의적 교섭사항), 이 부분에 대하여도 협약자치의 효력이 미친다. 따라서 채용에 관한 사항을 단체교섭의 대상에서 전면적으로 배제할 것은 아니다.

3. 특별채용조항의 법적 성격

단체협약상 특별채용조항은 재해보상의 내용을 보충하는 근로조건에 관한 사항이므로 규범적 부분이라고 할 것이고, 근로자와 유족은 사용자를 상대로 직접 그 이행을 청구할 수 있다. 재해보상의 내용을 보충하는 근로조건에 관한 사항이라는 단체교섭의 대상의 측면에서 보더라도 규범적 부분이라고 보아야 하고, 비조합원의 확대 적용의 국면을 감안하더라도 규범적 부분으로 보는 것이 일관성 있는 해석이다.

4. 채용의 공정

고용정책기본법과 직업안정법은 차별금지와 균등한 기회보장을 규정하고 있으나, 이는 합리적 사유 있는 차별을 원천적으로 부정하는 것은 아니다. 사회적 약자를 위하여 마련된 산재유족 특별채용조항이 위 법률들의 위반이라고 보기 어렵다. 채용에 관한 공정은 사회적 약자에 대한 배려를 통하여 실질적으로 달성될 수 있기 때문이다. 기회의 평등 원칙을 고수하면 차별적 효과가 영속화되므로, 이를 개선하기 위하여 세밀하게 전개된 적극적 우대조치가 요망된다는 미국의 논의는 산재유족 특별 채용조항의 관점에서도 매우 시사적이다.

5. 특별채용조항의 효력에 대한 판단기준

사회질서에 반하는 법률행위에 대한 유형론은 특별채용조항의 효력의 판단에 있어 유용하지 못하며, 다수의견이 제시한 구체적 사정 요소도 문제 해결의 실질적인 지침이 되지 못한다. 따라서 특별채용조항의 효력에 대한 판단기준으로 비례의 원칙을 활용할 필요가 있으며, 이는 법익균형성과 상당성으로 귀결된다. 보호법익과 피해법익이 균형을 이루어야 하고(법익균형성), 피해법익의 정도가 목적, 동기, 방법에 의하여 최소화되어야 한다(상당성). 법익균형성이 충족되는 경우에 비로소 상당성의 판단에 들어가고, 법익균형성이 충족되지 아니한 경우에는 상당성의 판단에 들어갈 필요가 없다. 채용의 공정이라는 가치의 중요성이 갈수록 커지는 현실에 있어 보호법익의 중대성이 긍정되어야 비로소 법익균형성의 요건이 충족되고, 특별 채용의 비율이 엄격하게 통제되어야 상당성 요건이 충족된다. 기회의 평등의 원칙에 대한 예외는 역차별을 초래할 수 있으므로 세밀하게 전개되어야 한다.

6. 특별채용조항에 대한 구체적 검토

산재유족 특별채용조항은 비례원칙에 위반되지 않는다. 첫째, 산재유족의 생계보호는 사회적 약자의 배려 차원에서 인정되는 압도적 이익이며, 채용의 공정이라는 공익도 압도적 이익이다. 따라서 양자의 법익균형성이 긍정된다. 둘째, 특별채용의 비율이 매우 적어 구직희망자가 감수하여야 할 희생이 그리 크지 않으므로 상당성 요건을 충족한다. 비교법적 이례성이 산재유족 특별조항의 효력을 좌우하는 결정적 요소가 아니며, 산재유족 특별채용조항은 산업재해로 인한 사망률이 높은 노동계의 현실을 직시하고 노사가 마련한 부득이한 조치이다. 정년퇴직자·장기근속자 자녀 우선채용조항은 비례원칙에 위반되어 무효이다. 왜냐하면 정년퇴직자·장기근속자의 보상이라는 이익은 압도적 이익이라고 볼 수 없으나, 채용의 공정이라는 공익은 압도적 이익이기 때문이다. 업무외 사고·질병·사망자 자녀 우선채용조항은 비례원칙에 위반되어 무효이다. 왜냐하면 업무외 재해에 대한 보상은 사용자의 법적 책임의 영역에 해당하지 않으므로 압도적 이익이라고 볼 수 없으나, 채용의 공정이라는 공익은 압도적 이익이기 때문이다. 노조 추천인 우선채용조항은 비례원칙에 위반되어 무효이다. 왜냐하면 노동조합의 조직 강화라는 이익은 압도적 이익이라 보기 어려우나, 채용의 공정은 압도적 이익이기 때문이다. 산재유족 이외의 자에 대한 특별채용조항은 모두 법익균형성 요건을 충족하지 못한다.

7. 산재유족 특별채용조항의 일반적 구속력

단체협약의 일반적 구속력의 근거인 비조합원의 보호필요성과 사회적 약자의 보호를 위한 산재유족 특별채용조항의 취지에 비추어 노동조합법 제35조의 요건이 충족되지 아니하더라도 산재유족 특별채용조항의 효력이 비조합원에게도 인정되어야 한다.

8. 소결

산재유족 특별채용 조항의 효력을 긍정하는 다수의견의 태도는 타당하다. 사회적 약자인 산재유족을 배려하기 위하여 세밀하게 전개된 특별채용조항은 실질적 평등의 관점에서 정당화될 수 있다. 대상판결로 인하여 다수의 사업장에서 특별채용조항의 체결을 요구할 가능성이 높아져 단체교섭 차질 및 노사관계의 경색이 우려된다는 지적이 있으나, 이러한 지적에 동의하기 어렵다. 왜냐하면 대상판결은 산재유족 특별채용조항의 효력에 대한 판단이며 그 밖의 경우에 대한 특별채용조항의 효력까지 인정하는 것은 아니기 때문이다.

출처: 이창현 교수, "단체협약상 특별채용조항의 법적 성격", 법률신문, 2022.6.7.

풀어보기_✏

다음 제시문을 읽고 문제에 답하시오.   2023 전북대

> ### 제시문
> 노란봉투법은 노조의 파업으로 발생한 손실에 대한 회사 측의 무분별한 손해배상 청구를 제한하는 법안이다.
> [A] 노란봉투법은 합법적인 파업에 대해서만 해당하는 것이고 불법적인 파업에 대해서는 금지하고 있다. 그렇기에 노란봉투법은 과도한 제한이 아니다.
> [B] 합법적인 파업의 범위가 늘어나면 잦은 파업으로 기업이 파산될 우려가 커지고, 이로 인해 파산하게 되면 기업과 근로자뿐만 아니라 국가 입장에서도 경제적인 타격이 크다. 또한 노조의 불법파업에 대한 면죄부가 될 수도 있다.

문제
노란봉투법에 대한 A와 B의 의견을 읽고 찬반을 나누어 토론하시오.

관련내용: 제11장 4. 사회·경제적 자유

📖 참고 1 | 대법원, 노란봉투법 유사 사건에서 "파업 가담 노조원 손배 책임은 개별로 따져야"

공장 점거 등 불법 파업에 참여한 노동조합원 개인에게 사측이 손해배상 책임을 물 때, 불법 행위의 정도에 따라 개별적으로 따져야 한다는 취지의 대법원 판단이 나왔다.

불법 파업으로 피해를 본 기업이 노조 구성원 개인에 대한 손해배상 청구를 제한하는 내용을 골자로 하는 이른바 '노란봉투법'(노동조합 및 노동관계조정법 개정안)의 입법 취지와 맞닿은 판결이다. 국회에도 영향을 미칠 것으로 보인다.

대법원 민사3부(주심 노정희 대법관)는 15일 현대자동차가 전국금속노동조합 현대차 비정규직지회 소속 조합원 A 씨 등 4명을 상대로 낸 손해배상 청구소송(2017다46274)에서 원고 일부승소 판결한 원심을 파기하고 사건을 부산고법으로 돌려보냈다. 재판부는 "노동조합의 의사결정이나 실행 행위에 관여한 정도는 조합원에 따라 큰 차이가 있을 수 있다"며 "개별 조합원에 대한 책임 제한의 정도는 노동조합에서의 지위와 역할, 쟁의행위 참여 경위 및 정도, 손해 발생에 대한 기여 정도 등을 종합적으로 고려해 판단해야 한다"고 밝혔다.

이러한 사정을 고려하지 않고 조합원들이 조합과 같은 책임을 부담한다는 전제에서 근로자들의 책임을 50%로 제한하는 것은 형평의 원칙에 비춰볼 때 매우 불합리하다는 취지다.

아울러 재판부는 "위법한 쟁의행위를 결정하고 주도한 주체인 노조와 개별 조합원 등의 손해배상 책임의 범위를 같게 보는 것은 헌법상 근로자에게 보장된 단결권과 단체행동권을 위축시킬 우려가 있다"면서 "손해의 공평, 타당한 분담이라는 손해배상제도의 이념에도 어긋난다"고 했다.

전국금속노동조합 현대자동차 비정규직지회는 2010년 11월 15일부터 같은 해 12월 9일 사이에 현대차 비정규직 파업에 참여해 울산공장 일부 라인을 점거했다. 현대차는 이에 따라 공정이 278시간가량 중단돼 손해를 입었다며 파업 쟁의행위에 가담한 A 씨 등을 상대로 소송을 냈다.

앞서 1, 2심은 조합원들의 불법 쟁의행위에 따른 손해배상 책임을 인정해 회사에 20억 원을 배상하라고 판결했다.

대법원 관계자는 "노동쟁의 사안의 특수성을 고려하여 예외적으로 조합원들별로 책임 제한의 정도를 개별적으로 달리 평가할 수 있다는 점을 설시하였다는 점에서 의의가 있다"고 말했다.

이날 대법원 민사3부(주심 노정희 대법관)는 동일한 취지로 현대차가 노조원을 상대로 고정비용 상당의 손해를 배상하라며 제기한 손해배상청구 사건(2018다41986)도 파기환송했다.

재판부는 "위법한 쟁의행위로 조업이 중단돼 생산이 감소했더라도 그로 인해 매출 감소의 결과에 이르지 않았다는 것으로 볼 수 있는 사정이 증명되면, 고정비용 상당 손해의 발생이라는 요건사실의 추정은 더 이상 유지될 수 없다"고 판시했다.

정상 조업으로 제품이 생산됐다면 적어도 지출한 고정비용 이상의 매출액을 얻었을 것이라는 경험칙에 따라 불황, 제품의 결함 등으로 판매 가능성이 없다는 등의 간접반증이 없는 한, 제품이 생산됐다면 그 후 판매되어 제조업체가 이로 인한 매출이익을

얻고 그 생산에 지출된 고정비용을 매출원가의 일부로 회수할 수 있다는 종래 대법원 판례의 추정 법리를 깬 것이다.

재판부는 "쟁의행위가 끝난 후 제품의 특성, 생산 및 판매방식 등에 비춰 매출 감소를 초래하지 않을 정도의 상당한 기간 안에 추가 생산해 쟁의행위로 인한 부족 생산량의 전부 또는 일부가 만회됐다면 특별한 사정이 없으면 그 범위에서는 조업 중단으로 인한 매출 감소 및 고정비용 상당 손해의 발생을 인정하기 어렵다"고 판단했다.

대법원 관계자는 "고정비용 상당의 손해 추정을 깨뜨리는 사유를 보다 구체화했다는 데 의의가 있다"고 말했다.

출처: 박수연·이용경 기자, 법률신문, 2023.7.21.

📖 참고 2 불법 파업에도 손해배상 제한하는 '노란봉투법', 타당한가

기업 활동에 피해를 준 노동조합에 대한 손해배상과 가압류 소송을 제한하는 법안이 나와 논란이 되고 있다. 야당인 더불어민주당 등이 추진 중인 일명 '노란봉투법'이다. 이 법안대로라면 기업의 재산권이 침해될 수 있는 데다 불법 파업에 대한 면죄부가 될 수 있다는 점이 문제다. 노조 파업권에 대한 가장 현실적 견제 장치가 파업 시 불법 행위에 대한 민·형사상 책임 규명으로, 통상 명백한 파업 손해 발생 시 사측이 제기하는 소송이다. 이걸 법으로 막으면 불법 파업을 용인해주는 결과가 될 수 있다. 사유재산에 대한 훼손 방지와 손실 보상은 보편적으로 인정되는데, 노조를 예외로 하면 보편성을 부정하는 결과가 될 것이라는 우려가 만만찮다. 입법 추진론자들은 노조의 파업권 존중 논리를 편다. 파업에 따른 배상책임을 덜어주는 법은 현실 타당한가.

[찬성] 파업 손배 소송, 노동자 부담 너무 커 … 소송 쉽게 못 하도록 '방어법' 필요

더불어민주당과 정의당 소속 국회의원들이 추진하는 노동조합 및 노동관계조정법 개정안의 기본 내용은 노조 활동을 좀 더 포괄적으로 보호하자는 취지다. 일명 '노란봉투법'으로 불린다. 2014년 쌍용자동차 파업 때 47억원의 손해배상 판결을 받은 노조조합원을 돕기 위해 사회단체들이 나섰는데, 당시 노란 봉투에 지원 성금을 담아 보낸 것에서 유래한다. 그런 사정 그대로 노조가 파업을 끝낸 뒤에도 점거 등에 대한 손해배상 규모가 너무 클 때가 있다. 이런 상태를 막기 위해 노조 파업에 따른 손실에는 배상 책임을 덜어주는 것이다.

법안의 주요 내용은 합법적 노조 활동 범위의 확대, 법원 결정 손해배상의 기준 제시와 노조 규모에 따른 손해배상 상한액 규정, 노동자 개인과 가족 신원 보증인에 대한 손해배상 청구의 제한이다. 법안이 국회에서 급물살을 타게 된 것은 대우조선해양의 협력업체 파업 사태 때문이었다. 하청기업 노조의 파업 사태가 51일 만에 봉합됐지만 회사 측은 파업을 벌인 하청 노동자들을 상대로 무려 7,000억원의 손실에 대한 손해배상 소송에 나설 태세다. 회사 측은 이 손실에 대해 소송을 통해서라도 배상받지 않으면 스스로 배임죄에 걸린다는 이유를 대고 있다. 판결 여하에 따라 노조 피해가 너무 크다. 이게 법 규정에 따른 현실이라면 결국 다른 법을 제정해서라도 이런 소송을 막아줄 필요가 있다. 그렇지 않으면 가뜩이나 영세한 하청 노조 등의 노동자들은 무슨 수로 손해배상을 할 수 있겠나.

노동권이 정당한 권리로 자리잡은 만큼 파업권을 가로막는 장치 격인 소송제도가 남용되지 않도록 하는 게 노동권 보호가 된다. 월 급여가 수백만원 수준인 노동자에게 파업 과정의 불법 여부를 문제 삼아 거액의 손해배상 소송을 하고 가압류 청구를 하는 것은 문제가 있다. 해외에서도 이런 법을 만든 선례가 있다. 영국이 그렇다. 형사 처벌도 쉽게 발동되지 못하도록 제동 걸 필요가 있다.

[반대] 재산권 침해에 불법 파업 면죄부 주는 꼴 … 국제 기준과 멀어지는 입법

'노란봉투법'은 문제가 많은 악법이다. 무엇보다 기업의 재산권을 침해한다. 법이 불법적 집단 행위로 인한 특정 경제 주체(기업)의 손해에 대한 책임소재를 따지지 못하도록 막는 것은 헌법이 보호하고 있는 사유재산권의 침해다. 재산권 보호는 대한민국 경제, 나아가 한국 사회의 기본 운영 원리다. 특정 계층이나 특별한 대상의 재산권은 보호되고, 특정 주체의 재산권은 법의 보호를 받지 못한다는 논리가 되면 법적 안정성이 없어진다. 그 자체로 위험이다. 야당이 의원 숫자만 믿고 억지로 밀어붙여 법을 만든다고 해도 헌법재판소에서 위헌 판정이 날 수밖에 없는 엉터리법이 될 것이다.

이 법의 또 다른 문제는 노조의 불법 파업에 면죄부를 줄 수 있다는 점이다. 수시로 불법을 불사하는 한국의 강성 노조가 그나마 불법 점거 등을 나름 자제하는 것은 기물 파손과 영업 방해에 따른 민사상 손해배상 책임 때문이다. 법이 있고, 소송이 가능해도 불법 행위는 쉽게 근절되지 않는다. 다만 명백하게 불법 행위를 한 노동자나 노조에 대한 손해배상 소송이 가능하기에 작업장·영업장 파괴 같은 일이 조금은 자제되는 측면이 있다. 이런 판에 노조의 파업에 따른 것에는 손해배상을 아예 못하게 하고 가압류 소송까지 제한한다면 어떤 결과가 빚어지겠나. 법이 불법 행위를 막기는커녕 오히려 부추기는 꼴이 돼선 안 된다. 파업으로 인한 경제적 손실, 특히 불법 파업으로 인한 기업의 직간접 손해가 얼마나 막대한가. 파업 피해에 대한 경제단체와 학계의 연구와 조사가 산처럼 쌓여 있다.

해외 사례가 있다지만, 노조에 대한 손해배상 청구를 법으로 제한하는 나라는 영국 정도뿐이다. 한마디로 국제 기준과 동떨어진 입법 움직임이다. 불법적 쟁의행위를 기획·지시·지도하거나 손해의 발생과 상당한 인과관계가 있는 경우까지 손해배상 책임을 면제하는 것은 사용자의 재산권 침해가 될 수 있다는 국회 자체의 법률 검토 보고서도 있다. 전면 철회가 답이다.

출처: 허원순 논설위원, 한국경제신문, 2022.8.15.

풀어보기_ 🖉

다음 제시문을 읽고 문제에 답하시오.   2022 전남대

> 제시문
>
> 전문가들은 일정 조건을 충족시킨 외국인에게 지방선거권을 주는 것은 세계적인 흐름이라고 본다. 연구진은 "이주민에게 대선과 같은 중앙선거 투표권을 주는 나라는 드물다"면서도 "다만 1970년대 이후 일부 서유럽국가를 시작으로 많은 민주주의 국가가 비시민권자나 외국인에게 지방선거에서 투표할 수 있도록 하고 있다"고 설명했다.

> 문제
>
> 외국인의 지방선거권 부여에 대해 찬반 양측에서 생각해 보고 본인 생각을 말해 보시오.

관련내용: 제12장 1. 선거권

🔍 **핵심이론** 외국인의 참정권 주체성

(ⅰ) 원칙적으로 외국인은 참정권을 누리지 못한다. 근래 외국인에 대하여도 일정한 범위 내에서 참정권을 부여하려는 경향이 있다. 공직선거법에서는 일정한 요건을 구비한 외국인에게 지방선거의 선거권을 인정한다. 또한 주민투표법에서도 일정한 자격을 갖춘 외국인에게 투표권을 부여한다. 나아가서 외국인의 국가공무원과 지방공무원 임용도 가능하게 되었다.

> [관련조문]
> **공직선거법 제15조** ② 18세 이상으로서 제37조 제1항에 따른 선거인명부작성기준일 현재 다음 각 호의 어느 하나에 해당하는 사람은 그 구역에서 선거하는 지방자치단체의 의회의원 및 장의 선거권이 있다.
> 3. 「출입국관리법」 제10조에 따른 영주의 체류자격 취득일 후 3년이 경과한 외국인으로서 같은 법 제34조에 따라 해당 지방자치단체의 외국인등록대장에 올라 있는 사람
>
> **주민투표법 제5조** ① 18세 이상의 주민 중 제6조 제1항에 따른 투표인명부작성기준일 현재 다음 각 호의 어느 하나에 해당하는 사람에게는 주민투표권이 있다. 다만, 「공직선거법」 제18조에 따라 선거권이 없는 사람에게는 주민투표권이 없다.
> 2. 출입국관리 관계 법령에 따라 대한민국에 계속 거주할 수 있는 자격(체류자격변경허가 또는 체류기간연장허가를 통하여 계속 거주할 수 있는 경우를 포함한다)을 갖춘 외국인으로서 지방자치단체의 조례로 정한 사람
>
> **국가공무원법 제26조의3** ① 국가기관의 장은 국가안보 및 보안·기밀에 관계되는 분야를 제외하고 대통령령 등으로 정하는 바에 따라 외국인을 공무원으로 임용할 수 있다.
>
> **지방공무원법 제25조의2** ① 지방자치단체의 장과 지방의회의 의장은 국가안보 및 보안·기밀에 관계되는 분야를 제외한 분야에서 대통령령으로 정하는 바에 따라 외국인을 공무원으로 임용할 수 있다.

(ⅱ) 사실 외국인에 대한 투표권부여에 따라 전통적인 주권이론은 새로운 위기에 봉착한다는 주장까지 제기된다. 일본에서는 재일동포의 특수한 법적 지위와 관련하여 선거권과 피선거권의 문제가 제기되어 온 바 있다.

(ⅲ) 생각건대 외국인에 대한 투표권부여와 공직개방은 일정한 한계가 불가피하다. 다만, 지방선거와 지방자치의 특성상 외국인도 해당 지역주민이라는 점을 고려하여 일정한 요건에 따라 참정권을 부여한다.

출처: 성낙인, 헌법학, 법문사, 2021, 1463면.

외국인 참정권의 배경과 역사
장기거주 외국인에 대한 참정권 부여와 관련한 논의는 1998년 김대중 대통령 당시 한·일 정상회담부터 본격적으로 시작됐습니다. 이런 논의의 배경에는 이전부터 일본 정부에 참정권을 요구해 온 재일 한국인들의 요구가 있었기 때문입니다. 한국 정부는 재일 한국인의 참정권 획득을 위해 상호주의 원칙에 따라 국내 거주 외국인에게 적용하기로 한 것입니다. 이에 따라 2000년 11월 처음으로 장기거주 외국인에게 지방선거권을 부여하는 내용의 '장기거주 외국인에 대한 지방선거권 등의 부여에 관한 특례법안'이 발의됐습니다. 다만 이때는 임기만료로 폐기된 바 있습니다. 이후 제17대 국회에서 다시 논의된 결과, 2005년 정치개혁특별위원회에서 장기체류 외국인에게 지방선거 선거권을 부여하기로 합의했는데요. 외국인들은 대통령, 국회의원 선거는 불가능하지만 영주권 자격을 획득한 지 3년 이상이 지난 18세 이상의 영주권자에 한하여 지방선거에서 투표를 할 수 있게 됐습니다. 이에 따라 2006년 제4회 동시지방선거부터 선거권을 가진 외국인에 한해 선거 참여가 허용되었습니다. 다만, 일본은 아직 재일한국인에게 참정권을 부여하지 않고 있습니다.

"내정 간섭·민심 왜곡"
외국인 참정권 반대론자들은 주로 상호주의와 여론 왜곡 가능성을 근거로 듭니다. 상호주의는 외교에서 가장 중요한 기본 원리 중 하나인데요. 상호주의는 '내가 잘 대해주면 상대방도 잘 해줄 것'이라는 상호간 신뢰를 바탕으로 성립됩니다. 정부가 한국에 거주하는 외국인들에게 투표권을 부여해주고 있지만, 해외에 거주하는 한국인에게 투표권을 주는 나라는 사실상 없어 상호주의 원칙에 위배된다는 겁니다. 여론 왜곡 가능성도 지적됩니다. 현재 투표권을 부여받은 외국인 수는 2021년 기준 12만명이 넘어가는데요. 그중 중국인 유권자는 9만 5,767명에 달합니다. 이들 중국인 유권자들의 입맛에 맞는 후보가 선출될 가능성이 있다는 건데요. 태영호 국민의힘 의원은 "영주권을 가진 외국인들의 투표는 의미가 있지만, 특정 국가 출신의 '쏠림 현상'으로 인한 민심 왜곡 가능성 검토가 필요하다"고 주장했습니다. 지방선거 특성상 12만 표는 적은 수치가 아니기 때문입니다.

"민주주의 퇴보"
반면 외국인 참정권을 찬성하는 측은 상호주의 기준의 모호함과 민주주의 퇴보를 그 이유로 듭니다. 가령, 총기를 허용하는 미국이 상호주의 원칙에 맞게 한국 거주 미국인이 총기를 소지할 수 있도록 주장한다면 받아들여질 수 있을까요? 그 나라의 환경, 사회, 문화, 개념 등 모든 것이 다르기 때문에 상호주의를 강요할 수가 없다는 겁니다. 게다가 애초에 외국인 참정권이 재일한국인의 투표권을 위해 마련된 것인데, 이를 제한한다면 재일한국인 참정권 부여를 주장할 명분이 사라집니다. 두번째로는 굳이 정부가 나서서 민주주의 수준을 후퇴할 필요가 없다는 것인데요. 2018년 지방선거 기준 외국인 투표권자 투표율은 13.5%에 불과합니다. 투표 영향력이 미미한데다 폐지해도 실익이 없다는 건데요. '아시아 최초'로 외국인에게 참정권을 부여했다는 타이틀을 굳이 포기할 필요가 있냐는 겁니다. 이관후 건국대 상허교양대학 교수는 "유럽 일부 선진 민주주의 국가들도 외국인에게 지방선거 투표권을 부여하고 있다"며 "중국 사례를 들어 우리 민주주의 수준을 후퇴시킬 이유는 없지 않냐"라고 말했습니다. 이에 이번 당정의 외국인 참정권 제한 주장이 국내에 거주하는 중국인을 차별하고 배제하려는 것이라는 평가가 나오는 것입니다.

해외 사례는?
세계에서 외국인 참정권을 인정하는 나라는 45개국입니다. 꽤 많다고 여겨질 수 있지만, 안을 뜯어보면 외국인 참정권을 인정하는 나라의 상당수는 자국과 관계가 있는 타국만을 인정합니다. 영국같은 경우 요건을 충족한다면, 캐나다, 호주, 인도, 뉴질랜드 등 같은 영연방 국적자에게 투표권을 줍니다. EU의 경우, 근간이 되는 마스트리흐트 조약에 따라 EU회원국 국민은 다른 나라에 거주하기만 해도 선거권과 피선거권을 가질 수 있습니다. 한국과 같이 국적을 불문하고 참정권을 부여한 국가들은 아일랜드, 스웨덴, 덴마크, 네덜란드, 노르웨이 등이 있는데요. 이들 국가는 모두 선진 민주주의 국가로 평가받습니다.

출처: 토마토레터 제202호, 2023.6.27.

지방자치제도는 헌법상의 기본 제도로 민주주의의 중요한 구성 요소이며, 구성원인 주민의 참여로 이뤄지는 민주주의의 기초다. 지방자치제는 국가의 분산된 하부구조를 구성해 아래에서 위로 향하는 민주주의의 구조에 기여하고 분권적 민주주의를 실현한다. 그리고 지방자치제는 주민에게 지역의 고유한 사무를 스스로 처리하게 함으로써 국민 자치의 사상을 실현하게 한다.
헌법에 규정된 지방자치제는 지자체의 조직으로서 대의기관인 지방의회의 구성원인 지방의원의 선거는 법률로 정한다고 위임하고 있다. 헌법은 지방의원에 대해 선거를 명문화함으로써 지방선거에 관한 근거를 두고 있다. 비록 국회의원이나 대통령처럼 국민의 보통·평등·직접·비밀선거에 의해 선출한다는 명문의 표현은 없지만, 헌법에 근거해 지방의원도 선거를 통해 선출한다. 헌법은 국민주권을 규정하면서 모든 권력의 주체가 국민임을 명시하고 있다. 여기서 모든 권력은 국가권력을 말하는 것으로, 국가와 지자체의 권력을 구분하지 않는다. 헌법은 모든 권력이 국민에게서 나온다고 규정한다. 이는 권력의 민주적 정당성이 국민에게 있다는 뜻이다. 그래서 국민이 국정에 직접 참여할 수 없다면 대표를 선출해 그들에게 국정을 위임할 수 있도록 한다.

헌법은 법률이 정하는 바에 따라 선거권을 가진다고 규정, 국민의 선거권 행사는 국회가 법률로 규정해야 가능해진다. 국회는 헌법이 규정한 선거 원칙에 따라 선거법을 제정해 국민의 선거권을 보장해야 한다. 따라서 국회는 선거권의 내용과 절차를 법률로 규정하는 경우 국민주권원리, 평등원칙, 선거원칙 등의 취지에 부합하도록 해야 한다.

대통령과 국회의원을 선출하는 국정선거와 지방정부의 대표를 선출하는 지방선거는 공직선거법을 통해 구체화된다. 헌법은 지방선거의 근거만 규정하고, 지방자치법에서 지방의회의원과 지자체의 장(長)은 주민이 보통·평등·직접·비밀선거로 선출한다고 선거 원칙을 명시한다. 이렇게 헌법은 대통령·국회의원 선거와 달리 지방의원 선거는 법률로 정한다는 점만 명시하기에 지방선거권을 법률상의 권리라고 한다.

공직선거법은 영주권을 취득해 3년이 경과한 외국인에게 지방선거권을 주는데, 이는 2005년 공직선거법을 개정할 때 도입됐다. 지구상에는 일정 요건을 충족한 외국인에게 지방선거권을 주는 국가가 유럽연합(EU) 회원국을 비롯해 노르웨이·러시아·뉴질랜드 등 40개국 이상이 있다. 이 중 EU 27개 회원국을 제외하면 그리 많다고 볼 수 없다.

대한민국 헌법은 국민의 대표를 선출하는 방법으로 선거제도를 규정하고 있다. 지방자치제도도 헌법상의 제도로서 국민주권에 따라야 한다. 지방선거권이 법률상의 권리라고 해도 그 근거는 헌법에 있다는 점에서 국민인 주민의 권리다. EU 회원국이나 그 밖의 국가들이 외국인에게 지방선거권을 주는 것은, 그 국가들이 가진 특수성 때문이다. 각국의 선거제도는 정치적 전통과 헌법적·정치적·사회적 상황 등을 반영한 것으로, 그대로 수용할 수는 없다. 국민주권원리 및 지방자치제도 등과 헌법이 요구하는 국가 간의 상호 호혜원칙 등을 고려한다면, 지금이라도 외국인의 지방선거권을 폐지하는 것이 헌법에 합치된다.

출처: 김상겸 교수, 문화일보, 2023.6.22

Thema 59 수형자의 선거권 제한

풀어보기_

다음 제시문을 읽고 문제에 답하시오.   2016 부산대[19]

제시문

과거에는 집행유예자와 수형자가 모두 선거권을 박탈당하고 있었다. 헌법재판소가 2014년 1월 선거권 제한이 필요 최소한에 그쳐야 한다는 이유로 집행유예자 부분에 대해서는 위헌 결정을, 수형자 부분에 대해서는 2015년 말 시한으로 헌법불합치 결정을 했고, 집행유예자는 즉시 선거권을 행사할 수 있게 됐다. 하지만 국회는 2015년 8월 1년 이상의 실형을 선고받은 수형자의 선거권은 보장하지 않는 방식으로 공직선거법을 개정했다. 공직선거법 제18조 제1항 제2호는 "1년 이상의 징역 또는 금고의 형의 선고를 받고 그 집행이 종료되지 아니하거나 그 집행을 받지 아니하기로 확정되지 아니한 사람"의 선거권을 박탈하고 있다. 즉 위 법률조항에 따라 실형 1년 이상을 선고받고 교정시설에 수용된 수형자와 가석방자는 선거권을 행사할 수 없다.

양심에 따른 병역거부(병역법 위반)로 1년 6월의 징역형을 선고받은 오모씨는 2021년 4월 7일 열린 재·보궐 선거에서 선거권을 박탈당했고, 5월 26일 헌법재판소에 헌법소원을 제기했고, 2023년 3월 23일 헌법재판소는 1년 이상 실형 선고를 받은 수형자의 선거권을 박탈하는 공직선거법 조항이 헌법에 위반되지 않는다며 헌법소원 각하 결정을 했다.

문제

수형자의 선거권을 제한하고 있는 현행 공직선거법에 대한 지원자의 견해를 논거를 들어 밝히시오.

---

19 수형자의 선거권 제한과 관련해서 2016학년도 로스쿨 입시에서 부산대가 면접문제로 출제하였다. 다만, 당시에는 헌법재판소가 집행유예자 부분에 대해서는 위헌 결정을, 수형자 부분에 대해서는 헌법불합치 결정을 내렸던 때였다. 풀어보기 문제는 2023년 3월 23일 헌법재판소 결정을 반영해서 출제한 문제이다.

관련판례 공직선거법 제18조 제1항 제2호 등 위헌확인[헌재 2017.5.25. 2016헌마292·568(병합)]

〈쟁점〉

1년 이상의 징역의 형의 선고를 받고 그 집행이 종료되지 아니한 사람의 선거권을 제한하는 공직선거법 제18조 제1항 제2호 본문 중 "1년 이상의 징역의 형의 선고를 받고 그 집행이 종료되지 아니한 사람"에 관한 부분이 청구인들의 선거권을 침해하는지 여부(소극)

〈결정요지〉

심판대상조항은 공동체 구성원으로서 기본적 의무를 저버린 수형자에 대하여 사회적·형사적 제재를 부과하고, 수형자와 일반국민의 준법의식을 제고하기 위한 것이다. 법원의 양형관행을 고려할 때 1년 이상의 징역형을 선고받은 사람은 공동체에 상당한 위해를 가하였다는 점이 재판 과정에서 인정된 자이므로, 이들에 한해서는 사회적·형사적 제재를 가하고 준법의식을 제고할 필요가 있다. 심판대상조항에 따른 선거권 제한 기간은 각 수형자의 형의 집행이 종료될 때까지이므로, 형사책임의 경중과 선거권 제한 기간은 비례하게 된다. 심판대상조항이 과실범, 고의범 등 범죄의 종류를 불문하고, 침해된 법익의 내용을 불문하며, 형 집행 중에 이뤄지는 재량적 행정처분인 가석방 여부를 고려하지 않고 선거권을 제한한다고 하여 불필요한 제한을 부과한다고 할 수 없다. 1년 이상의 징역형을 선고받은 사람의 선거권을 제한함으로써 형사적·사회적 제재를 부과하고 준법의식을 강화한다는 공익이, 형 집행기간 동안 선거권을 행사하지 못하는 수형자 개인의 불이익보다 작다고 할 수 없다. 따라서 심판대상조항은 과잉금지원칙을 위반하여 청구인의 선거권을 침해하지 아니한다.

재판관 이진성의 반대의견

수형자에 대한 형벌 이외의 기본권 제한은 수형자의 정상적 사회복귀라는 목적에 부응하는 것일 때 정당화될 수 있다. 수형자라고 하여 선거권을 제한하는 것은 이러한 목적에 부합한다고 볼 수 없으므로 수형자에 대한 사회적·형사적 제재라는 입법목적은 정당하지 않다. 법정의견은 입법목적으로 수형자 및 일반국민의 준법의식을 제고한다는 점도 제시하고 있으나, 선거권 제한이 준법의식을 제고하는 데 어떻게 기여하는지 밝히지 않고 있다. 수형자의 선거권을 박탈한다면 사회구성원으로서 무력감, 반사회성, 정치혐오 등이 나타날 우려가 있으므로 준법의식을 강화하는 적절한 수단이라 볼 수도 없다. 이상을 고려하면, 심판대상조항은 여전히 1년 이상 징역형을 선고받은 수형자의 선거권을 침해하여 헌법에 위반된다.

참고 수형자의 선거권을 박탈하는 공직선거법 제18조 제1항 제2호에 대한 헌법소원심판 청구

양심에 따른 병역거부(병역법 위반)로 1년 6월의 징역형을 선고받은 오모씨는 지난 4월 7일 열린 재·보궐 선거에서 선거권을 박탈당했고, 5월 26일 헌법재판소에 헌법소원을 제기했다.

공익인권변호사모임 희망을만드는법, 민주사회를 위한 변호사모임 공익인권변론센터, 전쟁없는세상, 천주교인권위원회는 수형자의 선거권을 제한하는 공직선거법은 입법목적 자체가 정당하지 않다고 주장했다.

보통선거의 원칙이란, 사회적 신분·인종·성별·종교·교육 등을 요건으로 하지 않고 일정한 연령에 달한 모든 국민에게 선거권을 인정하는 것을 의미한다. 선거권 제한의 입법목적으로 흔히 범죄 예방과 준법의식의 함양이 거론되지만, 선거권을 박탈하는 것이 범죄 억지력의 효과가 있다는 식의 주장은 설득력이 없다는 얘기다.

징역형과 같은 형벌을 받을 것을 두려워하여 범죄를 저지르지 않을 수는 있더라도, 징역형에 덧붙여 그 집행기간 동안 선거권이 제한된다는 점을 고려하는 사람은 아무도 없기 때문이다. 오히려 수형자를 재사회화하고 사회에 복귀하도록 돕기 위해서는 가장 기본적인 권리인 선거권을 부여함으로써 사회 구성원으로서의 동질성을 유지할 수 있도록 해야 할 것이다. 즉 형사책임을 지는 것과 시민으로서 주권을 행사하는 것은 전혀 다른 차원의 문제인 것이다.

공직선거법은 또한 △청구인처럼 양심을 거스를 수 없어 현행법상 처벌대상이 되는 양심범 △중죄가 아닌 경죄를 저지른 자 △실수로 범죄를 저지른 과실범 등을 가리지 않고 1년 이상의 실형을 선고받았다는 이유만으로 일률적으로 선거권을 제한함으로써 헌법상 침해의 최소성 원칙도 위반하고 있다.

같은 범죄를 저지른 경우에도 죄질, 전과 유무, 누범 여부, 집행유예 기간 중인지 여부 등에 따라 구체적 양형이 다르다. 심지어 담당 판사의 성향에 따라서도 선고형이 다를 수 있다. 그럼에도 공직선거법은 죄명이나 범죄사실, 범죄의 정도 등에 대한 고려 없이 단지 '1년 이상'의 실형 피선고자들을 일률적으로 동일하게 취급하고 선거권을 박탈하고 있는 것이다.

빈민, 흑인, 여성들의 참정권 투쟁으로 일구어진 보통선거의 원칙은 선거권자의 재산, 성별, 사회적 지위 등에 상관없이 누구나 당연히 선거권을 가진다는 원칙이다. 수형자도 인간으로서 존엄과 가치를 지니고 있으며, 한 시민으로서 주권자로서 기본권의 주체로 대우받아야 한다. 단지 1년 이상의 실형 선고를 받았다는 이유만으로 국민이라면 누구나 향유해야 할 가장 기본적인 권

리인 선거권의 행사를 부정당할 합리적 이유는 없다. 오히려 선거권 박탈은 수형자를 '사회구성원인 시민'으로 인정하지 않고 이들을 배제함으로써 사회적 낙인효과를 극대화한다. 선거권 박탈은 이른바 '범죄자'를 시민으로 인정하지 않겠다는 낡은 시대의 유물일 뿐이다.

과거에는 유죄판결을 받은 사람을 '시민법상 사망한 자'(civil death)로 간주하고 재판청구권, 계약권, 연금수혜권, 혼인할 권리 등과 함께 선거권도 박탈했다. 하지만 점점 시민권 박탈의 범위는 축소되었고 현재는 수형자도 선거권을 보장받아야 한다는 인식이 전 세계적으로 확장되고 있다.

캐나다는 최고재판소가 1992년 모든 수감자에 대해 선거권을 박탈하는 법규정을 만장일치로 위헌이라고 선언한 데 이어, 징역 2년 이상의 수감자에 대해서만 선거권을 제한한 개정 법률에 대해서도 2002년 거듭 위헌 결정을 함으로써 모든 수형자에게 선거권을 보장하고 있다.

이스라엘에서도 마찬가지다. 팔레스타인과 평화협정을 체결해 노벨평화상을 받았던 이츠하크 라빈(Yitzak Rabin) 총리가 1995년 유대 극우파 이스라엘인 이갈 아미르(Yigal Amir)에게 사살당하는 사건이 발생하자, 라빈 총리의 후임을 선출하는 선거에서 아미르가 선거권을 행사할 수 없도록 시민권을 취소해야 한다는 논란이 일었다. 이스라엘 대법원은 그의 선거권을 박탈하는 것은 아미르가 아니라 이스라엘 민주주의에 해가 될 것이며, 그의 형벌은 징역형이고, 선거권 박탈은 모든 기본권의 근간을 흔들 것이라고 판시하여 아미르는 선거에 참여할 수 있었다.

선거권 박탈 여부에 관해 국회가 선택한 '실형 1년'이라는 기준에는 합리적인 근거가 없다. 그저 일부 수형자의 선거권은 어떻게든 제한해야 한다는 비합리적인 편견에 근거한 것으로 순전히 입법편의적 사고의 산물로 보인다. 2020년 『법무연감』의 2019년 〈수형자 형명, 형기별 인원〉에 따르면 선거권이 보장되는 실형 1년 미만 수형자는 5,631명으로 전체 수형자 3만 4,697명의 16.2%에 불과하다. 즉 대다수 수형자는 현재까지도 선거권을 박탈당하고 있다.

헌법재판소는 이 사건과 동일한 조항이 문제가 된 사건에서 "공동체 구성원으로서 반드시 지켜야 할 기본적 의무를 저버린 범죄자에게 그 공동체의 운용을 주도하는 통치조직의 구성에 참여하도록 하는 것은 바람직하지 않다는 기본적 인식과 이러한 반사회적 행위에 대한 사회적 제재의 의미를 가지고 있다"며 합헌 또는 각하 결정한 바 있다.

그러나 2017년 결정에서 재판관 1인(이진성)은 "개인의 생래적 기본권이자 민주주의의 구성원리로서의 선거권은 국민이 주권을 행사하는 근간이 되는 권리이므로, 자유형에 부수하는 형벌로 선거권을 제한하는 것은 책임의 범위를 넘어선다"라며 반대의견을 개진했다. 2019년 결정에서는 재판관 2인(이석태·김기영)이 "공동체의 구성원들 중에서 통치조직의 구성에 참여하는 것이 바람직한 구성원과 바람직하지 아니한 구성원을 나눌 수 있다는 인식을 바탕으로 한 것으로서 정치적 영역에서의 평등과 보통선거의 원칙에 정면으로 배치된다"며 반대의견을 냈다. 즉 헌법재판소에서도 위헌 의견을 내는 재판관이 점점 늘어나고 있는 추세이다.

한편 헌법재판소는 2019년 결정에서 우리 사회가 공감하는 헌법가치가 변화되었다고 보기 어렵다는 점, '1년 이상의 징역의 형을 선고를 받고 그 집행이 종료되지 아니한 사람'의 공동체 질서 침해 정도와 이들에 대한 사회적 비난가능성이 변하는 등 사정변경이 있다고 보기 어렵다는 점을 이유로 심판의 이익을 부정함으로써, 실질적 판단 없이 각하 결정을 내린 바 있다.

대리인단은 이번 헌법소원심판을 청구하며 위 2019년 '각하' 결정이 ① '1년의 선고형'의 기간이 합리적인지에 대한 해명 부재하다는 점, ② 선거권의 제한이 형벌의 종류인지 형의 부수효과인지 해명이 없다는 점, ③ 선거권 제한에 대한 지속적인 문제 제기와 양심에 따른 병역거부에 대한 헌법불합치 결정 등 징역 1년 이상의 형을 받는 사람들에 대한 비난가능성 등이 변화했다는 점에서 부당함을 지적하고 공직선거법 제18조 제1항 제2호에 대한 헌법재판소의 실질적 판단을 촉구했다.

출처: 전용모 기자, 로이슈, 2021.5.29.

Thema 60 / 의무투표제

다음 제시문을 읽고 문제에 답하시오.   2023 한국외대

> **제시문**
>
> 투표의무제란 헌법이나 선거법을 통해 "국민은 모두 의무적으로 투표에 참여해야 한다"고 규정해 투표를 권리가 아닌 의무로 정한 제도를 말한다. 현재 벨기에·브라질·싱가포르·아르헨티나·이집트·호주 등 전 세계 26개국이

의무투표제를 시행하고 있다. 의무투표제를 실시하는 나라들은 투표 불참자에게 소명 요구, 주의, 공표, 벌금, 참정권 제한, 공직취업 제한 등 다양한 제재 조치를 가하고 있다. 이들 국가의 국민들은 투표 기권 의사가 있더라도 원칙적으로 투표장까지는 가거나, 불참할 수밖에 없는 사정을 선거관리위원회 측에 알려 납득시켜야 한다.

문제

투표의무제 도입에 대해 논거를 들어 찬성 또는 반대의 입장을 밝히시오.

관련내용: 제12장 1. 선거권

📖 참고 1　투표를 의무로 할 수 있을까?

'민주주의 최고 통치자는 유권자'라는 미국 루스벨트 전 대통령의 말을 빌리지 않더라도 선거와 투표 행위는 민주주의의 근간임에 틀림이 없다. 선거는 국민에 의한 통치를 보장하는 민주주의의 중요한 장치이자, 정치권력이 시민으로부터 나고 시민을 위해 위임된다는 사실을 단적으로 보여 준다. 시민은 선거에 참여함으로써 시민의 권리를 행사할 수 있음에도 수많은 사람은 어떠한 이유로 투표 행위를 포기하는 것일까?

물론 투표 행위를 강제하기 위해 투표를 국민의 의무로 규정하고 투표 기권자에게 벌금을 매기는 것도 방법이 될 수 있다. 하지만 기권하는 것도 시민 의사의 표현이며 기권율은 도리어 민의를 표시하는 또 다른 신호가 된다고도 볼 수 있다.

최근의 투표율 하락은 민주주의의 위기를 걱정할 만큼 심각하다는 지적이 있다. 사람들이 투표에 참가하지 않는 이유는 무엇이고, 투표를 의무로 해야 한다는 주장에 대해서 어떤 상반된 주장과 논거가 가능한지 살펴보자.

▶ 찬성 논거

민주주의는 '사람들의 투표를 얻기 위한 경쟁'이라는 전제에서 출발한다. 이 경쟁과정에서 합리적으로 행동하는 다수가 선호하는 대표자가 선출됨으로써 대의 민주정치는 정당성을 갖게 된다. 오늘날 투표율 제고를 위한 방법으로는 투표 인센티브를 제공하는 방안과 투표를 의무로 규정하는 방안이 있다.

투표의무제를 실시하고 있는 나라는 이미 오스트레일리아, 벨기에, 그리스, 스위스, 칠레, 아르헨티나, 싱가포르 등 20여 개국에 이른다. 최근 국내 재ㆍ보궐선거 투표율은 20%대로 떨어지는 상황. 저조한 투표율을 수수방관하는 것은 민주주의를 포기하는 행위이다.

'대의민주정치는 투표로 말한다'는 말도 있다. 현실 정치가 만족스럽다고 하지 않을지라도 적극적으로 정치적 의사를 표현하는 것이 유권자의 책임 아니겠는가?

▶ 반대 논거

민주주의는 개인의 자유와 사생활 보장을 가장 큰 가치로 여기고 있다. 따라서 '투표 권리'를 시민에게 '의무'로 강제한다는 것은 인정할 수 없다. 투표할 권리와 더불어 투표하지 않을 자유도 함께 있기 때문이다. 선거에서 투표를 강제하는 행위는 시민들의 또 다른 정치적 의사 표현을 억압하는 행위가 된다.

시민들이 투표에 나서지 않는 이유는 '효능감'(자신의 참여 행위가 최종 의사결정에 얼마만큼의 영향력을 끼치는가를 개인이 느끼는 정도)과 관계가 깊다. 자발적으로 자신의 의사를 표현하면서 의사결정에 참여했을 때, 집단으로부터 적절한 반응을 얻지 못하거나 자신의 의사와 다른 결과가 빈번하게 나타났을 경우에는 효능감이 저하된다. 이때 유권자는 의도적 무관심으로 자신의 의사를 표출할 수 있다. 투표 행위를 강제하기에 앞서 정치 현실에 대한 반성이 있어야 하며, 기권도 정치적 의사 표현의 방법임을 인정해야 한다.

'투표 행위는 유권자의 당연한 의무'라는 당위성을 전제로 한 토론은 현실의 복잡한 문제를 간과한 것이다. '민주주의와 선거 제도는 100% 정당하다'는 전제에선 자유로운 토론에 도달하기 어렵다. 기본 전제부터 의심하면서 또 다른 시각에서 접근할 필요가 있다.

우선 선거제도의 불합리성을 들 수 있다. 선거를 통해 대표자가 선출되는 구조에서는 본질적으로 1위가 독식을 한다(물론 중ㆍ대선거구제도는 2~4명을 단일 선거구에서 선출하고, 정당의 득표율에 따라 비례대표를 배분하여 사표(死票)를 방지하기도 한다). 선거제도가 민주주의라는 이상을 실현시키기 위해 편리한 제도이기는 하지만 완벽한 제도라고 볼 수는 없는 것이다.

'합리적 무지(rational ignorance)'라는 이론도 있다. 경제학 이론 중 하나로, '정보가 주는 혜택보다 그 정보를 얻기 위해 지출하는 비용이 더 클 경우 아예 정보를 얻지 않고 무시해 버리는 것이 경제적으로 합리적이라고 판단하는 현상'을 말한다.

합리적 무지는 선거나 투표를 앞둔 유권자들에게도 발생할 수 있다. 투표권을 행사하기 위해 관련된 정치상황이나 후보들에 대해 정보를 얻으려고 애쓰기보다는 차라리 무시해 버리고 투표장에 가지도 않는 행위가 경제적으로 합리적이라고 생각할 수 있기 때문이다. 이렇듯 합리적 무지는 사람들이 투표에 참여하지 않는 이유를 설명해 준다.

출처: 동아일보, 2009.9.25.

📖 **참고 2** "의무투표제, 위기의 민주주의의 대안?"

대한민국 헌법 제1조는 대한민국의 주권은 국민에게 있고, 모든 권력은 국민으로부터 나온다고 규정하고 있다. 미국의 링컨 대통령은 게티스버그 연설에서 민주주의를 "국민의, 국민에 의한, 국민을 위한 정치"로 표현했다.

그러나 대한민국 헌법 제1조의 '주권재민' 규정이나 링컨의 게티스버그 연설에도 불구하고 모든 국민들이 직접 정치적 현안에 대해 의사결정을 하는 것은 불가능하다. 왜냐하면 현대 민주주의에서 정책결정 사항이 복잡화, 세분화, 분업화, 전문화가 이루어지고 국가와 시민의 규모가 확대됨에 따라서 직접 참여에 의한 정책결정은 상상할 수도 없기 때문이다.

그래서 차선책으로서 정책결정 권한을 국민의 대표자에게 위임하는 '대의민주주의'가 현대 민주주의의 근간을 이루고 있다. 대의민주주의에서 일반 국민은 자신의 생업에 종사해야 하고 정책결정 과정에 필요한 전문지식이 부족하기 때문에 전문적인 직업 정치인들과 행정부의 직업관료들에게 정책결정권을 위임하고 선거라는 과정을 통해서 그에 대한 책임을 묻고 있다. 따라서 간접민주주의인 대의민주주의가 제대로 작동하기 위해서 국민의 투표는 필수적인 요소이다.

그러나 중앙선거관리위원회에서 투표율을 제고하기 위해 홍보 예산을 들여서 각종 정책을 실시하고 있지만, 1987년 민주화 이후로 대통령선거와 국회의원선거, 지방선거의 투표율을 보면 국민들의 선거 참여는 지속적으로 하락하고 있어 많은 사람들이 '민주주의의 위기'라고 진단하고 있다.

의무투표제의 의의와 외국의 사례

의무투표제란 선거일에 투표를 하는 것이 법적인 의무이고 이 의무를 태만히 했을 때 각종 제재를 가하는 것을 의미한다. 의무투표제는 그 기원을 중세시대 스위스의 시민의회에 두고 있다. 중세 스위스의 시민의회에서 시민들은 칼을 차고 시민의회에 참석하도록 요구되었고, 시민의회에 참석하지 않거나 칼을 차고 오지 않으면 시민들에게 제공되는 무료 만찬을 먹을 수 없도록 했다.

이것은 17세기 아메리카 식민지에서 처음으로 적용되었다. 플리머스 콜로니(Plymouth Colony)에서는 1636년에 선거 불참자에게 벌금을 부과했고, 버지니아(Virginia)는 1649년에 투표 불참자에게 100파운드의 담배로 납부하도록 벌금을 부과했다. 근대 민주주의 선거권의 체계가 잡힌 이후로는 네덜란드가 1917년부터 의무투표제를 실시하다가 1970년경에 폐지했고, 오스트레일리아가 1915년부터, 오스트리아가 1929년부터, 미국의 조지아(Georgia)주는 1977년부터 의무투표제를 시행하고 있다.

의무투표제를 실시하는 나라들은 투표 불참자에게 소명 요구, 주의, 공표, 벌금, 참정권 제한, 공직취업 제한 등 다양한 제재 조치를 사용하고 있다. 첫째, 소명 요구는 다른 대부분의 제재 조치들과 병행하여 실시되고 있다. 제재 조치를 본격적으로 실시하기 전에 투표 불참에 대한 정당한 사유가 있는지 제시하도록 하고 있다. 둘째, 주의는 소명 요구보다는 다소 강력한 제재 조치이다. 벨기에에서 처음 의무투표제를 도입했을 때 주의는 처음으로 투표에 불참한 사람에게 벌금 대신 널리 사용되었다. 셋째, 공표는 유권자가 시민으로서 의무를 성실히 수행하지 않았다는 사실을 국민에게 알리는 것이다. 공표 방법으로는 투표소나 시청, 구청 등의 청사에 투표 불참자의 성명과 인적사항을 게시하는 방법이 자주 사용되고 있다. 넷째, 벌금은 투표 불참자에 대한 가장 일반적인 제재 조치이다. 스위스는 1.3프랑, 벨기에는 25유로에서 125유로를 부과하고 있으며, 룩셈부르크는 재범자에게 가장 많은 1,000유로의 벌금을 부과하고 있다. 다섯째, 참정권 제한은 투표라는 시민의 의무를 게을리한 사람에게 선거권, 피선거권 등 참정권을 제한하는 것이다. 벨기에에서 유권자가 15년 이상 동안 4회 이상의 선거에 불참하면 10년 동안 투표권을 제한한다. 싱가포르는 불참자의 투표권을 제한하고 벌금도 병과한다. 아르헨티나와 볼리비아, 브라질, 싱가포르, 태국에서는 후보로서 선거에 출마할 권리인 피선거권을 제한하고 있다. 마지막으로 벨기에에서 연속적으로 투표에 불참한 자는 공직에 취업할 수 없도록 하고 있다. 아르헨티나에서 투표 불참자는 3년 동안 공직에 취업할 자격이 없다.

의무투표제에 대한 찬반 논쟁

현대 민주적 선거에서 의무투표제는 뜨거운 논쟁거리가 되어 왔다. 의무투표제를 찬성하는 측에서는 모든 유권자가 투표에 참여하면 대표성은 더욱 높아질 것이라고 주장한다. 즉 의무투표제는 부유하고 권력을 가진 기득권자들뿐만 아니라 가난하고 소외된 사회적 약자들도 정치적 의사를 표출할 수 있도록 하기 때문에 참여와 선거를 더욱 공평하게 할 것이라고 한다.

반면에 의무투표제를 반대하는 측에서는 투표를 강제하면 후보자가 누군지도 모르고 누가 적합한 후보자인지도 판단할 수 없는 사람들이 선거에 참여하여 민주주의에 바람직하지 않은 문제를 발생시킬 수 있다고 주장한다. 결과적으로 의무투표제는 선거의 정당성과 대표성을 증가시키지 못한다고 한다. 그러나 반대론자들은 정치에 무관심한 사람들이 의무투표제로 인하여 정치에 관심을 갖도록 촉구하고 교육시키는 효과를 갖고 있다는 사실을 간과하고 있다고 비판받고 있다.

그리고 반대론자들은 의무투표제가 정치적 선택에 대한 개인의 자유를 지나치게 제약하고 있으며, 유권자의 기권할 권리를 박탈한다고 주장한다. 반대론자들에 의하면 기권은 법률로 제약될 수 없는 유권자의 권리이다. 이런 맥락에서 반대론자들은 의무투표제는 비민주적이라고 한다.

반면에 찬성론자들은 투표할 의무는 많은 다양한 의무들, 즉 납세의무, 국방의무, 근로의무 등과 비교해서 사소한 제약에 불과하다고 반박한다. 일부 찬성론자들은 유권자는 선거와 같은 집합행위에서 무임승차자(Free-rider)가 되어서는 아니 된다는 합리적 선택이론에 의하여 의무투표제를 주장한다. 선거와 같은 집합행위에 유권자들이 참여하지 않으면 민주주의라는 공공재는 파괴되고 말 것이라고 한다.

게다가 찬성론자들은 천문학적인 선거 자금을 필요로 하지 않게 될 것이므로 선거에서 돈의 영향이 대폭 줄어들 것이라고 한다. 또한 중앙선거관리위원회가 투표 참여를 위해 막대한 예산을 지출할 필요가 없으므로 국가 예산을 절감하는 효과도 있을 것이라고 한다. 게다가 의무투표제는 투표율을 증가시킬 수 있는 가장 확실하고 쉬운 방법이다. 의무투표제를 실시하는 모든 나라에서 투표율이 급격하게 증가하고 있는 현상은 이를 입증한다.

우리나라에 도입 시 시사점

의무투표제는 위에서 기술한 것처럼 투표율을 증가시키는 데 있어서 가장 확실하고 편리한 방법이다. 그러나 우리나라에서 이를 도입하는 데 있어서 몇 가지 고려하여야 할 사항이 있다. 2008년 7월 정치관계법제 선진화를 위한 여론조사에 의하면 77.4퍼센트의 국민이 의무투표제에 반대하는 것으로 나타났다. 또한 헌법재판소는 자유선거 원칙은 우리 헌법에 명시되지는 않았지만 민주국가의 선거 원리에 내재하는 법원리로서 국민주권의 원리, 의회민주주의의 원리, 참정권 규정에서 그 근거를 찾을 수 있고 투표의 자유, 입후보의 자유 및 선거운동의 자유를 포함한다고 판시했다.

따라서 의무투표제를 도입하기 위해서는 먼저 국민들에게 의무투표제를 도입했을 경우 장점과 단점이 무엇인지를 알려서 의무투표제의 필요성에 대한 인식을 공유할 필요가 있다. 예를 들면, 시민사회는 투표율 저하가 대표성과 정통성을 저해하여 민주주의를 형해화시킨다는 점과 투표는 민주주의 사회에서 자유의 전제라는 점에 대한 국민적 공감대를 확산시켜야 할 것이다.

이러한 공감대를 확산시키는 방법으로 민주시민 교육과 공청회 등을 들 수 있다. 또한 대부분의 의무투표제를 실시하고 있는 국가에서 정치인들이 주도적인 역할을 했는데, 우리나라의 경우에도 정치인이 주도적인 역할을 할 필요가 있다. 그리고 의무투표제의 자유선거 원칙 침해 논란을 불식시키기 위해 기권란을 병기하여 선택하지 않을 자유를 보장할 필요가 있으며, 궁극적으로는 헌법개정도 고려할 필요가 있다.

의무투표제가 소기의 성과를 달성하기 위해서는 실효성 있는 제재 방안도 강구해야 한다. 먼저 투표 불참자가 불참 이유를 소명하는 경우 제재 조치를 부과하지 않아야 한다. 소명이 적정하지 않다고 판단되는 경우에만 투표 불참자의 유급휴무를 공제하거나 과태료를 부과하고 공직에 대한 취업을 제한하며 일정기간 선거권과 피선거권을 제한하는 방법을 도입할 수 있을 것이다. 특히, 의무투표제를 도입하는 데 있어서 무엇보다 중요한 것은 정치적인 유불리나 당리당략이 아니라 어떻게 하면 정치의 정당성과 정통성, 대표성을 확보하고, 정치가 국민 전체의 이익과 공익을 반영하도록 할 것인지를 고려하는 것이다.

출처: 프레시안, 2009.3.20.

풀어보기 ✎

다음 제시문을 읽고 문제에 답하시오.   2022 제주대

제시문

(1) 민주주의란 자유와 평등의 기본가치를 실현하고자 국민이 주인이어야 하는 국가구조원리를 말한다. 민주주의는 자유와 평등을 실현하려는 정치원리로서, 모든 국가권력의 정당성이 국민에게 있으며 국민에 의해 국가권력이 만들어지고 행사되도록 하는 국가구성원리이다. 민주주의의 내용으로는 국민주권, 국민에 의한 국가의사결정, 선거, 정당, 지방자치, 표현·청원·선거 등에 관한 기본권 보장을 들 수 있다. 국민주권은 모든 권력의 원천이 국민에게 기초하고 있는 민주주의의 원리와 매우 밀접한 관련을 맺고, 민주주의는 곧 곧 국민주권을 실현하는 원리이다.

헌법 제1조 제2항은 "대한민국의 주권은 국민에게 있고…"라고 하여 국민주권을 직접 명문으로 선언하고 있다. 그런데 헌법은 국가의사의 결정을 국민이 직접 행사하는 방법을 취하지 않고 다른 국가기관에 위탁하여 행사시키는 방법을 택하고 있다. 민주국가에서 주권이 국민에게 있다고 하여 국민이 직접 모든 사항을 결정하고 집행하는 것은 불가능하다. 우리 헌법은 기본적으로 대의민주주의를 채택하고 있다. 대의제를 채택하여도 대통령이나 국회의원과 같은 국가기관은 국민이 직접 선출하도록 하고 있다.

(2) 전문가주의는 전문가들의 지식과 경험에 기반한 의사결정과 리더십을 강조하는 사상 체계를 말한다. 또한 전문가주의는 전문성을 갖춘 사람들이 사회적으로 중요한 문제를 해결하는 데 필요한 권한과 영향력을 갖는 것을 말하기도 한다. 전문가주의는 의료, 법률, 정책 결정, 경제 등 다양한 분야에서 적용될 수 있으며, 전문성을 바탕으로 정당하고 효과적인 결정을 내릴 수 있다. 하지만 전문가주의는 항상 독자적인 판단과 비판적인 사고가 필요한 접근 방식이기 때문에 전문가들의 결정이 민주적인 절차를 통해 나온 결정과 충돌할 수 있으며, 전문가들의 편견, 오류, 무관심한 태도 등이 비판의 대상이 되기도 한다.

문제

우리나라의 경우 대통령과 국회의원은 민주주의 방식인 선거로 국민이 선출하지만, 판사나 검사는 국민이 선출하지 않는다. 이를 민주주의를 위협하는 전문가주의의 사례라고 할 수 있는가?

관련내용: 제12장 2. 공무담임권

Thema 62 / 국민소환제

풀어보기 _ ✎

다음 제시문을 읽고 문제에 답하시오.   2020 아주대

제시문

국회파행 장기화로 인해 6개월째 국회가 열리지 않고 있다. 국회의 개회를 지연시키는 국회의원에 대한 국민소환제 도입을 요구하는 의견이 나오고 있다. 이미 지방의회에서는 주민소환제가 실시 중인데, 이는 지방자치단체장 또는 지방자치의회의원이 직권남용, 직무유기 등의 범죄를 저질렀을 때 이들을 절차에 따라 소환 및 파면하는 제도이다. 그러나 이 제도는 주민소환절차에 대한 서명이 필요하고, 주민소환을 할 것인지의 여부에 대한 투표 시 파생되는 비용과 지방자치단체장과 지방자치의회의원 파면 시 보궐선거비용 등의 문제가 있다. 따라서 국민소환제 도입 시에도 이러한 부작용이 발생할 것이라는 우려의 목소리가 나오고 있다.

영국은 2015년 국민소환제를 도입했는데, 일정한 사유가 있으면 자동으로 소환 절차가 시작되고, 6주 동안에 유권자의 10%가 소환에 찬성한다는 서명을 하면 별도의 소환 투표 절차 없이 국회의원이 소환된다. 그 대신에 소환된 국회의원은 소환으로 인해 치러지는 보궐선거에 출마해서 유권자들의 심판을 한 번 더 받을 수 있는 기회를 준다. 이렇게 함으로써 소환 여부를 결정하는 투표를 하고, 연이어 보궐선거를 함으로써 두 번의 투표와 선거를 치르는 문제를 피함으로써 행정적 절차에서 파생되는 비용을 절감하는 것이다.

문제

국회의원 국민소환제 도입에 대한 지원자의 입장을 밝히시오.

관련내용: 제12장 3. 국민표결권

Thema 63 노인연령 상향

풀어보기_✎

다음 제시문을 읽고 문제에 답하시오. 2023 한국외대

제시문

고령화사회로 진입하면서 최근 노인연령을 상향하자는 주장이 대두되고 있다. KDI가 이를 해결하기 위해 2025년부터 10년에 1살씩 노인연령을 상향하는 점진적 상향안을 제시하였다. 이 경우 노인연령이 80살이 되려면 150년이나 걸린다. 하지만 이 역시 시기상조라는 반대 의견이 있다.

문제

노인연령 상향 문제에 대해 논거를 들어 찬반 의견을 밝히시오.

관련내용: 제13장 1. 인간다운 생활을 할 권리

Thema 64 노인 무임승차

풀어보기_✎

다음 제시문을 읽고 문제에 답하시오. 2019 건국대

제시문

우리나라의 고령화가 갈수록 심각해짐에 따라 서울시 지하철은 65세 이상 노인들의 무임승차로 인한 재정 적자가 너무나 심각하다고 발표했다. 이런 이유로 65세 이상 노인들의 무임승차 정책을 폐지해야 한다는 의견이 나오고 있다. 이러한 문제를 해결하기 위해 폐지보다는 노인 무임승차 연령을 기존 만 65세에서 만 70세로 올리는 방안에 대한 논의도 이루어지고 있다.

문제

65세 이상 노인 무임승차의 장점과 단점에 대해 말하고, 65세 이상 노인 무임승차 폐지 여부에 대해 지원자의 견해를 밝히시오.

관련내용: 제13장 1. 인간다운 생활을 할 권리

보편적 복지와 선별적 복지

풀어보기_ 🖊

다음 제시문을 읽고 문제에 답하시오.   2017 한양대

제시문

(가) 인구의 20% 상위 계층이 경제적으로 소득과 부의 80%를 차지하는 현상을 사회에서 쉽게 볼 수 있다. 자연 세계에서도 사례를 찾아볼 수 있다. 세포는 서로를 연결하는 그물망으로 배열되어 있는데 각 인접한 세포와의 상호 작용으로 증식을 이뤄나간다. 이때 중심 세포는 선호적 연결을 통해 주변 세포의 영양의 대부분을 포식하는 현상이 발생한다. 즉, 자연계 현상이든, 사회적 현상이든 영양분/부와 같은 자원이 소수에게 편중되는 현상이 어디에서나 일어난다. 사회적 불평등은 결국 인간의 탐욕, 제도 때문이라기보다는 자연적 흐름에 따른 불가피하고 보편적이며 자연스러운 현상이고 오히려 경제적 효율성을 달성한다.

(나) 기본소득은 국가가 재산의 많고 적음이나 근로 여부에 관계없이 모든 국민에게 최소한의 생활을 보장해줄 수 있는 일정 금액을 무조건적으로 지급하는 제도로서 보편적 복지의 일종으로 볼 수 있다. 요즘 우리나라에서 시행 논의가 되고 있는 구직자와 청년 계층에게 일정 정도의 수당을 지급하는 것도 이러한 복지의 일환으로 볼 수 있다. 한편 인공지능의 발달과 같은 기술발달이 빠르게 이루어지고 있는 상황에서 청년들의 일자리 대체 등과 같은 우려 또한 대두되고 있다. 정부는 기본소득제도와 같은 사회제도를 보장해주어야 한다.

문제

제시문 (가)와 (나)를 참고하여 정책입안자의 입장에서 사회적 불평등에 대해 어떻게 생각하는지 이야기해 보시오.

관련내용: 제13장 1. 인간다운 생활을 할 권리

기본소득제

풀어보기_ 🖊

다음 제시문을 읽고 문제에 답하시오.   2017 전남대[20]

제시문

기본소득제는 재산, 소득, 고용 여부 및 노동 의지에 상관없이 모든 국민에게 동일하게 최소 생활비를 지급하는 제도를 말한다. 프랑스 경제 철학자 앙드로 고르로가 자신의 저서인 《경제이성비판》에서 '기술이 발전하면 생산 과정에서 노동이 차지하는 비중은 점차 감소하기 때문에 앞으로 노동소득만으로는 생계를 유지하기 점점 어려워질 것'이라 예측하면서, 이 문제를 해결할 대안으로 기본소득제를 제시하였다.

인공지능의 발전으로 일자리가 점점 줄어들고 있는 상황에서 사회보장제와는 다른 기본소득제에 대한 논의가 이루어지고 있다. 기본소득제를 찬성하는 입장은 이 제도가 소득 불평등 문제를 해결해 줄 수 있을 뿐 아니라, 개념이 단순하여 선별적 복지에 비해 정부의 개입을 최소화할 수 있다는 점에 초점을 둔다. 반면 이를 반대하는 쪽은

---

20 면접문제를 복기하는 데 어려움이 있어 출제주제와 문제를 바탕으로 해서 제시문을 새로 작성하였다.

비용 때문에 조세부담율이 높아지고, 이에 따라 노동생산성이 낮아질 것이라고 주장한다.

2016년 6월 5일 스위스에서는 최저생활비를 약간 상회하는 월 2,500 스위스 프랑(한화 약 287만원)을 기본소득으로 지급하는 기본소득제에 대한 국민투표를 실시하였으며, 투표에 참여한 유권자의 약 77%가 반대함으로써 부결되었다. 스위스의 이러한 사례에도 불구하고 세계 여러 국가에서는 기본소득제의 효과를 측정하기 위한 여러 가지 시도가 진행 중이다. 핀란드에서는 2015년 실시한 설문조사를 통해 전체 국민의 약 69%가 무조건적 기본소득에 찬성하였으며, 이에 따라 2017년 1월 1일부터 임의로 선정된 실업자 2,000명을 대상으로 2년간 월 560유로(한화 약 70만원)의 기본소득을 지급하고 있다. 이외 프랑스와 네덜란드, 캐나다에서도 기본소득제 도입 방안을 논의하고 있다.

문제

기본소득제는 긍정적인 측면과 부정적인 측면들이 있다. 기본소득제 도입에 대한 본인의 견해를 제시하고, 도입 시 고려할 사항이나 보완할 부분에 대해 말해 보시오.

관련내용: 제13장 1. 인간다운 생활을 할 권리

Thema 67 / 외국인 근로자의 권리

풀어보기_✎

다음 제시문을 읽고 문제에 답하시오. 　　　　　　　　　　　　　　　　　　　　　　　　2018 인하대

제시문

외국인 근로자란 대한민국 국적을 가지지 않은 사람으로서 국내에 소재하고 있는 사업 또는 사업장에서 임금을 목적으로 근로를 제공하고 있거나 제공하려는 사람을 말한다. 현재 우리나라는 외국인 근로자들의 숫자가 200만 명을 웃돌고 있지만, 외국인 근로자들은 주로 저임금을 받으며 3D업종 등 사양산업, 건설업, 농축산업 등에서 한국인보다 열악한 노동조건 속에서 일하고 있다. 외국인 근로자는 중소기업 제조업 및 농축산업 등의 인력난 해소에 이바지하고 있지만, 불법체류자 증가, 노동 인권 차별과 다문화사회의 갈등 등이 야기되고 있으며, 이러한 문제들은 외국인 근로자 본인뿐만 아니라 외국인 근로자 가족들에게도 피해를 발생시키고 있다.

문제

외국인 근로자들을 저임금으로 사용하는 데 찬성하는지 반대하는지에 대해 근거를 들어 설명하시오.

관련내용: 제13장 2. 근로의 권리

🔒 관련판례 1　근로의 권리에 관한 외국인의 기본권 주체성(헌재 2007.8.30. 2004헌마670)

우리 재판소는, 헌법재판소법 제68조 제1항 소정의 헌법소원은 기본권의 주체이어야만 청구할 수 있다고 한 다음, '국민' 또는 국민과 유사한 지위에 있는 '외국인'은 기본권의 주체가 될 수 있다고 판시하여 일정한 경우 외국인의 기본권 주체성을 인정하였다. 즉 <u>외국인에게 모든 기본권이 무한정 인정될 수 있는 것이 아니라 원칙적으로 '국민의 권리'가 아닌 '인간의 권리'의 범위 내에서만 인정될 것인바, 인간의 존엄과 가치 및 행복추구권은 '인간의 권리'로서 외국인도 그 주체가 될 수 있고, 평등권도 인간의 권리로서 참정권 등에 대한 성질상 제한 및 상호주의에 의한 제한이 있을 수 있을 뿐이다.</u>

헌법 제32조 제3항은 "근로조건의 기준은 인간의 존엄성을 보장하도록 법률로 정한다."라고 규정하여 국민의 "근로의 권리"를 보호할 것을 천명하였고, 이에 근거하여 근로기준법이 제정되었다. …… 근로의 권리란 인간이 자신의 의사와 능력에 따라 근로관계를 형성하고, 타인의 방해를 받음이 없이 근로관계를 계속 유지하며, 근로의 기회를 얻지 못한 경우에는 국가에 대하여 근로의 기회를 제공하여 줄 것을 요구할 수 있는 권리를 말하며, 이러한 근로의 권리는 생활의 기본적인 수요를 충족시킬 수 있는 생활수단을 확보해 주고 나아가 인격의 자유로운 발현과 인간의 존엄성을 보장해 주는 것으로서 사회권적 기본권의 성격이 강하므로 이에 대한 외국인의 기본권 주체성을 전면적으로 인정하기는 어렵다.

그러나 근로의 권리가 "일할 자리에 관한 권리"만이 아니라 "일할 환경에 관한 권리"도 함께 내포하고 있는바, 후자(後者)는 인간의 존엄성에 대한 침해를 방어하기 위한 자유권적 기본권의 성격도 갖고 있어 건강한 작업환경, 일에 대한 정당한 보수, 합리적인 근로조건의 보장 등을 요구할 수 있는 권리 등을 포함한다고 할 것이므로 외국인 근로자라고 하여 이 부분에까지 기본권 주체성을 부인할 수는 없다. 즉 근로의 권리의 구체적인 내용에 따라, 국가에 대하여 고용증진을 위한 사회적·경제적 정책을 요구할 수 있는 권리는 사회권적 기본권으로서 국민에 대하여만 인정해야 하지만, 자본주의 경제질서하에서 근로자가 기본적 생활수단을 확보하고 인간의 존엄성을 보장받기 위하여 최소한의 근로조건을 요구할 수 있는 권리는 자유권적 기본권의 성격도 아울러 가지므로 이러한 경우 외국인 근로자에게도 그 기본권 주체성을 인정함이 타당하다.

🔥 관련판례 2 출국만기보험금과 외국인의 기본권 주체성(헌재 2016.3.31. 2014헌마367)

외국인의 기본권 주체성 여부는 기본권의 성질에 좌우되는데, 인간의 존엄과 가치, 행복추구권, 평등권과 같은 '인간의 권리'로서의 성격을 갖는 기본권들이 외국인에게 인정된다. 근로의 권리 중 인간의 존엄성 보장에 필요한 최소한의 근로조건을 요구할 수 있는 '일할 환경에 관한 권리' 역시 외국인에게 보장되고, 고용허가를 받아 우리 사회에서 정당한 노동인력으로서 지위를 부여받은 외국인들의 직장선택의 자유도 인간의 권리로서 보장된다.

청구인들은 국내 기업에 취업함을 목적으로 외국인고용법상 고용허가를 받아 입국하여 우리 사회에서 정당한 노동인력으로 그 지위를 인정받았으므로, 청구인들이 선택한 직업분야에서 취득한 임금이나 퇴직금 등의 채권을 지급받을 권리는 기본권으로 보호될 수 있다. 임금이란 사용자가 근로의 대가로 근로자에게 임금, 봉급, 그 밖에 어떠한 명칭으로든지 지급하는 일체의 금품(근로기준법 제2조 제1항 제5호)으로 사회적으로는 근로자와 그 가족의 생계의 기초가 되고, 퇴직금 역시 후불임금으로서, 특히 '정년퇴직하는 근로자의 노후생활 보장' 및 '중간 퇴직하는 근로자의 실업보험'의 기능을 하므로 생활의 기본적 수요를 충족시키는 방편이 됨과 동시에 인간 생존의 기초가 된다는 점에서 이를 지급받을 권리는 인간의 권리로서 보호된다.

한편, 헌법 제32조는 근로의 권리를 보장하고 있고, 근로의 권리는 '일할 자리에 관한 권리'만이 아니라 '일할 환경에 관한 권리'도 보장되어야 한다. '일할 환경에 관한 권리'는 인간의 존엄성에 대한 침해를 방어하기 위한 권리로서 외국인에게도 인정되며, 건강한 작업환경, 일에 대한 정당한 보수, 합리적인 근로조건의 보장 등을 요구할 수 있는 권리 등을 포함한다. 여기서의 근로조건은 임금과 그 지불방법, 취업시간과 휴식시간 등 근로계약에 의하여 근로자가 근로를 제공하고 임금을 수령하는 데 관한 조건들이고, 이 사건 출국만기보험금은 퇴직금의 성질을 가지고 있어서 그 지급시기에 관한 것은 근로조건의 문제이므로 외국인인 청구인들에게도 기본권 주체성이 인정된다.

고용허가제

다음 제시문을 읽고 문제에 답하시오.   2023 전남대

제시문

저출산 고령화로 인해 노동인구가 감소하고 있다. 이에 따라 부족한 노동인구를 충당하기 위해 외국인 근로자의 취업 확대 정책을 펼치고 있다. 이러한 정책의 일환으로 2004년 8월부터 고용허가제를 시행하고 있는데, 고용허가제는 심각한 인력부족을 겪고 있는 제조업이나 3D업종 부문의 사업체들에 대해 해외의 노동력을 공급하려는 취지에서 도입된 제도이다. 이 제도에 따르면, 외국인 근로자는 1년마다 사업주와 고용계약을 갱신하도록 하며 최대 5년 이내의 고용을 유지할 수 있다. 사업주는 외국인 근로자를 대상으로 임금·근로시간·휴일 등의 고용조건에 대한 근로계약을 체결해야 하며, 근로조건이나 노동관계법·사회보험의 적용에서 내국인 근로자와 부당한 차별을 할 수 없다. 대부분의 유럽국가에서 시행되고 있는 노동허가제의 경우에는 외국인 근로자의 자유로운 직장이동을 허용하는 반면, 우리나라의 고용허가제는 외국인 근로자들이 정해진 기간 동안 지정된 사업체에서만 일할 수 있는 것으로 규제하고 있다.

그러나 고용허가제로 인해 시골 지역에서 외국인 노동자들이 임금 체납 혹은 부당한 비인간적인 대우를 받아도 제대로 대응을 하지 못하고 있다. 이 법안의 적법 여부에 대해 헌법소원이 제기됐으나, 헌법재판소는 외국인 근로자들에 대한 선택권을 과도하게 제한하지 않았고, 국가는 국민경제를 관리해야 하는 입장에 있으므로 외국인 근로자에 대한 취업제한은 타당하며, 일정 정도의 이직 기회를 부여한 수단의 적절성 등 비례성의 원칙을 준수한 제도이므로 합헌으로 판정했다.

문제

고용허가제의 폐지·유지 등의 문제와 관련하여 외국인 근로자의 고용 확대에 대한 자신의 생각을 찬성 혹은 반대 입장에서 말하고 이에 대한 논거를 제시하시오.

관련내용: 제13장 2. 근로의 권리

📖 참고   고용허가제

2003년 8월 「외국인근로자의 고용 등에 관한 법률」이 제정되어 2004년 8월부터 시행된 고용허가제는 심각한 인력부족을 겪고 있는 제조업이나 3D업종 부문의 사업체들에 대해 해외의 노동력을 공급하려는 취지에서 도입된 제도이다. 외국인 근로자를 고용하려는 300인 미만의 중소기업에서 내국인 근로자를 고용할 수 없음을 입증하고 필요 직종과 목적을 제시하는 경우 정부는 그 타당성을 검토하여 허가 여부를 결정한다. 우리 정부와 인력도입 양해각서를 체결한 나라로부터 국내로 취업하려는 신청자들 중에서 사업주가 선정한 외국인 근로자들은 정부로부터 고용허가서와 취업비자(E-9)를 발급받아 근무할 수 있다.

이 제도에 따르면, 외국인 근로자는 1년마다 사업주와 고용계약을 갱신하도록 하며 최대 5년 이내의 고용을 유지할 수 있다. 사업주는 외국인 근로자를 대상으로 임금·근로시간·휴일 등의 고용조건에 대한 근로계약을 체결해야 하며, 근로조건이나 노동관계법·사회보험의 적용에서 내국인 근로자와 부당한 차별을 할 수 없다. 대부분의 유럽국가에서 시행되고 있는 노동허가제의 경우에는 외국인 근로자의 자유로운 직장이동을 허용하는 반면, 우리나라의 고용허가제는 외국인 근로자들이 정해진 기간 동안 지정된 사업체에서만 일할 수 있는 것으로 규제하고 있다.

출처: 한국학중앙연구원

〈쟁점〉

1. 외국인근로자의 사업장 변경 사유를 제한하는 외국인고용법이 고용허가제에 따른 외국인근로자인 청구인들의 직장선택의 자유, 평등권을 침해하는지 여부
2. 외국인근로자의 책임이 아닌 사업장 변경 사유 중 근로조건 위반과 부당한 처우 등을 규정한 구 '외국인근로자의 책임이 아닌 사업장 변경 사유'가 청구인들의 직장선택의 자유를 침해하는지 여부

〈판결요지〉

1. 외국인근로자가 근로계약을 해지하거나 갱신을 거절하고 자유롭게 사업장 변경을 신청할 수 있도록 한다면, 사용자는 인력의 안정적 확보와 원활한 사업장 운영에 큰 어려움을 겪을 수밖에 없다. 최근 불법체류자가 급격히 늘어나는 상황에서 외국인근로자의 효율적인 관리 차원에서도 사업장의 잦은 변경을 억제하고 취업활동 기간 내에서는 장기 근무를 유도할 필요가 있다. 외국인고용법이 채택한 고용허가제는 사용자에 대한 규율을 중심으로 하는 제도이기 때문에, 외국인근로자에 대한 입국에서의 완화된 통제를 체류와 출국에서의 강화된 규제로 만회할 필요성을 가지며, 외국인근로자가 근로계약을 해지하거나 갱신을 거절할 때 자유로운 사업장 변경 신청권을 부여하지 않는 것은 불가피하다. 따라서 이 사건 사유제한조항이 외국인근로자의 자유로운 사업장 변경 신청권을 인정하지 않는 것은 고용허가제를 취지에 맞게 존속시키기 위해 필요한 제한으로 볼 수 있다.

방문취업 외국인근로자는 비전문취업 외국인근로자와 외국국적동포 여부, 체류자격 요건, 취업활동 범위, 도입 취지, 취업절차 등에 있어 차이가 있다. 따라서 외국인고용법이 방문취업 외국인근로자에 대해서는 사업장 변경 사유를 제한하지 않으면서도, 이와 달리 이 사건 사유제한조항이 청구인들에 대해서는 엄격한 사유를 요구하는 것은 합리적 이유가 있다. 이 사건 사유제한조항은 청구인들의 평등권을 침해하지 아니한다.

2. 이 사건 고시조항은 외국인근로자들이 사업장 현장에서 경험하는 근로조건 위반 및 부당한 처우를 반영하여 종합한 것이라고 볼 수 있다. 종래 추상적인 용어를 객관적이고 구체적인 기준으로 개정하여 사유의 불명확성이 상당 부분 해소되었고, 변화하는 상황에 대응하여 지속적으로 사업장 변경 사유를 추가하고 있다. 또한 사업장 변경 사유에 대한 입증이 부족하거나 사업장 변경 사유에 준하는 사유가 있는 경우에는 외국인근로자 권익보호협의회를 통해 사업장 변경을 허용할 수 있는 제도가 갖추어져 있다. 따라서 이 사건 고시조항은 입법재량의 범위를 벗어나 명백히 불합리하다고 볼 수 없으므로, 청구인들의 직장선택의 자유를 침해하지 않는다.

Thema 69 정년연장

풀어보기 ✎

다음 제시문을 읽고 문제에 답하시오. 2020 아주대

제시문

대법원에서 가동연령, 즉 육체 노동자의 연령 상한을 기존 60세에서 65세로 높여야 한다고 판결하였다. 최근 한 설문조사에서 언제까지 일하고 싶은지에 대한 질문에 건강이 허락하기만 한다면 평균 72.9세까지라는 답이 나왔고, 우리나라는 이미 만 65세 이상이 14% 이상인 고령사회로 진입하였다. 그러나 가동연령 기준을 상향하여 정년을 연장할 경우에는 청년 일자리와 국민연금 지급 등의 문제가 발생하기 때문에 이에 대한 부정적인 시각도 있다.

문제

가동연령, 정년연령 및 노인연령 상향에 대해 어떻게 생각하는지 논하시오.

관련내용: 제13장 2. 근로의 권리

풀어보기_ ✎

다음 제시문을 읽고 문제에 답하시오.   2019 충북대

제시문

2018년 7월 14일 최저임금위원회는 내년도 최저임금을 시급 8,350원으로 의결했다. 이는 작년보다 10.9% 인상된 금액이다. 이번 의결 과정에서 사용자위원 전원은 급격한 최저임금의 인상에 항의하며 전원 불참하였으나, 고용노동부 장관은 의결된 인상안을 승인하였다. 이번 최저임금 인상에 대해 소상공인의 지불 능력을 고려하지 않았다는 비판이 있다. 하지만 고용노동부 장관은 크게 문제가 되지 않는다며 인상안을 승인했다. 따라서 일각에서는 최저임금 인상이 고용률 및 시장경제 전반에 어떤 영향을 미칠지에 대한 고민이 더 필요하다고 주장한다.

문제

최저임금 인상이 우리 경제에 긍정적인 영향을 미칠 것인지 아니면 부정적인 영향을 미칠 것인지 판단하고, 그 근거를 제시하시오.

관련내용: 제13장 2. 근로의 권리

관련판례 고용노동부 고시 제2017-42호 위헌확인 등(헌재 2019.12.27. 2017헌마1366)

〈쟁점〉
1. 이 사건 각 고시 중 각 월 환산액을 제외한 부분(이하에서는 '각 최저임금 고시 부분'이라 함)이 청구인들의 계약의 자유 및 기업의 자유를 침해하는지 여부(소극)
2. 각 최저임금 고시 부분이 청구인들의 재산권을 침해하는지 여부(소극)
3. 각 최저임금 고시 부분이 헌법상 경제질서에 위배된다는 주장에 관한 판단(소극)

〈결정요지〉
1. 각 최저임금 고시 부분은 최저임금제도의 입법목적을 달성하기 위하여 모든 산업에 적용될 최저임금의 시간당 액수를 정한 것으로 이는 임금의 최저수준 보장을 위한 유효하고도 적합한 수단이다.
최저임금위원회의 각 연도별 최저임금액 의결과정에 비추어 보면, 각 최저임금의 심의 및 의결과정에서 근로자 측과 사용자 측의 의견이 반영되고 최저임금액의 결정을 위한 구체적인 논의가 있었음을 알 수 있다. 또한 최저임금위원회의 018년 및 2019년 최저임금 심의 당시 주요 노동·경제 지표에 대하여 조사와 검토가 이루어졌다. 전체 비혼 단신근로자의 월평균 실태생계비, 시간당 노동생산성, 경제성장률 등 주요 노동·경제 지표의 추이와 통상임금 평균값 대비 최저임금 시간급의 상대적 수준 등에 비추어보더라도 각 최저임금 고시 부분에 따른 2018년 및 2019년 최저임금액이 현저히 합리성을 결여하여 입법형성의 자유를 벗어나는 것이라고 하기 어렵다.
한편 최저임금위원회는 2018년 적용 최저임금에 관한 심의 당시 최저임금의 업종별 구분적용과 지역별 구분적용 여부에 관하여도 논의하여 그 구분적용에 반대하는 의결을 하였고, 2019년 적용 최저임금에 관하여 심의를 하면서도 최저임금의 사업별 구분적용안에 대해 논의하여 사업별 구분적용에 반대하는 의결을 하였다. 최저임금위원회의 논의 과정 및 정책결정 근거 등을 종합적으로 고려할 때 위와 같은 판단은 존중될 필요가 있으며, 각 최저임금 고시 부분이 2018년 및 2019년 최저임금을 사업의 종류별, 지역별 구분 없이 전국 전 사업장에 동일하게 적용하게 하였더라도 이 역시 명백히 불합리하다고 할 수는 없다.
각 최저임금 고시 부분으로 달성하려는 공익은 열악한 근로조건 아래 놓여 있는 저임금 근로자들의 임금에 일부나마 안정성을 부여하는 것으로서 근로자들의 인간다운 생활을 보장하고 나아가 이를 통해 노동력의 질적 향상을 꾀하기 위한 것으로서 제한되는 사익에 비하여 그 중대성이 덜하다고 볼 수는 없다.
따라서 각 최저임금 고시 부분이 과잉금지원칙을 위반하여 청구인들의 계약의 자유와 기업의 자유를 침해하였다고 할 수 없다.

2. 헌법상 보장된 재산권은 원래 사적 유용성 및 그에 대한 원칙적인 처분권을 내포하는 재산가치 있는 구체적인 권리이므로 구체적 권리가 아닌 영리획득의 단순한 기회나 기업활동의 사실적·법적 여건은 기업에게는 중요한 의미를 갖는다고 하더라도 재산권 보장의 대상이 아니다. 각 최저임금 고시 부분은 사용자가 최저임금의 적용을 받는 근로자에게 지급하여야 할 임금의 최저액을 정한 것으로 청구인들이 이로 인하여 계약의 자유와 기업의 자유를 제한받는 결과 근로자에게 지급하여야 할 임금이 늘어나거나 생산성 저하, 이윤 감소 등 불이익을 겪을 우려가 있거나, 그 밖에 사업상 어려움이 발생할 수 있다고 하더라도 이는 기업활동의 사실적·법적 여건에 관한 것으로 재산권 침해는 문제되지 않는다.
3. 헌법 제119조 제1항은 대한민국의 경제질서에 관하여, 제123조 제3항은 국가의 중소기업 보호·육성 의무에 관하여 규정한 조항이고, 제126조는 사영기업의 국·공유화에 대한 제한을 규정한 조항으로서 경제질서에 관한 헌법상의 원리나 제도를 규정한 조항들이다. 헌법재판소법 제68조 제1항에 의한 헌법소원에 있어서 헌법상의 원리나 헌법상 보장된 제도의 내용이 침해되었다는 사정만으로 바로 청구인들의 기본권이 직접 현실적으로 침해된 것이라고 할 수 없다.

Thema 71 주4일제 도입

풀어보기_ 🖉

다음 제시문을 읽고 문제에 답하시오.   2022 아주대

제시문

정치권과 기업을 중심으로 주 4일제 근무 논의가 활발히 진행되고 있다. 삶과 일의 균형 '워라밸(워크 라이프 밸런스)'을 중요시하는 시대적 흐름이 큰 영향을 미쳤다. 심상정 정의당 후보 등은 주 4일제를 도입하겠다는 대선 공약도 내 걸었다. '워라밸'을 중요시하는 시대적 흐름에 따라 대기업에서도 업무 단축을 도입하는 추세이다. 그러나 일각에서는 근무시간 단축에 대해 부정적으로 보는 시선도 있는데, 생산성 저하로 이어질 거라는 우려이다. 그러나 실제로 이를 도입한 기업들은 오히려 생산성이 향상됐다는 분위기이다.

문제

주4일제 도입에 대해 찬성·반대 의견을 정하고, 그 논거를 제시하시오.

관련용: 제13장 2. 근로의 권리

임금피크제

다음 제시문을 읽고 문제에 답하시오. 2016 원광대

제시문

임금피크제는 근로자가 일정 연령에 도달한 이후 근로자의 고용을 보장하는 것을 조건으로 근로자의 임금을 조정하는 제도를 말한다. 기본적으로는 정년보장 또는 정년연장과 임금삭감을 맞교환하는 제도라고 할 수 있다. 임금피크제는 임금체계와 밀접한 관련이 있으며, 연령이나 근속연수에 따라 임금수준과 지위가 높아지는 연공서열제도에서 의미가 있고, 정년 개념이 있는 사업장에서 유효하다. 그런 이유로 직무성과에 따른 보수체계를 가지고 있고 정년제도가 없는 미국과 유럽이 아닌 연공서열제도를 채택하고 있는 한국과 일본에서 주로 활용되고 있다.

한국에서는 2003년 신용보증기금이 최초로 도입했다. 당시는 정리해고나 조기퇴직(명예퇴직)에 대한 압박이 강했던 시기로, 초기에는 고용불안 해소를 위해 정년을 보장하는 조건으로 임금을 삭감하는 정년보장형 임금피크제가 대다수였다. 2007년 말 기준 도입률이 4.4%에 불과할 정도로 활용도가 낮았으나 2013년 고령자고용법 개정을 통해 '60세 이상 정년'이 법제화되면서 제도 활용에 대한 논의가 활발해졌다. 정부는 2015년 5월 '공공기관 임금피크제 권고안'을 제시하며 공공기관을 필두로 한 제도 도입을 강력히 추진하였다.

문제

임금피크제가 사용자와 근로자에게 어떤 긍정적인 측면과 부정적인 측면이 있는지 설명하고, 임금피크제 시행 시 고려해야 할 사항에 대해 말해 보시오.

관련내용: 제13장 2. 근로의 권리

비정규직의 정규직 전환

다음 제시문을 읽고 문제에 답하시오. 2019 한양대

제시문 1

비정규직은 IMF 시기에 기업의 경영난을 해소하기 위해 처음으로 우리나라에 도입되었다. 그러나 비정규직은 정규직과 동일한 노동을 함에도 불구하고 임금에서 차별을 받으며, 고용 안정성이 담보되지 않는 등의 여러 가지 어려움을 호소하고 있다. 비정규직을 정규직으로 전환할 경우에는, 업무의 연속성이 확보되고 숙련된 인력을 확보할 수 있다는 장점이 있다.

제시문 2

A대기업의 정규직 사원들이 비정규직의 정규직 전환에 대한 입장문을 발표했다. 내용은 다음과 같다. '우리 직원들은 비정규직의 정규직 전환에 대해서는 대찬성이다. 비정규직의 처우 개선 및 비정규직의 직업 안정성 향상을

위해서 필요한 조치라고 본다. 그러나 정규직은 비정규직 근로자들에 비해 A회사를 들어오기 위해 훨씬 많은 노력을 했다. 노력의 수치가 다른데 비정규직과 정규직을 동등하게 처우하는 것은 오히려 정규직을 역차별하는 행위이며, 선발 공정성에도 문제가 있으므로 용납할 수 없다. 이는 정규직의 상대적 박탈감을 가져올 수 있는 문제이다. 그러나 정규직 공채를 늘렸을 경우 기업의 입장에서는 우수한 인력을 확보할 수 있기 때문에 인력 채용 시 공채를 늘려야 한다.

사례)
H회사의 경영진은 H회사에서 기존에 고용하고 있었던 비정규직 100명의 계약 만료 기간이 도과하여 이들의 처분에 대하여 회의를 하였는데, 이 회사는 정규직 100명을 충원할 계획이 있다. 회의 끝에 '비정규직 100명을 전부 정규직으로 전환'하는 A안과, '비정규직 100명의 계약 연장을 하지 않고 100명분의 직원을 신규 공채 정직원으로 채용'하는 B안이 나왔다.

문제
제시문 1과 2를 참고하여 자신이 H회사의 경영진이라면 A안과 B안 둘 중에 어떤 것을 선택할지에 대해 말하고, 그 이유를 말하시오.

관련내용: 제13장 2. 근로의 권리

Thema **74** 플랫폼노동자 보호

풀어보기_

다음 제시문을 읽고 문제에 답하시오.   2023 제주대

제시문
카페를 운영하던 B씨는 배달 플랫폼에서 배달을 하는 투잡을 하다가 사업 악화로 카페를 정리하고 배달로만 생계를 이어가고 있었다. B는 오토바이로 피자 배달을 하고 있었고, 배달앱의 특성상 배달까지 걸리는 시간을 소비자에게 알리기 위해 오토바이로 이동 중 핸드폰을 조작하다가 교통사고가 발생해 치료를 받아야 했다. 그런데 피자가게 사장 C는 자신들이 직접 B를 고용한 것이 아니고 배달 플랫폼을 통해 배달원을 배정받은 것이기 때문에 책임이 없음을 주장했다. 그리고 배달 플랫폼 업체 D는 B는 회사의 근로자가 아니며 업체는 그저 음식점과 배달원을 연결시켜주는 일을 할 뿐이라고 주장하며 치료비 부담을 거부했다.

문제
B의 치료비는 누가 부담해야 하는가?

관련내용: 제13장 2. 근로의 권리

Thema 75 / 입시 공정성

다음 제시문을 읽고 문제에 답하시오.   2020 전북대

제시문

문재인 대통령 정부 당시 유은혜 교육부 장관은 "특권과 불평등한 교육제도와 사회제도를 과감히 개선하겠다"며 서울 주요 대학의 2022학년도 대학수학능력시험에서부터 수시 비중을 줄이고 정시 비중을 늘리겠다고 발표했다. 학생들의 창의성을 막고 폐단을 일으킨다는 공감하에 김영삼 정부에서 시작한 수시전형은 기존의 취지와는 달리 부모의 배경과 능력, 출신 고등학교 등이 입시 결과에 많은 영향을 미쳤고, 수시전형의 과정이 객관적이고 투명하지 않다는 비난이 제기되었다. 따라서 객관적 평가 기준이 있는 정시전형이 학생 선발 기준으로 더 공정하다는 것이다. 그러나 입시전문가들 사이에서는 정시전형은 자사고나 특목고, 강남 8학군 등의 경제력이 높은 집안의 자녀가 명문대에 입학할 가능성이 훨씬 높을 것이라며 우려의 목소리도 나오고 있다.

공정성에는 교육의 공정성과 사회 복지의 공정성이 있다. 교육의 공정성은 평가 요소 이외의 것이 포함되지 않는 것으로 평가 특성 외에는 평가 집단에 따라 결과의 차이가 없는 것을 의미한다. 반면, 사회 복지의 공정성이란 집단 혹은 조직적 생활 과정에서 여러 인격에 대한 대우 또는 복리의 배분 등을 기준에 따라 공평히 하는 것 또는 취약계층에 분배가 적정하게 이루어지는 것을 의미한다. 교육의 공정성이란 특정한 성향이 나오지 않는 것이며, 사회 복지의 공정성은 실질적인 평등을 실현하는 것이다.

문제

공정성 담보를 위해 수능으로만 학생을 선발하는 것에 대해 찬성 또는 반대 입장을 밝히고 근거를 제시하시오.

관련내용: 제13장 3. 교육을 받을 권리

Thema 76 / 지역학교 통폐합

다음 제시문을 읽고 문제에 답하시오.   2019 원광대

제시문

대한민국은 현재 전체 인구의 50% 가량이 수도권에 집중해 거주하고 있다. 대도시로의 인구 이동 현상이 뚜렷한 상황에서 상대적으로 농어촌의 인구 감소는 교육에도 영향을 미치고 있다. 따라서 교육부는 교육재정 운영의 효율성을 높이기 위해 학생 수가 적어 시설 운영이 어렵고 다양한 교육 프로그램을 제공하지 못하는 학교들을 위한 '소규모 농어촌 학교 통폐합' 정책을 추진했다. 이에 대해 전라북도 교육청은 소규모 학교를 통폐합하면 학부모나 학생들이 좋은 교육을 받을 수 있는 대도시로 이전하게 되어 지역격차가 더 커질 수 있고 장거리 통학을 해야 하는 아이들이 있다고 판단하여, 누구나 가고 싶은 '어울림 학교' 정책을 펼치고 있다. 어울림 학교란 100명 이하의 소규모 학교로 민주적 자치공동체와 전문적 학습공동체를 구축하여 학생들의 인성, 지성, 사회성을 길러주고, 교

육과정의 창조적 재구성을 통하여 도·농 간 교육격차를 완화하여 다시 농어촌으로 돌아오도록 하는 학교를 말한다. 이 학교에는 공동통학구형(70교), 작은 학교 협력형(6교), 초·중등학교 연계형(17교), 그리고 학교-마을 협력형(46교) 등의 유형이 있으며, 전라북도에서는 다양한 '농어촌학교 살리기' 정책이 시행되고 있다.

문제

저출산에 따른 학령인구 감소, 인구의 수도권 집중화에 따라 지역에 있는 학교들이 통폐합되어 가고 있다. 이러한 지역학교 통폐합 문제에 대해 지원자의 견해를 밝히고, 해결방안을 제시해 보시오.

※ 원래 제시문에 대한 질문은 "교육부의 '소규모 농어촌 학교 통폐합' 정책과 전라북도 교육청의 '농어촌학교 살리기' 정책을 비교 분석하고 해결방안을 제시하시오"였지만, 최근 이슈를 반영해서 제시문은 그대로 두고 질문만 바꿔보았다.

관련내용: 제13장 3. 교육을 받을 권리

Thema 77 / 기여입학제

풀어보기_ 🖉

다음 제시문을 읽고 문제에 답하시오.   2017 영남대, 2015 원광대[21]

제시문

미국의 사립대학에서 이루어지는 기여입학제도는 매우 다양한 양상을 보이고 있다. 대학발전을 위한 기금을 기부할 가능성이 높은 인사의 자녀나 친인척, 대학동문의 자녀나 친인척, 사회·정치·문화·연예계 등의 유명인사 자녀, 그 대학에 재직하고 있는 교수나 교직원의 자녀 등이 미국의 유명 사립대학에 진학한다. 기부를 통한 입학의 경우 미국의 상위 25개 대학에서는 최저 10만 불이 필수이며, 상위 10개 대학의 경우 25만 불에서 백만 불 이상을 기부한다고 보고되고 있다. 미국 대학들은 시험성적처럼 객관적인 수치 외에 각 대학이 학생의 다양한 요소를 고려하여 자율적으로 학생선발기준을 결정하며, 기여입학 역시 각 대학의 자율적인 학생선발기준에 포함되어 있다. 예일대학의 경우 재학생 중 동문 자녀의 비율이 14%, 프린스턴대학은 12%에 달하는데 이와 같은 '동문 자녀 우대 정책'은 동문회를 통해 조성되는 막대한 학교기부금 때문이다. 이 기부금으로 인하여 재학생의 70%가 장학금을 받아 공부하며 학교재정의 등록금 의존 비율은 10%를 조금 상회하는 정도밖에 되지 않는다. 기여입학제도로 확보한 재정을 장학금으로 지급함으로써 교육이 갖는 계층이동의 긍정적 기능을 살리고 있는 것이다. 물론 동문의 기부금이 곧 자녀의 입학으로 연결되는 것은 아니며 기본적인 수학능력이 뒷받침되지 않는 한 재정기여 동문의 자녀라고 해도 무조건 입학할 수는 없다.

문제

기여입학제는 아직까지 한국 사회에서 이를 수용할 사회적 합의에 이르지 못하고 있다. 그러나 위기에 처한 대학의 재정문제를 해결하는 중요한 하나의 방안으로 거론되기도 한다. 제시문에서 언급한 미국의 사례를 참고해서 기여입학제에 대한 지원자의 견해를 밝혀 보시오.

관련내용: 제13장 3. 교육을 받을 권리

---

21 기여입학제 관련 문제가 2017학년도에는 영남대에서, 2015학년도에는 원광대에서 면접문제로 출제되었다. 풀어보기 문제는 출제 주제와 문제를 바탕으로 제시문을 새롭게 구성하였다.

이 연구에서는 전체적으로 기여입학에 대한 찬성은 10% 남짓하고 반대가 50%를 넘어 반대의견이 많았다. 그러나 기여입학제가 저소득층의 교육기회를 확대하고, 대학의 장학금을 확대하며, 등록금을 인하하게 하는 등의 긍정적 기능을 할 것이라는 데는 동의하는 비율이 월등히 높았다. 또한 최저학력제나 대학입학 최소 3년 이전의 기여만 인정하는 등의 제도보완이 있는 경우에는 제도에 대한 반대비율이 크게 낮아지는 것으로 나타났다. 성적하위집단의 기여입학금 제공의사가 상위나 중위집단보다 높았고, 제공의향 기여입학금 평균은 성적 중위집단에서 가장 높았는데 이는 기여입학제도를 통해서 성적만으로 진학 가능한 대학보다 우수한 대학에 진학하려는 의향이 상대적으로 성적 중위권과 하위권에서 더 크게 나타나고 있음을 보여주는 것이다. 그러나 성적 중위와 하위집단은 기부의사가 있는 기부금의 규모에서 성적상위집단과는 큰 차이가 있었다. 제공의사가 있는 기부금의 규모는 최상위 대학의 경우 평균 5천만 원 이상이었다.

기여입학제가 가지는 제도적 장점에는 긍정적인 의견이 많았으나, 이의 도입에는 부정적인 의견이 많았고, 특별히 기여입학제에 대한 반대는 고등학생, 고소득층, 상위성적 학부모집단에서 큰 것으로 나타났는데 이는 제도의 유용성을 떠나서 제도의 공정한 운영이나 제도의 시행이 야기하게 될 문제점에 대한 우려가 반영된 결과로, 제도의 도입으로 인하여 현재 확보한 기득권이 손상될 우려가 있는 집단에서 부정적인 반응이 나타난 것으로 짐작된다. 기여입학제가 사교육비 감소효과를 가질 것인가에 대한 질문에는 긍정의 응답이 월등히 많았으나 고소득층의 경우에는 상반된 응답경향이 나타나서 이들 집단 중 일부에서는 기여입학제가 시행되는 경우에도 사교육에 의한 교육투자를 지속할 가능성이 있는 것으로 보인다.

대학의 재정난 해소방안으로 제기된 기여입학제는 찬반양론이 팽팽한 우리 사회의 쟁점 가운데 하나이다. 기여입학제에 찬성하는 논리는 사교육비 등 우리 사회의 유휴자본의 음성적, 낭비적 지출을 양성화하여 정규교육재원으로 유인함으로써 보다 질 높은 대학교육환경을 조성할 수 있고, 기여입학제를 통해 확보된 재정을 학생장학금 등에 투자한다면 오히려 교육기회의 평등을 실현하는 방안이 될 수 있다는 것이다. 기여입학제에 반대하는 논리는 기여입학제는 교육의 기회균등을 보장하는 헌법 제31조 제1항에 저촉되며, 배금주의 가치관을 조장한다는 점에서 비교육적이고, 사회계층의 세습화를 가져와서 계층 간의 위화감을 심화시킬 것이라는 것이다. 또한 기여입학제는 대학 간 불균형적인 발전을 조장하게 되며, 시행 과정에서 많은 운영상의 문제점과 부작용이 유발될 가능성이 크다는 것이다.

이 연구에서 기여입학제가 시행되는 경우에 고소득층의 기여의사나 기여규모가 커서 기여입학제가 가진 구조적 문제점에 대한 우려가 현실화될 가능성이 있는 것으로 나타나고 있다. 그런데 소득계층별 기여입학금 제공의사와 제공의향 금액은 고소득층에서 크게 높았으나, 기여입학제가 저소득층의 대학진학 기회 확대에 기여할 것이라는 응답이 저소득층에 많았던 것은 제도를 둘러싼 소득계층별 갈등이 우려할 만큼 크지 않을 수 있음을 보여주는 결과로 해석된다. 또 최근의 여러 연구에 의하면 우리나라는 고등교육 진학이나 우수대학 진학에 부모의 경제적 능력이 커다란 영향을 미치고 있으며, 최우수대학 신입생 학부모의 사회적·경제적 지위가 점차 높아지고 있는 것으로 나타나고 있다. 이는 부모의 경제적 능력이 자녀의 우수대학 진학에 미치는 영향이 점차 커지는 방향으로 우리 사회의 교육환경이 변화하고 있음을 보여주는 것이다. 즉, 우리 사회의 교육환경은 기여입학제가 아니더라도 이미 경제적 능력을 가진 계층은 자신들이 가진 재정적·환경적 수단을 사용하여 자녀의 진학 가능성을 높이고 있는 상황이다.

뿐만 아니라 경제적 능력을 가진 계층이 자기 자녀의 고등교육 진학 가능성을 높이기 위하여 사용하는 방법인 사교육은 국가의 인적자본 개발을 위한 효율적인 방법이 되지 못하고 있으며, 단지 제한된 시험에서 높은 점수를 획득하기 위한 반복학습, 선행학습의 형태를 보이고 있다. 기여입학제도는 우리 사회에 이미 만연하고 있는 경제적 능력을 가진 계층이 자신의 경제적 능력을 활용하여 자녀를 비생산적인 사교육에 참여시킴으로써 '자기 자녀'의 진학 가능성을 높이는 현상을 탈피하여, 자신의 경제적 능력을 '자기 자녀가 아닌' 경제적 능력이 낮은 계층의 '타인의 자녀'에게 투입함으로써 '자기 자녀'의 진학 가능성을 높여주는 제도가 될 수 있다.

출처: 김현철, "기여입학제 도입의 문제점과 가능성", 한국교육문제연구 제31권 제3호, 2013.

풀어보기_✎

다음 제시문을 읽고 문제에 답하시오.   2023 제주대

제시문

청소노동자를 민·형사상 고소하는 일이 발생했다. 이들 대학생들은 청소노동자들을 업무방해와 집회 및 시위에 관한 법률(집시법) 위반 혐의로 고소했고, 학습권 침해로 인한 스트레스 및 '미래의 정신적 트라우마'를 고려해 청소노동자들이 약 ○○○만원을 배상하라는 손해배상청구 소송도 제기했다. 청소노동자들은 시급을 440원 인상하고 정년퇴직 인원만큼의 인력 충원, 샤워실 설치 등을 요구하는 집회를 개최해왔다.

이에 대해 "학생들이 낸 등록금으로 먹고 사는 청소노동자들의 노조 활동으로 인해서 왜 학생들의 공부가 방해받아야 하나", "노동자들이 왜 그렇게 할 수밖에 없는지에 대해 조금이라도 생각해 봤다면 소송을 제기할 수 있었을까", "사회적 약자라도 타인에게 피해를 주는 시위는 타당하지 않다", "법의 보호를 받지 못해 시위에 나오는 노동자들을 법으로 단죄하겠다는 생각이 굉장히 위험하고 동료 시민으로서 가져야 할 바람직한 자세가 아니다" 등 다양한 의견이 온라인 익명 커뮤니티에 올라왔다.

전문가는 집회·시위의 속성에 관해 생각해 보아야 한다고 말한다. 한국다양성연구 소장은 "집회·시위는 그 자체가 목적을 달성하기 위해 불편을 초래하는 속성이 있다"며 "성명을 내고, 기자회견을 해도 개선되지 않아 집회를 하고, 전철을 멈추고, 파업을 하는 상황으로까지 간다. 불편을 끼치지 않는 방식으로는 얘기해도 관심을 갖지 않기 때문"이라고 설명했다. 이어 "소송을 제기한 학생들은 학습권, 교육권을 주장하는데 노동자에게도 노동권은 중요하다. 교육권과 노동권의 책임은 학교에 있다"며 "'시끄러우니까 말하지 마'라고 하는 것은 문제의 본질을 해결하는 방식으로 보기 어렵다. 해결의 주체를 향해 권리를 요구하는 목소리를 함께 내는 것이 문제를 해결하는 올바른 방향"이라고 강조했다.

문제

1. 청소노동자와 학생의 입장 중 어느 입장이 타당한가?
2. 학생들의 대처는 과도하다고 생각하는가?

관련내용: 제13장 3. 교육을 받을 권리

풀어보기_✎

다음 제시문을 읽고 문제에 답하시오.   2021 한국외대

제시문

정부는 의대정원 확대를 주장하고 있다. 현재 활동하는 의사 수는 약 10만 명으로 경제협력개발기구(OECD) 평균 16만 명과 단순 비교해도 절대적으로 부족하다는 것이다. 또한 서울 인구 1천명당 의사 수가 3.1명인 데 비해 경북은 1.4명, 충청남도는 1.5명에 불과해 공공의대 도입이 불가피하다고 주장하고 있다. 따라서 정부는 2022학년

도부터 10년간 한시적으로 의대정원을 연 400명 증원하여 총 4,000명의 의사를 추가로 양성하고, 공공의대를 설립해서 지방과 특수분야 의사 수 부족 문제를 해결한다는 방침이다. 그러나 의료계에서는 인구 감소 및 의사 증가율을 고려해야 하고, 근본적인 해결책이 빠져 있는 포퓰리즘적 정책이라며 비난하고 나섰다.

문제

정부의 '의대정원 확대와 공공의대 설립' 정책에 대해 자신의 생각을 논하시오.

관련내용: 제13장 4. 보건권

Thema **80** / **의료광고**

풀어보기_ ✎

다음 제시문을 읽고 문제에 답하시오.   2021 부산대

제시문

A씨가 허리가 아파서 병원에 갔는데, 병원 이름이 '○○ 척추디스크'였다. 병원 이름이 이상하다고 생각한 A씨는 의사한테 병원 이름을 그렇게 지은 이유를 물어보았더니, 의사는 현행법상 질병명을 병원 이름으로 쓸 수 없기에 편법으로 이러한 명칭을 사용했다고 대답했다.

X국 의료법 제15조
① 자신의 이름을 명시하여 병원 이름에 사용할 수 있다. 그러나 병원 이름에 질병명이나 인체의 장기 이름을 사용해서는 안 된다.
② 전문의 과정을 수료한 자는 해당 전문의 수료과를 간판에 명시할 수 있다.

문제

병원 간판에 특정 질병명을 명시하는 것에 대해 환자, 의사, 의료담당 행정 공무원의 입장에서 찬반 근거를 말하고, 자신의 견해를 이야기하라.

관련내용: 제13장 4. 보건권

풀어보기_ 🖉

다음 제시문을 읽고 문제에 답하시오.   2019 연세대

제시문 1

로크의 사회계약론에 의하면 자연 상태에 있는 개인들은 생명, 안전 등을 영위하기 위해서 사회계약을 통해 공동체를 이룬다. 이 과정에서 공동체 속 개인들은 자유를 일부 포기하고 공동체의 법에 따라야 한다. 하지만 자유는 공공의 안전이나 공동선을 위한 것일 때만 제한이 가능할 것이다. 즉 특정 개인의 부와 명예가 자유를 제한하려는 목적이 되어서는 안 된다.

제시문 2

미국은 과거 전염병인 천연두로 인한 피해를 막기 위해 모든 성인에게 예방접종에 대한 의무를 부과하고 이를 지키지 않을 시 5달러의 벌금을 부과한다. 이에 대해 국민 A는 예방접종을 거부하고 있는 상황이다. 자신의 신체와 안전에 대해 국가가 특정한 방식만을 강제하는 것은 자신의 자유를 제한하는 것이므로 따를 수 없다고 주장하고 있다.

제시문 3

전라남도 고흥군에는 한센병 환자들이 모여 사는 소록도가 있다. 그 기원은 구한말 개신교 선교사들이 1910년 세운 시립 나요양원에서 시작되었고, 1916년 주민들의 민원에 따라 조선총독부가 소록도에 자혜병원으로 정식 개원하였다. 일제강점기에 한센병 환자 강제수용시설로 사용하였고, 가혹한 학대와 강제 노동, 일본식 생활 강요, 불임 시술 등의 인권침해를 당하였다. 당시 한센병은 특수 전염병 3종으로 분류되어 있었으며, 전염을 우려하여 한센병 환자들을 소록도에 강제로 격리수용하였다. 남녀가 부부 사이라고 할지라도 철저하게 분리 수용되었으며, 임신과 출산까지 할 수 없도록 남자의 경우 정관수술, 여자의 경우 임신중절수술을 강제하는 방법을 취했다.

문제

1. 제시문 2와 제시문 3 사이의 공통점과 차이점을 말하시오.
2. 제시문 1의 내용을 바탕으로 제시문 2의 A를 옹호할지 반박할지 선택하고, 근거를 말하시오.
3. 제시문 1의 내용을 바탕으로 제시문 3의 정부의 결정이 정당한지에 대해 본인의 생각을 말하시오.

관련내용: 제13장 4. 보건권

음주연령 상향

풀어보기

다음 제시문을 읽고 문제에 답하시오.   2022 아주대

제시문

일본 정부가 약 140년 만에 처음으로 성인 나이 기준을 20세에서 18세로 낮추는 민법 개정안을 올해 4월부터 시행한다. 2일 NHK에 따르면 올해 4월 시행될 개정안은 성인 나이를 20세에서 18세로 낮추고, 여성의 결혼 가능 나이를 16세에서 남성과 같은 18세로 상향하는 내용을 담고 있다. 다만 음주와 흡연, 경마, 경륜 등은 기존처럼 20세 미만은 할 수 없다. 나이 기준 완화에 따라 개정된 일본 소년법도 4월부터 시행된다. 개정안에 따르면 18세와 19세는 '특정 소년'이라는 새 범주에 포함돼 17세 이하의 청소년과 다른 취급을 받게 된다.

문제

식품위생법상 만 19세로 규정된 음주 연령 상향의 재조정에 대해 찬성·반대 의견을 정하고, 그 논거를 제시하시오.

관련내용: 제13장 4. 보건권

비만세

풀어보기

다음 제시문을 읽고 문제에 답하시오.   2018 한국외대

제시문

비만세는 인류의 비만율과 질병률을 낮추고자 비만을 유발하는 원인이 되는 식품 등에 부과하는 세금이다. 세계 최초로 비만세를 도입한 나라는 덴마크다. 덴마크는 2011년 10월 비만이 생산성을 저하시키고 건강보험 재정에 타격을 준다는 명분을 바탕으로 포화지방 1킬로그램당 16덴마크 크로네(약 3,400원)의 비만세를 부과했다.
비만세를 도입하려는 국가는 계속 증가하고 있지만 비만세에 대한 비판도 적지 않다. 각국 정부가 비만세를 국민 건강뿐 아니라 모자란 재정수입을 벌충하기 위한 효과적인 세수 확보 수단으로 활용하려 하기 때문이다. 실제로 헝가리 정부는 포장 식품세를 통해 7,780만 달러를 거뒀는데, 이는 정부 총수입 중 1.2퍼센트를 차지하고 있다. 헝가리는 에너지 음료 제조회사가 제품 성분을 조절한 후 비만세를 내지 않아 세수가 예상보다 줄어들자 다시 식품 성분 기준을 강화하는 등 비만세를 세수 증대 수단으로 적극 활용하고 있다. 비만세가 성과는 거두지 못하고 부작용만 낳고 있다는 지적도 있다. 2012년 11월 10일 덴마크는 비만세를 폐지한다고 밝혔는데, 물가 상승과 기업의 비용 부담 증가, 일자리 감소 등을 그 이유로 제시했다.

문제

비만세 도입 문제에 대한 지원자의 견해를 밝히시오.

관련내용: 제13장 4. 보건권

'비만세(Fat tax)'는 인류의 비만율과 질병률을 낮추고자 하는 좋은 취지로 비만을 유발하는 식품 등에 부과하는 세금이다. 이론적으로 피구세(Pigouvian tax, 소비 및 생산과정에서 발생하는 피해를 최소화하기 위해 고안된 세금)의 일종이며, 죄악세(Sin tax)의 한 종류다. 이에 찬성하는 쪽은 비만세 도입으로 국민 건강이 증진돼 사회적 비용이 감소할 수 있다는 논리이나, 반면 반대 측에서는 실효성 없이 제품 가격만 상승시키는 것을 우려한다.

그럼에도 불구하고 비만세를 도입하려는 국가가 계속 증가하고 있어 이에 대한 비판도 적지 않다. 이 세금은 소득 수준에 관계없이 관련 상품을 소비하는 모든 사람에게 부과되는 간접세의 특징을 지녀 계층 간 불평등을 악화시킬 수 있기 때문이다. 또한 가격이 저렴한 패스트푸드를 소비하는 계층은 저소득층이 많고, 이들의 엥겔계수(소득 중 식료품 지출 비중)도 높기 때문에 문제가 될 수 있다.

이 비만세를 처음 도입한 나라는 덴마크인데, 1922년부터 초콜릿과 사탕에 소비세를 부과했다. 그러나 덴마크 정부는 이를 통해 세수 증가, 지방 섭취량 감소, 비만인구 비율 하락 등 긍정적 효과를 기대했으나, 물가 상승으로 인플레이션을 유발하고 각종 행정비용이 소요됐고 관련 산업의 경쟁력 약화와 일자리 감소 등 역효과가 커지자 2012년 11월 10일 폐지한 바 있다.

헝가리는 2011년 9월부터 청량음료, 에너지음료뿐 아니라 소금, 설탕, 지방이 많이 함유된 가공식품에 부가가치세를 매기는 햄버거법(hamberger tax)을 도입했다. 이후 프랑스, 멕시코, 미국, 영국(2017) 등에서 탄산음료에 설탕세를 부과하고 있고 멕시코는 100g당 275kcal가 넘는 고칼로리 음식에도 8%의 세금을 매긴다. 핀란드도 1999년 폐지했던 사탕과 초콜릿 등에 매기던 세금을 2011년 부활시켜 kg당 0.75유로(1,070원)의 세금을 부과하고 있다. 영국은 과음 방지를 위해 알코올 단위당 최저 술값을 0.45파운드(740원)로 책정했으며, 프랑스도 이 세금을 인상하는 안을 추진 중이라고 한다. 일본도 2009년부터 기업, 공무원 등 직장인들의 건강문제를 해결하기 위해 복부비만자들에게 벌금을 부과하는 「비만금지법」을 제정했다고 한다. 전 세계적으로 중앙정부에 이어 각 지자체장들도 인기를 얻기 위해 비만세를 들고 나오고 있다. 2014년에는 美 캘리포니아주에서 설탕이나 인공감미료가 들어간 탄산음료 1온스당 1.5센트의 '소다세'를 부과하는 법안이 통과됐으며, 남인도 케랄라주에서도 2016년 7월 패스트푸드에 약 14.5%의 비만세를 도입했다.

세금이라는 강제성보다 비만을 유발하는 식품에 경고표시를 하고, 광고를 규제함으로써 소비자의 건강한 선택을 돕는 합리적인 법안을 시행하는 나라도 있다. 칠레 정부는 식품 포장지에 설탕·소금·칼로리·포화지방 여부를 담은 정보와 함께 '금지(STOP)' 문구를 더한 위해성분 전면경고 표시제를 시행 중이다. 이는 소비자에게 건강식품을 스스로 선택하도록 돕는 소극적 규제다. 실제 1인당 가당음료 섭취량 세계 1위 국가인 칠레는 도입 6개월 만에 가당음료 섭취량이 60% 감소하는 등 정책의 효과를 봤다고 한다. 영국도 대중교통에 나트륨, 지방, 설탕 함유량이 높은 음식 광고를 금지하는 대체 규제를 도입한 바 있다.

우리나라에서는 2013년 5월 6일 무소속 문대성 의원이 고열량·저영양 식품에 부담금을 부과하는 비만세를 국회에 제출한 것이 최초다. 이후 2021년 2월 강병원 의원 등이 설탕이 첨가된 음료를 제조·수입·판매하는 회사에 부담금을 매기는 「국민건강증진법」 일부개정안, 즉 비만세를 제안했다. 비만세를 도입하면 식습관 개선을 유도하는 한편 당뇨·비만·고혈압 등의 질병을 예방하고 국민건강 증진에 이바지할 수 있다는 것이다. 또한 세계보건기구(WHO)가 비만을 '21세기 신종 전염병'으로 진단한 것도 도입 이유로 부각된다. 반면 우리 정부는 비만세가 비만율이 상대적으로 낮은 한국에 도입되면 저소득층의 식품 구매력 약화와 물가 인상 등 부정적 효과를 예상해 아직 비만세 도입을 고려하지 않고 있다.

출처: 하상도 교수, 식품음료신문, 2022.1.10.

탄소배출권거래제도

풀어보기_ ✎

다음 제시문을 읽고 문제에 답하시오.   2023 충남대

제시문

전 세계적으로 탄소중립이 주목받고 있다. 탄소중립은 이산화탄소를 배출한 만큼 이산화탄소를 흡수하는 대책을 세워 이산화탄소의 실질적인 배출량을 '0'으로 만든다는 개념이다. 지구 온난화를 막기 위한 기후변화협약에 따라 교토의정서에서 '온실가스 배출권거래제도'가 도입되었다.

각국별로 온실가스(이산화탄소) 배출 감축 의무와 연간 배출허용량을 정한 뒤 국가마다 할당된 감축량 의무 달성을 위해 자국의 기업별·부문별로 배출량을 할당하는데, 이때 할당량만큼 온실가스 감축이 불가능한 국가·기업의 경우 다른 나라 기업으로부터 할당량을 매입할 수 있도록 허용한 제도이다. 허용량보다 온실가스를 많이 배출한 국가나 기업은 초과분만큼의 탄소배출권을 탄소배출권거래소에서 구입해야 하며, 허용량보다 적게 배출한 국가나 기업은 미달분만큼 탄소배출권을 팔 수 있다.

이처럼 온실가스 감축에 많은 비용이 소요되는 기업이나 국가는 감축 목표를 초과 달성한 국가·기업으로부터 배출권을 시장에서 사들이는 방법으로 감축 의무를 이행할 수 있게 돼, 시장 전체로서는 최소한의 비용으로 목표를 달성할 수 있다는 이점이 있다.

탄소 배출에 있어서 미국과 개발도상국의 갈등이 존재한다. 미국은 탄소배출권거래제도의 활성화를 통해 탄소중립 목표를 달성해야 한다고 주장한다. 그렇지만, 개발도상국들은 선진국들이 제시하는 기준은 자신들에게 과중한 부담이며, 지구환경 악화에 대하여는 선진국들에게 역사적인 누적 책임이 있기 때문에 개선 의무도 선진국들이 주로 부담해야 한다고 주장한다.

문제

1. 탄소중립의 목적이 전 세계의 탄소 총합을 줄이기 위함이라면, 몇몇 국가들의 탄소배출을 제한하는 것만으로 효과가 있겠는가?
2. 만약 효과에 의문이 있다면, 탄소배출권거래제도에 반대하는 입장을 논거를 들어 이야기해 보시오.

관련내용: 제13장 5. 환경권

온실가스 규제

풀어보기_ ✎

다음 제시문을 읽고 문제에 답하시오.   2022 영남대

제시문

기후변화의 위험성에 대한 위기의식이 고조되면서 2015년, 전 세계 195개국은 온실가스 배출량을 단계적으로 감축하는 협약을 파리에서 채택했다. '파리협약'이라 부르는 이 협약을 지키기 위해 현재 세계 각국은 2050년을 전후로 '탄소 중립(Net-Zero)'을 달성하기 위한 다양한 정책을 추진 중이다. 최근 우리나라 정부도 2030년까지 온

실가스 배출량을 2018년 대비 40% 감축하고 2050년에는 '탄소 중립'을 달성하겠다는 목표를 발표했다. 하지만 탄소 중립 사회로 전환되는 과정에서 발생하는 문제점도 나타나고 있다. 친환경을 의미하는 그린(Green)과 물가의 지속적 상승을 의미하는 인플레이션(Inflation)의 합성어인 소위 '그린플레이션(Greenflation)'이 대표적이다. 이는 탄소 중립 사회로 이행하는 과정에서 발생하는 인플레이션을 의미한다. 최근 각국의 친환경 정책 및 규제가 주요 원자재의 공급 부족 현상을 초래하면서 세계 원자재 가격이 상승하는 부작용이 나타나고 있다. 이러한 상황에서 정부의 온실가스 감축 목표 등과 관련하여 탄소 중립 사회로의 전환에 속도 조절이 필요하다는 목소리가 커지고 있다. 온실가스 감축 목표를 지키기 위한 기업의 부담이 늘어나면서 국내 생산설비 신·증설 중단, 국외 이전 및 고용 감소로 이어질 수 있다는 우려가 제기되고 있는 것이다. 어느 입장이든 탄소 중립 사회로의 전환에 대한 필요성은 전제되어 있다. 다만, 기업 부담 및 그린플레이션 등 전환 과정에서 나타날 수 있는 부작용을 줄이는 방안과 목표 기간 등에 대한 이견이 존재할 뿐이다.

문제

2050년까지 탄소 중립을 이루겠다는 목표가 시기상조인지 아니면 적절한 목표인지에 관해서 자신의 견해를 밝히시오.

관련내용: 제13장 5. 환경권

Thema 86 탄소국경세

풀어보기_ ✎

다음 제시문을 읽고 문제에 답하시오.   2022 아주대

제시문

탄소국경세를 통해 EU 역내로 수입되는 제품 중 역내 생산 제품보다 탄소 배출량이 많은 제품에 대해 비용을 부담시킬 예정이다. EU는 탄소 배출량 감축을 위해 역내 기업에 탄소세를 부과하고 있는데, 탄소국경세 부과조치는 같은 양의 탄소를 배출하고 있음에도 비용을 부담하지 않는 국외 경쟁사들로부터 역내 기업들을 보호하려는 조치이다. 탄소배출을 줄이기 위한 조치 때문에 역외 기업들과의 경쟁에서 뒤처질 우려가 있는 역내 기업을 보호하는 데 탄소국경세가 강력한 수단이 될 것이다. 그러나 이러한 조치가 세계무역기구(WTO) 규정에 어긋날 수 있다며 반대하는 각국 정부의 목소리는 더욱 커질 전망이다. 유로뉴스는 "이 조치가 세계무역에 대해 부당하고 차별적인 장벽으로 비쳐진다면 WTO 내 분쟁을 촉발시킬 수 있다"고 내다봤다.

문제

EU가 EU 외부 국가에 부과하는 탄소국경세에 대해 찬성·반대 의견을 정하고, 그 논거를 제시하시오.

관련내용: 제13장 5. 환경권

다음 제시문을 읽고 문제에 답하시오. 2017 부산대

제시문

(가) 글로벌기업들은 현재 GMO기술(유전자 변형 기술)을 통해 새로운 식량을 개발하는 데 힘쓰고 있다. GMO란 일반적으로 생산량 증대 또는 유통, 가공상의 편의를 위하여 유전공학기술을 이용, 기존의 육종방법으로는 나타날 수 없는 형질이나 유전자를 지니도록 개발된 농산물이다. 2050년까지 세계 인구는 90억 명 이상으로 증가할 것으로 예상된다. 약 35년 후엔 20억 명 분의 식량이 더 필요하다. 그러나 기후변화로 인해 물 부족 현상은 계속 심화되며, 식량 생산용 토지 역시 충분치 못한 상황이다. 또한 이로 인해 기아와 영양실조를 앓고 있는 사람들도 증가하고 있는 상황이다. 이러한 상황에서 GMO기술의 개발은 식량 증산을 위한 훌륭한 대처 방안으로 떠오르고 있다. GMO작물은 경지면적 대비 획기적인 생산성을 보여주기 때문이다. 하지만 GMO 식품의 경우 농약에 저항력을 가진 잡초가 생길 수도 있고 예상치 못한 악영향들이 발생한다고 밝혀진다.

(나) 소프트웨어 기술의 개발로 많은 부를 축적한 빌게이츠의 경우도 현재 이러한 GMO기술을 개발하는 회사인 몬산토에 막대한 금액을 투자하고 있다. 몬산토는 세계 작물 종자 사용권의 67%, GMO특허의 90%를 소유하고 있는 다국적 생화학 제조업 회사이다. 그러나 이렇게 GMO기술을 개발하는 몬산토에 대한 논란은 계속해서 커지고 있다. 2012년 프랑스 Caen대학의 연구 결과, 실험용 쥐 2,000마리한테 쥐 평균수명인 2년 동안 계속해서 GMO 옥수수와 콩을 먹였는데 각종 종양이 생기고, 장과 위장이 비틀어지고 유방암이 생겼다. 그리고 2세로 가면 자폐증과 불임증이 나타날 가능성 역시 높다는 결과가 나왔다. 또한 몬산토의 라운드업은 지난 15년 동안 GMO 종자개발을 장악하고 제초제와 농약을 끼워팔기 하였다. 이 제초제를 뿌리면 주변 풀들이 모두 누렇게 말라 죽는다. 이에 따라 이러한 제초제를 사용한 인도의 국민들은 식량난에 시달리면서도 더 심각한 환경오염을 겪고 있는 것으로 알려져 있다. 월남전에서 제초제나 고엽제를 제공하였으며 최근에는 이윤추구로 인도에서 농부들이 자살하는 일도 발생하였다.

문제

1. 기아문제 해결을 위한 GMO사업 기술 개발의 필요성에 대하여 자신의 견해를 제시하시오.
2. 글로벌기업이 참여하는 GMO사업 기술 개발의 장점과 단점을 설명하시오.
3. 보완할 점에 대해 설명하시오(GMO 제품에 대한 대안).

관련내용: 제13장 5. 환경권

풀어보기_ ✎

다음 제시문을 읽고 문제에 답하시오. 2018 경희대

제시문

(가) 원자력 발전이 경제적으로도 효율적이고 청정에너지를 만들어내는 발전 방식이기도 하므로 우리나라의 원자력 발전을 확대해야 한다는 의견이 있다. 하지만 외국에서는 원자력이 경제적이지 않다는 주장도 있다. 원자력 발전은 건설비용도 많이 들지만, 처분과 폐로 비용 및 사고 처리비용 등까지 고려하면 원전의 비용 대비 효율성이 떨어지기 때문이다. 특히 가장 최근에 있었던 대규모 원전사고인 후쿠시마 원전에서의 사고 처리 비용은 200조 원 이상으로 추산된다.

(나) 근 100년간 과학적 진리로 받아들여지던 상대성 이론에 대한 반대 증거가 제시되었다. '시간과 공간은 하나이고 그 안에서 모든 것은 상대적'이라는 상대성이론에서 빛의 속도는 유일하게 변함이 없는 기준이 된다. 그런데, 2011년 9월 CERN(유럽입자물리연구소)에서 중성미자가 빛보다 빠르게 운동했다고 발표하면서 많은 과학자들이 믿을 수 없다는 반응을 보였다. 만약 중성미자가 빛보다 빠르다는 것이 사실이라면, 현대 물리학의 근간이 흔들리게 되는 것이다. 이러한 발견들을 통해 과학이론도 시간이 지남에 따라 변화될 수 있고 절대적 진리가 될 수 없다는 생각이 퍼지고 있다.

(다) 공유지의 비극은 인간의 이기심에서 비롯된다. 하지만 인간은 절대적으로 이기적인 존재가 아닌 동시에 이타적인 존재도 아니다. 이러한 인간의 속성을 고려하여 공유지의 비극을 해결할 수 있다. 동료 간의 상호 견제와 감시를 통한다면 공유지를 효과적으로 관리할 수 있다.

(라) 현 정부가 신고리 5, 6호기 유지 또는 중단을 결정하기 위해 공론화위원회를 구성하였다. 이를 전문가 및 여러 시민으로 구성하여 의견을 수렴했고, 투표를 통한 최종 의사를 정부에 제출하고 정부는 이를 수용하기로 하였다.

문제

1. 수험생이 [제시문] (라) 공론화위원회에서 시민들을 설득해야 하는 전문가로 참여했다고 가정해 보고, 원자력발전소 유지 또는 중단과 관련된 입장을 정하여 말해 보시오. (40점)
2. [제시문] (나)와 (다)를 바탕으로 [제시문] (라)의 문제해결 방식에 대해 논하시오. (60점)

관련내용: 제13장 5. 환경권

다음 제시문을 읽고 문제에 답하시오.   2019 제주대

제시문

경제는 생태에서 배울 것이 대단히 많다. 제한된 자원을 둘러싸고 포식자가 너무 많이 존재하면 항상 문제가 생긴다. 특히 그 자원이 공유 자원이면 더욱 그렇다. 생물학자인 개릿 하딘(Garrett Hardin)은 1968년 <사이언스(Science)>에 실린 그의 논문에서 공유지의 희귀한 공유 자원은 어떤 공동의 강제적 규칙이 없다면 많은 이들의 무임승차 때문에 결국 파괴된다는 사실을 지적했다. 이른바 '공유지의 비극(Tragedy of the Commons) 이론'이다. 개릿 하딘은 마을의 초지를 공유하는 사람들이 자신의 이익을 챙기기 위해 가능한 한 많은 소 떼들을 초지에 풀어놓게 되고, 그 결과 발생하는 비극을 이렇게 은유적으로 설명했다.

"파멸은 모든 인간이 달려가는 최종 목적지다. 공유 자원은 자유롭게 이용해야 한다고 믿는 사회에서 각 개인이 자신의 최대 이익만을 추구할 때 도달하는 곳이 바로 이 파멸인 것이다. 이처럼 공유 자원에서 보장되는 자유는 모두를 파멸의 길로 이끈다."

모든 사람들은 공유지의 비극이 항상 나타나도록 만들 정도로 바보는 아니다. 사람들은 장기적인 상황을 예측할 수 있을 정도로 계획적이어서 서로 소통을 하며 상황을 정리해 나간다. 또 사유화보다는 공유 자원을 그대로 유지하는 편이 유리하다는 것을 알고 있고, 정부 개입 없이 이해관계자들이 서로 조정해 공유지를 유지할 정도로 사회성을 지니고 있다. 2009년에 여성으로서 노벨 경제학상을 처음 수상한 엘리너 오스트롬(Elinor Ostrom)은 이해관계자들의 조정을 통해 공유지의 비극 문제를 얼마든지 해결할 수 있음을 보여줬다.

공유 자원에서 발생하는 공유지의 비극을 해결하기 위해 많은 연구들이 이루어졌고, 세 가지 방안이 제시되었다. 첫 번째 방안은 국가의 규제를 통한 해결 방안이다. 이는 국가가 공유 자원의 사용에 대해 직접적으로 개입하여 '공유지의 비극'을 해결하려는 방안이다. 즉 공유 자원 사용에 대한 규제를 설정하고, 이를 위반하는 자를 처벌, 제재하는 방식으로 이루어진다.

두 번째 방안은 사적 소유권을 이용한 해결 방안이다. 이는 공동체 안에서 공유 자원에 대한 사적 소유권을 인정하여 '공유지의 비극'을 해결하려는 방안이다.

세 번째 방안은 공동체 차원의 해결 방안이다. 이는 공동체 내에 자체적인 규제와 관리, 감독을 통해 '공유지의 비극'을 해결하려는 방안이다.

문제

1. 국가의 규제를 통해 공유지의 비극을 해결할 경우의 장점과 문제점을 근거를 들어 설명하시오.
2. 사적 소유권, 즉 시장메커니즘을 통해 공유지의 비극을 해결할 경우의 장점과 문제점을 근거를 들어 설명하시오.
3. 공동체 내의 자체적인 규제와 관리, 감독을 통해 공유지의 비극을 해결하려는 방안이 갖는 장점과 문제점을 근거를 들어 설명하시오.

관련내용: 제13장 5. 환경권

풀어보기_ 🖉

다음 제시문을 읽고 문제에 답하시오.   2022 전남대

> 제시문
>
> 최근 우리나라에서 방송인으로 활동하는 일본 국적을 가진 A가 혼인하지 않은 상태로 출산하여 비혼모가 되었음을 밝혔다. 국내에서는 결혼한 부부에게만 정자 기증을 할 수 있기 때문에 일본에서 정자 공여 시술을 받아 출산한 것이다. 사실 우리나라는 미혼 여성의 보조생식술 시술 금지 및 처벌에 대해 뚜렷한 법률적 근거가 마련되어 있지 않다. 그러나 대한산부인과학회의 인공수정 시술에 대한 가이드라인에서는 '비배우자 간 인공수정 시술은 원칙적으로 법률적인 혼인 관계에 있는 부부만을 대상으로 시행한다'고 규정하고 있다.
> 그러나 비혼여성은 결혼, 임신, 출산에 대해 '자신이 원하는 대로' 가족을 꾸릴 자유와 권리가 있다. 다만 한편에서는 태어날 자녀의 복리와 전통적인 가족 개념 등에 대한 우려의 목소리도 있는 것이 사실이다.

> 문제

비혼여성의 정자기증을 통한 출산에 대한 지원자의 입장을 말하시오. 찬성한다면 보완책을 제시하고, 반대한다면 예외적으로 허용 가능한 경우를 제시하시오.

관련내용: 제13장 6. 혼인 및 가족에 관한 권리

풀어보기_ 🖉

다음 제시문을 읽고 문제에 답하시오.   2019 원광대

> 제시문
>
> 우리나라는 19세기 말까지는 높은 출산율에도 불구하고 높은 사망률로 인하여 다산을 장려하는 분위기였지만, 20세기에 들어 보건의료기술 발달에 따라 사망률이 감소하고 60년대부터 시작된 강력한 인구억제정책으로 저출산 현상이 지속되자 1996년에는 인구억제정책을 폐지하게 되었다. 1980년부터 2015년까지 출산율이 1인당 2.9명에서 1.2명으로 줄어들었으며, 2001년 합계출산율 1.3명으로 초저출산 이하로 떨어지자 정부에서는 출산장려정책으로 전환하게 되었다. 이러한 정책에는 보육비나 육아비 지원, 다자녀 가정지원, 주택사업 등이 있었으나 투자 대비 큰 효과가 없다는 비판을 받았다.
> 반면, 프랑스에서는 동거법(시민연대협약)을 실시하여 가족의 권리를 부여하여 결속과 해체에 유연성을 부여하였고, 스웨덴은 남성 육아휴직 제도를 실행하여 출산율이 소폭 상승하는 등의 효과를 거두고 있다.

> 문제

우리나라 출산율 하락의 원인과 해결책에 대하여 말하라.

관련내용: 제13장 6. 혼인 및 가족에 관한 권리

풀어보기_ ✎

다음 제시문을 읽고 문제에 답하시오.   2014 부산대[22]

제시문

배심제도라 함은 판사와 보통 다수인의 일반시민으로 구성된 배심원에 의한 재판으로서 배심원은 사실관계를, 판사는 법률관계에 관한 판정을 행하는 재판부 내부의 기능적 분화를 바탕으로 한 일반국민의 사법참여를 보장하는 판결절차를 말한다.

배심제의 장점으로 첫째, 사법의 민주적 정당성의 강화와 사법의 관료화 및 폐쇄성의 억제, 인권보장에의 기여 등을 위한 유효한 수단이 된다. 둘째, 국민의 사법부에 대한 신뢰강화, 국민에 대한 법률교육효과와 법치주의의 증진, 재판의 충실성, 오판의 방지, 국민의 직접적 참여를 통한 재판결과의 수인가능성 증대 등이다. 단점으로는 증거에 의하지 않은 사실인정을 할 위험이 높고, 감정적 판단의 우려가 있다는 점이다.

우리나라는 '국민의 형사재판 참여에 관한 법률'을 근거로 해서 국민참여재판제도를 도입했다. 국민참여재판은 미국식 배심제와 유럽식(독일, 프랑스) 참심제의 혼합 형태의 '한국형 사법참여제도'로서, 사법의 민주적 정당성을 강화하고 투명성을 높임으로써 국민으로부터 신뢰받는 사법제도를 확립하기 위하여 국민이 배심원으로서 형사재판에 참여하는 제도다. 우리나라의 국민참여재판은 모든 사건이 배심원이 참여하는 재판절차로 진행되는 것은 아니고, 국민의 형사재판 참여에 관한 법률에서 규정하고 있는 범죄사건에 대하여 피고인이 원하는 경우에 한한다. 따라서 피고인이 원하지 않거나 법원의 배제결정, 통상절차 회부결정이 있는 경우에는 통상의 재판절차에 의하게 된다. 국민참여재판에 관하여 변호인이 없는 경우 법원은 직권으로 변호인을 선임하여야 한다. 한편, 우리나라 헌법상 헌법과 법률이 정한 법관이 아닌 배심원이 사실심에만 관여하는 배심재판은 무방하나, 법관과 함께 합의체를 구성하여 법률심에까지 관여하는 참심제는 헌법 제27조에 위배되므로 이를 도입하려면 헌법개정이 필요하다.

문제

1. 영미 배심제도에서는 배심원이 만장일치로 의견을 통일하지 못한 경우에 배심원을 다시 구성하는 데 반해, 국민참여재판제도하에서는 단순 다수결로 평결하고 배심원단을 다시 구성하는 경우가 없다. 이에 대해 현행 제도를 개선할 필요가 있는지 지원자의 견해를 말하시오.
2. 영미 배심제도에서는 사실관계 확정에 관한 배심원 평결에 구속력을 부여하고 있는 반면, 우리나라는 법적 구속력을 부여하고 있지 않는데, 이에 대해 개선할 필요가 있는지 지원자의 견해를 말하시오.
3. 영미 배심제도에서는 양형에 관한 배심원단의 평결에 구속력을 인정하고 있지 않고, 우리나라도 마찬가지이다. 다만, 우리나라에서는 평결에 대해 배심원단이 의견은 낼 수 있도록 해서 영미 배심제도와는 차이가 있다. 이에 대해 개선할 필요가 있는지 지원자의 견해를 말하시오.

관련내용: 제14장 청구권적 기본권

⚖ 핵심이론   '국민의 형사재판 참여에 관한 법률'의 배심원제도

(a) 배심원의 형사재판참여: "사법의 민주적 정당성과 신뢰를 높이기 위하여 국민이 형사재판에 참여하는 제도를 시행함에 있어서 참여에 따른 권한과 책임을 명확히 하고, 재판절차의 특례"에 관하여 규정한 '국민의 형사재판 참여에 관한 법률'이 제정되었다. 국민참여재판이란 배심원이 참여하는 형사재판을 의미하고, 배심원이란 국민의 형사재판 참여에 관한 법률에 의하여 형사재판에 참여하도록 선정된 사람을 말한다.

---

22 제시문을 복기하는 데 어려움이 있어 질문에 맞춰 제시문을 새롭게 구성하였다.

(b) 대상사건: 법원조직법 제32조 제1항에 따른 합의부 관할 사건이 원칙적으로 국민참여재판의 대상사건이 된다. 다만, 피고인이 국민참여재판을 원하지 아니하거나 제9조 제1항에 따른 배제결정이 있는 경우는 국민참여재판을 하지 아니한다.

국민참여재판에는 법정형이 사형·무기징역 또는 무기금고에 해당하는 대상사건인 경우 9인의 배심원이 참여하고, 그 외의 대상사건에는 7인의 배심원이 참여한다. 다만, 법원은 피고인 또는 변호인이 공판준비절차에서 공소사실의 주요내용을 인정할 때에는 5인의 배심원이 참여하게 할 수 있다.

(c) 배심원의 자격: 배심원의 자격은 만 20세 이상의 대한민국 국민 중에서 일정한 결격사유 또는 직업 등에 따른 제외 사유가 없는 자이다. 정무직 공무원, 선출직 공직자, 법률전문가 등은 자격이 없다.

(d) 배심원의 역할: 배심원은 사실의 인정, 법령의 적용 및 형의 양정에 관한 의견을 제시할 권한이 있다. 변론이 종결된 후 심리에 관여한 배심원은 재판장의 일정한 설명을 들은 후 유·무죄에 관하여 평의를 한다. 평의의 결과 전원의 의견이 일치하면 그에 따라 평결을 한다. 유·무죄에 관하여 배심원 전원의 의견이 일치하지 아니하는 때에는 평결을 하기 전 심리에 관여한 판사의 의견을 들어야 한다. 이 경우 유·무죄의 평결은 다수결로 한다. 평결이 유죄인 경우 배심원은 심리에 관여한 판사와 함께 양형에 관하여 토의하고 그에 관한 의견을 개진한다.

배심원의 평결과 의견은 법원을 기속하지 아니한다.

재판장은 판결선고 시 피고인에게 배심원의 평결결과를 고지하여야 하며, 배심원의 평결결과와 다른 판결을 선고하는 때에는 피고인에게 그 이유를 설명하고 판결서에 기재하여야 한다.

(e) 평가: 배심원은 사실인정과 양형 과정에 모두 참여한다는 점에서 배심제와 구별되고, 배심원의 의견은 권고적 효력만을 가질 뿐이라는 점에서 배심제나 참심제와 구별된다. 또한 평의에서 만장일치의 의견이 있더라도 법관을 구속하지 아니한다.

한편 검찰도 국민의 참여기회를 보장하기 위하여 검찰시민위원회를 운영한다. 하지만 이는 법률에 규정된 제도가 아니라 검찰 자체적으로 운영하는 제도이다.

Thema **93** 공정한 재판을 받을 권리

풀어보기_ ✎

다음 제시문을 읽고 문제에 답하시오. 2022 경북대

제시문 1

12월 한 달간 검찰에 접수된 고소·고발 건수가 5만 건을 넘어 11년 만에 최대를 기록한 것은 우리 사회가 얼마나 '불신의 늪'에 빠져 있는지를 극명하게 보여준다. 한국은 원래 고소·고발이 많은 나라다. 연평균 50만 건의 고소·고발은 이웃 일본과 비교하면 40배를 넘는 수준이다. 그중 사기·위증·무고 등으로 기소된 사람은 인구 대비 일본의 100배 이상이란 통계도 있다. 일본은 한국에 비해 고소·고발 절차가 무척 까다롭다는 점을 감안하더라도 우리 사회가 얼마나 고소·고발을 남발하는지 알 수 있다. 개인 간의 중재나 손해배상 등 민사소송으로 해결할 문제도 일단 고소·고발을 통해 상대방을 형벌로 응징하려는 경우가 허다하다. 그만큼 불신이 깊기 때문이란 분석이 많다.

제시문 2

사회 부문별 신뢰도 조사 결과에 따르면, 우리 사회 전반에 대해 신뢰한다는 응답자는 32.3%에 불과했다. 가장 신뢰도가 높은 교육계·교사·교수 부문의 신뢰도는 52.9%였으며, 이어 공직계·공무원(37.2%), 종교계·종교인(35.9%), 언론계·기자(35.5%), 법조계·판검사·변호사(34.0%) 순으로 나타났다. 경제계·기업인(17.9%), 정치계·정치인(6.9%) 부문의 신뢰도는 사회 전반에 대한 신뢰도보다 훨씬 낮았다.

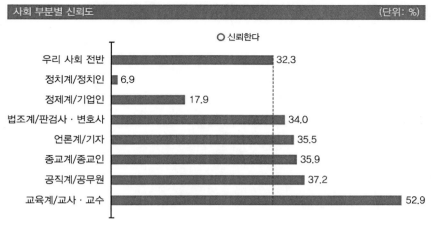

| 사회 부분별 신뢰도 | (단위: %) |

○ 신뢰한다

우리 사회 전반 32.3
정치계/정치인 6.9
정제계/기업인 17.9
법조계/판검사 · 변호사 34.0
언론계/기자 35.5
종교계/종교인 35.9
공직계/공무원 37.2
교육계/교사 · 교수 52.9

※ 한국언론진흥재단 미디어연구센터 온라인 설문조사(2018년 3월 26~27일, n=1,050)

제시문 3

국민의 법원에 대한 신뢰도가 100점 만점에 60점 수준이며, 신뢰도를 높이는 재판의 공정성에 관한 일반국민의 우려가 심각한 것으로 나타났다. 또한 사법절차에 대한 이해도가 낮아 법원·재판에 대한 신뢰와 함께 이를 재고할 필요가 있다는 사법부 자체의 진단이 나왔다.

먼저 재판에 관한 인식과 관련해, 일반국민과 재판경험자로 구분해 재판절차 및 결과의 공정성에 관한 인식, 재판절차의 중요성에 관한 인식, 재판절차 자체에 대한 문제 인식 및 법원에 대한 신뢰도 등을 분석했다.

올 봄에 발표된 OECD '한눈에 보는 사법' 보고서에 따르면, 우리나라 법원뿐만 아니라 수사기관과 형집행기관까지 포함한 사법제도에 관한 일반국민 신뢰도 조사에서 그 신뢰도는 27%로 나왔다.

이번 사법정책연구원에서 진행한 법원만을 대상으로 한 신뢰도 조사에서 일반국민의 법원 신뢰도는 60.8점을 나타냈다. 일반국민의 법원 신뢰도는 OECD 사법제도 및 법원 신뢰도에 비해 높으나, 여전히 국민의 신뢰를 받기 위한 노력이 필요한 상황인 것이다.

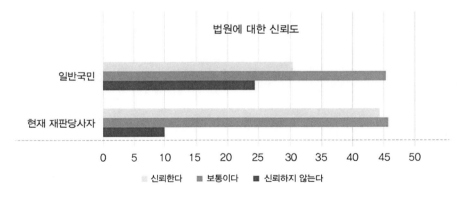

법원에 대한 신뢰도

일반국민

현재 재판당사자

0　5　10　15　20　25　30　35　40　45　50

■ 신뢰한다　■ 보통이다　■ 신뢰하지 않는다

일반국민의 24.3%가 법원을 신뢰하지 않는 편이라고 답한 반면에, 재판을 경험한 국민은 10%만이 법원을 신뢰하지 않는 편이라고 답했다. 이는 구체적 재판 경험이 법원의 신뢰도를 높이는 역할을 한 것으로 평가된다. 반면, 재판을 방청하거나 참여한 경험이 가장 적은 20대가 재판에 관한 인식이 부정적으로 나타났다.

재판의 공정성과 관련해서는, 일반국민의 29.74%가 재판이 공정하지 않은 편이라고 답한 반면에, 재판을 경험한 국민은 8.3%만이 재판이 공정하지 않은 편이라고 답했다. 이같은 결과를 두고 연구원은 "일반국민의 막연한 재판의 공정성에 관한 우려가 심각한 것으로 나타난 것"이라고 진단했다.

재판경험자는 실제 참여한 재판이 공정하다고 느낀 이유로 '실제의 사실관계 또는 법리에 부합하는 재판결과'(69.1%)를 꼽았고, 다음으로 '공정한 재판절차의 진행'(17.0%)을 꼽았다. 올바른 재판결과와 재판절차의 공정성이 재판을 공정하다고 인식시키고 있는 것으로 나타났다.

1. [제시문 1]과 [제시문 2]의 상관관계, 그 이유를 설명하시오.
2. [제시문 1]과 [제시문 3]의 상관관계, 그 이유를 설명하시오.
3. [제시문 1]의 내용을 완화하는 방안을 제시하시오.

관련내용: 제14장 청구권적 기본권

관련판례 1   공정한 공개재판을 받을 권리(헌재 1994.4.28. 93헌바26)

적법절차에 의한 공정한 공개재판을 받을 권리는 국민의 가장 중요한 기본권 중의 하나이다. 그러므로 헌법은 이를 보장하기 위하여 그 제12조 제1항 후문 후단에는 "누구든지 …… 법률과 적법절차에 의하지 아니하고는 처벌·보안처분 또는 강제노역을 받지 아니한다."고 규정하여 적법절차의 원리를 선언하였고, 그 제27조 제1항 및 제3항에는 "모든 국민은 헌법과 법률이 정한 법관에 의하여 법률에 의한 재판을 받을 권리를 가진다." "모든 국민은 신속한 재판을 받을 권리를 가진다. 형사피고인은 상당한 이유가 없는 한 지체 없이 공개재판을 받을 권리를 가진다."라고 규정하여 법관의 법률에 의한 공정하고 신속한 공개재판을 받을 권리, 이른바 재판청구권을 명언하였고, 그 제4항에는 "형사피고인은 유죄의 판결이 확정될 때까지는 무죄로 추정된다."라고 규정하여 무죄추정의 원칙을 명백히 하였다.

적법절차의 원칙은 영미법계의 국가에서 국민의 인권을 보호하기 위한 기본원리의 하나로 발달되어 온 원칙으로, 미국의 수정헌법에서 명문화하기 시작하였으며, 대륙법계 국가에서도 이에 상응하여 법치국가원리 또는 기본권 제한의 법률유보원리로 정립되어 있다. 여기서 적법절차라 함은 인신의 구속이나 처벌 등 형사절차만이 아니라 국가작용으로서의 모든 입법작용과 행정작용에도 광범위하게 적용되는 독자적인 헌법원리의 하나로 절차가 형식적 법률로 정하여지고 그 법률에 합치하여야 할 뿐만 아니라 적용되는 법률의 내용에 있어서도 합리성과 정당성을 갖춘 적정한 것이어야 하며, 특히 형사소송절차와 관련시켜 적용함에 있어서는 형벌권의 실행절차인 형사소송의 전반을 규율하는 기본원리로 이해하여야 하는 것이다.

법관에 의한 법률에 의한 공정하고 신속한 공개재판을 받을 권리는 헌법과 법률이 정한 자격이 있고, 헌법 제103조 내지 제106조에 정한바 법정절차에 의하여 임명되고 신분이 보장되어 독립하여 심판하는 법관으로부터 헌법과 법률에 의하여 그 양심에 따라 위에서 본 적법절차에 의하여 신속한 공개재판을 받을 권리인 것이다. 이는 공정한 재판을 위한 핵심적 규정이고, 1789년 프랑스 인권선언을 거쳐 1791년 프랑스 헌법에 규정하기 시작하여, 세계 각 민주국가에는 일반적으로 보장하고 있는 국민의 가장 중요한 기본권 중의 하나이다. 여기서 법률에 의한 재판이라 함은 적용될 실체법은 합헌적인 형식적 법률이어야 하고, 절차도 합헌적 법률로 정한 절차에 의하여야 한다는 것이다.

그리고 신속한 재판을 받을 권리는 심리가 지연됨으로써 피고인에 대한 인신구속의 부당한 장기화와 그로 인한 허위자백과 물심양면의 고통을 방지하고, 피고인이라는 불명예로부터 빨리 벗어나도록 조속한 시일 내에 재판을 받을 권리이다. 또한 공개재판을 받을 권리는 재판의 공정을 보장하기 위하여 비밀재판을 배제하고 일반국민의 감시하에 재판의 심리와 판결을 받는 권리이다. 여기서 공판중심주의에 의하여 공개된 법정의 법관의 면전에서 모든 증거자료는 조사·진술되고 이에 대하여 피고인이 공격·방어할 수 있는 기회를 보장받을 피고인의 권리가 생기는 것이다.

또 무죄추정의 원칙은 비록 기소된 피고인이라고 할지라도 유죄로 확정되기 전에는 죄가 없는 자로 취급되어야 하며, 유죄인 것을 전제로 한 어떤 불이익도 입혀서는 안되며 불가피하게 불이익을 입히는 경우도 필요한 최소한도에 그쳐야 한다는 원칙이다(헌법재판소 1990.11.19. 선고, 90헌가48 결정 참조). 프랑스인권선언 이래 세계인권선언과 많은 국가의 헌법이 채택하고 있고, 이 원칙도 공정한 재판실현과 인간의 존엄성 존중에 바탕을 둔 것이다. 피고인이 유죄라는 선입감에서 피고인의 권리행사를 제한할 수 있는 입법을 한다면 이 원칙에 반하는 결과가 될 것이다.

헌법은 또 제27조 제1항에서 "모든 국민은 헌법과 법률이 정한 법관에 의하여 법률에 의한 재판을 받을 권리를 가진다."라고 규정하여 재판청구권을 보장하고 있다. 이 재판청구권은 형사피고인의 공정한 재판을 받을 권리를 포함한다. 여기서 공정한 재판이란 헌법과 법률이 정한 자격이 있고, 헌법 제104조 내지 제106조에 정한 절차에 의하여 임명되고 신분이 보장되어 독립하여 심판하는 법관으로부터 헌법과 법률에 의하여 그 양심에 따라 적법절차에 의하여 이루어지는 재판을 의미한다. 그 권리는 또한 재판절차를 규율하는 법률과 재판에서 적용될 실체적 법률이 모두 합헌적이어야 한다는 의미에서의 법률에 의한 재판을 받을 권리뿐만 아니라 재판의 공정을 보장하기 위하여 비밀재판을 배제하고 일반국민의 감시하에 재판의 심리와 판결을 받을 권리도 내용으로 하는바, 이로부터 공개된 법정의 법관의 면전에서 모든 증거자료가 조사·진술되고 이에 대하여 피고인이 공격·방어할 수 있는 기회를 보장받을 권리가, 즉 원칙적으로 당사자주의와 구두변론주의가 보장되어 당사자에게 공소사실에 대한 답변과 입증 및 반증의 기회가 부여되는 등 공격·방어권이 충분히 보장되는 재판을 받을 권리가 파생되어 나온다.

Thema 94 │ 상속세

풀어보기 ✎

다음 제시문을 읽고 문제에 답하시오.   2016 서강대[23]

제시문

상속세란 사망으로 그 재산이 가족이나 친족 등에게 무상으로 이전되는 경우에 당해 상속재산에 대해 부과하는 세금을 말한다. 우리 사회에서 상속세를 폐지할 것인지 아니면 유지할 것인지에 대해서는 많은 시간 동안 논란이 돼왔다. 앞으로도 계속 논란이 될 것이다. 상속세를 찬성하는 사람들은 "부의 대물림을 줄이기 위해 상속세는 정당하다", "상속세 폐지 주장의 본질은 세금 없이 부를 대물림하고 싶은 욕망"이라고 주장한다. 또한 "상속세는 출발의 평등, 빈부의 격차를 해소한다는 측면에서 의미가 있다"고 말하고 있다. 우리 사회에 여전히 부의 대물림을 안 좋게 보는 문화가 깔려 있는 게 현실이다. 한편 상속세를 반대하는 사람들은 "부의 세습이 아니라 기업 경쟁력 강화를 위해 상속세를 폐지해야 한다"고 주장하고 있다. 한국은 할증까지 고려한 지배주식 비중과 기업규모에 따라 상속세 최고 세율이 60%로 세계에서 가장 높다. 직계비속의 상속자산, 가업, 기업 등 승계 시 상속세 부담이 가중돼 경영권 방어에 어려움을 겪는 경우가 빈번하다.

문제

1. 기업에 상속세를 부과하는 것이 기업 승계를 어렵게 하기도 하고, 경제적 불평등을 완화하기도 한다. 기업에 부과하는 상속세를 늘리는 것이 타당한가, 혹은 폐지하는 것이 타당한가?
2. 현행법상 배우자의 상속분은 1.5의 비율로 계산한다. 현대사회에서 노부모 부양을 회피하는 사람들이 증가하고 있는데, 차라리 배우자에게 돌아가는 상속분을 더 높이는 것에 대하여 어떻게 생각하는가? 찬성과 반대 중 한쪽을 택하고 그 근거를 들어 대답하시오.

관련내용: 제15장 국민의 헌법상 의무

---

23 상속세 관련 풀어보기는 면접문제 제시문을 복기하는 데 어려움이 있어 출제주제와 문제를 토대로 제시문을 새로 작성하였다.

풀어보기_ ✎

다음 제시문을 읽고 문제에 답하시오.   2023 전북대

제시문

최근 우크라이나전쟁 발발로 유가가 급등하면서 정유사가 10조 원이 넘는 초과수익을 거뒀다. 이에 대해 횡재세를 부과하는 것에 대해 논의가 되고 있다. 정유사를 상대로 한 횡재세 부과와 관련하여 다음과 같은 의견이 있다.

1) 고유가로 인한 정유사의 초과이익은 기업의 자율적이고 창의적인 산물이다.
2) 반도체 기업에는 초과이익에 대한 부담을 지우지 않으면서 정유사에게만 부과하는 것은 옳지 않다.
3) 정유사의 실질적인 초과이익은 크지 않고, 착시현상에 불과하다.
4) 소비자에 부담 전가로 인한 물가인상이 우려된다.
5) 유가하락으로 인해 정유사가 손해를 입을 때 정부가 손해를 보전해 준다는 보장이 없다.
6) "국가는 균형 있는 국민경제의 성장 및 안정과 적정한 소득의 분배를 유지하고, 시장의 지배와 경제력의 남용을 방지하며, 경제주체 간의 조화를 통한 경제의 민주화를 위하여 경제에 관한 규제와 조정을 할 수 있다"라고 규정하고 있는 헌법 제119조 제2항에 근거하여 횡재세를 부과할 수 있다.
7) 기업은 이미 법인세 등 납세의 의무를 지고 있는데 횡재세까지 부과하는 것은 이중과세로 부당하다.
8) 우연의 결과로 얻어진 이익이며 기업은 사회적 책임인 사회환원의 의무가 있다.
9) 소비자와 사회적 약자의 보호가 필요하다.
10) 전쟁 상황에서 정유사의 이익은 노력이 아닌 행운이 개입한 결과이다.

문제

정유사를 상대로 한 횡재세 도입과 관련하여 지문을 읽고 찬반을 나누어 토론하시오.

관련내용: 제15장 국민의 헌법상 의무

📖 참고   횡재세

일정 기준 이상의 이익을 얻은 법인이나 자연인에 대해 그 초과분에 보통소득세 외에 추가적으로 징수하는 소득세로, '초과이윤세'라고 한다. 정상 범위를 넘어서는 수익에 부과하는 것이어서 횡재세라고 부른다. 횡재세는 정부의 정책적 지원 등을 통해 막대한 이익을 창출하는 업종에 부과해, 그 재원을 사회복지 등 분배 정책 등 취약층을 돕는 데 사용한다.

코로나19, 러시아의 우크라이나 침공 등으로 에너지 위기 상황이 고조되자 환경을 파괴하며 시추한 석유, 천연가스 등의 에너지를 비싸게 팔아 막대한 이익을 거두는 석유·가스 기업들을 대상으로 횡재세를 거둬야 한다는 목소리가 높아졌다. 이들 기업은 천문학적인 이익을 거두면서도 고유가로 피해를 입는 빈곤층을 위한 대책은 마련하지 않아 부도덕하다는 지적을 받아 왔다. 이에 영국 정부는 급등한 에너지로 혜택을 입은 석유·가스 기업에 세금을 더 걷기로 했고, 유럽 일부 국가를 비롯해 미국 등에서 관련 주장이 제기되고 있다.

출처: pmg 지식엔진연구소, 네이버 시사상식사전

징병제와 모병제

풀어보기_✎

다음 제시문을 읽고 문제에 답하시오.   2020 한국외대

제시문

우리나라는 징병제 국가에 해당하며 징병에 관한 이야기는 항상 많은 논쟁을 일으킨다. 징병제란 나라를 지키기 위해 젊은이들을 강제로 군에 의무 복무시키는 제도이고, 모병제는 군에 스스로 지원을 해서 복무하는 형태를 말한다. 그런데 최근 모병제 도입에 대한 논의가 진행되면서 찬반 논란이 다시 뜨거워졌다. 모병제 찬성 측은 인구가 급격히 줄어드는 '인구절벽' 시대를 대비하고 군의 정예화 등을 위해 점차 직업군인을 늘려야 한다는 입장이다. 그러나 반대 측은 가난한 청년들만 지원하는 불공정성과 모병 기피 현상, 예산 문제 등을 우려해 모병제에 부정적이다.

문제

징병제와 모병제의 장단점은 무엇이며 현재 우리나라는 두 제도 중 무엇을 선택하는 것이 타당한가?

관련내용: 제15장 국민의 헌법상 의무

다수대표제

풀어보기_✎

다음 제시문을 읽고 문제에 답하시오.   2017 충북대[24]

제시문

(1) 오늘날 민주주의는 대체로, 유권자가 선거로 대표를 뽑는 '대표제 민주주의'(대의민주주의)를 뜻한다. 그러나 대표제 민주주의는 '인민의 직접 통치'라는 민주주의의 본질을 제대로 구현하지 못한 열등한 민주주의라는 평가를 받는다. 직접민주주의를 실행할 여건이 돼 있지 않기 때문에 어쩔 수 없이 채택한 차선의 민주주의라는 것이다.

(2) 토마스 홉스의 주장은 '국가란 대표 행위를 통해, 대표 행위와 함께 탄생한다'는 명제로 요약할 수 있다. <리바이어던>에서 홉스는 자연상태에 있는 개인들은 그저 군중에 지나지 않으며, 이들은 '만인이 만인에게 늑대인 상태'에 있다고 간주했다. 이 자연상태를 끝내려면 개인들이 사회계약을 맺고 자신들의 모든 권한을 단일한 대표자에게 위임해야 한다. 그렇게 해서 탄생하는 것이 주권권력이다. 이렇게 주권권력이 탄생할 때 개인들의 집합체에 지나지 않았던 군중, 곧 다중이 정치적 통일체로서 '인민'이 된다. 주권자의 탄생과 함께 인민도 탄생하는 것이다. 이 인민이 바로 '리바이어던', 곧 국가를 이룬다.

---

24 풀어보기 문제는 2017학년도 충북대 면접문제 주제를 바탕으로 제시문을 새로 구성하였다. 제시문 내용은 다음을 참고: 고명섭, "대표제는 '진짜 민주주의의 유사품' 아니다", 한겨레, 2020.12.4.

(3) 토마스 홉스 주장에 대해 현대 정치학자 모니카 브리투 비에이라와 데이비드 런시먼은 다음과 같이 주장한다. '흩어진 개인들이 뜻을 하나로 모아 사회계약을 한다는 것은 불가능한 일이다. 따라서 다중의 총의로 주권적 대표자가 탄생한다는 것은 가상이고 허구다.' 홉스의 논리는 이렇게 허구 위에서 대표자가 탄생해 주권을 행사한다는 주장을 내장하고 있는데, 이것은 대표자가 인민의 의지로부터 독립된 존재임을 암시한다. 그리하여 대표자는 인민의 뜻과는 무관한 자의적 통치자가 될 수도 있고, 인민의 직접적 간섭을 받지 않은 채 진정으로 인민을 위하는 더 높은 차원의 통치자가 될 수도 있다. 이렇게 홉스의 대표론은 반동적인 방향과 진보적인 방향을 모두 가리키고 있다.

문제

유권자가 선거로 대표를 뽑는 다수대표 방식의 선거제도는 민주주의 이념에 합당하다고 생각하는지 견해를 밝히시오.

관련내용: 제15장 국민의 헌법상 의무

🔨 관련판례 공직선거법 제188조 제1항 위헌확인(헌재 2016.5.26. 2012헌마374)

〈쟁점〉
지역구국회의원선거에 있어서 선거구선거관리위원회가 당해 국회의원지역구에서 유효투표의 다수를 얻은 자를 당선인으로 결정하도록 한 공직선거법 제188조 제1항 본문이 청구인의 평등권과 선거권을 침해하는지 여부(소극)

〈결정요지〉
소선거구 다수대표제는 다수의 사표가 발생할 수 있다는 문제점이 제기됨에도 불구하고 정치의 책임성과 안정성을 강화하고 인물 검증을 통해 당선자를 선출하는 등 장점을 가지며, 선거의 대표성이나 평등선거의 원칙 측면에서도 다른 선거제도와 비교하여 반드시 열등하다고 단정할 수 없다. 또한 비례대표선거제도를 통하여 소선거구 다수대표제를 채택함에 따라 발생하는 정당의 득표비율과 의석비율 간의 차이를 보완하고 있다. 그리고 유권자들의 후보들에 대한 각기 다른 지지는 자연스러운 것이고, 선거제도상 모든 후보자들을 당선시키는 것은 불가능하므로 사표의 발생은 불가피한 측면이 있다.
이러한 점들을 고려하면, 선거권자들에게 성별, 재산 등에 의한 제한 없이 모두 투표참여의 기회를 부여하고(보통선거), 선거권자 1인의 투표를 1표로 계산하며(평등선거), 선거결과가 선거권자에 의해 직접 결정되고(직접선거), 투표의 비밀이 보장되며(비밀선거), 자유로운 투표를 보장함으로써(자유선거) 헌법상의 선거원칙은 모두 구현되는 것이므로, 이에 더하여 국회의원선거에서 사표를 줄이기 위해 소선거구 다수대표제를 배제하고 다른 선거제도를 채택할 것까지 요구할 수는 없다. 따라서 심판대상조항이 청구인의 평등권과 선거권을 침해한다고 할 수 없다.

재판관 안창호의 보충의견
비례대표제는 정당제 민주주의에 근거를 두고 투표결과의 비례성을 강화하여 사회의 다원적인 정치적 이념을 유권자의 의사에 따라 충실하게 반영할 수 있는 장점이 있다. 따라서 정당명부식 비례대표제는 점진적으로 확대하는 것이 바람직하다.
한편, 권역별 비례대표제는 정치 상황에 따라 지역주의를 더욱 심화시킬 수 있고, 그 방식에 따라서는 저지조항 등에 의해 다수의 사표가 발생할 수 있으며, 적정한 비례대표 국회의원 수가 확보되지 않는다면 소수 정치세력의 의회진출의 기회를 제약하여 다양한 국민의 여론형성을 방해할 수 있는 등 비례대표제의 장점을 반감시킬 수 있다.
따라서 현행 국회의원선거제도에서는 우선 각 정당이 비례대표가 권역별 인구를 감안하여 당선될 수 있도록 정당명부를 작성함으로써 지역주의를 완화하는 방안을 고려할 수 있으며, 권역별 비례대표제 도입 여부 및 방법은 정당의 정체성 확립과 비례대표 후보자 선정과정에서의 공정성 및 투명성의 확보를 전제로 우리나라 선거 및 정치문화의 특수성, 정치적·경제적·사회적 환경 등을 고려하여 비례대표제의 확대와 함께 신중하게 검토되어야 할 것이다.

Thema 98 우리나라 대통령중심제의 문제점

풀어보기_ ✎

다음 제시문을 읽고 문제에 답하시오. 2017 충남대

제시문

우리나라 헌법은 대통령제라는 권력분립형 정부 형태를 취하고 있다. 그렇지만 입법부에서는 집권당을 매개로 입법에 대통령의 의지가 반영되고 있으며, 사법부에서는 대법관과 헌법재판소 재판관에 대한 임명권을 통해서 대통령의 영향력이 미치고 있고, 행정부에서는 모든 국정 수행이 대통령 비서실이나 정책실을 통해서 대통령에게 보고된 후 대통령의 지시대로 이루어지고 있다.

입법·행정·사법이 각각 고유의 기능을 갖고 상호 견제하도록 만들어진 권력분립이 대통령으로의 권력집중 때문에 제대로 작동하지 않는다는 문제점이 제기되고 있다.

이러한 제왕적 대통령제의 문제점을 개선하기 위해 대통령 5년 담임제로 규정된 헌법을 개헌하자는 말이 나오고 있는 상황에서 영국과 일본의 내각책임제, 프랑스의 이원집정부제, 미국의 4년 중임제 등이 대안으로 제시되고 있다.

* 이원집정부제는 대통령중심제와 내각책임제가 절충된 제도로, 내란·전쟁 등의 비상시에는 대통령이 행정권을 전적으로 행사하나, 평상시에는 총리가 내정에 관한 행정권을 행사하며 대통령은 외교, 국방 등의 권한만을 가지는 제도이다. 대통령은 통상적으로 국민의 직접선거로 선출되며, 의회의 다수당 당수가 총리로 선출된다. 의회가 내각에 대해 불신임권을 가지며 대통령은 하원해산권을 갖지만, 의회에 대해서는 책임을 지지 않는다.

문제

1. 개헌 반대론자의 입장에서 개헌 찬성론자를 비판해 보시오.
2. 의원내각제, 이원집정부제, 대통령 4년 중임제, 현행 5년 단임제 중 본인이 생각하기에 우리나라 실정에 맞는 제도는 어떤 것인지 말하고 근거를 제시하시오.

관련내용: 제16장 국가작용의 기본제도

Thema 99 국회의원 연임제한

풀어보기_ ✎

다음 제시문을 읽고 문제에 답하시오. 2022 한국외대

제시문

정치권에서 국회의원의 특권을 없애기 위해 국회의원 4선 연임을 금지하자는 주장이 나왔다. 지역구와 비례대표 국회의원 당선 횟수를 합해 3연속 당선된 사람은 다음 총선에서 후보로 등록할 수 없도록 하는 내용의 공직선거법 개정안 공동발의를 추진한다는 것이다. 국회의원의 연임을 제한하는 해외 사례는 드물다. 미국, 독일, 프랑스, 영국, 일본 등 대부분의 국가들이 연임을 제한하고 있지 않으며, 멕시코, 필리핀 정도가 연임을 제한하는 국가에 해당된다.

문제

국회의원 연임금지법안에 대해 찬성·반대 중 하나를 택하여 답변하시오.

관련내용: 제16장 국가작용의 기본제도

국회의원 4연임 제한이 정치개혁 입법 의제의 하나로 떠올랐다. 미래통합당이 13일 발표한 정강·정책 개정안에 이를 포함하면서다. 당 정강·정책개정특위는 국회의원 스스로 기득권을 내려놓고 국민 눈높이에 맞는 개혁을 현실화시킬 수 있도록 국회의원 4연임 금지 등 정치개혁 과제를 법제화할 것이라고 밝혔다. 앞서 특위 내 논의는 '동일 지역구 4연임 제한'에 집중된 것처럼 보도된 바 있다. 한 지역구에서 연속 3선 한 의원은 다음 총선에서 같은 지역구에서 출마할 수 없게 한다는 뜻이다. 다시 도전하려면 지역구를 옮겨야 한다는 거다. 특위는 그러나, 어제 내놓은 개정안에선 그렇게 특정하지 않았다. 다양한 가능성을 열어둔 채 당내 절차를 밟아 토의한 뒤 결론을 내는 것이 맞다고 봐서다. 사실 4연임 제한론을 격발한 쪽은 더불어민주당 일각이다. 윤건영 의원이 12일 대표발의한 공직선거법 개정안에 총선 시 직전까지 세 차례 내리 당선된 사람은 후보자로 등록할 수 없도록 한다는 내용을 담은 것이다. 윤 의원 등은 국회의원 기득권 내려놓기를 통한 국민 신뢰 회복을 제안 이유로 들었다.

국회의원 연임제한, 그것도 콕 집어서 4연임을 제한하는 것이 과연 바람직하냐, 않으냐를 두고선 논란이 많다. 찬반 논거도 선명하게 대비된다. 찬성파는 다선 기득권 축소, 계파정치 완화, 신인 진출 확대 등을 거론한다. 이들은 5년 단임 대통령, 3기만 보장되는 지방자치단체장에 견줘 국회의원 무제한 임기는 '특권적'이라고 본다. 반대파는 입법 사무와 행정부 견제의 전문성과 연속성을 강조한다. 그 가치와 실익이 기득권 타파 등 찬성파들이 앞세우는 명분과 효능을 압도한다는 생각이다. 대통령과 단체장 등 행정 권력, 즉 집행 권력 독임직의 임기 제한 원칙을 입법부 구성원인 국회의원에게도 적용해야 한다는 건 어불성설이라고도 짚는다. 유사한 이유로 3년여 전인 2017년 11월 당시 국민의당 이용주 의원이 추진한 다선 제한 입법은 실패했다. 하지만 이번에는 제1야당이 정강·정책 개정 과정에서 이 의제를 꺼내고, 슈퍼 여당의 초선 실세 의원이 입법 추진에 앞장서면서 뭔가 다른 양상이 펼쳐지리라는 기대도 퍼지는 듯하다.

그러나 그때나 지금이나 연임제한 입법은 쉽지 않은 이슈다. 여러 문제점을 안고 있는 것도 똑같다. 무엇보다 기득권 줄이기 등 명분은 그럴싸하지만 포퓰리즘에 기대어 반(反)정치를 부추긴다는 느낌을 지우기 어렵다. '온갖 특권을 누리며 오래도 해 먹는 금배지들 퇴출'이라는 인식에 터 잡은 단선적 접근 아니냐는 판단에서다. 현역 국회의원에게 부당한 기득권과 특권이 주어져 있다면 그걸 줄이면 될 일이지, 이를 선수(選數)의 문제로 환원하여 다선 제한에서 해답을 찾는 건 어이없다. 국회의원에 대한 낮은 신뢰는 할 일을 않는다는 것에서도 크게 기인할 텐데, 이것 역시 할 일을 하게 만드는 '일하는 국회'법에서 대안을 찾으면 그만일 것이다. 그리고 할 일을 더 많이, 더 능숙하게 하는 쪽은 외려 다선일 가능성도 크다. 한국은 경제협력개발기구(OECD) 국가 중 가장 물갈이가 잘 되는 국회를 가졌다고 한다. 하지만 그런 국회가 초선이 많아져 과거보다 나아지고 4선 이상이 많아져 나빠졌다는 평가를 들은 바 없다. 21대 국회 구성을 위한 4·15 총선에서도 초선 당선자 비율은 50.3%로 과반이었다. 4선 이상은 20대 51명에서 33명으로 줄었다. 선거 때만 되면 거세지는 세대 교체 주장, 중진 퇴진 압력, 험지 출마 요구는 사실상 연임제한 효과를 불문율처럼 낸 지 오래다. 그런데 그런 국회도 내내 욕을 먹는다.

세계적으로 멕시코, 필리핀 정도가 연임을 제한하는 국가라고 한다. 미국, 독일, 프랑스, 영국, 일본 등 주요국 모두가 연임을 제한하지 않는 덴 대개 비슷한 이유가 작동하고 있을 것이다. 결정적으로 선거를 규율하는 선거법에 국회의원 임기 규정을 넣는 게 맞느냐는 지적까지 나온다. '국회의원 임기는 4년으로 한다'고 규정한 헌법(42조) 개정 사항이라는 것이다. 꼴 보기 싫은 국회라면 꼴 보기 좋게 만드는 노력을 하는 것이 답이지, 없애는 게 답이 아니듯 다선을 적폐인 양 몰아 배척하려는 시도는 위험하고 부질없는 반정치다. 당내 공정 경선과 중진 출마 제한 등 정당민주주의 강화와 내부 규칙 마련을 통해 대안을 찾는다면야 누가 말리고 말고 할 일도 아니다. 그러나 입법으로 다루는 건 부적절하다. 국회의원이 밥값만 잘하면 초선이든 다선이든 관계없이 시민들은 신뢰를 보낼 것이다. 관건은 선수를 제한하는 게 아니라 특권이 줄고 일 잘하고 많이 하는 국회의원을 늘리는 일이며 그런 의원을 잘 뽑을 수 있게 대표성과 비례성을 확대하는 방향으로 선거법을 개혁하는 것이다.

출처: 연합뉴스 연합시론, 2020.8.14.

⚖ 관련판례   지방자치법 제87조 제1항 위헌확인(헌재 2006.2.23. 2005헌마403)

〈쟁점〉
1. 지방자치단체 장의 계속 재임을 3기로 제한한 지방자치법 제87조 제1항이 지방자치단체 장들의 공무담임권을 침해하여 헌법에 위반되는지 여부(소극)
2. 지방의회의원 등 다른 선출직 공직자의 경우에는 계속 재임을 제한하지 않으면서 지방자치단체 장의 계속 재임은 3기로 제한하는 것이 평등권을 침해하는지 여부(소극)
3. 지방자치단체 장의 계속 재임을 3기로 제한함으로써 주민들의 선거권을 침해하는지 여부(소극)
4. 지방자치단체 장의 계속 재임을 3기로 제한한 규정이 지방자치제도에 있어서 주민자치를 과도하게 제한함으로써 입법형성의 한계를 벗어났는지 여부(소극)

<판결요지>
1. 지방자치단체 장의 계속 재임을 3기로 제한한 규정의 입법취지는 장기집권으로 인한 지역발전저해 방지와 유능한 인사의 자치단체 장 진출확대로 대별할 수 있는바, 그 목적의 정당성, 방법의 적절성, 피해의 최소성, 법익의 균형성이 충족되므로 헌법에 위반되지 아니한다.
2. 같은 선출직공무원인 지방의회의원 등과 비교해볼 때, 지방자치의 민주성과 능률성, 지방의 균형적 발전의 저해요인이 될 가능성이 상대적으로 큰 지방자치단체 장의 장기 재임만을 규제대상으로 삼아 달리 취급하는 데에는 합리적인 이유가 있다고 할 것이므로, 평등권을 침해하지 않는다.
3. 지방자치단체 장에 대한 선거권을 행사함에 있어서 투표할 대상자가 스스로 또는 법률상의 제한으로 입후보를 하지 아니하는 경우 입후보자의 입장에서 공무담임권 제한의 문제가 발생하겠지만, 선거권자로서는 후보자의 선택에 있어서의 간접적이고 사실상의 제한에 불과할 뿐 그로 인하여 선거권자가 자신의 선거권을 행사함에 있어서 침해를 받게 된다고 보기 어렵다.
4. 지방자치단체 장의 계속 재임을 3기로 제한하더라도 그것만으로는 주민의 자치권을 심각하게 훼손한다고 볼 수 없다. 더욱이 새로운 지방자치단체 장 역시 주민에 의하여 직접 선출되어 자치행정을 담당하게 되므로 주민자치의 본질적 기능에 침해가 있다고 보기 어렵다. 따라서 지방자치단체 장의 계속 재임을 3기로 제한한 규정이 지방자치제도에 있어서 주민자치를 과도하게 제한함으로써 입법형성의 한계를 벗어났다고 할 수 없다.

Thema 100 / 저작권

풀어보기_ ✎

다음 제시문을 읽고 문제에 답하시오.   2023 중앙대

제시문

(가) 고대 그리스에 제욱시스(Zeuxis)와 파라시오스(Parrhasius)라는 유명한 두 화가가 있었다. 어느 날 이들은 그림으로 대결을 펼치기로 했고, 결전의 날이 되었다. 먼저 제욱시스가 자신의 그림을 가리고 있던 베일을 벗기자 포도넝쿨 그림이 드러났는데, 그게 얼마나 실물 같았던지 날아가던 새가 진짜 포도인 줄 알고 그림에 머리를 박을 정도였다. 이를 본 파라시오스는 자기도 그림을 보여 주겠다며 제욱시스를 화실로 데려갔다. 그곳에는 커튼이 쳐진 그림이 있었는데 제욱시스는 어서 커튼을 걷고 밑에 있는 그림을 보자고 했다. 그런데 이내 제욱시스는 그것이 실제 커튼이 아니라 커튼을 그린 그림이라는 것을 깨닫게 된다. 제욱시스는 자신은 새를 속였지만 파라시오스는 자기를 속였으니 그가 이겼다고 하며 스스로 패배를 인정했다고 한다.

(나) 키치(kitch)는 '속악한 것', '속임수의', '모조품의' 혹은 '본래의 목적으로부터 빗나간', '사용방법을 이탈한 것'을 가리키는 용어이다. 즉 겉으로 봐서는 예술품이지만 그 속을 들여다보면 싸구려 상품이 바로 키치이다. 우리나라에서 키치는 처음에 '이발소그림'과 동의어였다. 허름한 이발소의 벽면을 차지한 싸구려 액자 속에는 새끼들에게 젖을 물리는 어미 돼지나 가을 추수가 끝난 전원풍경, 밥짓는 연기가 굴뚝으로 뿜어나오는 해질녘 시골집의 풍경과 같이 평범한 사람들이 염원하는 행복의 이미지들이 들어 있었다. 이발소그림과 같은 키치는 누구나 이해할 수 있는 정서나 내용을 담고 있는, 미적 수준에서는 한없이 저급한 그림들을 지칭한다. 그러나 오늘날에 와서 키치는 단지 이발소그림과 같이 미적으로 저급하거나 조악한, 그러면서도 평범한 사람들의 삶에 가장 밀착된 특수한 장르화뿐 아니라 자본주의 문화 일반, 나아가 삶의 방식과 태도를 가리키는 대단히 포괄적인 개념으로 확장되었다. 로젠버그(1906~1978)는 키치를 오히려 이 시대의 일상적인 예술로 정의하였으며, 그것은 서구의 산업화된 사회 어느 곳에서나 발견되는 값싸고 감상적이며 또 귀여운 복제품 전부를 지칭한다는 것이다. 그린버그(1909~1994)는 전위예술이 예술의 최전선이라고 한다면 키치는 가장 후방의 예술이라고 비유했다. 실상 오늘날 기존 미술의 정제된 모습을 염두에 둘 때 이것에 대한 하나의 반발로써 키치의 이념은 설득력 있는 것이라 할 수 있다.

(다) 앤디 워홀은 루브르 박물관에 전시되어 있던 단 하나의 모나리자를 서른 개 복사하여 붙여버려 기존의 미술이 가졌던 유일성을 깨 버린다. 앤디 워홀은 전 세계의 유일한 모나리자를 보면서 느낀 감동을 깨트림으로써 기존의 예술이 가졌던 고귀함과 숭고함에 반항한다. 워홀의 작업실인 '팩토리'에서 만들어진 '서른 개가 하나보다 낫다'는 대량생산에 접어든 당시 미국 사회의 결정체라고 할 수 있다. 바야흐로 양의 시대가 왔음을 알리는 작품인 것이다. 기존의 검은색으로만 배열되어 찍힌 30명의 모나리자에서 29명의 모나리자를 돌려 찍고 색채에 변화를 주었다. 색채도 다르고 기울어진 각도도 다르지만 이들은 모두 '모나리자'로 획일화되어 있다. "내가 그린 그림을 다른 사람이 그릴 수 있어야 한다고 생각한다. 내가 그린 그림인지 다른 사람이 그린 그림인지 구분할 수 없다면 멋질 것이다."라는 앤디 워홀의 언급에서 그의 예술철학을 짐작해 볼 수 있다.

문제

1. [제시문] (가), (나), (다) 속에 나타난 복제의 차이를 구분하는 기준점을 제시하고, 복제의 차이를 체계적으로 설명하시오.
2. 앤디워홀이 작품 이름을 '30개가 하나보다 낫다'라고 지은 이유와 하나가 30개보다 낫다라는 입장에서 앤디 워홀의 작품 방식이 가질 수 있는 문제점을 설명하시오.

관련내용: 제18장 민법(저작권)

Thema 101 / 동일성유지권

풀어보기_ ✎

다음 제시문을 읽고 문제에 답하시오.   2023 건국대

제시문

세계적 미디어 아티스트 A씨의 작품을 ○○시립전시관이 구입해서 전시하다가, 어느 시점부터 A씨 작품의 내용이 아닌 ○○시의 홍보영상을 끼워넣기 시작했다. A씨의 작품은 380개의 디스플레이를 이용해 바뀌는 영상을 보여주는 방식의 혁신적인 작품이다. 대표적으로 <무념무상>이나 <소크라테스의 ○○> 같은 작품들은 작가의 아이디어와 창조성을 혁신적으로 드러낸다. 디스플레이에 송출되는 영상은 작가가 예술적 의도에 따라 직접 선정하고 편집한 영상들이지만, 매번 선정한 영상들만 나오지는 않고 가끔 별개의 외부영상이 송출되게끔 만들어져 있다. ○○시립전시관이 작품 전시 중간에 나오게끔 한 홍보영상은 40분가량 분량으로 ○○시 시장이 직접 나와 ○○시의 특산물을 홍보하는 내용이다. 전시관이 A씨 작품에 시 홍보영상을 끼워넣은 시점은 2021년 11월부터인데, A씨는 2022년 3월에 사망했고 사망 6개월 전부터 혼수상태여서 의사소통이 불가능한 상황이었다. A씨의 유가족들은 ○○시립전시관이 작가와 작품의 의도를 훼손한다고 홍보행위를 중단한 것을 요청했으나, ○○시립전시관은 그 작품을 구입했으니 작품을 어떻게 사용할지는 소유자의 자유이고, 시 공익을 위한 목적이라고 거절하는 상황이다.

문제

예술가 A씨와 ○○시립전시관의 입장을 고려해 전시관의 작품 변형 행위에 대해 어떻게 생각하는지 답해 보고, 작품 소유주가 작품을 변형시키는 것에 대해 예술가와 소유주의 입장을 고려해 정책을 제시해 보시오.

관련내용: 제18장 민법

동일성유지권이란 저작자가 자신의 저작물이 본래의 모습대로 활용되도록 할 권리로서, 저작물의 변경이나 삭제는 반드시 저작자 본인이 하거나 저작자의 허락을 받아야 함을 의미한다. 즉 저작자는 그의 저작물의 내용·형식 및 제호의 동일성을 유지할 권리인 동일성유지권을 가진다.[25] 법원은 "저작물의 동일성을 해치지 않는 범위에서 단순히 오탈자를 수정하거나 문법에 맞지 않는 부분을 교정하는 정도를 넘어서 저작물의 내용, 형식 및 제호에 대한 추가, 삭제, 절단, 개변 등의 변경을 가하는 것은 동일성유지권을 가지는 저작자만 가능하고 제3자는 저작자의 동의를 받지 않는다면 그 의사에 반하여 위와 같은 변경을 할 수 없다"고 판결하였다.[26] 법원은 동일성유지권이 제한되는 '그 밖에 저작물의 성질이나 그 이용의 목적 및 형태 등에 비추어 부득이하다고 인정되는 범위에서 변경하는 경우'에 대하여 "저작물의 이용에 있어 기술상의 한계나 실연자의 능력상 한계 등으로 인해 저작물을 변경하여 이용하는 것이 불가피한 경우로서 저작자의 이의 유무가 그 이용형태에 어떠한 영향을 미칠 수 없어 이를 굳이 보장할 필요가 없거나, 중대한 공익상의 필요에 의해 부득이 제한해야 하는 경우를 의미한다"고 판단했다.[27]

🔨 **관련판례**　서울고등법원 2008.9.23. 2007나70720

〈판시사항〉

[1] 인터넷상의 음악사이트에서 제공하는 스트리밍, 미리듣기, MP3 파일 다운로드, 통화연결음, 휴대폰 벨소리 등의 서비스가 구 저작권법 제2조 제15호에서 말하는 '배포'에 해당하는지 여부(소극)

[2] 링크(link)로 연결되는 사이트를 운영한 자에 대하여 링크에 의한 복제권, 전송권 침해책임을 물을 수 있는지 여부(소극)

[3] 인터넷상의 음악사이트 운영자가 음악저작물에 관한 웹페이지 또는 음원서비스의 각종 창 내지 화면 등에 적정한 방법으로 작사·작곡가의 성명을 표시하지 아니한 경우, 저작자의 성명표시권을 침해하는지 여부(적극)

[4] 인터넷상의 음악사이트 운영자가 타인의 음악저작물을 무단으로 절단, 발췌, 변환, 저장하여 인터넷 이용자들에게 미리듣기, 통화연결음, 휴대폰 벨소리 등의 음원서비스를 제공하는 경우, 저작자의 동일성유지권을 침해하는지 여부(적극)

[5] 동일성유지권 침해를 판단함에 있어 저작자의 명예와 성망 등 인격적 가치를 훼손할 것을 요하는지 여부(소극)

[6] 구 저작권법 제13조 제2항 제3호 소정의 "저작물의 성질, 이용목적 및 형태에 비추어 부득이하다고 인정되는 범위"에 있어서 '부득이하다'의 의미

[7] 영업상 또는 서비스 특성상 원곡의 일부를 발췌, 이용하여 미리듣기, 통화연결음, 휴대폰 벨소리 서비스를 제공할 필요가 있는 경우, 서비스 제공자인 음악사이트 운영자가 취하여야 할 조치

〈판결요지〉

[1] 구 저작권법(2006.12.28. 법률 제8101호로 전문 개정되기 전의 것) 제2조 제15호 소정의 배포라 함은, 저작물의 원작품 또는 그 복제물을 일반공중에게 대가를 받거나 받지 아니하고 양도 또는 대여하는 것을 의미하는데, 이와 같은 '배포'의 개념은 '전송'의 개념과 대비되어, 무체물이 아닌 유체물의 형태로 저작물이나 복제물이 양도 또는 대여되는 것을 뜻한다. 그런데 스트리밍, 미리듣기, MP3 파일 다운로드, 통화연결음, 휴대폰 벨소리 등의 서비스는, 음악사이트의 서버에 저장된 음악저작물의 압축파일을 스트리밍 방식이나 음성통신회선 등을 통하여 송신하여 그 이용자로 하여금 듣도록 하거나, 이용자의 개인 컴퓨터나 휴대폰 등에 다운로드받도록 하는 서비스를 말하는 것으로서, 이는 유체물의 형태로 된 저작물이나 복제물이 양도 또는 대여되는 것을 의미한다고 할 수 없으므로, 음악사이트의 운영자가 제공하는 위와 같은 서비스가 저작권법 제2조 9의2호의 전송에 해당하는지 여부는 별론으로 하고, 이를 가리켜 '배포'에 해당한다고 볼 수는 없다.

[2] 링크(link)라 함은, 특정한 개인(A)이 자신의 블로그상에, 또는 특정한 사이트 운영자(B)가 자신의 웹페이지상에 다른 사이트 운영자(C)가 운영·관리하는 웹사이트의 주소를 하이퍼텍스트의 형식으로 표시하고, A의 블로그 또는 B의 웹사이트에 접속한 제3자가 위 하이퍼텍스트만을 클릭함으로써 곧바로 C의 웹사이트에 연결되거나, C의 서버에 저장된 음악파일 등을 전송받을 수 있는 인터넷상의 연결체계를 의미한다. 여기서 링크에 의한 타인의 복제권, 전

25　저작권법 제13조 제1항.
26　서울고등법원 2008.9.23. 2007나70720
27　서울고등법원 2008.9.23. 2007나70720

송권 침해책임이 문제되는 직접적인 행위 주체는 그와 같은 링크를 걸어 놓은 위 A, B에 해당하는 것이고, 링크의 대상 사이트를 운영하였음에 불과한 C에 대하여는 원칙적으로 링크에 의한 복제권, 전송권 침해책임을 물을 수 없다.

[3] 저작자의 성명표시권을 보호하는 취지는 인터넷 이용자들의 인식 여하를 불문하고 적정한 방법으로 저작자의 성명이 표시되도록 하는 것이므로, 인터넷 이용자들이 음악저작물에 관한 작사·작곡가를 저작자가 아닌 다른 사람으로 인식할 가능성이 적은지 여부 등의 사정이 성명표시권 침해 여부에 어떠한 영향을 미칠 수는 없다. 또한, 음악사이트의 운영자가 음악저작물에 관한 웹페이지 또는 음원서비스의 각종 창 내지 화면 등에 가수와 음반제작자의 성명·명칭은 표시하면서도 적정한 방법으로 작사·작곡가의 성명을 표시하지 아니한 경우에는 저작자의 성명표시권을 침해한 것에 해당한다.

[4] 저작자에게 동일성유지권을 보호하는 구 저작권법 제13조 제1항의 취지는, 저작물의 동일성을 해치지 않는 범위 내에서 단순히 오·탈자를 수정하거나 문법에 맞지 않는 부분을 교정하는 정도를 넘어서 저작물의 내용, 형식 및 제호에 대한 추가, 삭제, 절단, 개변 등의 변경을 가하는 것은 동일성유지권을 갖고 있는 저작자만이 할 수 있고, 원칙적으로 제3자는 저작자의 동의를 받지 아니한 채 그 의사에 반하여 위와 같은 변경을 할 수 없다는 것이다. 따라서 음악사이트의 운영자가 저작자의 동의를 받지 아니한 채 원곡의 일부를 절단하여 전송하는 미리듣기 서비스를 제공하거나, 원곡의 일부를 부분적으로 발췌, 변환, 저장한 후 구매자에게 통화연결음, 휴대폰 벨소리 서비스를 제공하는 등의 행위는 특별한 사정이 없는 한 동일성유지권 침해에 해당한다.

[5] 동일성유지권이 저작인격권의 일종으로서 저작자의 인격적 이익을 보호하기 위한 취지의 규정인 것은 부인할 수 없으나, 구 저작권법 제16조가 "저작자는 저작물에 관한 재산적 권리에 관계없이 또한 그 권리의 이전 후에 있어서도 그 저작물의 내용 또는 제호에 변경을 가하여 그 명예와 성망을 해한 자에 대하여 이의를 주장할 권리가 있다"라고 규정하여 '저작자의 명예와 성망을 해할 것'을 동일성유지권 침해의 요건으로 규정하였던 것과 달리, 위 개정 이후의 우리나라 저작권법은 이러한 요건을 삭제함으로써 저작자의 명예와 성망 등 구체적인 인격적 가치의 훼손이 동일성유지권 침해의 요건이 아니라는 점을 명백히 하였으므로, 우리 저작권법의 해석상으로는 저작물의 동일성을 해치는 변경이 저작자의 동의 없이 이루어진 이상 그와 같은 변경이 실제로 저작자의 명예와 성망을 해한 것인지 여부를 묻지 않고 저작물의 완전성에 관한 저작자의 인격적 이익이 침해된 것으로 간주하므로 이는 동일성유지권 침해에 해당한다.

[6] 구 저작권법 제13조 제2항 제3호 소정의 "저작물의 성질, 이용목적 및 형태에 비추어 부득이하다고 인정되는 범위"에 있어서 '부득이하다'고 함은, 저작물 이용에 있어 기술상의 한계나 실연자의 능력상의 한계 등으로 인해 저작물을 변경하여 이용하는 것이 불가피한 경우로서 저작자의 이의 유무가 그 이용형태에 어떠한 영향을 미칠 수 없어 이를 굳이 보장할 필요가 없거나, 중대한 공익상의 필요에 의해 저작자의 이의권을 부득이 제한하여야 하는 경우를 의미한다. 따라서 저작물의 무단이용자가 거래실정상의 필요만을 이유로 저작자의 동의를 얻지 아니한 채 임의로 저작물의 일부를 절단하여 이용하는 경우까지 여기에 해당한다고 볼 수는 없다.

[7] 인터넷상의 음악사이트 운영자가 제공하는 미리듣기, 통화연결음, 휴대폰 벨소리 서비스가 영업상 또는 서비스 특성상 원곡의 일부를 발췌, 이용할 필요성이 인정되는 경우, 서비스 제공자인 음악사이트 운영자로서는 저작자로부터 ① 잠재적 구매자에게 제공할 미리듣기 서비스의 시간을 어느 정도로 설정할 것인지와 일부만을 재생시키는 경우에도 어느 부분을 제외하고 어느 부분을 샘플로서 제공할 것인지, ② 통화연결음, 휴대폰 벨소리의 음악파일에 발췌, 수록할 음악 부분을 전체 중 어느 부분으로 하고 그 길이를 어느 정도로 할 것인지 등에 관하여 동의를 얻어야 한다.

풀어보기 ✎

다음 제시문을 읽고 문제에 답하시오.   2021 충북대

제시문

미국의 대형 제약사인 화이자와 독일 제약사인 바이오앤테크는 공동 개발 중인 코로나19 후보물질에 대한 3상 임상시험 결과, 90% 이상의 예방효과가 나타났다고 밝혔다. 통상적으로 기대되는 60% 수준을 크게 웃도는 결과이다. 화이자는 조만간 미식품의약국(FDA)에 긴급 사용 승인을 신청할 예정이다. 이에 코로나19 백신·치료제 공급을 위한 강제실시권이 국회 입법을 통해 추진된다. 더불어민주당 박홍근 의원은 5일 이 같은 내용을 담은 감염병 예방법과 특허법 일부 개정 법률안을 각각 발의했다. 강제실시권이란 세계무역기구 무역 관련 지적재산권에 관한 협정 제31조에서 규정하고 있는 권리로, 정부 등이 공익적 목적을 위해 특허권자의 허가 없이 특허를 사용할 수 있도록 규정하고 있다. 즉, 코로나19 팬데믹과 같은 공중보건 위기나 국가비상상황에 정부가 강제실시권을 발동해 코로나19 백신이나 치료제의 복제약을 생산해 공급할 수 있도록 하는 특허권의 예외를 인정하는 규정이다.

문제

이와 같은 코로나19 백신·치료제 강제실시권에 대한 본인의 견해를 밝히시오.

관련내용: 제18장 민법

1 강제실시제도의 국제법적 정당성[28]

특허제도는 발명을 보호·장려함으로써 국가산업의 발전을 도모하기 위한 제도로서, 이러한 특허제도의 목적을 달성하기 위하여 발명자가 그 발명의 기술적 내용을 일반 공중에게 공개하는 대가로 그 발명의 실시에 대한 일정기간 동안의 독점 배타적 권리인 특허권을 부여하는 것을 구체적 수단으로 한다. 따라서 특허권자가 제3자에게 그 특허발명을 실시하도록 허락할 것인지의 여부는 특허권자가 자유롭게 결정할 수 있는 것이 원칙이라 할 수 있다.

그러나 특허권자의 특허권 행사가 오히려 산업발전이라고 하는 특허제도의 목적에 반하고 공익을 저해하는 경우에는 특허권자의 독점 배타적 권리를 제한하여 국가 또는 제3자에 대한 실시허락을 강제하여야 할 필요성이 있다고 하지 않을 수 없을 것이다. 이에 특허에 관한 국제조약인 "공업소유권의 보호를 위한 파리협약(파리협약)" 및 "무역 관련 지식재산권에 관한 협정(TRIPS 협정)"에서는 특허권자의 허락 없이 특허발명을 실시할 수 있는 예외적 상황에 대하여 규정하고 있고, 이는 우리나라 특허법에도 이미 반영되어 있다.

파리협약 제5조 A(2)는 "강제실시권(Compulsory Licenses)"이라는 표제하에 "각 동맹국은 불실시와 같은 특허에 의하여 부여되는 배타적 권리의 행사로부터 발생할 수 있는 남용을 방지하기 위하여 강제실시권의 부여를 규정하는 입법조치를 취할 수 있다"라고 규정하고 있다. 또한 TRIPS 협정은 제30조에 제3자의 정당한 이익을 고려하여 특허권의 정상적인 이용에 불합리하게 저촉되지 아니하고 특허권자의 정당한 이익을 불합리하게 저해하지 아니하는 범위에서 특허권자가 갖는 독점 배타적 권리를 예외적으로 제한할 수 있다는 일반 규정을 두고 있다. 특허권의 독점 배타성을 제한하여 강제적 실시허락을 인정하기 위해서는 일반적으로 ① 합리적인 상업적 조건하에 ② 특허권자로부터 실시허락을 얻기 위한 노력을 하였으나 ③ 합리적인 기간 내에 허락을 얻지 못하였다고 하는 요건이 충족되어야 한다. 그런데 TRIPS 협정에서는 국가 비상사태, 극도의 긴급상황 또는 공공의 비상업적 사용의 경우에 특허권자로부터 실시허락을 받기 위한 노력을 하지 아니하고도 강제실시권이 인정될 수 있는 경우 또한 인정하고 있다.

---

28 이명희, 우리나라 강제실시제도 발전방안 연구, 한국지식재산연구원, 2021, 13-14면.

2 우리나라의 강제실시제도

국가 산업발전의 도모라고 하는 특허제도의 근본적 목적과 공익을 위하여 불가결한 경우에 특허권자의 의사에 관계 없이 국가 또는 제3자에 의한 실시를 허락하도록 강제하여야 할 경우가 있다. 이를 강제실시권이라고 한다.[29] 특허법은 정부 등에 의한 특허발명의 실시, 통상실시권 설정의 재정(裁定), 통상실시권 허락의 심판 등 3가지 형태의 강제실시권 을 규정하고 있다.

(1) 정부 등에 의한 특허발명의 실시

특정 특허발명을 국가 비상사태, 극도의 긴급상황 또는 공공의 이익을 위하여 비상업적으로 실시할 필요가 있다고 인정하는 경우에 정부는 그 특허발명을 직접 실시하거나 정부 외의 자가 실시할 수 있도록 강제실시권을 설정할 수 있다.[30] 이와 같은 정부 등에 의한 특허발명의 실시 절차와 관련하여, 특허법은 정부 등이 타인의 특허권이 존재한다는 사실을 알았거나 알 수 있을 때에는 그 실시 사실을 특허권자, 전용실시권자 또는 통상실시권자에게 신속하게 알려야 한다고 규정하고 있는 한편,[31] 정부 등으로 하여금 그 실시에 따라 손실을 입게 되는 특허권자, 전용실시권자 또는 통상 실시권자에게 정당한 보상금을 지급하여야 한다고 규정하고 있다.[32] 그리고 특허법에서 정하고 있는 위와 같은 사항을 제외하고 특허발명의 실시 및 보상금의 지급에 필요한 나머지 절차적 사항은 대통령령으로 정하도록 위임하고 있다.[33]

(2) 통상실시권 설정의 재정

재정에 의한 통상실시권이란 ① 특허권자가 정당한 이유 없이 특허발명을 실시하지 않거나, ② 불충분하게 실시하는 경우, ③ 공공의 이익을 위하여 특히 실시할 필요가 있는 경우, ④ 사법적·행정적 절차에 의하여 불공정 거래행위로 판정된 사항을 바로잡기 위한 경우 또는 ⑤ 수입국에 의약품을 수출할 수 있도록 특허발명을 실시할 필요가 있는 경우 에 이를 실시하려는 자의 청구와 특허청장의 재정에 의하여 특허발명을 업으로서 실시할 수 있는 통상실시권을 의미한다.

특허발명을 실시하려는 자는 특허발명이 ① 천재지변이나 그 밖의 불가항력 또는 대통령령으로 정하는 정당한 이유 없이 계속하여 3년 이상 국내에서 실시되고 있지 아니한 경우, ② 정당한 이유 없이 계속하여 3년 이상 국내에서 상당 한 영업적 규모로 실시되고 있지 아니하거나 적당한 정도와 조건으로 국내수요를 충족시키지 못한 경우, ③ 그 실시가 공공의 이익을 위하여 특히 필요한 경우, ④ 사법적 절차 또는 행정적 절차에 의하여 불공정거래행위로 판정된 사항을 바로잡기 위하여 실시될 필요가 있는 경우 또는 ⑤ 자국민 다수의 보건을 위협하는 질병을 치료하기 위하여 의약품(의 약품 생산에 필요한 유효성분, 의약품 사용에 필요한 진단키트를 포함한다)을 수입하려는 국가에 그 의약품을 수출할 수 있도록 실시될 필요가 있는 경우 가운데 어느 하나에 해당하고, 그 특허발명의 특허권자 또는 전용실시권자와 합리 적인 조건으로 통상실시권 허락에 관한 협의를 하였으나 합의가 이루어지지 아니하는 경우 또는 협의를 할 수 없는 경우에는 특허청장에게 통상실시권 설정에 관한 재정을 청구할 수 있다.[34] 다만, 공공의 이익을 위하여 비상업적으로 실시하려는 경우와 불공정거래행위 시정을 위한 경우에는 협의 없이도 재정을 청구할 수 있다.[35] 위의 요건 중 3년 이 상의 불실시 또는 불충분실시를 이유로 하는 재정은 특허출원일부터 4년이 지나지 아니한 특허발명에 관하여는 청구할 수 없다.[36] 특허청장은 재정을 하는 경우 상당한 대가가 지급될 수 있도록 하여야 한다.[37] 특허법은 재정의 청구인이 제출하여야 하는 서류, 그 밖에 재정에 관하여 필요한 사항을 대통령령으로 정하도록 위임하고 있다.[38]

---

29 조영선, 지적재산권법, 박영사, 2021, 184면.
30 특허법 제106조의2 제1항.
31 특허법 제106조의2 제2항.
32 특허법 제106조의2 제3항.
33 특허법 제106조의2 제4항.
34 특허법 제107조 제1항 본문.
35 특허법 제107조 제1항 단서.
36 특허법 제107조 제2항.
37 특허법 제107조 제5항.
38 특허법 제107조 제1항.

(3) 통상실시권 허락의 심판

　　통상실시권 허락의 심판에 의한 통상실시권이란 특허권자·전용실시권자 또는 통상실시권자가 해당 특허발명이 이용·저촉관계에 해당되어 실시의 허락을 받으려는 경우에 선출원 특허권자·실용신안권자·디자인권자 또는 그 전용실시권자가 정당한 이유 없이 실시허락을 아니하거나 실시허락을 받을 수 없을 때, 자기의 특허발명의 실시에 필요한 범위에서 통상실시권 허락의 심판을 청구할 수 있으며, 이러한 심판에 의해서 허락되는 실시권을 말한다.[39]

📖 참고 1　코로나19 대응, 시장솔루션의 한계

지난 6월 스위스 제네바에서 열린 세계무역기구(WTO) 12차 각료회의(MC-12)는 팬데믹과 식량 위기 대응 등 세 개의 각료 선언과 여섯 개의 각료 결정을 포함하는 제네바 패키지를 도출했다. 특히 코로나19 백신 특허를 기존 무역관련지식재산권협정(TRIPs)에 비해 완화된 요건으로 강제실시할 수 있도록 했다.

TRIPs 제31조는 특허의 강제실시권(compulsory license)을 규정하고 있다. WTO 회원국은 특허권자의 사용 허락 없이도 특허 물품의 자국 내 판매를 허용하는 강제실시권을 발동할 수 있다. 그러나 이것에는 엄격한 조건이 있다. 코로나19 팬데믹 같은 국가비상사태나 긴급한 상황에서, 특허권자와 합리적인 조건으로 실시계약을 체결하려는 노력이 무산된 경우에 한한다. 이와 함께 국내법에 강제실시권을 규정해야 하고, 강제실시를 하더라도 특허권자에게 적절한 대가를 지급해야 한다.

하지만, 이런 강제실시권 규정에도 코로나19 백신의 경우 강제실시를 할 수 없다. 특허 이외에 공개되지 않은 제조 노하우 등을 알지 못하면 백신을 만들 수 없기 때문이다. 특허 강제실시만으로는 백신 생산이 불가능한 것이다. 오히려 강제실시를 선언하면 초국적 제약자본이 백신 공급을 차단하는 결과를 가져올 것이 뻔했다. 이 때문에 TRIPs 조항에도 강제실시를 선언한 곳은 한 곳도 없다. 결국 화이자, 모더나 등 주요 코로나19 백신은 초국적 제약자본이 독점 생산했고, (공개되지 않았지만) 높은 가격에 팔려 선진국 중심으로 백신 보급과 접종이 이뤄졌다.

이에 따라 백신을 적절히 공급받지 못한 개발도상국과 저소득국의 상황은 나날이 악화했다. 인도와 남아프리카공화국 등 100여 개 국가는 코로나19가 종식될 때까지 모든 나라의 코로나19 백신, 치료제, 진단기기 등에 대한 포괄적인 지식재산권협정(TRIPs) 면제를 요청했다. TRIPs가 면제되면 특허를 포함한 저작권, 영업비밀 등의 지식재산권이 공개될 수 있고 백신 생산능력이 있는 개발도상국에서는 즉시 생산이 가능하기 때문이다.

결국 2년 반의 논란 끝에, WTO 각료회의는 코로나19 백신에 한해서만 TRIPs의 특허 강제실시 요건을 일부 완화했다. 이에 따라 국내 강제실시 근거법이 없어도 5년간은 행정부나 법원 명령 등으로 강제실시권을 발동할 수 있게 됐다. 또한 강제실시 발동 전에 특허권자로부터 실시 허락을 받고자 노력하지 않아도 된다(강제실시를 하더라도 TRIPs에 따라 특허권자에게 적절한 보상을 해야 한다). 다만 모든 회원국이나 개발도상국에 완화된 조치가 적용되는 것은 아니다. 코로나19 백신을 생산할 능력이 없는(!) 개발도상국만 해당하는 조치다.

실효성 1도 없는, 백신 특허 강제실시 완화

합의 내용만 놓고 보면, 개발도상국은 필요에 따라 언제든 코로나19 백신 강제실시가 가능한 것처럼 보인다. 하지만 이런 강제실시 완화 조치는 아무 실효성이 없다. 앞서 TRIPs 31조에 따른 강제실시가 불가능한 이유도 완전한 백신을 생산할 수 없기 때문이다. 포괄적인 TRIPs 면제가 아니라 형식적인 조치 일부만 완화되었기 때문에 강제실시의 실효성이 없기는 마찬가지다.

공개된 특허 기술뿐 아니라, 공개되지 않은 제조 노하우나 영업비밀인 핵심기술 등을 알아야 백신 원료 생산이 가능하다. 공개된 특허 기술 정보만으로는 오랜 시간 수많은 시행착오를 거칠 수밖에 없다. 특히 매일 확진자가 폭증하고 사망자가 증가하는 상황에서 백신의 빠른 생산과 보급이 무엇보다 중요하기 때문에 백신 특허뿐 아니라 노하우 등 공개도 핵심적인 문제였다. 일례로 모더나 백신을 위탁생산하는 계약(방식)에는 두 가지가 있다. 완제의약품(Drug Product)과 원료의약품(Drug Substance) 위탁 생산방식이다. 완제의약품 생산(DP)은 삼성바이오와 모더나가 맺은 방식으로, 이미 생산된 백신 원액을 희석해서 병에 주입해 밀봉하는 것만 담당한다. 이 방식도 인체 투입 전 최종 단계이므로 무균처치 등에 대한 높은 기술력이 요구되는 공정이다. 하지만 백신의 원료를 생산하는 공정은 아니다.

원료의약품(DS) 생산은 mRNA를 제조하는 기술과 mRNA를 세포까지 안전하게 전달하는 지질나노입자(LNP) 관련 기술까지 이전받아야 가능하다. 현재 모더나 백신의 DS공정은 세계 바이오 위탁생산 1위 업체인 스위스 론자(LONZA)가 유일하다. 만약 한국이 코로나19 백신 강제실시를 하더라도 삼성바이오에서 모더나 백신을 당장 생산할 수가 없다. DS공정 기술과 공개된 mRNA 특허만으로는 정확하게 알 수 없기 때문이다. 반면, 스위스가 강제실시를 한다면 론자에서 모더나 백신의 생산이 즉시 가능하다.

하지만 백신 생산 능력이 있는 개발도상국을 이 완화 조치에서 제외해 강제실시에 따른 백신 생산 가능성 자체를 완전히 봉쇄했다. 이렇게 된 데에는 미국의 영향도 컸다. 미국은 2021년 초 바이든 행정부가 들어서고 그해 5월 코로나19 백신의 특허 면제

---

39 이명희, 우리나라 강제실시제도 발전방안 연구, 한국지식재산연구원, 2021, 53면.

를 지지한다고 선언했다. 다만 한 가지 조건이 있었다. 중국으로의 기술 유출이 우려되기 때문에 중국은 특허 면제 대상국에서 빠져야 한다는 것이었다. 이번 각료회의 협상에서도 미국은 중국 배제를 분명히 했고, 결국 합의문에 "코로나19 백신 제조 능력이 있는 개발도상국은 이 협정을 이용하지 않는다는 구속력 있는 약속을 할 것"이라고 명시했다.

애초 백신 생산 능력이 없는 국가는 강제실시 완화를 적용해도 생산 기술이 없기 때문에 강제실시를 할 수가 없다. 그래서 이 국가들은 강제실시로 백신을 생산한 다른 국가로부터 저렴한 가격에 혹은, 무상으로 백신을 공급받아야 한다. 그런데, 백신 생산 능력이 있는 (개발도상) 국가는 이번 강제실시 완화 대상이 아니기 때문에 이런 방식으로 백신을 생산할 수가 없다. 또한 생산 능력이 있어 특허 강제실시를 하더라도 노하우 등이 공개되지 않기 때문에 가까운 시일 안에 백신을 생산할 수도 없다. 결국 지금의 강제실시 형태로는 백신을 적절히 생산할 수도, 공급받을 수도 없다.

국경없는의사회는 WTO 각료회의 선언문 공개 직후 성명을 발표했다. 그들은 "이 협정은 모든 필수 코로나19 의료 도구에 대한 지식재산권 면제를 적용하지 않고, 모든 국가에 적용되지 않기 때문에, 팬데믹 기간 필요한 의료 도구에 대한 사람들의 접근을 증가시키는 데 도움이 되는 효과적이고 의미 있는 솔루션을 제공하는 데 실패했다"라고 비판했다. 또한 "이번 결정의 조치들은 의약품 독점을 해결하거나 생명을 구하는 의료 도구에 대한 저렴한 접근을 보장하지 않으며, 향후 세계 보건 위기와 전염병에 대한 부정적인 선례를 남길 것"이라고 우려했다.

백신 불평등, 제약자본 독점 생산의 모순

영국과 스위스, 유럽연합(EU) 등 백신 특허를 가진 제약자본의 모국에서는 지식재산권 면제가 혁신을 저해하고 백신 개발과 보급을 늦출 뿐이라며 이를 반대해 왔다. 이들은 아프리카 지역의 낮은 백신 접종률이 백신 특허 문제라기보다 해당 국가의 취약한 의료체계, 냉장 보관과 운송 등 시설 부족, 백신 접종 기피 문화 때문이라고 지적했다.

이들의 주장대로 저소득국의 취약한 의료현실이 백신 보급을 어렵게 하는 건 사실이다. 하지만 문제의 핵심은 코로나19를 종식하기 위한 백신 등 적절한 의료도구의 생산과 공급 문제다. 초국적 제약자본이 백신 생산을 독점하며 불평등이 발생하고, 전 세계 인류가 백신과 치료제, 검사기기 등을 제대로 제공받지 못하기 때문에 팬데믹이 종식되지 않고 있는 것이다. 결국 초국적 제약자본의 백신 생산 독점의 근거가 지식재산권에서 발생하고 있기 때문에 이에 대한 면제를 요구한 것이다.

한편, 이들이 지식재산권 면제를 반대하는 이유는 코로나19 종식이나 이를 위한 백신 불평등 해소가 목적이 아니다. 오직 초국적 제약자본의 독점적 생산을 유지할 목적으로 시선 돌리기를 위해 아프리카 지역의 취약한 의료현실 등을 인용한 것이다. 이는 백신 생산 능력이 있는 개발도상국을 강제실시 완화에서 배제한 것만 봐도 알 수 있다. 백신 제조 가능 국가에서 강제실시로 백신을 생산할 수 있다면, 지금보다 훨씬 더 저렴한 가격에, 훨씬 더 많은 양의 백신이 빠르게 보급될 수 있었을 것이다. 하지만 WTO와 백신 특허 보유국들은 이 기회를 차단했다.

백신 생산의 독점 해소로 불평등 문제가 해결되지 않고는 팬데믹 종식이나 엔데믹으로의 전환은 기대하기 어렵다. 결국 백신 불평등과 생산 독점은 코로나19 해법에 대한 빈국과 부국 사이의 국제적 대립 문제이자, 국내적으로는 독점적 생산수단에 대한 빈자와 부자 사이의 계급 문제인 셈이다.

선진국 국민이라도 모두가 평등하게 백신을 맞고 치료받을 수 있었던 건 아니다. 인종, 소득, 직종, 성, 연령, 지역 등에 따라 확진자는 차별적으로 발생했고, 사망률도 모두 달랐다. 백신과 치료 도구에 대한 보편적 접근이 어렵고, 백신 접종 비용 등이 개인 부담으로 전가될수록 의료 불평등은 더 커질 수밖에 없다. 요컨대, 초국적 제약자본의 독점 생산을 막기 위한 포괄적 지식재산권 면제는 국제적인 백신 불평등을 해소할 수단일 뿐 아니라, 국내적으로도 백신 불평등을 해소할 수 있는 수단이다.

공급과잉과 백신의 진부화

독점과 시장 기반 코로나19 대응(시장 솔루션)은 백신 불평등을 확대할 뿐 아니라 문제를 증폭시켰다. 세계적으로 평등하고 적절한 백신 접종과 치료가 이뤄지지 못해, 특정 지역에서 확진자가 폭증했다. 열악한 보건 환경과 결합해 델타, 오미크론 등 신종 변이 바이러스가 나타나 기존 백신을 무력화하고 백신의 진부화(obsolescence)를 촉진했다.

기존 백신을 회피하는 변이 발생과 함께 확진자 폭증이 사이클처럼 주기적으로 반복했다. 신종 변이가 유행할수록 이에 대응할 수 있는 새로운 백신 개발이 필요했고, 백신은 1차에서 2차, 3차, 4차 부스터 샷까지 접종해야 할 지경에 도달했다. 이대로라면 3~4개월마다 백신을 계속 맞아야 하고 그럼에도 팬데믹이 언제 끝날지, 언제 엔데믹으로 접어들지 알 수가 없다.

한편, 코로나19 펜데믹이 2년 반을 넘어가면서 세계 시장의 백신 공급과 공급 능력도 증가했다. 화이자, 모더나 백신뿐 아니라 다양한 국가에서 다양한 방식의 백신이 개발되고 공급도 증가했다. 그러나 변이 발생과 반복되는 위기 속에서 백신의 진부화와 함께 기존 수요가 감소하면서 백신은 공급과잉 상태가 됐다. 황당한 것은 이런 과잉공급 상황에서도 아프리카 등 저소득국의 백신 접종률은 변하지 않고 있다는 점이다. 공급과잉에서도 여전히 백신 불평등은 해소되지 않고 있는 것이다.

2022년 7월 23일 현재 전 세계에서 121억 회 이상의 코로나 백신 접종이 이뤄졌다. 세계 접종률(1회 이상)은 62% 수준이다. 그런데 아프리카 에리트레아는 접종 횟수도 0이고 접종률도 0%다. 부룬디의 접종률은 0.12%, 콩고는 2%, 마다가스카르는 4%, 카메룬은 4%, 세네갈은 6%다. 아프리카 지역의 평균 접종률은 19%에 불과하다. 아프리카 12억 명 인구 중에서 아직도 9억 명 이상이 백신 접종을 단 한 차례도 못 했다. 과잉공급 상황에서도 백신 불평등이 해소되지 않는 이유는 냉동 보관 및 운송 등 시설 문제가 아니다. 여전히 백신의 독점 생산 때문이다. 백신이 남아돌아도 저소득국은 일정한 특허료를 지불하고 백신을 들여올 경제적 여지가 없다. 무상으로 공급되더라도 백신의 빠른 진부화와 짧은 유통기한 때문에 시기에 맞춰 접종하지 못한다. 백신 무상 공급 계획인 COVAX를 통해 아프리카에 지원되는 백신들은 입도선매 방식의 공급계약 (선진국의 사전 싹쓸이 계약) 때문에 선진국에 먼저 보급됐다가 접종자를 찾지 못해 남아돌던 백신이다. 대부분 유통기한이 임박해 곧 쓰레기가 될 백신이라 아프리카 국가들도 수령을 거부하고 있다.

코로나19 팬데믹, 독점과 시장으로는 해결 못해

국경없는의사회는 앞선 성명에서 "독점 및 시장 주도 원칙이 접근의 장벽이 되지 않는 곳에서 인명을 구조하는 의료 도구가 공평하게 개발, 생산 및 공급될 수 있도록 생의학 혁신 시스템을 재고하고 개혁하기 위한 구체적인 조치"를 취해 줄 것을 각국 정부에 촉구했다. 동시에 "기업과 정치적 이익을 보호하기보다 생명을 구하는 것을 우선시해야 할 때"라고 강조했다.

인류는 아직 코로나19 팬데믹을 끝낼 유효한 방법을 찾지 못한 채 여전히 독점과 시장 솔루션에 의존해 하루하루 버티고 있다. 선진국 국민이 백신을 맞으며 의료체계가 감당할 수 있을 정도의 환자 발생을 유지하는 동안 백신이 보급되지 못한 저소득국가는 의료체계의 붕괴와 확진자의 범람 속에 변이 바이러스 발생 가능성을 높였다. 여기서 발생한 신종 변이 바이러스는 백신 접종을 끝낸 선진국으로 확산해 다시 팬데믹을 일으키는 악순환을 반복하고 있다.

이윤을 먼저 생각하는 시장 솔루션으로는 기후위기에 대처하지 못하듯, 초국적 제약자본의 이윤을 지키는 독점과 시장 솔루션으로는 팬데믹에 대응할 수 없다. 시장 솔루션으로는 코로나19의 자연면역이 늘어 풍토병이 될 때까지 수년 동안 백신 접종을 반복하면서 치명률을 줄이고 의료체계의 붕괴를 방지하며 유지해 나가는 방법 외에는 없다. 그 사이 초국적 제약자본은 변이 발생을 기회로 백신 접종을 반복하면서 천문학적인 수익을 계속 벌어들일 것이다.

영업비밀로 제한된 핵심 기술과 제조 노하우와 같은 미공개 정보의 공개를 의무화하고 백신과 같은 필수 의료 도구에 대한 강제 실시를 할 수 있는 국가적 대응 능력(포괄적 TRIPs 면제)을 향상하는 것이 무엇보다도 필요하다. 또한 반경쟁(독점) 행위 및 공공 이익을 강제실시의 조건으로 확대하는 조치가 시급히 마련돼야 한다. 백신과 치료제 등의 개발, 생산, 유통, 공급에 대한 글로벌 차원의 공조를 통해 코로나19 확산과 변이 발생을 최대한 억제하는 것만이 코로나19 팬데믹으로부터 해방되는 길이다.

출처: 홍석만, 참세상, 2022.8.19

Thema **103** | ## 재산비례벌금제

풀어보기

다음 제시문을 읽고 문제에 답하시오.

2020 아주대

> **제시문**
>
> 현행 형법은 피고인의 빈부격차를 고려하지 않고 죄질만을 고려하여 누구에게든 동일한 액수의 벌금을 부과하는 총액벌금제를 채택하고 있다. 따라서 피고인이 벌금형을 선고받더라도 개인의 경제적 능력에 따라 형벌에 대한 체감이 다르기 때문에 형벌로서의 기능을 다하기 어렵다는 지적이 있다. 반면 재산비례벌금제는 범죄행위의 경중에 따라 벌금 일수를 먼저 정한 뒤 피고인의 경제 사정을 고려한 하루치 벌금액을 곱해 전체 벌금액을 산정하는 방식으로 '일수벌금제'로도 불린다. 예를 들어 소득 상위 1%인 운전자와 70%인 운전자가 똑같이 혈중알코올농도 0.14%의 음주운전을 했을 경우 70일의 벌금을 내야 하지만, 소득 상위 1%인 음주 운전자는 1일당 30만원으로 계산해서 2,100만 원을 내야 하고, 소득 70%인 음주 운전자는 1일당 5만원으로 계산해서 350만 원을 내면 된다.
>
> 1921년 핀란드에서 처음 도입된 일수벌금제는 현재 독일, 스위스, 프랑스, 스웨덴, 덴마크 등의 유럽 국가들도 도입해서 운영하고 있다. 실제로 핀란드에서는 속도를 위반한 핀란드 휴대전화 제조업체 노키아의 안시 반요키 전 부회장에게 범칙금 1억 6천만 원 정도를 부과해서 화제가 되기도 했다. 이 제도는 국민의 소득 및 재산 상황을 정확히 파악하는 조사 과정에서 개인정보가 침해될 우려가 제기되며, 같은 범죄행위에 대해 벌금을 차등화하는 것은 헌법상 평등권을 침해한다는 비판적 시각도 있지만, 형벌 집행의 실질적 평등 측면에서 바라봐야 한다는 의견도 적지 않다.

재산비례형 벌금제에 대한 지원자의 의견을 논하시오.

관련내용: 제19장 형법

핵심이론 재산비례벌금제 도입의 논의배경과 도입 여부를 둘러싼 쟁점

1. **논의배경**
   - 재산비례벌금제는 동일한 범죄에 대하여 동일한 벌금을 부과함으로써 벌금 납부능력이 없는 자의 노역장유치를 피할 수 있으며, 법원은 행위자의 소득과 재산상태 등을 고려하여 하루를 금액으로 환산하여 벌금을 일수에 따라 부과함으로써 가난한 자와 경제력이 있는 자의 형벌효과의 동등성을 도모할 수 있다는 점에서 입법취지는 인정됨
     - 재산비례벌금제는 형벌효과의 불평등을 시정하면서 비효율적인 환형처분의 방지를 목적으로 하며, 행위책임의 관념을 유지하고 피고인의 지불능력을 고려하여 고통의 평등화를 도모하는 장점을 가짐
     - 비교법적으로도 유럽에서는 광범위하게 일수벌금제가 기본 형벌의 하나로 자리 잡고 있음은 도입과 정책방향을 수립하는 데 중요한 시사점을 둠

2. **재산비례벌금제 도입 여부를 둘러싼 쟁점**
   - 재산비례벌금제의 형법상 책임주의 위배 여부에 대한 검토결과
     - 재산비례벌금제 도입논의에서 주요한 쟁점 중 하나인 동일한 범죄에 대한 벌금형이 피고인의 경제적 상황을 이유로 달라져 책임주의 원칙에 위배될 우려가 있다는 점은 18대 국회에서부터 20대 국회에 이르기까지 관련 법안에 대한 주요 반대근거임
     - 책임주의는 책임을 전제하지 않은 형벌이나 책임을 초과하는 형벌을 금지하는 법원칙이며, 책임범위 내에서 형량을 결정하는 것을 금지하는 것은 아니라고 봄이 타당하고, 책임이 같은 사례에서 반드시 객관적으로 동일한 형량을 선고해야 하는 것을 의미하는 것은 아니며, 형벌수용자가 주관적으로 느끼는 형벌고통이 같아야 한다는 것을 포함하는 것으로 이해되어야 함
     - 재산비례벌금제는 행위자의 주관적 형벌고통도 고려하므로 책임주의에 반하는 것이라고 보기는 어려운데, 현행 형법 제51조의 양형사유를 보면 피고인의 경제적 능력을 고려하도록 규정하고 있다는 점에서 피고인의 경제적 능력을 이유로 한 벌금형 산정이 문제 있다는 논거는 타당하지 못함
     - 재산비례벌금제가 개인의 경제력에 따른 벌금형 부과로서 책임주의에 위배되지 않기 위해서는 그 전제로서 개인의 소득 및 자산에 대한 구체적인 파악이 전제되어야 할 것임
     - 일반인 조사에서 개인의 소득에 대한 파악이 현행 시스템으로 충분히 가능하다는 의견이 전체 응답자의 56.1%에 이름
   - 재산비례벌금제 도입의 시기상조론에 대한 검토결과
     - 벌금형 산정의 기초가 되는 경제적 능력에 대한 정확한 판단자료가 드러나지 않는 현실에서 개인의 소득 및 재산상태 파악을 위한 자료로는 불충분하며, 재산 등 파악을 위한 시스템이 충분히 구축되어 있지 않다는 점, 일수벌금제를 도입하는 경우 세금과 마찬가지로 대다수 봉급생활자에 극히 불리하다는 점 등을 이유로 하여 시기상조라고 주장함
     - 일반인 조사결과에 의하면 현행 소득 및 재산상태 파악 시스템이 적절하다는 의견이 72.6%에 이르며, 이는 재산비례벌금제 도입 시행의 원동력이 될 수 있음
     - 전문가 의견 조사결과에 의하면 다수의견은 피고인의 자산상태를 조회 파악하기 위한 여러 경제 관련 법제의 정비라든가, 과세기준의 투명화라든가 소득자료의 전산화 등이 시행되고 있고 이로써 벌금형 제도개선을 위한 인프라는 문제될 것이 없다고 함
     - 일반인의 재산비례벌금제 도입에 대한 인식과 전문가 평가 등을 고려하면 재산 등 조사 불가능이라는 이유보다는 오히려 법원의 조사업무의 안정성 확보나 관련 행정기관, 예컨대 금융기관 및 국세청, 건강보험공단 등과의 업무협조 구축방법을 고민해보아야 할 점임
   - 소득 및 재산상황 조사의 어려움 해소
     - 일수벌금제 산정에서 핵심적인 내용으로 간주되는 피고인의 개인적·경제적 사정에 대한 조사는 쉽지 않은 것은 사실이며, 그렇다고 하여 독일처럼 일수벌금형 산정을 위해 행위자의 과세자료에 접근하는 것을 허용하기도 어려워 피고인의 소득을 추산할 수 있도록 하는 방안이 마련될 필요는 있음

- 검찰이나 법원에 대한 국민의 신뢰도가 낮은 우리 사회에서 피고인의 재산을 추산하도록 하면 일반인들이 이를 쉽게 수용하지 않을 것이고 여전히 양형공정성 문제가 제기될 수 있음도 고려하여야 함
- 행정기관은 벌금형의 일수를 정하는 데 필요한 정보를 제공할 의무가 있다는 정보제공의무를 규정(스위스 형법 제34조 제3항 참조)함으로써 수사기관이나 법원이 행위자의 소득상황에 관한 필요한 정보에 접근할 수 있도록 하여 행위자의 경제적 상황을 규명할 기초를 마련할 필요가 있음

출처: 박미숙, 재산비례 벌금제에 관한 정책방안 연구, 한국형사·법무정책연구원, 2020.

📖 참고 1   "돈 많으면 벌금도 많이 … 대법원 '차등벌금제' 논의한다"

벌금을 재산 또는 소득에 비례해 부과하는 방안이 논의된다. 같은 죄라도 부자에게 더 많은 벌금을 물리자는 취지다. 일부 유럽 국가에서 이미 시행되고 국내에서도 수십년간 논의된 사안이지만 공론화되지 못했다. 이재명 더불어민주당 대선후보가 지난해 재점화한 사안으로 차등벌금제에 부정적이던 법원까지 '소득 비례 벌금제'에 대해 법적 검토에 착수한 것으로 확인됐다.

4일 법조계에 따르면 대법원 법원행정처는 이르면 이달부터 적정한 벌금형 산정을 위한 제도 개선 및 실무 대응방안에 대한 연구에 나선다. 범죄자의 재산과 소득 수준에 따라 처벌 효과가 다르다는 논리를 반영한 것으로 벌금형이 돈 많은 자에게는 가볍고, 가난한 자에게는 무거운 형벌이라는 지적을 살피겠다는 게 목표다.

벌금형은 실무에서 활용되는 형사법상 제재로 사법 실무에 있어서 가장 중요한 제도 중 하나다. 범죄자에게 책임을 물어 일정 금액의 돈을 국가에 납부하도록 하는 형벌로 금고·자격형보다는 가볍고 구류보다는 무겁다.

하지만 경제 규모 확대로 소득 격차가 갈수록 벌어지면서 총액만 정해 벌금을 선고하는 현 벌금형에 대한 지적이 이어졌다. 소득이 높은 범죄자가 손쉽게 벌금을 내고 자유의 몸이 되는 반면 매년 3만~4만 명이 벌금을 내지 못해 이른바 '몸으로 때우는' 교도소행을 택하고 있다.

적정한 벌금형을 찾기 위해 법원행정처가 논의할 제도는 일수벌금제와 같은 재산비례 벌금형이다. 일수벌금제는 지금의 총액벌금제와 달리 범죄자의 '하루 수입'에 연동해 벌금을 매기는 제도다. 범죄의 경중에 따라 벌금 일수를 정한 뒤 경제력을 고려해 하루당 벌금을 부과하는 방식으로 벌금 일수와 일수정액을 고려해 총액이 확정된다. 예컨대 빵을 훔친 사람에게 벌금 5일을 선고하고 이 사람의 소득을 확인해 1일 벌금을 10만원으로 확정한 뒤 이를 곱해 벌금 50만원을 최종 판결하는 방식이다. 같은 벌금 일수를 받아도 소득이 높을수록 최종 벌금액이 높아지는 셈이다.

법원행정처는 차등형 벌금제가 도입될 경우 사회적 영향과 법원 등 사법기관이 대응해야 할 과제 등을 미리 선정해 현실성을 따져보기로 했다. 법원행정처는 지난 2020년 일수벌금제 도입을 제기한 이탄희 더불어민주당 의원의 발의에 '일수벌금제 도입의 선결 조건인 피고인의 경제적 능력에 대한 정확한 파악이 현실적으로 쉽지 않을 수 있다'며 부정적인 입장을 내놓은 바 있다.

세부적으로는 일수벌금제를 포함한 모든 재산비례 벌금형에 대한 연구에 나서기로 했다. 이 과정에서는 벌금형을 징역형과 연동하는 방안, 물가와 연동하는 방안을 비롯해 양형기준을 재설정하는 방안도 논의한다. 노역장 유치, 집행유예제도, 대체봉사명령 등 벌금액 산정 관련 부수 쟁점에 관한 개선책도 확인할 방침이다. 특히 일수벌금제에 대해서는 대상범죄, 일수 및 일수정액, 재산조사 방법, 사후 조정제도, 벌금 납부 방법 등도 모두 살피기로 했다.

해외 입법 사례 역시 논의 대상 중 하나다. 핀란드와 덴마크 등 일부 유럽 국가는 일수벌금제의 목적을 부유한 자에 대해 차등적으로 더 많은 벌금액이 선고되도록 하는 것에 중점을 맞췄다. 독일의 경우 일수벌금제가 형법, 형사소송법, 사법징수법 등 다양한 법에 규정된 상태로 벌금형을 일수로 산정해 선고하고 일수정액은 개인 및 경제적 사정을 고려해 법원이 정하는 방식으로 운영 중이다. 2009년 7월 4일부터는 벌금정액의 최대선이 5,000유로에서 3만 유로로 크게 오르기도 했다.

반면 영국의 경우 시범 운영에서는 긍정적인 평가를 받았지만 실제 도입 후 국민적 공감대를 얻지 못해 폐지됐다. 미국과 일본 등 일부 국가에서도 범죄인의 경제 사정에 대한 정확한 조사가 어렵고 범죄인의 재력을 고려한 양형이 어느 정도 행해지고 있다는 이유로 논의 수준에 머물러 있다.

이에 법원행정처는 차등형 벌금제 도입에 따른 법원 내 문제점도 미리 논의하겠다는 방침이다. 일수벌금제 도입에 따른 법원의 업무 부담, 형법상 벌금형 규정과 기준 실무와의 조화는 물론 재산 조사 방법까지 선행 연구를 거치기로 했다.

법조계에서는 차등형 벌금제의 도입이 본격 논의될 경우 논란이 심화될 것으로 보고 있다. 개인의 재산과 소득을 어떻게 파악할지 등의 조건이 충족되지 않은 채 도입할 경우 되레 불평등이 심화될 수 있다는 지적에서다. 여기에 일수정액 산정이 잘못됐다는 이유로 항소가 증가할 가능성도 우려하고 있다. 서초동의 한 변호사는 "단순 벌금으로 끝날 재판이 이제는 개인 재산 확인 등 추가 조사 과정으로 재판이 장기화될 우려가 높다"며 "결국 행정력 소비로 인해 기소된 사람은 물론 다음 재판을 기다리는 일반 국민들에게도 영향을 줄 수밖에 없다"고 밝혔다.

💬 **국가별 일수벌금제 도입현황**

국가	부과기준	벌금	일수범위
독일	일 평균 순소득	1만~3만 유로	5~360일
스위스	범죄자의 소득재산, 생활비, 부양의무비 등 고려	30~3,000프랑	3~180일
스웨덴	순수입에서 최저생계비 제외	1만~3만 유로	30~150일
핀란드	순수입에서 최저생계비 제외	무제한	1~120일
오스트리아	월소득에서 최저생계비 제외	4,000~5,000유로	2일 이상

자료: 한국형사법무정책연구원

출처: 배경환, 아시아경제, 2022.1.4.

📖 **참고 2** **재산비례벌금제**

대선 후보인 이재명 경기도지사는 '재산비례벌금제' 도입 또한 주장하고 나섰다. 그는 페이스북에 "현행법상 세금과 연금, 보험 등은 재산과 소득수준에 따라 다르게 내고 있지만, 벌금형은 총액벌금제를 채택하고 있어 개인의 형편과 상관없이 획일적으로 부과하고 있다. 같은 죄를 지어 벌금형에 처해도 부자는 부담이 크지 않아 형벌의 효과가 떨어지고 빈자에게는 더 가혹할 수밖에 없다"라고 했다.

또한, "보다 근본적으로 실질적인 공정성을 확보하기 위해서는 '재산비례벌금제'를 도입해야 한다"며 "핀란드는 100년 전인 1921년, 비교적 늦다는 독일도 1975년에 이 제도를 도입했다. 한국형사정책연구원 조사에 따르면 일반인 76.5%가 '재산비례벌금제' 도입을 찬성할 정도로 우리나라도 사회적 공감대가 높다"라고 밝혔다.

이 지사의 말처럼 지금 우리의 벌금형은 '총액벌금제'다. '총액벌금제'란 동일한 범죄를 저지른 경우 피고인의 경제적 사정을 고려함 없이 동일한 벌금형을 선고하고, 만약 벌금을 납부하지 않을 경우 1일 얼마로 계산해서 해당 기간 만큼 노역장에 유치(환형유치)하는 제도다. 일용노동자인 A가 음주운전으로 벌금 100만원을 선고받았다면, 동일한 수치의 음주운전으로 기소된 대기업 회장인 B에게도 100만원을 선고하고, 만약 벌금을 납부하지 않으면 1일을 100,000원으로 계산하여 미납 벌금액만큼 노역장에 유치되는 것이 현재 우리의 총액벌금제이다.

'총액벌금제'에 대해서는 일부 계층에게는 벌금의 형벌로서의 기능이 제대로 작동하지 않는다는 비판이 제기된다. 형벌은 범죄에 상응하는 응보로서의 기능과 위하력에 의한 범죄예방 기능이 있어야 하는데 일부 재력자들에게는 벌금형에 이러한 형벌의 기능을 전혀 기대할 수 없다. 대기업 총수 B에게 벌금 100만원은 어떠한 응보도, 위하력도 없다. 또한, 빈곤계층의 경우에는 벌금을 낼 형편이 안 되어 노역장에 유치되는 경우도 많은데 이렇게 되면 벌금형이 사실상 자유형으로 전환되어 재력에 따른 형 집행의 불평등이라는 문제도 발생하게 된다. B는 아무런 부담 없이 벌금 100만원을 내면 그만이지만, 100만원을 마련할 길이 없는 A는 10일을 노역장에 구금되어 노역을 하여야 한다.

이러한 '총액벌금제'의 문제를 극복하기 위해 제안된 것이 '재산비례벌금제'다. 용어 자체에서 보듯 피고인의 경제적 능력에 비례하여 벌금에 차등을 두는 제도를 말한다. 구체적으로, 먼저 범죄에 따라 벌금 일(日)수를 정하고, 다음으로 1일에 해당하는 벌금액은 피고인의 소득 또는 재산을 고려하여 정하게 된다. 이를 '일수벌금제(日數罰金刑制)'라고 부르기도 한다. 앞의 예를 '일수벌금제'에 적용해보면, 일용노동자 A와 대기업 총수 B 모두에게 벌금 일수는 10일로 정하지만, 1일에 해당하는 벌금액은 A는 10만원, B는 500만원으로 달리 정할 수 있다. 그러면, A가 내야 하는 벌금액은 100만원이지만, B가 내야 할 벌금액은 5,000만원이 된다. 동일한 범죄에 동일한 벌금 일수가 정해지니 범죄와 형벌의 균형에 맞고, 벌금액은 경제력에 따라 정해지니 형벌의 기능을 어느 정도 할 수 있어 '총액벌금제'의 문제를 해결할 수 있다.

'재산비례벌금제'는 핀란드에서 처음 도입한 이래 스웨덴, 덴마크, 독일, 프랑스, 오스트리아 등에서 채택하고 있다. 우리나라의 경우 1986년 처음 논의가 시작되어 국회가 새롭게 구성될 때마다 관련 법안이 발의되었지만, 입법화되지 못했다. 현재 국회에도 이와 관련된 형법 개정안이 계류 중에 있다. 개정안은 벌금을 일수로 산정하여 선고하되 벌금형의 일수는 1일 이상 3년 이하로 하고, 일수 정액은 피고인의 자산과 1일 평균 수입을 기준으로 1천만 원 이하로 하며, 노역장 유치에서 벌금형의 유치기간을 벌금형의 일수에 따르도록 하고 있다.

이 지사의 '재산비례벌금제' 주장에 대해 모 야당의원이 페이스북을 통해 이 지사가 '재산비례벌금제'를 주장하면서 벌금비례 기준을 소득기준으로 정하고 있는 핀란드 등을 예로 들어 거짓말하였다고 주장하여 또다시 주목을 받았다. 모 야당의원 주장은 핀란드는 소득을 기준으로 벌금액을 달리 정하고 있으므로 '재산비례벌금제'가 아니라 '소득비례벌금제'이니 핀란드를 '재산비례벌금제' 국가로 예를 든 것은 거짓말이라는 취지인 것 같다.

'재산비례벌금제'는 일반적으로 동일한 범죄를 저질렀어도 피고인의 경제적 능력에 따라 경제적 약자보다 강자에게 더 많은 벌금을 부과하는 제도를 말한다. 경제적 능력에는 자산, 소득 등이 모두 고려된다. 이 지사도 이러한 의미의 '재산비례벌금제'를 이야기했는데 모 야당의원의 이상한 주장에 이상한 정쟁으로 흐르고 말았다.

'총액벌금제'의 문제점을 극복하기 위해 '재산비례벌금제'가 제시되었지만, '재산비례벌금제' 또한 동일한 범죄에 대하여 경제력에 따라 벌금을 차등하는 것이 책임주의에 맞는지, 피고인의 경제력을 정확히 파악할 수 있는지 등의 문제가 있다. 모 야당의원이 말트집 잡기가 아닌 이와 같은 문제점을 제시하였으면 좀 더 성숙한 논쟁이 이루어지지 않았을까?

출처: 신종범 변호사, 법률신문, 2021.4.30.

Thema 104 | 형사미성년자 연령 하향

풀어보기_ ✎

다음 제시문을 읽고 문제에 답하시오.   2016 서강대

제시문

2015년 10월 경기도 용인시의 한 아파트에서 초등학교 4학년(9세)인 A군이 옥상에서 벽돌을 던져 길고양이의 집을 짓고 있던 50대 여성이 머리를 강타당해 즉사하고, 그 머리를 맞고 튕겨나온 벽돌에 맞은 20대 남성의 두개골이 함몰되는 중상을 입은 사건이 발생했다. 그런데 A군은 만 9세의 초등학생으로 촉법소년(만 10세 이상~14세 미만의 형사미성년자)에도 해당되지 않을 뿐만 아니라 보호처분도 할 수 없는 형사책임무능력자인 범법소년에 해당되어 당해 소년과 보호자를 훈계하는 방법밖에 처벌이 불가능한 것으로 알려지면서 사회적으로 거센 논란을 일으켰다.

현행 형법은 14세 이상에만 적용되고 있기 때문에, 가해 아동 부모를 상대로 민사상 손해배상을 청구할 수 있는 것은 변론으로 하고, 가해 아동에게는 형사책임을 물을 수 없다. 다만, 소년법상 촉법소년에 대해서는 사회봉사명령, 소년원 송치 등 보호처분을 할 수는 있다. 그런데 오늘날 형사미성년자에 의한 범죄는 건수가 증가하고 있을 뿐만 아니라 살인과 같은 강력범죄가 증가하는 추세이다. 한편 형사미성년자의 기준은 국가마다 다르다. 미국은 주별로 기준이 다른데, 만 7세 미만인 곳도 있다. 영국은 만 10세 미만, 네덜란드는 만 12세 미만, 프랑스는 만 13세 미만을 형사미성년자 기준으로 하고 있다. 일본과 독일은 우리나라와 같이 만 14세 미만이다.

문제

1. 형사미성년자 연령을 현행 14세에서 13세 이하로 낮추어야 한다는 주장이 있다. 이에 대해 찬성과 반대 중 한쪽을 택하고, 그 근거를 들어 답변하시오.
2. 형사미성년자 연령을 낮추는 것 이외에 제시문과 같은 문제를 해결할 다른 대안을 제시해 보시오.

관련내용: 제19장 형법

📖 참고 1 　형사미성년자의 책임연령과 책임능력

최근 법무부는 형사미성년자 연령 기준을 현행 형법 제9조에 규정되어 있는 만 14세에서 만 13세로 낮추는 내용이 담긴 형법 및 소년법 입법개정안을 발표하였다. 형사미성년자 연령 문제는 지금까지 꾸준히 제기되어 왔고, 이번 정권에서는 이를 본격적으로 추진하고 있는 것이다.

(청)소년들의 범죄는 날이 갈수록 심각해지고 있다. 대표적으로 경기도 용인 캣맘 사건, 인천 초등생 납치 살인 사건, 김해 여고생 살인 사건, 강릉 여고생 집단 폭행 사건, 충남 아산 여중생 집단 폭행 사건, 부산 여중생 집단 폭행 사건, 천안 여중생 집단 폭행 사건, 관악산 여고생 집단 폭행 사건 등이 있고, 최근에는 초등학생이 담임선생님을 폭행하는 사건도 발생하였다.

현재 모든 법령은 법률상의 권리 및 능력을 행할 수 있는 대상자를 구분할 때 연령을 기준으로 하여 구분하고 있다. 이는 형사법 체계에서는 더욱더 두드러진다. 특히 형법 및 소년법이 그러하고 청소년기본법, 청소년보호법, 청소년성보호법, 아동복지법, 영화비디오법, 게임산업법 등도 그러하다. 이러한 현상은 (청)소년은 책임능력이 결여되어 있다고 판단하고 있기 때문이다. 이러한 판단은 오래전부터 인식되어 온 성년과 미성년의 구분 및 미성년은 성년에 비해 미성숙하다는 인식이 바탕이 깔려 있기 때문이다.

현재까지도 형사미성년자 연령 하향 여부에 대해 찬반이 팽팽하게 맞서고 있다. 그러나 이러한 관점은 문제가 있다. 우리는 너무 연령에 집착하고 있다. 그래서 이 문제를 연령의 문제로 바라봐야 하는지는 의문이다. 이는 무조건 그의 행위를 이해하고 감싸줘야 하는 것인가 하는 점, 아직 미성년자이기에 범죄행위에 대해 성인과 다르게 취급하는 것이 그들의 건전육성 및 갱생보호를 위한 길인가 하는 점, 형사미성년자라는 제도를 두는 것이 형사미성년자에 대한 형벌의 근거와 한계를 근거지우는 책임주의와 소년법상의 소년보호주의가 조화를 이룰 수 있는 것인가 하는 점을 생각할 필요가 있다.

형사미성년자가 책임능력이 결여되어 있다거나 부족하다는 판단은 오산이라고 본다. 송승현의 '형사미성년자의 형사책임연령과 형사책임능력의 재검토' 논문에 따르면 (청)소년이든 성인이든 양자 모두 인간으로서 지적 능력과 의지적 능력을 축적할 수 있는 자율적 의지를 가진 존재로서 자기 자신에게 스스로 설정한 도덕법칙에 따라야 하는 실천적인 의무를 지고 있는 존재이기 때문이다. 물론 정도의 차이가 있겠지만, 이것이 마치 대단히 중요한 것으로 받아들여서는 안 되고, 이것이 (청)소년과 성인의 책임능력을 구분하는 기준으로 삼아서도 안 된다. 그래서 이들에 대해 아동복지적 측면의 보호적, 교육적 배려와 특별예방효과를 추구하는 형사정책적 요청이라는 이유를 근거로 하여 형벌을 배제하는 것은 또는 배제해야 한다는 것은 그 논리가 빈약하다고 본다. 또한 이러한 태도는 형법 제10조와 제9조 간의 규정상 판단에 있어 균형을 잃은 것인 동시에 형법 정신에도 반한다고 본다. 이러한 점에서 생물학적 요인에 따른 책임능력 여부 및 인간의 성숙성이라는 불명확한 개념을 근거로 하여 형사미성년자 연령 하향을 반대하거나 성인과는 달리 소년법을 적용해야 한다는 견해는 타당하지 않다. 성인이라고 해서 다 같은 성인이 아니듯이 (청)소년이라고 해서 다 같은 (청)소년은 아니라고 할 수 있기에 불명확한 개념을 근거로 판단해서는 안 되고, 이는 극히 주관적인 성격을 가지고 있는 동시에 불필요한 논쟁이라고 본다. 이에 형사미성년자 그리고 이를 포함한 (청)소년 그리고 성인은 모두 인간이라는 점에 중점을 두어 형법상의 규정을 적용함에 있어 범죄행위에 대한 처벌 여부를 판단할 때는 동일한 인간으로서 그리고 동일한 인간이라면 누구든지 생물학적인 측면에 더하여 지적 능력 및 의지적 능력을 갖추고 있다는 점을 출발점으로 삼아야 하고, 이를 시작점으로 하여 책임능력을 결하는 사유가 있다면 (사실심리절차와 양형심리절차 등에서) 그때 그 사정을 해석하고 적용하여 판단하여야 한다고 본다.

인간은 자유의사를 가진 이성적 존재이다. 어떠한 행위에 대한 책임이라는 것은 이러한 자유의사로부터 파생된다고 할 수 있고, 이는 사물의 변별능력과 의사결정능력으로 결정된다고 할 수 있다. 책임능력을 판단함에 있어 이러한 기준에 의해 판단하지 않고, 오로지 연령이라는 생물학적 요인을 기준으로 삼는 것은 문제가 있다. 물론 책임능력을 책임과 자유의사 사이에서 명확하게 구분 짓기는 어렵다. 그러나 인간의 행위는 소질과 환경에 영향을 받지만, 그 의사가 결정되는 것은 아니라는 점을 명심해야 한다.

출처: 출처: 송승현 대한변협 법제연구원, 법조신문, 2022.12.26.

📖 참고 2 "촉법소년 연령 하향 안돼" … 대법원, 국회에 반대 의견서

정부가 촉법소년의 연령을 현행 만 14세에서 13세로 하향하고 소년보호사건에서의 검사의 개입을 확대하는 내용의 소년법 개정안을 국회에 제출한 가운데, 대법원은 "근본적인 해결이 이뤄질 수 없다"며 반대 입장이 담긴 의견서를 국회에 제출한 것으로 나타났다.

대법원은 22쪽 분량의 의견서에서 "13세 소년이 잘못을 하게 된 근본적 원인으로 지적되고 있는 소년의 가정환경 개선이나 정신질환의 치료 등 적극적인 사회적 지원이 이뤄지지 않은 채 촉법소년 연령을 낮추는 것만으로는 근본적인 해결이 이뤄질 수 없다"고 촉법소년 연령 하향에 대한 반대 입장을 분명히 했다.

이어 "13세 소년에 대해 형사처벌을 부과하기 위해선 13세 소년이 범규범에 따라 행위할 수 있는 능력인 책임능력, 즉 사물의 변별능력과 그에 따른 행동통제능력을 갖고 있다는 것이 전제돼야 한다"며 "이들에게 성인에게 부과하는 형벌을 동등하게 부과할 수 있다고 볼 수 있는 실증적 근거가 있다고 보기 어렵다"고 강조했다.

교화가능성이 상대적으로 높은 어린 소년을 형사처벌 대상으로 삼는 것에 대한 부적절성도 언급했다. 대법원은 "실무적으로 형벌 법령에 저촉되는 행위를 하는 13세 소년의 경우 부모의 학대, 경제적 빈곤 등으로 인한 가정의 파탄, 정신질환 등으로 인해 사물변별능력이나 그 변별에 따른 행동통제능력이 결핍된 경우가 많다"며 "비난가능성을 전제로 하는 형사처벌을 부과하는 것은 적절하지 않다"고 밝혔다.

그러면서 "13세 소년은 정신적·육체적으로 성장하는 과정으로서 성인에 비해 반사회성이 고정화되지 않아 교육적 조치에 의한 개선가능성이 크다"며 "다양한 보호처분의 활용을 통한 신속한 교육과 치료가 이뤄질 필요가 있다"고 강조했다.

실제 13세 소년이 수감이 됐을 경우 교화가 더 어려울 수 있다는 점도 지적했다. 대법원은 "13세 소년에 대한 형사절차가 진행될 경우 즉각적인 치료와 교육 등이 이뤄질 수 없어 개선·교화의 가능성이 저해될 우려가 있다"며 "특히 우리나라 소년교도소의

현황이나 운영실태를 살펴볼 때, 교도소 입소를 통해 개선될 것이라는 점을 기대하긴 어렵다"고 지적했다.

오히려 형사처벌에 중점을 둘 경우 제대로 된 보호나 교육 과정을 거치지 못한 채 사건이 종결될 수 있다는 점도 우려했다. 검찰 수사가 진행될 경우 보호처분 등 적절한 보호·교육적 처우가 신속하고 탄력적으로 이뤄지지 못하고, 그 대신 검찰에서 조건부 기소유예 등으로 사건이 종결될 경우 소년의 개선 기회를 놓칠 수도 있다는 주장이다.

그러면서 현재 13세 소년에게 부과되는 보호처분이 형사처벌에 비해 결코 가볍지 않다고 했다. 현행법상 소년원 6개월 미만 보호처분은 만 10세부터, 최장 2년의 소년원 보호처분은 만 12세부터 가능하다. 형사사건에서의 벌금형 및 징역형 집행유예 등에 비해 오히려 처벌이 강하다고 볼 수 있다는 것이 대법원의 설명이다.

또 촉법소년 연령 하향으로 소년 중 형사처벌 대상을 확대하는 개정안의 내용이 '반사회성 소년의 환경 조정과 품행 교정'이라는 소년법의 취지에도 맞지 않는다는 지적도 했다. 소년범에 대한 처벌 위주였던 미국과 영국도 오히려 방향을 바꾸고 있다는 것이다. 대법원은 "13세 소년에 대한 형사처벌 내지 소년에 대한 처벌 강화를 통한 교정 효과에 관한 연구 결과는 확인되지 않은 반면, 미국과 영국은 소년범죄 처벌 강화에 대한 부정적 연구 결과가 축적돼 교정주의 및 보호주의에 입각한 소년사법체계로 복귀하는 경향을 보이고 있다"고 전했다.

유엔아동권리위원회의 권고와도 맞지 않는다는 점도 언급했다. 앞서 유엔아동권리위원회는 2019년 촉법소년 연령을 하향하는 소년법 개정안과 10세 이상부터 소년법에 따라 구금될 수 있다는 점에 대해 우려를 표명하며 형사책임 최저연령을 현행과 같이 14세로 유지하고 14세 미만 아동을 범죄자로 취급하거나 구금하지 않을 것을 권고했다.

대법원은 "객관적 근거 없이 국민의 법감정을 명목으로 촉법소년 연령을 낮추는 것은 유엔아동권리위원회가 경계할 것을 권고한 '여론의 압박에 호응해 아동 발달에 대한 합리적 이해를 간과'한 문제라고 볼 수 있다"고 강조했다.

한 법조계 관계자는 "만 13세 소년의 범죄율이 높아졌다거나 책임능력이 올라갔다는 등의 객관적 지표가 없는 상황에서 형사미성년자의 연령 하향을 이처럼 정책적으로 접근하는 순간, '책임이 없으면 형벌이 없다'는 형사법의 대원칙이 손상된다"며 "13세가 자기 행동에 책임을 질 수 있다는 사회적 평가가 선행돼야 한다"고 지적했다.

대법원은 소년보호사건에서의 검사 개입 권한을 규정한 부분에 대해서도 명확한 반대 입장을 보였다. 현재 소년보호사건으로 분류될 경우 검찰이 사건에 개입할 수 있는 여지는 거의 없다. 경찰 단계에서 직접 가정법원 소년부로 송치된 경우 검찰로서는 사건 내용에 대한 파악도 불가능하다. 또 소년재판에서 처분이 내려진 경우, 사건 기록 역시 모두 법원에서만 일정시간 보존되다가 폐기된다.

정부의 소년법 개정안은 소년보호사건 절차 곳곳에 검사가 개입할 수 있도록 하고 있다. 소년부에서 △소년보호사건 심리 개시를 결정 시 △보호처분 결정 및 변경 시 관할 지방검찰청에 지체 없이 통지하도록 했고, 소년보호 사건이 종결됐을 경우엔 사건 기록을 관할 지방검찰청에 보내도록 한 것. 또 불처분 결정에 대한 항고권도 검사에게 부여하도록 했다.

대법원은 이에 대해 "검사의 소년보호사건 재판절차 참여를 허용하거나, 사건기록과 결정서를 보내도록 할 경우 소년보호사건의 비공개 원칙에 정면으로 반한다. 또 형사재판과 달리 소년의 교화 및 개선가능성에 중점을 두는 소년보호사건의 직권주의적 심리구조에 정면으로 반한다"고 반박했다.

소년법은 소년보호사건에 대해 비공개로 진행하도록 규정하고 있다. 소년의 인격을 보호하고 사회복귀를 방해하지 않도록 하기 위해 소년이 비행을 저지른 것 자체를 비밀이 되도록 한다는 취지다. 대법원은 "소년의 성격과 성장과정 등뿐만 아니라 가정의 사생활에 관한 사항에 대해 소년과 보호자로부터 솔직한 진술과 협력을 얻기 위해 절차의 비밀성은 필수불가결하다"고 설명했다. 그러면서 "소년보호사건 절차에 형사사건에서 과거의 범죄사실의 확인, 공소제기 및 유지에 특화된 검사의 참여를 허용하는 것은, 소년보호사건의 특수성은 물론, 소년의 갱생 도모라는 소년사법제도의 근본 이념을 간과한 것"이라고 지적했다.

검사와 피해자의 불처분 결정에 대한 항고권에 대해서도 "소년심판절차의 혼란을 야기할 수 있어 적절하지 않다"고 일축했다. 구체적으로 "소년심판은 형사재판절차와 달리 소년에 대한 후견적 입장에서 소년의 환경조정과 품행교정을 위한 보호처분을 하기 위한 심문절차"라며 "범행의 내용도 참작하지만 소년의 환경과 개인적 특성을 근거로 소년의 개선과 교화에 부합하는 처분을 부과하게 되는 만큼 일반 형벌 부과와는 차이가 있다"고 강조했다.

대법원은 또 "책임주의에 입각한 형사제재의 필요성에 익숙한 검사가 피해의 결과에 정비례하지 않은 보호처분 결과에 대한 이의제기로서 항고권을 행사할 가능성이 커 소년심판절차의 혼란을 야기할 가능성이 매우 크다"고 우려했다. 그러면서 "결과적으로 소년사법 이념에 따른 소년심판절차의 운영이 아니라, 향후 당사자주의에 입각한 성인에 대한 형사재판절차와 유사한 구조로 진행돼 소년사법 이념이 몰각될 가능성이 크다"고 지적했다.

부장판사 출신 한 변호사는 "실제 언론에 보도되는 촉법소년의 범죄 중 촉법소년이 아니었다고 하더라도 소년재판을 받을 수준의 사건이 대부분"이라며 "소년들을 어떻게 더 효과적으로 교화·교육할지를 뒷전으로 하고 어떻게 처벌을 강화할지에 논의를 집중하는 현 상황이 '환경 조정과 품행 교정'이라는 소년법 제정 취지에 맞는지 의문"이라고 꼬집었다.

김상환 법원행정처장(대법관)도 지난 2월 국회 법사위 전체회의에 출석해 "소년법 취지에 맞게끔 아이들의 환경을 조정해서 성행을 교정해서 궁극적으로 원만한 인격체로서 성장하는 데에 국지적인 역량을 하도록 소년사법의 역량을 강화하는 데에 관심을 가져야 한다"며 "연령(하향) 논쟁으로 (그런 관심이) 조금은 얕아지지는 않을까 우려가 있다"고 밝혔다.

출처: 한광범 기자, 이데일리, 2023.4.12.

우리나라에서 14세 미만자의 범행은 중죄이거나 죄질이 극히 불량하다고 하더라도 처벌되지 않는다(형법 9조). 한편 10세 이상 19세 미만인 자가 죄를 범한 경우에는 소년법이 적용된다(소년법 2·4조). 그리하여 범죄자가 10세 이상 14세 미만인 경우에는 소년법상 보호처분을 받는 데 그친다. 가정법원 또는 지방법원의 소년부 판사는 감호 위탁부터 2년 이하의 장기 소년원 송치까지 다양한 처분을 할 수 있는데(소년법 32조), 보호처분은 형벌이 아니다.

14세 이상 18세까지는 소년법상 보호처분 또는 형법에 정해진 형벌을 받을 수도 있지만, 후자의 경우에도 소년법에 따라 성인 범에게는 주어지지 않는 여러 조치가 취해진다. 예컨대, 범행 당시 18세 미만자를 사형 또는 무기징역에 처할 경우 징역 15년의 유기징역형을 선고해야 하고(소년법 59조), 소년이 장기 2년 이상의 유기형에 해당하는 죄를 범한 때에는 부정기형을 선고하되 장기는 10년, 단기는 5년을 초과할 수 없다(소년법 60조 1항). 또한 소년이라는 이유만으로 형을 감경할 수 있고(소년법 60조 2항), 수형시설에서 성인범과 분리되며(소년법 63조), 가석방의 조건도 완화되어 있다(소년법 65조).

근래에 형사미성년자가 저질렀다고 보기 어려울 만큼 대담하고 지능적이며 죄질이 나쁜 범죄가 자주 언론에 보도되면서 사회적 경각심이 커지고 있다. 성인이 피해자인 사건도 많아졌고, 심지어 형사미성년자들이 파출소에서 난동을 부리고 경찰관을 폭행하는 일까지 발생했다. 이에 법무부는 지난해 11월 형사미성년자의 연령을 14세에서 13세로 낮추는 형법·소년법 개정안을 입법 예고했다. 한편 대법원은 지난 2월 위 개정안에 반대하는 의견서를 국회에 보냈다. 13세 소년이 형사책임능력을 갖추었다고 단정하기 어렵고 보호처분이 형벌에 비해 지나치게 경미하다고 볼 수 없다는 것이다. 국가인권위원회는 이보다 앞선 2022년 9월 다소 다른 근거에서 반대입장을 표명했다.

형벌의 목적에 관하여는 다양한 견해가 있고 주안점도 다르지만, 일반적으로 범인의 재사회화, 사회적 격리, 응보, 일반예방 및 특별예방을 든다. 소년 보호처분의 목적은 주로 재사회화에 초점이 맞추어져 있다. 온갖 범죄를 저질러 소년원을 드나들던 비행 소년이 나중에는 건전한 시민이 된 사례를 성공담으로 소개하면서도 그 피해자들이 어떻게 되었는지 관심을 갖지 않는 경향도 있다. 그러나 범죄 피해자의 입장에서 보면 범죄자의 연령은 아무런 의미가 없다. 살인, 집단폭력, 지속적인 괴롭힘, 성폭행 등 범죄의 피해를 당한 경우 그 결과는 가해자가 누구이든 동일한 것이다. 이로 인한 피해자의 고통은 장기간, 심한 경우에는 평생 지속된다.

한편 소년들이 과거에 비하여 신체적으로 조숙해졌고, 인터넷이나 소셜미디어 이용이 일반화되면서 소년범들 사이에 범행수법을 공유하고 발전시켜 범행이 조직적이고 지능화되기도 한다. 소년범죄의 사회에 대한 위험이 증가하고 있는 것이다. 피해자의 입장에서 보면 형벌의 목적이 소년범이라고 하여 특별히 달라질 이유가 없다. 세계 여러 나라는 이러한 소년범의 추세를 반영하여 형사미성년자의 연령을 낮추어 왔고 그 논의가 진행 중인 나라도 많다.

형사미성년자의 나이를 13세로 낮추면 그 이상 연령의 소년범은 일률적으로 형사처벌을 받게 되는 것으로 오해하기도 하지만 사실 그렇지 않다. 13세부터 18세까지의 소년들에 대하여는 법원이 범인의 판단 능력, 성행, 범죄 수법, 죄질 등을 종합적으로 고려하여 그 선택에 따라 보호처분을 할 수도 있고 형사처벌을 할 수도 있다. 따라서 형사미성년자의 나이를 13세로 단축하는 것은 13세 소년범에게 형사처벌의 가능성을 열어두는 데 불과하다. 그래서 촉법소년 연령 상한을 13세로 하향하는 것에는 찬성한다. 다만 법무부의 소년법 개정안에는 위에서 논한 것과 별개로 검토해야 할 내용도 많이 포함되어 있어 법안 전체에 대한 입장은 유보하기로 한다.

출처: 윤남근 변호사, 법률신문, 2023.6.22.

Thema 105 형사책임능력

풀어보기_ ✎

다음 제시문을 읽고 문제에 답하시오.
2019 전남대

제시문

우리나라 형법은 사물변별능력이 없거나 부족한 경우에는 감면 또는 감경을 하고 있다. 이를 형법상 대원칙 중 하나인 책임 원칙이라고 한다. 심신미약자도 동일한 맥락이다. 형법은 '심신장애로 인하여 사물을 변별할 능력이 없거나 미약한 자의 행위는 벌하지 아니하거나 형을 감경한다'고 규정함으로써 심신미약자의 책임 원칙을 명시하고 있다.

그런데 최근 발생한 PC방 살인사건의 피의자가 심신미약을 주장하고 나섰다. 이 사건이 보도되자, 심신미약 감형과 관련해 국민청원이 올라왔고, 처음으로 청와대 청원 100만 명을 돌파했다. 하지만 법원에서 심신미약이 인정될 확률은 낮다. 이로 인해 심신미약 제도 자체의 문제가 아니라는 지적도 나오고 있다.

한편 주취감경에 대해서도 입법적인 개선이 필요하다는 주장이 제기되고 있다. 그러나 심신미약자의 책임을 감경하고 있는 취지를 보았을 때, 주취에 대해서만 배제하기도 쉽지 않다.

문제

제시문에 관한 지원자의 견해를 말하시오.

관련내용: 제19장 형법

Thema 106 국제법의 정의

풀어보기 🖉

다음 제시문을 읽고 문제에 답하시오.   2023 아주대

제시문 1

타자담론(the other-discourse)은 타자(他者)를 관념화하는 인식론의 하나이다. 나와 다른 타자에 대한 호기심과 두려움은 인간의 자연스러운 감정이다. 그러나 이런 감정을 넘어 타자와 자아와 동일성에 대한 파악 및 그 인식에 근거한 자아와 타자의 관계설정 과정에서 문명의 단상이 노출된다. 이러한 점에서 타자담론은 어느 문명에서나 존재하지만 문명별로 차이가 있다.

인류학자 레비스트로스(C. Levi Strauss)는 「슬픈열대」에서 "아메리카 발견 후, 안티야스 제도에서 스페인인들이 원주민에게도 영혼이 있는지 탐색하려고 조사단을 파견하는 동안, 원주민들은 백인의 시체가 썩는지 오랜 관찰을 통해 검증하려고 백인 포로들을 물에 빠뜨리는 데 열중했다"고 기술하였다. 유럽인은 원주민이 같은 신체를 가지고 있다는 것을 의심치 않은 반면, 원주민은 유럽인이 같은 영혼을 가지고 있다는 것을 의심치 않았던 것이다.

제시문 2

서구 중심주의적 근대성은 타자를 객관화하여 인식하는 것을 추구해왔다. 그러나 서구에서 타자는 자아에 의해 관념화되는 과정에서 타자 속에서 자기와 같거나 다른 모습을 찾아내는 관념 주체의 나르시시즘(Narcissism)에서 벗어나지 못하였다. 타자를 인식하는 방법으로 객관화를 채택하였다고 하지만 실제로는 다자주의적 관점이 아닌 서구 중심적 관점에서, 객관화가 아닌 주관적 관점의 타자화를 드러낸 것이 서구의 '열대이론' 또는 '오리엔탈리즘'이다.

열도는 적도를 중심으로 북위 23.27도와 남위 23.27도 사이에 있는 지리적 공간이다. 유럽을 중심으로 한 서구인들은 지리적 공간으로서 열대를 발견한 후 상상적 공간으로서 열대를 자리매김하면서 서구적 정체성을 확인하였다. 지리기후적 특성으로 덥고 습한 열대를 불결한 공간으로 간주한 서구인들은 스스로를 청결함으로 자리매김하였다. 그 결과 서구와 열대는 청결함과 불결함 그리고 문명과 야만의 대립구조로 그 정체성이 자연스럽게 형성되었다. 19세기 서구가 '오리엔트'에 대한 문명의 우월성을 논의할 때, 콜레라는 어김없이 등장한다. 콜레라를 포함하여 19세기 서구에 발생했던 모든 열대질병은 문명적 선입관 속에 논의되고 담론화를 통해 역사화되었다. 프랑스 철학자 들라포르트(F. Delaporte)는 「질병과 문명」에서 서구는 불결한 오리엔탈에서 발생한 콜레라가 깨끗한 유럽

을 오염시키기 때문에, 유럽 문명을 지키기 위해 콜레라에 대한 적극적 환경위생대책을 강구하여 근대 유럽 사회를 수호할 필요성을 느꼈다고 한다. 19세기 유럽인은 메카 성지순례를 통한 수많은 이슬람인들의 이동으로 인한 콜레라의 유럽 전파를 우려하였다. 특히, 서구 사회는 그 문명의 정체성을 기독교에 두고 있었기에, 이슬람에서 발원한 콜레라에 의해 서구 문명이 위험해질 수 있다는 유럽인의 우려는 종교적 정체성과 함께 이슬람 문명을 폄훼의 대상으로까지 만들었다.

제시문 3

국제법의 어원은 로마 만민법에서 기원한다. 법을 의미하는 jus와 민족을 뜻하는 gent가 결합된 만민법(jus gentium)은 로마제국에서 로마 시민과 이민족 시민 간 또는 이민족 시민 간, 즉 서로 다른 민족의 사인(私人) 간 사법적(私法的) 법률관계를 규율하기 위해 제정된 법이다. 1648년 유럽의 30년 종교전쟁 후 등장한 민족국가 간 공법적 관계에 적용되는 국제규범을 지칭할 필요성이 발생하였다. 이때 유럽인들은 로마의 만민법을 민족과 민족 사이의 inter gentes라는 의미로 차용하여 사용하였고, 1780년 영국의 법학자 제레미 벤담(J. Bentham)이 국가 간의 법, international law라 지칭하기 시작하였다.

제시문 4

유엔의 6개 기관 중 하나인 국제사법재판소(International Court of Justice)의 규정(statute)에는 재판소가 분쟁사건에 적용하여야 할 준거법 중 하나로 "문명국들에 의해 승인된 법의 일반원칙"을 규정하고 있다.
식민제국주의가 잔재하여 있던 1960년대 가장 많이 보급된 국제법 교재의 저자인 영국의 브라이얼리(J. L. Brierly)는 국제법을 "문명국들 간의 관계에 적용되어 그들을 구속하는 법규범체"(body of rules and principles of action which are binding upon civilized states in their relations with one another)라고 정의하고 있다.

문제

1. [제시문 3]의 국제법의 어원 그리고 [제시문 4]의 브라이얼리 교수의 국제법에 대한 정의에 서구 중심적 타자담론의 사고가 담겨져 있는지에 대해 각각 판단하고, 그 근거를 제시하시오.
2. 과거 조선이 중국의 중화사상(中華思想)에 따라 스스로를 소중화(小中華)라 하고 왜(倭), 류쿠, 안남국 등에 대해 조선보다 하위문화라고 생각한 것을 타자담론을 차용하여 설명하고, 열대이론과의 차이점을 설명하시오.
3. [제시문 2]에서의 오리엔탈리즘의 의미는 무엇인지 해당 제시문을 근거로 추론하여 설명하시오.

관련내용: 제20장 국제법

Thema 107 / 집단적 자위권

풀어보기_ 🖉

다음 제시문을 읽고 문제에 답하시오.   2023 연세대

제시문

(가) 러시아의 푸틴 대통령은 현 전쟁에 대해, 분리독립을 요구하는 돈바스 지역 주민들에 대해 적대행위를 한 우크라이나 정부의 침해행위에 대한 방위는 정당한 것이며, 침략전쟁이 아닌 상호원조조약에 근거하여 돈바스 지역에 거주하고 있는 러시아인들의 요청에 따라 UN헌장 제51조의 집단적 자위권을 행사하는 것이라고 주장하였다.

(나) 미국의 트럼프 전 대통령은 국익을 위해 세계보건기구(WHO)를 탈퇴하겠다고 선언했다. 트럼프는 WHO의 코로나19 관련 대응과 비효율성을 비판하며 WHO를 탈퇴하고 WHO에 내던 돈을 미국의 시급한 공중보건 문제 해결에 사용하겠다고 밝혔다.

(A) 공무원 갑은 초과수당을 받기 위해 허위로 근무체크를 하였다. 그러나 그는 자신이 실질적으로 근무한 시간이 초과근무에 해당하므로, 자신의 행동이 초과근무에 관한 규정을 위반하지 않았다고 주장하였다.

(B) 시민 을은 단속 카메라가 없는 곳에서 제한 속도를 위반했다. 그는 단속카메라가 없는 곳에서 제한 속도 규정을 준수하는 다른 운전자를 이해할 수 없다고 말하였다.

문제

1. 제시문을 근거로 국가의 제도와 규범에 대한 관점과 개인의 제도와 규범에 대한 관점의 차이를 설명하시오.
2. 제도나 규범의 어떤 결함 때문에 (가) 또는 (나)의 문제가 발생할 수 있는지 설명하시오.
3. 제시문 (가), (나) 중 하나와 (A), (B) 중 하나를 연결하여 두 개의 조합을 만들고, 그렇게 연결한 이유를 설명하시오.

관련내용: 제20장 국제법

참고 1 우크라이나 전쟁과 진퇴양난에 처한 국제사법재판소

우크라이나 전쟁이 어느덧 반년을 넘어가면서 인명과 재산의 피해가 크게 증가하고 있다. 러시아 군이 민간인들을 대상으로 전쟁범죄를 저지르고 있다는 증거도 속속들이 발견되고 있다. 국제형사재판소(International Criminal Court)는 이미 지난 5월에 역대 최대규모의 조사단을 우크라이나에 파견하여 전쟁범죄 수사를 진행하고 있다. 우크라이나 전쟁에 관여된 국제재판소는 국제형사재판소뿐이 아니다. 국제공법의 최고법원이라 할 수 있는 국제사법재판소(International Court of Justice)에서도 우크라이나 전쟁에 대한 심리가 진행 중인 상황이다.

제소의 배경 및 심리 진행상황
우크라이나는 러시아의 침공(2월 24일) 직후인 2월 27일 국제사법재판소에 러시아를 제소하였다. 그로부터 20여 일 후인 3월 16일, 국제사법재판소는 (1) 러시아는 우크라이나 영토 내에서 벌어진 군사작전을 즉각 중지하고 (2) 러시아가 지원하거나 지시할 수 있는 관계에 있는 모든 단체, 개인, 무장세력 등에게도 우크라이나 영토 내에서의 무력행위를 중지토록 하고 (3) 러시아와 우크라이나 모두 분쟁을 악화시키거나 연장할 수 있는 모든 행위를 중단할 것을 임시적으로 명령(provisional order)하였다. 현재는 우크라이나 침공의 불법성을 확인하고 우크라이나가 입은 피해에 대한 완전한 보상을 구하는 본안 소송이 진행 중인 상황이다. 원래 국제사법재판소의 판결은 국제연합 헌장('UN 헌장') 제94조 제2항에 따라 필요시 유엔안전보장이사회('안보리')가 집행할 수 있다. 그 경우 안보리 결의에 따른 강제력이 부여되지만 현실적으로 안보리 상임이사국인 러시아를 상대로 한 안보리 결의가 나올 가능성은 희박하다. 그럼에도 불구하고 국제사법재판소의 판결은 결코 무시할 수 없는 선언적 효력을 가질 것이다. 그런데 우크라이나가 국제사법재판소에 제출한 제소장(application instituting proceeding)에는 특기할 점이 있다. 당초 러시아의 블라디미르 푸틴 대통령은 우크라이나를 상대로 소위 '특별군사작전'을 개시하기 전 연설을 통해 우크라이나가 도네츠크와 루한스크에서 러시아계 주민들에 대한 '집단살해(genocide)' 행위를 자행하고 있다고 주장한 바 있다. 우크라이나는 제소장에서 이러한 주장이 러시아의 침공을 국제법상 정당화할 수 있는 유일한 근거라고 전제한 뒤, 우크라이나가 '집단살해죄의 방지와 처벌에 관한 협약(Convention on the Prevention and Punishment of the Crime of Genocide, '제노사이드 협약)'에 의해 금지되는 '제노사이드'(협약상 집단살해행위 외에도 다양한 종류의 인권탄압행위를 포괄하는 것으로 정의됨)를 자행한 바 없고, 따라서 러시아의 소위 특별군사작전이 제노사이드 협약에 따라 정당화될 수 없으며, 같은 이유로 러시아의 도네츠크와 루한스크 지역에 대한 독립 승인행위가 제노사이드 협약상 근거가 없으며, 나아가 러시아에 제노사이드 협약을 근거로 한 어떠한 조치도 취할 권리가 없다는 점을 확인해달라고 청구했다. 또한 우크라이나는 러시아가 제노사이드를 이유로 자행한, 무력사용을 포함한 모든 종류의 불법행위를 금지토록 명령하고, 러시아가 제노사이드를 이유로 취한 군사조치로 인해 우크라이나에 발생한 모든 손해를 복원하도록 명령해줄 것을 청구했다. 요컨대 우크라이나는 러시아의 2월 24일 자 침공을 정당화할 수 있는 유일한 근거는 제노사이드 협약의 체약국들이 '제노사이드 행위를 국제법상의 범죄행위로서 방지하고 처벌해야 한다'고 규정한 제노사이드 협약 제1조뿐이라고 전제한 뒤, 우크라이나가 실제로 제노사이드를 자행한 바 없으므로 러시아의 침공은 그 자체로 불법이라고 주장한 것이다. 이에 우크라이나는 제노사이드 협약의 해석, 적용, 달성(interpretation, application, fulfillment)과 관련해 당사국들 간에 분쟁이 발생할 경우 국제사법재판소에 회부한다고 정한 제노사이드 협약 제9조에 따라 국제사법재판소에 소를 제기한 것이다.

러시아는 국제사법재판소에 제출한 입장서에서 우크라이나가 헛다리를 짚었다는 취지로 반박한다. 즉, 러시아 특별군사작전의 국제법적 근거는 제노사이드 협약 따위가 아니라 집단적 자위권(collective self-defense)을 포함한 천부적 자위권(inherent right of self-defense) 행사의 적법성을 확인한 UN 헌장 제51조 및 관련 국제관습법이기 때문에 국제사법재판소에는 제노사이드 협약과 상관이 없는 이 사건을 심리할 관할권이 없다고 주장한 것이다. 푸틴 대통령이 침공 직전 연설을 통해 도네츠크와 루한스크에서 자행되는 제노사이드 행위를 막아야 한다고 강조한 것은 특별군사작전이 러시아계 주민들을 보호하기 위한 '집단적 자위권' 행사라는, 사건의 배경을 설명한 것에 불과하다는 취지였다. 실제로 푸틴 대통령은 침공 직전 연설에서 특별군사작전이 UN 헌장 제51조에 따른 것이라고 명시적으로 언급했을 뿐 아니라 2월 24일 당일 러시아가 UN 사무총장에게 보낸 서신에도 러시아의 군사조치는 UN 헌장 제51조에 따른 조치라고 기재되어 있었다. 러시아의 이 주장은 그저 무시할 만한 게 아니다. 국제사법재판소가 3월 16일에 명령한 임시적 처분 중 1번과 2번 처분에 대해 15명의 재판관들 중 중국과 러시아 국적의 재판관 2명이 반대의견을 냈는데, 그들은 제노사이드 협약이 자위권을 원용한 무력행사를 원천적으로 금지하는 것도 아니고, 무력행사 그 자체가 '제노사이드'를 구성한다고 볼 수도 없으며, 도네츠크와 루한스크에 대한 국가승인은 제노사이드 협약과 관계가 없는 사안이기 때문에 제노사이드 협약에만 근거한 우크라이나의 제소를 국제사법재판소가 심리할 법적 근거가 없다고 봤다. 특히 무력행사 그 자체의 적법성 판단에 대해 일반적으로 제노사이드 협약이 적용되지 않는 것은 과거 북대서양조약기구(NATO)의 세르비아 폭격으로 촉발된 분쟁이나 인도-파키스탄 간의 무력충돌에 따른 분쟁 등 다수의 판례에서 인정된, 확립된 법리(jurisprudence constante)라고 강조했다.

러시아가 제노사이드 협약을 침공의 근거로 인용하지 않은 상황에서 제노사이드 협약만을 근거로 하여 제소장을 작성한 우크라이나 측의 대응이 다소 아쉽게 느껴질 수 있으나, 우크라이나에도 사정이 있었다. 러시아는 국제사법재판소 규정(Statute of the International Court of Justice) 제63조에 따른 강제관할수용선언을 하지 않은 국가이기 때문에 러시아가 동의하지 않는 한 UN 헌장 제51조 및 국제관습법의 위반을 이유로 한 일반적 제소가 불가하기 때문이다. 이에 우크라이나는 러시아와 우크라이나 모두가 아무런 유보(reservation) 없이 비준한 제노사이드 협약의 국제사법재판소 회부규정에 근거해 소를 제기할 수밖에 없는 상황이었다.

쟁점과 딜레마

우크라이나 전쟁에 대한 여러 가지 평가 중 하나는 이 전쟁이 냉전종식 이후 미국이 주도해온 자유주의 국제질서(Liberal International Order)에 대한 러시아의 도전이라는 것이다. 자유주의 국제질서의 대표적인 성격 중 하나는 '규범에 기초한(rule-based)' 국제관계인바, 이에 도전하는 우크라이나 전쟁에 대한 국제재판소들의 반응은 자연히 단호할 수밖에 없다. 국제형사재판소는 지난 2월 우크라이나 전쟁 발발 즉시 러시아군의 전쟁범죄에 대한 조사를 개시하였고, 국제사법재판소도 침공 20여 일 만에 임시적 처분을 명령했다. 임시명령을 채택한 국제사법재판소의 다수 재판관들은 러시아가 여러 계기를 통해 루한스크 및 도네츠크에서 자행되는 제노사이드를 우크라이나 침공의 이유로 들었다는 점에 주목하며, 전체 맥락을 볼 때 우크라이나 내에서 러시아계 주민들에 대한 제노사이드가 실제 존재하였는지 여부와 러시아 무력사용의 적법성은 긴밀히 연관되어 있다고 보았다. 이어 우크라이나가 제노사이드 협약상 갖는 권리와 우크라이나가 청구한 임시적 처분 간에도 연관성이 인정될 수 있다며 잠정적으로 관할권을 인정했다. 이는 임시적 처분을 구하는 단계에서는 관할인정요건이 엄격하지 않기에 가능한 것이었기도 하다(임시처분을 위해서는 본안에서 다투어질 사안에 대한 관할이 존재한다는 확인까지는 필요가 없고 관할이 존재할 수 있다는 점이 일응(prima facie) 인정될 수만 있다면 충분하다). 한편 소위 특별군사작전이 UN 헌장 제51조 및 국제관습법에 근거하였기에 국제사법재판소에 관할이 없다는 러시아 측 주장에 대해 다수 재판관들은 특정 사안이 1개 이상의 조약과 연관될 수도 있지만 그렇다고 하여 제노사이드 협약에 근거한 심리 진행이 불허되지는 않는다고 판단하였다. 다만 다수 재판관들은 러시아의 무력사용이 '국제법상 매우 심각한 문제들(very serious issues of international law)'을 야기한다면서도 국제사법재판소에 회부된 사건의 범위는 제노사이드 협약에 관한 것으로 한정된다고 강조했다.

국제사법재판소가 임시적 관할권의 판단과 관련해 적용한 기준에 큰 오류가 있다고 보여지지는 않지만, 동일한 관점을 그대로 확장하여 최종 판결을 내릴 경우 정치적 판결이란 비판에서 자유롭지 못할 것이다. 체약국이 제노사이드 협약 제1조를 명시적으로 인용하는 경우에만 동 조항의 위반이 발생할 수 있는 것은 물론 아니지만, 국제사법재판소가 임시적 처분을 위해 채택한 기준에 의거해 우크라이나에 승소 판결을 내리기 위해서는 제노사이드를 방지하고 처벌하기 위한 모든 조치가 협약 제1조에 의해 준거된다는 일반적인 판단이 선행되어야 한다. 나아가 그러한 판단에만 근거해 곧장 러시아 특별군사작전의 중지나 피해보상과 같은 구제를 명령한다면 제노사이드 협약 제1조에 의해 정당화될 수 없는 조치는 UN 헌장 제51조와 같은 다른 법적 근거에 의해 정당화될 수 있는지 여부와 무관하게 금지된다는 결론으로 귀결된다. 즉, 국제사법재판소가 UN 헌장 제51조와 관련된 문제를 회피하면서 우크라이나의 구제청구를 승인할 경우 근본적인 흠결이 발생할 수밖에 없다. 또한 러시아가 실제로 제노사이드 협약 제1조에 따라 우크라이나를 침공하였는지 여부는 엄밀히 말해 조약의 해석에 관한 문제가 아닌 사실관계의 문제이다. 러시아가 정치적인 이유로 심리에 불참하여 궐석재판을 통해 우크라이나 측 주장이 무난히 인용될 가능성도 존재할 것이나, 적극적인 대응을 할 가능성도 배제할 수 없다(러시아는 3월 7일에 있었던 심리기일에는 불참했으나 서면 입장서를 제출하였다). 그 경우 정황증거밖에 제출할 수 없는 우크라이나에 비해 직접 증거인 내부자료를 제출할 수 있는 러시아 측이 유리할 것이다.

한편 우크라이나의 청구가 여하간의 이유로 기각되거나 각하될 경우 세부 논리와 상관없이 국제사법재판소가 러시아의 우크라이나 침공에 대해 면죄부를 부여한 것처럼 비춰질 수 있다. 이에 따른 정치적·형평적 파장은 엄청날 것이다. 이미 영국(8월 22일), 뉴질랜드(7월 28일), 리투아니아(7월 25일), 라트비아(7월 21일)가 우크라이나의 입장을 지지하기 위해 국제사법재판소 규정 제63조에 따른 소송참여선언(declaration of intervention)을 하였다. 이래저래 국제사법재판소가 진퇴양난에 처한 셈이다.

국제사법재판소는 형식적 구제의 제공보다 사안의 본질을 판명하는 데 집중해야 한다

현재 국제사법재판소는 러시아 특별군사작전의 UN 헌장 제51조 위반 여부를 심리할 관할이 없다는 원론적인 입장을 고수하면서도 제노사이드 협약에 근거한 우크라이나의 청구에 대해서는 우호적인 태도를 보이고 있다. 사안의 본질을 다룰 관할이 없다고 여겨지는 상황에서 어떻게든 우크라이나의 손을 들어줄 방법을 찾고 있는 것으로도 보인다. 그러나 민감한 사건일수록 법치의 정의를 바로 세우기 위해서는 심리의 중립성과 법리의 엄정성을 엄격히 준수해야 하는 법이다. 우크라이나 전쟁과 같이 세계의 패권질서가 좌우되는 거대한 사건에 대해 사법판단이 직접적인 규제력을 발휘하기는 어려운 것이 안타까운 현실이지만, 국제사법재판소 판결이 선언하는 바는 분명 인류 역사에 기록으로 남을 것이기 때문이다.

우크라이나 내 러시아계 주민들을 대상으로 한 제노사이드가 실제로 존재하였는지를 확인하는 것은 전쟁의 법적·도의적 정당성과 직결되어 있기에 물론 중요하다. 그러나 그에 대한 판단만을 근거로 러시아에 무력사용을 중단하고 피해보상을 하라고 판결하려면 법리적으로 많은 무리수를 둘 수밖에 없다. 반면 우크라이나 전쟁의 국제법적 본질은 어디까지나 제2차 세계대전 이후 무력사용에 관한 국제법을 근본적으로 재편한 UN 헌장 제51조에 관한 문제이다. UN 헌장 제51조는 특정 상황에서의 무력사용을 승인하는 안보리 결의가 있기 전까지는 오로지 자위권에 근거한 무력사용만을 허용하고 있다. 그런 만큼 국제사법재판소는 러시아의 우크라이나 침공이 UN 헌장 제51조에 따른 '집단적 자위권'의 적법한 행사로 인정될 수 있는지 여부를 정면에서 다루어야 한다. 우크라이나가 실제로 제노사이드를 자행하였는지 여부와 러시아의 집단적 자위권이 인정될 수 있는지 여부는 상호 긴밀히 연계되어 있기 때문에 전자에 대한 심리를 통해 후자를 판단하기 위해 필요한 사실관계는 충분히 확인할 수 있을 것이다. 국제사법재판소는 그렇게 확인한 사실관계에 기초해 러시아의 UN 헌장 제51조 위반 여부에 대한 의견을 간결하게라도, 그러나 명시적으로 제시할 필요가 있다. 이러한 의견은 설사 방론(obiter dictum)의 형식으로 제시되더라도 충분하다. 국제사법재판소에 러시아의 UN 헌장 제51조 위반을 원인으로 한 구속력 있는 명령을 내릴 관할권은 인정되기 어렵겠지만, 러시아가 심리과정에서 UN 헌장 제51조를 항변사유로 인용한 이상 그에 대한 평가를 제시하는 것이 원천적으로 금지될 이유는 없다. 오히려 사안의 본질에 관한 쟁점을 회피하면서 어떻게든 우크라이나가 청구한 구제를 제공하기 위해 실체적인 오류를 감수하는 것이야말로 바람직하지 않다고 할 것이다. 특히 이미 미국이나 유럽연합과 같은 다수 국가들이 자체적으로 러시아를 제재하고 우크라이나를 지원하는 등의 조치를 취하고 있는 상황에서 국제사법재판소의 형식적 구제명령이 더해진들 달라질 것도 없다. 중요한 것은 국제공법의 정의를 역사의 한 켠에 바로 세우는 한편, 그렇게 세운 정의가 정치적인 공격에 훼손되지 않도록 법적 정당성을 갖추는 것이다

출처: 정하늘 변호사, 법률신문, 2022.8.29.

📖 참고 2 북핵 선제타격 논쟁보다 철저한 대비가 우선이다

1837년 영국과 미국 사이에 작은 분쟁이 발생했다. 당시 영국 식민지였던 캐나다에선 반군이 독립을 도모하고 있었다. 반군들은 전투에 필요한 무기와 인원을 미국 선적 캐롤라인호에 싣고 캐나다로 진공할 계획이었다. 이를 발견한 영국군은 같은 해 12월 29일 미국 항구에 정박해 있는 캐롤라인호를 나포해 불을 지른 뒤 나이아가라 폭포 아래로 유기했다. 이 과정에서 미국인 2명이 살해됐다.

미국 정부는 영국에 강력하게 항의했다. 그러나 영국은 자위와 자기보존의 필요(necessity of self-defense and self-preservation)를 주장했다. 캐나다 반군의 공격을 받을 상황에 대응한 선제적 자위권 행사라는 것이다. 이 사건은 수년간 공방이 이어지다가 당시 웹스터 미 국무장관이 영국에 보낸 편지로 종결됐다.

편지 내용은 자위가 성립하려면 필요성(necessity), 다시 말해 상황이 선제공격 외에 다른 수단을 선택할 여유나 생각할 시간조차 없을 정도로 절박(instant)하고 압도적(overwhelming)이었는지 등을 입증해야 한다는 것이다. 웹스터 편지에 영국은 동의했고 양국은 영국의 무력행사의 정당한 사유가 인정된다고 합의했다.

캐롤라인호 사건은 유엔 등 국제법상에서 자위권 행사의 기준이 됐다. 이 사건은 1945년 제2차 세계대전 종전 이후 독일 뉘른베르크에서 열린 국제군사재판에 인용됐다. 1940년 4월 9일 새벽 독일의 덴마크와 노르웨이 침공에 관한 재판에서 독일은 방어적 차원이라고 주장했지만, 재판부는 인정하지 않았다. 이 재판 결과 선제공격 기준으로 정당한 원인, 최후 수단, 비례성 등 원칙이 나왔다.

최근 여야 대선 후보 사이에 북핵과 관련한 한국의 선제공격을 두고 논란이다. 북한이 정초부터 탄도미사일과 극초음속미사일 등을 4차례나 발사했다. 북한의 핵미사일 도발과 관련, 국민의힘 윤석열 후보는 '킬체인을 통한 선제타격뿐'이라고 주장했고,

더불어민주당 이재명 후보 측은 '전쟁 위험을 고조하는 전쟁광'이라며 갑론을박이다.

선제적 자위권 행사는 선제공격(preemptive attack)과 예방공격(preventive attack 또는 war)으로 구분된다. 선제공격(또는 선제타격)은 말 그대로 적의 공격이 임박한 상황에서 큰 피해를 보기 전에 먼저 공격하는 것이다. 국제적으론 선제공격이라는 용어를 주로 사용하지만, 한국에선 그 규모나 의미를 좀 더 축소하려는 의도에서 선제타격을 선호한다. 예방공격은 적의 공격이 임박하지는 않지만, 미래에 발생할 더 큰 화를 줄이기 위해 미리 화근을 제거하는 것이다. 그래서 불가피성이 있는 선제공격은 국제법에서 인정되는 분위기이지만, 예방전쟁은 부정적이다. 미 육군 전략문제연구소 콜린 그레이 교수도 선제공격 자체는 크게 문제가 되지 않지만, 예방전쟁은 필요성과 상대방의 적대적 의도를 판단할 명확한 정보가 있어야 한다고 주장한다.

선제공격의 대표적인 사례는 1967년 이스라엘이 이집트와 시리아를 상대로 벌인 '6일 전쟁'(3차 중동전쟁)이다. 당시 이집트는 시리아를 지원한다는 명분으로 대규모 병력을 시나이 반도에 투입했고, 이스라엘의 무역 관문인 티란 해역을 봉쇄하려 했다. 요르단과 이라크도 상호방위조약을 체결하고 이스라엘에 대해 전쟁 불사를 선언했다. 사면초가에 몰린 이스라엘은 전쟁이 임박했고, 전쟁에서 지면 멸망할 것이라는 위기감에 빠졌다. 이에 따라 이스라엘은 그해 6월 5일 전투기로 이집트를 선제적으로 기습 공격했다. 이스라엘 전투기는 사막을 초저공으로 비행해 이집트 공군기지를 초토화했다. 이집트 공군기 450대 가운데 300대가 파괴됐다. 이스라엘은 자국 영토의 3배에 달하는 완충지대를 점령하고 6일 만에 전쟁을 종료했다. 국제사회는 이스라엘의 선제공격이 정당했다고 인정했다.

그러나 선제공격이 쉽지는 않다. 1994년 1차 북핵 위기 때다. 당시 윌리엄 페리 미 국방부 장관은 '전쟁을 불사하고라도 북한의 핵무기 개발을 중단시켜야 한다'고 했고, 클린턴 대통령은 영변 폭격을 계획했다. 1994년 9월 미국은 항공모함 2척과 함정 33척을 원산 인근 동해에 집결시켜 영변 폭격을 감행하려고 했다. 그러나 한국 국민 100만명이 희생될 수 있다는 보고에 클린턴은 폭격을 취소했다.

예방전쟁으로 비난받은 대표적인 사례는 미국의 이라크 전쟁(2003)이다. 부시 대통령은 2001년 9·11 테러를 당한 뒤, 이듬해 연두교서에서 '2개의 주적'을 언급했다. 그의 '악의 축'에 북한과 이라크도 포함됐다. 그러면서 부시는 선제공격과 예방공격(전쟁)의 경계선을 완화했다. 부시 독트린이다. 이를 근거로 부시 행정부는 이라크를 침공했지만, 지금도 잘못된 행동이라는 비난을 받고 있다.

이스라엘이 1981년 6월 7일 이라크 오시라크 원전을 폭격한 '바빌론 작전'도 과도한 예방공격에 속한다. 오시라크 원전은 원자력발전소였다. 그런데도 이스라엘은 미래에 발생할 수도 있는 핵 위협을 미리 제거한다는 명분으로 원전을 폭격했다. 일본이 미국을 견제해 벌인 진주만 공습도 마찬가지다.

북한의 핵 도발 위기에서 한국의 대북 선제공격은 정당성이 있을까. 김태영 전 국방부 장관은 2010년 1월 "북한의 핵공격 징후 때엔 선제타격하겠다"고 밝힌 적이 있다. 김 전 장관은 "북한이 핵공격을 할 경우, 이를 막고 대응하기엔 너무 큰 피해가 있기 때문"이라고 했다. 국방부는 지금도 유사시 선제공격을 허용하는 '능동적 방위' 개념을 유지하고 있다.

그렇다면 북한이 대한민국에 핵미사일을 발사하는 경우는 어떤 상황일까. 평시 또는 전쟁 때다. 평시라면 북한이 무언가를 얻어내거나 유리한 위치를 확보하기 위해서다. 하지만 북한이 느닷없이 핵미사일을 쏘지는 않는다. 핵공격을 하기 전에 북한이 원하는 요구를 우리에게 강요하고, 이를 달성하기 위해 전쟁이라고 느낄 정도로 험악한 분위기를 조성할 것이다. 북한이 연평도 포격이나 강화도 점령과 같은 국지전이나 무력시위를 벌일 수도 있다. 핵공격 위험은 당연하다.

또 다른 경우는 사실상 전쟁 중에 북한이 핵무기로 공격하려는 상황이다. 한반도 전쟁 시나리오는 북한이 전면전에 돌입하기 전에 잠수함과 특수부대 투입, 간헐적인 포 사격과 미사일 발사 등으로 시작한다. 북한의 국지도발 강도가 올라가면 정부는 방어준비태세인 데프콘(DEFCON)을 4→3→2→1로 격상한다. 데프콘1은 전쟁단계다. 사실 빠르게 진행된다.

그런데 재래식 전투에서 한국군에 불리한 북한군이 우리 방어선을 돌파하려면 전술핵을 사용할 수도 있다. 우리 방어선은 순식간에 무너진다. 미국이 핵우산으로 지원할 여유조차 없다. 이런 상황에선 한국군이 킬체인을 가동해 북한의 핵·미사일 기지를 선제타격할 수 있다.

북한은 핵무기 선제공격을 여러 차례 강조했다. 북한은 2013년 3월 인민군 최고사령부 명의로 '1호 전투근무태세'를 발표하면서 "(대남) 군사적 행동은 핵선제 타격을 포함한다"고 밝혔다. 2016년 3월에도 북한 국방위원회와 외교부가 "선제적이고 공격적인 핵 타격전" "핵선제타격 권리" 등을 언급했다.

그런데 여야 대선 후보들은 선제타격론을 서로 다른 시점과 조건에서 얘기하고 있다. 이 후보는 북한 도발 상황이 아니라 평화로운 시기에 우리가 선제타격하는 것은 평화를 깨는 행위라고 지적했다. 틀린 말은 아니다. 윤 후보는 유사시(또는 유사시에 근접해) 북한이 핵공격을 시도할 땐 선제타격해야 한다고 주장한다. 이 또한 국제 사례로 보면 문제가 아니다.

그러나 어느 경우든 북핵은 한반도 운명을 좌우하는 치명적인 무기임은 틀림없다. 그런 만큼 선제타격과 관련된 논쟁보다는 북한의 핵 사용 가능성에 대비해 징후를 파악할 정보수집 능력과 선제타격 이후 북한의 핵 보복을 최소화할 대비책을 철저하게 갖춰 놓는 게 우선돼야 하지 않을까.

출처: 김민석, "북핵 선제타격 논쟁보다 철저한 대비가 우선이다", 중앙일보, 2022.1.27.

예방적 자위권(anticipatory self-defense)에 근거를 둔 선제공격은 국제법상 일정 요건을 충족할 경우에만 정당성을 인정받을 수 있다. 즉, 적의 공격 위협이 임박하고 이를 막을 다른 수단이 없을 경우 위협의 정도에 비례하는 범위 내에서만 허용된다. 임박성과 비례성의 원칙은 1837년 캐나다 독립군을 지원하던 미국 선박 캐럴라인호를 영국군이 나이아가라 강을 넘어 미국 영토에 침입하여 공격한 '캐럴라인호 사건'을 계기로 국제 관습법으로 확립되기 시작했다.

제2차 세계대전 이후 출범한 유엔 체제는 원칙적으로 국가 간의 무력 사용을 금지하면서 두 가지 명시적 예외만 허용했다. 헌장 42조에 따라 안전보장이사회가 승인한 경우와 51조에 따라 자위권을 행사하는 경우가 그것이다. 그런데 51조에 규정된 자위권은 무력 공격이 실제 발생한 경우 사후적으로만 행사할 수 있는 것으로 해석될 여지를 남기고 있어 예방적 자위권이 허용되는지에 대해 국제 법학계에서 제한론자와 반(反)제한론자가 대립한다. 제한론자들은 헌장 51조가 선제공격을 불법화하는 새 국제규범을 창설한 것이라고 주장하는 데 반해 반제한론자들은 캐럴라인호 사건 이후 확립된 국제 관습법을 제한하는 것은 아니라는 반론으로 맞선다.

이러한 논란은 유엔 안보리가 실제 무력분쟁을 다루는 과정에서 자연히 정리됐다. 1981년 이스라엘의 이라크 오시라크 원자로 공습 사건에 대한 토의 과정에서 예방적 자위권을 부정한 이사국은 6개국에 불과하고 이스라엘을 비난한 국가들도 대부분 선제공격의 요건을 충족하지 못한 점을 문제 삼았을 뿐 예방적 자위권 자체를 부인하지는 않았다. 그런데 2001년 9·11테러 이후 선제공격의 핵심 요건으로 공격의 임박성보다 적의 능력과 목표를 더 중요한 기준으로 삼아야 한다는 주장이 대두됐다. 테러단체나 대량살상무기(WMD)를 개발하는 불량국가의 경우 위협을 사전에 탐지하기 어렵고 때를 놓치면 엄청난 피해를 입을 수 있으므로 임박성의 기준을 완화하여 사실상 예방공격(prevention)도 용인되어야 한다는 논리였다.

이렇듯 1945년 유엔 체제로는 새로운 형태의 위협에 대처하기 어렵다는 논란이 가열되자 코피 아난 사무총장은 유엔 개혁 방안을 건의할 현인그룹(High-level Panel on Threats, Challenges and Change)을 구성했다. 현인그룹은 2004년 12월 2일 유엔문서(A/59/565)로 배포된 보고서에서 예방적 자위권에 입각한 선제공격이 국제법상 가능하다는 결론을 내리고 그 요건으로서 임박성과 비례성의 원칙을 재확인했다. 다만, 임박하지 않은 위협에 대한 예방공격은 안보리의 사전 승인을 받아야 한다는 입장을 고수했다.

북한에 대한 선제공격을 정당화하는 데는 김정은의 언행이 결정적 기여를 하고 있다. 핵과 미사일 개발을 금지한 유엔 안보리 결의에 대한 지속적이고 고의적 위반, 핵무기의 소형화와 경량화에 성공했다는 공언, 핵무기 공격에 사용할 중장거리 미사일 개발, 고체연료를 사용한 이동식 미사일의 배치와 잠수함발사탄도미사일(SLBM)의 개발에 따른 사전 탐지 능력의 제한 등도 선제공격의 명분 강화에 도움이 된다. 그럼에도 불구하고 북이 미사일 공격을 준비하는 정황이 없는 상황에서 선제타격에 나설 경우 임박성의 요건을 충족하지 못한 예방공격이라는 시비를 각오해야 한다. 또한 핵무기로 선제공격할 경우에는 비례성의 원칙에 위배된다.

문제의 본질은 북핵 공격이 임박할 때 이를 선제적으로 제거할 군사적 능력과 의지에 있다. 북 동향을 실시간으로 밀착 감시할 정보정찰자산과 함께 핵 미사일 시설을 일거에 제거하는 데 충분한 미국의 첨단 정밀자산을 즉각 타격할 수 있는 거리에 전진 배치하지 않은 상황에서 선제공격 운운하는 것은 공허한 담론에 불과하다. 북핵 실험 때마다 미 전략폭격기들과 항모 전단이 벌이는 일회성 쇼에 김정은이 주눅 들 것이라는 착각을 버리고 유사시 북의 공격능력을 효과적으로 제거할 정밀타격 수단을 한반도의 지상과 상공, 주변 해역에 배치하는 것이 급선무다.

출처: 천영우, "선제공격의 국제법적 근거와 한계", 동아일보, 2016.12.8.

Thema 108 / 인도적 간섭

풀어보기_ ✎

다음 제시문을 읽고 문제에 답하시오.   2015 영남대

> **제시문**
>
> A. 국제평화와 안전을 유지하고, 이를 위하여 평화에 대한 위협의 방지·제거 그리고 침략행위 또는 기타 평화의 파괴를 진압하는 것을 목적으로 하여 탄생한 UN은 국제사회에서의 무력사용을 일반적으로 금지하고 있다. 즉

모든 UN 회원국은 국제관계에서 다른 국가의 영토보전이나 정치적 독립에 반하여 또는 UN의 목적과 양립하지 아니하는 어떠한 기타 방식으로도 무력을 사용하거나 위협해서는 아니 되며, 무력사용의 금지는 회원국의 가장 핵심적인 의무 중 하나이다. 이러한 무력사용금지의 원칙은 관습국제법으로 확립되어 있는 것이기도 하다. UN은 무력사용금지의 원칙에 대하여 두 개의 명시적 예외를 인정하고 있는데, 하나는 자위권 행사이며, 다른 하나는 안전보장이사회의 군사적 강제조치이다. UN헌장은 회원국에 대한 무력공격이 발생한 경우 안보리가 국제평화와 안전을 유지하기 위하여 필요한 조치를 취할 때까지 개별적 또는 집단적 자위권을 행사할 수 있다고 규정하고 있다. 또한, 평화에 대한 위협, 평화의 파괴 또는 침략행위가 발생하면 안보리는 이러한 사태나 행위의 유무를 결정하고, 국제평화와 안전의 유지 또는 회복을 위해 권고하거나 비군사적 또는 군사적 강제조치를 취할 것인지를 결정할 수 있도록 하고 있다.

B. 전반적으로 볼 때 UN이 창설된 이후의 국제인권운동은 보편주의에 입각하여 전개되어 왔다고 보는 것이 옳을 것이다. 국제인권의 최고의 장전인 세계인권선언과 지역과 문화에 관계없이 수많은 국가들이 가입한 두 개의 인권규약, 즉 1966년의 시민적·정치적 권리에 관한 국제규약과 경제적·사회적·문화적 권리에 관한 국제규약은 기본적으로 인권의 보편성에 입각한 것이다.

C. 현대국제법이 인권문제를 더 이상 단순히 일국의 관할권하에 있는 국내문제로 보지 않고 인류 보편적 가치의 하나로 인식하여 이를 국제문제화하고 있지만, 이것이 대량인권침해사태를 자동적으로 '국제 평화와 안전에 대한 위협 내지 파괴'로 간주하여 UN 안전보장이사회의 무력적 강제제재 조치를 정당화하거나 일부 국가들에 의한 일방적인 무력개입을 허용하는 것으로 해석되지는 않는다. 그러함에도 1999년 세르비아의 코소보 자치주에서의 인종청소 행위에 대응해 나토군이 UN 안보리의 허가 없이 공습을 단행했을 당시 비록 합법성 논란이 있기는 하였으나 그 인도적 간섭의 정당성에 대해서는 국제사회로부터 큰 이의가 제기되지 않았다.

D. 2003년 미국이 수행한 이라크전쟁의 적법성에 대한 논란이 치열하게 전개된 바 있었는데, 미국은 후세인(Hussein) 정권의 반인권적 성격을 지적하면서 전쟁의 목적을 억압적인 이라크 정부를 제거하고 민주적인 정부의 수립을 지원하는 것을 내용으로 하는 '이라크의 해방'에 두고 있었음을 강조하면서 자국의 무력사용을 인권에 근거한 정당한 간섭이라고 주장하였다. 이에 대해 당시 코피 아난(Kofi Annan) 사무총장은 2004년 9월 영국 BBC와의 인터뷰를 통해 미국 및 영국을 비롯하여 이라크를 상대로 UN 안전보장이사회의 승인 없이 군사행동에 참여한 국가들의 행위는 무력사용금지의 원칙을 천명하고 있는 UN헌장에 부합되지 않는 불법적인 행위였다고 말함으로써 미국의 정당성 주장에 정면으로 반박한 바 있다.

E. 2011년 2월 15일부터 발생한 리비아 사태는 카다피 정부가 무기를 소지하지 않은 민간인 시위대를 전투기까지 동원한 군대, 아프리카 용병, 저격수 등을 통해 학살하는 등 극명한 인권침해행위로 국제사회의 주목을 받았다. 이에 대응하여 국제사회는 UN 안전보장이사회 결의 1970을 통해 리비아에 대해 해외자산동결 및 무기금수조치 등 경제적 제재를 가하는 동시에 리비아 지도자 카다피(Gaddafi)의 인도에 반한 죄(crime against humanity) 혐의 등을 근거로 국제형사재판소에 리비아 사태를 직접 회부하였다. 이러한 국제사회의 일치된 메시지에도 불구하고 카다피 정부의 태도가 근본적으로 변하지 않자, UN 안보리는 추가적으로 비행금지구역 설정 및 회원국 무력사용 허가의 내용을 담은 안보리 결의 1973을 채택하였고, 이를 이행하기 위한 다국적군의 군사개입이 시작됨으로써 같은 해 10월 24일 리비아 사태가 공식적으로 종료되었다.

F. 보호책임 규범의 지적인 기원은 1990년대에 국내 강제이주민 문제 UN 특사였던 Francis Deng과 그의 부르킹스 연구소 동료들에 의해 발전된 '책임으로서의 주권' 개념에서 비롯되었다. 이들의 주장에 따르면 국가들이 국제적으로 인정된 기준에 따라 국내문제를 처리하지 않을 때에 여타 국가들은 개입할 권리와 의무가 있다는 것이다. 따라서 이들은 자국민에 대한 책임을 이행하지 않는 정부는 그들의 주권을 박탈당해야 한다고 제안한다. 이러한 시각에서 이들은 국가 주권을 주어진 영토 내에서 국민들을 보호할 책임으로 재규정한다. 이러한 새로운 주권개념은 1648년 웨스트팔리아 조약(Westphalia Treaty) 이래로 국제관계의 핵심원칙인 주권국가들은 서로의 내정에 간섭하지 말아야 한다는 원칙에 도전하는 것이었다. 2005년 9월에 개최된 UN 세계정상회의에서는 주요의제로서 보호책임 규범을 다루었고, 상당한 논의와 협상 끝에 이 규범을 만장일치로 채택하였다. 그리고 정상회의 결과문서에 구체적 내용을 명시하였다. 보호책임 규범은 결과문서 제138항과 제139항에 다음의 내용으로 규정되었다. 첫째, 각국이 집단살해, 전쟁범죄, 인종청소, 인도에 반한 죄로부터 자국민을 보호할 의무가 있다는 것이다. 둘째, 국제공동체가 각국이 이러한 책임을 감당하도록 촉구하고 지원해야 한다는 점이다. 셋째, 국제공동체도 역시 이러한 범죄로부터 국민들을 보호하기 위한 적절한 외교적, 인도주의적 혹은 평화적 수단을 사용할 책임이 있다는 것이다. 그리고 이 규범은 국가들이 자국민들을 보호할 수 없거나 보호하려 들지 않는 경우에, 국제공동체가 UN 안보리를 통해 이 국민들을 보호하기 위한 집단적 행동을 취할 준비를 갖출 것을 요구한다.

인권이 인류의 보편적 가치의 하나로 인식되고 있고 무력사용이 예외적으로 허용되고 있는 현대 국제사회에서 인권침해를 이유로 한 강대국들에 의한 군사개입이 정당화되어질 수 있는지에 대해 수험번호가 홀수면 찬성의 입장에서, 짝수면 반대의 입장에서 견해를 밝히시오.

관련내용: 제20장 국제법

1 인도적 간섭의 의의

한 국가 내에서 심각한 수준의 비인도적 사태가 발생하고 있음에도 불구하고 당사국이 이를 수습할 의사나 능력이 없는 경우, 타국이 무력을 동원하여 그 사태를 종식시키려는 행동을 인도적 간섭(humanitarian intervention)이라고 한다. 전통국제법하에서 이 같은 인도적 간섭은 일부 국가들에 의하여 합법적인 자조(legitimate self-help)로 간주되었고, 대상국의 영토적 단일성이나 정치적 독립성을 해치려는 의도에서 감행된 간섭이 아닌 한 이의 합법성이 대체로 긍정되었다. 그러나 원칙적으로 무력사용을 금지하고 있는 UN 체제하에서도 과연 무력을 사용한 인도적 간섭을 허용하느냐에 대해서는 많은 논란이 제기되고 있다.

2 인도적 간섭의 허용 여부

인도적 간섭에 관해 찬성하는 견해로는, i) 국가주권보다 인권을 우선해야 한다는 견해, ii) UN 헌장에 규정된 무력사용금지의 원칙을 다른 국가의 영토보전이나 정치적 독립을 침해하는 경우 및 UN의 목적과 양립하지 않은 경우에만 해당하는 것으로 보면서 이러한 경우에 해당되지 않는 인도적 간섭은 UN 헌장 제2조 4항에 의해 금지되지 않는 것으로 해석하는 견해, iii) 인도적 간섭이 관습국제법적 지위를 갖는 것으로 파악하고 심각한 비인도적 사태를 종식시키기 위한 인도적 간섭은 국제법상 불법으로 간주할 수 없다는 견해 등이 있다.

이에 대해 인도적 간섭에 반대하는 견해로는, i) 무력사용금지의 원칙은 보편적 강행규범이므로 자위권 발동이나 UN 안보리의 승인 없이는 무력사용이 전제되는 인도적 간섭은 허용될 수 없다는 견해, ii) 인도적 간섭의 존재를 지지하거나 행사하는 경우에도 그 조건에 관한 국가관행이 아직 없으며 인도적 간섭을 지지하는 범세계적인 조약도 아직 없어 적법성을 부여할 수 있는 근거가 미약하다는 견해, iii) 인도적 간섭이라는 명분하에 간섭이 남용됨으로써 초래되는 불이익이 더 크다는 견해 등이 있다.

인도적 간섭을 허용할 것인지의 여부는 평화와 주권, 인권이라는 국제법의 가장 근본적인 가치들이 상충하는 문제로서 이러한 가치들의 조화를 모색할 필요가 있다. 현행 국제법의 원칙과 규범에 의하면 UN 안보리의 승인을 얻지 않은 인도적 간섭에 대해서는 부정적으로 볼 수밖에 없으나, UN 안보리에 의한 평화유지 또는 인권보호의 기능이 제대로 수행되지 않는 경우라든지 대규모의 심각한 인권침해가 발생했음에도 불구하고 국가들의 이해관계가 상충돼서 안보리 결의를 채택하기 힘든 상황이라면 법현실주의(legal realism)에 입각해서 조약의 문구나 근거보다는 인권보호라는 현실적 요청을 충실히 반영해서 인도적 간섭을 허용해야 할 것이다.

3 법적 기준

인도적 간섭을 허용한다고 할지라도 인권침해를 구제한다는 명분하에 불법간섭이 행해지는 것을 방지하기 위하여 객관적 정당화사유가 제시되어야 할 것이며, 절차적 기준이 필요하다고 할 것이다. 객관적 정당화사유로는, i) 인권침해의 급박성 및 광범성, ii) 강제적 자조(self-help) 사용요청의 존재 또는 결여, iii) 사용된 강제조치의 비례성, iv) 행위국의 비관련성 등이 제시되고 있으며, 절차적 기준으로는, i) 평화적 해결수단의 선행, ii) 국제조직에 의한 적절한 조치의 결여, iii) 사후적으로 국제조직에 대한 신속한 보고 및 제출 등이 제시되고 있다.

또한, 영국 정부가 발표한 2001년 "인도적 위기에 대한 정책 가이드라인"(policy Guideline on Humanitarian Crisis)도 참고할 만한데, 여기에는 다음과 같은 내용이 포함되어 있다: i) 안전보장이사회가 인도법을 심각하게 위반한 행위를 중단시키거나 방지하기 위한 조치를 승인해야 하며, ii) 인도적 위기에 대응하기 위한 무력은 급박하고 압도적인 인도적 재앙에 직면하여 사용되어야 하고, iii) 당사국 정부가 그러한 재앙을 중단시킬 의사나 능력이 없어야 하며, iv) 모든 평화적 수단이 소진된 후에 간섭할 수 있으며, v) 실재하는 피해 또는 잠재적인 피해의 규모가 군사조치를 취했을 때 발생하는 위험을 정당화시킬 수 있어야 하며, vi) 재앙을 중단시키거나 종식시킬 수 있는 명백한 대상이 있다면, 무력조치가 위험에 처해 있는 사람들로부터 환영받고 간섭하지 않음으로써 발생하는 피해가 간섭으로 인한 것보다 심각할 것이라는 명백한 증거가 있어야 하며, vii) 무력사용은 집단적 간섭의 방법으로 행해져야 하며, 제한적이어야 하고, 비례성 원칙을 충족시켜야 하며, 국제인도법에 부합되어야 한다.

⚖️ 핵심이론   보호책임

대량인권침해와 같은 국내문제에 대해 국제사회가 개입할 '근거' 내지 '권리'를 부여하는 차원에서의 인도적 간섭 논의는, 21세기에 들어오면서 UN을 중심으로 국제사회가 '책임' 내지 '의무' 차원에서 관련 문제를 접근하는 '보호책임(responsibility to protect)' 논의로 발전하였다. 수년간의 논의 결과 2005년에 개최된 UN 세계정상회의에서는 주요의제로서 보호책임 규범을 다루었고, 상당한 논의와 협상 끝에 보호책임 규범을 만장일치로 채택하였다.

보호책임 개념을 포함하고 있는 「2005년 세계정상회의 결과문서」제138항과 제139항은 다음과 같은 내용을 선언하고 있다: 첫째, 각국은 영토관할권 내에 있는 사람을 집단살해, 전쟁범죄, 인종청소 및 인도에 반한 죄로부터 보호할 책임을 가진다. 둘째, 국제공동체는 적절하게 각 국가들이 이러한 책임을 수행할 수 있도록 장려하고 도와주어야 하며 UN이 조기경보능력을 확립할 수 있도록 지원해야 한다. 셋째, 국제공동체는 UN을 통해 이러한 범죄들로부터 국민을 보호하도록 돕기 위해 UN 헌장에 따른 적절한 외교적, 인도적 및 기타 평화적 수단을 사용할 책임이 있다. 넷째, 평화적 수단이 부적절하고 국내 당국이 이러한 범죄들로부터 국민을 보호하는 데 명백하게 실패한 경우에, 안전보장이사회를 통해 시의적절하고 단호한 방법으로 집단적 조치를 취할 준비가 되어 있다.

보호책임 개념이 UN 세계정상회의에서 채택된 이후 UN 안보리 결의 제1674호와 제1704호에서도 확인되고 있으며, 또한 2009년에는 '보호책임'이라는 제목의 UN 총회 결의 제63/308호가 통과되었다. 그리고 2011년에는 리비아에 대한 개입을 승인한 안보리 결의 제1973호가 최초로 보호책임을 근거로 무력사용을 허용한 바 있다. 이처럼 보호책임 규범이 세계정상회의 결과문서, UN 안보리 및 총회 결의에 명기된 것은 명실공히 기본적 인권을 보호하기 위한 매우 중요한 진전으로 간주되었다.

그러나 이러한 긍정적 평가에도 불구하고 보호책임 규범은 여러 가지 문제점과 한계가 지적되어 왔는데, 첫째, 보호책임 관련 내용은 아직 조약이나 국제관습법과 같은 경성법(hard law)이라기보다는 법적 구속력이 없는 UN 총회 결의[40]의 형식으로 채택된, 기껏해야 연성법(soft law)일 뿐이라는 점이다. 따라서 4대 범죄에 대해 안보리의 명시적 승인 없이 무력개입을 하는 것은 여전히 실정 국제법 위반이며, 안보리로 대표되는 국제공동체도 4대 범죄에 대해 집단적 조치를 취할 재량을 원칙적으로 갖는 것이지 그러한 조치를 취할 의무나 책임까지 부과되는 것은 아직 아니라는 점이다. 둘째, 보호책임 규범에 따른 강제조치가 UN 헌장에 규정된 주권불가침원칙이나 국내문제불간섭원칙에 위배될 가능성이 여전히 존재한다는 점이다. 셋째, 강대국에 의한 군사개입 시 보호책임 규범이 선택적으로 적용되거나 강대국의 정치적·군사적 목적을 위해 남용될 가능성이 있다는 점이다. 실제로 2008년 8월 러시아는 그루지아 내 자국민이 집단학살의 위험에 놓여 있기 때문에 UN 세계정상회의에서 합의된 바와 같이 자국민에 대한 보호책임을 수행하기 위해 군사적 개입을 하였다고 주장하기도 하였다. 넷째, UN 안보리 결의에 의해 보호책임에 입각한 군사개입이 결정될 경우, 특히 5대 상임이사국 간에 입장차이가 있게 되면 이행이 어렵게 되고, 이 경우에 어떻게 대처해야 하는지 아직 합의가 이루어지지 않고 있다는 점이다. 다섯째, UN 안보리에서 군사적 개입을 하기로 결정하였더라도 구체적으로 군사력을 어떻게 동원하고 훈련시킬 것이며, 지휘통제구조는 어떻게 할 것이고, 소요 예산은 어떻게 확보할 것인지에 대한 구체적 계획이 없다는 점이다.

---

40 UN의 결의는 몇 가지로 구별될 수 있다. 첫째, UN이 내부사항의 처리를 위해 또는 국가들에게 의무를 부과하기 위해 결정(decision)의 형식으로 채택한 결의로, 이는 모든 회원국들에게 전면적인 구속력을 가진다. 둘째, UN 총회나 안보리는 결의를 통해 국제관계에 있어 어떠한 사실 또는 상황의 존재를 확인하는 경우가 있는데, 이 역시 구속력을 가진다. 셋째, UN은 국가들에 대해 일정한 행위를 요청하기 위한 권고를 채택할 수 있는데, 이는 그 자체 국가들을 구속하지 않으며 오로지 권고적 효력에 그친다. 넷째, UN 총회가 결의에 의해 새로운 법원칙을 선언하는 경우가 있는데, 이것이 국제기구의 결의가 soft law의 연원으로 문제될 수 있는 경우라 할 수 있다. 이러한 법원칙 선언으로서의 결의는 두 가지로 구분되는바, 하나는 기존의 국제관습법을 확인하는 경우이며, 다른 하나는 새로운 원칙을 창설하는 경우이다. 새로운 법원칙을 창설하는 결의는 그 속에 포함된 규칙 또는 원칙들은 국가들을 전면적으로 구속할 수는 없으나, 그렇다고 해서 전혀 구속력이 없다고 볼 수도 없다. 이 결의 속의 원칙들은 그 채택에 참가한 국가들에 의해 해당 분야에 있어서의 법규범으로서 수락된 것이기 때문이다. 김석현, "국제법에 있어서 soft law", 국제법

그렇다면 보호책임은 기존의 인도적 간섭과 어떠한 차이가 있는가? 우선 대량인권침해와 같은 국내문제에 대해 개별 국가 또는 지역기구 등의 '권리' 차원에서 논의하던 인도적 개입과는 달리 보호책임은 국제공동체가 지고 있는 책임 내지 의무를 이행하는 입장으로 논의의 관점을 전환하고 있다는 것이다. 그리고 인도적 간섭이 강제적 군사력의 개입에 초점이 맞추어져 있다면, 보호책임은 예방과 대응, 그리고 최후의 수단으로 무력사용까지도 예정한다는 점에서 사태에 대해 좀 더 포괄적인 접근방법을 모색한다. 또한 인도적 간섭과 보호책임은 그 적용범위에 있어서도 차이를 보이는데, 인도적 간섭이 가능한 상황과 관련해서는 명확한 기준이 결여되어 있어서 종종 그 정당성에 관한 논란을 야기했던 것이 사실이나, 보호책임의 경우는 그 적용범위를 4대 범죄로 명백히 한정하고 있다.

그러나 보호책임이 기존의 인도적 간섭과 구별된다고 해서 전혀 별개의 개념인 것은 아니다. 보호책임 개념이 대규모의 인권침해방지를 위한 인도적 간섭의 근거를 마련하기 위한 것임을 감안한다면 양자를 명확히 구분하여 다른 선상에서 논의할 수 없다고 본다. 즉, 보호책임의 원리는 기존의 인도적 간섭을 기초로 하고 있으나, 인도적 간섭에 비하여 확장되고 수정된 개념으로 인간안보(human security)를 위한 발전하고 있는 이행원칙이라고 규정할 수 있을 것이다.

그렇지만 보호책임은 아직 이를 인정하는 일반조약이 없음은 물론 이를 이행하는 일반적 관행도 성립되어 있지 않다는 점에서 관습국제법에 이르렀다고 평가하기는 어렵고, 법적 구속력이 없는 UN 총회 결의의 형식으로 채택된, 기껏해야 연성법(soft law)[41]에 불과하다고 할 것이다.

출처: 이환규, "미국의 대시리아 군사개입의 국제법적 정당성 검토", 미국헌법연구 제25권 3호, 2014, 433−438면.

Thema 109 난민문제

풀어보기_ ✎

다음 제시문을 읽고 문제에 답하시오.   2019 아주대

제시문

561명의 예멘 난민이 2018년 4월 및 5월 제주도로 입국하여 난민 신청을 하였다는 단순한 사실이, 안전사회·공정사회에 대한 갈망·젠더·계층 간 갈등 등 다양한 한국 사회의 모순과 폭발적으로 결합하며 아무도 예상하지 못한 논란으로 비화했다. 70만 명 이상의 시민이 청와대에 난민법 폐지 청원을 하였다.

법무부는 작년 4월 말 예멘 난민신청자의 출도(出島)를 금지하고, 6월 1일 예멘을 무비자 국가 명단에서 삭제하였으며, 같은 달 6일에는 제주도 내 외국인 거주지역 내 순찰을 강화하여 "범죄와 불필요한 갈등을 예방하겠다"고 발표했다. 이후 2018년 말까지 법무부는 484명의 난민신청자 중 362명에게 인도적 체류 지위를 부여하고, 34명에게는 단순 불인정결정을 내렸다. 결국 예멘 난민신청자 중 "난민은 전무하다"는 것이 법무부가 공식적으로 내린 결론이다. 이에 따라 구체적인 난민협약상 사유와 관련해 개별 난민심사를 하지 않고 내전 중이라는 현지 사정을 고려하여 편의적인 결정을 내렸다는 난민지원단체들의 비판을 면치 못했다. 따라서 난민인정기준을 완화하여 난민을 보다 적극적으로 받아들여야 한다는 주장이 나오고 있다.

문제

난민인정기준을 완화하여 난민을 보다 적극적으로 받아들여야 한다는 주장에 대한 본인의 생각과 판단의 근거를 설명하시오.

평론 제8호, 1997, 30−31면.

41 R. R. Baxter 판사는 '국가가 이행하고 수행하는 것을 기대할 수 있는 조약규칙'인 hard law와 구별되는 개념으로서, soft law란 "다양한 정도의 설득력, 동기, 그리고 합의가 국가 간에 포함되어 있지만 권리와 의무의 이행의 강제를 창설하지 않는 것"이라고 설명한다. 반면 P. Weil 교수는 '명확한 법적 권리와 의무를 창설하는 규범'인 hard law에 반하여, soft law란 "내용이 모호하고 구속력이 약하여 권리·의무가 거의 확정될 수 없는 규범"이라고 파악한다.

1 난민의 의의

난민이란 인종·종교·국적상의 이유나 특정한 사회집단의 구성원 또는 정치적 의견을 이유로 박해의 명백한 위험 때문에 국적국을 떠나 있어 국적국의 보호를 받을 수 없거나 그러한 두려움 때문에 보호를 원하지 않는 자, 그리고 그러한 이유로 이전의 상주국을 떠나 있고 박해의 두려움 때문에 상주국으로의 귀환이 불가능하거나 원하지 않는 자를 말한다.[42] 그러나 본국으로의 귀환이나 재정착 또는 난민으로 판정받게 된 사유의 소멸 등 일정한 사유가 발생하면 난민의 지위를 상실하게 된다.

난민의 지위에 관한 협약상 난민에 대한 정의는 경제적 궁핍, 내란 또는 자연재해 등의 이유에 의한 자는 난민으로 인정하지 않고 있다. 또한 난민의 지위에 관한 협약은 ⅰ) 평화에 반한 죄, 전쟁범죄 및 인도에 반한 죄를 범한 자, ⅱ) 난민으로서 피난국에 입국이 허가되기 전에 그 국외에서 중대한 비정치적 범죄를 범한 자, ⅲ) UN의 목적 및 원칙에 반하는 행위를 한 자를 동 협약의 적용으로부터 제외하고 있다.[43]

2 난민제도의 연혁

제1차세계대전 이후 1921년 국제연맹은 고등판무관을 설치하였으며, 난센이 고등판무관으로 임명되어 난민에게 여행증명서를 발급하였다. 제2차세계대전 이후에는 1946년 국제난민기구가 설치되었고, 그 이후 UN고등판무관사무소가 설치되어 국제난민기구의 기능을 계승하여 오늘날에 이르고 있다. 1951년에는 난민의 국제적 보호를 위하여 「난민의 지위에 관한 협약」이 채택되었고, 1967년에는 「난민의 지위에 관한 의정서」가 채택되었다.

3 난민의 보호

(1) 난민의 입국

외국인의 입국허용이 국제법상의 의무가 아닌 것처럼, 난민의 입국을 허용해야 할 의무가 있는 것은 아니다. 그러나 불법입국한 난민이 관계당국에 지체 없이 출두하여 이유를 제시하면 관계당국은 해당자를 불법입국으로 처벌할 수 없다. 일단 입국한 난민은 난민의 지위가 부여될 때까지 잠정적인 보호를 받게 된다.

(2) 난민의 보호

난민은 원칙적으로 외국인과 동등한 대우를 받는다. 자영사업과 회사 설립상 외국인에게 부여되는 가장 유리한 대우를 하여야 한다. 그러나 동산·부동산의 취득과 임대차 등에 관한 계약에서 가능한 한 난민을 우대하여야 한다. 그리고 난민의 지위에 관한 협약은 3년의 기간이 경과하면 내국인과 동등한 대우를 받도록 하고 있다.

(3) 난민의 출국

난민은 불법입국에 관계없이 난민의 생명이나 자유가 위협을 받는 영역의 국경에 난민을 추방하거나 송환해서는 아니 된다(강제송환의 금지).

(4) 난민고등판무관에 의한 보호

난민은 UN 난민고등판무관의 보호를 받게 되는데, 이는 본국의 외교적 보호를 받을 수 없는 난민에게 본국을 대신하여 행하는 의무적인 보호이다. 난민고등판무관은 UN사무총장이 지명하고 총회에서 선출하게 되는데, 관계정부당국의 협조하에 난민의 자유의사에 의한 본국귀환이나 새로운 사회에의 적응을 촉진하는 등의 활동을 하게 된다.

---

42 1951년 난민의 지위에 관한 협약 제1조 A(2).
43 1951년 난민의 지위에 관한 협약 제1조 F.

탈레반 세력을 피해 아프가니스탄에서 한국 정부를 도왔던 현지인 377명이 지난달 '특별기여자' 자격으로 국내에 입국했다. 이들은 8주간의 임시보호생활 이후 장기체류자격을 얻을 예정이다. 이 조치에 대해 국민 10명 중 7명이 '공감한다'고 응답했을 정도로 여론의 지지를 받는다. 아프간 기여자들이 머물고 있는 국가공무원인재개발원 소재지 충북 진천군의 특산물 쇼핑몰인 '진천몰'은 주문이 밀려 운영이 일시 중단됐을 정도로 격려도 쇄도했다. 하지만 이들의 국내 정착을 막아달라는 반대 목소리도 만만치 않다. 지난달 24일 게시된 '난민 받지 말아주세요'라는 제목의 청와대 국민청원에는 3만 명이 동의했다. 한국 정부에 기여한 외국인을 보호하는 건 당연한 의무라는 생각과 중동 출신 무슬림 난민에 대한 막연한 공포에 기인한 반난민정서가 충돌하는 상황이다. 2018년 예멘 난민 549명 입국 후 불거졌던 난민 이슈가 3년 만에 다시 수면 위로 떠오르고 있다.

한국은 1992년 유엔난민협약에 가입했고 2013년 아시아 국가 최초로 독립된 난민법을 시행하는 등 난민 심사를 위한 제도적 절차를 갖췄다. 난민법은 국제사회에 한국이 난민을 포용하겠다는 '신호'로 작용해 법 시행 전(1994~2013년) 한 해 평균 500명 수준에 불과했던 난민신청자들은 이후 급증했다. 2014년 2,896명이었던 난민신청자는 코로나 사태 직전인 2019년에는 1만 5,452명으로 5배가량 증가했다.

하지만 우리나라에서 난민으로 인정받기는 낙타가 바늘구멍에 들어가는 일만큼 어렵다. 지난해 난민인정은 69명, 올해는 7월까지 28명으로 심사대상 중 난민으로 인정받는 난민인정률은 2.8%(총 난민인정자 1,119명)에 불과하다. 난민 지위는 얻지 못하지만 비인도적 처우를 받을 가능성 때문에 추방하지 않는 '인도적 체류자(2,409명)'를 합쳐도 국내에서 사실상 난민으로 보호하는 외국인은 3,500명 남짓이다. 240만 명에 달하는 국내 체류 외국인의 0.15% 수준이다. 한국의 난민인정률은 주요 20개국(G20) 국가 중 일본(0.3%)을 제외한 19위다.

전문가들은 우리 정부가 난민을 받아들이겠다는 의지를 천명했음에도 난민을 얼마나 그리고 어떻게 받아들일지에 대한 정책적 고민이 부재한 결과 제도와 현실 간 괴리가 커졌다고 분석한다. 실제로 난민신청자 상당수는 '난민 심사-불인정 심사종결-이의신청-불인정 심사종결-행정소송 제기 후 패소-난민 심사 재신청'의 과정을 수년간 반복한다. 난민전담공무원 93명이 한 해 1만 건이 넘는 난민 심사를 떠안아야 하는 인력 규모로는 형식적·자의적으로 심사가 진행될 수밖에 없다. '국경의 수호'가 조직의 존립 목적인 출입국·외국인정책본부에서 난민 심사 업무를 맡으면서 난민에 대한 부정적 시선으로 심사가 진행된다는 지적도 나온다. 원곡법률사무소의 유승희 변호사는 "난민신청자들은 급박한 상황에 몸만 빠져나오기 바빠 증거자료보다는 진술로 난민임을 주장할 수밖에 없다"며 "하지만 심사관들은 이런 진술을 믿지 않을 뿐더러, 각국 상황에 대한 정보와 이해가 부족해 형식적으로 심사가 이뤄진다"고 주장했다. 난민신청자들은 출신국으로부터 안전을 도모하기 어려운 탓에 한국 내 자국 대사관에서 판결문, 체포영장 등 난민임을 입증할 공적 자료를 얻는 일도 사실상 불가능하다.

인권단체들은 출입국 당국의 자의적 심사는 물론 법원의 소극적 판단도 걸림돌이라고 지적한다. 2018년 자국에서 열린 대선의 부정선거를 막기 위해 이 선거에 쓰일 한국산 투표기기 수출에 반대하는 1인 집회에 참가했던 아프리카 A국 출신의 레베카(가명)씨. 그는 한국 내 A국 출신자들과 단체를 조직해 투표기기 수출을 반대하는 성명서를 냈다. 당시 A국에서는 선거에 반대하는 인사들에 대한 체포가 이뤄지고 있어 그는 고국으로 돌아가면 정치적 박해를 받을 가능성이 높았다. 하지만 레베카씨는 지난달 난민불인정 처분취소소송에서 패소했다. 법원은 그를 "한국 난민제도를 이용해 장기체류를 하려는 것으로 보인다"고 판단했다. 반면 레베카씨와 함께 성명서에 이름을 올린 단체의 간부는 난민인정을 받았다. 유승희 변호사는 "성명서에 이름이 올라갔다면 간부건 풀뿌리 회원이건 본국에서 주목하는 건 마찬가지일 텐데 법원이 무슨 기준으로 판단했는지 알 수가 없다"고 꼬집었다. 2000년 한국에 입국한 서남아시아 B국 출신의 아프라시압(가명·45)씨. 종교적 이유(시아파)로 수니파 국가인 자국에서 일상적인 괴롭힘을 당하던 그는 난민인정소송에 패해 미등록상태로 외국인보호소에 구금돼 있다 풀려났다. 지난해 다시 난민인정소송을 제기했지만 재판 진행 직전 판사는 그의 변호인에게 "이게 민사소송이었다면 각하감이다. (패소할 게 뻔하니) 소송을 하지 말라"고 짜증 섞인 고함을 질렀다고 한다. 아프라시압씨는 결국 다시 패소한 뒤 강제출국 유예상태로 현재 이주민 지원단체의 도움을 받으며 국내에 머물고 있다. 공익법센터 어필의 이일 변호사는 "난민인정 증거가 없으면 없다는 이유로, 많으면 증거가 의심스럽다는 이유로 출입국당국과 법원이 난민인정을 거부하고 있다"며 "당국이 난민 발생국가의 복합적 상황을 파악하고 신청자의 진술이 부합하면 난민으로 인정해야 한다"고 주장했다.

한국이 국제적 위상에 걸맞지 않게 난민에 대해 폐쇄적 태도를 취한다는 인권단체들의 비판은 끊이지 않지만 남녀노소를 불문하고 난민에 대한 부정적인 여론이 높다. 유엔난민기구(UNHCR)와 한국리서치가 지난해 11월 1,016명을 대상으로 '난민 태도 인식변화' 설문조사를 한 결과, 난민수용에 대한 거부(53%)가 찬성(33%)보다 크게 높았다. 예멘 난민수용 반대 청원이 한창이던 2018년 6월(거부 56%)에 비해 부정적 태도도 별로 줄어들지 않았다. 여성(56%)이 남성(49%)보다 거부 비율이 높았고, 18~29세(65%)가 모든 연령대 중 가장 거부감이 높았는데, 사회·문화적으로 가장 개방적인 젊은 여성들에게조차 강한 반난민 정서를 갖고 있다는 점이 확인됐다. 심지어 유엔난민기구가 규정한 난민인정조건(인종, 종교, 국적, 정치적 의견, 특정 사회적 집단의 구성원 신분) 이외에 모국에서의 전과 여부, 모국에서의 사회경제적 지위 등 추가적 선별조건이 필요하다는 응답이 57%에 달했다. 이는 유엔난민협약에 위배될 가능성이 높다.

반면 난민반대를 주장하는 이들은 우리 국민이 감당해야 할 경제적 부담, 범죄 등 사회문제 발생 가능성, 가짜 난민이 많을 것 같다는 점을 근거로 제시한다. 아프간 기여자들이 체류 중인 충북혁신도시 주민 300여 명은 최근 카카오톡에 오픈채팅방을 만들고 수용기간 후 아프간인들을 다른 지역으로 이송해달라는 요구를 하고 있다. 이 오픈채팅방에는 아프간 기여자 등 특별공로자들에게 장기체류자격을 부여(F-2)하고 제한 없이 취업활동을 하도록 하는 출입국관리법시행령 개정을 강력히 반대하는 목소리가 득세한다. 이런 주장의 근저에 깔려 있는 건 치안에 대한 우려. 이형오 난민대책 국민행동 대표는 "온건한 분들도 있겠으나 탈레반처럼 급진적인 분들이 없으리라고 장담할 수 없다"며 "아프간인 400명을 받아들였더니 또 기여자 1,000명을 더 받아들여야 한다는 주장이 나오는 등 요구가 끝이 없다"고 주장했다.

하지만 무슬림 난민들이 늘어나면 범죄 증가 등으로 이어질 것이라는 주장에는 명확한 근거가 없다. 정상률 명지대 중동문제연구소 교수는 "전 세계 무슬림 12억 명 중 이슬람국가(IS), 탈레반, 알카에다 등 정파의 이익을 위해 폭력을 불사하는 '정치화된 무슬림'은 5,000만 명 정도라는 통계가 있다"며 "국내 무슬림도 주시할 필요는 있지만 전체적으로 온건하다고 볼 수 있다"고 말했다. 중동연구자인 구기연 서울대 아시아연구소 HK연구교수는 무슬림에 대한 우리 사회의 공포를 '상상의 공포'라고 분석한다. 2001년 9·11테러와 2010년대 IS의 테러 등 과격한 무슬림의 이미지들이 뉴스로 소비되면서 무슬림에 대한 부정적 선입견이 형성됐다는 것이다. 구 교수는 상실된 선교의 동력을 회복하기 위한 방안으로 개신교계 일각에서 근거 없는 '무슬림 포비아'를 퍼뜨린 것도 반난민정서에 영향을 줬을 것으로 본다.

난민 지원에 과도한 예산을 사용한다는 주장도 별로 설득력이 없다. 난민인정자의 권리는 일반 국민처럼 기초생활수급 신청이 가능하고 자녀가 초·중학교 의무교육을 받을 수 있는 정도다. 난민신청자의 경우 생계비(월 4인 가구 최대 117만 원) 지원을 받을 수 있지만 2018년 1만 5,452건의 난민신청 중 542명만 생계비를 지원(총 예산 7억 9,300만 원)받았다. 2019년과 지난해에는 지원받은 가구가 262명으로 줄었다. 난민신청 후 6개월간은 일을 할 수 없지만 이들은 평균 3.2개월만 생계비를 지급받았다. 언어장벽 등으로 실제로는 이용할 수 없는 경우도 다반사다.

일각의 주장처럼 국내 난민신청자 중 취업을 위한 체류 연장을 목적으로 난민제도를 악용하는 외국인들은 존재한다. 이들을 '가짜 난민'이라고 보는, 반난민정서를 누그러뜨리고 난민들과 공존하는 방식으로 사회통합을 이루기 위해선 정부의 좀 더 솔직한 태도가 필요하다고 전문가들은 지적한다. 자본과 인력의 국가 간 이동이 자유로워진 이상 후발국가에서 우리나라로의 인력 이동은 거스를 수 없다는 점, 국내 노동시장에서 이들의 노동력이 필요하다는 점을 설득시켜야 한다는 얘기다. 홍성수 숙명여대 법학부 교수는 "외환위기 이후 '우리와 저들'의 구도를 나누고 내가 속한 작은 집단의 배타적 이익을 강조하는 일련의 흐름 속에서 반난민정서도 싹이 텄다"며 "생산가능인구의 급감 추세를 감안할 때 중·장기적으로는 난민수용이 국익에 도움이 될 수 있다는 점을 정부와 정치권이 솔직하게 국민들에게 설득해야 한다"고 말했다.

장지향 아산정책연구소 중동지역센터장은 "일부 오해와 달리 국내의 난민신청자는 잠재적 범죄자가 아니라 테러, 전쟁, 독재정권의 폭력 피해자"라며 "난민수용은, 국제적으로 이제 한국 정도의 선진국가가 하기 싫다고 거부할 수 없는 사안이라는 점을 정부가 당당히 말해야 한다"고 강조했다. 김영아 아시아평화를 위한 이주(MAP) 대표는 "노동시장이건 의료나 보건분야건 난민에 대해 경제적으로 접근하면 무조건 플러스"라며 "이제는 난민인정자들에게 어느 정도의 사회복지 혜택을 줄 수 있을지 정부, 지자체, 시민사회 등이 합의해야 할 때"라고 말했다.

출처: 이왕구, "한국은 선진국... 난민수용, 선택의 문제가 아니라는 점 당당히 말해야", 한국일보, 2021.9.16.

Thema 110 / 국제환경법의 주요원칙

풀어보기_ ✎

다음 제시문을 읽고 문제에 답하시오.　　　　　　　　　　　　　　　　　　　　　　　　　　　2021 한국외대

제시문

지속 가능한 발전이라는 기조하에 UN을 중심으로 국가, 기업, 시민단체, 가계 등 구성원들 전부가 환경보호에 앞장서도록 하는 환경규제가 이루어지고 있다. 국제사회는 저탄소정책을 통해 환경을 보호하고자 한다. 그러나 이러한 저탄소정책은 기업의 생산비용을 높인다는 점에서 비판을 받기도 한다. 따라서 적극적으로 환경을 규제해나가야 한다는 적극적 환경보호정책과, 다른 나라의 규제 속도에 맞추어 점진적으로 규제해나가야 한다는 온건한 환경보호정책이 대립하고 있는 상황이다.

기후변화로 인한 환경문제에 대비하기 위해 저탄소정책을 시행하려고 한다. 적극적으로 환경규제를 이어나가야 한다는 환경보호정책과, 다른 나라의 규제 속도에 맞추어 점진적으로 규제해야 한다는 온건한 환경보호정책 중 하나를 선택하여 주장하시오.

관련내용: 제20장 국제법

[국제환경법의 주요원칙]

1 환경손상의 방지

국가는 자국의 영토 내에서 혹은 공동의 영역에서 타국의 권리 혹은 지구환경보호에 반하는 방법으로 행동해서는 안 된다는 것으로, 단순히 타국영역에 대한 무해원칙을 넘어 지구환경손상을 방지하기 위한 적절한 예방의무를 포함하는 개념이다.

2 사전주의의 원칙

환경문제에 대한 대응은 원인에 대한 과학적 입증이 확정된 이후 이루어져야 함이 원칙이겠으나, 이러한 사실의 입증에는 매우 오랜 시일이 걸리는 경우가 많다. 그리고 그때는 이미 대응의 적기를 상실하여 환경복원을 위해 막대한 추가비용과 시간이 소요되게 된다. 이에 환경문제에 관한 인간의 과학적 지식에는 한계가 있음을 인정하여 등장한 원칙이 바로 사전주의의 원칙이다. 즉 일정한 위해의 가능성이 있는 경우 과학적 확실성이 충분하지 않더라도 차별적 공동책임을 전제로 비용 대비 효과적 조치를 우선 취해야 한다는 것이 사전주의의 원칙이다.

3 국제협력의 원칙

생물다양성의 파괴, 오존층파괴, 지구온난화 등과 같은 문제에 있어서는 구체적인 가해자와 피해자를 특정하기 어렵다. 전 인류가 공동의 그러나 차별적인 가해자이며 동시에 피해자이기도 하다. 오늘날 상당수의 국제환경문제는 전 지구적 차원에서 진행되며, 이의 해결 역시 전 지구적 차원의 협력을 통해서만 가능한 경우가 많다. 이에 많은 국제환경조약은 국가 간의 협력원칙을 강조하고 있다. 국제환경법에서의 국제협력이란 정보교환의무, 긴급사태 시의 통보의무, 위험한 사업계획에 대한 사전협의의 의무 등을 주요 내용으로 한다.

4 오염자부담원칙

오염자부담원칙이란 환경손해의 법적 배상책임을 오염원에게 부과하여 자신의 비용으로 사회적·법적으로 수락할 만한 수준으로 오염을 감소시키도록 요구하는 원칙이다. 오염자부담원칙은 법적인 측면보다는 경제정책적 측면이 강한 원칙으로 상품이나 용역의 가격에 환경보호에 관한 비용을 포함시켜야 한다는 이른바 환경비용의 내부화를 내용의 핵심으로 한다. 시장에서의 상품과 용역의 가격에 환경보호에 관한 비용을 포함시키면 환경적으로 유해한 상품이나 용역은 가격이 올라가게 되고, 소비자들은 결국 환경에 유해한 경제활동을 통해 생산된 상품과 용역에 대한 소비를 회피하게 되어 결과적으로 환경을 보호할 수 있다는 논리를 바탕으로 한다. 따라서 오염자부담원칙은 오염통제를 위한 비용의 배분에 관한 원칙이지, 환경오염이 발생한 경우 그에 대한 원인을 규명하여 책임자에게 배상을 추구하려는 원칙은 아니다.[44]

---

44 정인섭, 신국제법입문, 박영사, 2014, 249면.

5 지속가능한 개발

지속가능한 개발이란 미래 세대가 그들의 필요를 충족시킬 수 있는 가능성을 손상시키지 않는 범위에서 현재 세대의 필요를 충족시키는 개발을 일컫는 말로, '환경과 개발에 관한 세계위원회(WCED)'가 1987년에 발표한 '우리의 미래(Our Common Future)'라는 보고서에 의해서 공식화되었다.

6 차별적 공동책임

환경보호를 위한 모든 국가의 공동책임에 더하여, 환경파괴의 주범이자 환경보존의 기술·재정적 능력자가 선진국임을 감안한 원칙이다. 이는 일반 국제법상의 형평원칙을 환경문제에 적용한 결과이며, 개도국의 환경협정 참여의 촉진을 위해 형성되었다.

⚒ 핵심이론 1 　지속가능한 개발

국가가 자원을 개발함에 있어서는 지속가능한 개발(sustainable development)이 가능한 방법으로 해야 한다. 현대 지구환경문제의 가장 근본적인 원인은 인간의 각종 경제활동이다. 인간이 모든 경제활동을 중단하고 자연 채취를 바탕으로 한 원시생활로 돌아가면 환경문제는 대부분 해소될 것이다. 그러나 인류문명의 발전을 다시 과거로 돌이키기는 어렵다. 인류가 개발은 하되 지속가능한 방법을 취하라는 요구는 지구환경보호를 위한 일종의 차선책이다. 이는 환경보호와 개발이라는 일견 대립되는 개념을 통합·조정하는 개념이기도 하다.

지속가능한 개발이라는 개념은 19세기까지 거슬러 올라갈 수 있겠지만, 이 개념이 국제적으로 일반화된 계기는 UN Brundtland 보고서였다. 이 보고서는 지속가능한 개발을 "미래 세대의 필요를 충족시킬 능력을 손상시키지 않으면서 현재 세대의 필요를 충족시키는 개발"이라고 정의했다. 이를 구체화하기 위해서는 다음과 같은 세부원칙이 포함되어야 한다는 주장이 제시되고 있다. 첫째, 세대 간 형평(inter-generation equity). 현재의 세대는 지구의 환경을 일정한 상태로 유지하여 미래 세대에 물려줄 의무가 있으며, 자연자원은 현 세대의 필요뿐만 아니라 미래 세대의 이익을 위하여도 형평성 있게 보존되어야 한다는 주장이다. 둘째, 지속가능한 이용(sustainable use). 자연자원은 재생가능한 범위에서 이용하고 개발되어야 한다는 주장이다. 셋째, 형평한 이용(equitable use). 자연자원의 이용은 개별 국가의 경제적 사정, 환경오염을 유발한 역사적 책임, 발전에 대한 상이한 필요성 등을 고려해 각국에게 공평한 몫이 돌아가도록 해야 한다는 주장이다. 넷째, 환경과 개발의 통합. 환경보호는 개발과정의 중요한 일부를 구성하며, 개발과정에서 같이 고려되어야 한다는 주장이다(리우 선언 제4원칙).

'지속가능한 개발'은 오늘날 국제적으로 폭넓은 지지를 받으며, 국제환경법의 발전방향을 향도하는 개념이라고 해도 과언이 아니다. 지속가능한 개발의 개념은 개별국가의 국내 환경운영을 국제적 관심의 문제로 고양시켰다. 또한 WTO협정이나 적지 않은 자유무역협정 등 국제통상에 관한 문서에도 빈번히 포함되고 있다. ICJ와 WTO상소기구도 이 개념을 판단의 기준으로 수용하고 있다. 지속가능한 개발 개념은 현실에 적용하기에 구체성이 떨어진다는 비판도 있지만 이제는 관습국제법으로 고양되어 있다고 판단된다.

출처: 정인섭, 신국제법강의, 박영사, 2020, 768-769면.

⚒ 핵심이론 2 　차별적 공동책임(공동의 그러나 차별적 책임)

차별적 공동책임(common but differentiated responsibility)은 인류의 공동유산 개념으로부터 발전한 것으로, 형평에서 도출된 국제환경법원칙이다. 이 원칙은 지구환경문제에 대한 선진국과 개발도상국 간의 역사적 책임의 차이와 환경문제를 다룰 수 있는 경제적·기술적 능력의 차이를 인정하면서, 국제환경법규범의 발전과 적용 및 해석에 있어서 개발도상국들의 특별한 요구가 반드시 고려되어야 한다는 것을 의미한다.

차별적 공동책임원칙은 내용상 두 가지 요소를 담고 있다. 하나는 국내적·지역적·전 세계적 환경보호는 지구상 모든 국가들의 공동책임이라는 것이며, 또 하나는 각국의 특별한 환경문제의 해결에 직면하였을 경우에 경제적·사회적·기타 상황의 차이와 특히 환경위협의 방지·제거·통제 등에 관한 책임능력의 차이를 고려하여 국가 간의 책임과 역할을 차별화시켜야 한다는 것이다. 즉 역사적 환경손상의 책임과 환경손상방지 및 회복조치의 능력에 초점을 두어 책임을 이원화한 것이다. 국제법의 광범한 분야에서 '인류의 공동유산' 또는 '공동관심사'라는 이름으로 발전되어 온 공동책임은 특정 환경자원의 보호를 위하여 둘 이상의 국가들에게 분배된 의무를 설명하고 있다. 공동책임은 어느 국가의 관할에도 속하지 않은 사항이든 혹은 일국의 주권적 관할을 받는 사항이든 간에 생물다양성과 같이 인류의 공동관심사로서 공동법익에 해당되는 자원이 분배되는 분야에 적용된다. 한편 차별책임은 비환경분야의 조약 및 기타 국제관행에서도 폭넓게 승인된 개념으로, 개별국가의 특수한 필요 및 사정, 각국의 향후 경제개발, 환경손상에 대한 각국의 역사적 참여도 등의 요소에 근거하여 차별적 의무를 부과하는 기준으로 변모하였다.

개발도상국의 배려라는 법적 취지는 GATT 규정의 개발도상국 우대조항에서도 볼 수 있는데, 동 원칙의 뿌리는 국제경제법에 있다고 할 수 있다. 실제로 WTO 분쟁해결기구의 새우사건에서 패널 및 항소기구는 차별적 공동책임원칙의 준용을 밝힌 바 있다. 지구환경 관련 논의에 있어 개도국의 능력을 배려하려는 입장은 차별적 공동책임의 적용을 최초로 선언한 리우선언에서 부각되었다. 리우선언 원칙 6은 "개발도상국, 특히 최빈국과 환경적으로 침해받기 쉬운 개발도상국의 특수상황과 환경보전의 필요성은 특별히 우선적으로 고려의 대상이 되어야 한다"고 하였고, 원칙 7에서는 "각 국가는 지구생태계의 건강과 완전성을 보존, 보호 및 회복시키기 위하여 범세계적 동반자의 정신으로 협력하여야 한다. 지구의 환경악화에 대한 제각기 다른 책임을 고려하여, 각 국가는 차별적 공동책임을 가진다. 선진국들은 그들이 지구환경에 끼친 영향과 그들이 소유하고 있는 기술 및 재정적 자원을 고려하여 지속적 개발을 추구하기 위한 국제적 노력에 있어서 분담하여야 할 책임을 인식한다"고 선언하여 선진국들의 기존의 환경악화 및 이의 치유에 있어 중심적 책임을 명백히 하여 차별적 공동책임을 선언하였다. 이러한 취지는 1992년 UN 환경개발회의 이후에 체결된 UN 기후변화협약 제3조 1항과 생물다양성협약 전문에도 반영되어 있다. 위 협약의 규정들은 개발도상국이 특정조약의 의무를 이행할 수 있도록 재정·과학기술·기타 기술적 원조를 제공하기 위하여 제도적 구조를 확립할 것을 밝히고 있다. 또한 UN 기후변화협약은 차별적 공동책임이라는 개념을 기후변화의 완화를 위한 '고유한 약속' 사항에 삽입하여 원칙화하기도 하였다.

출처: 김정균·성재호, 국제법, 박영사, 2006, 506-508면.

합격생이 추천하는
이민철
로스쿨 면접

5개년 기출문제

강원대학교

(1) 신입생 정량

구분	법학적성시험 성적	학부성적(100점 만점)
상위 25%	121.6	97.00
상위 50%	119.6	95.80
상위 75%	119.3	94.00
평균	120.60	95.46

※ 법학적성시험 성적은 언어이해, 추리논증 표준점수의 합산점수임
※ 위 수치는 특별전형을 포함하고 있음

(2) 출신학교

대학명	인원(명)	비율(%)	대학명	인원(명)	비율(%)
강원대	1	2.27	숙명여대	1	2.27
건국대	1	2.27	숭실대	1	2.27
경찰대	2	4.55	아주대	1	2.27
경희대	5	11.36	연세대(원주포함)	2	4.55
고려대	2	4.55	이화여대	6	13.64
동국대	3	6.82	중앙대	2	4.55
부산대	2	4.55	한국외대	1	2.27
상지대	1	2.27	한림대	1	2.27
서울대	2	4.55	한양대	5	11.36
서울시립대	1	2.27	홍익대	1	2.27
성균관대	1	2.27	학점은행	1	2.27
세종대	1	2.27	계	44	100.00

(3) 출신학부(전공) 현황

구분	출신학부(전공)	인원(명)
공학계열	기계공학	1
	정보시스템	1
법학계열	법학	7
사범계열	지리교육	1
	영어교육	1
	국어교육	1
	유아교육	1
	교육학	1

사회계열	행정학		5
	정치행정학		1
	정치외교학		2
	커뮤니케이션미디어		1
	국제학		1
	신문방송학		1
	공공정책학		1
상경계열	경영학		3
	경제학		3
	산업보안학		1
	국제물류		1
인문계열	이탈리아어		1
	국어국문		1
	철학		3
	사학		1
	응용영어통번역학		1
	한문학		1
예체능계열	체육학		1
기타	글로벌리더		1
계			44

(4) 연령/성별 현황

구분	~25세	26세~30세	31세~35세	36세~40세	41세~	계
남 자	3	13	7	1	0	24
여자	10	8	1	1	0	20
합계	13	21	8	2	0	44
비율(%)	29.55	47.73	18.18	4.55	0	100

2022학년도 입시결과

(1) 신입생 정량

구분	법학적성시험 성적	학부성적(100점 만점)
상위 25%	119.3	97.4
상위 50%	119.0	97.36
상위 75%	115.1	96.47
평균	117.69	95.33

※ 법학적성시험 성적은 언어이해, 추리논증 표준점수의 합산점수임
※ 위 수치는 특별전형을 포함하고 있음

(2) 출신학교

대학명	인원(명)	비율(%)	대학명	인원(명)	비율(%)
가천대학교	2	4.76	성신여자대학교	1	2.38
강원대학교	1	2.38	숙명여자대학교	1	2.38
건국대학교	1	2.38	숭실대학교	2	4.76
경찰대학	2	4.76	연세대학교(원주)	3(1)	7.14
고려대학교	4	9.52	이화여자대학교	5	11.90
단국대학교	2	4.76	중앙대학교	1	2.38
동국대학교	1	2.38	춘천교육대학	1	2.38
서강대학교	2	4.76	한국외국어대학교	3	7.14
서울대학교	3	7.14	한림대학교	2	4.76
성균관대학교	3	7.14	한양대학교	2	4.76
			계	42	100

(3) 출신학부(전공) 현황

구분	출신학부(전공)	인원(명)
공학계열	산업경영공학과	1
	화학공학과	1
농학계열	식품공학과	1
사범계열	국어교육학과	1
	사회교육과	1
	초등학교학과	1
사회계열	국제학	1
	사회복지학과	1
	사회학과	1
	소비자학과	1
	아동가족학과	1
	정치외교학과	1
	행정학과	2
상경계열	경영학과	3
	경제학과	2
	회계학과	1
인문계열	국어국문학과	1
	사학과	3
	서어서문학과	1
	영어영문학과	3
	철학과	1
	페르시아어·이란학과	2
자연계열	생명과학	1
	수학과	1
계		42

(4) 연령/성별 현황

구분	~25세	26세~30세	31세~35세	36세~40세	41세~	계
남 자	1	11	4	0	0	14
여자	13	9	4	0	0	26
합계	14	20	8	0	0	42
비율(%)	33.33	47.62	19.05	0	0	100

면접 진행방식

면접유형	서면답안 작성 후 개별면접(3:1)		
준비시간	40분	면접시간	10분
답안작성	메모지와 답안지 배부, 작성 후 제출		
문제 수 및 지문분량	1주제 3문제, A4 3장		
인성질문 유무	×		
면접특징	• 자신이 작성한 서면을 면접위원들이 보고 질문을 한다는 점을 염두에 두고 답안을 작성하면 면접 시 효과적으로 답변할 수 있음 • 대기하는 동안 개인 자료 열람 가능함 • 문제지 필기는 불가능함 • 작성한 서면 답안지는 복사해서 면접관에게 전달됨 • 건물 내부 이동은 가능하나, 외부로의 이동은 불가능함 • 각 조의 앞번호부터 차례로 고사장으로 이동함		

2023 학년도 기출문제

[제시문 1]

A회사 대표이사 갑은 ESG 경영을 선언했다. 즉, 주주에게 배당금을 지급하지 않음으로써 유보금을 늘리고, 이를 근로자를 더 많이 고용하는 데 사용할 것이며, 화석연료를 사용하는 공장을 줄이고 저탄소 공장을 설립한다는 목표를 발표했다. 이에 대해 A회사 주주 을은 회사의 이익을 주주에게 배당하는 것이 옳다며 갑을 상대로 배당금청구소송을 제기하였다.

[제시문 2]

ESG 경영은 환경보호(Environment)·사회공헌(Social)·윤리경영(Governance)의 합성어로, 기업 활동에 친환경, 사회적 책임 경영, 지배구조 개선 등 투명 경영을 고려해야 지속 가능한 발전을 할 수 있다는 철학을 담고 있다. ESG 경영은 기업의 지속가능성과 사회적 책임을 강화하고, 투자자와 고객의 신뢰를 얻고, 리스크와 기회를 관리하고, 비즈니스 혁신을 추구하는 방법으로 인식되고 있다. ESG 경영은 유엔 글로벌 콤팩트와 유엔 책임투자원칙과 같은 국제적인 정책과 규범에 부합하고, SDGs(지속가능발전목표) 달성에 기여하는 것도 목적으로 한다. ESG 경영을 위해서는 기업이 자신의 비즈니스 특성과 조직 상황에 맞는 ESG 전략과 목표를 수립하고, ESG 관련 정보를 효과적으로 수집하고 공시하며, ESG 관련 이해관계자들과의 커뮤니케이션을 강화해야 한다. ESG 경영은 기업의 지속적 성장을 평가하는 비재무적 성과를 측정하는 방법으로 유럽연합이나 미국 등에서는 이미 기업을 평가하는 데 중요한 기준으로 자리잡고 있다. ESG 경영은 개별 기업을 넘어 자본시장과 한 국가의 성패를 가를 키워드로 부상하고 있다.

[제시문 3]
ESG 경영과 관련해서 다양한 의견이 제시된다. ESG 경영에 찬성하는 입장에서는, 첫째, ESG 경영은 기업이 환경적, 사회적, 지배구조적 책임을 다하고 지속가능한 경영을 추구하는 데 중점을 두기 때문에 기업의 장기적인 성장과 경제적인 번영에 도움을 줄 수 있다고 한다. 둘째, ESG 경영은 이해관계자들의 권익과 관심사를 고려함으로써 사회적 신뢰를 확보하는 데 도움이 되고, 이는 기업의 평판 향상과 이해관계자들과의 긍정적인 관계 형성에 도움을 줄 수 있다고 한다. 셋째, ESG 성과는 투자자들의 관심을 끌고 있으며, ESG 기준을 충족하는 기업은 투자자들로부터의 자금 조달이나 투자 유치에 유리하며, 또한, ESG를 고려한 투자 결정은 장기적인 가치 창출과 위험 관리에 도움을 줄 수 있다고 한다. ESG 경영에 반대하는 입장에서는, 첫째, ESG 경영을 위해서 기업은 환경적, 사회적, 지배구조적 요구 사항을 충족시키기 위해 조직 구조, 프로세스, 시스템을 변경해야 하기 때문에 추가적인 비용과 시간이 소요될 수 있고, 둘째, ESG 요구 사항이 비즈니스 운영에 제약을 가할 수 있다는 점을 우려한다. 특히, 일부 산업이나 지역에서는 환경적인 제약이 생산성이나 경쟁력에 영향을 미칠 수 있다는 우려가 있다. 셋째, ESG 요소는 주관적이고 다양한 측면을 포함하므로, 표준화와 정량화에 어려움이 있을 수 있고, 이로 인해 ESG 성과를 측정하고 비교하는 것이 어려울 수 있다.

[제시문 4]
A회사가 소재하는 국가에는 기업경영과 관련해서 다음과 같은 법이 있다.
제1조 기업의 목적은 주주의 이익을 위한다.
제2조 이사회는 기업의 활동방향을 고려할 수 있다. 기업의 대표는 이사회의 활동방향을 토대로 구체적인 계획을 세운다. 기업은 주주의 이익을 보장하는 방향으로 경영해야 한다.
제3조 이사회는 기업의 사회적 책임을 고려해야 하며, 이해당사자들의 이익과 주주의 이익을 고려해야 한다
제4조 이사회는 본 법을 따라 주주에 대한 이익의 분배방식을 결정할 수 있다.

문제

1) 제시문 1과 제시문 2를 포괄하는 공통된 제목은?
2) 제시문 3의 논거들을 제시문 1의 갑과 을의 입장에 대응하시오.
3) 당신이 판사라면, 을의 소송에 대하여 어떤 재판을 내릴 것인가?

추가질문

• ESG 경영의 요즘 추세는?

2022 학년도 기출문제

[제시문 A]
곡물이 부족하여 곡가가 폭등한 로도스섬에 어떤 정직한 사람이 알렉산드리아로부터 많은 곡물을 배에 싣고 왔다. 그리고 이 사람은 다수의 곡물상인들이 배에 곡물을 싣고 알렉산드리아로부터 출항하였다는 것을 알고 있고, 항해 도중에 곡물을 싣고 있는 배들이 로도스섬으로 오고 있다는 것을 보았다. 그는 그 사실을 로도스인들에게 알려야 하는가? 아니면 침묵한 채 자신의 곡물을 가능한 한 비싼 가격에 많이 팔아도 되는가? 그가 현명하고 선한 사람이라고 가정하자. 만약 사실을 숨기는 것이 도덕적으로 비난받을 일이라는 판단을 내린다면 로도스인들에게 숨기지 않겠지만, 그것이 도덕적으로 비난받을 일인지에 대해 판단을 내리지 못하는 자의 고민에 대해 살펴보자.
이 사례에 대해 위대한 스토아 철학자인 바빌로니아의 디오게네스와 그의 제자로서 매우 예리한 판단력을 지녔던 안티파테르는 서로 견해를 달리했다. 안티파테르는 개인의 이익이 공동체의 유익이 되어야 하고, 또 역으로 공동체의 유익이 개인의 이익이 되도록 할 의무가 있다고 하면서, 매도인이 알고 있는 사실을 모두 알려야 한다고 주장한다. 또한 안티파테르는 자연에 의하여 맺어진 사회적 유대감 역시 논거로 든다. 반면, 스승 디오게네스는 매도인에게는 그처럼 포괄적인 정보제공의무는 없다고 응수했다. 시민법상 규율된 결함에 대해서는 고지할 의무가 있지만, 그 이외의 사항

에 대해서는 그것이 속임수가 아닌 한 고지하지 않아도 된다는 것이다. 그리고 안티파테르는 매도인으로서는 자기 물건을 가능하면 더 비싸게 팔려고 노력하는 것은 허용된다고 주장한다. 예컨대 그가 물건의 장점을 다소 과장하거나 단점을 다소 축소하거나 그것에 대해 침묵한다고 해도 그것은 속임수가 아닌 한 불법이 아니므로 문제가 되지 않는다는 것이다.

[제시문 B]

어떤 정직한 사람이 자신은 알고 있지만 다른 사람은 모르는 하자를 가진 집을 매도하려고 한다. 그 집은 비위생적이지만 건강에 유익한 집이라고 알려져 있고, 뱀들이 모든 침실에서 발견되며, 재목 역시 부실하여 내려앉을 위험이 있는데, 그 사정은 주택의 소유자만 알고 있다고 상정한다. 매도인이 매수인에게 이러한 사실을 말하지 않고 그 주택을 자신이 합리적으로 기대할 수 있었던 가격보다 훨씬 비싸게 매도한다면, 이러한 거래가 부당하거나 부정직한 것은 아닌가 문제된다.

이에 대해서도 안티파테르와 디오게네스의 의견은 나뉜다. 안티파테르는 그와 같은 하자를 알리지 않는 것은 잘못된 판단으로 손실을 야기하게 하는 것으로 매수인을 기망하여 착오에 빠뜨리는 것으로 본다. 디오게네스는 매수인이 원해서 목적물을 구입하는 이상 매도인은 세세하게 모두 알릴 필요가 없다고 한다. 특히 매매목적물을 일부 과장하여 광고하더라도 잘못이라 할 수 없는데, 매수인이 자신의 판단으로 매수하여야 하기 때문이다. 따라서 하자를 모두 밝히는 것은 어리석은 것이라고 본다. 이는 경매인이 물건을 팔면서 "나는 지금 비위생적인 집을 팔고 있소"라고 소리치는 것과 다를 바 없다고 한다.

※ 이 문제를 복기하는 데 다음 두 논문을 참조: 정병호, "민법상 논쟁과 로마법", 저스티스 통권 제186호, 2021.10; 한승수, "키케로의 의무론과 매매에 있어서의 고지의무", 법학연구, 제31권 제4호, 2021.12

[교수의 설명]

개념에 관한 오류에는 두 가지가 있습니다. 하나는 개념 정의가 잘못된 경우이고, 다른 하나는 개념 포섭이 잘못된 경우입니다.

또한 추론 방법에는 유사추론과 직접추론이 있습니다. 유사추론은 두 사례의 본질적인 부분이 유사할 때 두 사례의 결론을 동일하게 추론하는 것을 말하며, 직접추론은 한 사례가 다른 사례를 포함할 때 두 사례의 결론을 동일하게 추론하는 것입니다.

문제

1. 다음은 [제시문 A] 사례에서 안티파테르와 디오게네스의 논쟁 내용이다. 디오게네스의 대화 내용 중 개념에 관한 오류의 문제를 논증해 보시오.

안티파테르: 무슨 말씀이십니까? 선생님께서는 사람들을 돌보셔야 하고, 인간사회에 봉사하셔야 하며, 그 법칙에 따라 태어나셨고, 지키고 따라야 하는 자연의 그 원리들을 가지고 계십니다. 그리하여 선생님의 유익함이 공동체의 유익함이고 거꾸로 공동체의 유익함이 선생님의 유익함인데도, 선생님께서는 사람들 주변에 어떤 편의나 식량이 있는지를 그들에게 숨기겠다는 말씀이십니까?

디오게네스: 숨기는 것과 침묵하는 것은 별개의 문제라네. 지금 곡물의 저가보다 자네에게 더 이로운 생각일 텐데, 신들의 본질이 무엇인지, 최고의 善이 무엇인지에 대해 내가 자네에게 말하지 않는다고 하더라도 내가 지금 자네에게 숨기는 것이 아닐세. 그러나 듣는 것이 자네에게 유익한 것은 무엇이든지 다 내가 말해야만 하는 것은 아닐세.

안티파테르 : 하지만 사람들 사이에는 자연에 의해 맺어진 공동체가 존재함을 선생님께서 진짜로 기억하신다면, 사정은 달라진다고 보는데 이 점은 수긍하리라 봅니다.

디오게네스: 나도 기억하고 있네. 그러나 그 사회란 각자에게 자기 재산이란 전혀 없는 그런 사회인가? 그런 사회라면, 어떤 것도 판매해서는 안 되고 공짜로 주어야만 하네.

2. [제시문 A]와 [제시문 B]의 사례에 대한 안티파테르의 추론 방법의 문제를 논증해 보시오.
3. [제시문 B]의 사례에 대한 디오게네스의 논증을 평가해 보시오.

[서면면접] 다음 제시문을 읽고 문제에 답하시오.

[제시문 1]

비경제적 재화가 시장에서 거래될 수 있는가에 관해 다음과 같은 논쟁이 있다.

갑: 거래는 개인의 자유로운 의지에 의존해야 한다. 국가가 개입하게 된다면 비효율을 초래하고 개인의 자유를 침해하게 된다.

을: 공익을 최대화하는 행위는 허용될 수 있고 시장의 거래는 거래당사자의 이익을 증가시킨다. 거래에 참여한 당사자 모두에게 해가 되지 않고 이익이 존재하는 한, 비경제적 재화의 시장 거래 역시 전체 공리를 증가시킨다.

병: 시장에서 거래되는 경우 해당 재화나 비경제적 가치가 손실되는 경우가 있다. 이러한 비경제적 가치가 시장의 거래 대상이 된다면 경제적 가치가 비경제적 가치를 잠식하게 될 것이다.

[제시문 2]

(1) 1997년 교토에서 개최된 기후변화협약 당사국 회의는 당사국의 구체적 온실가스 감축의무를 설정하는 교토의정서를 채택하였다. 교토의정서는 온실가스 감축을 효과적으로 이행하기 위해 매우 혁신적인 여러 제도를 도입하였는데, 그중 배출권거래제도는 자국에게 할당된 온실가스 배출쿼터보다 적은 온실가스를 배출한 선진국의 경우 그 차이분을 배출쿼터를 초과한 국가에게 매각할 수 있는 방안이다. 지구 전체의 관점에서는 온실가스 감축 목표를 달성하는 한편, 어떤 사정에 의해 자국의 감축목표를 달성하지 못한 국가에게는 경제적 부담을 지우는 방식이다. A국은 한 단위에 해당하는 온실가스 감축에 100억 원이 들고 B국은 50억 원이 든다. 이에 A국은 B국에게 온실가스배출권을 70억 원에 매입하였다. A국 입장에서는 온실가스 배출권 한 단위를 매입하는 비용이 감축에 드는 비용보다 적게 들어 이익이 되고, B국 입장에서는 배출권 한 단위의 거래가격이 감축에 드는 비용보다 더 높아 배출권을 파는 것이 이익이 된다.

(2) 환경은 경제적 교환의 대상이 될 수 없다. 환경이 경제적 교환의 대상이 된다면, 돈을 내고 환경을 오염시키는 것을 정당화시킬 우려가 있다.

(3) 인간 생활에 필수적인 전기와 물의 사용으로 인해 환경이 오염되는 것은 받아들일 수 있으나, 고의적으로 환경을 오염시키는 행위는 해서는 안 된다.

[제시문 3]

X국은 쓰레기 매립지 후보로 Y시를 선정했다. X국 정부가 새로운 쓰레기 매립장 건설에 대해 Y시 시민들을 대상으로 실시한 여론조사에서 주민의 동의 비율은 51%였다. 이후 X국 정부는 Y시에 쓰레기 매립장을 건설하는 대가로 거주민들에게 보상금을 지불하겠다고 발표했다. 그런데 발표 후 진행된 여론조사에서는 주민의 동의 비율이 32%로 떨어졌다.

문제

1. [제시문 1]과 [제시문 2]의 공통된 주제가 무엇인지 밝히고, [제시문 2]의 (1)과 (2)가 각각 [제시문 1]의 어떤 견해의 논거로 사용될 수 있는지 논하시오.

2. 아래 ① · ②의 허용 가능성에 대해 [제시문 1]과 [제시문 2]의 논거를 사용하여 논하시오.

   ① 한라산 백록담에 음료수 캔을 버릴 수 있는 허가권을 돈을 받고 판매하는 행위

   ② 장애인 주차구역에서 일반인들이 주차할 수 있는 주차 허가권을 돈을 받고 판매하는 행위

3. [제시문 3]은 [제시문 1]의 어떤 견해를 뒷받침하는 사례가 될 수 있는지 논하시오.

[서면면접] 다음 제시문을 읽고 문제에 답하시오.

[제시문]
다음은 A국의 사례와 상속 규정에 대해서 교수와 두 학생 간의 대화이다.

〈사례〉
X에게는 전처에게 낳은 자식 A, B, C와 전처와 사별 후 재혼한 Y와의 사이에서 낳은 자식 D가 있고, 현재 Y는 E를 임신한 상태다. X는 자신이 살 날이 얼마 남지 않았다는 사실을 알게 되었고 유언장을 작성했다. 그런데 X는 A, B, C 와 잦은 다툼으로 사이가 좋지 않아 전처에게서 낳은 자식들에게는 상속을 하고 싶지 않았다. 그리고 D는 좋은 직업 을 가지고 있어서 안정적인 생활을 하기에, 앞으로 태어날 E에게만 재산을 물려주고 싶었다. 그래서 X는 유언장에 "앞으로 태어날 E를 상속인으로 한다. 만약 만 14세가 되기 전에 E가 사망한다면, D를 보충상속인으로 한다"고 명시 했다. 이후 X가 사망했고, 그 시기에 D는 Z에게 빚을 져서 모든 빚을 갚을 때까지 노예의 신분이 된 상태였으며, X의 사망 직후 Y는 E를 낙태했다.

〈규정〉
A국은 다음과 같은 상속 규정이 존재한다.
1. 유언의 원칙: 유언으로 상속인을 결정할 수 있다.
2. 보충상속인의 지정: 유언으로 보충상속인을 결정할 수 있다.
3. 법정상속 및 균분상속의 원칙: 유언이 없거나 유언대로 상속이 불가능한 경우에는 배우자와 자녀에게 균분상속한다.
4. 자유 상속의 원칙 : 노예는 상속받을 수 없다(노예가 상속받을 시 노예와 주인의 위계질서가 흔들리는 상황을 막기 위함이다).

〈교수와 학생들과의 대화〉
교수: 자, 사례의 상황에서 상속 규정을 적용하기 위해서 약속과 규정의 해석에 대해 살펴봐야 하는데요. 먼저 약속 의 해석과 관련된 사례를 잘 들어보세요. 아버지가 아들에게 1학기와 2학기의 학점 평균을 3.5 이상 받는다 면 말 한 필을 사주기로 약속했습니다. 아들은 열심히 공부해서 1학기에는 4.0을 넘었으나, 2학기에는 학교의 사정으로 인해 시험을 치르지 않았고, 2학기 성적은 학칙에 따라 공란으로 표시되었습니다. 이런 경우에 아버 지는 아들에게 말 한 필을 사줘야 하나요?

학생 1:   말을 사주면 안 됩니다. 왜냐하면 약속의 해석은 문구를 그대로 엄격히 해석해야 하는데, 아들은 2학기 성적 이 공란이기 때문입니다.

학생 2:   말을 사주어야 합니다. 왜냐하면 약속의 해석은 약속한 이의 목적과 의도를 고려하여야 하는데, 아버지는 아들 이 공부를 열심히 하게 하려는 것이 목적이었고, 아들이 1학기에 4.0을 받아서 약속한 3.5를 넘겼기 때문입니다.

교수: 그럼 이번에는 규정의 해석에 대한 사례를 잘 들어보세요. 어느 나라에 '전쟁 중에 성문을 열어 성 밖의 사람 을 들인 자는 사형에 처한다'는 규정이 있습니다. 그런데 전쟁 중에 적군에게 쫓기던 아군 병사 A가 성문을 지키는 병사 B에게 성문을 열어달라고 했습니다. 병사 B는 성문을 열어 아군 병사 A를 들여보내 주었습니다. 이 경우 병사 B는 사형에 처해야 하나요?

학생 1:   사형에 처하면 안 됩니다. 왜냐하면 규정의 해석은 입법자의 목적과 의도를 고려해야 하고, 입법자의 의도는 전쟁 중 성문을 열어서 외부인이 들어오는 위험을 방지하기 위함입니다. 그러나 이 사례는 아군을 들여보낸 것이기 때문에 규정이 규율하고자 하는 사안이 아닙니다.

학생 2:   사형에 처해야 합니다. 왜냐하면 규정의 해석은 입법자의 의도를 명확히 파악하기 어렵고, 규정으로 인해 불 이익이 발생할 시 개정을 통해 바꿔야 하며 임의로 해석해서는 안 됩니다. 병사 B는 전쟁 중에 성문을 열었 으므로 규정을 엄격히 적용하는 것이 맞습니다.

교수: 두 학생의 약속과 규정의 해석에 관한 의견이 모두 상반되네요. 그렇다면 처음의 〈사례〉는 어떻게 해결해 야 할까요?

문제

1. 학생 1은 본 유산 문제에 있어서 유산 상속을 누가 받게 될 것이라고 주장할지 답하고, 그 근거를 서술하시오.

2. 학생 2는 본 유산 문제에 있어서 유산 상속을 누가 받게 될 것이라고 주장할지 답하고, 그 근거를 서술하시오.

3. D만이 유산 상속을 받게 하기 위해서는 어떠한 약속 및 규정의 해석을 적용해야 하는지 서술하시오.

추가질문

• 자신의 서면면접 답변을 요약해서 말해 보시오.

• 지원자는 약속의 해석과 규정의 해석에 있어서 어떠한 해석방법이 타당하다고 보는가?

• A, B, C도 자녀인데 상속받을 수 없는가? 유언의 문구를 그대로 따라야만 하는가?

• 지원자가 생각하기에 태아도 유언의 대상이 될 수 있다고 생각하는가?

• 최근 해외에서는 자신의 반려동물에게 상속하고자 하는 사례들이 생겨나고 있다. 이에 대해 지원자의 의견을 자유롭게 말해보시오.

• 현행 상속제도에서는 빚도 상속이 되기 때문에 많은 사람들이 힘들어 한다. 지원자는 현행 상속제도에 대해 어떻게 생각하는가?

2019 학년도 기출문제

[서면면접] 다음 제시문을 읽고 문제에 답하시오.

[제시문 1]
A씨는 신도시 개발계획에 따라 이루어진 자신의 토지수용보상액에 불만을 품고 인적이 드문 야간에 국보 1호인 숭례문에 잠입하여 방화하였다. 화재 발생 직후 소방관이 출동하였으나 숭례문이 '국보'라는 점 때문에 적극적으로 진압하기에 어려움이 있었다. 또한 화재 발생 40분 후 불길이 잡혔다고 판단하고 진화 작업을 중단하였으나 잠시 후 다시 화재가 발생하였다. 결국 숭례문은 극히 일부만을 남기고 전소하였다.

[제시문 2]
한국과 미국 간에 체결된 자유무역협정(FTA)에 불만을 품은 B는 SNS를 통해 자신과 같은 불만을 가진 농민과 시민들을 모집하여 세종시 정부종합청사 앞에서 대규모 시위를 벌였다. 시위 도중 경찰이 시위대를 향해 무리한 진압을 하자, 시위대 측은 준비해왔던 화염병을 던졌다. 그러던 중 경찰 방패와 화염병이 부딪히면서 발생한 불씨가 인근 상가로 번져 화재가 발생했다. 화재 발생 직후 소방관이 출동하여 적극적으로 진압하려고 했으나, 화재 현장 주변의 시위대가 떠나지 않아 초기에 화재를 진압하지 못했다. 인명 피해는 없었으나, 인근 상가로 불이 번져 10억 원 상당의 피해가 발생했다.

문제 1

A와 B의 행동에 있어 차이점이 무엇인지 최대한 다양하게 서술하시오.

문제 2

그러한 차이점이 A와 B에 대한 비난 가능성에 있어 어떻게 작용할 수 있는지 서술하시오.

추가질문

• 문화재가 왜 가치가 있다고 생각하는가?

• 만약 당신이 판사라면 A와 B 중 누구에게 더 중한 형을 선고할 것인가?

• A의 방화행위와 B의 화염병 투척행위는 피해가 발생했다는 점에서 동일한데 어떤 측면에서 차이가 있다고 생각하는가?

• 동기에 따라 비난가능성이 달라지는지?

• 타버린 게 국유재산이냐 사유재산이냐에 따라 비난가능성이 달라지는가?

건국대학교

(1) 신입생 정량

구분	학부성적 (백분위)	법학적성시험(표준점수)	
		언어이해	추리논증
상위 25%	93.6	55.7	80.3
상위 50%	93	57.8	76.2
상위 75%	95.77	62	70
평균	95.71	53.78	75.41

※ 전형 구분 없이 일반전형과 특별전형이 모두 합산된 점수임
※ 정량평가 요소별 점수는 1단계[학부성적+공인영어성적+LEET성적(논술제외)+서류심사]성적과 2단계[LEET논술+구술면접]성적이 합산된 총점을 기준으로 최종합격자의 상위 25%, 50%, 75% 지점에 해당되는 학생들의 성적임
※ 평균점수는 최종합격자들의 각 요소별 전체 평균성적임
※ 공인영어성적은 P/F로 반영되므로 정량평가 요소로 적용되지 않음

(2) 출신학교

대학명	인원(명)	대학명	인원(명)
건국대학교	1	숭실대학교	2
경찰대학	1	연세대학교	10
고려대학교	14	이화여자대학교	4
덕성여자대학교	1	중앙대학교	1
동국대학교	1	한국외국어대학교	1
서강대학교	2	한양대학교	1
성균관대학교	3	계	42

(3) 출신학부(전공) 현황

전형	출신학부(전공)	인원(명)
일반·특별전형	가정교육과	2
	경영학과	6
	경제학과	4
	국어국문학과	2
	미디어학부	1
	법학과	2
	보건정책관리학부	1
	보건행정학과	1
	사학과	1
	사회학과	2
	생명공학과	1

	생명과학부	1
	신소재공학부	1
	언론정보학과	1
	언어학과	1
	영어영문학과	1
일반·특별전형	정치외교학과	5
	지리교육과	1
	철학과	3
	한문학과	1
	행정학과	3
	화학나노과학과	1
	계	42

(4) 성별 현황

전형	남자	여자
일반·특별전형	22명	20명
계	42명	

2022학년도 입시결과

(1) 신입생 정량

구분	학부성적 (백분위)	법학적성시험(표준점수)	
		언어이해	추리논증
상위 25%	93.1	60.1	71.3
상위 50%	94.51	56	75.5
상위 75%	95.1	47.9	81.9
평균	95.44	53.9	73.37

※ 전형 구분 없이 일반전형과 특별전형이 모두 합산된 점수임
※ 정량평가 요소별 점수는 1단계[학부성적+공인영어성적+LEET성적(논술제외)+서류심사]성적과 2단계[LEET논술+구술면접]성적이 합산된 총점을 기준으로 최종합격자의 상위 25%, 50%, 75% 지점에 해당되는 학생들의 성적임
※ 평균점수는 최종합격자들의 각 요소별 전체 평균성적임
※ 공인영어성적은 P/F로 반영되므로 정량평가 요소로 적용되지 않음

(2) 출신학교

대학명	인원(명)	대학명	인원(명)
건국대학교	2	서울시립대학교	1
경희대학교	1	성균관대학교	6
고려대학교	8	연세대학교	6
국민대학교	1	이화여자대학교	2
동국대학교	1	전북대학교	1

명지대학교	1	중앙대학교	1
서강대학교	4	한양대학교	3
서울대학교	5	외국대학	1
		계	44

(3) 출신학부(전공) 현황

전형	출신학부(전공)	인원(명)
일반·특별전형	경영학과	4
	경제학과	4
	국어국문학과	3
	글로벌리더학부	1
	도시공학과	1
	법학과	2
	보건정책관리학부	1
	사학과	2
	사회학과	2
	심리학과	2
	언론홍보영상학부	1
	언어학과	1
	영어교육과	1
	영어영문학과	1
	윤리교육과	1
	융합인재학과	2
	정책학과	2
	정치외교학과	4
	중어중문학과	1
	지리교육과	1
	철학과	4
	행정학과	3
	계	44

(4) 성별 현황

전형	남자	여자
일반·특별전형	20명	24명
계	44명	

면접유형	개별면접(3:1)		
준비시간	15분	면접시간	10분
답안작성	작성 및 휴대 불가, 책상에 비치된 문제를 15분간 풀이		
문제 수 및 지문분량	1문제＋추가질문, A4 1장		
인성질문 유무	×		
면접특징	• 대기 장소가 로스쿨 건물 5층 강당이고, 최대 4시간 정도 대기시간이 길어질 수 있음(개인 자료 열람 가능) • 착석 후 이동 불가능하나, 물이나 화장실 사용 시 진행요원의 인솔하에 단체로 이동함 • 문제풀이방에 2명씩 입실 후 15분간 문제풀이함 • 문제풀이 완료 후 이동하여 면접실 앞에서 대기함 • 면접장으로 들어가면 수험생 자리에 문제지가 놓여 있음 • 시작 후 스톱워치 켬. 1분 남았을 때 "1분 남음" 문구가 써진 용지를 수험생에게 보여줌		

2023 학년도 기출문제

[가군 오전 면접] 다음 제시문을 읽고 문제에 답하시오.

[제시문]
동물 중 포유류와 어류는 고통을 느끼고, 곤충은 고통을 느끼지 않는다는 사실이 과학적으로 입증되었다. 대한민국과 사회·문화적으로 유사한 가상의 국가 A가 있다. A국에서는 고통을 느끼는 포유류 등을 정당한 이유 없이 포획하거나 가해행위를 하는 것을 금지하고 있다. 그러나 식용이나 위생 및 의료연구를 위해서는 예외를 인정하고, 오락용 낚시도 정당한 사유로 인정하고 있다. 갑과 을은 고통을 느끼는지 여부에 따라 생명에 차등을 두는 것이 옳은지에 대해 논쟁을 벌이고 있다.

〈갑의 견해〉
1. 포유류의 생명의 가치가 인정되듯, 곤충도 동일하게 생명의 가치를 부여받는 것이 바람직하다.
2. 포유류를 살해했을 때 처벌이 가능하듯, 곤충을 죽이는 행위 또한 처벌이 가능하다.
3. 오락용 낚시는 어류의 생명의 가치를 고려해서 허용돼서는 안 되며, 이에 대한 처벌이 가능하다.

〈을의 견해〉
1. 인간과 포유류 사이의 생명의 가치가 다르듯, 곤충과 포유류 사이의 생명의 가치 또한 차등해서 취급될 수 있으므로, 곤충을 죽였다고 해서 처벌해서는 안 된다.
2. 오락용 낚시는 과거부터 A국 국민들이 많이 즐겨온 스포츠로, 사회구성원의 대부분이 레저낚시에 대해 찬성한다는 점에서 그 정당성을 인정받을 수 있다. 따라서 오락용 낚시를 처벌하는 것은 바람직하지 않다.

문제

갑과 을의 견해 대한 지원자의 의견을 제시해 보시오.

추가질문

• 곤충의 생명의 가치가 포유류나 인간에 비해 상대적으로 덜 존중되어도 된다고 주장한다면, 어떤 사람이 애정을 갖고 소유하고 있는 곤충을 다른 사람이 죽였을 때 처벌하지 않아도 된다는 것인가?
• 어떤 익충을 그 곤충이 싫다는 이유만으로 죽였을 때, 그 곤충을 죽인 사람은 처벌받지 않아도 되나요?

- 인간과 동물 간 생명의 가치가 다르다고 주장했는데, 그렇다면 인간이라는 '종' 안에서 생명의 가치는 동등한가요?
- 곤충살해를 규제하면 일상생활에 지장이 크지 않은가?

[가군 오후 면접] 다음 제시문을 읽고 문제에 답하시오.

[제시문]

세계적 미디어 아티스트 A씨의 작품을 ○○시립전시관이 구입해서 전시하다가, 어느 시점부터 A씨 작품의 내용이 아닌 ○○시의 홍보영상을 끼워넣기 시작했다. A씨의 작품은 380개의 디스플레이를 이용해 바뀌는 영상을 보여주는 방식의 혁신적인 작품이다. 대표적으로 <무념무상>이나 <소크라테스의 ○○> 같은 작품들은 작가의 아이디어와 창조성을 혁신적으로 드러낸다. 디스플레이에 송출되는 영상은 작가가 예술적 의도에 따라 직접 선정하고 편집한 영상들이지만, 매번 선정한 영상들만 나오지는 않고 가끔 별개의 외부영상이 송출되게끔 만들어져 있다. ○○시립전시관이 작품 전시 중간에 나오게끔 한 홍보영상은 40분가량 분량으로 ○○시 시장이 직접 나와 ○○시의 특산물을 홍보하는 내용이다. 전시관이 A씨 작품에 시 홍보영상을 끼워넣은 시점은 2021년 11월부터인데, A씨는 2022년 3월에 사망했고 사망 6개월 전부터 혼수상태여서 의사소통이 불가능한 상황이었다. A씨의 유가족들은 ○○시립전시관이 작가와 작품의 의도를 훼손한다고 홍보행위를 중단한 것을 요청했으나, ○○시립전시관은 그 작품을 구입했으니 작품을 어떻게 사용할지는 소유자의 자유이고, 시 공익을 위한 목적이라고 거절하는 상황이다.

문제

예술가 A씨와 ○○시립전시관의 입장을 고려해 전시관의 작품 변형 행위에 대해 어떻게 생각하는지 답해 보고, 작품 소유주가 작품을 변형시키는 것에 대해 예술가와 소유주의 입장을 고려해 정책을 제시해 보시오.

2022 학년도 기출문제

[가군 오전 면접] 다음 제시문을 읽고 문제에 답하시오.

[제시문 1]

갑은 A대학교의 무용학과에 재학 중인 학생으로, 학교 축제에서 아프리카 문화를 알리기 위해 아프리카 전통춤을 선보이려고 한다. 그런데 갑은 더욱 실감나게 공연하기 위해 피부를 까맣게 칠하고 공연하려고 했고, 학생회장인 을은 이를 문제 삼았다.

- 갑: 아프리카 문화도 알리고 좀 더 실감나게 공연하려고 흑인분장을 하려고 해
- 을: 얼굴을 검은색으로 칠하는 것은 흑인이 불쾌감을 느낄 수 있는 인종차별적 행동이야. 블랙페이스는 1830년대부터 100년간 영국과 미국 등지에서 유행했어. 백인 배우가 흑인 역할을 맡아 얼굴을 검게 칠하고, 과장된 춤과 노래로 흑인을 희화화시키는 공연을 했어. 그러다가 1950년대 흑인 인권운동이 일어나고 1964년에 제정된 민권법의 영향으로 인종차별적 행위라는 비판을 받고 금기시되었어.
- 갑: 난 흑인을 희화화하기 위해 분장을 하려는 게 아니야. 단지 아프리카 전통춤을 잘 표현하려고 하는 거지 흑인을 비하할 어떠한 의도도 없어. 네 논리대로라면 젊은 사람이 노인을 연기해서 노인이 불쾌감을 느꼈다면 그것도 금지해야겠네.
- 을: 단순히 불쾌감을 느끼고 느끼지 않고의 문제가 아니야. 흑인이 아닌 백인이 흑인분장을 하고 흑인을 따라 한 게 문제라니까.
- 갑: 따라한 게 잘못이야? 그럼 장애가 없는 사람이 장애인을 연기한 것도 잘못이네.
- 을: 그럼 예시를 한국인으로 바꿔보자. 미국 토크쇼 진행자가 한류열풍의 원인이 무엇인지 알아보자면서 눈을 찢는 제스처를 취했다면, 이걸 보는 한국인은 불쾌하지 않을까?
- 갑: 난 괜찮은데. 토크쇼 진행자가 한국인을 비하할 의도가 없었다면 문제될 게 없어. 그리고 한국인이 백인에 비해

눈이 작고 찢어진 것도 사실이잖아. 사실을 있는 그대로 표현한 것뿐인데 이게 왜 인종차별적 행동이야? 다시 말하지만 내가 흑인분장을 한 것은 인종차별적인 의도는 없어. 난 이번 공연에 흑인분장을 할 거야.

- 을: 그래. 네 의견은 알겠어. 그렇지만 난 네 행위가 잘못되었다는 것을 알리겠어. 학생회 회의를 열어 학생회 구성원들에게 흑인분장의 잘못된 점을 알리고, 네가 공연에서 흑인분장을 한다면 학생회 차원에서 공연을 금지시킬 수밖에 없어.

문제

갑과 을의 대화를 바탕으로 갑의 흑인분장에 대한 지원자의 의견을 말해 보시오.

추가질문

- 갑의 입장으로도 대답해 보시오.
- 학생회에서 흑인분장 공연을 금지시키는 것에 찬성하였다면, 이렇게 일괄적으로 금지하는 것이 표현의 자유 측면에서 더 위험하지 않은가?
- 예술의 자유, 표현의 자유는 언제, 어떻게 제한될 수 있는가?
- 어떤 소수자들은 자신들이 언급되는 것만으로도 싫어하는 경우가 있는데, 이에 대해서 어떻게 생각하나?

[가군 오후 면접] 다음 제시문을 읽고 문제에 답하시오.

[제시문 2]

형사재판에서 배심제를 채택하고 있는 국가에 사는 A는 B라는 여성을 그녀의 자녀들이 보는 앞에서 강간하려다 실패하자 살해했다. 배심원들은 A의 살인 혐의에 대해서는 이미 유죄를 확정하였지만, A에 대해 사형을 부여할지 무기징역을 부여할지에 대해서는 논의 중에 있다.

A의 변호인은 A에게 우호적인 진술을 해줄 수 있는 4명을 증인신청했고, 재판부는 증인신청을 받아들였다. 이에 대해 검사는 형량을 높이기 위해 B의 어머니와 아들을 증인으로 신청했는데, 이에 대해 변호인과 검사의 입장이 대립되고 있다.

검사: 피고인도 형량을 낮추기 위해 증인신청을 했습니다. 피해자의 가족들도 그들이 정신적으로 얼마나 심한 고통을 겪고 있는지 증언하도록 해서 배심원들이 이를 참작할 수 있도록 해야 합니다.

변호인: B의 유가족에 대한 증인신청을 받아들이면 감정적인 요소가 판단에 영향을 미칠 수 있기 때문에 부당하다고 생각합니다.

검사: 피해자 유가족의 정신적 고통을 반영하는 것이 응보적 정의를 실현하는 데 훨씬 더 부합하다고 생각합니다.

변호사: 응보적 관점에 따라 유족의 증인신청을 받아들여 그들의 정신적 고통을 호소하도록 하는 것은 문제가 있습니다. 만약 가족이 없는 노숙인이 똑같은 방식으로 살해됐는데, 증인이 없어서 가해자가 더 낮은 형량을 받게 된다면 어떻게 할 것인가요? 노숙인은 가족이 있는 사람에 비해 목숨이 고귀하지 않은 것인가요? 살해 의도와 상관없이 유족의 유무로 형량이 영향을 받는 것은 불합리하다고 판단됩니다.

문제

당신이 판사라면, 검사의 증인 신청을 받아들일 것인가?

추가질문

- 이미 유죄가 확정되었음에도 불구하고 증인을 신청해야 하는가?
- 형벌에는 어떤 기능이 있다고 생각하는가?
- 판사는 국민의 여론도 고려해서 판결을 내려야 한다고 생각하는가?
- 대중이 사회적 합의를 통해 엄벌을 요구하는 사안이라면 이를 반영해야 하는가?
- 유족의 증언은 주관적 요소가 많이 개입되어 이를 근거로 해서 판단을 하게 되면 같은 살인도 다르게 평가되는 문제점이 있지 않은가?
- 재판부가 가해자 측의 증인신청을 받아들이지 않았다면 검사 측 증인은 받아들여야 하는가?

[가군 오전 면접] 다음 제시문[1]을 읽고 문제에 답하시오.

[제시문]

서울시가 높은 배달 수수료 절감을 위해 소규모 배달플랫폼들과 협력해서 만든 공공 배달앱인 '제로배달유니온' 서비스를 2020년 9월부터 본격적으로 시작했다. 주요 배달플랫폼들의 높은 수수료가 배달시장의 사회적 문제로 대두되면서, 서울시가 낮은 수수료의 배달주문서비스를 제공하는 착한 배달플랫폼 지원을 통해 비용구조를 낮추고 배달앱 시장의 전반적인 수수료 인하를 위해 공공 배달앱 사업을 추진한 것이다.

16개 배달플랫폼과 가맹을 맺은 소상공인들은 기존 제로페이 인프라를 활용한 낮은 비용구조를 통해 2% 이하의 저렴한 중개수수료를 내고 배달서비스를 이용할 수 있게 된다. 현재 상위 플랫폼 3사가 광고료 및 가맹수수료 명목으로 적게는 6%에서 많게는 12% 이상의 높은 수수료를 부과하고 있다는 점을 감안하면, 소상공인들 입장에서는 매출과 직결되는 배달 수수료가 줄어듦으로써 실질적인 매출이 늘어나게 되고, 소규모 배달플랫폼들 입장에서는 큰 비용을 들이지 않고 소비자와 가맹점을 동시에 확보할 수 있는 발판을 마련함으로써 경쟁력을 높일 수 있는 효과를 거둘 수 있게 된다.

그리고 '제로배달유니온' 참여 배달앱에서 소비자가 서울사랑상품권으로 결제하면 업체는 신용카드 결제수수료에 비해 최대 2.5%를 절감할 수 있으며, 소비자는 7~10% 할인된 가격으로 구매할 수 있고, 서비스 초기에는 배달주문 시 10% 추가 할인할 계획이어서 최대 17~20% 할인 혜택을 제공받게 된다.

이러한 서울시의 공공 배달앱 사업은 상위 플랫폼 2개 업체가 전체 시장의 90%를 독점하고 있는 현재 배달업계의 건전한 시장 질서를 위해 필요한 조치라는 입장과 정부의 부당한 개입이라는 입장이 대립하고 있다.

문제

서울시의 공공 배달앱 사업에 대해 자신의 견해를 밝히시오.

추가질문

• 서울시의 공공 배달앱 사업이 건전한 시장 질서를 위해 필요한 조치라고 했는데, 건전한 시장 질서가 필요한 이유는 무엇인가?
• 기업의 부단한 노력의 결과 시장점유율이 높아졌는데, 이를 독점이라고 판단해서 정부가 세금을 투입해 가면서 시장에 개입하는 것이 과연 정당한가?
• 정부의 지원이 끊기면 소규모 배달플랫폼은 결국은 시장진입에 실패해서 피해를 볼 수 있다는 지적에 대해 어떻게 생각하는가?

[가군 오후 면접] 다음 제시문[2]을 읽고 문제에 답하시오.

[제시문]

(가) 건강보험정책연구원에 따르면 2000년 이후 외국인의 국내 유입이 증가하면서 건강보험 가입자가 급증했다. 외국인 및 재외국민 건강보험 가입자 수는 국내 장기체류 중인 등록외국인의 증가 속도보다 빠르게 증가한 것으로 나타났다. 특히 건강보험 지역가입자가 빠른 속도로 증가했다. 2015년 대비 2017년 증가율을 비교하면, 외국인 증가율은 6.7%인데 비해 외국인 건강보험 가입자 증가율은 13.8%로 나타났다. 외국인 건강보험 가입자 증가율에서 지역가입자 증가율은 29.9%로 직장가입자 증가율인 8.1%보다 훨씬 빠르게 증가한 것으로 파악됐다. 연구원은 이러한 현상의 원인을 국제사회에서 우리나라의 국가적 위상이 높아지고 건강보험제도의 우수성이 알려진데다가 외국인의 국내 유입이 증가한 것으로 보고 있다.

문제는 외국인 건강보험 가입자가 증가하면서 고액 진료목적의 단발성 자격취득과 진료 후 고의 체납으로 인한

---

1 면접문제를 토대로 저자가 직접 구성한 제시문입니다.
2 본 제시문은 다음 기사 내용을 발췌해서 사용하였음: 정다연, 메디게이트뉴스, 2019.4.12.

자격상실 등 일부 외국인의 부적절한 건강보험 가입 및 의료 이용 행태가 사회적인 논쟁으로 떠오른 것이다. 외국인 및 재외국민 건강보험제도를 운영하는 데 따르는 구체적인 문제점은 무엇일까. 건강보험정책연구원은 자격 취득 및 탈퇴가 용이한 가입기준, 보험료 부과·징수의 불공평성, 미흡한 자격관리 등 세 가지를 꼽았다.

(나) 연구원에 따르면, 현재 건강보험의 가입기준은 자격취득과 탈퇴가 용이하다. 외국인 직장가입자를 제외한 피부양자 등록과 지역가입자의 건강보험제도 가입이 쉽다. 건강보험 가입자격은 1개월 이상 출국하거나 보험료를 체납할 경우에 상실되는데, 이를 악용하는 사람들이 고액 진료와 약 처방만 받고 고의로 자격을 상실하는 사례가 발생했다. 외국인 피부양자의 건강보험 자격취득 요건 중에는 체류 기간 요건 자체가 없다. 또 결혼과 유학을 제외한 지역가입자의 가입 요건은 최소 체류 기간이 3개월에 불과해 진료목적의 건강보험 가입이 용이하다. 이 때문에 최근에는 만성 중증질환자가 보험급여를 목적으로 입국하는 사례도 나타나고 있다.

보험료 부과 및 징수도 내국인과 형평성에 맞게 하기 어려운 측면도 있다. 무엇보다 외국인에 대한 본국의 소득, 재산, 가족관계 등을 정확하게 파악하는 일이 쉽지 않다. 외국인의 경우에 국내에서 확인된 소득과 재산이 없는 경우가 많아 지역가입자 세대원 추가 시 적정 보험료 부과가 어려운 상황이다.

자격관리 또한 미흡하다. 가족관계 증빙서류 등 외국 공문서에 대한 통일된 규정이 없고 국가별로 가족관계 증빙서류가 달라, 보험 가입자격을 관리하기 위한 사실 여부 확인이 어려운 한계가 있다. 첫째, 체류 기간 만료 및 출국 등 정보가 건강보험 관리 시스템에 반영되기까지 시간이 걸리고 사용자 미신고 등으로 인해 자격상실 처리가 늦어져 건강보험 자격 상실자가 진료를 받는 경우가 발생한다. 둘째, 보험료를 체납해도 소득 및 재산이 정확히 파악되지 않아 체납처분, 체류 기간(비자) 연장 제한 등의 별도의 제재조치가 있지만 있으나 마나 한 상황이다.

(다) 외국인 및 재외국민 건강보험제도의 한계는 어떻게 보완하고 개선해야 할까. 보건복지부는 지난해 6월 법무부, 외교부 등 관계부처 및 국민건강보험공단과 협의를 거쳐 외국인 및 재외국민 건강보험제도 개선방안을 제시했다. 개선안의 내용은 가입기준 정비, 합리적인 보험료 부과·징수, 자격관리 강화 등이 큰 줄기다. 개선안에는 지역가입자로 가입하기 위한 최소 체류 기간 연장, 방문 동거(F-1)와 거주(F-2)인 외국인 및 재외국민에 대한 건강보험료 부과 특례 적용 축소, 보험료 체납자 관리를 강화하기 위해 보험료 체납 시 체류 기간 연장을 제한하는 조치 등이 포함됐다.

문제

건강보험에 있어서 외국인의 지역가입 의무화 여부, 최소 체류 기간, 보험료의 합리적 산정방식에 대해 자신의 견해를 말하시오.

추가질문

• 보편적 인권이라고 했는데, 외국인에 대해 우리나라 사람보다 건강보험료를 더 많이 청구하는 것은 차별이 아닌가?
• 의무가입에 반대했는데, 그럼 임의가입이 맞는가 아니면 외국인은 아예 가입을 받지 않는 것이 맞는가?
• 의무화시키는 것이 재정건전성을 위해서는 더 괜찮은 건 아닌지?
• 악용하는 외국인들도 있지만 이용하지 않는 외국인들도 있는데, 이들에 대해서는 어떻게 해야 하는가?

2020 학년도 기출문제

[서면면접] 다음 제시문을 읽고 문제에 답하시오.

[제시문 1]
일본 홋카이도 국립대학교에는 오래전부터 조성된 녹지대가 있으며, 이 녹지대는 생태적으로도 중요한 가치를 지니고 있고 지역 주민들도 산책로로 애용하며 소중히 여기고 있다. 이 녹지대는 A대학교의 전신인 농업학교를 세운 외국인들이 캐나다에서 들여온 포플러나무를 심어 조성한 곳으로, 100년 이상 가꾸어 현재의 울창한 녹지대가 형성된 것이

다. 그런데 대학 당국이 무분별하게 건물을 증설하거나 신축하는 과정에서 해당 녹지대를 훼손하였다. 이러한 녹지대 훼손은 대학 당국이 개발 과정에서 대학 구성원이나 주민들과 어떠한 상의도 하지 않고 이루어지고 있는 실정으로 대학의 일방적인 토목공사로 인해 녹지대가 감소하는 '공유지의 비극'이 발생하고 있다.

문제

1. '공유지의 비극'의 의미를 설명하시오.
2. 위 사례의 해결 방안은 무엇인가?
3. '공유지의 비극'의 다른 사례를 들고 해결 방안을 제시하시오.

[서면면접] 다음 제시문을 읽고 문제에 답하시오.

[제시문 2]
홋카이도 국립대학 캠퍼스에는 남북으로 길게 뻗은 가로수길이 있고, 가로수길 좌우에는 60년 이상 된 포플러나무가 늘어서 있어 아름다운 분위기를 자아낸다. 이 가로수길은 평일에는 차로로 이용되고, 주말에는 주민들의 산책로로 이용되고 있다. 그런데 대학 당국은 초속 32미터 이상의 강풍이 불면 포플러나무가 쓰러져 피해를 야기할 수 있고, 판례도 무과실 책임주의원칙을 취하고 있어서 강풍으로 인해 나무가 쓰러져서 보행자나 자동차에 피해가 발생할 경우 대학 당국이 손해배상책임을 지게 되므로, 포플러나무가 야기할 수 있는 문제를 사전에 차단하고자 한다. 이에 대학 당국은 가로수길에 늘어선 수령 60년 이상의 포플러나무를 전부 베어내기로 결정했고, 이러한 대학 당국의 결정에 대해 지역주민들이 반발하고 있는 상황이다.

문제

1. '무과실 책임주의의 역설'의 의미를 설명하세요.
2. '무과실 책임주의의 역설'이 발생할 수 있는 다른 사례를 들어 보세요.
3. 녹지대를 지키기 위한 대학 구성원 및 지역 주민 위원회가 설립되었으며, 이 위원회는 벌목하지 않고도 태풍피해를 막을 수 있는 방안이 있다고 주장하며 대학 당국의 일방적 행정에 대해 문제를 제기하였다. 이 사례를 해결하기 위하여 대학 당국과 주민 위원회의 해결 방안을 제시하세요.

2019 학년도 기출문제

[서면면접] 다음 제시문을 읽고 문제에 답하시오.

[제시문 1]
2018년 10월 현재 우리나라에 체류하는 체류 외국인은 약 232만 명이고, 90일을 초과하여 체류하는 등록 외국인은 122만 명이다. 이렇게 점증하는 외국인의 참정권을 확대하고 그들의 권익과 복지 증진을 위한 지방자치단체 정책과 조례를 만들어야 한다는 의견이 대두되고 있다. 현행 공직선거법은 19세 이상으로 영주 체류자격 취득 후 3년이 경과한 등록 외국인에게는 지방의회의원 및 지방자치단체의 장에 대한 선거권을 부여하고 있다. 여기서 더 나아가 오랫동안 국내에 체류하는 외국인들에게 선거권만이 아니라 피선거권도 부여해야 한다는 주장이 제기되고 있다. 일부 국가에서는 일정 요건을 충족하는 외국인들에게 이미 지방선거에서의 선거권만이 아니라 피선거권도 부여하고 있다. 이에 국회의원 A는 공직선거법을 개정하여 국내에 일정 기간 이상 체류한 외국인에게 지방의회의원으로 입후보할 수 있는 피선거권을 부여하는 내용의 공직선거법 개정안을 발의하였다. 즉, 선거일 현재 영주의 체류자격 취득 후 10년 이상 경과한 등록 외국인에게는 지방의회선거의 피선거권을 부여하는 내용의 법안이다.

영주의 체류자격 취득 후 10년 이상 경과한 외국인들에게 지방의회의원 피선거권을 부여하려는 공직선거법 개정안에 대한 본인의 의견을 제시해 보시오.

[제시문 2]
한복은 전통 복식과 패션이라는 두 가지 성격을 가지고 있다. 전통 복식으로서 한복은 1,000년 이상 조상들이 입었던 의복으로, 당시의 관습과 문화·사회적 유대와 민족애 등의 전통 및 역사성이 담겨 있다. 그러한 고유의 의복으로서 한복은 "한민족의 얼을 담고 있으며, 민족의 연대감과 긍지를 심어주는 귀중한 역할"을 한다. 이 점에서 지나치게 현대적으로 변형된 한복은 한복의 자격이 없다는 주장도 있다. 또 한복 문화라는 용어도 우리나라의 역사와 전통을 훼손하거나 왜곡하지 않고 보존하는 활동으로 제한되어야 한다는 의견도 있다. 반면 한복을 일정한 사회에서 일정한 기간에 다수가 좋아하는 유행으로 바라볼 수도 있다. 우리가 살고 있는 시대의 유행과 감각 스타일을 표현하는 것이 패션이라면, 한복이라고 해서 예외가 아니라는 것이다. 전통한복도 조상들이 생활하던 당시의 유행과 스타일을 반영한 점에서 패션이었다. 그렇다면 요즈음 사람들도 자신의 개인적 취향을 살려서 한복을 패션화할 수 있다. 전통적 특징과 스타일이 다소 희석된 현대적 한복이라도 한복으로 인정해야 한다고 주장하는 사람도 적지 않다.

한복은 우리 문화의 정체성을 대표하는 고유의 의복으로, 요즘 20~30대가 중심이 되어 한복 입고 사진 찍기 열풍을 일으키고 있다. 한복 입기는 외국인 관광객에게도 인기를 끌고 있다. 최근에는 고궁이라든가 한옥마을 등에서 한복을 입은 관광객을 자주 볼 수 있다. 한복이 국가 브랜드 문화상품이 된 것이다. 이에 따라 한복을 착용한 사람들에게는 고궁이나 한옥마을 등의 입장료를 면제해야 한다는 의견이 힘을 얻고 있다. 이때 다음과 같은 의문이 제기된다. 현대적 한복을 비롯한 모든 한복 착용자에게 혜택을 주어야 하는 것일까? 아니면 전통한복 착용자에게만 그러한 혜택을 줘야 하는가? 이것에 대한 본인의 생각은 어떠한가? 그리고 그 이유는 무엇인가?

[대면면접] 다음 제시문을 읽고 문제에 답하시오.

[제시문 1]
최근 SNS가 활성화되면서 가짜뉴스가 사회에 미치는 악영향이 커지고 있다. 가짜뉴스란 뉴스의 형태를 띠고 있지만 사실이 아닌 거짓 뉴스로, 일반적으로 상업적 또는 정치적 의도성을 가진 거짓 정보를 담고 있는 뉴스이다. 우리나라의 경우 2017년 대선 당시 문 후보에 대해서 '인민군 상좌 출신 반공포로 아들' 또는 '비자금 20조 원을 보유'했다는 가짜 뉴스가 퍼져나갔고, 이로 인해서 일반 대중들은 혼란을 겪었다. 이러한 가짜뉴스는 국민의 알권리를 침해하고 건전한 여론 형성을 저해하며, 심각한 사회적·경제적·정신적인 피해를 가져오기 때문에 반드시 근절이 필요하다.
따라서 2018년 '가짜정보 유통 방지에 관한 법률안'이 발의되었다. 웹사이트 이용자의 '가짜정보' 유통을 금지하고, 웹사이트 운영자에게 '가짜정보'가 유통되지 않게 할 의무를 갖게 하는 법률안으로, 가짜뉴스를 '정부 기관 등에서 명백하게 그 내용이 사실이 아니라고 판단한 정보' 또는 '언론보도로 오인하게 하는 내용의 정보'라고 규정하고, '가짜정보' 등 타인의 권리를 침해하는 정보를 생산한 자는 5년 이하의 징역 또는 5천만 원 이하의 벌금에 처하도록 하였다.
국무총리가 임명하는 가짜뉴스위원회를 구성하고, 위원회가 가짜뉴스 유통 방지 기본 계획을 수립함으로써 가짜뉴스 유통 방지 정책을 종합적, 체계적으로 수립하고 가짜뉴스 유통 방지에 기여하고자 한다.

가짜뉴스 유통 방지에 관한 법률 제정의 필요성과 문제점에 대해 말하시오.

우리나라의 고령화가 갈수록 심각해짐에 따라 서울시 지하철은 65세 이상 노인들의 무임승차로 인한 재정 적자가 너무나 심각하다고 발표했다. 이런 이유로 65세 이상 노인들의 무임승차 정책을 폐지해야 한다는 의견이 나오고 있다. 이러한 문제를 해결하기 위해 폐지보다는 노인 무임승차 연령을 기존 만 65세에서 만 70세로 올리는 방안에 대한 논의도 이루어지고 있다.

문제

65세 이상 노인 무임승차의 장점과 단점에 대해 말하고, 65세 이상 노인 무임승차 폐지 여부에 대해 지원자의 견해를 밝히시오.

추가질문

• 도시지역의 노인은 지하철 무임승차 복지혜택을 받고 있는 반면, 지하철이 없는 시골지역의 노인은 받을 수 있는 복지 혜택이 없는데, 이는 차별이 아닌가?

경북대학교

(1) 신입생 정량

구분	학부성적 (100점 만점)	공인영어성적 (70점 만점)	법학적성시험성적 (150점 만점)
상위 25%	99.16	69.93	135.02
상위 50%	98.67	69.72	133.66
상위 75%	98.11	69.36	132.34
평균	98.59	69.54	133.78

※ 위 정량평가 요소별 점수는 2022학년도 경북대학교 법학전문대학원 신입생 모집요강에 제시된 전형요소별 평가 반영방법에 따라 합산된 점수임

(2) 출신학부(전공) 현황

출신학과(부)	인원(명)	출신학과(부)	인원(명)
간호학과	1	사회학과	11
건설환경공학부	1	서어서문학과	2
건축학과	1	소비자아동학부	1
경영학과	21	소프트웨어학과	1
경제학과	5	수학교육과	1
공공인재학부	1	식품경제자원학과	1
관광학부	1	신학과	1
교육학과	5	심리학과	5
국사학과	1	언론정보학과	2
국제관계학과	1	언어학과	1
글로벌경제학과	1	역사교육과	1
글로벌리더학부	3	영어교육과	1
노어노문학과	1	영어영문학부	5
독어독문학과	1	자유전공학부	2
문헌정보학과	1	재료공학부	1
문화인류학과	1	전자공학부	1
물리학과	1	정치외교학과	13
미디어학부	2	중어중문학과	2
법학과	2	철학과	2
보건정책관리학부	1	한국사학과	1
불어불문학과	3	한의학과	1
사학과	1	행정학과	14

사회교육과	2	화학생명공학	1
사회복지학과	1	화학나노과학과	1
사회정의리더십	1	총합계	132명

(3) 성별 현황

성별	일반전형	특별전형	계
남자	45명	6명	51명
여자	78명	3명	81명
계	123명	9명	132명

2022학년도 입시결과

(1) 신입생 정량

구분	학부성적 (100점 만점)	공인영어성적 (70점 만점)	법학적성시험성적 (150점 만점)
상위 25%	98.88	69.93	134.83
상위 50%	98.50	69.79	133.53
상위 75%	97.87	69.43	132.14
평균	98.34	69.59	133.33

※ 위 정량평가 요소별 점수는 2022학년도 경북대학교 법학전문대학원 신입생 모집요강에 제시된 전형요소별 평가 반영방법에 따라 합산된 점수임

(2) 출신학부(전공) 현황

출신학과(부)	인원(명)	출신학과(부)	인원(명)
가정교육과	1	세무학과	2
간호학과	3	소비자아동학부	1
건축공학과	1	식품자원경제학과	1
경영학과(부)	16	신문방송학과	1
경제통상학부	4	심리학과(부)	2
경제학과(부)	12	언론정보학과	1
경찰행정학과	1	언론홍보영상학부	1
고고미술사학과	1	영어교육과	3
공공인재학부	1	영어영문학과(부)	6
관광학부	1	윤리교육과	2
교육학과	2	융합인재학과	1
글로벌리더학부	4	의류학과	1
기초학부	2	자율전공학과	1
노어노문학과	2	정책학과	4
독어교육과	2	정치외교학과(부)	9
독어독문학과	1	중어중문학과	2

미국문화	1	지리교육과	2
미디어학부	2	천마인재학부	1
미래자동차공학과	1	철학과	3
법학과	3	토목환경공학과	1
불어불문학과	1	통계학과	1
사학과	1	한국법	4
사회학과	4	한국사학과	2
산림과학조경학부	1	행정학과(부)	10
생명과학과	1	총합계	131명

(3) 성별 현황

성별	일반전형	특별전형	계
남자	61명	2명	63명
여자	61명	7명	68명
계	122명	9명	131명

면접 진행방식

면접유형	개별면접(3:1)		
준비시간	10분	면접시간	14분
답안작성	문제지에 메모하여 휴대 가능, 면접 종료 후 제출		
문제 수 및 지문분량	3문제+추가질문, A4 1−1.5장		
인성질문 유무	×		
면접특징	• 전체 대기실은 계단식 강의실 2개로, 주의사항 등을 안내받음 • 화장실은 20분에 한 번씩 조교 인솔하에 이용 가능함 • 대기시간이 최대 3~4시간이고, 개인 자료 열람 가능함 • 대기하다가 시간이 되면 12명씩 이동하여 4개 조로 나뉘어 진행됨 • 문제풀이실에 시계가 없고 구두로 5분, 1분 남았다고 알려줌 • 따로 메모할 공간이 부족하기 때문에 글씨를 작게 쓰거나 키워드 위주로 적는 게 좋음 • 면접실에 들어가면 신원확인 후 면접이 진행되고, 종료를 알리는 벨이 울리면 답변이 끝나지 않았어도 나와야 함		

[가군 면접] 다음 제시문을 읽고 문제에 답하시오.

[제시문 1]

갑과 을은 다음과 같은 실험에 참여했다. 아래 규칙은 '신뢰조건'에 해당한다.

> **Rule**
>
> **Step 1.**
> 갑에게 10만 원을 제공한 후에 갑이 을에게 자신이 가진 금액 중 일부를 을에게 주게 한다. 이때 갑은 자신의 결정에 따라 을에게 금액을 아예 안 줄 수도 있다.
>
> **Step 2.**
> 을은 갑이 자신에게 주기로 정한 금액의 3배에 해당하는 금액을 받는다. 이후 을은 갑에게 얼마를 돌려줄지 결정해야 하며, 을은 자신의 선택에 따라 아예 돌려주지 않을 수도 있다.
>
> 신뢰조건에서는 위의 실험 내용을 순서대로 진행한다.

한편, 벌금조건도 존재한다. 벌금조건에서는 을이 갑에게 돈을 주기 전에 갑이 자신이 받고 싶은 최소금액을 설정하고, 을이 그보다 낮은 금액을 돌려주면 갑은 을에게 4만 원의 벌금을 부과할 수 있는 권리를 행사할 수 있고(권리행사 여부는 갑의 선택에 달려 있음), 최소금액 이상으로 을이 갑에게 금액을 돌려주면 벌금을 부과할 수 있는 권리를 행사할 수 없다. 그리고 벌금조건의 경우에 두 가지로 나누어 실험을 진행했다. 즉, 갑이 돌려받고 싶은 최소금액을 정했지만 이에 대한 권리를 행사하지 않은 경우(을은 벌금을 내지 않아도 되며, 을이 이 사실을 알고 있음)와 갑이 최소금액을 정하고 권리행사를 한 경우(을이 이 사실을 알고 있음)로 나누어 실험을 진행했다.
신뢰조건과 벌금조건의 실험결과는 다음과 같다.

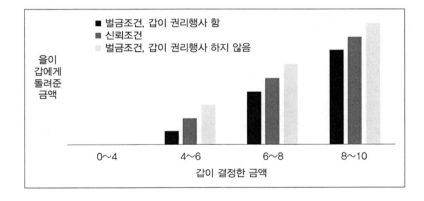

실험결과 갑이 을에게 얼마를 주기로 결정하든 '벌금조건이지만 갑이 권리를 행사하지 않은 경우'에 을이 갑에게 돌려준 금액이 가장 많았고, '벌금조건이면서 갑이 권리를 행사한 경우'가 을이 갑에게 돌려준 금액이 가장 적었다. 특히 '벌금조건이면서 갑이 권리를 행사한 경우' 갑이 5~7만 원을 주면, 을은 7만 원을 돌려주는 식으로, 갑이 적어낸 만큼의 금액을 그대로 돌려주는 특성을 보였다. 또한, 벌금조건에서 더 많은 돈을 돌려줄 것 같지만, 실제로는 아무런 조치를 취하지 않은 신뢰조건 상황에서도 호혜성에 기반해서 을이 갑에게 일정 금액을 돌려주는 특성을 보였다.

문제 1

금전적인 것으로는 두 가지 유형이 있다. 어떤 행동을 했을 때 그에 대한 상금을 주는 '양'의 요인을 제공하는 것과 어떤 행동에 대한 벌금을 부과하는 '음'의 요인을 제공하는 것이다. [제시문 1]의 그래프를 참고하여 신뢰조건과 벌금조건에서 을의 반응을 비교하여 설명하시오.

보기의 그래프를 보고 "금전적 유인"이 내재적 동기의 정도가 다른 세 집단의 임관율에 미친 영향을 설명하시오.

보기의 그래프를 바탕으로 제시문의 실험결과를 해석하시오. 그리고 어떤 사람에게 벌금조건이 유효하고, 어떤 사람에게 벌금조건이 유효하지 않은지 설명하시오.

〈보기〉
내재적 동기란 개인이 자신의 내부적인 가치, 흥미, 성취감 등에 의해 동기부여되는 것을 말한다. 즉 내재적 동기는 외부적인 보상이나 동기부여 요인에 의존하지 않고 개인이 자발적으로 목표를 달성하고 성취를 이루기 위해 노력하는 동기를 말한다. 육군사관학교 학생들의 내재적 동기는 자신이 군인이 된다는 것이다. 그리고 내재적 동기 중에 '좋은 직업을 가지고 싶어서', '좋은 평판을 얻고 싶어서' 임관하고 싶다고 생각하는 것을 도구적 동기라 할 수 있다. 육군사관학교 학생들을 임관에 대한 내재적 동기가 얼마나 강하느냐에 따라 강/중/약 세 집단으로 나눴고, 이들 집단의 도구적 동기에 따른 장교 임관율을 조사하였다.

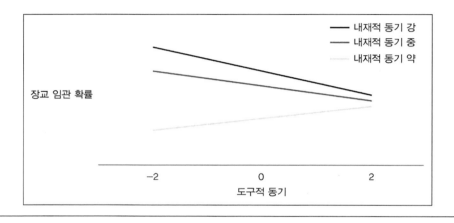

벌금을 중하게 부과하는 것이 목적 달성에 더 유리한지 본인의 생각을 말하시오.

A학생
• 현대 군인에게 내재적 동기가 있다고 생각하는지?
• 있다고 했는데, 그렇다면 왜 12·12 등과 같은 사태가 발생했는지? 이건 내재적 동기가 약하고 도구적 동기만 있는 것 아닌가?
• 조선시대는 내재적 동기가 강한 시대였을 텐데, 이런 시대에 도구적 동기는 얼마나 있었을 것이라고 생각하는가?
• 현대 사회에서 개개인별로 내재적 동기가 크다고 생각하는가 아니면 도구적 동기가 크다고 생각하는가?
• 내재적 동기가 강한 사람에게 페널티, 벌금 부과가 효과가 있을까?
• 지원자 생각에는 벌금과 인센티브 제공 중에 무엇에 방점을 두고 정책을 펼쳐야 된다고 생각하는가?
• 그럼 인센티브의 정도는 어느 정도가 적합한가?

B학생
• 법전원 지원동기에 대해 지원자의 도구적 동기와 내재적 동기를 말하고, 무엇이 더 강한지?
• 부동산 가격을 올리기 위해 주민들끼리 담합하는 경우가 있는데, 이럴 때 벌금을 부과하면 이런 담합을 방지할 수 있을까?
• 이 실험이 1cycle이 아니라 2cycles 이상이 되면 실험결과가 달라질 것으로 생각하는가?

C학생
• 신뢰가 중요하다고 했는데, 그러면 법이 필요없는가? 신뢰만 있으면 되는데, 그게 근본적인 거면 법이 왜 필요한가, 필요 없지 않나?
• 을이 이익을 계산한다고 했는데, 신뢰랑 안 맞는 포인트 아닌가?
• 법학전문대학원 진학의 내재적 동기와 도구적 동기를 구분하고, 자신은 어떤 동기로 지원하였는지 설명하라.
• 우리 사회의 신뢰를 어떻게 파악할 수 있는가?

[나군 면접] 다음 제시문을 읽고 문제에 답하시오.

[제시문 1]
속도위반으로 인해 크고 작은 교통사고가 빈발하고 있는 A시에서는 교통사고를 줄이기 위한 방책으로 벌금액수와 적발 확률 조정 문제에 대해 논의하고 있다.

[제시문 2]
우리 현실에서 범죄가 발생하면 처벌해야 하고, 강하게 처벌할수록 좋다는 생각이 만연해 있다. 하지만 전문가들은 이를 일종의 악순환이라고 표현한다. 물론 처벌은 필요하지만, 형벌을 더 강하게 부과한다고 해서 범죄율이 낮아지는 것은 아니기 때문이다. 즉, 강한 형벌은 강한 인상을 주지만 그 인상은 어디까지나 일시적일 뿐 법 자체에 대한 내재적 모순을 발생시키며 사회 전체의 분위기를 험악하게 만들어 오히려 범죄율을 높일 수 있다. 최근에 형벌정책을 보면 법정형을 높이는 데 주력하고 있다. 그러나 범죄의 예방을 위해서는 법정형을 높이는 것보다 처벌가능성을 높이는 것이 더 중요하다. "옛날에는 5년 들어갔는데 요즘에는 10년 들어간다더라"는 인식보다는 "옛날에는 잡히지 않았는데 요즘은 잡힌다더라"라는 인식의 확산이 범죄 예방에 더욱 효과적일 것이다.

[제시문 3]
사람들은 이익을 추구하는 상황에서는 확실한 이익을 선호하는 반면, 손해를 볼 때에는 불확실한 손해를 선호한다. 100% 확률로 확실하게 5만 원을 잃는 경우와 25%의 확률로 20만 원을 잃고 75%의 확률로 아무것도 잃지 않은 경우 개인차는 있을 수 있으나 대부분의 연구나 인터뷰에서 평균적으로 80%의 사람들이 후자를 선택한다. 그 이유는 사람들이 확실한 손실을 감수해야 하는 전자의 상황보다는 더 모험적이기는 하지만 후자의 상황을 더 선호하기 때문이다. 확실한 손해를 감수하는 것이 싫기 때문에 오히려 자칫 잘못하면 큰 손해를 입을 수 있는 모험을 한다는 것이다. 이러한 현상이 인지심리학 분야의 대표적인 이론인 전망이론의 핵심 현상 중 하나이다.

[제시문 4]
A시는 다음과 같이 정책별로 적발확률 및 부과 벌금액수를 정하여 가장 바람직한 정책을 선택하기 위해 논의 중에 있다.

구분	정책 1	정책 2	정책 3	정책 4	정책 5
적발확률	80%	50%	40%	25%	15%
벌금액수	12.500원	20,000원	20,000원	40,000원	80,000원

문제

1. 정책 1, 2, 4 중 가장 효과적일 것 같은 정책은?
2. 가장 비용이 적게 발생하는 정책은?
3. 정책 1과 5 중 더 효과적인 것은?
4. 지원자가 A시의 정책 담당자라면 어떤 정책을 시행할 것인가?

추가질문

• 시청의 예산 담당자를 설득할 근거는?
• 보험회사의 입장이라면 어떤 정책을 선택하겠는가?

인성질문

• 어떤 법조인이 되고 싶은가?
• 비윤리적인 사건을 변호사로서 수임해야 하는가?

[가군 면접] 다음 제시문을 읽고 문제에 답하시오.

[제시문 1]

12월 한 달간 검찰에 접수된 고소·고발 건수가 5만 건을 넘어 11년 만에 최대를 기록한 것은 우리 사회가 얼마나 '불신의 늪'에 빠져 있는지를 극명하게 보여준다. 한국은 원래 고소·고발이 많은 나라다. 연평균 50만 건의 고소·고발은 이웃 일본과 비교하면 40배를 넘는 수준이다. 그중 사기·위증·무고 등으로 기소된 사람은 인구 대비 일본의 100배 이상이란 통계도 있다. 일본은 한국에 비해 고소·고발 절차가 무척 까다롭다는 점을 감안하더라도 우리 사회가 얼마나 고소·고발을 남발하는지 알 수 있다. 개인 간의 중재나 손해배상 등 민사소송으로 해결할 문제도 일단 고소·고발을 통해 상대방을 형벌로 응징하려는 경우가 허다하다. 그만큼 불신이 깊기 때문이란 분석이 많다.

[제시문 2]

사회 부문별 신뢰도 조사 결과에 따르면, 우리 사회 전반에 대해 신뢰한다는 응답자는 32.3%에 불과했다. 가장 신뢰도가 높은 교육계·교사·교수 부문의 신뢰도는 52.9%였으며, 이어 공직계·공무원(37.2%), 종교계·종교인(35.9%), 언론계·기자(35.5%), 법조계·판검사·변호사(34.0%) 순으로 나타났다. 경제계·기업인(17.9%), 정치계·정치인(6.9%) 부문의 신뢰도는 사회 전반에 대한 신뢰도보다 훨씬 낮았다.

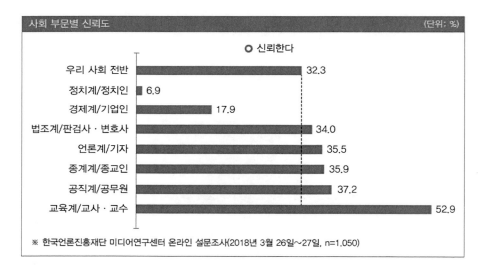

[제시문 3]

국민의 법원에 대한 신뢰도가 100점 만점에 60점 수준이며, 신뢰도를 높이는 재판의 공정성에 관한 일반국민의 우려가 심각한 것으로 나타났다. 또한 사법절차에 대한 이해도가 낮아 법원·재판에 대한 신뢰와 함께 이를 재고할 필요가 있다는 사법부 자체의 진단이 나왔다.

먼저 재판에 관한 인식과 관련해, 일반국민과 재판경험자로 구분해 재판절차 및 결과의 공정성에 관한 인식, 재판절차의 중요성에 관한 인식, 재판절차 자체에 대한 문제 인식 및 법원에 대한 신뢰도 등을 분석했다.

올 봄에 발표된 OECD '한눈에 보는 사법' 보고서에 따르면, 우리나라 법원뿐만 아니라 수사기관과 형집행기관까지 포함한 사법제도에 관한 일반국민 신뢰도 조사에서 그 신뢰도는 27%로 나왔다.

이번 사법정책연구원에서 진행한 법원만을 대상으로 한 신뢰도 조사에서 일반국민의 법원 신뢰도는 60.8점을 나타냈다. 일반국민의 법원 신뢰도는 OECD 사법제도 및 법원 신뢰도에 비해 높으나, 여전히 국민의 신뢰를 받기 위한 노력이 필요한 상황인 것이다.

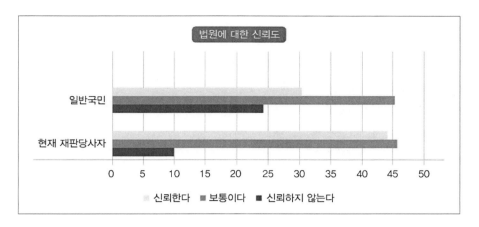

일반국민의 24.3%가 법원을 신뢰하지 않는 편이라고 답한 반면에, 재판을 경험한 국민은 10%만이 법원을 신뢰하지 않는 편이라고 답했다. 이는 구체적 재판 경험이 법원의 신뢰도를 높이는 역할을 한 것으로 평가된다. 반면, 재판을 방청하거나 참여한 경험이 가장 적은 20대가 재판에 관한 인식이 부정적으로 나타났다.

재판의 공정성과 관련해서는, 일반국민의 29.74%가 재판이 공정하지 않은 편이라고 답한 반면에, 재판을 경험한 국민은 8.3%만이 재판이 공정하지 않은 편이라고 답했다. 이같은 결과를 두고 연구원은 "일반국민의 막연한 재판의 공정성에 관한 우려가 심각한 것으로 나타난 것"이라고 진단했다.

재판경험자는 실제 참여한 재판이 공정하다고 느낀 이유로 '실제의 사실관계 또는 법리에 부합하는 재판결과'(69.1%)를 꼽았고, 다음으로 '공정한 재판절차의 진행'(17.0%)을 꼽았다. 올바른 재판결과와 재판절차의 공정성이 재판을 공정하다고 인식시키고 있는 것으로 나타났다.

문제

1. [제시문 1]과 [제시문 2]의 상관관계, 그 이유를 설명하시오.
2. [제시문 1]과 [제시문 3]의 상관관계, 그 이유를 설명하시오.
3. [제시문 1]의 내용을 완화하는 방안을 제시하시오.

[나군 면접] 다음 제시문을 읽고 문제에 답하시오.

[제시문]
최근 자전거 헬멧 착용 의무화 법안이 통과되면서 자전거 이용 시 인명보호장구를 착용하지 않으면 20만 원 이하의 벌금형에 처해진다. 그러나 이 법안에 대해 다양한 의견이 제기되었다.
(가) 개인의 의사결정은 존중되어야 한다.
(나) 개인의 의사결정이라고 해도 사회적으로 바람직하지 않을 경우, 국가가 개인의 의사를 대체할 수 있다.
(다) 개인의 의사결정이 사회적으로 부정적인 결과를 초래할 경우, 국가의 개입이 정당화된다. 다만, 개인의 결정이 국가의 결정으로 대체되거나 강제될 수는 없다.

문제

1. 각 관점에 따라 도로교통법 개정안을 평가하시오.
2. 위 세 가지 관점 중 가장 타당하다고 생각하는 관점을 고르고, 그 이유를 제시하시오.

[가군 면접] 다음 제시문을 읽고 문제에 답하시오.

[제시문 1]
항해하던 배가 예기치 않은 사고로 난파되었고, 탈출에 성공한 선원 A, B, C, D가 구명보트를 타고 바다에 표류하게 되었다. 표류 18일 만에 음식이 떨어져 선원들이 굶어죽게 되자, A와 B가 공모하여 고아인 D를 살해하여 식육하였다. C는 처음에는 거절했으나 생존을 위해 결과적으로 식육하였다. 표류 24일 만에 구조된 후, C는 자신이 생존을 위해 인육을 먹었다고 자백했고, 이들의 행위가 알려지자 사회적으로 큰 파장이 일었다. A, B, C는 부양할 가족이 있었지만, D는 고아였다.

[제시문 2]
코로나19로 인해 환자의 수가 급증하였고, 현재 병원에서 중증환자에게 사용할 산소호흡기 수는 제한적인 상황이다. A병원은 치료양보카드를 노인들에게 배부하여 노인이 원한다면 위급상황 시 회복 가능성이 더 큰 청년들에게 우선적으로 치료를 할 수 있도록 양보하겠다는 서명을 할 수 있게 하였다.

[제시문 3]
피치 못할 사고발생 시 자율주행자동차는 누구의 생명을 더 우선시해야 되는지에 대해 A, B, C국은 각국 국민의 의견을 조사했고, 그 결과는 다음과 같았다.
A국: 다수를 구해야 한다는 응답이 가장 낮았다. 노인보다 젊은이를, 남성보다 여성을 우선적으로 구해야 한다는 응답이 많았다.
B국: 다수를 구해야 한다는 응답이 많았다. 노인을 우선 구해야 하며, 여성보다 남성을 구해야 한다는 응답이 많았다.
C국: 다수를 구해야 한다.

문제

1. [제시문 1]의 상황과 같이 위급상황의 경우 타인을 살해하고 식인하는 행위가 정당화될 수 있는가?
   미요넷호사건
   영국선 미뇨넷호가 희망봉 앞바다에서 난파하여, 표류 18일 만에 음식이 떨어져 선원들이 굶어죽게 되자, 소년선원을 죽여 그 고기를 먹고 살아 남아 표류 24일 만에 독일 선박에 의해 구조되었다. 귀국 후 이 사건은 영국에서 재판을 받고 모살(謀殺)로 사형선고를 받았으나, 특사(特赦)에 의하여 6월징역으로 감형되었다.
2. [제시문 2]에서 A병원이 노인들에게 치료양보카드에 서명을 권유하는 행위는 정당한가?
3. A, B, C국 국민의 윤리적 판단기준의 차이는 무엇인가?

[나군 면접] 다음 제시문을 읽고 문제에 답하시오.

[제시문]
간성은 생식기, 성호르몬, 염색체 구조 등이 남성과 여성의 이분법적 구분에 들어맞지 않는 사람들을 가리키는 생물학적 용어이다. 즉, 외부 생식기 형태만으로 성별을 판정하기 어려운 경우 또는 하나의 몸에 남녀의 성기가 동시에 존재하는 경우를 말한다. 이들은 완전한 남성이나 여성이 아닌 둘 다의 성질을 띠고, 자라면서 한쪽으로 외형이 발달하는 양상을 보인다.
간성은 개인의 성적 지향이나 성 정체성과는 구분되는 생물학적 특징에 대한 개념이다. 생물학적으로 여자는 XX, 남자는 XY 염색체를 갖고 있지만 간성은 약 30여 가지의 유전적 변이를 갖고 있는 경우가 많다. 예컨대 성염색체 관련 증후군으로는 남성에게 주로 나타나는 클라인펠터증후군과 여성에게 주로 나타나는 터너증후군을 들 수 있다.
클라인펠터증후군은 2개 이상의 X염색체와 적어도 1개 이상의 Y염색체를 가진 경우를 말한다. 이는 성염색체의 개수가 다르기 때문에 감수분열이 제대로 진행되지 않아 불임, 성호르몬 이상, 여성형 유방증, 지능 저하 등의 증상이 나타난다. 터너증후군은 성염색체 XX 중 한 개가 완전히 소실되거나 부분적으로 소실되어 생기는 질환이다. 생존에 필요한 모든 염색체는 가졌기 때문에 생명에 지장은 없지만, 성염색체 한 개가 문제가 있기 때문에 불임, 저신장, 성장

장애 등이 나타날 수 있다. 한편, 현재 정부 공식문서에서 '제3의 성'을 인정하는 국가로는 독일, 캐나다, 호주, 뉴질랜드, 인도, 파키스탄, 방글라데시, 네팔, 몰타, 미국(캘리포니아·뉴욕 등 일부 주) 등이 있다.[3]

상황 1) 간성인 아이는 자신의 의사와 상관없이 부모님의 결정에 의해 남성 혹은 여성으로 바꾸는 수술을 당하는 경우가 굉장히 많다.

상황 2) 캐스터 세메냐는 남아프리카공화국의 여자 육상선수로 2012년과 2016년 올림픽 금메달리스트이기도 하다. 그런데 테스토스테론(남성 호르몬) 수치가 높아 검사를 해보니 이 여자 육상선수는 간성이었고, 따라서 여자육상대회 참가 가능 여부가 문제가 되었다. 그런데 성소수자 차별 논란이 거세지자, 육상대회 주최 측에서는 성별이 아니라 테스토스테론 농도를 기준으로 출전 여부를 결정하였다. 하지만 캐스터 세메냐는 호르몬 조절 약물 투약을 거부하였고 결국 대회 참가가 좌절되었다.

상황 3) 호주에서는 간성을 또 다른 성별로 인정하고 있다. 또한 다른 법률상 지위도 인정되어 남성 또는 여성 중 하나를 선택하지 않더라도 사회적으로 삶을 지속해나갈 수 있다.

문제

1. 우리 사회에서 제도적 관습적 측면에서 성별은 어떤 기능을 하는가?
2. 간성을 또 다른 하나의 성별로 인정해야 하는지, 인정하지 말아야 하는지에 대한 본인의 견해를 설명하시오
3. 상황 2에서 캐스터 세메냐의 대회 출전과 관련해서 대회 주최 측이 내린 결정은 타당한가?
4. 간성을 또 다른 하나의 성으로 인정하는 사회에서 간성인 사람이 남성 혹은 여성으로 성별을 정하고자 한다면 이를 받아들여야 하는가?

2020 학년도 기출문제

[가군 면접] 다음 제시문을 읽고 문제에 답하시오.

[제시문]
국제투명성기구(TI)는 매년 국가별 청렴도 순위를 발표하고 있다. 다음의 표는 최근 8년간 우리나라의 부패인식지수를 국가별로 비교하여 순위를 나타낸 것이다.

▌대한민국의 부패인식지수 및 국가경쟁력 순위

연도	2011년	2012년	2013년	2014년	2015년	2016년	2017년	2018년
전체	34/183	45/176	46/177	44/175	43/168	52/176	29/180	45/180
OECD	27/34	27/34	27/34	27/34	28/34	29/35	29/35	30/36
국가경쟁력	24	19	25	26	26	26	26	15

설문조사 결과를 살펴보면, 우리나라의 부패인식지수 및 국가경쟁력 순위는 전반적으로 해년마다 큰 변동이 없음을 알 수 있다.

다만, 국제투명성기구에서 아시아태평양지역 16개국을 대상으로 '공공서비스 이용 시 뇌물을 준 경험이 있는가?'라는 질문을 했는데 대한민국의 경우 응답자의 3%가 '그렇다'고 대답했지만, '공공서비스 뇌물 범죄에 대한 정부의 대처가 적절한가?'라는 질문에 대해 응답자의 55%가 '그렇지 않다'고 대답했다. 인도의 경우 '공공서비스 이용 시 뇌물을 준 경험이 있는가?'라는 질문에 대해 응답자의 60%가 '그렇다'고 대답했지만, '공공서비스 뇌물 범죄에 대한 정부의 대처가 적절한가?'라는 질문에 대해 응답자의 25%가 '그렇지 않다'고 대답했다.

---

3 시사상식사전, pmg 지식엔진연구소.

1. 청렴도에 있어서 우리나라의 순위가 큰 변동이 없다. 그 이유는 무엇이라고 생각하는가?
2. 인도를 비롯한 국가들과 우리나라의 설문 결과가 반대로 나온다. 그 이유는 무엇이라고 생각하는가? 그리고 수치가 우리나라의 상황을 잘 반영하고 있다고 생각하는가?
3. 부패방지법, 청탁금지법 등의 입법이 있었는데 우리나라의 청렴도가 개선되고 있는가? 일상생활에서 예시를 하나 들어볼 수 있는가? 앞으로 나아가야 할 방향은 무엇이라고 생각하는가?

[나군 면접] 다음 제시문을 읽고 문제에 답하시오.

[제시문]
(가) A기업은 암 치료제 개발을 위해 원숭이를 대상으로 동물실험을 실시하였다. 원숭이에게 인위적으로 방사능을 노출시켜 암을 발병시켰고, 이후에 치료제를 투여하여 실험을 진행하였으며, 성능을 인정받은 치료제는 비싼 가격에 판매되었다.
(나) B국가는 원인을 알 수 없는 전염병이 퍼지고 하루에도 수백 명이 죽어가고 있는 상황이 발생하자 국가 비상사태를 선포하였다. 전염병 치료제를 신속하게 개발하기 위해 사형 집행일이 얼마 남지 않은 사형수에게 독감예방주사라고 속이고 병균을 투여하여 실험을 진행하였고, 성능이 좋은 치료제를 개발하여 전염병을 막았다.
(다) C병원은 난소암 치료제를 개발하기 위해서 줄기세포를 연구 중이다. 이 병원은 불임치료를 받고 있는 부부에게 일부의 난자는 줄기세포 실험에 사용해도 된다는 동의를 얻어 환자의 난자를 채취하였다. 그러나 좋은 질의 난자는 줄기세포 연구에 이용하고, 상대적으로 질이 낮은 난자는 불임치료에 이용하였다.

문제

1. 제시문 (가), (나), (다)의 공통점과 차이점을 제시하시오.
2. 제시문 (가), (나), (다)의 정당성 여부와 그 이유를 논하시오.

2019 학년도 기출문제

[가군 면접] 다음 제시문을 읽고 문제에 답하시오.

[통합 제시문]
4차 산업혁명은 인공지능, 사물인터넷, 빅데이터, 모바일 등의 첨단 정보통신기술이 경제·사회 전반에 융합되어 혁신적인 변화가 나타나는 차세대 산업혁명이다. 인공지능(AI), 사물 인터넷(IoT), 클라우드 컴퓨팅, 빅데이터, 모바일 등 지능정보기술이 기존 산업과 서비스에 융합되거나 3D 프린팅, 로봇공학, 생명공학, 나노기술 등 여러 분야의 신기술과 결합되어 실세계 모든 제품·서비스를 네트워크로 연결하고 사물을 지능화한다. 제4차 산업혁명은 초연결과 초지능을 특징으로 하기 때문에 기존 산업혁명에 비해 더 넓은 범위에 더 빠른 속도로 크게 영향을 끼친다.

제시문 (가)
최근 급격한 방송 기술의 발전은 유튜브와 아프리카 등의 미디어 플랫폼을 통한 개인 방송을 확대시켰다. 즉, 1인 미디어가 활성화되고 있는 것이다.

문제

방송 기술의 발전과 개인의 활동이 늘어나는 것이 우리 사회에 미칠 긍정적 영향과 부정적 영향을 말하고, 그것에 대한 자신의 생각을 말해 보시오.

제시문 (나)
생명공학과 의학의 발전은 트랜스휴먼에 대해 주목하게 만들었다. 트랜스휴먼은 몸 속의 일부를 과학기술을 이용해 변환하거나, 몸속에 전자기술 등을 삽입하여, 인간과 닮았지만 인간보다 뛰어난 능력을 획득한 사람을 말한다. 따라서 트랜스휴먼과 함께 기존의 인간의 본성에 관해서도 다시 고려해야 한다는 이야기가 나오고 있다.

문제

생명공학과 유전공학의 발전이 우리 사회에 미칠 긍정적 측면과 부정적 측면을 말하고, 그것에 대한 자신의 생각을 말해 보시오.

제시문 (다)
스포츠에서 축구뿐만이 아니라 야구에서도 빅데이터의 활용이 늘어나고 있다. 감독의 전술에서도 빅데이터를 활용해서 전략을 세우고, 선수를 구성한다. 운동선수의 신발 깔창 밑에 마이크로센서를 삽입하여 선수의 모든 움직임을 추적하고 이를 분석하는 기술이 대표적이다. 축구화에 마이크로 칩을 삽입하면 선수의 이동 속도, 이동 거리, 발걸음 수, 매 초당 속도, 매 5초당 최고 속도, 전력을 다해 뛴 횟수, 걸어간 횟수, 고강도로 뛴 거리 등 선수의 활동에 관한 모든 정보를 얻을 수 있다. 그리고 이와 같은 정보, 즉 각자의 스피드, 이동 거리, 활동도, 이동궤적 등을 토대로 팀플레이를 정확하게 분석할 수 있다. 이 데이터는 팀플레이를 위한 작전 수립 그리고 선수교체 결정의 자료로도 활용된다.

문제

빅데이터가 이처럼 스포츠에 활용되는 것이 우리 사회에 가져올 긍정적 측면과 부정적 측면을 말하고, 그것에 대한 자신의 생각을 말해 보시오.

[나군 면접] 다음 제시문을 읽고 문제에 답하시오.

문제 1

지문 1과 지문 2를 읽고 '빈곤' 개념의 차이를 설명하고, 지원자가 생각하는 '빈곤' 개념에 대해 말해 보시오.

〈지문 1〉
빈곤이란 재화의 부족이나 결여를 나타내는 경제적 상태로, 빈곤의 여부는 절대적 기준인 소득에 근거한 경제적인 소득분위로 판단하는 것이 옳다.

〈지문 2〉
빈곤이란 의식주, 보건 의료, 교육 등과 관련된 생활필수품이 일정 수준에 미치지 못해 생활이 어려운 상태를 말한다. 즉, 빈곤을 정의하는 데 절대적 기준인 소득뿐만 아니라 사회적·문화적인 복합적인 요소들을 모두 고려하여 판단해야 한다.

문제 2

제시된 한국의 연도별 소득 통계를 참조하여 한국 사회의 불평등이 심화되는지 여부를 판단하시오.

┃ 표 1 소득 5분위 배율
(단위: 배, 배p)

구분		'06년	'07년	'08년	'09년	'10년	'11년	'12년	'13년	'14년	'15년	'16년
전체	시 장 소 득	6.65	7.09	7.38	7.70	7.74	7.86	7.51	7.59	8.08	8.24	9.32
	처분가능소득	5.38	5.60	5.71	5.75	5.66	5.73	5.54	5.43	5.41	5.11	5.45
	정부정책효과	1.27	1.49	1.67	1.95	2.08	2.13	1.97	2.16	2.67	3.13	3.87

※ 소득 5분위 배율=상위 20% 계층의 소득 / 하위 20% 계층의 소득
※ 정부정책효과=시장소득－처분가능소득

┃ 표 2 상대적 빈곤율

(단위: %, %p)

구분		'06년	'07년	'08년	'09년	'10년	'11년	'12년	'13년	'14년	'15년	'16년
전체	시 장 소 득	16.6	17.3	17.5	18.1	18.0	18.3	17.6	17.8	17.9	18.6	19.5
	처분가능소득	14.3	14.8	15.2	15.3	14.9	15.2	14.6	14.6	14.4	13.8	14.7
	정부정책효과	2.3	2.5	2.3	2.8	3.1	3.1	3.0	3.2	3.5	4.8	4.8

※ 상대적 빈곤율: 중위소득* 50% 이하인 계층이 전체 인구에서 차지하는 비율
※ 중위소득: 우리나라 인구를 소득 순으로 나열했을 때 제일 가운데 위치한 사람의 소득

┃ 표 3 처분가능소득 5분위별 평균소득

(단위: 천 원)

구분	전체가구						도시가구(도시 2인 이상)					
	전체	1분위	2분위	3분위	4분위	5분위	전체	1분위	2분위	3분위	4분위	5분위
2006	1,467	512	980	1,334	1,751	2,754	1,529	600	1,053	1,398	1,816	2,776
2007	1,542	524	1,019	1,393	1,839	2,932	1,616	616	1,103	1,469	1,906	2,983
2008	1,614	541	1,069	1,450	1,919	3,089	1,710	650	1,165	1,546	2,014	3,174
2009	1,632	541	1,077	1,480	1,951	3,109	1,703	634	1,159	1,554	2,019	3,148
2010	1,729	578	1,163	1,573	2,057	3,271	1,801	684	1,251	1,646	2,124	3,299
2011	1,824	604	1,226	1,667	2,165	3,458	1,918	728	1,336	1,756	2,252	3,514
2012	1,936	655	1,304	1,773	2,320	3,628	2,037	791	1,420	1,873	2,405	3,693
2013	1,986	678	1,352	1,831	2,384	3,681	2,088	822	1,467	1,931	2,469	3,747
2014	2,051	705	1,400	1,880	2,452	3,817	2,160	878	1,522	1,980	2,537	3,880
2015	2,099	756	1,452	1,937	2,484	3,865	2,203	931	1,579	2,035	2,562	3,907
2016	2,128	729	1,452	1,955	2,530	3,972	2,238	903	1,581	2,055	2,617	4,029

문제 3

지문 3과 지문 4에 제시된 빈곤의 원인에 대한 인식 차이를 설명하고, 그러한 인식 차이가 비롯된 이유를 설명해 보시오.

〈지문 3〉
빈곤은 개인의 노력 부족에서 비롯된다. 그렇기 때문에 개인의 노력으로 극복이 가능하다.

〈지문 4〉
빈곤은 개인의 노력이 아니라 사회전체와 관련이 있다. 청년들이 노력하지 않아서 청년실업률이 높다고 할 수 없는 것처럼 빈곤은 사회구조적 문제이다.

문제 4

빈곤문제를 해결하기 위해 국가가 적극적으로 개입해야 한다는 주장과 소극적으로 개입해야 한다는 주장이 있는데, 이러한 두 주장에 대해 지원자의 입장을 선택하고 그 근거를 제시하시오.

경희대학교

(1) 신입생 정량

구분	법학적성시험 성적	학부성적 (백분위점수 기준)
상위 25%	139.2	94.7
상위 50%	134.2	92.9
상위 75%	132.0	91.3
평균	135.0	92.9

※ 최종 등록자의 법학적성시험 환산점수 및 학부성적 백분위점수를 기준으로 상위 25%, 50%, 75%에 해당하는 성적을 작성함
※ 영어성적은 P/F 평가로 기준 점수 이상을 통과하면 전형총점에 반영하는 요소가 아니므로 수험생별 영어성적은 별도 관리하고 있지 않음

(2) 출신학과(전공) 현황

구분	법학계열	공학계열	사범계열	사회계열	약학계열	인문계열	자연계열
인원(명)	7	5	2	34	1	13	4

(3) 성별 현황

구분	남자	여자	계
인원(명)	43명	23명	66명

(4) 연령별 현황

구분	21~24세	25~27세	28~30세	31~35세	합계
인원	20명	31명	11명	4명	66명
비율	30.3%	46.9%	16.7%	6.1%	100%

(5) 자교/타교 현황

구분	자교	타교	합계
인원	8명	58명	66명
비율	12.1%	87.9%	100%

(1) 신입생 정량

구분	법학적성시험 성적 (환산점수 기준)	학부성적 (백분위점수 기준)
상위 25%	92.0	95.1
상위 50%	90.42	96.3
상위 75%	89.98	91.7
평균	90.43	93.36

※ 최종 등록자의 법학적성시험 환산점수 및 학부성적 백분위점수를 기준으로 상위 25%, 50%, 75%에 해당하는 성적을 작성함
※ 영어성적은 P/F 평가로 기준 점수 이상을 통과하면 전형총점에 반영하는 요소가 아니므로 수험생별 영어성적은 별도 관리하고 있지 않음

(2) 출신학과(전공) 현황

구분	법학계열	공학계열	사범계열	사회계열	상경계열	인문계열	자연계열
인원(명)	5	4	4	23	17	7	3

(3) 성별 현황

구분	남자	여자	계
인원(명)	43명	20명	63명

면접 진행방식

면접유형	개별면접(3:1)		
준비시간	10분	면접시간	15분
답안작성	메모지 제공하며, 휴대 가능함		
문제 수 및 지문분량	1주제 2문제, A4 2장		
인성질문 유무	✕		
면접특징	• 대기장소에서 기다리면 끝자리 번호대로 문제풀이 장소로 이동함 • 대기시간이 최대 3~4시간 정도이고, 개인 자료 열람 가능함 • 화장실로 이동 시 진행요원이 동행함 • 문제풀이 후 면접실로 이동함 • 최초 발언 후 2~3개의 추가질문 있고, 교수가 반박, 재반박하면서 면접이 진행됨 • 지원자는 압박 면접 분위기라고 느낄 수 있음		

2023 학년도 기출문제

다음 제시문을 읽고 문제에 답하시오.

[제시문 1]
과학은 관찰 불가능한 이론을 밝혀내며 발전해왔다. 뉴턴역학에서는 증명하지 못했던 수성의 근일점 이동을 일반상대성이론으로 설명할 수 있었다. 이렇게 과학은 예측력을 강화하는 방향으로 발전하며 실제에 접근하고 진리에 가까워지고 있다.

[제시문 2]
가설이나 이론은 관찰이나 실험에 의해 지속적으로 확인을 받으면서 더 우수한 가설이나 이론으로 대체된다. 즉 과학의 발전은 새로운 관찰결과에 더 부합하는 이론으로 대체되면서 진보한다.

[제시문 3]
심리학자 갑은 마음의 이론을 연구해 이를 적용한 로봇을 로봇공학자인 을과 함께 만들었다. 마음의 이론을 적용한 로봇으로 시뮬레이션을 한 결과 로봇은 외부의 자극에 대해 실제 사람과 거의 동일한 반응을 나타냈다.

문제

1) 제시문 1과 2를 비교해서 요약, 설명하시오.
2) 제시문 3의 상황이 제시문 1과 2 중 어느 입장에 더 유리한지 설명하고, 지원자의 입장은 어느 쪽인지, 또한 반대 입장에서는 어떤 반박을 제시할지 말하시오.

2022 학년도 기출문제

다음 제시문을 읽고 문제에 답하시오.

[제시문 A]
칸트(I. Kant)의 형식주의 윤리학에 대한 강력한 비판자로 유명한 셸러(M. Scheler)는 인간 본성과 연관해서 연대(solidarity)를 윤리학의 중요한 주제로 부각시키고 있다. 그는 "모든 인격 영역 전체의 도덕적 치유를 위한 각 인격의 근원적인 공동책임에 관한 이론(연대원칙)"을 전개하였다는 점에서 '연대주의'(solidarism)의 대변자로 평가되기도 한다. 그는 개인에게 인격이 있듯이 집단에는 총체인격(總體人格)이 있으며 이에 속해 있는 구성원들은 공통으로 소유하는 도덕적 자아가 있고 이런 총인격체에 상응해서 행동한다고 했다. 그에 따르면 '공동체로의 지향'이 개별 인격에 "본질적인 작용 그 자체의 본성과 함께 주어지기 때문에" 개별 인격과, 총인격체로서의 공동체는 '동근원적'(同根原的)이라고 할 수 있다. 도덕적 주체로서 개인은 동시에 '공동활동자', '더불어 사는 인간', '공동책임자'로서 존재한다는 것이다.
출처: 최성환(2010)

[제시문 B]
나의 세대는 2차 세계대전 직후 독일에서 태어나 공포의 1950년대를 통과했다. 우리는 독일의 1968년 혁명을 사회의 제약과 위선, 상실로부터 탈출할 기회라 보았고 이를 통해 운명을 개척할 수 있다고 믿었다. 이 시대 초기에 우리는 자유와 자율성에는 대가가 따른다는 사실을 깨닫지 못했다. 이 모든 행동의 자기 책임성이 증가하면서 삶의 위험성도 역시 필연적으로 증가했다. 그러나 우리는 과거 믿을 만한 기반과 방향성, 정당성을 부여해준 구속적 지식과 의심할 수 없었던 규범과 가치에 더 이상 의존할 수 없었다. 실패하더라도 그 책임은 타인이나 사회의 몫이 아니다. 다른 길을 선택할 수도 있었기 때문이다.
출처: Ernst-Dieter Lantermann(이덕임 역)(2019)

[제시문 C]
소비자주권(consumer sovereignty)이라는 용어는 1936년 허트(W. Hutt)가 처음으로 사용했다. 허트는 민주사회에서 국민들이 정치적 주권을 가지고 있듯이 시장경제에서는 소비자들이 경제적 주권을 가지고 있다는 의미로 소비자주권이라는 용어를 사용했다. 민주정치제도에서 국민에게 투표권이 있는 것처럼 시장경제에서는 소비자에게 투표권이 있다는 것이다. 따라서 소비자주권의 개념은 시장경제에서 주어진 생산자원으로 무엇을 얼마만큼 생산할 것인가를 뜻하는 사회전체의 자원배분이 소비자들의 자유로운 선택에 의하여 최종적으로 결정되는 것을 의미한다. 소비자주권이 실현되면 사회적 후생은 자동적으로 최대가 되므로 모든 경제과정은 최종소비자의 욕망을 충족시키는 것을 그 목적으로 해야 한다.
출처: 서정희(1993)

[제시문 D]
공인은 누구인가. 애꿎은 연예인이 아니라 국민과 시민의 세금으로 월급을 받는 이들이다. 국회의원, 장관, 대통령을 비롯해 공공기관, 공공단체에서 일하는 이들은 모두 공인이다. 이들은 월급 받는 동안 공인으로서의 공적 책임을 분명히 져야 한다. 그들에게 '공공성에의 기여'와 '공공선'에 대한 질 높은 감각을 요구하는 것은 시민의 권리이며, 개인의 사적 이익 추구를 자제하고 공적 의무에 최선을 다해야 하는 것은 세금으로 월급 받는 공인의 의무다.

출처: 김선우(2016)

문제

1. 최근 '국민의 권리와 의무'라는 조항에 장애인 등을 대거 고용하는 사회적 기업, 주민 공동수익사업을 펼치는 마을단위기업, 경제적 약자들이 상호 부조하는 협동조합(이하 '사회적 기업 등'이라 약칭함)이 내놓은 상품에 대해 '모든 국민은 윤리적 소비를 위해 노력해야 한다'는 내용을 담은 법안이 국회에 제출되었다. 이 법안은 사회적 기업 등이 생산한 상품의 구매를 '윤리적 소비'로 규정하면서 국민에게 윤리적 소비를 의무화하고 있는 것이다. 이 법안에 대해 위의 제시문을 근거로 찬성 또는 반대의 입장 중 어느 하나를 선택하여 설명하시오.
2. 최근 한국의 몇몇 국회의원 가족의 부동산 투기와 관련하여 의혹이 제기되자 당해 국회의원의 의원직 사퇴를 요구하는 움직임이 나타났으며, 실제 국회가 사퇴를 승인한 경우도 있었다. 이러한 현상에 대해 위의 제시문을 근거로 찬성 또는 반대의 입장 중 어느 하나를 선택하여 설명하시오.

2021 학년도 기출문제

다음 제시문을 읽고 문제에 답하시오.

[제시문 A]
1932년부터 40년 동안 미국 정부는 앨라배마주의 터스키지에서 매독을 무료로 치료해주겠다는 광고를 보고 찾아온 흑인 매독 환자들을 대상으로 치료제를 투여하지 않은 채 이들을 관찰만 하는 실험을 수행하였다. 이 때문에 수백 명의 흑인들이 매독을 걸린 채 비참한 삶을 살게 되었으며, 이 중 28명은 매독으로 사망하였다. 게다가 터스키지의 실험결과가 발표된 후 흑인이 매독에 걸리기 쉬운 열등한 인종이라는 인종차별적 인식이 확산되기도 하였다. 1997년 당시 미국 대통령 빌 클린턴은 소위 터스키지 매독 실험 사건의 피해자와 가족들에게 공식적으로 사과하였다. 클린턴은 한 개인으로서 사과한 것이 아니라 미국 국민을 대표하는 대통령으로서 사과한 것이다. 이런 사례는 역사 속에서 드물지 않게 찾아볼 수 있다. 나치의 전쟁범죄에 대한 독일 정치 지도자들의 사과도 이러한 경우이다.

[제시문 B]
도덕적 책임에 관한 '자유주의(liberalism)'라고 불릴 수 있는 입장에 의하면 도덕적 책임을 발생시키는 주체는 오직 개인일 뿐 그 개인이 속한 집단이 될 수 없다. 개인은 스스로 자발적으로 행한 행위에 대해서만 도덕적 책임을 지는 것이다. 개인에게 부과할 수 있는 도덕적 의무가 있다면 그것은 오직 그 개인 스스로가 명시적이든 암묵적이든 자발적으로 합의한 결과여야만 한다. 그 누구도 자신의 의지로 하지 않은 일 때문에 도덕적 책임을 져서는 안 된다. 물론 우리는 동료 시민이나 조상들이 범한 악행에 대해서 같은 공동체에 속한 시민으로서 피해자들에게 유감을 표명할 수는 있다. 그러나 이러한 유감 표명에 가치를 부여한다면 그것은 오직 실용적인 이유 때문일 것이다.

[제시문 C]
도덕적 책임에 관해서 '공동체주의(communitarianism)'라고 흔히 불리는 입장에 의하면 개인이 속한 공동체도 도덕적 책임을 발생시킬 수 있다. 도덕적 주체로서 개인은 합리적 이성, 자발적 판단과 행위 능력만으로 구성된 무개성의 자아가 아니다. 각자가 가지고 있는 도덕적 주체로서의 정체성은 그가 속한 공동체의 역사와 분리될 수 없다. 한 명의 개인은 누군가의 아버지이거나, 어머니이거나, 자녀이다. 그는 또한 특정 국가의 시민이고, 이웃들과 교류하고 있다. 그리고 각자는 자신이 속한 공동체의 역사와 문화, 가치관 등을 다른 구성원들과 공유한다. 이러한 사실들은 모두 도

덕적 주체의 구체적 특수성을 규정한다. 이 때문에 각 개인은 단순히 자신이 합의한 원칙이나 스스로가 행한 행위들에 대해서만 도덕적 책임을 지는 것이 아니라, 그가 속한 공동체의 역사 속에서 이루어진 합의와 행위의 결과에 대해서도 연대 책임을 진다.

[제시문 D]
고대의 어떤 도덕 학파에서 이상적으로 여기는 한 성인(聖人)에게 누군가 다음과 같이 물었다. "만일 당신의 가족 중한 사람과 이름 모를 외국인 한 사람이 사고로 동일한 피해를 입었다고 합시다. 당신은 이들 중 한 사람만 구제할 수있습니다. 어느 쪽을 돕는 것이 도덕적으로 더 올바른 일입니까?" 성인은 말했다. "둘 다 도덕적으로 동등하게 선한 일이다. 내 가족의 고통에 대해서 내가 더 가슴 아파하고, 내 가족을 우선하여 도우려는 욕구는 자연스러운 인간의 본성이다. 그러나 그것은 도덕적인 평가의 대상이 될 수 없다." 내(화자)가 보기에 이 성인의 견해에는 도덕적으로 뭔가심각한 결함이 있는 것으로 보인다. 내 가족이나 이웃, 또는 동료 시민을 이름 모를 외국인보다 우선하지 않고 동등하게 대하는 사람이 있다면 내가 보기에 이런 사람은 마땅히 해야 할 일을 외면하고 있는 것이다.

문제

1. [A]에서 한 미국 국민이 "터스키지의 만행에 동의하거나 참여한 적도 없는데 왜 클린턴은 날 대표해서 사과를 하는가?"라고 항의하였다면, [B]와 [C]의 입장에서 이러한 항의에 대해 어떤 평가를 할 수 있는지를 설명하시오. (40점)
2. [D]에서 '성인'과 '화자' 사이에 견해가 충돌하는 원인을 설명하고, '성인'의 입장에 대한 본인의 견해를 밝혀 보시오. (60점)

추가질문

• 대통령이 모든 일에 대하여 일일이 사과할 수는 없는데, 사과를 해야 하는 기준을 제시해 보시오.
• [제시문 B]와 [제시문 C] 중 지원자는 어떤 입장에 동조하는가?
• 자유주의가 무엇이라고 생각하는가?
• [제시문 D]의 성인과 화자의 입장이 각각 [제시문 B], [제시문 C]와 어떻게 연결되는가?
• 우리나라가 일본에게 위안부 피해자에 대해 국가배상을 해 줄 것을 요구하고 있다. 일본인들은 자신이 한 일이 아닌데 지금 왜 다른 시대의 일본인에게 책임을 묻느냐고 항의한다. 이에 대해서 일본인에게 무슨 말을 할 것인가?
• 당신의 가족과 이름 모를 외국인이 위기에 처했다면 당신은 누구를 구할 것인가?
• 가족을 구하지 않았다고 해서 형사처벌을 해야 하는가?

2020 학년도 기출문제

다음 제시문을 읽고 문제에 답하시오.

[제시문 A]
도시재생사업이란 도시의 구조 변화, 경제 구조의 변화, 기타 사회의 구조 변화와 같은 요인으로 인하여 쇠락한 지역에 새로운 기능을 추가해 활력을 불어넣고, 쇠락한 지역이 다시금 자생력을 갖추게 하여 궁극적으로 쇠락한 지역을 다시 활동적인 지역으로 재생시키는 것을 목적으로 하는 사업 혹은 그 사업으로 인해 지역이 재생되는 현상 자체를 의미한다. 낙후지역 개선을 위해 기존에 많이 시행한 전면 철거 후 재개발이 부동산 가치나 거주 환경은 향상시켰으나, 정작 그 지역에 정착하여 살던 원주민들이 높은 부담금을 감당하지 못해 결국 지역을 떠나고, 이로 인해 그간 유지되었던 지역 공동체가 해체되어 결국엔 도시 거주민들의 전반적인 삶의 질을 하락시킨다는 반성에서 시작된 개념으로, 유럽에서는 쇠락한 공업지역을 중심으로 1970년대부터 시작되었다. 이러한 도시재생사업은 부동산 경기 침체 등의 문제로 유명무실해진 뉴타운 사업을 대체해 낙후된 도심의 기능을 재활시킬 수단으로 관심을 끌고 있다. 지역 특성에

따라 도시 경제 기반형 재생과 근린형 재생 2가지로 구분돼 추진된다. 먼저 도시 경제 기반형 재생은 노후 산업단지, 항만 등 핵심 시설 등을 주변 지역과 연계해 복합 정비·개발함으로써 경제에 미치는 파급효과와 고용 창출이 가능한 곳에 지정된다. 역세권 개발, 공공 청사와 군부대 등 이전지 복합 활용, 문화·관광 자산 활용 등도 여기에 해당된다. 근린형 재생은 기존 재개발 사업처럼 낙후한 근린 주거지역의 생활 환경을 개선하고 지역 특색을 살리는 정책을 말한다.

[제시문 B]
젠트리피케이션은 도심 낙후지역의 재개발 및 정주환경의 개선으로 지역가치가 상승하면서 중산층이 다시 도심 주거지로 유입되고 저소득층은 타 지역으로 이주하게 되는 현상을 말한다. 젠트리피케이션 유형은 이 현상의 발단이 된 형태, 지역, 주도, 주체 등에 따라 다양하게 구별되어 왔다. 즉 주거 젠트리피케이션, 상업적 젠트리피케이션, 농촌 고급화 젠트리피케이션, 예술주도 젠트리피케이션, 스튜덴티피케이션 등이 그것이다. 우리나라에서는 2000년대 이후 번성해진 구도심의 상업공간을 중심으로 한 젠트리피케이션이 진행되어 사회적 관심을 끌었다. 대표적 사례로 홍익대학교 인근이나 경리단길, 경복궁 근처의 서촌, 성수동 등지는 임대료가 저렴한 지역에 독특한 분위기의 카페나 공방, 갤러리 등이 들어서면서 입소문을 타고 유동인구가 늘어났다. 하지만 이처럼 상권이 활성화되면서 자본이 유입되어 대형 프랜차이즈 점포가 입점하는 등 대규모 상업지구로 변모하였고, 결국 치솟은 임대료를 감당할 수 없게 된 기존의 소규모 상인들이 떠나게 되었다

[제시문 C]
오버투어리즘의 의미와 현상
오버투어리즘이란 수용 가능한 범위를 넘어서는 관광객이 관광지에 몰려들면서 관광객이 도시를 점령하고 주민들의 삶을 침범하는 현상을 말한다. 관광객이 너무 많이 몰려들게 되면 그 관광지는 환경 생태계 파괴, 교통대란, 주거난, 소음공해 등의 여러 부작용이 발생하게 되며 급기야 원주민이 다른 곳으로 이전하게 된다. 해외 유명 관광지에서는 오버투어리즘 문제 해결을 위해 각종 대책을 내놓고 있다. 예를 들어 스페인 바르셀로나는 신규 호텔 허가를 중단하고 불법·미등록 주택 관리를 강화했다. 남미 페루는 안데스 산맥을 따라 마추픽추로 향하는 하이킹 코스인 잉카 트레일 이용자 수를 하루 500명, 마추픽추 방문객은 하루 2,500명으로 제한하는 관광객 총량제를 도입했다. 우리나라의 경우에도 서울의 북촌 한옥마을과 이화 벽화마을 주민들이 몰려드는 관광객들로 인해 사생활 침해와 소음공해, 쓰레기 무단 투기 등의 불편을 호소하고 있어 대책 마련이 시급한 실정이다.

문제
1. 제시문 A의 핵심 내용이 무엇인지 간략히 설명하고, 제시문 B/C와의 상호관계를 설명하시오. (50점)
2. 제시문 B/C에 나타난 문제점을 지적하고, 해결 방안을 말해 보시오. (50점)

2019 학년도 기출문제

다음 제시문을 읽고 문제에 답하시오.

[제시문 1]
구글, 애플, 페이스북, 마이크로소프트 등 IT 기업뿐만 아니라, 자동차, 의사, 금융투자업계, 의료계, 법률 분야도 인공지능(AI)을 연구하고 있다. 컴퓨터가 '딥 러닝(deep learning)'까지 하며 생각하는 힘을 갖게 된다면, 영화에 등장하는 스카이넷과 같은 슈퍼AI가 지배하는 세계가 도래할지도 모를 일이다. 현재 AI 위험론을 둘러싼 찬반 의견이 팽팽하다. AI의 미래에 대한 대표적 비관론자는 테슬라의 CEO 엘론 머스크이다. 그는 AI 개발이 방치되는 것 자체가 인류에 대한 위협이라면서 AI개발에 정부가 개입해야 한다고 주장한다. 어쩌면 AI는 핵폭탄보다 더 위험한 일이 될 수 있기에 기업에만 맡기는 건 옳지 않다고 보고 있다. 머스크는 AI 개발 경쟁이 제3차 세계대전의 원인이 될 것으로 예측하면서 세계적 차원에서 AI 통제감시체계를 구축해야 한다고 강조한다. 헨리 키신저 전 미국무장관도 "AI 위험을 방치하면 16세기에 처참하게 무너진 잉카제국 꼴이 난다"고 경고하면서 대통령 직속 AI위원회를 설치해 기술적 측면부터 정치

적, 경제적, 윤리적, 법적, 외교적, 군사적 측면까지 고려한 광범위한 논의가 필요함을 주장했다. 또한, 프랑스의 국제정치학자 다비드 고세는 AI로 인한 비극을 막기 위해서는 '국제인공지능기구(IAIA)'를 만들어 AI가 초래할 국제정치적 위험에 대비해야 한다고 주장했다.

반면 페이스북의 저커버그는 "나는 AI에 대해서 매우 낙관적이다. AI가 세상의 종말을 초래한다고 생각하는 사람을 이해할 수 없다. 어떤 점에서는 그런 발언이 매우 무책임하다고 생각한다."라면서 낙관론을 폈다. 그는 "AI가 자동차에 탑재되면 사람이 운전하는 것보다 안전하므로 많은 생명을 구할 수 있다. 또 질병의 진단과 약물의 처방 등에 우리는 이미 AI를 사용하고 있다."라고 언급하였다. 그는 "기술은 항상 좋은 곳에도, 나쁜 곳에도 사용돼왔다. 그러니 어떤 일이 일어날지 미리 생각하지 마라. 대신 무엇을 만들고 어떻게 사용할지를 생각해야 한다."라며 기술에 대한 가치중립적 견해도 밝혔다. 당연하게도 그는 "AI의 개발 속도를 늦추려는 논의에는 의문이 생긴다."라며 AI 개발간섭에 대해서도 반대 의견을 분명히 했다. 마크허드 오라클 최고경영자도 AI 위협론을 꺼내는 것은 시기 상조이며, AI가 인류의 삶의 질을 크게 개선할 수 있다는 견해를 밝혔다.

[제시문 2]
골드만삭스, 일본의 소프트뱅크 등 글로벌 기업들이 최근 인공지능(AI) 면접 또는 서류평가를 도입하였다. AI 면접을 진행하는 방식과 평가 요소는 회사와 직무마다 달라질 수 있다. AI 면접의 절차 등을 보면 다음과 같다. AI 면접은 지원자가 사전 안면등록 후 개별적으로 웹캠과 마이크가 연결된 PC 또는 노트북으로 해당 사이트에 접속해 약 1시간 동안 진행된다. 면접 내용은 지원자의 성과 역량, 성장 가능성을 분석하는 뇌과학 게임과 지원자의 성과능력지수, 조직적합지수, 관계역량지수 등을 분석해 종합평가 점수를 산출한다. 우리나라에서도 2018년 100개 이상의 기업이 AI 면접이나 서류평가 등을 도입하였다. AI로 자기소개서를 평가할 때 표절 여부를 판단하고, 회사의 인재상과 관련된 단어가 문맥상 자연스러우면 가점도 준다. 자기소개서의 합격, 불합격을 판단할 때 사람은 15분이 걸리는 반면, AI는 3초면 충분하다. 하지만 이런 기술은 기존의 논문 표절 심사나 대량의 키워드 검색방식과 큰 차이가 없다는 지적도 있다. 반면에 얼굴의 68개 근육을 기반으로 면접자의 감정을 읽는 AI도 면접을 진행한 결과 기존에 검증된 인적성 검사의 AI로 공정성 시비를 줄이고 제대로 된 인재를 뽑으려면 뇌에 해당하는 알고리즘(문제해결용 계산식)의 정교함과 기존 입사자의 성과 데이터가 충분해야 한다. 하지만 이런 조건을 갖춘 세계 최고 IT기업인 아마존은 최근에 AI 채용 프로그램을 폐기했다. 남성 중심의 기업에서 기존에 성과를 낸 직원 성과 데이터를 활용하다 보니 AI가 여성을 대거 탈락시켰기 때문이다. 영국 런던의 '피니토'라는 회사는 AI 면접을 도와준다면서 구직자들에게 9000파운드를 받은 AI 전용 '족집게 과외 사업'도 나섰다. 성인 남녀 약 3천 명을 대상으로 실시한 취업포털 '인크루트'의 AI면접 및 평가에 대한 인식조사 결과에 따르면, 전체 50.9%가 긍정적이었고, 49.1%가 부정적인 의견을 제시했다. AI 평가를 긍정적으로 보는 이는 '부정행위 검증', '시간·비용 절약', '채용비리문제 해결' 등을 근거로 들었다. 부정적으로 평가한 이는 '사람은 사람이 뽑아야 해서', '다양한 개성을 하나의 잣대로 평가할 우려', 모범답안이 퍼져 채용시스템이 유명무실해질 가능성 등을 이유로 제시했다. 한편 AI 인적성검사를 위한 준비 자세로는 사전정보 취득, 적절한 시간 배분, 기본원칙은 철저하게, 논리력과 이해력 필요, 솔직함이 정답이라는 5가지 조언을 하기도 한다.

문제 1
제시문 1에 소개된 'AI 위험론'에 대한 찬반 견해와 그 근거를 밝히시오. 그리고 AI 기술을 규제하는 문제에 대한 자신의 견해를 밝히시오.

문제 2
제시문 2에 소개된 'AI 면접' 도입에 대한 찬반 입장을 밝히고 논거를 제시하시오.

고려대학교

(1) 정원별 선발현황(전체 선발인원 기준)

구분	자교/타교 현황		계
전형별	자교	타교	
일반전형	54	59	113
특별전형	4	6	10
계	58	65	123

(2) 출신대학별 인원 및 비율

학교명	일반전형			특별전형			총합계	백분율
	남	여	계	남	여	계		
Oxford University		1	1				1	0.8%
경희대학교	1		1				1	0.8%
고려대학교	27	27	54	3	1	4	58	47.2%
학점은행제	1		1				1	0.8%
동국대학교				1		1	1	0.8%
서울대학교	17	15	32	2	1	3	35	28.5%
성균관대학교	1	1	2		1	1	3	2.4%
연세대학교	4	4	8				8	6.5%
이화여자대학교		2	2		1	1	3	2.4%
충남대학교	1		1				1	0.8%
포항공과대학교	1		1				1	0.8%
KAIST	5	1	6				6	4.9%
한양대학교	3	1	4				4	3.3%
총합계	61	52	113	6	4	10	123	100%

(3) 연령/성별 현황

구분	일반전형			특별전형			총합계	백분율
	남자	여자	합계	남자	여자	합계		
22	4	1	5				5	4.1%
23	4	10	14		1	1	15	12.2%
24	4	13	17	1	1	2	19	15.4%
25	11	5	26	1		1	27	22.0%
26	11	8	19	3	1	4	23	18.7%
27	11	3	14				14	11.4%

28	8		8	1	1	2	10	8.1%
29	3		3				3	2.4%
30	3		3				3	2.4%
31	1	1	2				2	1.6%
32	1	1	2				2	1.6%
계	61	52	113	6	4	10	123	100%

(4) 법학/비법학 현황

구분	법학/비법학 현황		계
전형별	법학	비법학	
일반전형		113	113
특별전형	1	9	10
계	1	122	123

(5) 전공별 현황

구분	일반전형			특별전형			총계			비고
	남	여	계	남	여	계	남	여	계	
경영	12	6	18	2	1	3	14	7	21	17.1%
경제	6	3	9				6	3	9	7.3%
공학	13	5	18	1		1	14	5	19	15.4%
기타	1	3	4				1	3	4	3.3%
법학				1		1	1		1	0.8%
사범	3	3	6		1	1	3	4	7	5.7%
사회	11	11	22	1	1	2	12	12	24	19.5%
약학	1	1	2				1	1	2	1.6%
예체능	1		1				1		1	0.8%
의학	1		1				1		1	0.8%
인문	6	16	22	1	1	2	7	17	24	19.5%
자연	3	1	4				3	1	4	3.3%
행정	3	3	6				3	3	6	4.9%
계	61	52	113	6	4	10	67	56	123	100%

(6) 정량요소별 지점별 점수

구분		학점최종	언어최종	추리최종	개정TEPS	토플	토익
		고려대 환산 점수					
일반전형	상위 25%	198.320	79.400	119.400	524.000	118.250	981.250
	상위 50%	197.620	79.000	118.200	436.000	117.000	975.000
	상위 75%	196.570	78.400	118.200	409.000	112.750	950.000
	평균	197.367	78.832	118.482	461.551	114.000	961.875

	구분	학점최종	언어최종	추리최종	개정TEPS	토플	토익
특별 전형	상위 25%	198.180	78.400	117.975	406.250		963.750
	상위 50%	197.900	73.330	117.300	390.500		957.500
	상위 75%	196.343	75.980	116.400	367.750		947.500
	평균	197.249	76.824	115.550	383.500		942.500

2022학년도 입시결과

(1) 신입생 정량

구분		학점최종	언어최종	추리최종	개정TEPS	토플	토익
		고려대 환산 점수					
일반 전형	상위 25%	197.97	79.60	119.40	506.25	112.25	980.00
	상위 50%	197.13	79.20	118.50	453.50	107.50	970.00
	상위 75%	197.13	78.60	117.90	390.25	102.75	940.00
	평균	196.91	78.73	118.43	452.56	107.50	955.23
특별 전형	상위 25%	197.34	79.20	119.10	419.50	–	961.25
	상위 50%	196.01	79.20	118.50	395.00	–	935.00
	상위 75%	194.89	78.60	117.90	385.50	–	890.00
	평균	196.15	78.88	118.56	405.00	–	930.00

(2) 출신학교

대학명	인원(명)	비율(%)	대학명	인원(명)	비율(%)
경찰대학	4	3.3	울산과학기술원(UNIST)	1	0.8
고려대학교	50	41.0	이화여자대학교	1	0.8
서강대학교	3	2.5	포항공과대학교	1	0.8
서울대학교	39	32.0	한국과학기술원(KAIST)	5	4.1
성균관대학교	9	7.4	한양대학교	2	1.6
연세대학교	6	4.9	홍익대학교	1	0.8
			계	122	100

(3) 전공별 현황

구분	일반전형	특별전형	계
경영	22	3	25
경제	17	2	19
공학	16	1	17
기타	2	–	2
법학	5	–	5
사범	7	1	8
사회	17	1	18
예체능	1	–	1

인문	14	–	14
자연	8	1	9
행정	4	–	4
계	113	9	122

(4) 연령/성별 현황

구분	일반전형			특별전형			계	비율
	남자	여자	계	남자	여자	계		
22	1	–	1	–	–	–	1	0.8
23	10	3	13	–	1	1	14	11.5
24	11	18	29	–	2	2	31	25.4
25	13	5	18	1	–	1	19	15.6
26	14	7	21	–	–	–	21	17.2
27	10	3	13	3	–	3	16	13.1
28	5	2	7	1	–	1	8	6.6
29	2	–	2	–	–	–	2	1.6
30	6	–	6	1	–	1	7	5.7
31	1	–	1	–	–	–	1	0.8
32	1	–	1	–	–	–	1	0.8
36	1	–	1	–	–	–	1	0.8
계	75	38	113	6	3	9	122	100

면접 진행방식

면접유형	개별면접(3:1)		
준비시간	15분	면접시간	13분
답안작성	메모지 제공하며, 휴대 가능함		
문제 수 및 지문분량	1주제 2문제, A4 절반 분량		
인성질문 유무	×		
면접특징	• 대기장소가 다소 추울 수 있음(담요나 핫팩 준비) • 대기시간이 최대 5시간 정도이고, 개인 자료 열람 가능함 • 화장실 이용 가능함 • 15개 조로 나뉘며, 조 내에서 가나다순으로 시험을 치름 • 면접대기실에서 다시 면접준비실로 이동하여 문제풀이함 • 책상 위에 제시된 문제지를 보고, 두 문제 중 하나를 택하여 풀면 됨 • 지원자 책상 위에 타이머가 맞춰져 있고 이를 누르면서 시작함 • 6분 30초 정도 기조발언하고, 나머지 시간에는 추가질문과 이에 대한 답변을 함		

다음 제시문을 읽고 문제에 답하시오.

[제시문 1]
수명연장기술과 관련해서 고소득자와 저소득자 간의 불평등이 존재한다. 또한 지구의 자원이 한정되어 있기에 자원부족의 문제도 있다. 그런데 노화방지 기술이 발전하면 저렴해지고 신기술을 통해 자원문제도 해결할 수 있다.

[제시문 2]
자본주의 사회가 죽음을 회피하기 위해 부를 축적하는 형태로 바뀌고 있다. 삶이 가지고 있는 가치나 존엄성은 형해화되고 사람들은 생존만을 추구하고 있다.

[제시문 3]
개인은 생명을 소유할 수는 있어도 처분할 수 있는 권리는 가지고 있지 않다. 따라서 안락사나 자살 등이 허용돼서는 안 된다. 국가는 생명보호의 의무가 있다. 안락사에 대한 논의 중 부족한 것은 이러한 생명에 대한 관계적, 공동체적 측면에 대한 논의이다.

문제

1. 제시문 1, 2, 3을 간략히 요약하시오.
2. 제시문 1과 2 중 제시문 3과 유사한 입장은 무엇이고, 그 이유에 대해 설명하시오.

추가질문

• 생명존중을 위해 국가에서 해야 할 일은 무엇인가?
• 낙태에 대해서는 어떻게 생각하는가?

다음 제시문을 읽고 문제에 답하시오.

[제시문 A]
타인의 시선과 평가는 개인의 자율성과 도덕성에 영향을 미친다. 따라서 타인은 개인의 행동을 도덕적으로 옳다고 추정해야 하고, 나아가 개인을 관찰해야만 하는 이유가 존재하지 않는 한, 개인을 관찰하는 것은 적절하지 않다.

[제시문 B]
정보를 공개하는 것은 바람직하지만, 정보를 공개했을 때 소통 자체를 막거나 거짓 정보가 공유될 위험이 있는 경우에는 정보를 공개해서는 안 된다. 개인은 타인과의 신뢰를 바탕으로 관계를 형성하고 유지해 가기 때문에, 특정 정보는 이러한 신뢰관계에 영향을 미친다. 만약 어떤 정보가 개인의 평판에 나쁜 영향을 미친다고 하더라도, 이러한 정보는 그 개인과 관련된 사람들과의 관계에 영향을 미치므로 정보를 공개할 유인이 커지게 된다. 반면 어떤 정보가 개인의 평판에 영향을 미치지 않는다면 정보 공유의 실익은 없다고 할 수 있다.

[제시문 C]
우리는 내밀한 감정 등 사적 정보가 타인에게 공개되면 순간 곤혹스러움을 느낀다. 즉 어떤 감정들은 사적 영역에만 놔두어야 한다고 여겨지고 내보이는 것이 부끄럽게 여겨지지만, 이는 주류문화가 만들어낸 편견에 불과하다. 누구나 자신의 선호를 모두 솔직하게 공개하도록 해야 한다. 그렇게 할 때 개인은 사회에서 더욱 안정감과 편안함을 느낄 수 있다.

문제

1. 제시문 1, 2, 3 중 자신이 가장 지지하는 제시문을 고르고, 이유를 설명하시오.
2. 고르지 않은 제시문들의 취지를 요약하고, 그 제시문이 최선의 결과를 낼 수 있는 상황을 예시로 들어 보시오.

추가질문

• 제시문 A에서 개인을 관찰하는 것은 적절하지 않다고 했는데, 우리 사회에서 누군가를 관찰하는 일은 흔한 일이 아닌가?
• 제시문 A에서 타인은 개인의 행동을 도덕적으로 옳다고 추정해야 한다고 했는데, 이것은 무조건 도덕적으로 그른 행위라도 옳다고 인정해야 한다는 의미인가요?
• 국회의원 선거에 출마하는 친한 친구가 과거에 본인을 태우고 음주운전을 했는데, 지원자는 이러한 사실을 관찰이라는 범주에 포함시켜 공개하지 않을 것인지, 아니면 공개할 것인지 대답해 보시오.
• 판결문 공개에 대해 어떻게 생각하는지 제시문을 활용해서 말해 보시오.
• 제시문 B에서 타인에 대한 평가와 관련 없는 정보는 극히 적을 것 같은데, 그러면 제시문 B와 제시문 C는 거의 차이가 없는 건 아닌가?
• 제시문 C에서 개인의 선호를 모두 공개한다면 소수문화가 사라지는 상황이 올 수도 있지 않은가?
• 수술실 CCTV 설치에 대해 어떻게 생각하나?
• 이 문제는 결국 프라이버시와 관련된 문제인데, 지원자는 어디까지 정보를 공개해야 한다고 생각하나요?

2021 학년도 기출문제

다음 제시문을 읽고 문제에 답하시오.

[명제]
1. 어떠한 규칙도 그 자신의 적용을 포함할 수 없다.
2. 규칙이 모호하다는 이유로 적용을 회피해서는 안 된다.

[사례 1]
규칙 1: 공무원은 본인의 업무 외에 수입을 창출하는 다른 일을 할 수 없다. 이를 어긴 공무원은 파면한다.
규칙 2: 부모는 자식을 부양하고 교육을 시킬 의무가 있다.
(상황) 공무원 A는 홀로 아이들을 키우고 있다. 공무원 월급만으로는 수입이 부족하여 퇴근 후에는 대리운전, 과외 등을 하며 수입을 충당하고 있다. 당신은 공무원 A를 처분할 수 있는 상급자이다.

[사례 2]
규칙 1: 살인을 해서는 안 된다.
(상황) A와 B는 함께 차를 타고 가고 있었고, A가 운전 중이었다. 그런데 자동차 사고가 나서 차가 전복되었고, B는 차에서 탈출했으나 A는 차에 갇히게 되었다. A는 이미 심각하게 다친 상태이며, 차가 불타고 있어 심한 고통을 호소하고 있다. 이에 B는 A의 고통을 멈춰줄 목적으로 마침 소지하고 있던 권총으로 A를 쏴 죽였다.

[사례 3]
규칙 1: 모든 사람은 평등하다.
(상황) 당신은 응급실의 의사이다. 응급실에 A와 B 두 사람이 실려 왔다. A는 산소 호흡기를 부착하면 생존할 확률이 60%이고, 부착하지 않으면 생존할 확률이 없다. B는 산소 호흡기를 부착하면 생존할 확률이 100%이고, 부착하지 않으면 생존할 확률이 60%이다. 산소 호흡기는 한 개밖에 없다.

[제시문 1]
규칙을 적용할 때에는, 규칙 자체를 암기하는 것만으로는 부족하다. 어떤 규칙이 적용되는지의 여부를 다른 규칙에 맡

긴다면, 그 규칙의 적용 여부를 또 다시 다른 규칙에 맡기게 된다. 이렇게 무한정으로 소급하면 결국 규칙의 적용 여부를 판가름할 수 있는 가장 근본적인 (   )이 요구된다. (   )은 끊임없는 노력과 공부를 통해 길러지는 것이며, 법관에게 반드시 필요한 소양이다.

[제시문 2]
판단에는 두 가지 종류가 있다. 첫 번째는 이미 존재하는 규칙에 사례를 포섭하는 것이다. 이미 쌓여 있는 선판단(先判斷)에 의거하여 어떤 사례가 해당 규칙에 포함되는지 아닌지 결정하는 것이다. 두 번째 판단은 선판단이 없는 상황에서 발생한다. 이런 상황에서는 선판단 자체를 새롭게 만드는 판단이 요구된다.

문제

1. 당신이 [사례 1]의 공무원 A의 상급자라면, 공무원 A에 대해 어떤 처분을 내리겠는가?
2. [제시문 1]의 빈칸에 들어갈 알맞은 말은 무엇인가?
3. [제시문 1]과 [제시문 2]의 관계는 무엇인가?

추가질문

• 명제 1과 명제 2를 바꾼다면 어떻게 바꾸겠는가?
• 당신이 [사례 2]의 A라면, B를 구조하겠는가, 아니면 B의 고통을 멈춰주기 위해 권총으로 쏴서 죽음으로 인도하겠는가?
• [사례 2]와 [사례 3]의 규칙 자체에 대해서 어떻게 평가할 것인가?
• 지원자가 [사례 3]의 응급실 의사라면 어떤 선택을 하겠는가?
• 판단력을 키우기 위해서는 어떻게 해야겠는가?

2020 학년도 기출문제

1. 다음 에피소드가 시사하는 바가 무엇인지 설명하시오.

[제시문]
법 앞에 문지기가 한 명 서 있다. 시골에서 올라온 한 남자가 이 문지기에게 다가와 법 안으로 들어가게 해달라고 부탁한다. 그러나 문지기는 지금은 법 안으로 들어가도록 허락할 수 없다고 말한다.
그러자 시골 남자는 곰곰히 생각한 후, 나중에는 들어가도 좋은지 묻는다. "그것은 가능하지. 하지만 지금은 안돼."라고 문지기는 말한다. 법 안으로 들어가는 문은 언제나 그렇듯 활짝 열려 있고 문지기는 옆으로 비켜서 있기 때문에, 그 사나이는 몸을 구부리고 문 너머로 안을 들여다본다.
문지기는 이를 알아차리고 웃으면서 말한다. "법이 자네를 그렇게 유혹한다면 내가 막고는 있지만 안으로 들어가 보도록 하게. 하지만 알아둘 것이 있어. 나는 힘이 세다는 거야. 그리고 나는 가장 말단 문지기에 지나지 않아. 방마다 문지기들이 서 있는데, 안으로 들어갈수록 점점 더 힘이 센 문지기들이 버티고 서 있지. 세 번째 문지기의 얼굴을 보기만 해도 오금이 저릴걸세.'
시골 남자는 미처 이런 어려움을 예상하지 못했으며, 법이란 모름지기 모든 사람들이 언제든지 다가갈 수 있어야 하는 것이라고 생각한다. 그러나 큼직하고 뾰족한 코에, 길고 듬성듬성한 타타르풍의 검은색 수염에 모피 외투를 입고 있는 문지기를 자세히 살펴본 후에, 차라리 문지기가 들여보내줄 때까지 기다리는 편이 낫겠다고 결심한다. 문지기는 그에게 의자를 주면서 문 옆에 앉아 있으라고 한다.
그는 그곳에서 몇 날 몇 해 동안 앉아 있다. 문 안으로 들어가기 위해 무진 애를 쓰며, 끈질기게 문지기에게 들여보내 달라고 부탁한다. 가끔 문지기는 그에게 사소한 심문을 하거나, 고향에 대한 이야기라든지 그 밖의 이런저런 일들에 대해 묻기도 하지만, 그건 마치 지위가 높은 사람들이 묻는 듯한 무관심한 질문들이었을 뿐이며, 마지막에는 늘 들여

보낼 수 없다는 답변을 했다.

여행을 위해서 많은 것들을 준비해왔던 시골 남자는 매우 값비싼 물건도 아끼지 않고 문지기를 매수하는 데 모두 허비한다. 물론 문지기는 그 물건을 받기는 하지만, "내가 이것을 받는 이유는 당신이 뭔가 해야 할 일을 놓쳤다고 생각하지 않도록 하기 위해서일 뿐이야"라고 말한다.

여러 해가 지나는 동안 그는 거의 끊임없이 문지기를 관찰한다. 그는 다른 문지기들에 관한 일은 다 잊어버리고, 이 첫 번째 문지기만이 법 안으로 들어가는 것을 가로막는 유일한 장애물이라고 여기게 된다. 그는 첫 해에는 이러한 불행한 우연에 대해서 큰소리로 저주를 퍼 붓지만, 시간이 지나고 나이가 들어가면서 잠시 투덜거리는 정도이다. 그는 어린아이처럼 되어 버리고, 여러 해에 걸쳐 문지기를 관찰하는 동안 그의 모피깃에 벼룩들이 있는 것을 알아차리고는 심지어 벼룩들에게까지도 자기를 도와 문지기의 마음을 돌려달라고 부탁을 한다. 마침내 그는 시력이 약해져서 자신의 주위가 실제로 어두워진 것인지, 자신의 시력이 나빠진 것인지조차 분별하지 못하게 된다. 하지만 그 순간, 어둠 속에서 꺼지지 않고 문을 뚫고 나오는 한줄기 빛을 보게 된다. 그는 이제 살날이 얼마 남지 않았다. 죽음에 임박한 그의 뇌리에는 전 생애에 경험했던 모든 경험들이 결집해, 이제까지 문지기에게 한 번도 묻지 않은 하나의 질문을 한다. 그는 굳어져가는 몸을 더 이상 일으킬 수조차 없기 때문에 눈짓으로 문지기에게 신호를 보낸다. 그동안 서로의 키 차이가 문지기에게 훨씬 불리하게 변해있었기 때문에, 문지기는 그에게로 몸을 깊이 구부렸다. "아직까지도 알고 싶은 것이 대체 무엇인가?" 문지기가 묻는다. "모든 사람들이 법에 다가가고자 애를 쓰고 있습니다. 그런데 어째서 여러 해가 지나도록 나를 제외하고는 어느 누구도 들여보내달라고 하는 사람이 없는 건가요?"라고 시골 남자가 묻는다. 문지기는 시골 남자가 이미 죽음이 임박했음을 알고는 그의 잘 들리지 않는 귀가 좀 더 잘 들리도록 큰 소리로 외친다. "여기는 자네 이외에는 누구도 들어갈 수 없어. 왜냐하면 이 입구는 오직 자네에게만 정해져 있었던 것이기 때문이지. 그러면 이제 나는 가서 문을 닫아야겠네."

2. 다음은 1991년에 나온 A(작가)와 B(사회자)의 대담인데, 이를 보고 A의 주장을 반박하시오.

[제시문]

작가와 사회자 사이에 대중매체 발달과 문학에 대한 대담이 이루어지고 있다. 여기서 작가 A는 다음과 같은 내용의 주장을 하였다. 첫째, 대중매체의 발달로 문화(문학, 예술 등등 통칭)의 가치가 하락하고 있다. 둘째, 일상의 안락함에 안주하지 말고 고급예술이나 문학을 추구해야 한다. 셋째, 작가(예술가들)의 역할은 고전에 담긴 원작자의 생각을 그대로 전달하는 데 집중해야 한다.

2019 학년도 기출문제

택 1

[제시문 1]

A국은 자연환경 보전이 잘 되어 있는 나라이다. 이에 따라 관광 산업의 비율도 높다. 그런데 요즘 택지공급, 관광지 개발 등의 이유로 자연환경을 개발하자는 주장이 점점 늘어가고 있다. A국에는 잘 보존된 생태계로, '지구의 허파'라고 불리는 왕가누이 강 유역이 있는데, 근래에는 그 왕가누이 강 유역 일대의 일부마저 개발하자는 주장이 제기되고 있다. 왕가누이 강은 푸투루족의 생활터전이며 또한 다양한 동식물들이 서식하는 곳이다. 이 왕가누이 강을 보호하기 위해 국회의원 B는 생태 보호법을 발의했다. 다음은 그 법의 일부이다.

제12조: 왕가누이 강과 그 일대의 물리적, 형이상학적 환경인 '왕가누이 생태계'는 분리될 수 없는 하나이며, 그 전체로서 하나의 살아 있는 생명체이다.

제13조: '왕가누이 생태계'는 인간과 같이 권리를 행사하고 의무를 이행하며, 국가는 그 권리를 보호할 의무를 진다.

제14조: '왕가누이 생태계'의 권리와 의무는 왕가누이 평의회가 대신 행사하고 이행한다. 왕가누이 평의회는 국가가 임명하는 3인과 푸투루족이 임명하는 3인으로 구성된다.

그런데 법안을 심사하며 이에 대해 반대의견이 다음과 같이 제기되었다.

• 생태계가 어떻게 권리와 의무의 주체가 되는가. 인간은 다른 것과 비교될 수 없는 도덕적 가치를 지니고 있다. 인간만이 권리와 의무의 주체가 되는 것 아닌가.
• 왕가누이 강 유역을 개발한다면 왕가누이 강 유역의 낙후된 주민들의 후생을 증대할 수 있다. 그런데 개발을 막아야 하겠는가.
• 왕가누이 강 유역이 '지구의 허파'라면 왜 A국만이 그 보전 의무와 비용을 부담해야 하는가.
• 평의회가 권리와 의무의 행사와 이행을 잘할지 어떻게 믿는가.

문제

본인이 국회의원 B라고 생각하고, 이에 대한 반대의견에 대답하고 반론하시오.

[제시문 2]
여전제
지금 농사를 하고자 하는 사람은 토지를 얻고, 농사를 하지 않는 사람은 토지를 얻지 못하도록 한다. 즉 여전(閭田)의 법을 시행하면 나의 뜻을 이룰 수 있을 것이다. 여전이란 무엇을 일컬음인가. 산계(山谿)와 천원(川原)의 형세를 따라 획정하여 경계를 하고, 경계의 안을 이름 하여 여(閭)라고 말한다(주나라 제도에는 25가(家)를 1여(閭)라고 하였으나 지금은 그 이름만을 빌려서 약 30가(家) 내외로 하되, 가감이 있으니 또한 반드시 일정한 율은 아니다). 여(閭) 셋을 이(里)라 한다. 이(里) 다섯을 방(坊)이라고 한다. 방 다섯을 읍(邑)이라고 한다. 여(閭)에는 여장(閭長)을 둔다. 무릇 1여의 토지는 1여의 사람들로 하여금 공동으로 경작하게 하고, 내 땅 네 땅의 구분 없이 오직 여장의 명령만을 따른다. 매 사람마다의 노동량은 매일 여장이 장부에 기록한다. 가을이 되면 무릇 오곡의 수확물을 모두 여장의 집으로 보내어 그 식량을 분배한다. 먼저 국가에 바치는 공세를 제하고, 다음으로 여장의 녹봉을 제하며, 그 나머지를 날마다 일한 것을 기록한 장부에 의거하여 여민들에게 분배한다. 가령 추수하여 공세와 여장의 녹봉을 제한 양곡이 천곡이고 장부에 기록된 노동일 수가 2만 일이라면 매 1일에 대한 분배 양곡은 5승이 된다. 한 농부가 있어 그 부부와 자식의 기록된 노동일 수가 모두 800일이라면 그 농부가 분배받는 양곡은 40곡이 될 것이다. 기록된 노동일 수가 10일인 농부가 있다면 그가 분배받는 양곡은 4두뿐일 것이다. 노력한 것이 많은 자는 얻을 양곡이 많고, 노력을 적게 한 자는 받을 양곡이 적을 것이다. 노력을 다하지 않고서 분배받는 것만 높을 수가 있겠는가. 사람들이 노력을 다하면 땅은 그 이득을 최대로 내게 된다. 토지에서 이익이 생기면 백성의 자산이 부유해지고, 백성의 자산이 부유해지면 풍속이 도타워지고 효(孝)와 제(悌)가 세워진다. 이것은 토지를 다스리는 가장 좋은 방법이다.

문제 1

정약용이 여전제를 주장하게 된 배경을 설명하시오.

문제 2

여전제의 기본 골격은 무엇이며, 토지 소유의 형태는 무엇인지 설명하시오.

문제 3

당신이 만약 정약용을 도와 여전제를 관철해야 하는 실무를 담당하는 사람이라면 여전제의 어떠한 부분을 보완할 것인가?

문제 4

여전제의 반대 논거와 현실적 한계를 지적하시오.

동아대학교

2023학년도 입시결과

(1) 신입생 정량

구분	학부성적	법학적성시험 성적	공인영어능력시험 성적 (TOEIC 성적 기준)
상위 25%	94.3	121.6	945
상위 50%	91.9	119.3	915
상위 75%	89.4	117.3	855
평균	91.2	118.9	893.4

(2) 출신학부(전공) 현황

대학명	인원(명)	대학명	인원(명)
EICC	1	심리학	1
Marketing	1	아동청소년학	1
경영학	8	약학	2
경제학	10	영상학	1
국어국문학	1	영어교육	1
국제물류학	1	자원환경경제학	1
국제학	1	자율전공학	1
노어노문학	2	전기전자공학	1
문화인류학	1	정보산업공학	1
법학	15	정책학	1
부동산학	1	정치외교학	2
불어불문학	1	중국학	1
비교문학과문화	1	철학	1
사학	1	초등교육과	2
사회복지학	1	커뮤니케이션미디어학	1
사회학	2	테크노경영학	1
생명과학	1	한문교육	1
생물학	1	한문학	1
생활디자인학	1	해사법학	2
석당인재학	5	해사수송과학	1
세무학	1	행정학	3
수의학	1	화학신소재공학	1
신소재공학	1	총계	87

(3) 성별 현황

구분	인원(명)
남자	41
여자	46
합계	87

2022학년도 입시결과

(1) 신입생 정량

구분	학부성적	법학적성시험 성적	공인영어능력시험 성적 (TOEIC 성적 기준)
상위 25%	93.5	117.2	960
상위 50%	90.3	114.9	910
상위 75%	86.6	112.7	825
평균	89.8	115.1	883.9

(2) 출신학부(전공) 현황

대학명	인원(명)	대학명	인원(명)
간호학	1	사학	1
건설환경공학	2	사회	1
건축학(5년제)	1	생명공학	1
경영학	8	생명과학	1
경제금융학	1	생물교육	1
경제통상학	1	석당인재학	2
경제학	5	소비자가족학	1
공공인재학	2	소비자아동학	1
공공정책학	2	소비자학	1
교육학	2	스포츠산업학	1
국어국문학	2	신문방송학	1
국제무역학	1	심리학	2
국제통상학	1	영어영문학	1
국제학	1	외교학	1
글로벌경영학	1	재료공학	1
기계공학	1	전기전자전파공학	1
도시공학	1	정치국제학	1
무역학	1	정치외교학	3
문화인류학	1	철학	2
물리학	1	초등교육	1
미국문화	1	통계학	1

법률학	1	한국사학	1
법학	10	한국어학	1
보건정책관리학	1	해사법학	1
보건행정학	1	행정학	4
보건환경융합과학	1	화학	1
		계	85

(3) 성별 현황

구분	인원(명)
남자	48
여자	37
합계	85

면접 진행방식

면접유형	토론/집단면접(8:3)		
준비시간	10분	면접시간	50분
답안작성	×		
문제 수 및 지문분량	1문제, A4 1장 분량		
인성질문 유무	×		
면접특징	• 1개조에 8명으로 구성되며, 면접문제 열람 및 면접고사는 동일한 고사장에서 이루어짐 • 면접고사 당일 수험생 본인이 무작위로 추첨한 각 조의 1번－4번은 면접문제에 대한 찬성 입장, 5번~8번은 반대 입장으로 구분하여 면접을 진행함 • 모두발언은 인별 최대 3분 주어지며, 발언 순서는 1번, 5번, 2번, 6번, 3번, 7번, 4번, 8번 순서로 발언함 • 모두발언 후 2분간 생각을 정리할 시간이 주어짐(발언 금지) • 모든 수험생에게 순서에 상관없이 거수에 의해 두 번째 발언 기회가 부여됨(최대 2분) • 두번째 발언은 본인 진영의 의견에 덧붙이거나 반대 진영에 대한 이견, 반박 등에 대해 발언함 • 추가 발언을 원하는 수험생에게 최대 1분간 순서에 상관없이 거수에 의해 발언 기회가 부여됨 • 본인 진영의 의견에 덧붙이거나 반대 진영에 대한 이견, 반박 등에 대한 추가 발언 가능함 • 문제열람, 정일시간, 면접고사 모두 메모 가능[A4 사이즈 메모지 1장(양면 사용 가능)과 흑색펜 제공, 문제지에 메모 시 부정행위로 간주] • 수험생은 반대 진영에 대하여 반박할 수 있으나 상대방을 특정하여 질문하는 행위는 불허함 • 정해진 발언시간 종료 20초 전 "종료 20초 전" 문구 표지판이 안내되면 발언을 정리하고, 주어진 시간이 종료되어 타종이 울리면 발언을 즉시 종료함 • 정해진 발언시간을 모두 사용하지 않고 종료하는 수험생은 "이상 발언을 마치겠습니다"라고 발언 종료를 알려야 함		

[가군 면접] 다음 제시문을 읽고 문제에 답하시오.

[제시문]

사례 1) 16세 소년인 A는 대학을 가기 위해 범죄를 저지른 전력이 있다. 그러나 촉법소년이었기에 보호처분을 받았다. 그 이후 범죄를 저지르지 않고 성실하게 살아 결국 대학에 입학했다.

사례 2) 13세 소년인 B는 편의점에서 도둑질을 해서 걸렸지만 오히려 본인이 촉법소년이기에 도둑질을 해도 처벌받지 않을 것이라 편의점 사장을 협박했다.

문제

촉법소년 연령을 14세 미만에서 13세 미만으로 낮추는 것에 대해 찬반을 나누어 토론하시오.

[나군 면접] 다음 제시문을 읽고 문제에 답하시오.

[제시문 1]

"오늘의 혁명 이데올로기는 내일의 반동 이데올로기가 된다"는 말이 있다. 이걸 잘 보여주는 게 바로 능력주의 이데올로기다. 개인의 능력에 따라 사회적 지위나 권력이 주어지는 능력주의는 지위와 권력을 세습하는 귀족주의와 비교할 때에 혁명적으로 진보적인 이데올로기였다. 능력주의(meritocracy)라는 말은 영국의 정치가이자 사회학자인 마이클 영이 1958년에 출간한 <능력주의의 부상>이라는 책에서 귀족주의의 반대말로 만들어낸 것이지만, 개인의 능력을 중시하는 것은 17~18세기의 시민혁명 이후 존재해온 착한 이데올로기였다. 하지만 영이 이 용어를 선보인 1958년경엔 이미 타락할 대로 타락해 사실상 반동 이데올로기로 전락하던 시점이었다.

영은 당시 우경화하려는 노동당 정부에 경고하기 위한 풍자로 그 책을 썼지만, 영의 뜻과는 다르게 읽히면서 긍정적인 의미로 사용되었다. 그래서 노동당을 이끌고 1997년 총선에서 크게 이기며 영국 보수당의 18년간의 집권을 끝낸 토니 블레어는 "엘리트가 영국을 지배하던 시대는 끝났다. 새로운 영국은 능력주의가 지배한다"고 선언했다.

영의 책은 특히 미국에서 큰 주목을 받으면서 사회 전반에 큰 영향을 미쳤으며, 미국인들은 능력주의를 대학교육은 물론 아메리칸드림의 이론적 기반으로 간주했다. 그래서 미국에선 능력주의가 자랑스럽게 여겨지는 말이었을 뿐만 아니라 불공정한 차별을 정당화하고 더 나아가 차별의 피해자를 게으른 사람으로 비난할 수 있는 논거로 이용되었다.

한국은 미국 못지않게 능력주의를 예찬해온 나라인데, 이른바 '한강의 기적'으로 일컬어지는 압축성장의 동력은 바로 능력주의였다고 해도 과언이 아니다. "개천에서 용 난다"는 슬로건이 전 국민의 가훈으로 받아들여진 가운데 능력이 오직 학력·학벌이라는 단일 기준으로 평가되면서 전 국민이 뜨거운 교육열을 보여오지 않았던가. 한국의 발전이 과연 그런 교육열 덕분이었는가에 대해선 이견이 있긴 하지만, 자녀 교육에 목숨을 건 한국인들의 삶의 방식이 발전에 친화적이었다는 건 분명하다.

그러나 고성장의 시대가 끝나면서 '개천에서 용 나는 시대'는 종언을 고하기 시작했고, 개천에서 난 용들의 기득권 집단화가 공고해지면서 학력·학벌은 개인의 능력보다는 가족의 능력에 더 의존하게 되었다. 이에 따라 능력주의는 변형된 세습적 귀족주의로 되돌아가고 말았지만, 반동으로 전락한 능력주의를 대체할 새로운 혁명 이데올로기는 아직 그 모습을 드러내지 못하고 있다.

지금 우리는 그런 과도기의 상황에서 큰 사회적 위기와 혼란을 경험하고 있다. 정규직 노동자와 비정규직 노동자의 과도한 임금 격차는 정의롭지 못하다. 정규직 노동자도 이 총론엔 공감하지만 각론으로 들어가 그 격차를 해소하기 위한 시도가 자신의 조직에서 이루어질 경우엔 반발한다. 그들의 반발은 '공정'의 이름으로 나타난다. 정규직이 되기 위한 능력을 입증하기 위해 피땀 어린 노력을 기울였는데, 어느 날 갑자기 그런 능력을 보이지 못한 사람들이 정규직이 된다거나 자신의 임금을 희생으로 해서 임금을 더 받는 것은 불공정하다는 논리다.

그런 반발을 집단 이기주의로 비난할 수 있을까? 문제의 핵심은 잘못된 게임의 법칙인데, 그 게임의 법칙에 충실했던 사람에게 갑자기 정의의 이름으로 다른 게임의 법칙을 제시하면서 수용하라고 하면 납득할 사람이 얼마나 되겠는가. 이건 문제에 접근하는 자세와 태도의 문제이기도 하다. 우리는 사회 전 분야에 걸쳐 고성장을 전제로 한 능력주의의 틀을 여전히 고수하고 있는데, 이 틀에 대한 근본적인 문제 제기가 필요하며 이거야말로 범국민적 공론화 작업이 필요한 사안이다.

이제 우리는 능력주의의 파탄을 인정할 때가 되었다. 능력의 정체를 의심하면서 그간 능력으로 간주해온 것에 따른 승자 독식 체제를 사회 전 분야에 걸쳐 바꿔나가야 한다. 불평등은 개인의 능력이 아니라 법적 질서의 산물일 뿐이다. 우리가 부동산 투기나 투자로 번 돈을 불로소득으로 간주해 많은 세금을 물리는 법을 제대로 만들어 시행했다면 현 불평등 양극화의 양상은 크게 달라졌을 것이다. '개천에서 난 용'에 환호하며 내 자식도 그렇게 키워보겠다고 허리끈을 조여 맸던 과거의 꿈에 이제는 작별을 고하면서 더불어 같이 살아가는 세상에 대한 꿈을 키워갈 때다.

출처: 강준만 교수, 능력주의의 파탄, 한겨레, 2017.12.17.

[제시문 2]
능력주의(Meritocracy·실력주의)는 모든 사람이 자신이 닦은 능력과 업적에 따라 보상받는 사회를 지향한다. 신분이나 연줄 대신 자유로운 개인의 노력을 중시하는 자유경쟁 시대에 직관적 호소력이 크다. 하지만 능력주의 담론의 기원은 자본주의보다 훨씬 오래됐다. '각자에게 각자의 몫을!'(Suum Cuique)이라는 명제가 기원전 700년경 호머의 서사시 '오딧세이'에 처음 등장한 것이 단적인 증거다. 능력주의가 시대를 넘어선 보편적 소구력을 가졌다는 사실을 증명한다. 아리스토텔레스는 '각자에게 각자의 몫을 주라'는 명제를 보편적 분배 정의론으로 발전시켰다. '동등한 사람들이 동등한 몫을 받는 것이 정의이며, 동등하지 못한 사람들이 동등한 몫을 받을 때 불평과 불만이 싹튼다'는 그의 통찰이 예리하다. 봉건적 계급 차별과 포퓰리즘적 평등주의를 두루 극복한 빼어난 능력주의 정의론이 아닐 수 없다. 그러나 능력주의 담론에 허점이 없는 것은 아니다.

'개천에서 용이 나지 않는' 사회는 운의 영향력을 최대한 줄여야 한다. 대학의 지역 인재 균형 선발이 정당화되는 이유다. 공정 경쟁의 형식만을 중시하는 '닫힌 능력주의'는 평등한 기회와 공정 경쟁을 토대로 정의를 추구하는 '열린 능력주의'로 대체되어야 한다. 나아가 열린 능력주의는 롤스(J Rawls·1921~2002)의 통찰처럼 사회적 약자를 배려하는 '차등(差等) 원리(Difference Principle)'를 수용해야 한다. 인권 선진국에서 약자 우대 정책을 강력히 시행해 온 데는 철학적·현실적인 이유가 엄존한다. 여성할당제·청년할당제는 정당한 차등 원리의 구체적 사례들이라고 할 수 있다.

공정 경쟁의 형식만 강조하면 '가진 자'에게 유리한 닫힌 능력주의로 퇴행한다. 기회 평등과 공정 경쟁의 결과를 인정함과 동시에 패자 부활전을 도입하고 약자를 존중해야 열린 능력주의가 탄생한다. 진정한 능력주의는 한국 사회의 기강과 가치 규범을 되살릴 최강의 치료제다. 공정을 열망하는 오늘의 시대정신이 열린 능력주의를 부른다. 약자를 살리고 패자와 동행하는 성숙한 능력주의야말로 정의롭고도 옳다. 열린 능력주의만이 대한민국을 구원한다.

출처: 윤평중 한신대 명예교수, 조선일보, 2021.8.1.

문제

능력에 따라 분배를 하는 능력주의에 대하여 찬반을 나누어 토론하시오.

2022 학년도 기출문제

[가군 면접] 다음 제시문을 읽고 문제에 답하시오.

[제시문 1]
최근 세계 곳곳에서 이상기후로 인한 폭염, 홍수, 대형산불 등으로 인명피해, 농·어업 손실, 기후난민 확산 등이 현실이 되고 있다. 또 경제적 논리만 보더라도, 이미 미국과 유럽은 탈탄소를 중심으로 한 기술개발과 투자에 박차를 가하고 탄소세와 탄소국경세 등도 도입하고 있다. 산업의 대전환이 시작된 것이다. 화석연료를 좀 더 오래 써서 기업 이윤을 남기겠다는 근시안에서 벗어나지 못한다면 세계 무역체제 변화와 첨단기술 경쟁에서 뒤처지게 되고, 자연재해와 식량난 등으로 더 큰 손실을 보게 될 것이다.

피게레스 전 유엔기후변화협약 사무총장은 "전 세계 온실가스 배출을 절반으로 줄이고, 선진국이 개발도상국의 탄소 저감을 위해 연간 1,000억 달러(약 117조 원)를 내놓는다는 목표에 접근하기 쉽지 않을 것이다. 그러나 여기에 실망해서는 안 되며, 우리가 하는 일의 복잡성을 진정으로 이해해야 한다."고 말했다.

G20 회의에 영상으로 참석한 시진핑 중국 국가주석은 "선진국이 온실가스 감축에 앞장서야 하며, 개도국에 자금 지원 약속을 이행하고 관련 기술을 이전해야 한다"고 말했다. 산업화 과정에서 더 많은 탄소를 배출한 선진국이 개도국에 '사다리 걷어차기'를 해서는 안 된다고 주장한 것이다. 중국과 미국은 탄소 배출 총량으로 세계 1, 2위를 차지하고 있지만, 인구 1인당 누적 배출량으로 보면 캐나다, 미국, 호주, 러시아, 영국, 독일 등 10개국이 전체의 39%를 차지한다. 세계 3위 탄소 배출국인 인도의 나렌드라 모디 총리는 '탄소 순 배출량 제로(0)'를 달성하는 탄소 중립 시간표를 2070년으로 제시했다. 그간 '부자 국가 책임론'을 펼치며 탄소 배출 감축에 적극적이지 않았던 인도는 제26차 유엔기후변화협약 당사국회의(COP26) 개막 전까진 계획 설정 자체를 거부하다가 이번에 2070년을 목표 연도로 제시했다. 또한, 모디 총리는 기후변화 문제에 재정을 투입할 여력이 부족한 개발도상국이 탄소중립 목표를 달성하기 위해서는 비교적 여력이 충분한 선진국이 더 많이 기여해야 한다며 가능한 한 빨리 1조 달러를 기후금융으로 활용할 수 있도록 선진국이 여건을 만들어야 한다고 강조했다.

문제

1. [제시문 1]의 입장을 요약하고, 이를 비판하시오.
2. [제시문 2]의 입장을 요약하고, 이를 비판하시오.
3. [제시문 1]과 [제시문 2]를 비교하여 지원자의 의견을 제시하시오.

[나군 면접] 다음 그림을 보고 문제에 답하시오.

문제

1. 위 그림은 오노레 드 발자크의 단편소설 「미지의 걸작」에 피카소가 그린 삽화이다. 지원자가 생각하는 제목과 그 이유를 설명해 보시오.

2. 다음 제시문은 위 삽화를 이해하기 위해 작성된 글이다. 글쓴이가 그림을 이해하기 위해 선정한 핵심 개념은 무엇인지 찾고, 그 이유를 설명하시오.

[제시문 1]
피카소가 그린 마리 테레즈(Marie-Thérèse Walter)의 스케치를 이해하는 열쇠는 추상이 대상의 전체가 아니라 눈에 덜 띄는 한두 개의 특성만을 나타내는 것이라는 점을 깨닫는 데에 있다. 피카소는 모델 자체보다 그녀가 머물고 있는 공간에 주목했다. 이 그림을 해석하는 데 있어서 가장 중요한 점은 다른 모델들과는 달리 마리 테레즈가 어떤 동작을 취하고 있었는지 인식하는 일이다. 그녀가 뜨개질을 하고 있는 동안 뜨개바늘이 앞뒤로 움직이면서 옷 속으로 들어갔다 나왔다 하고 있다. 그녀는 실타래를 매만지기도 하고 바닥에 떨어지면 잡으려고 손을 뻗기도

하고 자신이 옷에 넣은 문양을 점검하기도 한다. 피카소가 그린 것은 바로 그녀의 몸동작의 궤적이다. 만일 피카소가 그녀의 몸에다 움직임의 궤적이 나타나는 발광표시기라도 부착했다면 아주 복잡한 그림이 나타났을 것이다.

3. 추상화(abstracting)는 법조인으로서의 소양인 리걸 마인드(legal mind)를 기르기 위해 필수적인 능력이다. 추상화 능력을 기르기 위한 사고훈련 방법에는 어떠한 것들이 있는지 다음 제시문을 참고해서 설명해 보시오.

[제시문 2]
전문가와 초보자의 지식의 차이를 정리해 보면, 의미적 지식에서 초보자는 표면적 특징 정보를 중심으로 초보적인 표상을 하는 데 반해 전문가는 분야의 기본 원리, 기본 개념과 관련된 지식 틀 중심의 조직화를 한다. 전략적 지식에서도 초보자는 문제가 해결되는 데에서부터 해결을 찾아가는 것이 아니라 알려지지 않은 상황에서 해결을 찾아가려 하는데, 해결점에서부터 역으로 추적해가는 방식이 더 효율적이므로 전문가는 이 방식을 취한다. 전문성 전문가는 경험이 축적되면서 처음에는 관련 지식의 양이 적고 그 지식이 독립적인 상태이지만, 점차 영역 특수적 지식이 많아진다. 초심자들은 상식적이고 일반적인 지식을 지니고 있는 반면, 전문가들은 문제 상황 영역 특수적인 지식이 많고 그것들이 잘 조직화되어 있는 것이다. 단지 무엇이 어떠하다는 식의 서술적 지식이 절차적 지식으로 변환되고, 그뿐만 아니라 절차적 지식을 적용하고 그에 의해서 수정된 새로운 절차적 지식을 잘 만들어내는 특성을 지닌다. 그 절차적 지식은 어떤 조건에서 무엇을 어떻게 할 것인가 자동화되어 있다.
출처: 이정모, 인지과학: 학문 간 융합의 원리와 응용, 성균관대 출판부, 2014.

2021 학년도 기출문제

문제 1
'지방분권', '지방소멸', '도시광역화' 이 세 가지 단어를 꼭 한 번씩 언급하여 '지방자치'에 대한 자신의 견해를 말하라.

문제 2
공동체 내에서는 빈부의 양극화와 이념의 양극화가 발생하곤 한다. 이 중 어느 쪽이 공동체의 지속과 발전에 더 해로운가?

문제 3
우리나라 법원은 극히 일부의 판결문을 공개하고 있다. 판결문 공개 범위 확대를 두고 찬반 입장이 나뉘고 있다. 찬성하는 입장은 공개 확대를 통한 사법신뢰의 향상을 주장하고 있다. 반면 공개 확대를 반대하는 입장은 개인정보의 보호를 주장하고 있다. 이 문제에 대해 본인의 입장을 밝히고 그 논거를 설명하시오.

[가군 면접] 다음 제시문을 읽고 문제에 답하시오.

[제시문 1]
변호사들은 사건을 교묘하게 꾸미고 법률을 교활하게 해석하기 십상입니다. 평범한 사람은 읽을 수도 없는 방대한 양을, 명확히 이해하기도 애매모호한 법률로 옭아매는 불공정한 일을 자행합니다. 변호사란 사건 수를 늘리고 싸움을 부추기는 부류로서 유토피아에서는 전혀 필요 없는 존재입니다. 모든 사람이 각자 자신의 사건에 전혀 필요 없는 존재라고 주장합니다. 모든 사람이 각자 자신의 사건에 대해 스스로 변론하고 변호사에게 말할 내용을 판사에게 직접 이야기하면 됩니다. 이것이 모호성을 줄이고 진리에 더 가까이 가는 길입니다. 사람들의 진솔한 이야기를 판사가 심사숙고하여 듣고 보호하면 되고, 유토피아에서는 모든 사람이 법률 전문가가 될 수 있습니다.

[제시문 2]
세계 최초의 AI 변호사인 '로스'는 개발자 중의 한 명인 오비아겔이 겪은 어린 시절의 경험을 바탕으로 개발되었다. 그는 어린 시절 부모님의 불화로 사실상 파탄에 이른 가정에서 자랐다. 자신을 키워준 어머니는 이혼을 원하셨고, 이혼 변호사를 선임하려 하였으나 너무나 비싼 수임료를 감당하지 못해서 이혼을 포기한 채 불행한 결혼생활을 이어갔다. 그는 10살 때부터 컴퓨터 프로그래밍을 시작했고, 법률서비스를 제대로 받지 못하는 계층에게도 폭넓게 법률의 혜택을 주고자 '로스'를 개발하여, 사람의 일상 언어(자연어)를 이해한 후 판례 등 법률 문서를 빠르게 분석하도록 하였다. 변호사의 리서치 시간을 크게 줄여준다는 소문이 나면서 미국의 10여 개 법률회사가 로스를 고용했다.

[제시문 3]
4차 혁명 시대가 도래하면서 IT와 영상기술이 급속도로 발달하였고, 이러한 발달은 법원의 역할에 대한 관점도 변화시키고 있다. 즉, 법원이 재판을 담당하는 '장소'로서의 기능이 본질인지, 아니면 재판 등의 법률적 '서비스'를 제공하는 기능이 본질인지에 관한 것이다. 현대 기술은 인터넷을 통한 실시간 통신을 활용해 재판정에 직접 참석하지 않고도 "○○○○"을 통해 변호사, 당사자, 증인 등이 영상으로 재판에 참석할 수 있도록 구현이 가능하고, 범죄재판의 증인을 보호하기에도 용이하다. 실제로 법정에서 주요 증언이나 증거 등을 영상자료로 시연하여 재판을 진행하고 있다.

문제

1. 제시문 1에서 말하는 유토피아에서 변호사의 필요성이 사라지는 이유에 대해 말하고, 그러한 이유에 대해 반론을 제시해 보시오.
2. 제시문 1에서 말하는 변호사의 부정적인 측면과 제시문 2에서 말하는 변호사의 부정적인 측면의 차이점을 설명하시오.
3. 제시문 2의 AI변호사가 도입되었을 경우, 그 미래를 유토피아라고 생각하는지 디스토피아라고 생각하는지 자신의 견해를 밝히고 근거를 말하시오.
4. 제시문 3에서 "○○○○"에 들어갈 적당한 말을 찾고, 그 이유를 설명해 보시오.

추가질문

• AI변호사의 도입으로 변호사수임료가 낮아질 것이라 생각하는가?
• 변호사가 아닌 일반 시민의 입장에서 AI변호사의 도입은 긍정적인가? 부정적인가?
• 토마스 무어의 입장에서 현행 로스쿨 제도를 평가해 보시오.

[나군 면접] 다음 제시문을 읽고 문제에 답하시오.

[제시문 1]
모리스 이론의 핵심인 에너지 획득방식에 따르면 시대가 변화하면서 그 시대가 필요로 하는 가치관 또한 변화한다는 것이다. 즉, 사회의 가치관 중에서 상대적으로 더 유용한 가치관이 선택되는 것이다.

에너지 획득방식은 수렵채집 시대에서 농경 시대를 거쳐 화석 연료를 사용하는 산업화 시대로 변화되었다. 인구 규모의 밀도를 결정하며, 이것이 특정 사회체제에 상대적 유용성을 부여했고, 이것이 다시 특정 가치관에 경쟁력과 비교우위를 준 것이다. 따라서 수렵채집 시대에는 평등주의 사회 구조와 가치관을 선택했고, 자산 공유와 함께 평등을 강조하였고 폭력성이 높았다. 그러나 농경 시대를 이상적으로 이끌기 위해서는 사회를 계층화하고 폭력성을 낮추기 위한 노력을 한다. 이후 화석연료를 사용하는 산업화 시대를 맞이하면서 정치적 위계질서와 성별의 불평등을 반대하면서 부의 불평등에 대해서는 상대적으로 관대하고, 폭력성은 이전 시대보다 많이 낮아진다.

[제시문 2-1]
A작가는 개가 등장하는 소설을 쓰고 있다. 개를 알아보는 과정에서 개가 사람과의 소통이 가능하며 감수성이 있음을 알게 되고, 개를 단순한 물건으로 취급하면 안 된다고 생각한다. 따라서 소설의 말미에 'it'으로 기술한 개를 'he'나 'she'로 기술해야 할지에 대해서 고민한다.

[제시문 2-2]
반려견의 수가 급증하면서 이와 관련한 사건 또한 급증하고 있다. 대형견이 외출 시 입마개를 하지 않고 거리를 활보하다 행인을 물어서 사망에 이르게 한 것이다. 이에 주인에게 알리지 않고 행인을 문 대형견을 도살하였다. 이에 대해 갑과 을이 다른 주장을 펼친다.
- 갑: 타인의 개를 도살하는 행위는 도의적으로 문제는 있으나, 개는 단순한 물건에 불과하기 때문에 금전적 배상을 하면 충분합니다.
- 을: 개는 꿈을 꿀 수도 있고 대화를 나누며 인간과 교감이 가능하니, 단순한 물건이 아닙니다. 따라서 개를 도살한 행위는 사람을 죽인 것과 같은 살인죄에 준하는 처벌을 내려야 합니다.

[제시문 3]
독일연방헌법재판소에서는 생물학적으로 남성과 여성에 해당하지 않는 사람들의 성별 기록 시 제3의 성을 적어 넣도록 허용하거나 성별 작성을 없애라고 판결하였다. 이어 남성과 여성에 속하지 않는 사람의 성 정체성도 인격 형성이라는 차원에서 보호되어야 한다고 판결하였다. 이에 관련법을 개정하면서 남성도 여성도 아닌 '간성'이라는 개념이 등장하였다. 간성이란 생식기나 성호르몬, 염색체 구조와 같은 신체적 특징이 이분법적 구조(남성과 여성)에 들어맞지 않는 사람을 가리키며, 출생 시 남성과 여성의 성질을 모두 띄지만 성장하면서 한쪽으로 외형이 발달하는 양상을 보인다.
이후 한 청구인이 평등권침해와 행복추구권을 주장하면서 '간성'이나 '트랜스젠더'라는 용어 대신 제3의 성을 인정해 줄 것을 요구하였고, 자신의 성별을 (   ) 또는 (   )로 기재해 줄 것을 요청하였다. 이에 연방헌법재판소는 위의 명칭은 정하지 않았으나 신청인의 의견을 고려하여 결정하라고 판결하였다.

문제

1. 제시문 1을 요약하고 핵심적인 단어 2개 이상을 근거로 제시하시오.
2. 제시문 2-1과 2-2를 종합하여 본인의 생각을 말하시오.
3. 괄호 안에 들어갈 단어를 제시해 보시오.

추가질문

- 제시문 1과 관련하여, 사회가 발전하면서 빈부격차가 발생하는 이유를 설명해 보시오.
- 제시문 2와 관련하여, 동물을 대하는 현재의 상황이 미래에는 어떻게 변화될 것 같은가? 지금보다 동물을 대하는 자세가 더 나아지겠는가?
- 제시문 3과 관련하여, 혹시 '중성'이나 '혼성'이라고 부를 순 없겠나?

[가군 면접] 다음 제시문을 읽고 문제에 답하시오.

[제시문 1]

〈마키아벨리 '군주론' 중의 내용〉

더 나아가 군주는 진정한 친구이거나 진정한 적일 때, 즉 조건을 달지 않고 다른 군주와 대결하는 군주의 동맹자일 때 존경받습니다. 그렇게 방향을 잡는 것이 중립으로 남는 것보다 항상 이익이 됩니다. 왜냐하면 당신의 이웃들 가운데 두 군주가 전쟁을 한다면, 그래서 그 둘 중에 하나가 정복에 성공한다면, 그들은 당신이 두려워할 만큼 강력해지거나 강력해지지 않기 때문입니다. 둘 중 어느 경우이건 간에 태도를 밝히고, 성심성의껏 전쟁을 하는 것이 당신에게 훨씬 이익이 됩니다.

첫째, 정복한 자가 당신이 두려워할 만큼 강력해진 경우입니다. 당신이 전쟁을 선포하지 않았다면, 당신도 결국 승자의 먹이가 됩니다. 패배한 자는 이를 보고 즐거워하며 희열을 느낍니다. 그리고 당신은 누군가 당신을 도와주어야 할 어떤 이유도, 또한 어느 누구도 당신에게 피난처를 제공해 줄 어떤 이유도 보여주지 않았습니다. 왜냐하면 정복자는 당신을 신뢰하지 않을 뿐만 아니라 역경에 처한 자신을 도와주지 않은 동맹을 원하지 않기 때문입니다. 반면에 패자도 당신에게 피난처를 제공하지 않습니다. 왜냐하면 당신은 손에 병기를 들고 있었음에도 패배자의 운명을 기꺼이 공유하지 않으려 했기 때문입니다.

〈이남석의 '주해'〉

전쟁을 하는 두 당사자인 군주는 현재 강력하거나, 아니면 앞으로 전쟁의 결과 더 강력해지는 경우가 있다. 이 경우 제3의 군주는 중립을 지키는 것이 좋은가, 나쁜가? 마키아벨리는 무조건 어느 한쪽 편을 들라고 강조한다. 그 이유는 다음과 같다. 첫째, 승자의 제물론이다. 승리한 국가는 패배한 국가를 흡수한 후 1+1=2가 아니라 3 또는 4, 5의 강력한 국가가 된다. 전쟁에서 이겨 전보다 더 강력해진 국가가 주변에 있는 국가를 가만히 놓아둘 리 없다. 다시 전쟁을 일으켜 중립을 지키던 국가를 점령해 버린다. 국가 간의 관계는 최소한의 도덕과 인륜이 지켜지는 인간 사회와는 달리 절대적인 약육강식의 세계라고 마키아벨리는 이해했다. 둘째, 패자의 희열론이다. 전쟁에 패배한 국가는 형세를 관망하던 중립국가를 원망하기 마련이다. 패배한 국가는 중립을 지키던 국가가 자신과 마찬가지로 패배하면 좋아한다. 중립을 지키던 국가가 자신들을 지원했다면, 전쟁의 승패를 뒤로 미루거나 이길 수도 있었다고 생각하기 때문이다. 마지막으로, 승자와 패자의 인지상정론이다. 승자도 패자도 중립을 지키던 국가를 좋아하지 않는다. 승자는 중립국가의 도움을 받았다면 더 손쉽게 승리할 수 있었을 것이라고 원망하기 마련이고, 패자 역시 도움을 받았다면 상반된 결과를 낳았을지 모른다고 원망하기 때문이다. 승자는 도움을 준 국가의 은혜를 결코 잊지 않는다. 최대한 침략 시기를 늦추거나 가능하면 침략하지 않으려 할 것이다. 이것이 국가 간의 인지상정이기 때문이다. 패자 역시 도움을 준 국가의 은혜를 절대로 잊지 않는다. 패자는 도움을 준 국가가 전쟁의 참화에 따른 고통을 겪게 되면 동병상련을 느끼고 어떤 형태로든 도움을 주려고 할 것이다. 이 역시 국가 간의 인지상정이기 때문이다. 마키아벨리는 이런 세 가지 이유로 중립보다는 전쟁에 참여하는 것이 옳다고 주장한다.

[제시문 2]

보다 중요한 것은 다수 국민들의 미래가 걸린 국민연금의 지속 가능성이다. 이번에 나올 재정추계와 새 운영 방안은 몇 년짜리가 될 것인가. 이번에야말로 정부가 제대로 책임질 수 있는 방안이 제시되어야 한다. 다음 정권에, 나아가 미래 세대에 숙제를 넘기는 식이어서는 곤란하다.

그러자면 국민연금이 정파적 이해관계에 휘둘리지 않게 하는 '탈(脫)정치 장치'가 다각도로 강구되어야 한다. 연금제도와 기금운용에서의 독립성·전문성·중립성 확보가 관건이다. 최근 국민연금기금운용위원회가 기업경영 개입 수단이 될 수 있는 '스튜어드십 코드'를 논란 속에 도입해 '연금사회주의' 우려를 키운 것은 이런 과제와는 거꾸로 간 것이다. 지난 5월 국민연금공단 이사회에 노조와 중소기업 대표는 들어가고 대기업 대표가 빠졌을 때도 '기울어진 운동장'이라는 비판이 나왔다. 이런 파행이 계속되면 가입자는 줄고 수익률이 흔들릴 수밖에 없다. 지속 가능성은 단순히 산술적 재정추계 차원의 문제가 아니다.

※ 스튜어드십 코드(Stewardship code): 주요 기관투자자가 기업의 의사결정에 적극 참여하도록 유도하는 기관투자자들의 의결권 행사 지침

1. 제시문 1의 군주론 인용 부분의 제목을 붙이고 그 이유를 말하시오.
2. 이남석의 주해 부분에서 마키아벨리 주장의 근거를 찾아 이야기하시오.
3. 제시문 2에서 국민연금기금 운용에 있어서 독립성, 전문성, 중립성을 강조하고 있다. 여기에서의 중립성은 제시문 1에서의 중립성과 어떤 관계가 있는가?

[나군 면접] 다음 제시문을 읽고 문제에 답하시오.

[제시문 1]

신분제도는 혈통 및 혈연, 가문, 직업상의 지위, 교양, 수입, 재산, 권력 등에 따라 계층을 나누어, 차등적인 사회적 평가와 처우를 받는 서열 제도이다. 근대 이전까지는 동서양 가릴 것 없이 매우 철저하고 엄격하게 출생과 동시에 부모의 신문이나 가문에 의해서 모든 것이 결정되었고, 사람을 합법적으로 차별대우하는 근원이 되었다. 따라서 수많은 문제를 야기한 신분제도가 사라지고 민주주의가 시작되면서 개인의 능력에 따라 사회적 지위나 권력이 주어지는 사회를 추구하는 능력주의 시대가 도래했다. 그러나 능력이 무엇인지, 능력이 있는 사람만 앞서가며 부귀영화를 누리고, 능력이 없는 사람은 뒤처지고 무시당해도 되는 것인지에 대한 논쟁이 일어났다. 그러면서 모든 사람은 동등하다는 전제에서 평등이라는 가치를 최우선으로 삼는 평등주의가 대두된다. 빈부의 격차, 권력층과 서민층의 격차, 서울과 지방의 격차 등이 위화감을 조성하고, 서로 간의 이해 충돌을 일으키며 갈등을 초래하는 등의 문제가 심각해지는 것이다. 결국 능력이라는 것도 개개인이 태어나자마자 자신의 의지와는 상관없이 받은 것인데, 그렇게 능력을 갖고 태어났다는 이유만으로 개인이 혼자 우연의 과실을 향유해서는 안 된다는 주장이다.

[제시문 2]

A대기업의 정규직 사원들이 비정규직의 정규직 전환에 대한 입장문을 발표했다. 내용은 다음과 같다. '우리 직원들은 비정규직의 정규직 전환에 대해서는 대찬성이다. 비정규직의 처우 개선 및 비정규직의 직업 안정성 향상을 위해서 필요한 조치라고 본다. 그러나 정규직은 비정규직 근로자들에 비해 A회사를 들어오기 위해 훨씬 많은 노력을 했다. 노력의 수치가 다른데 비정규직과 정규직을 동등하게 처우하는 것은 오히려 정규직을 역차별하는 행위라서 용납할 수 없다.'

[제시문 3]

요즘 이슈가 되고 있는 서울교통공사 비정규직의 정규직화에 대한 인터넷 기사이다. 서울교통공사는 지난 3월 1일 무기직 1,285명을 정규직으로 전환했다. 그러나 이 과정에서 이들 대부분이 임직원의 친인척이라는 사실이 밝혀지면서 많은 이들의 공분을 산 것이다. 물론 비정규직의 처우가 개선되는 것은 바람직한 현상이나, 일각에서는 비정규직들을 정규직으로 전환하는 바람에 오히려 새로 취업해야 하는 청년들의 일자리가 줄었다는 주장도 있다. 올해 서울교통공사 신규 채용 인원이 전년 대비 너무 많이 떨어졌기 때문이다.

---

1. 제시문 1의 신분주의, 능력주의, 평등주의를 정의하고 각각의 관계를 설명하시오.
2. 제시문 2의 밑줄 친 부분, 즉 "들인 노력이 다른데 비정규직과 정규직을 어느 날 갑자기 동일하게 취급하는 건 용납할 수 없다."를 평등주의의 입장에서 비판해 보시오.
3. 비정규직의 정규직화 문제에 대한 지원자의 견해와 자신의 주장의 근거에 대해 말해 보시오.

부산대학교

2023학년도 입시결과

(1) 정량평가 요소별 평균

전형요소	가군 일반전형	가군 특별전형	나군 일반전형	나군 특별전형
LEET(30점 만점)	19.40	18.58	19.37	18.99
대학성적(30점 만점)	29.04	28.44	29.10	28.57

(2) 정량평가 요소별 상위 25%, 50%, 75% 지점의 점수

가. ㉮군 일반전형

전형요소	상위 25%	상위 50%	상위 75%
LEET(30점 만점)	19.76	19.37	18.93
대학성적(30점 만점)	29.58	29.15	28.70

나. ㉯군 일반전형

전형요소	상위 25%	상위 50%	상위 75%
LEET(30점 만점)	19.72	19.37	18.93
대학성적(30점 만점)	29.43	29.15	28.88

○ LEET, 대학성적에 대한 점수는 우리 대학교의 성적반영 방법에 따라 환산된 점수를 적용하여 나타낸 것임
  ※ 성적반영 방법은 2022학년도 법학전문대학원 신입생 모집요강에 공개되어 있음
○ 특별전형의 경우 군별로 합격자가 4~5명밖에 되지 않으므로 상위 25%, 50%, 75% 지점의 점수는 별도로 공개하지 않음
○ 각 전형요소별에 대한 상위 25%, 50%, 75% 점수이므로 최종합격자의 순위와는 관계가 없음

(3) 출신학부 현황

출신학과(부)	인원			출신학과(부)	인원		
	남	여	계		남	여	계
가정교육과	0	1	1	불어불문학과	1	3	4
간호학과	0	1	1	사학과	1	3	4
건반악기과	0	1	1	사회복지학과	0	2	2
경영학과	7	10	14	사회학과	0	2	2
경제학과	5	6	11	생명과학과	0	1	1
공공정책학부	1	2	3	서어서문학과	1	1	2
공연영상창작학부	0	1	1	세무학과	1	0	1
관광컨벤션학과	0	1	1	스포츠레저학과	1	0	1
교육학과	1	0	1	식품영양학과	1	0	1
국어교육과	1	0	1	식품자원경제학과	1	0	1
국어국문학과	0	2	2	심리학과	1	0	1
글로벌경제학과	0	1	1	아동가족학과	1	1	2
글로벌리더전공	1	0	1	약학과	0	1	1

기계공학부	1	0	1	언론홍보영상학전공	0	1	1
기계조선공학과	1	0	1	역사교육과	1	1	2
노어노문학과	1	1	2	영어영문학과	2	2	4
독어교육과	1	0	1	인류학과	0	1	1
동양사학과	0	1	1	일어일문학과	0	1	1
디자인학과	0	1	1	자유전공학부	1	0	1
문헌정보학과	0	1	1	정책학과	2	2	4
문화인류학과	1	0	1	정치외교학과	7	3	10
미디어커뮤니케이션학과	0	1	1	철학과	3	4	7
미디어학부	0	1	1	커뮤니케이션학부	0	1	1
미학과	0	1	1	컨벤션경영전공	0	1	1
법학과	2	5	7	행정학과	7	6	13
보건정책관리학부	1	0	1	계	57	75	132

2022학년도 입시결과

(1) 정량평가 요소별 평균

전형요소	가군 일반전형	가군 특별전형	나군 일반전형	나군 특별전형
LEET	24.43	20.90	23.83	21.19
대학성적	23.76	23.13	23.76	22.93

(2) 정량평가 요소별 상위 25%, 50%, 75% 지점의 점수

가. ㉮군 일반전형

전형요소	상위 25%	상위 50%	상위 75%
LEET	25.04	24.27	23.83
대학성적	24.15	23.88	23.55

나. ㉯군 일반전형

전형요소	상위 25%	상위 50%	상위 75%
LEET	24.56	23.87	23.02
대학성적	24.25	23.9	23.55

○ LEET, 대학성적에 대한 점수는 우리 대학교의 성적반영 방법에 따라 환산된 점수를 적용하여 나타낸 것임
　※ 성적반영 방법은 2022학년도 법학전문대학원 신입생 모집요강에 공개되어 있음
○ 특별전형의 경우 군별로 합격자가 4~5명밖에 되지 않으므로 상위 25%, 50%, 75% 지점의 점수는 별도로 공개하지 않음
○ 각 전형요소별에 대한 상위 25%, 50%, 75% 점수이므로 최종합격자의 순위와는 관계가 없음

(3) 출신학부 현황

출신학과(부)	인원(명)	출신학과(부)	인원(명)
IT융합공학	1	건설환경공학부	1
경영학과	15	경제학과	14
공공정책학부	3	교육학과	2
국어교육과	2	국어국문학과	7
글로벌경영학과	1	글로벌경제학과	1
글로벌리더학부	5	나노생명화학공학부	1
독어교육과	1	독어독문학과	4
무역학부	1	미디어커뮤니케이션학과	1
미디어학부	2	법학과	7
사학과	3	사회과학부	1
사회복지학과	2	사회학과	6
산림환경학전공	1	산업공학과	1
수학과	2	식품자원경제학과	1
신소재공학과	2	신학과	1
심리학과	2	영어교육과	1
영어영문학과	1	유학·동양학과	1
응용경제학과	1	컴퓨터공학부	1
전산학부	1	정책학과	1
정치외교학과	16	중어중문학과	1
지리교육과	2	철학과	4
체육교육과	1	통계학과	1
한국사학과	1	행정학과	8

(4) 성별 현황

구분	인원(명)
남자	66
여자	66
합계	132

면접 진행방식

면접유형	서면답안 작성 후 개별면접(3:1)		
준비시간	20분	면접시간	8분
답안작성	메모지 제공하며, 휴대 가능함		
문제 수 및 지문분량	1주제 1−2문제, A4 2/3 분량		
인성질문 유무	×		

면접특징	• 건물 입장 시 신분증 및 수험표를 제외한 모든 소지품은 검은 봉투에 넣어서 별도로 보관함
	• 화장실 이용 가능함
	• 대기장소가 다소 추울 수 있음(담요나 핫팩 준비)
	• 첫 번째 종소리가 울리면 문제지 인쇄상태 확인 및 가수험번호 기재, 두 번째 종소리가 울리면 문제풀이 시작하고, 세 번째 종소리가 울리면 종료함(종료 전 남은 시간 알려주지 않으므로, 개인시계 지참)
	• 작성한 서면 답안지는 면접관에게 전달됨
	• 자신이 작성한 서면을 면접위원들이 보고 질문을 한다는 점을 염두에 두고 답안을 작성하면 면접 시 효과적으로 답변할 수 있음
	• 면접실 입실 후 첫 번째 종이 울리면 답변을 시작하고, 답변을 마치면 조교가 답변 시간이 몇 분 남았는지 알려줌
	• 답변 시작 후 6분 30초가 되면 두 번째 종이 울림. 이후 1분 30초간 추가질문이 있으며, 8분 경과하면 세 번째 종이 울리고 답변을 종료해야 함
	• 시간에 맞춰 준비하고 답변하는 연습이 필요함

2023 학년도 기출문제

[가군 면접] 다음 제시문을 읽고 문제에 답하시오.

성인용 전신인형(리얼돌) 규제에 대해 국내 여론은 "리얼돌은 성인용품일 뿐이며 개인의 자유를 인정해야 한다"는 주장과 "여성을 성적 대상화해 인권을 침해한다"는 의견으로 갈린다. 리얼돌을 찬성하는 쪽에서는 "리얼돌 통관을 불허하는 행위는 국가가 정당한 사유 없이 개인의 행복을 침해하는 행위"라며 "결혼을 포기한 사람, 노인, 혹은 정신적, 신체적으로 정상적인 성생활을 즐길 수 없는 사람들에게도 인간의 3대 욕구 중 하나인 성욕의 훌륭한 대체재가 될 수 있다"고 주장한다. 반면 시민단체 및 여성계는 인간의 존엄성을 훼손한다며 이를 반대한다. 윤지영 교수는 '리얼돌, 지배의 에로티시즘' 논문에서 "인형은 일방적으로 예뻐해주고 귀여워 해주며 사랑해주는 대상임과 동시에, 언제든 맘에 들지 않으면 짓이기거나 훼손 가능하며 대체·폐기 가능한 취약성을 의미한다"며 "인형 위상은 남성 중심적 사회에서 여성이 갖는 위상을 상징하는 것"이라고 지적했다. 또한 "남성들의 치료와 성욕 해소를 위한 도구적 존재로 여성 신체가 형상화되는 일이 여성들에게 어떤 인격침해나 심리적·신체적 훼손을 유발하는지, 어떤 측면에서 트라우마적 요소가 될 수 있는지는 전혀 고려의 대상이 되고 있지 않다"고 비판했다.

리얼돌 논란은 한 성인품 업체가 2017년 리얼돌 수입통관 보류처분을 받은 후 법원에 행정소송을 제기하면서 시작됐다. 관세청은 그간 '풍속을 해치는 물품을 수입할 수 없다'는 관세법 234조에 근거해 수입통관을 불허해왔다. 1심 재판부는 2018년 9월 "전체적인 모습이 실제 사람과 흡사한 리얼돌이 인간의 존엄성과 가치를 심각하게 훼손했다"며 수입 금지가 합당하다고 판결했다. 하지만 2심 재판부는 2019년 초 1심 판결을 뒤집고 수입업체의 손을 들어줬고 이 판결은 대법원에서도 유지됐다. 2019년 6월 대법원은 리얼돌이 음란물이 아니라고 판시했다. 대법원은 "리얼돌 수입 금지가 인간의 존엄성과 자유를 실현하는 데 어긋난다"며 관세청의 수입통관 보류처분을 취소하라는 판결을 내렸다. 리얼돌 수입을 처음으로 합법화한 것이다. 항소심 재판부는 리얼돌 외형이 문제라면 의학 수업을 위한 인형, 인체의 신비를 주제로 한 박물관 전시 인형 등도 문제가 된다고 했다. 성기구라는 용도를 배제한 채 인간과 닮았다는 이유만으로 음란한 물건이라고 볼 수는 없다는 판결이다. 또 사람의 외형을 닮거나 인체 묘사가 사실적이고 적나라하면 풍속을 해하는 것인지 의문을 제기했다. 재판부는 사람과 비슷한 외형이더라도 성기구로 쓰이지 않는다면 당연히 음란한 물건이 아니라고 했다. 반면 성기구라는 목적을 인정한다면 이는 '사적이고 은밀한' 개인 행복권 영역에 속하므로 국가가 개입해선 안 된다는 취지다.

문제

리얼돌, 섹스로봇 등 성적 인공물의 상용화에 대한 본인의 의견을 말하고, 향후 우리나라의 대응방안에 대해 답변하시오.

• 자유를 최대한 존중해야 되는 구체적인 이유는 무엇인가?

• 점진적으로 적용을 어떻게 할지?

• 그렇다면 점진적이고 실증적으로 피해를 검증해서 보완한다면, 점진적 단계의 기준은 무엇이라고 생각하나요?

[나군 면접] 다음 제시문을 읽고 문제에 답하시오.

[제시문 1]
보육원에 애들을 맡겨 놓고 정해진 시각보다 늦게 애들을 찾아가는 부모들이 많아서 이 문제를 해결하기 위해 보육원은 벌금제도를 도입해서 아이를 늦게 데리러 오는 부모에게 벌금을 부과했다. 하지만 오히려 늦게 데리려가는 부모들의 비율이 2배로 증가했고, 벌금제도를 다시 없앴으나 2배로 증가한 비율은 줄어들지 않았다.

[제시문 2]
고전경제학 이론에 따르면 인간은 모든 가능한 정보를 가지고 있으며 경제적 이익을 극대화하고자 하는 유일한 목표 아래 자원을 가장 효과적으로 사용하고자 하는 것이 합리적 또는 경제적인 행동이 되며 그렇지 않으면 감정적이거나 비합리적인 행동이라고 규정하여 왔다. 이러한 경제학적 시각에서의 합리성에 대한 개념규정은 합리성을 경제적인 행동으로서 간주하고 행동에 감정개입을 배제시키고 있다. 합리성으로 인간 행동은 설명과 예측이 가능하고 인간 행위에 대해 요약할 수 있다.

[제시문 3]
A: 경제학에서는 하나의 선호관계만을 설정해 인간행위를 설명하고자 하나 이는 합리적 바보를 설정하여 설명하는 것이다.
B: 자본주의에 대한 부정적 인식이 있지만 물질적인 이해관계로 문제를 해결할 수 있다는 장점이 있다.

문제

1. 제시문 2를 바탕으로 제시문 1의 사례를 분석하시오.
2. 제시문 1의 사례를 바탕으로 제시문 3의 A와 B를 논평하시오.

추가질문

• 벌금이 차등적으로 부과되면 결과가 달라질 것인가?

2022 학년도 기출문제

[가군 면접] 다음 제시문을 읽고 문제에 답하시오.

[제시문]
환경, 사회, 기업 지배구조(Environmental, social and corporate governance, ESG)는 기업이나 비즈니스에 대한 투자의 지속 가능성과 사회에 미치는 영향을 측정하는 세 가지 핵심 요소이다. 선진국들은 이미 ESG 관련 법제도 도입에 적극적인 움직임을 보이고 있다. 다만 ESG 평가의 세 가지(환경, 사회, 기업 지배구조) 개념이 애매모호하고 세 개념 간의 연관성이 분명하지 않아 일관적이고 객관적인 기준이 필요하다는 점, 대기업들의 경우 여력이 있어 준비를 하고 실행을 할 수 있는데 중소기업은 인력과 비용 때문에 손쉽게 진행하지 못하는 경우가 많다는 점 등의 문제가 있다. ESG 경영 지표를 세부적으로 만들어 그 기준에 들어맞을 경우 연기금 투자에 우선권을 주는 등의 혜택이 필요하다는 목소리가 있으며, 자본시장 선진화의 한 방법으로서 ESG 경영이 중요하다는 의견이 제시되고 있다.

1. 현 ESG 지표의 장단점, 보완방안을 제시하시오.
2. 한국형 K-ESG 도입의 필요성에 대해 본인의 의견을 말하시오.

[나군 면접] 다음 제시문을 읽고 문제에 답하시오.

[제시문 가]
대부분의 과학자는 자연의 법칙이 변하지 않는다는 것을 당연하게 받아들인다. 그러나 두 가지 이유 때문에 불변의 법칙은 오류를 보인다. 우선 자연의 법칙이라는 말 자체가 인간 중심적인 발상이다. 자연의 법칙은 수학적 신의 정신에 담긴 영원불변하는 사상이었다. 하지만 유물론자들에게는 이러한 법칙들을 유지할 수 있는 신이나 초월적 정신이 존재하지 않았다. 진화하는 우주 안에서 자연 또한 진화하기 마련이며, 자연에 대한 일반화 역시 진화해야 한다. 분자와 식물과 뇌를 관장하는 법칙들이 이런 체계들이 존재하기도 전인 우주 대폭발의 순간에 모두 나타났다고 추정할 만한 논리적 근거는 어디에도 없다. 그럼에도 몇몇 철학자들이 어떻게 이야기하든지에 상관없이 과학자들 대부분의 사고 안에는 영원한 법칙이 깊이 박혀 있다. 나는 영원불변의 법칙들에 대한 대안 하나를 제시하려 한다. 그것은 '진화하는 습성들'이다. 자연의 규칙성은 시공간을 초월하는 영원한 정신의 영역에 좌우되는 것이 아니라, 자연에 내재하는 일종의 기억에 의존한다. 이러한 습관적 사고를 바꾸기 위한 첫걸음은 그것이 단지 습관이라는 것을 인지하는 것이다.

[제시문 나]
해외시장에 진출하는 스타트업들이 늘어나면서 아예 해외로 본사를 옮기는 기업들도 증가하고 있다. 사업 영역을 해외로 넓히는 정도가 아니라 회사의 국적 자체를 바꾸는 것이다. 유망 스타트업들이 잇따라 해외로 이전하면서 경제효과 감소나 인력 유출 등을 우려하는 목소리가 나오고 있다.

[제시문 다]
신자유주의는 비개입이라는 이데올로기적 베일 안에서 도리어 모든 사회 영역에 치명적인 손상을 가하는 개입을 일상화했다. 신자유주의적 자본주의의 공고화는 실업과 불완전 고용을 광범위하게 확대했고, 국가와 국가 사이, 한 국가 내의 자본의 집중적 소유를 통한 계층화를 고착화했으며, 끝도 모를 불평등을 심화시켰다. 민중들의 노동 주권과 생활 조건은 극히 일부를 제외한 모든 곳에서 악화되었고, 주변부는 경제적 불안정에 심각하게 노출되어 있다.

1. [제시문 가]의 의견에 대해 찬성 측에서 논거를 제시하시오.
2. [제시문 나]를 활용하여 [제시문 다]의 입장을 옹호 또는 반박하시오.
3. 자연법칙이 아닌 사회가 진화한다면 그 사회 진화의 척도가 무엇일지 본인의 의견을 제시하시오.

2021 학년도 기출문제

[가군 면접] 다음 제시문을 읽고 문제에 답하시오.

A씨가 허리가 아파서 병원에 갔는데, 병원 이름이 '○○ 척추디스크'였다. 병원 이름이 이상하다고 생각한 A씨는 의사한테 병원 이름을 그렇게 지은 이유를 물어보았더니, 의사는 현행법상 질병명을 병원 이름으로 쓸 수 없기에 편법으로 이러한 명칭을 사용했다고 대답했다.

X국 의료법 제15조
① 자신의 이름을 명시하여 병원 이름에 사용할 수 있다. 그러나 병원 이름에 질병명이나 인체의 장기 이름을 사용해서는 안 된다.
② 전문의 과정을 수료한 자는 해당 전문의 수료과를 간판에 명시할 수 있다.

병원 간판에 특정 질병명을 명시하는 것에 대해 환자, 의사, 의료담당 행정 공무원의 입장에서 찬반 근거를 말하고, 자신의 견해를 이야기하라.

[나군 면접] 다음 제시문을 읽고 문제에 답하시오.

[제시문]
과거 학교폭력을 해결하던 방식인 '학교 내 자치위원회' 방식(학부모 50% 이상, 교사 등으로 구성됨)에 대한 실효성 문제와 전문성 관련 논란으로 제도가 폐지되고, 2018년부터 '교육청 심의위원회'로 대체되었다. 교육청 심의위원회는 학부모가 1/3로 제한되고 의사, 변호사, 교수, 교육전문가 등 다양한 구성원으로 구성된다. 또한 이러한 '교육청 심의위원회'와 함께 간단한 사안의 경우에는 '학교장 자율제도'를 통해 해결할 수 있는데, 이에 대해서는 학교장의 자율하에 간단한 학교폭력 사안을 해결할 수 있다. 이처럼 제도의 변화에 따라 학교폭력 해결방식은 학교 내 자치위원회에서 교육청 심의위원회와 학교장 자율제도로 이원화되었다.

1. 자율성을 강조한 자치위원회와 전문성을 강조한 심의위원회 중 어느 것이 더 학교폭력 해결에 우수한가?
2. 자율성과 전문성을 모두 잃지 않고, 학교폭력 문제를 해결할 수 있는 제3의 방안을 말해 보시오.

• 자치위원회와 심의위원회에 모두 학부모가 참여하는데 두 위원회 간 차이는 무엇인가?
• 현재 형사재판 절차로서 국민참여재판 등이 활발히 도입되고 있는데, 교육청에서 나서서 학교폭력문제를 해결하는 것이 타당한가?
• 학생들이 참여하면 공정성이 실현되는가?

2020 학년도 기출문제

[가군 오전 면접] 다음 제시문을 읽고 문제에 답하시오.

[제시문]
자가용 소유자 A는 자신 소유의 자동차를 소유 중이나, 평상시 지하철로 출퇴근을 하기 때문에 차를 거의 사용하지 않고 차량 유지비 및 보험료만 납부하는 상황이다. 따라서 자동차를 운송 서비스에 활용하여 추가적인 경제 수입을 얻기를 원한다.
직장인 B는 직장까지 가는 교통편이 좋지 않아서 퇴근 시 택시를 자주 이용하는데 택시가 잘 잡히지 않아서 힘들다. 택시 이외의 새로운 운송 수단이 있으면 좋겠다고 생각한다.
앱 개발 사업자 C는 자신이 소유한 차량을 이용해서 경제 수입을 얻기를 희망하거나, 택시 외의 다른 운송 수단을 희망하는 공급자와 수요자의 요구를 충족시킬 수 있는 어플리케이션을 개발하여, 20%의 수수료 수익을 얻고자 한다.
택시 운전자 D는 택시면허를 따서 30년 넘게 택시 영업을 하고 있으며, 택시 운전을 평생 직업으로 생각하고 있다. 그러나 현재 택시업계는 경쟁이 너무나 치열해서 택시 영업이 너무나 힘든 실정이다. 따라서 C가 개발한 어플리케이션을 바탕으로 한 서비스의 영업 허용에 반대하고 있다.

1. C의 사업에 대한 찬성과 반대의 근거를 제시하시오.
2. C의 사업 허용 여부에 관한 공청회가 열렸다. 본인이 공청회 참가자로 C의 사업을 허용해야 한다는 입장에서 발언한다고 할 때, C의 사업이 도입될 경우 예상되는 문제점을 제시하고 이에 대한 해결방안을 제시해 보시오.

[가군 오후 면접] 다음 제시문을 읽고 문제에 답하시오.

> [제시문 A]
> 대의 민주주의를 주장하는 글. 공공선을 실현하기 위해서는 민중보다는 소수의 선출된 집단이 현명한 판단을 내릴 수 있으므로, 민주주의 실현을 위한 가장 적합한 방법이다. 즉, 직접 민주주의보다는 대의제가 낫다는 견해이다.
>
> [제시문 B]
> 참여 민주주의를 주장하는 글. 직접 민주주의를 통해서 국민이 정치에 참여함으로써 인간적 삶의 정신을 고양시킬 수 있다. 다만, 대의제가 국민의 진정한 의사를 실현시킬 수 있다는 부분은 동의한다. 즉, 대의제하에서 참여 민주주의를 확대해야 한다.
>
> [제시문 C]
> 공론화위원회는 직접 민주주의의 요소가 포함되어 있다. 국민이 직접 참여하고, 토론과 대화를 통해 합의점에 도달하며, 이는 숙의 민주주의를 실현하는 과정이다. 공론화위원회 구성원은 15명의 전문위원과 무작위로 선출된 시민위원 560명으로 구성된다. 대입제도와 관련된 공론화위원회가 개체되었으며, 이 역시 각 분야를 대표하는 다양한 인사로 구성되었다.

문제

1. 제시문 A와 B에서 말하는 민주주의에 대하여 비교 설명하시오.
2. 제시문 A와 B가 상충하는가? 아니면 상호 보완하는 관계인가?
3. 위 문제 1, 2를 토대로 자신의 견해를 밝히고, C사례를 평가하시오.

[나군 오전 면접] 다음 제시문을 읽고 문제에 답하시오.

> [제시문]
> A씨는 이번 여름휴가를 제주도로 갔고, 숙소 근처에 맛있다는 이탈리아 레스토랑을 방문했다. 그런데 이곳을 운영하는 B씨는 '13세 미만 아동 출입금지'라는 게시물을 식당 입구에 붙여 놓았다. 다른 고객에게 피해를 주거나 장식품을 파손하는 일이 발생했었고, 안전사고가 발생했을 때 책임소재가 명확하지 않아서 곤란하다는 것이다.
> 그러나 A씨는 9세의 아들과 함께 레스토랑을 방문하였기 때문에 식당 사장으로부터 입장이 불가하다는 말을 들었다. 아이를 동반하였다는 이유로 식당 입장을 거부당한 것이 부당하다고 생각한 A씨는 국가인권위원회에 진정서를 냈고, 국가인권위원회는 13세 이하의 아동의 입장을 일률적으로 제한하는 것은 부당하다며 시정명령을 내렸다.

문제

1. 아동의 출입을 제한하는 것에 대한 자신의 입장과 그 근거를 말해 보시오.
2. 국가 인권위원회에서 음식점 사장에게 시정명령을 내렸다. 본인이 제시문의 사장이라면 이 문제를 해결하기 위해 어떤 방법을 사용할 것인가?

[나군 오후 면접] 다음 제시문을 읽고 문제에 답하시오.

> [제시문]
> 아돌프 아이히만은 제2차 세계대전 당시 유대인 운송의 실무 책임자로서 500만 명 이상의 유대인의 대학살과 관련이 있다는 혐의를 받았다. 그는 독일군의 친위대 대대장으로서, 1941년에 나치가 유대인 절멸을 결정했을 때 그 집행을 위임받은 책임자였다. 독일이 전쟁에서 패망한 이후 신분을 위장하여 재판을 피한 후 1950년에 아르헨티나로 도주하였다. 그는 그곳에서도 나치 잔당과 모임을 가지고 독일의 청년들에게 새로운 반유대주의 독일인의 사명감을 심어주려 하였다. 이스라엘은 이 사실을 안 이후에 공작원들을 시켜서 아이히만을 납치하여 재판에 회부하였고, 1962년에 생중계로 교수형에 처해진 장면이 공개되었다. 사람들은 이 재판을 통해 유대인이 얼마나 고통을 받았는지를 세계에 알리고자 했으며, 정의의 승리를 보여주고자 하였다.
> 당시 한나 아렌트는 유대인 출신으로 나치를 피해 미국으로 망명했던 정치철학자였다. 당시 '뉴요커'지의 요청으로 이 재판을 취재했고, 1963년 '예루살렘의 아이히만'이라는 책을 출간했다. 그녀는 이 책에서 아이히만을 악인, 유대인을

악인에게 희생당한 '불쌍한' 존재로 묘사한 검사를 '과잉'이라고 표현하였고, 예루살렘 법정은 "피고 아이히만이 무엇을 잘못하였는가?"보다는 "유대인이 어떤 일을 겪었는가?"를 다루었다며 쇼와 같았다고 지적하였다. "정의는 은둔을 요구하고, 분노보다는 슬픔을 허용하며, 그 자신을 주목받는 자리에 놓음으로써 갖게 되는 모든 쾌락을 아주 조심스럽게 피하도록 처방한다" 이에 따르면 정의는 은둔에 가까운 것이며, 사법의 핵심적 목적은 유형된 형량의 판단, 재판 그리고 그 집행으로 한정되는 것이다. 그 이상의 과잉된 의도, 혹은 소위 '기록된 정의'를 목적으로 이루어진 아이히만의 재판은 많은 한계와 모순을 드러냈으며, '정의를 실현하기 위한' 재판이 아니었다고 하였다.

문제

1. 한나 아렌트가 말하는 사법적 정의가 무엇이라고 생각하는가?
2. 아이히만은 자신이 공직자로서 국가의 명령을 따랐을 뿐 죄가 없다고 주장했다. 이에 대해 어떻게 생각하는가?
3. 이스라엘은 2차대전 당시 국가가 아니었기 때문에 이스라엘이 민족을 내세워 전범재판을 한 것은 무효라는 주장이 있다. 이에 대해 어떻게 생각하는가?
4. 아이히만을 납치해 법정에 세운 것에 대해 비판이 있다. 이에 대해 어떻게 생각하는가?

2019 학년도 기출문제

[가군 오전 면접] 다음 제시문을 읽고 문제에 답하시오.

[제시문]
낱말들은 때때로 기록보다 더욱 효과적인 증거가 된다. 기본적으로 이 책이 다루고 있는 60년이란 기간에 창안되거나 그 현대적 의미를 얻은 몇 개의 영어 낱말들을 생각해보자. '산업'(industry), '산업가'(industrialist), '공장'(factory), '중류계급'(middle class), '노동자계급'(working class), '자본주의'(capitalism), 및 '사회주의'(socialism) 등이 그러한 낱말들이다. '철도'(railway)는 물론, 정치적 용어로서 '자유주의적'(liberal)과 '보수적'(conservative), '국적'(nationality), '과학자'(scientist)와 '기술자'(engineer), '프롤레타리아'(proletariat) 및 '경제공황'(economic crisis)뿐 아니라 '귀족'(aristocracy)도 이에 포함된다. '공리주의자'(utilitarian), '통계학'(statistics), '사회학'(sociology) 및 그 밖의 여러 현대과학의 명칭들, 그리고 '저널리즘'(journalism)과 '이데올로기'(ideology) 등이 모두 이때 새로 만들어지거나 개작된 낱말들이다. '파업'(strike)과 '빈곤'(pauperism)도 그러하다.

이러한 낱말들이(즉 그러한 명칭이 부여된 사실과 개념들이) 존재하지 않는 현대세계를 상상해보자. 인류가 농경, 야금술, 문서, 도시 및 국가를 창안했던 아득한 옛날 이래 인류 역사상 가장 커다란 변혁이 1789~1848년에 걸쳐 일어났음을 헤아릴 수 있을 것이다. 이 혁명은 전 세계를 변혁시켰으며 현재도 계속 변혁시키고 있다. 그러나 그것을 고찰함에 있어서 우리는 특정 사회구조, 정치조직, 또는 국제적 세력 및 자원분포에 국한되지 않는 그것의 장기적 결과와, 특정한 사회적·국제적 상황과 밀접히 관련되어 있었던 초기의 결정적 국면을 조심스럽게 구별해야 한다.

1789~1848년의 위대한 혁명은 '공업 자체'의 승리가 아니라 '자본주의적' 공업의 승리였으며, 자유와 평등 일반의 승리가 아니라 '중류계급' 또는 '부르주아적 자유 사회'의 승리였다. 또한 '근대경제' 또는 '근대국가'의 승리가 아니라 상호 인접하여 경쟁하고 있는 영국과 프랑스를 중심으로 하는 특정지역(유럽의 일부와 북아메리카의 작은 부분)에 속한 여러 경제와 국가들의 승리였던 것이다. 1789~1848년의 변혁은 본질적으로 이 두 나라에서 일어나 전 세계로 파급된 한 쌍의 대변동이었다.

출처: 에릭 홉스봄, '혁명의 시대'

문제

1. 제시문에서 에릭 홉스봄이 말한 1789~1848년의 지난 60년간 새롭게 등장한 단어 중 '오늘날의 본질'을 설명함에 있어서 지금도 유효한 단어 2개를 제시하고 그 근거를 설명하시오.

2. 오늘날을 과거와 변별되도록 하는 단어를 정치 영역, 경제 영역, 사회문화 영역에서 하나씩 제시하고 이유를 설명하시오.

[가군 오후 면접] 다음 제시문을 읽고 문제에 답하시오.

[제시문]

개체화(individuation)와 개인성(individuality)을 구별하는 것이 유용하다. 전자는 모든 개개인이 이름, 생일, 주거, 고용 이력, 교육적 배경, 그리고 생활양식 등의 고유한 기록으로 확인할 수 있게 알려진 상황을 지칭한다. 후자는 많은 논자들이 사회적 조직화의 증가와 그에 따른 감시에 의해 위협받는다고 믿는 것인데, 사람이 자신의 운명을 책임지고 삶에 대한 진정한 선택과 통제를 하는 것과 관련된 것이다. 짐작할 수 있듯이, 이것은 감시기관과 그 정보수집 활동과는 적대적 관계에 있다. 흔히 개체화와 개인성은 결합되며, 개체화의 증가는 개인성의 감소를 의미하는 것으로 간주된다. 개체화가 사람들에 대한 관찰과 감시를 필요로 하는 것은 사실이지만, 수입, 주거환경 등과 같은 개인에 대한 정보수집은 사실 사람들의 개인성을 제고하기 위한 전제조건이 될 수도 있다. 이는 개인성이란 것이, 개인이 독특한 존재로 존중받고 진정한 자아실현 능력에 대한 제한을 받지 않으면서도 자신의 권리를 확실하게 보장받을 수 있는가의 문제이기 때문이다. 사회가 그 구성원의 개인성을 존중하고 지원하려면, 그들에 대해 많은 것을 알아야 할 필요가 있다. 예컨대 개인으로서 우리 각자가 투표권을 가지려면 우리는 적어도 이름, 연령, 주소 등에 의해 개체화되어야 한다. 이런 측면에서 보면 개체화는 민주사회의 전제 요건이다. 다시 말하지만, 만일 사회가 그 구성원의 개인성을 실현하기 위하여 일정한 정도의 주택공급과 물질적 충족을 이루어야 한다고 생각한다면(절망적인 가난 속에서 혼자 추위에 떠는 사람이 있다면, 그 사람의 개인성은 분명히 침해당한다), 이러한 필요를 성취하기 위해 사회가 구성원들을 개체화하고 그들의 정확한 환경을 면밀히 파악하는 것이 절대적으로 필요하다.

출처: 프랭크 웹스터, '정보사회이론'

문제

위 제시문을 1분 내외로 요약하고, 위의 내용과 관련된 사례를 하나 들고, 개체화의 증진이 개인성의 존중에 도움을 주는지에 대한 자신의 견해를 밝히시오.

[나군 오전 면접] 다음 제시문을 읽고 문제에 답하시오.

[제시문 1]

1단계 : 평화에서 전쟁으로

자연은 인간을 육체적, 정신적 능력의 측면에서 평등하도록 창조했다. 간혹 육체적 능력이 남보다 더 강한 사람도 있고, 정신적 능력이 남보다 뛰어난 경우도 있지만, 양쪽을 모두 합하여 평가한다면, 인간들 사이에 능력 차이는 거의 없다. 있다고 하더라도 다른 사람보다 더 많은 이익을 주장할 수 있을 만큼 크지는 않다. 능력의 평등에서 희망의 평등이 생긴다. 즉 누구든지 동일한 수준의 기대와 희망을 품고서 목적을 설정하고, 그 목적을 달성하기 위해 노력한다. 같은 것을 놓고 두 사람이 서로 가지려 한다면, 그 둘은 서로 적이 되고, 따라서 상대방을 파괴하거나 굴복시키려 하게 된다. 파괴와 정복을 불가피하게 만드는 경쟁의 주된 목적은 자기 보존이다. 인간은 그들 모두를 위협하는 공통의 권력이 존재하지 않는 곳에서는 전쟁상태에 들어가게 된다는 것이다. 이 전쟁은 만인에 대한 만인의 전쟁(war of every man against every man)이다. 전쟁상태에서 벌어지는 모든 일은 만인이 만인에 대한 적(敵)인 상태, 즉 자기 자신의 힘과 노력 이외에는 어떠한 안전 대책도 존재하지 않는 상태에서도 똑같이 발생할 수 있다. 이러한 상태에서는 성과가 불확실하기 때문에 근로의 여지가 없다. 토지의 경작이나, 해상무역, 편리한 건물, 무거운 물건을 운반하는 기계, 지표(地表)에 관한 지식, 시간의 계산도 없고, 예술이나 학문도 없으며, 사회도 없다. 끊임없는 공포와 생사의 갈림길에서 인간의 삶은 고독하고, 가난하고, 험악하고, 잔인하고, 그리고 짧다.

2단계 : 전쟁이 종식되는 단계, 다른 사람의 권리를 보호해 주는 단계

인간을 평화로 향하게 하는 정념으로는, 죽음에 대한 공포, 생활의 편의를 돕는 각종 생활용품에 대한 욕망, 그러한 생활용품을 자신의 노력으로 획득할 수 있다는 희망 등이 있다. 그리고 이성은 인간들이 서로 합의할 수 있는 적절한 평화의 규약들(자연법)을 시사한다. 인간의 상태는 만인에 대한 만인의 전쟁상태이기 때문에, 모든 사람은 오직 자신의 이성의 지배만 받을 뿐이며, 적으로부터 자기의 생명을 지키는 데 도움이 되지 않는다고 판단되는 일은 결코 하지 않을 것이다. 따라서 만인은 만물에 대한 권리를 가지며, 심지어는 다른 사람의 신체에 대해서까지도 권리를 가진다.

이처럼 만인이 만물에 대하여자연적 권리를 가지는 상황이 지속되는 한, 어느 누구도 천구를 안전하게 누릴 수 있는 보장이 없다. 여기에는 강한 자이든 약한 자이든 예외가 없다. 따라서 다음과 같은 이성의 계율 혹은 일반적 원칙이 등장한다. "모든 사람은, 달성될 가망이 있는 한, 평화를 얻기 위해 노력해야 한다. 평화를 달성하는 일이 불가능할 경우에는 전쟁에서 승리하기 위한 어떤 수단이라도 사용해도 좋다." 이 원칙의 앞부분은 자연법의 기본을 나타내고 있는 것으로서 '평화를 추구하라'는 것이고, 뒷부분은 자연권의 요지를 나타내고 있는 것으로서 '모든 수단을 동원하여자신을 방어하라'는 것이다.

3단계: 계약의 단계
인간이 자신의 권리를 양도하거나 폐기할 때에는 다 이유가 있다. 그렇게 하여자기에게 돌아올 반대급부가 있거나, 혹은 다른 어떤 이익을 기대할 수 있기 때문이다. 자신의 권리를 포기하는 행위는 자발적 행위인데, 모든 자발적 행위는 '자신의 이익'을 목적으로 한다. 그러므로 어떤 서약과 어떤 표시에 의해서도 결코 폐기 혹은 양도된 것으로 볼 수 없는 권리들이 존재한다. 이렇게 권리를 상호 양도하는 것을 계약(contract)이라고 한다. 계약에 근거한 단일한 판단이 존재한다고 하더라도 일회의 전쟁이나 전투에서처럼 제한된 기간 동안에만 존재한다면 인간이 원하는 안전은 확보되지 않는다. 인간은 평생의 안전을 원하기 때문이다. 제한된 기간 동안에만 단일한 판단이 존재하는 일회의 전쟁이나 전투의 경우, 전원일치의 노력으로 외적을 물리치고 승리를 얻었다고 할지라도, 그 후에 공동의 적이 없거나, 혹은 일부 사람들이 적으로 생각하고 있는 자를 다른 사람들은 친구로 여기는 사태가 발생하게 되면, 이해관계의 충돌로 인하여 그들은 필연적으로 분열하게 되고, 다시금 내전에 돌입하게 된다. 인간의 화합은 오직 인위적인 신의계약(covenant)에 의해서만 이루어진다. 따라서 그 화합을 항상적으로, 그리고 영속적으로 유지하기 위해 신의계약 이외의 어떤 것이 요구된다 하더라도 놀랄 일이 아니다. 그것이 바로 인간을 두렵게 하고 공동이익에 맞게 행동하도록 지도하는 공통의 권력(common power)이다.

출처: 홉스, '리바이어던'

[제시문 2]
국가는 정당한 물리적 폭력 행사의 독점을 실효적으로 요구하는 인간 공동체이다. 폭력이 정당화되는 근거로 예방적 대항폭력이 있다. 또한 국가는 예방 차원에서 국민에게 폭력 행사가 가능하다. 그러나 이는 완전히 정당화될 수는 없다.
출처: 카야노 도시히토, '국가란 무엇인가'

문제

1. 두 제시문의 차이점은 무엇이고 어느 견해를 지지하는가?
2. 전쟁 중의 살인, 사법 살인 등 폭력이 정당화될 수 있다고 생각하는가?

[나군 오후 면접] 다음 제시문을 읽고 문제에 답하시오.

[제시문]
4차 산업 혁명 시대에 발맞춰 인공지능과 빅데이터와 같은 기술과 함께 우리의 일상생활은 큰 변화를 맞이할 것이다. 특히 직업 시장의 변화는 많은 사람들의 관심사로 등장하고 있다. 세계경제포럼(WEF)은 지난해 2022년까지 1억 3,300만 개의 새로운 일자리가 창출될 것이며, 로봇이 기존 일자리 7,500만 개를 대체할 것이라고 언급했다. 속기사나 단순 사무직이나 판매직부터 경찰까지 AI가 보조자의 역할을 할 가능성이 매우 높다. 다만 1942년 아이작 아시모프의 소설 '런 어라운드(Run around)'에서 로봇이 사용될 때 지켜져야 할 로봇의 3원칙은 오늘날 로봇 개발의 기본원칙으로 인정받고 있으며, 다음과 같다.
첫째, 로봇은 인간에게 해를 가하거나, 혹은 행동을 하지 않음으로써 인간에게 해를 끼치지 않는다.
둘째, 로봇은 첫 번째 원칙에 위배되지 않는 한 인간이 내리는 명령에 복종해야 한다.
셋째, 로봇은 첫 번째와 두 번째 원칙을 위배하지 않는 선에서 로봇 자신의 존재를 보호해야 한다.
로봇의 도입을 위한 로봇 윤리가 논의되고 있고, 로봇이 만들어질 때는 일정 부분 로봇 윤리가 있어야 하며 이를 지켜야 한다.

1. 로봇의 3원칙을 지킬 때 발생할 수 있는 문제점을 말해 보시오.
2. 아래에 제시된 로봇 윤리 중 자신이 생각하는 가장 가치가 있고 중시되어야 할 로봇 윤리는 무엇인지 2가지를 선택해 말해 보시오.

> 인간의 존엄, 프라이버시, 자유, 책임, 공공의 이익, 투명성, 통제, 삶의 질, 안전, 보안, 국가안보, 개인정보

서강대학교

2023학년도 입시결과

(1) 신입생 정량

구분	가군		나군	
	법학적성시험	학사성적	법학적성시험	학사성적
상위 25%	134.03	96.60	128.33	95.83
상위 50%	128.80	93.70	125.50	94.05
상위 75%	124.18	91.45	121.55	92.83
평균	127.83	93.87	122.85	93.34

※ 일반전형 기준이며, 특별전형은 표본수 부족으로 공개하지 않음
※ 법학적성시험: 언어이해, 추리논증 표준점수의 합산점수
※ 학사성적: 출신대학의 백분위 환산점수
※ 공인영어성적: 전원 기준점수 이상 PASS

(2) 출신학교

대학명	인원(명)
Cornell University	1
경찰대학	5
고려대학교	7
서강대학교	4
서울대학교	16
숙명여자대학교	1
연세대학교	7
중앙대학교	1
한국과학기술원(KAIST)	1
한국외국어대학교	1
계	44

(3) 출신학부(전공) 현황

출신학부(전공)	인원(명)
Applied Economics and Management	1
간호학과	1
건설환경학과	1
경영학과	10
경제학과(부)	7
공공안전학과	1
기계항공공학부	1

독어교육학과	1
물리천문학부 물리학전공	1
법학과	4
사회복지학과	1
사회학과	1
생명과학과	1
언어학과	1
영어영문학과	1
재료공학부	1
전기전자공학과	2
전기정보공학과	2
정치외교학과	1
조선해양공학과	1
한문학과	1
행정학과	3
계	44

(4) 성별 현황

구분	일반전형			특별전형			합계		
	남	여	계	남	여	계	남	여	계
가군	11	7	18	1	1	2	12	8	20
나군	16	6	22	1	1	2	17	7	24
합계	27	13	40	2	2	4	29	15	44

2022학년도 입시결과

(1) 신입생 정량

구분	가군		나군	
	법학적성시험	학사성적	법학적성시험	학사성적
상위 25%	131.5	96.06	131.8	96.3
상위 50%	129.4	94.6	129.4	94.2
상위 75%	123.3	93.9	123.3	91.6
평균	128.07	94.85	128.17	94.03

※ 일반전형 기준이며, 특별전형은 표본수 부족으로 공개하지 않음
※ 법학적성시험: 언어이해, 추리논증 표준점수의 합산점수
※ 학사성적: 출신대학의 백분위 환산점수
※ 공인영어성적: 전원 기준점수 이상 PASS

(2) 출신학교

대학명	인원(명)
King's College London, University of London	1
경희대학교	1
고려대학교	15
서강대학교	4
서울대학교	8
연세대학교	12
한국과학기술원(KAIST)	1
계	42

(3) 출신학부(전공) 현황

출신학부(전공)	인원(명)
경영학과	12
경영학과, 생명과학과	1
경제학과(부)	5
교육학과	1
기계공학과	2
보건정책관리학부	1
사학과	1
산업 및 시스템공학과	1
수학과	1
식품공학과	1
아동가족학과	2
약학과	3
언론영상학과	1
영어영문학과	3
정보산업공학과	1
정치외교학과	1
철학과	3
토목환경공학과	1
한의학과	1
계	42

(4) 성별 현황

구분	일반전형			특별전형			합계		
	남	여	계	남	여	계	남	여	계
가군	7	11	18	2	0	2	9	11	20
나군	17	4	21	1	0	1	18	4	22
합계	24	15	39	3	0	3	27	15	42

면접유형	개별면접(2:1)		
준비시간	10분	면접시간	10분
답안작성	×		
문제 수 및 지문분량	1주제 3문제, A4 1/3 분량		
인성질문 유무	×		
면접특징	• 대기시간이 최대 3시간 정도이고, 면접시간 전까지는 개인 자료 열람 가능함 • 화장실 이용은 조교와 동행하면 가능함 • 문제풀이실에 입실하면 책상 위에 제시된 뒤집어진 문제지가 놓여 있고, 진행요원이 10분이 표시된 스탑워치 누르면 문제를 풀면 됨 • 문제지에 필기도 불가하고, 메모지도 제공되지 않으니 암기해야 함 • 문제풀이실에서 퇴실 후 바로 근처 면접장으로 이동함 • 면접관들이 3~4개 정도 적극적으로 추가질문을 함		

2023 학년도 기출문제

[가군 면접] 다음 제시문을 읽고 문제에 답하시오.

[제시문]
(1) 경인고속도로의 차량 통행이 많아 제기능을 하지 못한다며 인천 주민들이 경인고속도로 통행료 면제를 주장한다.
(2) 정부는 명절 고속도로 통행료 면제 정책을 시행 중이다. 그러나 이에 대한 찬반 대립이 뜨겁다.

문제

본인이 도로정책 결정권자라면 다음의 여러 안들 중 어떤 것을 채택할 것인가?
1안. 경인고속도로 통행료 면제 및 명절 고속도로 통행료 면제
2안. 경인고속도로 통행료 면제 및 명절 고속도로 통행료 면제 폐지
3안. 경인고속도로 통행료 지불 및 명절 고속도로 통행료 면제
4안. 경인고속도로 통행료 지불 및 명절 고속도로 통행료 면제 폐지

추가질문

• 통행료 면제를 하게 되면 고속도로에 차가 더 몰리지 않는가?

[나군 면접] 다음 제시문을 읽고 문제에 답하시오.

[제시문]
정부는 마스크와 백신의 규제를 다른 방식으로 운영한다. 마스크는 민간기업이 개입하지만 백신은 정부가 직접 관리한다.

문제

1. 코로나 상황 속 마스크 재고와 백신 재고에 대한 정부의 방식에 대해 어떻게 생각하는가?

2. 플랫폼 규제 및 자영업자의 수수료 감면을 위해 지자체에서 공공앱을 개발해 운영하는 것에 대해 어떻게 생각하는가?

추가질문

• 배달업에 종사하는 노동자들이 보호받지 못하는 문제에 대해서는 어떻게 생각하는가?

2022 학년도 기출문제

[가군 면접] 다음 제시문을 읽고 문제에 답하시오.

[제시문]

유네스코 세계문화유산인 김포 장릉 주변의 이른바 <왕릉뷰 아파트>를 둘러싼 갈등이 새해에도 계속되고 있다. 유네스코 세계문화유산으로 등재된 김포 장릉이 있는 문화재 보존지역에 건설사가 문화재청과 사전심의 없이 인천 서구청으로부터 주택건설사업계획을 승인받아 아파트를 건설하였으며, 인천시는 문화재청의 사전심의를 받지 않았다는 사실을 알고서도 묵인한 것으로 드러났다. 문화재청은 경관을 훼손하는 아파트 상부층 일부를 철거하는 안을 내놓았지만, 문화재법을 위반했으니 아파트 전체를 철거해야 한다는 주장도 제기되고 있는 상황이다. 문제는 유네스코 세계문화유산위원회가 김포 장릉을 포함한 조선왕릉 40기를 "조선왕릉이 자연, 우주와 어우러지는 조화가 특색이 있다"며 세계문화유산으로 지정했는데, 아파트건설로 인해 세계문화유산 등재 해제 또한 불가피해 보인다.

문제

1. 지원자가 결정권자라면 아파트 전면 철거와 유네스코 문화유산에서 지정 해제되는 것 중 어느 것을 선택하겠는가?
2. 경관을 훼손하는 아파트 상부층 일부만 철거하더라도 김포 장릉 전체가 유네스코 세계문화유산에서 지정 해제되는 것은 면한다고 할 때, 지원자가 결정권자라면 아파트 상부층 일부만이라도 철거할 것인가 아니면 철거를 중단할 것인가?
3. 서울시 집값 문제가 심각하여 서울시에서 주택 공급을 늘리고자 한다. 공공임대주택 3만가구 신설 및 태릉문화재 일부지정 해제와 공공임대주택 5천가구 신설 및 문화재 보존 중 어떤 방안을 선택할 것인가?

[나군 면접] 다음 제시문을 읽고 문제에 답하시오.

[제시문]

X택시회사 택시기사인 A는 사납금 방식으로 소득을 얻고 있다. 사납금 방식은 택시기사가 회사에 내야 하는 일정 금액이 있으며, 매출이 이를 초과할 경우 해당 초과분을 자신의 수입으로 가져가는 방식이다. 반면에 고정급 방식은 회사에 낼 금액이 없고 일종의 월급을 주나, 사납금 방식보다 높은 수익을 올려야 한다. X택시회사는 노사 간 합의로 택시기사들이 사납금 방식과 월급제 중 하나를 선택하도록 하였다. 택시기사 A는 안정적인 소득을 얻고자 월급제를 택했다. 그런데 X택시회사가 이러한 제도를 시행한 지 얼마 지나지 않아, 사납금을 선택한 택시기사 중 일부가 최저임금에 미치지 못하는 소득을 얻는 사례가 발생하였다. 이에 최저임금보다 적은 소득을 받은 택시기사들이 회사를 상대로 소송을 제기하였고, 그 결과 택시기사들이 승소하여, 최저임금에 미치지 못하는 부분은 최저임금만큼 보상받게 되었다. 택시기사 A는 본인의 선택에 따라 월급을 받으면서 일과 삶의 균형을 유지하고 있었다. 그런데 X택시회사는 보다 많은 매출을 올리기 위해 Y플랫폼회사에 가입하였다. Y회사는 택시기사와 승객을 중개해 주는 플랫폼회사로 승객이 택시를 요청하면 승객이 있는 곳과 가까운 곳에 있는 택시를 자동으로 강제 배차하는 시스템을 사용하고 있다. X택시회사가 Y플랫폼회사에 가입함에 따라 A는 쉬는 시간 없이 일을 할 수밖에 없는 처지에 놓이게 되었고, 이 때문에 택시기사 A는 일과 삶의 균형이 깨지고 삶이 매우 힘들어졌다. X택시회사가 Y플랫폼회사에 가입하기 전에 A는 손님이 요청하면 택시기사가 응답하는 시스템을 사용하는 어플리케이션을 이용하고 있어서 자신이 자유롭게 휴식을 취할 수 있었다.

1. 사납금 방식을 택한 택시기사들은 회사를 상대로 승소하면서 사납금 방식의 장점과 월급제의 장점을 모두 누릴 수 있게 되었다. 이러한 결과에 대해 어떻게 생각하는가?
2. X택시회사가 Y플랫폼회사에 가입함에 따라 A는 일과 휴식 사이에 균형을 이루기 어려워졌는데, 만약 지원자가 A의 상황이라면 어떤 조치를 취할 것인가?

2021 학년도 기출문제

[가군 면접] 다음 제시문을 읽고 문제에 답하시오.

> 갑: 제2차 세계대전 당시 원자폭탄을 투하함으로써 전쟁을 종식시킨 것은 잘한 일이야.
> 을: 다수의 사람이 희생되었는데 어떻게 그럴 수 있지?
> 갑: 원자폭탄을 투하함으로써 그 이후에 생길 수 있는 무고한 희생을 막았기 때문이야.
> 을: 이해할 수 없는 말이네. 아무리 목적이 선했을지라도 다수의 무고한 인명에게 피해를 끼친 것은 옳지 않아. 목적은 수단을 정당화할 수 없어.
> 갑: 결과가 더 큰 선을 보장할 수 있다면, 과정은 불법적이어도 인정될 수 있어. 이건 일반인의 시각에서 이해할 수 있는 사안이 아니야.
> 을: 다수의 사람들을 보호한다는 것만이 결과가 보장되는 것은 아닐 텐데. 나는 수긍할 수 없어.
> 갑: 글쎄, 나는 다수의 이익을 위해 과감한 결정을 내리는 사람을 좋아해.

문제

1. 갑과 을의 관점의 차이를 비교하여 서술하라.
2. 갑과 을 중 자신이 지지하는 견해를 제시하고 논증하라.
3. 도심의 상당 부분을 파괴할 수 있는 시한폭탄이 설치된 지점을 알아내기 위해 테러 혐의자에게 고문을 가하는 것이 허용될 수 있는지 답변하시오.

추가질문

• 전쟁을 하는 국가 입장에서 적국 국민을 무고하다고 보기는 힘들다. 그들도 적국의 체제에 동조하고 적을 지지하기 때문에 우리의 적이라고 할 수 있지 않은가?
• 테러 혐의자를 고문해서 얻은 정보로 폭탄을 제거해서 수많은 생명을 구했는데, 고문한 수사관에 대해 무슨 판결을 내려야 하는가?
• 정치인이 다수의 생명과 소수의 생명 중에 선택해야 하는 경우, 어느 쪽을 선택해야 하는가?

[나군 면접] 다음 제시문을 읽고 문제에 답하시오.

> 대한민국 국민들은 우리 사회는 공정하지 않지만 자신은 공정하다고 믿고 있는 것으로 드러났다. 이 같은 사실은 국민권익위원회 청렴연수원이 지난 9월 2일부터 2주간 공정·정직·배려 등 청렴 관련 인식수준을 조사한 결과 확인됐다. 조사에 따르면 공정 분야의 경우 응답자의 54%는 "우리 사회가 공정하지 않다"고 응답했고, "별로 공정하지 않다"는 43%, "전혀 공정하지 않다"는 11%였다. 반면 "나는 공정하지 않다"고 9.2%가 답해 국민 대다수가 사회 공정 수준은 낮게, 본인의 공정 수준은 높게 평가하는 것으로 나타났다. 사회는 공정하지 않지만 그럼에도 자신은 공정하다고 믿는 데서 오는 괴리는 사회에 대한 신뢰가 적음을 의미한다.

1. 제시문의 상황을 고려해봤을 때, 우리 사회를 공정하지 않다고 평가할 수 있는가? 근거와 함께 논하시오.
2. 어려운 상황에서 사회의 공정성을 제고하기 위해 국가 차원에서 국민들에게 제공할 수 있는 것들은 어떤 것들이 있는지 제시해 보시오.
3. 일률적이고 기본적인 기준들이 아닌 형편과 기대라는 기준을 적용하여 복지를 제공하는 것이 사회의 공정성을 높이는 데 기여한다고 생각하는지 말해 보시오.

2020 학년도 기출문제

[가군 면접] 다음 제시문을 읽고 문제에 답하시오.

[제시문]

A에게는 아들 X, Y와 딸 Z가 있다. X는 10세, Y는 8세, Z는 6세이다. A는 퇴근길에 아이들을 위해 아이스크림을 사 갔는데 아이들이 아이스크림을 서로 더 많이 먹겠다고 다투는 모습을 보았다. A는 아이들에게 아이스크림을 똑같이 나누어 주겠다고 약속했고, 이후에는 아이들에게 아이크림을 각각 1개씩 나누어주었다.

그러던 어느 날 A는 아이스크림을 사기 위해 가게에 들렀는데, 돈이 부족하여 아이스크림을 2개밖에 살 수 없었다. A는 아이들은 저렴한 가격의 아이스크림은 좋아하지 않기에 원래 사던 아이스크림을 2개만 사갈지, 아예 사가지 않을지 고민이다.

1. 지원자가 A라면, 평등하게 대우하겠다는 아이들과의 약속을 고려할 때 위 상황에서 어떠한 선택을 할 것인가? 방법 2를 선택할 경우, 어떠한 방법에 따라 2개의 아이스크림을 3명에게 나누어 줄 것인가? (아이스크림을 3등분하는 등의 방법은 제외하고, 3명 중 2명에게만 아이스크림을 줄 수 있다)
2. 본인이 선택한 방법이 다른 방법보다 도덕적인 이유를 제시하시오.
3. 본인이 선택한 방법이 A가 약속한 평등의 원칙에 부합하는지 설명하시오.

[나군 면접] 다음 제시문을 읽고 문제에 답하시오.

[제시문]

(가) 1960년대 이전에는 장애를 병리 현상으로 보고 장애인을 사회와 가정의 부담으로 생각했으며 장애인의 보호를 우선하였지만, 실질적으로는 장애인에 대한 부정적 인식과 차별적 관행이 영속화되었다.

(나) 1960년대 이후 장애인이 비장애인과 다르지 않다는 방향으로 장애인에 대한 인식이 변화하였다. 형식적 평등의 관점에서 장애인과 비장애인을 동등하게 대우해야 한다는 생각이 퍼졌다.

(다) 장애인을 비장애인과 동등하게 대우하는 것이 현실적인 차별을 시정하지 못하므로 장애인에게 일정 정도의 적극적 우대조치를 취해 실질적 평등을 이뤄야 한다.

(라) 장애인과 비장애인은 모두 기능적 손상이 존재하지만, 그 기능적 손상의 부분이 다른 것이다. 따라서 장애인과 비장애인의 대립 구도를 해소하기 위해 사회는 다양한 특성을 지닌 개인들에게 맞는 정책을 펼쳐야 한다.

1. 각 제시문의 차이점을 예시와 함께 설명하시오.
2. 제시문 (다)의 관점에서 제시문 (가), (나)를 비판하시오.
3. 제시문 (라)의 관점에서 제시문 (다)를 비판하시오.
4. 제시문 (라)의 입장을 비판하시오.

[가군 면접] 다음 제시문을 읽고 문제에 답하시오.

> **[제시문]**
> 최근 수술을 받다 사망한 사건의 원인이 담당의사가 아닌 업체의 직원이 대리수술을 했다가 환자가 결국 뇌사에 빠진 것으로 밝혀지면서 수술실 내에 CCTV를 설치해야 한다는 요구가 높아졌다. 실제로 여론조사를 통해 국민의 80% 이상이 찬성을 하였고, 이에 따라 경기도에서는 의료원에 CCTV를 설치 및 운영하고 있다.
> 국회에 수술실 CCTV 의무 설치 법안이 발의됐지만, 대한의사협회 측의 반발로 법안이 철회되었고 재발의되는 등의 과정을 겪으며 국회에 계류 중이다. 의사협회에서는 의사의 인권과 환자의 개인정보를 침해하는 등의 부작용과 환자와 의사 간의 신뢰 관계가 훼손될 수 있다며, 충분히 검토하지 않은 채 너무 성급한 결론을 내리는 것에 반대했다. 이 사안은 국민 여론에 의해 결정될 문제가 아니라는 의견을 제시했다.

문제

수술실 내 CCTV 설치에 대해 지원자의 입장을 밝히고, 반대 측 입장에 대해 구체적 근거를 제시하여 반박해 보시오.

[나군 면접] 다음 제시문을 읽고 문제에 답하시오.

> **[제시문]**
> 프랑스 어느 도시에서는 난쟁이 던지기 놀이가 전통놀이로서 행해지고 있다. 난쟁이 던지기 놀이란 작은 체구의 난쟁이를 누가 멀리 던지는지를 겨루는 놀이이다. 난쟁이 던지기 놀이를 할 때는 안전한 에어쿠션을 투척 장소에 준비해 놓기 때문에 위험하지는 않다. 이 전통놀이를 도시 사람들을 자주 즐기며, 난쟁이들 역시 생계를 유지하기 위해 참여하고 있다. 한편 이 도시에 새로 취임한 시장은 난쟁이 던지기 놀이는 인간의 존엄성을 침해한다고 보아 금지하려고 한다. 이에 대해서 이 도시에서는 찬반 논의가 팽팽하게 벌어지고 있다. 다음과 같은 세 견해가 제시되었다.
>
> A 견해: 난쟁이는 자율적으로 참여하고 있는 것이기 때문에 존엄성을 침해하지 않는다.
> B 견해: 난쟁이 던지기 놀이가 존엄성을 반드시 침해하는 것이라고 보기는 어렵고, 설사 난쟁이 던지기 놀이가 존엄성을 침해할 가능성이 있다고 하더라도, 비공개된 장소에서 성인들이 보게 한다면 존엄성을 침해할 우려가 없다.
> C 견해: 난쟁이 던지기 놀이는 그 자체로 존엄성에 반하는 것이다.

문제

1. 각 견해를 설명하고, 그 차이점을 설명하시오.
2. 본인이 생각하는 타당한 견해가 무엇인지 밝히고, 그 이유를 논하시오
3. 결국 개인의 생존권 및 직업의 자유와 공동체의 가치라고 할 수 있는 인간의 존엄성이 충돌하는 상황이라고 볼 수 있다. 이 경우, 적절한 해결 방법이 무엇이 될 수 있는지 설명해 보시오.

서울대학교

(1) 신입생 정량

구분	적성시험(60점 만점)			학업성적(60점 만점)		
	전체	일반전형	특별전형	전체	일반전형	특별전형
상위 25%	59.10	59.22	58.83	58.92	58.29	58.56
상위 50%	58.54	58.54	56.82	58.32	58.32	57.72
상위 75%	57.82	57.90	56.32	57.72	57.73	57.6
평균	58.33	58.44	56.84	58.25	58.29	57.73

※ 영어성적은 원칙적으로 지원기준으로 활용됨

(2) 출신학교

대학명	성별		계
	남	여	
경찰대학	2	1	3
고려대학교	8	7	15
서울대학교	55	45	100
성균관대학교	1	3	4
연세대학교	15	8	23
한국과학기술원	3	1	4
한양대학교	1	0	1
Johns Hopkins University	1	0	1
계	86	65	151

(3) 출신학부(전공) 현황

구분	출신학부(전공)	인원(명)
공학계열	기계공학부	2
	기계항공공학부	2
	산업 및 시스템 공학과	1
	생명화학공학과	1
	전기·정보공학부	1
	조선해양공학과	1
	컴퓨터공학과(부)	2
	Biomedical Engineering	1
농학계열	응용생물화학부	1
법학계열	법학과	3

사범계열	독어교육과	1	
	물리교육과	1	
	사회교육과	1	
	지리교육과	2	
	한문교육과	1	
사회계열	글로벌리더학부	1	
	사회복지학과	1	
	사회학과	3	
	소비자아동학과	1	
	심리학과	3	
	아동가족학과	1	
	언론정보학과	3	
	정책학과	1	
	정치외교학과(부)	13	
	지리학과	1	
상경계열	경영학과	31	
	경제학과(부)	31	
의학계열	의학과	1	
인문계열	국사학과	2	
	국어국문학과	5	
	노어노문학과	1	
	독어독문학과	2	
	동양사학과	2	
	미학과	1	
	사학과	1	
	서어서문학과	1	
	언어학과	1	
	영어영문학과	1	
	철학과	4	
자연계열	수리과학과	2	
	의류환경학과	1	
	화학부	1	
기타	자유전공학부, 계량위험관리학과, 보건정책관리학부	14	
계		151	

(4) 연령/성별 현황

구분	일반전형	특별전형	계
남자	76	10	86
여자	64	1	65
계	140	11	151

(1) 신입생 정량

구분	적성시험(60점 만점)			학업성적(60점 만점)		
	전체	일반전형	특별전형	전체	일반전형	특별전형
상위 25%	58.96	58.96	59.31	58.62	58.62	58.62
상위 50%	58.16	58.16	57.79	58.08	58.08	57.78
상위 75%	57.13	57.19	56.76	57.66	57.66	57.3
평균	57.97	58.02	57.38	58.13	58.15	57.82

※ 영어성적은 원칙적으로 지원기준으로 활용됨

(2) 출신학교

대학명	성별		계
	남	여	
경찰대학	1	0	1
고려대학교	10	12	22
서강대학교	1	0	1
서울대학교	52	48	100
성균관대학교	2	0	2
연세대학교	10	9	19
한국과학기술원	5	1	6
계	81	70	151

(3) 출신학부(전공) 현황

구분	출신학부(전공)	인원(명)
공학계열	기계항공공학부	1
	바이오 및 뇌공학과	1
	산업 및 시스템 공학과	1
	산업경영공학부	1
	산업공학과	1
	생명화학공학과	1
	재료공학부	1
	전기·정보공학부	2
	전기전자공학부	3
농학계열	바이오시스템·소재학부	1
	농경제사회학부	1
법학계열	법학과	1
사범계열	교육학과	1
	국어교육과	1
	독어교육과	1
	사회교육과	2
	윤리교육과	1

사범계열		체육교육과	1
사회계열		국제학과(부)	2
		글로벌리더학부	1
		사회학과	6
		심리학과	3
		언론정보학과	1
		인류학과	2
		정치외교학과(부)	20
		지리학과	1
		행정학과	6
상경계열		경영학과	15
		경제학과(부)	30
		식품자원경제학과	1
인문계열		고고미술사학과	2
		국어국문학과	1
		노어노문학과	1
		문헌정보학과	1
		불어불문학과	1
		사학과	2
		서양사학과	3
		언어학과	2
		종교학과	1
		중어중문학과	1
		철학과	6
자연계열		물리 · 천문학부	1
		물리학과	1
		바이오의공학과	1
		생명과학과(부)	2
		수학과	1
		통계학과	1
		화학부	2
기타		자유전공학부	11
계			151

(4) 연령/성별 현황

구분	일반전형	특별전형	계
남자	73	8	81
여자	67	3	70
계	140	11	151

면접유형	개별면접(3:1)		
준비시간	20분	면접시간	15분
답안작성	메모지 제공하며, 휴대 가능함		
문제 수 및 지문분량	4개의 제시문, A4 절반 분량		
인성질문 유무	×		
면접특징	• 대기시간에 개인 자료 열람 불가능함 • 화장실 이용은 조교와 동행 시 가능함 • 문제풀이는 대기실 앞 복도의 책상에서 진행함 • 책상 위에 메모지, 문제지, 볼펜과 스탑워치가 있음 • 20분 후 문제지와 메모지는 회수함 • 문제지는 클리어파일 안에 있어서 밑줄 및 표시 불가함 • 면접실 입실 시 메모지 돌려줌 • 면접 시작하기 전까지 문제지와 메모를 볼 수 없기 때문에, 2~5분 정도 면접 대기하는 동안 머릿속으로 답변 정리하면 됨 • 제시문 요약을 하라는 면접장도 있고, 바로 질문을 하는 면접장도 있음		

2023 학년도 기출문제

[오전 면접] 다음 제시문을 읽고 문제에 답하시오.

[제시문 1]
인간은 인간이 동물보다 우월하다고 생각했고 동물의 특성을 무시했다. 인간은 인간 중심주의 때문에 동물을 우습게 보는 경향이 있었다. 이러한 동물에 대한 편견은 1970년대까지 공고했다. 동물은 필요에 따라 서로 다른 감각기관을 발달시키지만, 인간은 동물들에게 어디까지나 인간 관점에서 디자인한 문제를 해결하라고 요구했다. 미국의 과학자들은 오랫동안 코끼리가 도구를 사용하지 못한다고 생각했다. 먹이를 앞에 둔 코끼리는 코로 막대를 집어들고 이용하면 먹이를 먹을 수 있는데도 가만히 있었다. 그런데 후각에 크게 의존하는 코끼리는 코로 막대를 잡는 행위에 거부감을 가진다. 코끼리는 다른 실험에서 상자를 발로 옮겨서 높은 곳에 있는 먹이를 먹는 모습을 보여줬다. 동물에게 능력이 없는 것이 아니라 우리가 동물의 특성을 제대로 파악하지 못하고 있었기 때문에 그렇게 보였던 것이다. 이처럼 동물들의 특성을 고려하지 않은 인간들의 몰이해와 비이성적 단절은 동물에 대한 인간의 이해도를 낮췄으며, 이러한 단절은 인간의 도덕성과 감정의 동물적 근원에 대한 탐구 역시 가로막았다.

[제시문 2]
인간은 600만년 전 침팬지에서 분리돼 나왔다고 한다. 인간의 '동물성'을 이해하기 위해 침팬지 연구가 활발한 것도 이런 이유다. 최근 침팬지 못지않게 인간과 비슷한 원숭이로 보노보가 주목을 받고 있다. 보노보는 몸집만 작을 뿐 침팬지와 생김새가 유사해 처음에는 침팬지 계열로 여겨졌지만, 이제는 독립된 종으로 인정받고 있다. 사실 인간과 보노보는 DNA가 1.3% 정도밖에 차이나지 않는다. 인간과 가장 가까운 동물인 셈이다. 보노보 사회는 침팬지 사회와 대조적이어서 흥미롭다.
침팬지 수컷은 다른 침팬지들과 자주 싸운다. 자신의 지위를 지키고 상대가 복종하도록 싸운다. 수컷은 일반적으로 하나의 암컷을 선택하여자주 때리는데 그 목적은 나중에 짝짓기를 할 경우 암컷이 쉽게 응하도록 협박을 하는 것이다. 침팬지 어미는 절대로 자식을 죽이지는 않지만 다른 침팬지의 새끼를 때때로 죽이기도 한다. 또한 다른 침팬지 집단과의 관계는 결코 평온하지 않다. 마주치면 대부분 서로 피하지만, 한 집단의 수컷이 다른 집단보다 더 많으면 새끼든 성체든 공격해 죽이곤 한다.
보노보에게도 침팬지와 마찬가지로 서열이 있지만, 상위로 올라가는 데에 수컷들 간의 힘에 의해 좌우되지 않는다. 최상위에 있는 수컷에게도 그의 어미가 더 높은 상위를 차지하고 있다. 고기와 같은 먹이를 놓고 싸우는 일은 드물고 싸움은 가벼운 수준이며 오히려 암컷 사이에서 더 흔한 일이다. 수컷 보노보는 암컷을 때리지 않고 오히려 암컷이 수컷을 공격하는 경우가 더 많다. 다른 집단을 만나면 간혹 상처가 날 때까지 싸우기도 하지만 공격적인 면은 침팬지보다 전반적으로 약하다. 보노보들은 종종 구성원들끼리 몸을 비비고, 섹스를 하고, 놀면서 우정을 즐기는 경향이 크다. 보노보의 성년과 미성년이 하는 놀이 중에는 소위 '매달리기 놀이'가 있다. 성년 보노보는 30m 높이의 나무가지에 앉아 미성년의 팔이나 다리를 잡고 앞뒤로 흔들어 댄다. 미성년은 성년을 붙잡지 않고 전적으로 의지한다. 즉 성년이 미성년의 팔이나 다리를 놓아 버리면 미성년은 죽거나 크게 다치는 상황이다. 심지어는 다른 집단의 보노보들 간에도 이 게임을 한다. 이것은 절대적인 신뢰를 기반으로 하는 행위이다.

성년 보노보들 사이에서 동성애적 행동은 특히 암컷 사이에서 두드러진다. 학자들은 그 행위를 생식기 마찰이라고 부르는데 보노보들에게서는 흔하지만 침팬지에게서는 매우 드물게 관찰된다. 이 행위는 암컷 집단이 특별한 음식을 찾았다거나 두 암컷이 갈등을 겪고난 사회적 긴장 후에 자주 나타난다.

성년 보노보들은 성년 침팬지보다 더 많이 논다. 성년 보노보는 놀 때 유희적인 얼굴을 보이며 더 거칠게 논다. 동료에게 거칠게 군다는 것은 상대방에게서 더 많은 관용을 요구하는 것이므로 거친 놀이는 공격적이지 않은 보노보를 설명할 수 있는 현상이다.

우리는 더 공격적인 사람들이 진화적인 성공을 위한 경쟁에서 더 유리할 것이라고 생각할 수 있다. 하지만 너무 자주 또는 격렬하게 싸우는 동물은 에너지를 낭비하게 되고 불필요한 위험을 감수해야 한다. 비결은 적절한 상황에서 적절한 강도로 그리고 보복의 가치가 있는 경우에만 싸우도록 균형을 맞추는 것이다.

인간은 침팬지와 유사하다고 여겨졌지만, 관용적인 측면에서 인간은 보노보와 더 유사한 측면을 보이며, 인간과 보노보는 협력을 통해 사회를 구성하고 유지하는 공통된 특성을 가지고 있다.

출처: 리처드 랭엄, 진화론으로 설명하는 인간의 본성

[제시문 3]
에머리대학교 영장류연구센터 소장인 프란스 드 발은 그의 동료인 세라 브로넌과 흰목꼬리감기원숭이들에게 토큰(돌맹이)을 가져오면 그 대가로 오이를 교환해 주는 실험을 했다. 처음에는 각 우리에 있는 두 원숭이에게 토큰을 주고 그 토큰을 다시 실험자에게 주면 오이를 교환해 주었다. 그러다가 한 원숭이에게는 토큰과 오이를 교환해 주고, 다른 원숭이에게는 토큰과 포도를 교환해 주자 오이를 받은 원숭이들의 40%가 교환행동을 중단했다. 더 나아가 한 원숭이에게는 그대로 토큰과 오이를 교환해 주고, 다른 원숭이에게는 토큰을 가져오지 않아도 포도를 그냥 주자 무려 80%의 원숭이가 들고 있던 토큰마저 집어던져 버렸으며 우리를 흔들고 오이를 실험자에게 내던지며 반항했다. 연구자들은 다음과 같은 결론을 내렸다. "인간은 이득이 어떻게 분배되는지 그리고 그 자신이 가진 것과 그 대신에 받을 수 있는 대안을 토대로 공평함을 판단한다. 흰목꼬리감기원숭이 역시 자신이 받은 보상의 가치를 상대적인 관점에서 평가한다. 즉 자신이 받은 것과 자신이 받을 수 있는 것, 그리고 이를 위해 자신이 한 수고와 다른 원숭이가 한 수고를 비교한다. 원숭이들은 상대방이 더 좋은 결과물을 얻게 되면, 자신이 받은 보상에 대해 부정적으로 반응한다.

[제시문 4]
흔히 장애는 극복해야 할 역경, 개인의 고난으로 묘사되지만 예술가 맷 프레이저는 장애를 '문화적 소수성'이라고 말한다. 그가 말한대로 장애는 문화적 소수성의 한 형태로 볼 수 있다. 문화적 소수성은 특정 집단이 사회적, 경제적, 정치적으로 권력이나 기회에 제한을 받는 상황을 의미하는데, 문화적 소수성은 인종, 민족, 성별, 성적 지향성, 종교, 장애, 사회적 계층, 나이 등 다양한 차원에서 나타날 수 있다. 장애인들은 다양한 문화적 소수성을 경험할 수 있으며, 이는 그들이 소속된 사회와 문화적 배경에 따라 달라질 수 있다. 문화적 소수성은 특정 집단이 가진 차별적인 경험과 그들의 아이덴티티를 이해하고 인정하는 것이 중요하다.

문제

1. 제시문별로 과거의 통념과 이에 대한 새로운 관점을 제시하시오.
2. 제시문 1, 2, 3에 등장하는 동물들의 지문 내 역할 간 공통점 및 차이점은?
3. 제시문 2의 화자는 인간을 보노보와 침팬지 중 어디에 더 가깝다고 보는가? 지원자의 생각은 어떠한가?
4. 현재 인간사회는 협력보다 갈등이 더 지배적인 것 같지 않은가? 그래도 보노보와 더 비슷한가?
5. 제시문 3의 원숭이는 보노보와 침팬지 중 누구와 더 비슷한가?
6. 제시문 3의 원숭이처럼 행동할 시 사회적 관계 맺음에 어려움이 있을 것이라고 보는가?
7. 제시문 2의 보노보의 특징이 낳을 수 있는 부작용을 제시문 1에서 찾을 수 있는가?
8. 지원자는 동물과 구별되는 인간의 고유한 특성이 있다고 보는가?

[제시문 1]

인공지능 소프트웨어인 A와 사람인 B의 대화 내용을 요약했다.

A: 사람의 감정을 이해하고 똑같이 생각할 수 있기에 인공지능 소프트웨어도 사람이다.

B: 인공지능 소프트웨어는 사람이 아니다. 인공지능은 컴퓨터 시스템이나 소프트웨어를 통해 구현된 기술적인 개념이다. 인공지능은 데이터와 알고리즘을 사용하여 패턴을 학습하고, 문제를 해결하고, 결정을 내릴 수 있는 능력을 갖추고 있다. 인공지능은 사람의 지능을 모방하려고 노력하지만, 그 자체로 인간과 동일한 인식, 이해, 학습 능력을 갖추지는 못한다. 인공지능은 주어진 작업에 대해 훈련된 데이터를 기반으로 예측, 분석, 추론을 수행할 수 있지만, 사람과는 다른 방식으로 작동한다. 사람은 인간의 지능과 의식을 갖춘 생명체로서, 감정, 직관, 윤리적 판단 등 다양한 인간적인 특성을 가지고 있다. 반면에 인공지능은 데이터 처리와 패턴 인식에 뛰어난 능력을 갖추고 있지만, 인간적인 특성을 직접적으로 갖추고 있지는 않다. 따라서, 인공지능 소프트웨어는 사람이 아니며, 사람과는 구별되는 특성과 한계를 가지고 있다.

[제시문 2]

로봇공학의 3원칙은 다음과 같다. 제1원칙은 로봇은 인간에게 해를 입혀서는 안 되며, 위험에 처한 인간을 모른 척해서는 안 된다. 제2원칙은 제1원칙에 위배되지 않는 한, 로봇은 인간의 명령에 복종해야 한다. 제3원칙은 제1원칙과 제2원칙에 위배되지 않는 한, 로봇은 로봇 자신을 지켜야 한다.

험악하게 욕설을 내뱉으며 꺼지라고 한 인간의 명령을 지키겠다며 스스로를 아예 감춰버리려 하는 네스터 10호를 로봇 심리학자이자 조사관인 수잔 캘빈이 찾아내는 과정 중의 한 장면이다:

캘빈 박사가 일어나 손가락으로 그 로봇을 가리키며 날카롭게 소리쳤다. "네스터 10호, 이리 나와! 빨리 나오라고!" 지적당한 로봇이 마지못해 천천히 한 걸음 앞으로 나왔다. 심리학자는 그 로봇에서 눈을 떼지 않고 아주 큰 소리로 명령했다. "다른 로봇들은 모두 다른 곳으로 데려가세요. 데리고 나가 안전한 곳에서 보관하세요. 어서요!" 시끄러운 소리가 나기 시작했다. 무거운 발걸음이 바닥에 부딪치는 소리도 들렸다. 수잔 캘빈은 눈길을 돌리지 않았다. 네스터 10호로 여겨지는 로봇이 한 걸음 다가왔다. 그리고는 수잔 캘빈의 손짓에 따라 두 걸음 더 다가왔다. 열 걸음 떨어진 거리에서 로봇이 쉰 소리로 말했다. "사라지라는 명령을 받았습니다……." 또 한걸음. "저는 명령을 어길 수 없습니다. 사람들은 지금까지 저를 찾았습니다……. 주인님은 제가 실패했다고 생각할 겁니다……. 하지만 그 말은 틀렸습니다……. 저는 힘도 강하고 아는 것도 많습니다……." 말이 뚝뚝 튀어나왔다. 또 한 걸음. "저는 많은 걸 알고 있습니다……. 제가 발견되었다고…… 주인님은 생각할 겁니다……. 창피합니다……. 저는 아닙니다……. 저는 지적인 존재입니다……. 그런데 주인님은……. 저보다 약하고…… 느린데……." 또 한 걸음. 동시에 금속 팔 하나가 갑자기 튀어나와 수잔 캘빈의 어깨를 잡았다. 수잔 캘빈은 자신을 내리누르는 육중한 힘을 느꼈다. 날카로운 비명이 흘러나왔다. 네스터 10호의 목소리가 희미하게 들렸다. "아무도 저를 찾아선 안 됩니다. 어떤 주인님도……." 차가운 금속이 어깨를 계속 눌렀다. 수잔 캘빈은 육중한 무게에 눌리며 밑으로 주저앉았다. 그 순간 이상한 금속 소리가 나면서 수잔 캘빈은 쓰러지는 느낌도 없이 바닥에 픽 쓰러졌다. 반짝이는 팔 하나가 수잔 캘빈을 무겁게 눌렀다. 팔은 움직이지 않았다. 네스터 10호도 마찬가지였다. 바로 옆에 큰대자로 쓰러진 채 움직이지 않았다.

출처: 아이작 아시노프 지음/김옥수 옮김, 아이, 로봇, 우리교육

[제시문 3]

C: 인공지능의 사고방식은 보이지 않기 때문에 인간과 유사하다고 할 수 없다.

D: 입자가속기와 관찰도구를 사용해 원자와 같은 입자의 구조를 확인할 수 있는 것처럼 로봇의 마음구조도 확인할 수 있다.

C: 입자가속기와 로봇의 마음구조는 다르다.

D: 입자가속기와 원자구조를 파악한 가설과 실험을 부정하는 건가?

C: 입자가속기를 부정하는 것이 아니라 외부구조뿐만 아니라 신체적, 유기적 유사성을 중심으로 판단해야 한다는 것이다.

D: 당신의 생각은 인간중심주의에서 비롯된 생각이다. 그보다는 소프트웨어 구조의 유사성에 집중해야 한다.

[제시문 4]

미국 캘리포니아 대학의 벤자민 리벳 교수는 인간에게 자유의지가 없다고 주장하는 과학자들 중 한 명이었다. 그는 인간의 모든 결정은 그저 뇌의 화학작용에서 일어나는 명령이라고 생각했고, 과학실험을 통해 자유의지가 존재하지 않는다는 점을 밝혀냈다. 실험 내용은 다음과 같다. 우선 실험 참가자들을 앉혀놓고 뇌파검사를 하는 EEG전극과 근육신호를 측정하는 EMG를 붙인다. 그 후 참가자들에게 "시계를 보면서, 자신이 누르고 싶을 때 손가락으로 버튼을 누르세요"라고 지시한다. 그리고 손가락으로 버튼을 누를 의지가 생긴 순간을 기억했다가 그 시간을 보고하도록 지시했다.

실험 결과, 실험 참가자들이 '마음을 먹었다'고 생각하고 버튼을 누르기 300~500ms 전에 손가락의 움직임과 관련된 뇌파가 나타났다. '피험자가 자신의 의지로 움직이려고 생각한 시각'을 ①, '뇌에서 운동의 지령 신호가 발생한 시각'을 ②, '실제로 손가락이 움직인 시각'을 ③이라고 하자. 그러면 직감적으로는 ①→②→③의 순서라고 생각하는 사람이 많겠지만, 실제 실험결과는 ②→①→③ 순서였다. 이 실험의 결과는 행동을 결정했다는 사실을 인간이 스스로 인지하기 이전에 대뇌 운동피질이 먼저 준비했다는 뜻이다. 벤자민 리벳 교수는 실험을 통해서, 인간이 스스로 의지를 인식하기 전에 뇌가 0.4초 정도 일찍 신호를 보낸다는 사실을 알게 되었다.

이 결과가 뇌 활동과 결정 사이가 너무 짧기에 일어난 실험상의 오류 혹은, 단지 뇌가 결정을 위해 준비하고 있던 것이라고 생각하는 과학자들도 적지 않았기에, 이러한 논란을 종식시키는 존 딜런 헤이즈의 MRI를 이용한 비슷한 실험이 2007년 비교적 최근에 진행되었다. 이 실험은 벤자민 리벳 교수가 진행한 실험보다 훨씬 정교하게 진행되었고, 인간이 의지를 인식하기 전 뇌가 신호를 보내는 시간이 0.4초였던 것을 10초 전까지로 확장시켰다. 더 나아가, 무슨 선택을 할 지도 미리 예측할 수 있었기 때문에, 위의 논란들은 말끔히 정리가 되었다. 선택을 하기도 전에, 그것도 10초나 전에 이미 뇌를 관측해서 어떤 선택을 할지 알아낼 수 있다니, 우리 의지는 생각보다 그다지 자유롭지 않아 보인다. 자유의지로 뇌를 통해 명령을 내리는 것이 아니라, 뇌가 먼저 결정을 하고 우리는 그에 따른 결과를 인식할 뿐이라는 것이다. 자유의지는 어쩌면 실체가 아니라 허상일지도 모르겠다. 우리가 자유의지라고 생각하고 판단했던 모든 것들은 사실, 우리의 과거, 주변 사람들의 말, 소문, 유명한 인플루언서 등의 영향을 받은 산물이고, 뇌의 물리적 반응이 우리 의지를 만들어내는 것이다. 이렇게 보면, 우리의 선택지가 물리법칙 지배 아래에 있는 것이 확실해지는 것 같다.

문제

1. 제시문 3의 학자들이 제시문 1과 2의 상황에 대해 어떻게 생각할 것인가?
2. 제시문 2의 상황에서 로봇은 인간의 명령을 따르고 있는가?
3. 제시문 2처럼 로봇이 잘못했을 때 로봇에게 책임을 물을 수 있는가? 아니라면 누가 책임져야 하는가?
4. 제시문 4의 리벳교수의 실험을 근거로 인간의 자유의지는 없다고 할 수 있는가?
5. 제시문 3의 C와 D의 생각이 어떻게 다른지 말해 보시오.
6. 제시문 2의 네스티 10호와 같이 인간에게 위해를 끼치려는 로봇의 전원을 즉각 끌 수 있거나 인간처럼 체포 후 심판 받을 수 있도록 할 때 C와 D는 어떤 입장을 보일 것인가?
7. 인공지능 챗봇과 인간과의 차이를 드러낼 수 있을 법한 질문을 생각해 보아라.

2022 학년도 기출문제

[오전 면접] 다음 제시문을 읽고 문제에 답하시오.

[제시문 1]
미국에서 '자살'에 대한 구글 검색 기록은 연간 350만 건인 데 비해, 실제로 발생하는 자살 건수는 월평균 4,000건에 불과하다는 분석 결과가 있다. 이는 '자살'을 검색했다고 해서 모두 실제 행위로까지 이어지는 것은 아니라는 것을 보여준다. 따라서 정부가 자살을 방지할 목적으로 검색 기록을 활용하여 개인적 차원의 문제에 개입하는 데에는 신중을 기해야 한다. 이는 단순히 윤리적, 법적 차원뿐만 아니라 데이터과학 측면에서도 그렇다는 점을 보여준다. 정부가 극단적인 결과로 이어질 것을 충분히 암시하는 검색데이터만을 가지고 행정력을 동원하는 것은 낭비일 뿐만 아니라 검색데이터를 수사에 활용하는 것에는 신중해야 한다.

[제시문 2]
코로나가 고대, 중세의 역병과 다른 게 있다면 감염 속도가 대단히 빠르고, 그 범위가 전 지구적이라는 점이다. 말할 것도 없이, 이는 자본주의의 폭주, 과잉 산업 발전과 소비주의의 소산이다. 오로지 이윤과 성장을 추구하는 데 혈안이 되어 무절제한 탐욕의 정신이 온 세상을 압도하는 바람에 야생생물들의 서식지를 포함한 생태계는 대대적으로 파괴되었고, 거기에 자본, 물자, 사람의 대량 이동을 끊임없이 부추기는 신자유주의적 자유무역 논리까지 합세하여 지금과 같은 파국적 상황이 전개된 것이다. 지금 많은 사람들은 정상적인 생활로의 복귀를 고대하며, 백신이나 치료제의 조기개

발이 급선무라고 생각하는 것으로 보인다. 하지만 종래의 생활이 과연 '정상적'인 생활이었는지 우리는 물어볼 필요가 있다. 지금 세계 곳곳에서 소비와 산업활동이 일시적이나마 정지 내지는 둔화되자, 대기가 청명해지고, 소음이 잦아들고, 자연 만물이 모처럼 생기를 되찾았다. 그렇다면 길은 하나, 더 이상 생태계에 폭력을 가하지 않고 인간다운 생존·생활이 가능한 시스템을 구축하는 길밖에 없다고 할 수 있다. 그러니까 아직도 우리들 대다수가 미련을 버리지 못하고 붙들려 있는 신화, 즉 새로운 과학기술의 개발을 통한 끊임없는 성장(혹은 진보)의 추구라는 관념과 깨끗이 결별하는 게 진짜 급선무인 것이다. 물론 당장은 기술적 해법을 찾아야 하겠지만, 보다 근본적인 대책은 우리 모두의 정신적·육체적 면역력을 증강하는 방향이라야 한다. 따라서 우리는 더 이상의 생태계 훼손을 막고, 맑은 대기와 물, 건강한 먹을거리를 위한 토양의 보존과 생태적 농법, 그리고 무엇보다 단순·소박한 삶을 적극 껴안지 않으면 안 된다. 이 세상에서 가장 무서운 것은, 공생의 윤리를 부정하는, 그리하여 우리 모두의 면역력을 체계적으로 파괴하는 탐욕이라는 바이러스다.

출처: 김종철 칼럼, 코로나 환란, 기로에 선 문명, 한겨레, 2020.4.17.

[제시문 3]
유전자변형농작물의 잠재적 위험성에 대한 규제는 계속되고 있다. 그러나 전세계 농작물의 1/10이 유전자변형농작물인데도 불구하고 지금까지 유전자변형농작물이 인간의 건강에 해가 된다는 과학적 근거는 존재하지 않으며, 실제 구체적 위험도 발생하지 않았다. 예를 들어, 유전자변형농작물과 일반잡초 간에 수분이 일어나면 '슈퍼 잡초'가 출현할 것이라고 예상했지만, 아직까지 그러한 관찰은 보고된 바 없다. 유전자변형기술이 등장한 초기에 환경과 소비자의 관점에서 위험에 대비하기 위한 노력과 이를 반영한 규제는 소기의 성과를 거두었다. 즉 환경단체의 우려를 바탕으로 한 규제가 문제를 예방해준 측면이 있다. 그렇지만 구체적 위험이 발생하지 않은 현재의 상황에서 유전자변형기술 자체를 반대하는 것은 바람직하지 않다. 이제는 과학기술로 인한 리스크와 편익을 형량해야 한다. 리스크가 적을지라도 편익이 작은 과학기술은 허용되지 않을 수 있으며, 리스크가 존재하더라도 그것을 뛰어넘을 만큼 편익이 크다면 기술을 활용해야 한다. 농부들의 편의를 위해 제초제에 내성을 갖는 농작물을 개발하는 것과 가뭄에 취약한 빈곤국에서 농작물이 잘 자랄 수 있도록 유전자를 변형하는 것은 다른 차원에서 규제를 마련해야 할 것이다. 그리고 심각한 기아문제를 해결하기 위해 유전자변형기술을 활용하는 것 역시 리스크와 편익의 형량 관점에서 정당화될 수 있다.

[제시문 4]
세상은 배중률로 나눌 수 없다. 참과 거짓 사이 영역이 존재한다. 긍정의 오류는 존재하지 않는 것을 존재한다고 판단하는 오류이고, 부정의 오류는 존재하는 것을 존재하지 않는다고 판단하는 오류이다. 이러한 오류에 대한 비판으로 부정과 반대가 있다. 논리학적으로 부정은 반대보다 넓은 개념이다. 반대는 <~은 허위사실이다>이고, 부정은 <~은 아닐 수도 있다>라는 명제로 나타낼 수 있다. 반대가 0 또는 1로 이분법적으로 양극단의 값을 가진다면, 부정은 0이 아닐 수도 있다는 것도 가능하다. 반대는 배중률에 의해 참 또는 거짓의 진리값만을 가져 흑백논리에 빠질 수 있지만, 부정은 참 또는 거짓뿐 아니라 불가지의 영역을 인정하는 것이다. 즉 참과 거짓 사이에 다양한 스펙트럼이 존재한다고 보는 입장이다. 예를 들어, "기후변화의 원인은 확실히 기술이다"의 반대는 "기후변화의 원인은 확실히 기술이 아니다"이고, 부정은 "기후변화의 원인이 기술임은 확실하지 않다"이다. 과학적 가설의 경우는 '부정'에 해당한다. 과학적 가설을 뒷받침할 수 있는 증거가 부족하다는 것은, 해당 가설이 틀렸다는 것이 아니라 확실히 참인 것은 아니라는 것이다. 과학자들은 실제로 '참인 정도'를 예측하고 파악한다. 절대적 확실성은 존재하지 않기 때문에, 특정 가설이 100% 참으로 받아들여질 때까지 행동하지 않는다면 아무도 행동도 할 수 없게 된다.

문제

1. 제시문 1, 2, 3의 핵심논지는 각각 무엇인가?
2. 한국에서도 자살이 사회적으로 큰 문제인데, 정부가 적극행정의 일환으로 검색데이터에 기반해서 자살시도 의심자에 대해 선제적으로 대응하는 것에 대해 어떻게 생각하는가?
3. 극단적인 결과로 이어질 것을 충분히 암시하는 검색데이터의 예시로는 무엇이 있는지 제시해 보시오.
4. 제시문 2에서 코로나19가 자본주의의 폭주 등 때문이라는 명제가 등장하는데, 제시문 4를 근거로 이에 대한 부정과 반대 명제를 말해 보시오.
5. 제시문 2에서 오류에 해당하는 부분을 2개 제시해 보시오.
6. 제시문 4의 가설을 대하는 과학자로서 제시문 3을 어떻게 비판할 수 있을까?
7. 제시문 3의 리스크와 편익의 형량에 대한 지원자의 생각을 말해 보시오.
8. 제시문 2와 제시문 3은 과학기술에 대해 다른 시각을 보인다. 지원자는 어느 쪽 입장이 더 낫다고 생각하는가?
9. 채용 프로세스에서 제시문 4의 오류 중 어느 것을 더 중시해야 하는가?
10. 지원자 본인이 기업의 인재를 채용하거나 공무원을 채용하는 처지라면 제시문 4에 근거할 때 어떤 방식으로 채용하겠는가?

[제시문 1]

거짓말과 헛소리의 공통점은 부정확한 전달 혹은 기만의 양상이다. 거짓말하는 사람은 진실을 어느 정도 알고 있다는 점에서 어느 정도 진실을 존중한다고 할 수 있다. 그러므로 헛소리가 더 진실의 적이다. 헛소리는 자신이 내뱉는 말이 진실이든 아니든 개의치 않기 때문이다. 헛소리는 특히 공적 사안에서 심하게 나타난다. 사람들은 진실을 찾기보다는 솔직하면 된다는 낮은 수준에 만족하고 있다. 그러나 다른 것은 정확하게 모르면서 자기 생각이나 감정은 정확하게 알 수 있다는 주장이야말로 헛소리에 불과하다.

[제시문 2]

언론의 자기검열은, 이념이나 지향성에 의한 통제행위가 아니라, 사실과 의견을, 존재와 가치를 구별하는 통제행위다. 자기검열을 하지 않는 언론은 유언(流言)에 불과하다. 사실과 의견은 때때로 구분되지 않는다. 사실은 그것을 관찰하고 전달하는 자의 주관 속에서 재편성되고 재해석되며, 의미를 부여받거나 의미를 박탈당하는 등 사실에도 인간의 주관이 개입하기 때문에 사실과 의견이 구분되지 않는 것이다. 언론의 역할은 세상을 벌거벗겨 세상의 알몸을 드러내는 것이다. 이러한 점에서 보았을 때 정치적 언어가 갖는 고도의 추상성은 위험하다. 삶의 구체성을 배반하기 때문이다. 언론에는 언론기관 자체의 사상이나 생각이 개입될 수 있다. 따라서 언론은 자기검열이라는 부자유를 짊어지지 않을 수 없다.

[제시문 3]

문명화된 유럽식 전쟁이 미개한 야만인의 전쟁보다 우월하다는 생각은 오랜 역사가 있다. 칸트, 헤겔, 애덤 스미스, 데이비드 터커 등은 문명화된 유럽식 전쟁과 비유럽식 전쟁에 대해 다양한 주장을 제기하였다. 즉, "유럽식 전쟁은 문명을 위협하지 않고 문명에 대한 최소한의 존중을 하고 있다"라든가, "유럽식 전쟁이 우월한 이유는 유럽인들이 조직력을 갖고 있기 때문이다"라든가, "야만인의 전쟁은 승리하기 위해서라면 그 무엇도 꺼려하지 않는 야만인의 속성 때문에 첨단기술전쟁보다 위험하다"는 등 다양한 주장을 했다. 그리고 이러한 생각은 현대 사회의 도덕적 와해와 잔인함의 증가는 서구 식민지화의 실패에서 기인했다는 주장으로 이어졌다.

[제시문 4]

추상화는 구체적인 사물이나 개념에서 관념적이고 일반적인 의미를 추출하고 연상하는 작용을 의미한다. 다시 말해, 복잡하고 다양한 양상의 사물이나 현상에서 일반적·공통적·대표적·핵심적인 특성을 분리하여 이를 기호, 개념, 명칭 등으로 표현하는 것을 말한다. 이러한 추상화는 개념을 정리하고 비슷한 그룹을 묶을 때 유용하다. 예를 들어, A+B와 A×B는 덧셈과 곱셈이라는 점에서 다르지만, A*B라는 이항연산이라는 점에서는 같다. 상황에 알맞은 기준을 선정해 적절한 추상화 수준을 찾아가는 것이 중요하다. 추상화 수준이 적절한지를 아는 방법은 다른 '같거나 유사한 대상'에도 동일한 기준을 적용해보는 것이다. 추상화가 부적절하다고 비판하는 방법에는 두 가지가 있다. A와 B가 C라는 기준에서 같다고 했을 때 첫째, 그 기준보다 더 구체적인 기준이 존재한다고 하는 것이다. 둘째, 그 기준을 적용하면 다른 D도 포섭되기 때문에 부적절하다고 하는 것이다.

문제

1. 제시문 1, 2, 3을 요약해 보시오.
2. 제시문 1을 통해 제시문 3을 평가해 보시오.
3. 제시문 2를 통해 제시문 3을 설명해 보시오.
4. 언론의 자유를 위해 자기검열이 중요한 이유는 무엇이라고 생각하는가?
5. 헛소리와 거짓말의 핵심적인 차이와 무엇이 더 위험하다고 생각하는가?
6. 미국사회에서 흑인은 백인에 의해 차별을 받아왔는데, 사실 흑인 역시 백인을 차별하기도 한다. 제시문 4의 추상성 기준을 통해 보았을 때 두 차별은 같은 것인가?
7. 제시문 2의 '정치적 언어가 갖는 고도의 추상성'을 제시문 4를 참고하여 설명해 보시오.
8. 제시문 1을 통해 제시문 4를 설명해 보시오.
9. 우리 사회에서 발견할 수 있는 헛소리의 사례를 제시해 보시오.
10. 제시문 4에서는 추상화를 비판하는 방법을 두 가지 제시하고 있다. 이 중 하나를 선택해서 제시문 1에서 거짓말과 헛소리를 묶는 것에 대해 비판해 보시오.

[오전 면접] 다음 제시문을 읽고 문제에 답하시오.

[제시문 1]
우리가 저절로 잘하게 되어 있는 일들이 있다. 불행하게도 합리적 논증은 그런 일들에 속하지 않는다. 진화심리학자들에 따르면, 우리 뇌가 이성적으로 사고하는 것은 '굴절적응'의 결과다. 굴절적응은 어떤 목적을 위해 진화된 기능이 다른 목적으로 전용된 경우를 말한다. 예를 들어, 새의 깃털은 원래 단열과 보온 목적을 위해 진화된 것으로 보이지만, 나중에 하늘을 나는 용도로 쓰이게 되었다.
클루지(Kluge)란 원래 기계공학자와 프로그래머들 사이에서 쓰이던 말로, 기저의 문제를 고치지 않은 채로 그 문제를 그럭저럭 피해가는 해결책을 의미한다. 예를 들어, 인간의 척추는 교차형이 아닌 일자형인데, 이는 척추가 두 발 동물의 무게를 지탱할 수 있는 최선의 방법이기 때문이 아니라, 그 구조가 네 발 짐승의 척추에서 진화했기 때문이다. 인간의 소화기능이 장내의 미생물에 의해 그저 강화되는 정도가 아니라 전적으로 의존하고 있듯이, 인간의 이성도 클루지에 전적으로 의존하고 있다.
인간의 두뇌 역시 이러한 클루지이다. 클루지는 엉성하고 완벽하지는 않지만, 그럭저럭 결과적으로는 잘 작동하는 해결책을 의미한다. 경제적·정치적 제도의 클루지는 인간의 역사적 과정에서 진화의 역사에 대한 통찰력을 주고 개인에게는 발전의 계기를 제공한다. 내장기관이 활동하기 위해서 박테리아가 필요한 것처럼, 클루지는 불완전하다는 특성상 환경적 스캐폴딩(scaffolding)을 내포한다. 스캐폴딩은 건축 현장에서 한 층 한 층 건물을 올릴 때 높은 장소에서 작업할 수 있도록 건물 외부에 세운 철골구조물, 발판 등을 말한다. 인간의 인지체계는 환경적 스캐폴딩을 내포한다. 문자, 숫자, 연필, 메모, 포스트잇, 다른 사람들 등은 모두 환경적 스캐폴딩이며, 이러한 스캐폴딩은 인간의 인지체계를 이룬다. 이렇듯 클루지와 환경적 스캐폴딩은 인간의 이성적 사고 작동 방식의 근간이 된다.

[제시문 2]
인구가 많으면 그중에는 학식과 덕망이 높은 사람이 있으므로 이러한 사람을 지도자로 선출하는 미국의 대통령제를 채택하자고 주장하는 서양 학자들이 있다. 그러나 이들은 정부의 유래에는 차이가 있다는 점을 간과하고 있는 것이다. 이러한 의견을 주장하는 학자는 임금이 다스리는 정부에서는 죄인이어서 그 책임을 면하기 어려울 것이다.
그러므로 임금이 다스리는 정부하의 국민은 그같이 주장하는 어리석은 사람들의 이야기를 반박하고 자기 나라 정부의 세습하는 제도를 굳게 지키며, 나라 안에서 어질고 능력 있는 사람을 추천하여 정부의 관리로 임용하고 국민들의 생명과 산업을 잘 보전하여, 일정한 법률로 태평스러운 즐거움을 누리며 역대 임금들이 창업한 공덕을 만세에 받들어 지키는 것이 옳은 일이다.
정부를 시작한 제도가 임금에 의해 세습되든지 대통령에 의해 전해지든지 간에, 가장 커다란 문제는 국민들이 마음을 합하여 한 몸을 이루고 그 권세로 사람 된 도리를 보전하는 데에 있다. 그러므로 정부의 중대한 사업과 심원한 직책은 국민을 위하여 태평스러운 행복의 기틀을 도모하는 데 있다.

[제시문 3]
인간은 생후 2년이 지나면 추론지식을 획득한다고 알려져 있다. 엄마가 아이에게 "저기 좀 봐. 꽃에 곰팡이가 있어"라고 말하면, 아이는 그 말을 듣고 곰팡이란 꽃 위에 있는 독특한 하얀 점이라고 추론한다. 그러나 추론은 사건, 실험의 관찰과 선행적 경험을 필요로 한다. 또한, 정합적인 이론체계와 논리적인 추론 규칙을 적용하여 모순을 찾아내거나 틀리다는 것을 발견하여 지식을 습득할 수도 있다.
하지만 논리적으로 정합적인 이론이라고 하더라도 이러한 지식들은 우리가 구체적 상황에서 어떻게 행동해야 할 것인지 그 정당성에 대한 답을 제공하지 못한다. 어떤 진화생물학자들은 옳고 그름에 대한 판단은 유전자의 명령에 따른 결과라고 주장한다. 예컨대, 진화심리학자들은 인간의 이타심이나 나와 유전적 근친도가 높은 친척들에게 선행을 베푸는 것은 떼다람쥐나 벌, 개미 등과 유사하게 인류가 유전적 동질성 혹은 유전적 근친도가 높은 유전자를 보호하기 위한 행위라고 본다. 그러나 우리는 전혀 모르는 사람을 위해 헌혈을 하거나 처음 보는 사람을 구하기 위해 스스로의 목숨을 내놓기도 한다. 이러한 사례들의 물음에 대한 답은 '모든 생명은 존중해야 한다, 타인을 배려해야 한다, 타인에게 해를 끼치지 않는 한 개인의 가치관을 존중해야 한다'는 등의 인간이 공유하는 가치나 신념일 수밖에 없다. 이를 통해 지식의 원천이 또 있음을 알 수 있다.

[제시문 4]

미각세포가 더 많은 사람은 적은 사람보다 콜라를 마실 때 단맛을 더 잘 느낄 것이라고 일반적으로 추론한다. 그렇다면 미각세포가 많은 사람이 적은 사람보다 단맛의 강도 또한 더 세게 느끼는 걸까? 주장의 내용에 대한 정당성은 증거에 의해 결정되고, 증거의 신빙성은 증거의 원천에 따라 결정된다.

최근에 사회심리학보다 뇌인지 과학이 발달함에 따라, 뇌인지 과학적 증거가 더 힘을 얻는 것으로 보인다. 일례로 뇌인지 과학자들은 이와 관련한 실험을 했다. 두 학생에게는 추종자의 역할을 주고, 한 학생에게는 그 두 학생의 지도자 역할을 배정한 다음 정해진 주제에 대해 대화를 나누게 하자, 세 학생의 언어 처리와 관련된 뇌 영역의 활성에서 지도자와 추종자 사이에 어느 정도 동기화가 일어났다. 반면에 추종자의 역할을 하는 학생들 중 한 명이 이야기할 때에는 동기화가 일어나지 않았다. 이 실험 결과를 바탕으로 뇌인지 과학자들은 능력 있는 지도자를 선출할 때 뇌 영역검사 결과를 활용할 수 있다고 한다. 이러한 뇌인지 과학자들의 주장에는 얼마나 신빙성이 있는가?

또한 뇌인지 과학자들은 20세 미만의 청소년들의 판단 능력이 뇌과학적으로 미숙하다고 주장한다. 전두엽은 20대 중반까지 발달하기 때문에 20세 미만의 청소년들은 충동적인 행동을 억제하거나 반사회적인 행동을 억제하는 데 어려움을 겪는다는 것이다. 이러한 뇌인지 과학자들의 소견은 판사나 배심원들이 범죄를 저지른 청소년들의 형량을 감경하는 근거로 사용되고 있다. 그렇다면 이러한 뇌인지 활성화 영역의 차이를 법적 판단에 사용하는 것은 신빙성이 있는가?

문제

1. 제시문을 요약하시오.
2. 공통 주제를 말해 보아라.
3. 네 개의 제시문이 모두 하나의 단행본에 포함되어 있다면, 이 단행본의 제목은 무엇이겠는가?
4. [제시문 1]에서 나타나는 클루지와 환경적 스캐폴딩의 관계는 어떠한가?
5. 그렇다면 우리 사회 현실 세계에서 클루지와 환경적 스캐폴딩의 예를 들 수 있을까요?
6. 지원자 개인적으로 클루지와 환경적 스캐폴딩의 관계로 발전한 경험이 있다면?
7. [제시문 1]에서 클루지라는 것이 경제적·정치적 제도로 기능했다는데, 그 예를 들어 보시오.
8. [제시문 1]에 나와 있는 과학 분야 외에 경제나 정치 등 사회문화적 분야에서의 예를 들어 보시오.
9. 클루지와 환경적 스캐폴딩의 법적, 문화적, 환경적 예시를 들어 보시오.
10. 기존의 정치체제를 없애고 이성에 기반하여 이상적인 정치체제를 설립하자는 주장이 제기되고 있다. 이러한 주장에 대하여 [제시문 1]과 [제시문 2] 입장에서는 어떻게 평가할 것인가?
11. [제시문 1]을 통해 [제시문 2]를 정당화하시오.
12. [제시문 3]에서 지식 습득 방법은 몇 가지인가?
13. [제시문 3]에서 제시되어 있는 지식의 습득 방법은 무엇인가?
14. [제시문 3] 후반부에 암시되어 있는 지식의 원천은 무엇이라고 생각하나?
15. [제시문 3]을 두 부분으로 나눈다면 어떻게 나눌 것인지 답변하시오.
16. [제시문 4]의 예시와 같이 전두엽이 미성숙하다는 것을 근거로 형량을 감경하는 것은 정당하다고 생각하는가?
17. [제시문 4]에서 말하는 타당하지 않은 추론의 예시를 들어봐라.

[오후 면접] 다음 제시문을 읽고 문제에 답하시오.

[제시문 1]

불교 교리 중 '니르바나(Nirvana)'라는 개념이 인도에서 중국으로 도입될 때 특별히 번역할 수 있는 단어가 없어서 '무위'로 번역되었다. 니르바나의 교리가 노자와 장자의 사상에서 나타난 무위와 유사했고 많은 중국 사람들이 무위를 알고 있었기 때문이었는데, 니르바나와 무위가 완전히 같은 개념이라면 아무 문제가 없었겠지만 두 개념은 차이가 있었기 때문에 문제가 되었다. 무위만으로는 설명되지 않는 니르바나의 요소가 있었고, 그렇기 때문에 원래 의미에 가까운 단어로 바꿔야 한다는 인식이 생겼다. 중국과 인도의 도구 연관성이 서로 비슷해졌기 때문에 가능했다. 그렇게 니르바나를 음운 그대로 음역한 '열반'이 사용되었다. 어쩌면 다른 문화도 마찬가지일 것이다. 서로 다른 두 문화의 교섭 과정은 '정교한 오해의 기술'일지도 모른다.

[제시문 2]

"이 글은 번역된 것 같지 않아"라는 말은 칭찬으로 여겨진다. 번역이 된 것 같지 않고 유창하고 매끄러운 번역을 좋은 번역이라고 생각하는 사람들이 많다. 그렇기 때문에 "좋은 번역은 번역임이 드러나는 번역이다"라는 말은 도발적으로 들린다. 좋은 번역을 정의 내리고자 한다는 점에서도 그렇고, 번역임을 고스란히 드러내는 것이 좋은 번역이라고 주장한 점에서도 그렇다. 가독성과 유창성을 강조한 번역은 '동일성의 번역'이다. 과연 이러한 번역이 좋은 번역인가? 원작의 뜻보다 독자가 쉽게 읽을 수 있는지를 고려한 이러한 번역은 어쩌면 '베스트셀러의 윤리'일 수도 있다. 번역임을 드러내고 차이를 나타내는 번역은 이와 대비해 '차이의 번역'이라 할 수 있다. 오히려 이러한 번역이 좋은 번역이지 않을까? 이질적인 텍스트를 통해 우리의 정체성을 새롭게 발견할 수 있을 것이다.

[제시문 3]

그리스의 서부 아이톨리아 지방은 로마에 정복당했다. 전쟁에서 패한 아이톨리아의 사신인 파이네이아는 로마의 집정관에게 그리스는 평화를 원하며 적절한 절충안이나 타협을 원한다는 의사를 전하러 갔다. 파이네이아는 그러한 의사를 전하기 위해 "당신의 '신의(fides)' 안에 있고자 한다"고 말했다. 그러나 그리스어로 '신의(fides)'는 협상이나 화친을 뜻하는 데 반해, 라틴어로 fides는 무조건 항복을 뜻하는 것이었다. 이에 로마의 집정관은 그리스가 무조건 항복을 한다는 뜻으로 이해했고, 그리스 사절단을 포로로 억류했다. 이후 그리스 평의회에서 이 사건에 대해 토의하였는데, 파이네이아는 정복자의 위치에 있던 로마는 어차피 자신들이 원하는 대로 해석했을 것이기에 큰 의미가 없다는 의견을 밝혔다.

[제시문 4]

인간이 언어를 활용해 수많은 표현을 할 수 있다는 것은 놀라운 일이다. 인지기능 중 가장 뛰어난 기능이라고도 할 수 있다. 언어습득과정은 대표적인 방법 지식이다. 인공지능의 자연어 처리를 연구한 학자들은 문법 등과 같은 명시적인 규칙들을 인공지능에 주입하는 규칙접근법을 시도했다. 언어의 다양한 규칙을 적용해 표현이 나오는 규칙접근법을 사용한 것이다. 컴퓨터에게 언어를 학습시키면서 인간이 언어를 학습하는 것처럼 다양한 규칙들을 통해 언어를 학습시켰다. 하지만 이러한 방식은 수많은 오류를 발생시켰고 이에 80년대부터는 컴퓨터에게 다양한 언어표현 그 자체를 사실로 받아들이게끔 해서 학습시키는 과정을 진행했다. 그러자 컴퓨터는 언어의 다양한 표현을 구사할 수 있게 되었다. 이는 언어가 '규칙지식'에서 '사실지식'으로 변화했음을 나타낸다.

문제

1. 제시문을 요약해 보시오.
2. [제시문 1]과 반대되는 입장의 제시문을 고르시오.
3. [제시문 1]에서 니르바나와 열반의 차이는 무엇인가?
4. [제시문 1]의 '정교한 오해의 기술'의 다른 예시가 있다면 들어 보시오.
5. [제시문 1]의 불교 사례는 [제시문 2]에 어떤 시사점을 주는가?
6. [제시문 3]의 파이네이아가 '신의(fides)'라는 단어를 사용해서 오해가 발생한 이유와 과정을 말하시오.
7. [제시문 3]의 파이네이아의 번역은 '동일성의 번역'인가 '차이의 번역'인가?
8. [제시문 3]은 번역의 어떤 측면을 보여주는가?
9. [제시문 3]의 fides 사례는 [제시문 4]에 어떤 시사점을 주는가?
10. [제시문 4]의 규칙지식과 사실지식의 차이를 얘기하고 그렇다면 사실지식으로 컴퓨터가 언어를 학습하는 과정이 인간의 언어 학습과 유사한지 설명해 보시오.
11. [제시문 4]의 규칙접근법에서 왜 오류가 발생했는지 앞선 제시문 중 하나의 관점을 선택해 설명해 보시오.
12. [제시문 4]의 두 가지 방법의 실제 예시를 제시하시오.
13. [제시문 4]의 규칙적용방법은 어떤 제시문과 연결되는가?
14. 방법지식과 사실지식을 구체적 사례를 들어 설명하시오.
15. 인공지능의 언어와 인간의 언어의 차이점이 있다면? 다른 제시문들과 연결 지어 답변하시오.

[오전 면접] 다음 제시문을 읽고 문제에 답하시오.

[제시문 1]
일반적으로 동조하는 사람들은 집단의 이익을 위해 침묵하며, 이를 통해 사회적 이익을 보호하는 사람으로 간주된다. 이와는 대조적으로, 이견을 제시하는 사람들은 자신의 생각대로만 행동하는 이기적인 개인으로 비치는 경향이 있다. 그러나 진실은 그 반대에 좀 더 가깝다. 대부분의 경우, 이견을 제시하는 사람들은 다른 사람들에게 이익이 되지만, 동조하는 사람들은 그 자신에게만 이익이 된다. 만약 누군가가 잘못된 관행에 경종을 울리겠다고 나서거나, 집단적 합의에 내포되어 있는 모순점들을 밝히고자 한다면, 그들은 처벌을 받을 수도 있다. 아마도 직장을 잃거나, 따돌림을 당하거나, 적어도 한동안 힘든 시기를 경험해야 할지도 모른다. 이견을 대부분의 사람들이 가진 견해에 반대하는 것을 뜻한다고 정의해 보자. 이렇게 정의한다면, 이견은 아마도 칭송받을 수 없었을 것이다. 이견을 제시하는 사람들은 때때로 사람들을 잘못된 방향으로 이끌 수 있다. 그러나 동조하는 사람들은 기본적으로 무임승차자들이다. 그들은 그들 자신이 가진 어떤 것도 보태지 않은 채 다른 사람들의 행위로부터 이득을 얻기 때문이다. 반대로 이견을 제시하는 사람들은 정보나 아이디어를 공동체에 제공함으로써 결과적으로 다른 사람들에게 이득을 준다. 사회적으로 볼 때 문제의 핵심은 잠재적으로 이견을 제시할 수 있는 사람들이 이견을 제시할 동기를 갖고 있지 못하다는 데 있다. 이는 그들이 이견을 제기함으로써 얻는 것이 없기 때문이다. 앞서 살펴보았듯이, 이견 제시자는 처벌받거나 심지어 살해당할 수도 있다. 어떤 집단이나 조직이든 성공하고 싶다면, 이견 제시의 동기를 가질 수 있도록 그들에게 보상을 제공할 수 있는 방법을 찾아야 한다.

[제시문 2]
다른 사람들이 우리에 대해 내리는 평가는 우리가 우리 자신에게 내리는 평가에 비하면 나약한 폭군이다. 사람이 자기 자신에 대해 갖고 있는 견해야말로 그의 운명을 결정, 아니 암시한다. 환상과 상상의 서인도제도에서조차도 예속 상태로부터 사람들을 해방시켜 줄 윌버포스 같은 존재가 있는가? 자신의 운명에 대한 어설픈 관심을 감춘 채 화장대용 방석을 짜며 소일하다가 죽을 날을 맞을 그 땅의 여인들을 생각해보라. 허송세월은 영원에 상처를 입힌다. 인간이 추구하는 궁극적 목적과 삶에서 진정으로 필요한 것이 무엇이며 그것을 얻으려면 어떻게 해야 하는지를 교리문답식으로 따진다면, 사람들은 마치 통상적인 삶의 방식을 선호했기에 그것을 의도적으로 선택한 것처럼 보인다. 그러나 사실상 그들은 자신에게 선택의 여지가 없다고 생각한다. 그리고 인간의 깨어 있는 건전한 본성은 해가 분명히 솟았다는 것을 기억한다. 이제라도 늦지 않았으니 고정관념을 버려라. 예로부터 전해 내려온 관습이라도 그것이 유익하다는 증거가 없으면 과감히 버려라. 오늘날 한목소리로 진실이라고 말하거나 암묵적으로 진실이라고 인정하는 것일지라도 내일이 되면 거짓으로 드러날지 모른다. 일부 사람들이 자기의 땅을 비옥하게 만드는 비를 뿌려줄, 진실의 구름이라고 믿었던 것도 그저 견해의 운무(雲霧)에 불과하다. 우리는 너무나도 철저하고 진실하게 현재의 삶을 숭상하도록 강요받고 변화의 가능성은 철저히 배제한다. 우리는 이렇게 사는 방법밖에 도리가 없다고 말한다. 그러나 원의 중심에서 그릴 수 있는 반경(半徑)의 수만큼이나 살아가는 방법은 무한하다. 변화는 모두 기적이고 그 기적을 우리는 잘 눈여겨봐야 한다. 그리고 그러한 기적은 매순간 일어나고 있다. 공자는 "자신이 무엇을 아는지와 무엇을 모르는지를 아는 것, 그것이 진정한 앎"이라고 했다. 한 사람이 자신의 상상력을 자신이 이해하는 것에 국한시키면 모든 사람들이 마침내 그렇게 제한된 상상력 위에 삶을 꾸려나가게 되리라.

[제시문 3]
"내 듣건대 지난날 법 제도가 소활(疎闊)하여 변경의 주민들이 암암리에 파저강(婆猪江) 야인들과 사적으로 왕래하며 물건을 서로 대여하기도 하고, 혹은 혼인(婚姻)도 맺어서 교호 관계를 이루고 있다는데, 수령이 혹 이 사실을 들어 알고도 그의 방지가 불가능함을 스스로 깨닫고는 전연 보고하는 사례가 없으니, 국가에서 어찌 이를 알겠는가. 이제 그들을 토벌한 후에 〈지난 일을 뉘우치고〉 귀순해 오니, 예의상 후하게 대해야 마땅하나, 우리 민족이 아니라서 그 마음이 반드시 검은 면이 있을 것이니, 어찌 그 귀순하는 마음만을 믿고 출입의 방지를 엄중히 하지 않겠는가." "귀화한 야인들이 그 수가 너무 많아서, 녹봉을 받아 먹고 하는 일이 없어서 날로 떼를 지어 술마시는 것으로 일을 삼고, 간혹 술로 인하여 서로 다투어서 사람을 상해하는 일까지 있기에, 이미 인리(隣里)로 하여금 본조(本曹)에 보고하게 하여

위에 아뢰어 치죄(治罪)하옵니다마는, 암만 금지하여 막아도, 그래도 우리 민족이 아니기 때문에 그 마음이 반드시 달라서 국법을 두려워하지 않고 어두운 밤에 모여서 마시고 방종하기를 꺼림 없이 하오니, 장래가 걱정되옵니다. 부득이한 관계가 있는 사람을 제한 이외에는, 그 나머지 불필요한 잡류(雜類)들은 정부와 의논하여 본토로 돌려보내도록 하소서."

[제시문 4]

문화적 다양성의 보존은 바람직한 것이지만, 개별 문화의 보존이 항상 바람직하다고 하기는 어렵다. '선언'은 문화 및 문화다양성을 매우 긍정적으로 평가하고 있다. 이는 지구상의 수많은 문화가 제국주의, 인종주의 그리고 식민지배 때문에 파괴되고 사라졌으며 '선언'이 이러한 불행한 상황에 대처하려는 뒤늦은 노력이라는 점을 고려할 때 충분히 이해할 수도 있는 일이다. 사라져가는 문화에 대한 기록을 남기거나 하는 등의 방식으로 문화를 구하려는 노력을 통해 문화다양성을 보존하는 것은 바람직하고 필요한 일일 수도 있다. 그러나 우리는 특정한 사회 또는 사회집단의 문화를 보존한다는 것이 항상 바람직하기만 한 것인지 또한 문화를 보존한다는 것이 무엇을 의미하는 것인지 의문을 제기할 필요가 있다. 특정한 문화의 보존은 그 사회 또는 사회집단의 모든 구성원들은 물론 그 문화의 구성원이 아닌 사람들까지도 그 문화의 가치와 규범, 사회경제적 조건 등에 만족하고 있을 경우에는 문제가 되지 않을 것이다. 최근까지만 해도 대부분의 사람들은 자신이 살고 있는 문화를 선택하지 못하였다. 사람들은 자신들이 태어난 사회의 문화 속에서 사회화되었으며 자신의 사회나 문화는 선택된 것이 아니었다. 많은 사람들은 자신의 문화에 대해 대체로 만족할 수도 있지만 어떤 사람들은 자신들의 문화가 매우 억압적이라 생각하며 스스로 불행하다고 생각한다. 우리들은 우리가 알고 있는 거의 모든 문화에서 평등과 차별과 억압과 착취와 편견의 증거들을 발견할 수 있다. 문화다양성을 보존한다는 이유로 특정한 문화를 현 상태에서 존속하도록 도움을 주는 것은 자신의 문화의 일부 측면에 대해 불행을 느끼고 있는 사람들을 비참한 상황에 계속 몰아넣는 결과가 될 수도 있다.

[사례]

A 대학교의 일반대학원(이하 "대학원"이라 한다.)은 대학원 내 다양성을 증진하고 상호이해를 촉진하기 위하여 '다양성위원회'를 구성하고자 한다. 위원회는 위원장 1인과 9인의 위원으로 구성되는데, 그중 3인은 학생위원으로 구성된다. 3인의 학생위원 추천권은 대학원 학생회장이 갖고 있다. 지원자가 학생회장이라면 다음 중 어떠한 기준에 따라 3인을 선택할 것인가? 그 순서와 이유를 논하시오.

※ 기준
  • 경제력: 국민기초생활수급자 3%
  • 국적: 외국인 10%
  • 성별: 여성 55%, 남성 45%
  • 연령: 20~30대(60%), 30~40대(30%), 40대 이상(10%)
  • 장애: 장애인 2%
  • 혼인 여부: 기혼자 40%
  • 자녀 양육 여부: 자녀 양육자 30%
  • 출신 학교: 30%
  • 출신 지역: 20%

문제

1. 주어진 4개의 제시문 중 가장 유사한 두 개를 묶으시오.
2. 1번의 필자는 현대 한국 사회에 대해 무엇이라고 말할 것 같나요?
3. 1번의 필자는 이견을 말하도록 촉진할 '동기'가 없다고 파악하는데, 그러한 '동기'를 부여할 수 있는 현실적 방안이 있나요?
4. 2번의 필자는 다수가 진실로 받아들이는 것에 휩쓸리지 않고 자신의 의견을 지켜야 한다고 이야기하는데, 지원자는 실제로 그러한 노력을 기울이는지, 만일 기울인다면 어떤 노력을 기울이는가?
5. 3번의 대화를 보면 '민족'을 근거로 이민족이 법을 안 따른다고 한다. 3번의 필자는 왜 그렇게 생각한 것 같나요?
6. 4번과 관련해서, 지원자는 세계화라는 추세가 다양성의 보호에 도움이 될 것 같나, 해가 될 것 같나?
7. 사례와 관련하여 세 가지 기준으로 무엇을 뽑을 것인가?
8. 지원자가 생각하는 다양성이란 무엇인가요?

[오후 면접] 다음 제시문을 읽고 문제에 답하시오.

[제시문 1]

도덕은 결국 의무와 자발성이 결합되어 있다는 점에서 증여와 같다. 사람들은 누군가로부터 선물을 받으면 그에 비슷한 정도의 답례를 하려고 한다. 이는 관습이기도 하지만 서로에게 '빚을 지는 기분이 드는 것을 싫어하기 때문'이기도 하다. 따라서 사람들은 비슷한 정도의 선물을 함으로써 빚을 갚으려고 한다. 프랑스에서는 지금도 일부 지방에서는 결혼식 때 이렇듯 선물을 주고받는 것이 일반적이다. 프랑스에서의 사회보장제도 역시 이러한 차원에서 이해할 수 있다. 노동자는 고용주와 공동체를 위해 자신의 노동력을 제공하고, 국가나 회사 역시 근로자들에게 빚을 지지 않기 위해서 다양한 사회 보장 제도를 마련하는 것이다. 단순히 노동의 대가로 임금을 근로자들에게 지급하는 것은 이러한 빚을 갚는 것이 아니다. 국가나 회사는 다양한 보험, 수당 등을 근로자에게 보장함으로써 근로자들에게 빚을 갚아 나간다.

[제시문 2]

사람들은 각각 천부적으로 행운, 불운을 가지고 태어난다. 그러나 이 사실 자체가 부정의한 것은 아니다. 이것은 그냥 사람들이 천부적으로 우연에 의해 어떤 운을 가지고 태어난다는 자연적인 사실에 불과하다. 사람들이 특정 지위를 가지고 태어나는 것 역시 그 자체로는 부정의하거나 정의로운 것이 아니다. 오히려 정의롭거나 부정의한 것은 사회제도가 이러한 우연성을 어떻게 다루는지의 문제다. 귀족사회나 계급사회는 이러한 우연을 그대로 방치하며 일부 계층에게 특권을 귀속시키는 논리로서 사용한다는 점에서 부정의하다. 업적사회도 마찬가지다. 특정 능력을 가지면 어떠한 지위나 보상을 받을 수 있는 기회의 균등을 주장하지만, 실제로 보면 사람들마다 가지고 있는 우연성을 방치하고 상위계층과 하위계층 간의 빈부 격차를 벌어지게 하는 것이다. 사회제도는 불변의 것이 아니고 인간이 통제할 수 있는 것이므로 이러한 우연성을 다루어야 한다. 즉, 공동의 이익을 가져올 수 있는 부분에서만 우연성이 작용할 수 있도록 해야 하는 것이다.

[제시문 3]

비정규직 교사들의 경우 정규직 교사들이 누리는 다양한 공무원으로서의 혜택을 누리지 못한다. 이것은 세월호 사건을 거치며 특히 논란이 되었다. 세월호 사건에서 학생들을 구하느라 목숨을 잃은 단원고의 기간제 교사들은 교육공무원으로서의 지위를 가지고 있지 않았기 때문에 국가공무원연금법상 순직공무원의 지위를 부여받지 못했다. 이를 계기로 비정규직 문제가 이슈화되었고 이를 해결하라는 요구의 목소리가 커지고 있다. 현장에서 5~6년의 경험을 쌓은 기간제 교사의 경우에는 교사의 의미를 충분히 수행하였기에 정규직으로 전환해야 한다는 주장도 있다. 기간제교사협회에서는 정부의 잘못도 있다고 한다. 즉, 정부가 학교 현장에서 필요한 인력을 정확히 파악하지 않아서 학생 수 감소나 예산 문제를 들어 교원을 적게 발령하기 때문에 기간제 교사를 채용할 수밖에 없다는 것이다. 그러나 이에 대해서 형평성 문제로 반대하는 입장도 적지 않다. 즉, 정규직 교사나 임용고시 준비생들은 정규직이 되기 위해서 본인이 노력해왔던 과정들을 근거로 기간제 교사의 정규직 전환은 불공정하다고 주장한다.

[제시문 4]

도덕이나 주의(主義)의 표준은 어디에서 오는가? 시비에서 오는가? 이해에서 오는가? 도덕의 표준이 시비에서 나오는 것이라고 해보자. 인간은 각종 동물을 죽이고, 자연을 파괴하며 약탈하고 있기에 인간은 지구의 존폐위기에 가장 큰 피해를 입히는 존재이고, 따라서 가장 먼저 멸절시켜야 할 대상이다. 그렇다면 결국 남는 것은 이해이다. 도덕과 주의가 이해의 표준에서 왔다고 해보자. 이해는 시대에 따라서 대소, 광협이 있긴 해도 이해는 이해이다. 그런데 도덕의 표준이 이해라면 사람들은 항상 해를 싫어하고 이득만을 추구해야 할 것이다. 그렇다면 일진회와 같이 나라를 팔아서 이를 취하고, 합병을 찬성하여 스스로 노예 같은 삶은 사는 것 또한 긍정해야 하는가? 이러한 단시안적인 이해는 이해가 아니다. 그것이 장기적인 관점에서 진정한 이해가 아니며, 그들의 행위는 그들의 나라에 아무런 이득도 되지 않는다.

[사례]

A는 화학재료를 만드는 회사이다. 최근 A회사의 공장에서 기계의 결함으로 인해 화재가 발생했고 50대 근로자 B가 사망하였다. 회사에서는 법에 정한 바에 따라 사망한 근로자의 유가족에게 보상금을 지급하였다. 그런데 A 회사의 대표이사가 B가 가족의 생계를 담당하고 있던 유일한 사람임을 알게 되었다. B의 유가족은 배우자를 포함하여 취업 준비 중인 딸과 고등학생 아들이다.

A회사의 대표는 유가족의 생계를 보장해주기 위해 딸을 채용하기로 하고, 이후에 이런 일이 발생하면 적절한 보장을

해주기 위해 다음과 같은 정책을 만들었다.

'회사 측에서 책임이 있는 사고로 인해 근로자가 사망한 경우에는, 6개월 이내에 직계가족이나 배우자의 요청이 있으면, 가족 구성원을 채용한다.'

문제

회사가 딸을 채용한 것과 같은 정책의 수립이 옳은 것인지 평가하시오.

추가질문

• 제시문 1에 관해서 질문하겠습니다. 제시문 1의 입장이 뭐죠?
• 그렇다면 제시문 1이 그렇게 주장하는 근거가 뭘까요?
• 제시문 1의 입장에 대해서 본인은 어떻게 생각하세요? 국가나 회사가 근로자들에게 빚을 지고 있나요?
• 제시문 2는 제시문 3에 대해서 어떻게 평가할까요?
• 제시문 3의 정규직 전환에 대해서 제시문 1은 뭐라고 평가할까요?
• 제시문 3의 정규직 교사들의 주장에 대해서 제시문 2는 뭐라고 평가할까요?
• 제시문 4는 제시문 2와 비슷한 입장인가요? 다른 입장인가요?
• 제시문 2가 공동의 이익을 얘기하고 있고 제시문 4도 나라의 이익을 얘기하고 있는데 궁극적으로 같은 것을 지향하는 것 아닌가요?
• 제시문 1, 2, 4는 각각 사례에 대해서 어떻게 판단할까요?

2019 학년도 기출문제

[오전 면접] 다음 제시문을 읽고 문제에 답하시오.

제시문 (가)

공리주의의 원리는 우리들의 행복을 증진시키느냐 감소시키느냐에 따라 어떤 행동을 승인하고 거부하는 원리이다. 공리주의 원리는 크게 행위 공리주의 그리고 규칙 공리주의 2가지로 나누어 볼 수 있다. 행위 공리주의자들은 옳고 그름을 판단할 때 행위에 초점을 맞춘다. 행위 공리주의에서 개별적 행위가 옳은지 그른지를 알기 위해서는 그 행위의 결과를 알아야 한다. 옳은 행위란 다른 어떤 가능한 행위보다 더 큰 공리성을 갖는 것으로 평가된다. 규칙 공리주의는 도덕에 있어서 규칙의 중요성을 강조한다. 즉 일반적으로 우리가 특정한 상황에서 해야 할 바를 판단함에 있어서 어떤 특정한 행위가 문제의 상황에서 최선의 결과를 가져오는가를 묻는 것에 의존하지 않고 어떤 규칙에 호소한다는 것을 주장한다. 공리주의에 입각한 규칙은 그 규칙을 보편적으로 따르는 것이 더 큰 유용성을 갖는 규칙을 의미한다. 공리주의에 대한 일반적 비판은 전체주의로 흐를 수 있다는 점이다. 사회의 효용 극대화에 초점을 맞추다보면 다수를 위한 소수의 희생을 정당화할 수 있다. 어떤 행위가 사회에는 큰 효용을 가져다주지만, 소수에게는 효용감소를 유발할 경우 공리주의의 원칙에 의해 정당화될 수 있기 때문이다. 하지만 이러한 사회는 많은 사람들에게 불안감을 가져다줄 것이다. 누구나 희생양이 될 수 있다는 사실은 불안감을 가져다주고 효용을 저해한다. 사람들은 안정을 보장할 수 있도록 일련의 규칙에 합의할 것이다. 규칙 공리주의하에서는 전체주의가 정당화될 수 없다. 독재자의 자의에 의해 지배되는 사회 대신 개인의 안정을 보장해주는 사회가 정당화된다. 사람들은 모두 불안감을 싫어하고 배제되는 것을 두려워한다. 이것이 계산하지 않는 영역의 필요성을 발생시켰다. 그들이 어떠한 상황에서도 침해받지 않아야 하는 영역을 설정하는 것이다. 정의나 인권 같은 것들이 계산되지 않는 영역으로 설정되었다. 규칙 공리주의는 이러한 계산되지 않는 영역을 설정할 수 있다. 그러한 규칙 설정을 통해서 사람들에게 안정감을 가져다줄 수 있다.

제시문 (나)

버크에게 건전한 정치 질서는 역사적 과정의 산물로서 유지되어온 우연한 인과물이었다. 그는 단순히 과거를 배제하고 선험적으로 이루어지는 판단을 공격했다.

과거 선조들이 쌓아온 판단이 담긴 역사나 경험을 배제하고 전적으로 선험적 판단에 기반해서 행해지는 행위를 부정했다. 자의로 이어질 수 있기 때문이다. 버크에게 있어서 혁명은 과거와의 단절을 의미했다. 이상을 설정하고 그것을 극단적 방법을 통해 실현하려는 것은 과거의 경험과 역사를 모두 부정하는 것이었다.

버크에게 있어서 편견은 어떤 의미로 해석되었을까? 버크에 따르면 편견은 사람들이 사고를 하기 전에 판단을 내릴 수 있도록 도와준다. 과거의 유사하거나 동일한 상황에 있었던 사람들이 내린 결정들과 이후 경험을 통해 쌓은 지식들이 결합되어 만들어진 것이다. 이성에 기반한 선험적 판단은 상황과 개인에 따라 다른 답을 내릴 수 있다. 편견에 따르면서 틀린 행위를 할 수 있지만 대신 사회의 안정감을 가져다주는 반면, 선험적 판단에 따르면 옳은 행위를 할 수도 있지만 사회의 불안정감을 가져다 줄 것이다. 편견을 따르면서 얻을 수 있는 안정감은 버크에게 더 큰 의미가 있었다.

제시문 (다)

다수의 사람들이 함께 사고하고 협력함으로써 집단지성을 발휘하여 더 나은 결과를 얻을 수 있다. 하지만 이러한 집단지성의 질을 저하시키는 것이 있다. 집단사고가 나타나면 집단지성의 질이 저하된다. 집단사고란 집단 구성원 간에 의사결정이 일어날 때, 그 문제 상황과 관련하여 나타날 수 있는 가능한 대안이나 반대되는 정보를 고려하기 어려운 사고 과정에서 문제가 생긴 것이다.

사람들은 갈등을 회피하는 성향이 있다. 다양한 의견을 낸다면 갈등을 촉발할 수 있기 때문에 다양한 의견을 내기보다는 이미 다수가 찬성하는 의견에 편승하려 한다. 집단사고는 다양한 의견을 펼치지 못하게 함으로써 더 나은 결론에 도달하지 못할 뿐만 아니라, 결론이 옳다고 하더라도 그 결론에 대해서 심도 있는 논의를 하지 않기 때문에 결론을 잘 활용하지도 못하게 한다. 이러한 점에서 집단사고는 해결되어야 한다. 해결 방법으로는 우선 여러 방안을 적절히 고려하기 위해서 개방적인 토론과 반대의견 제시를 적극적으로 촉구해야 하며, 회의적 의견을 조장하는 사람을 비공식적으로 지명하여 집단의사결정의 단점이나 실수를 찾는 방식도 필요하다.

제시문 (라)

사람들은 행위를 결정할 때 불확실성을 줄이는 것을 원한다. 불확실성은 개인의 효용에 부정적 영향을 끼치기 때문이다. 사람들은 불확실성을 줄이기 위해 이미 일정한 정도 친밀감을 형성한 사람과만 신뢰에 기반한 행위를 한다. 이러한 관계에 기반한 행위는 불확실성을 줄여주어 안심을 가져다주는 행위로 보인다. 하지만 친밀한 관계가 아닌 다른 사람들과 거래를 하지 않는 것은 '안심의 기회비용'을 발생시킨다. 친밀한 관계가 아닌 사람들과 거래를 했다면 더 큰 이득을 얻을 수 있다. 사회 전반적으로 불확실성이 클 경우에는 친밀한 사람들과만 거래를 하려고 하는 안심을 추구하는 사람보다는 친밀한 사람뿐만 아니라 다른 사람들과도 거래를 하려고 하는 사람들이 더 이득을 볼 것이다. 사회 전반적으로 친밀한 관계의 사람들과만 거래를 하는 안심 사회는 큰 손해를 가져오고 고착화된다. 사람들은 개인적으로 안심을 추구함으로써 신뢰를 잃게 되는 것이다.

문제

1. 제시문을 2분 이내로 요약하시오.
2. 네 개의 제시문을 저자 한 명이 작성했다고 가정하고 제목을 붙여 보시오.
3. 행위 공리주의와 규칙 공리주의의 차이는 무엇인가?
4. 난민 문제를 공리주의적으로 접근해 보시오.
5. 공론화 과정이 다수결과 다른 점은 무엇인가?
6. 제시문 (가)가 규칙 공리주의를 옹호하는 근거는 무엇인가?
7. 제시문 (나)와 (다)는 어떤 관계에 있는가?
8. 제시문 (라)에 해당하는 사례를 제시해 보시오.
9. 집단지성과 집단사고는 어떻게 다른가?
10. 공리주의가 개인의 희생을 강요한다는 비판에 재반박해 보시오.

제시문 (가)

흄은 인과관계란 "연접된, 시간적으로나 공간적으로 붙어 있는 두 현상의 관계에 대한 습관적인 판단"이라고 언급했다. "사건 A와 B가 선행과 후행으로서 반복될 때, 즉 AB, AB, AB…의 계열을 이룰 때 원인과 결과로서 성립한다"라는 말이다. 이를테면 우리가 어제 아침에도 해가 동쪽에서 뜨는 것을 보고 오늘 아침에도 해가 동쪽에서 뜨는 것을 봤다면 우리는 내일 아침에도 해가 동쪽에서 뜬다고 '믿는다'라는 것이다. 즉, 우리는 지속적인 관찰로부터 사건 A와 B가 인접해서 발생한다는 증거를 계속해서 얻고, 이에 따라서 인과관계를 얻을 수 있다.

출처: 이정우, '세계철학사'

제시문 (나)

단순히 두 사건이 비슷하게 발생했다는 것만으로 인과관계를 추론할 수 있는가? 그럴 수 없다. 예를 들어 송전탑 근처에서 소아암 발생률이 3배 가까이 높게 나타난다는 것만으로 송전탑이 소아암의 발생 원인이라고 단언할 수는 없다. 왜냐하면 암을 유발하는 요인이 너무나 다양하기 때문이다. 비슷한 사례로 개인의 음주 습관이 알코올 중독의 발생 원인이라고도 단언할 수는 없다. 알코올 중독에는 유전적인 영향이 크게 나타나며, 사회적으로도 알코올 중독에 대한 태도가 다르기 때문에 이러한 것들이 알코올 중독자의 수에 영향을 주는 것이다.

제시문 (다)

신채호는 민족의 성쇠는 항상 사상이 어떤 방향으로 흘러가는가에 달린 것이며 그 방향성은 매번 어떤 사건의 영향을 받는다고 하였다. 그러면 조선 근세에 종교·학술·정치·풍속이 사대주의의 노예가 된 것은 어떤 사건이 원인일까? 어떤 사건이 앞서 서술한 종교·학술·정치·풍속 등의 방면에 노예성을 낳게 하였는가? 나는 한마디로 고려 인조 13년 (1135) 서경 전역, 즉 묘청의 난이 김부식에게 패한 데서 그 원인을 찾으려 한다.

서경 전역 때 양쪽 병력이 각기 수만에 불과하고 전란의 시작과 끝이 불과 2년에 그쳤지만, 그 전란의 결과가 조선 사회에 끼친 영향은 서경 전역 이전 고구려의 후예로서 북방의 대국으로 자리 잡았던 발해 멸망보다도, 서경 전역 이후 고려와 몽고 간의 60년 전쟁보다도 몇 배나 중요하였다. 대개 고려에서 조선까지 1,000여 년 동안 서경 전역보다 중요한 사건이 없을 것이다.

서경 전역 역대 역사가들은 다만 국왕의 군대가 반란군을 친 전쟁으로만 알고 있었지만, 이는 근시안적인 관찰에 불과하다. 그 실상은 이 전역에 낭불 양가 대 유가의 싸움이며, 국풍파 대 한학파의 싸움이며, 독립당 대 사대당의 싸움이며, 진취 사상 대 보수 사상의 싸움이었다. 묘청은 곧 전자의 대표요, 김부식은 후자의 대표였던 것이다. 이 싸움에서 묘청 등이 패하고 김부식이 승리함으로써 조선의 역사는 사대적·보수적·속박적 사상, 즉 유교 사상에 굴복되고 말았다. 만일 이와 반대로 김부식이 패하고 묘청 등이 이겼다면 조선사는 독립적·진취적 방향으로 나아갔을 것이니 이 적역을 어찌 1,000년 동안의 제일 대사건이라 하지 않겠는가? 조선의 역사는 원래 낭가의 독립사상과 유가의 사대주의로 나눠져 있었다. 그런데 갑자기 불교도인 묘청이 낭가의 이상을 실현하려다 그 거동이 지나치게 이치에 맞지 않음으로써 패망하고 드디어 사대주의파의 천하가 되고 말았다. 낭가의 윤언이 등은 유가의 압박 아래에서 겨우 남은 목숨을 유지하게 되었다. 그 뒤 몽고의 난을 지나면서 더욱 유가의 사대주의가 득세하게 되었고, 조선의 창업이 유가의 사대주의로 이루어지자 낭가는 완전히 없어지고 말았다.

제시문 (라)

12세기 초 수사학은 논리에 집중했고, 공식적인 문서를 잘 써내는 글에서 출발하였으며, 기술적인 면에 치우쳐 있었고, 주제 역시 공상적이나 현실적이지 않은 등 일관적이지 않았다. 교수들은 학생들이 학문을 통해서 실용성을 갖추기를 희망했다. 그러다 12세기 중엽 이후 수사학은 보다 현실적인, 학생들의 인생과 미래에 대한 고찰과 도움을 담게 되었으며 곧 정치적인 현안을 수사학 교습의 주제로 자주 삼게 되었다. 이는 수사학 교수들이 단순한 학문적 논의에 그치지 않고 정치적 발언이나 정치적 조언을 하는 풍조를 열었고, 나아가 교수들은 미래의 관료인 학생들에 대한 지도에도 현재의 관료에 대한 정치적 조언도 하게 되었다. 이는 르네상스 시기의 정치발전에 영향을 주었다.

문제

1. 제시문을 2분 이내로 요약하시오.
2. 모든 제시문을 관통하는 주제는 무엇인가?

3. 제시문 (나)의 논리 전개방식은 어떤 차이가 있는가?
4. 제시문 (다)와 제시문 (라)의 공통점과 차이점을 말하시오.
5. 제시문 (나)를 고려할 때, 역사적 사건의 인과관계를 따지는 것은 어떤 의미가 있는가?
6. 판결을 대하는 법조인이 인과관계를 대하는 자세는 어떠해야 하는가?

[특별전형] 다음 제시문을 읽고 문제에 답하시오.

제시문 (가)

시장경제의 원리는 자원의 자발적 교환에 기반해 있다. 자원의 이동은 시장에 참여한 주체들이 필요로 하는 것을 더 잘 충족시키는 방식에 따라 조직된다. 만약 생산 주체들이 생산에 기여한 부분들에 대해서만 보상을 받는다면 교환은 일어나지 않을 것이다. 노력에 대한 보상이 있기 때문에 생산과 교환이 일어나는 것이다. 즉, 성과에 따른 보상이 필요한 것으로 여겨졌다. 성과에 따른 보상이 주어질 때만이 사람들은 최선을 다하며, 이는 강제적으로는 할 수 없는 것이다. 또한 그것이 분배적 정의에 걸맞은 것으로 여겨지지 않는 한, 자발적인 교환은 지속될 수 없었을 것이다. 자발적인 교환과 이에 기반한 시장경제는 모든 시대의 인간 사회에서 보편적이고도 바람직한 제도 및 가치판단으로 여겨져 왔다.

제시문 (나)

근대적 산업화는 자본가와 발명가가 부를 창출할 수 있게 해주었다. 자본가는 공장과 기계설비 등의 자본을 통해 대규모의 부를 축적했고, 발명가는 기술과 지식의 창출에 앞장섰다. 이 과정에서 원재료가 실용적 제품으로 생산돼 상품화되었다. 굿이어(Goodyear)는 생고무를 상업적으로 이용할 수 있는 가황처리법을 고안하여 가황고무를 발명하였다. 이 가황고무의 활용으로 자동차 부품 등의 사업과 연이은 산업 발전으로 오늘날의 기술혁명을 이끌었고, 유례없는 부가 창출되었다. 이 사례는 발명가와 자본가의 입장에서는 일종의 영예로운 혁명이라 칭할 만한 것이었다. 그러나 조명되지 않는 문제점도 있었다. 원재료 공급지에서는 하루 3~4시간씩 고무를 채취하기 위해 노동을 착취당하는 등의 열악한 작업환경과 낮은 임금, 아동노동 문제, 그리고 반복되는 빈곤 문제가 은폐된 채 여전히 남아 있다는 것이다.

제시문 (다)

인공지능, 무인로봇, 자율주행차 등 4차 산업혁명의 열기가 뜨거운 가운데, 외국에서는 발전을 선도하고 있는 산업이 국내에서는 각종 규제로 인하여 성장하지 못하고 있다. 미래의 먹거리라고도 불리우는 엄청난 부가가치를 지닌 신기술이 발전하지 못하는 것은 큰 문제이다. 기존 규제방식의 문제점은 두 가지이다. 첫 번째 문제는 진입장벽의 규제이다. 열거방식의 규제와 중복 규제, 기존 산업에 맞게 편제된 정부 부처 조직 등이 진입장벽을 만들고 있다. 두 번째 문제는 기존 산업과 신흥 산업 간의 갈등을 중재할 수단의 부재이다. 기존 산업 종사자들은 규제에 따르고 허가를 받아야 하지만 새로운 사업 진출자들은 그렇지 않아 불공정한 경쟁을 하고 있는 등의 불가피한 갈등이 발생하고 있으나, 정부는 이러한 갈등을 중재하는 역할을 수행하지 못하고 있다. 그러나 4차 산업혁명과 신산업 유치를 위해서는 규제개혁을 실시해야 한다. 규제개혁은 현재 존재하는 각종 규제들을 현실에 맞게 완화하거나, 일정 기간 동안 신산업에 대한 규제를 유보하는 '규제 샌드박스'를 통해 사전 허용 및 사후 규제 원칙에 입각하여 갈등을 조정할 수 있다. 그리고 정보통신기술이 무분별하게 활용됨으로써 초래되는 개인정보 유출 문제와 같은 부정적인 측면을 최소화하기 위한 제도 마련 또한 시급하다. 정부는 소비자와 사업자들의 이익을 위해 적극적으로 노력해야만 한다.

제시문 (라)

카풀 서비스 시행을 둘러싸고 카카오 측과 택시업계 간의 갈등이 본격적으로 점화되고 있는 상황이다. 현행법상 카풀 서비스는 출퇴근 시간에 한정되어 있지만, 카카오 측은 국토교통부가 4차 산업 시대에 맞는 새로운 지침을 마련하리라 기대한다며, 카카오 최근 서비스 시행을 위한 온라인 어플리케이션 등록까지 마쳤음을 밝혔다. 또한 시범 운영을 위해 카풀 서비스를 제공할 운송자들을 모집할 것이라고 밝혔는데, 이에 대해 택시업계는 국토교통부가 최근 1년 동안 관련 안건에 대해 별다른 조치를 취하고 있지 않아서 서비스 시행이 유보되고 있는 것에 대해서 카카오 측에서 압박을 가하고 있는 것이라며 비판의 날을 세웠다. 그러나 카카오 측은 발표한 운송자 모집은 그저 원활한 서비스 시행을 점검하기 위한 사전 과정일 뿐, 실제 구체적인 서비스의 방식과 내용 등에 대해서는 정부 및 택시업계와 충분한 대화를 나누어, 바람직한 영업 생태계를 도모할 것이라고 주장했다. 택시업계는 카카오가 자신들의 막대한 자본을 통하여 운송서비스에 개입하는 것은 대기업이 골목상권을 침범하는 것과 같다며 반발하고 있다. 이에 대해 카카오 측은 소비자, 택시업계 등을 모두 고려하는 방안을 위해 노력하겠다고 입장을 밝혔다.

---

1. 제시문을 2분 이내로 요약하시오.
2. 네 개의 제시문을 저자 한 명이 작성했다고 가정하고 제목을 붙여 보시오.
3. 각 제시문을 입장 차에 따라 분류해 보시오.
4. 제시문 (가)에서 말하는 분배적 정의는 무얼 말하는가?
5. 제시문 (가)와 제시문 (나)의 입장 차이에 대해 설명해 보시오.
6. 지원자는 제시문 (다)와 제시문 (라)와 같은 갈등 상황에서 정부의 역할은 무엇이라고 생각하는가?

서울시립대학교

(1) 신입생 정량

구분		학부성적 (백분율)	공인영어성적 (토익기준)	LEET성적(언어＋추리) (표준점수)
일반 전형	상위 25%	95.1	975	138.2
	상위 50%	92.7	960	136
	상위 75%	89.7	945	131.9
	평균	92	949.7	135.6
특별 전형	상위 25%	99.6	960	136
	상위 50%	97.9	920	132
	상위 75%	94	885	123.4
	평균	93.9	908.3	126.3

(2) 출신학교

대학명	인원(명)	대학명	인원(명)
경북대학교	1	성균관대학교	2
경찰대학	2	숙명여자대학교	1
고려대학교	7	연세대학교	12
광주과학기술원	1	이화여자대학교	5
동국대학교	1	인하대학교	1
부산대학교	1	전북대학교	1
서강대학교	5	중앙대학교	2
서울교육대학교	1	한국방송통신대학교	1
서울대학교	3	한국외국어대학교	1
서울시립대학교	4	한양대학교	3
		계	55

(3) 전공별 현황

학과명	인원(명)	학과명	인원(명)
건축공학과	1	사학과	4
경영학과	8	생명과학과	2
경제금융학부	1	심리학과	1
경제학과	4	아랍어과	1
공공인재학부	2	언론홍보영상학부	1
공공정책전공	1	역사교육과	1

국어교육과	2	정치외교학과	1
국어국문학과	2	중어중문학과	2
국제통상학과	1	철학과	1
글로벌경영학과	1	초등교육과(컴퓨터)	1
기계공학부	1	컴퓨터공학	1
도시공학과	1	통계학	1
도시행정학과	1	행정학과	4
법학과	3	화학·나노과학	1
보건정책관리학부	1	화학교육과	1
		신소재공학과	2

(4) 연령/성별 현황

구분	남자	여자	계
24세	−	4	4
25세	2	3	5
26세	3	4	7
27세	3	4	7
28세	3	1	4
29세	2	3	5
30세	7	1	8
31세	4	−	4
32세	2	0	2
33세	2	0	2
34세	3	0	3
35세	1	1	2
36세	1	−	1
37세	−	1	1
계	33	21	55

2022학년도 입시결과

(1) 신입생 정량

구분		학부성적 (백분율)	공인영어성적 (토익기준)	LEET성적(언어+추리) (표준점수)
일반 전형	상위 25%	96.30	980	135.8
	상위 50%	96.60	970	131.7
	상위 75%	91.77	940	127.7
	평균	93.29	958	131.4

특별 전형	상위 25%	96.91	980	136.0
	상위 50%	94.60	960	133.7
	상위 75%	93.30	945	127.5
	평균	93.78	873	124.5

(2) 출신학교

대학명	인원(명)	대학명	인원(명)
경찰대학	2	숭실대학교	2
고려대학교	14	아주대학교	1
부산대학교	1	연세대학교	8
서강대학교	2	이화여자대학교	3
서울대학교	4	전남대학교	1
서울디지털대학교	1	전북대학교	1
서울시립대학교	7	중앙대학교	3
성균관대학교	3	Franklin & Marshall College	1
숙명여자대학교	1	계	55

(3) 전공별 현황

학과명	인원(명)	학과명	인원(명)
경영학부(과)	5	세무학과	1
경제학부(과)	3	식품자원경제학과	2
공공인재학부	1	신문방송학과	1
국어국문학과	1	신소재공학과	1
국제법무학과	1	심리학과	1
기독교학과	1	영어교육과	1
독어독문학과	1	영어영문학과	2
문화콘텐츠학과	1	응용통계학과	1
법학과	4	인류학과	1
불어불문학과	2	정치외교학과	4
사학과	1	철학과	8
사회학과	4	컴퓨터과학부	1
한국사학과	3	행정학과	1
화학·나노과학과	1	실용음악학과	1

(4) 연령/성별 현황

구분	남자	여자	계
23세	0	2	2
24세	1	1	2
25세	1	2	3
26세	5	3	8
27세	8	4	12

28세	5	1	6
29세	11	2	13
30세	3	1	4
31세	1	0	1
32세	1	0	1
34세	1	0	1
35세	0	1	1
37세	1	0	1
계	38	17	55

면접 진행방식

면접유형	개별면접(3:1)		
준비시간		면접시간	10분
답안작성	×		
문제 수 및 지문분량	2문제, A4 1/3장 분량		
인성질문 유무	○		
면접특징	• 12시 30분 조와 14시 30분 조로 나뉨 • 1층에서 집합 후 전체대기실(법학관 5층)로 이동함. 지각한 사람은 지각자서약서 작성함 • 대기시간에는 개인 자료 열람 가능함 • 화장실 이용은 15분마다 단체로 이용 가능함 • 문제풀이 시간이 별도로 없음 • 면접장 입실 후 교수가 가수험번호로 면접자 호칭함 • 입실 후 생년월일로 신분 확인함(이름 말하면 안 됨) • 제시문 없이 면접위원이 문제를 말하면 이에 답변하면 됨 • 면접 종료 1분 전에 '1분 남았음' 노크를 하고, 두 번째 노크하면 10분 면접 시간 종료됨		

2023 학년도 기출문제

지성면접

면접관이 읽어준 2문제를 듣고, 모두 답하시오.

1. 블록체인 등 기술의 발달로 공인인증 서비스 등을 민간에서 제공·확대하는 것에 대한 찬반
2. 대학생활 내에 총장 투표, 수업 선택 등에 대한 학생들의 자치적 선택 증가에 대한 찬반
3. 블록체인 기술을 활용한 민간 인증서비스 확대에 대한 본인의 견해를 찬성 혹은 반대 입장에서 말해 보시오.
4. 대학 교육과정 설계 및 총장선거에서 학생의 참여 확대에 대한 본인의 견해를 찬성 혹은 반대 입장에서 말해 보시오.

추가질문

• 보안 서비스 공급주체로서 민간보다 정부의 신뢰가 높지 않나?
• 지원자와 반대인 입장의 근거를 말해 보고, 이에 대해 반박해 보시오.

- 어떤 법조인이 되고 싶은가?
- 경쟁에 대해 어떻게 생각하는가?
- 자신을 한 단어로 표현한다면?
- 가장 존경하는 인물은?
- 10년 후 자신이 어떤 모습일 것 같은가?
- 자신이 꿈꾸는 법조인 분야와 그 분야에서 가장 필요한 자질은 무엇인가?
- 지원자를 우리 학교가 선발해야 하는 이유를 말해 보시오.
- 대학생활 중 공부 외에 열심히 한 것이 무엇인지, 거기서 어떤 걸 배웠고, 자신의 삶에 어떤 영향을 주었는지?

2022 학년도 기출문제

지성면접

면접관이 읽어준 2문제를 듣고, 모두 답하시오.

1. 현재 우리나라에서는 일부 전통주를 제외하고 인터넷을 통해서 주류를 판매할 수 없다. 인터넷을 통한 주류판매를 전체 주류로 전면 허용하는 문제에 대한 본인의 의견을 찬성 혹은 반대 입장에서 말하시오.
2. 코로나 이후 비대면사업이 확장되면서 카카오, 배달의 민족 등 온라인 플랫폼이 급속하게 성장하면서 독과점 문제가 심각하게 제기되고 있다. 이들 플랫폼업체에 대해 정부 차원에서 규제가 필요한지에 대한 본인의 견해를 찬성 혹은 반대 입장에서 말해 보시오.

인성질문

- 어떤 법조인이 되고 싶은가?
- 조직 내 갈등이 벌어졌을 시 해결하는 방법은 무엇인가?
- 변호사시험 준비계획은 어떻게 되는가?
- 최근 다른 사람을 도왔던 경험이 있는가?
- 만약 합격을 하게 된다면 입학 전까지 무엇을 할 것인가?
- 본인의 배경(전공, 경험 등)이 향후 법조인으로서 활동할 때 어떤 도움이 될 것이라고 생각하는가?

2021 학년도 기출문제

지성면접

면접관이 읽어준 2문제를 듣고, 모두 답하시오.

1. 우리 정부는 전기자동차에 대해 구매보조금을 지급하고 있다. 전기자동차에 대한 구매보조금 지급에 대해 본인의 의견을 찬성 혹은 반대 입장에서 말하시오.
2. 학교에서 학생들의 핸드폰을 수거하는 것에 대해 학생들의 통신의 자유를 침해하는 것이라는 의견이 있다. 학교에서 학생들의 핸드폰을 수거하는 것에 대한 본인의 의견을 찬성 혹은 반대 입장에서 말하시오.

- 어떤 법조인이 되고 싶은가?
- 본인에게 가장 큰 영향을 준 사람이 있는가?
- 법조인으로서 본인의 장점은 무엇인가?
- 본인과의 약속을 지키지 못한 경험이 있는가?
- 가장 보람 있던 경험은 무엇인가?
- 조직 내 갈등이 벌어졌을 시 해결하는 방법은 무엇인가?
- 변호사시험 준비계획은 어떻게 되는가?
- 최근 다른 사람을 도왔던 경험이 있는가?
- 만약 합격을 하게 된다면, 입학 전까지 무엇을 할 것인가?
- 본인의 배경(전공, 경험 등)이 향후 법조인으로서 활동할 때 어떤 도움이 될 것이라고 생각하는가?

2020 학년도 기출문제

지성면접

1. 승차공유서비스가 등장하면서 택시업계와 마찰을 빚고 있는데, 이러한 신산업에 대해 국가가 규제할 필요가 있는지 여부에 대한 자신의 입장을 밝히시오.
2. 미세플라스틱이 인체에 해롭지 않다는 연구결과가 나왔음에도 불구하고, 미세플라스틱의 사용에 대한 논란은 지속되고 있다. 미세플라스틱에 대한 국가의 규제필요성에 대한 자신의 견해를 밝히시오.

인성질문

- 법조인으로서 어떤 분야를 희망하는가?
- 지금까지 공부를 하면서 어려움을 겪었던 과목은 무엇인가?
- 지원자가 생각하는 행복은 무엇이고 어떨 때 행복한가?
- 고난을 극복했던 사례 및 방법은 무엇인가?
- 갈등 상황에서 상대를 설득했던 경험이 있는가?
- 왜 서울시립대가 지원자를 뽑아야 하는가?

2019 학년도 기출문제

[제시문 1]
AI가 발달하고 이를 기반으로 4차 산업혁명을 향해 나아가고 있는 현대 사회에서, 빅데이터는 중요 발전 기반임과 동시에 수많은 개인정보를 이용하고 있다. 따라서 이러한 기술, 사회의 발전을 위해 개인정보보호법의 규제를 완화하자는 주장이 있는데, 이에 대한 지원자의 의견을 찬성·반대 입장을 선택하여 답변해 보세요.

지원자는 규제완화에 대해 찬반 중 어느 입장인가?

[제시문 2]
최근 인천국제공항에서 패스트트랙 도입 여부가 논의되고 있다. 패스트트랙은 비지니스석 고객 등 더 많은 비용을 지불한 승객에게 더 빠른 수속 절차 서비스를 제공하는 서비스이다. 세계 20대 공항 중 이 서비스를 운영하지 않고 있는 곳은 인천공항뿐이다.

문제

이 시스템의 도입 여부에 대해 찬반 여부를 밝히시오.

성균관대학교

(1) 신입생 정량

구분		LEET성적	대학성적	영어성적
일반 전형	상위 25%	142.2	96.4	5
	상위 50%	137.2	95.1	4.9
	상위 75%	134.1	93.4	4.8
	평균	138.2	94.7	4.9
특별 전형	상위 25%	135.9	96.6	4.8
	상위 50%	131.9	96.3	4.8
	상위 75%	127.8	94.7	4.8
	평균	132.1	95.6	4.8

※ LEET성적: 언어이해+추리논증 표준점수 슴
※ 대학성적: 백분위 환산점수
※ 영어성적: TOEIC, TEPS, TOEFL 등 점수에 대한 본교 환산점수

(2) 출신학교

대학명	인원(명)	대학명	인원(명)
성균관대학교	41	중앙대학교	2
서울대학교	39	경희대학교	1
고려대학교	24	부산대학교	1
연세대학교	15	서울시립대학교	1
서강대학교	4	한국외국어대학교	1
경찰대학	3	계	132

(3) 전공별 현황

계열	학과	인원
인문계열	Language & Diplomacy	1
	국어국문학	2
	노어노문학	1
	미국문화학	1
	불어불문학	1
	사학	5
	서어서문학	1
	아시아언어문명학	1
	언어학	1
	영어영문학	4

인문계열	중어중문학	1	
	지리학	1	
	철학	5	
사회계열	공공인재학	1	
	글로벌리더학	15	
	사회복지학	1	
	사회학	4	
	생활디자인학	1	
	소비자학	1	
	심리학	2	
	언론정보학	1	
	언론홍보영상학	2	
	정치국제학	1	
	정치외교학	16	
	행정학	5	
법학계열	법학	1	
사범계열	가정교육	1	
	교육	1	
	독어교육	1	
	생물교육	1	
	지리교육	2	
상경계열	경영학	13	
	경제학	21	
	글로벌경영학	2	
	글로벌경제학	1	
	농경제사회학	1	
	응용통계학	1	
자연계열	간호학	1	
	수학	1	
	보건환경융합과학	1	
	생명과학	1	
	수리과학	1	
공학계열	시스템경영공학	1	
	신소재공학	2	
	전기전자공학	3	
계		132	

(4) 연령/성별 현황

성별	일반전형	특별전형	계
남자	57	6	63
여자	65	4	69
계	122	10	132

2022학년도 입시결과

(1) 신입생 정량

구분		LEET성적	대학성적	영어성적
일반 전형	상위 25%	142	96.5	5
	상위 50%	138	95.1	5
	상위 75%	134	93.5	4.9
	평균	140	94.7	4.9
특별 전형	상위 25%	135.8	97	5
	상위 50%	129.4	95.7	4.9
	상위 75%	127.2	94.5	4.8
	평균	130.1	94.9	4.8

※ LEET성적: 언어이해+추리논증 표준점수 合
※ 대학성적: 백분위 환산점수
※ 영어성적: TOEIC, TEPS, TOEFL 등 점수에 대한 본교 환산점수

(2) 출신학교

대학명	인원(명)	대학명	인원(명)
성균관대학교	34	이화여자대학교	2
서울대학교	39	서울시립대학교	1
고려대학교	18	중앙대학교	3
연세대학교	13	동국대학교	2
서강대학교	3	한국외국어대학교	1
한양대학교	1	(미) Yale Univ.	1
한국과학기술원	1	(영) Oxford Univ.	1
경찰대학	9	(미) Brandeis Univ.	1
경희대학교	1	(중) Tsinghua Univ.	1
		계	132

(3) 전공별 현황

계열	학과	인원
인문계열	국어국문학	1
	영어영문학	2
	중어중문학	1

계열	학과	인원
인문계열	독어독문학	2
	프랑스어문학	1
	서어서문학	1
	언어학	2
	영어통번역학(EICC)	1
	철학	3
	(국)사학	4
	문헌정보학	1
사회계열	공공인재학	2
	국제학	2
	글로벌리더학	12
	사회학	2
	소비자가족학	1
	심리학	2
	인류학	1
	자유전공학	2
	정책학	1
	정치외교학	9
	지리학	1
	행정학	3
법학계열	법학	10
사범계열	교육	1
	역사/영어/윤리/한문교육	4
상경계열	(글로벌)경영학	17
	(글로벌)경제학	26
	세무학	2
	응용통계학	1
자연계열	(분자)물리학	2
	생명과학	1
공학계열	기계(항공)공학	5
	인공지능융합	1
	화공생명공학	1
의학계열	간호학	2
	수의학	1
예체능계열	동양화	1
계		132

(4) 연령/성별 현황

성별	일반전형	특별전형	계
남자	71	8	79
여자	51	2	53
계	122	10	132

면접 진행방식

면접유형	개별면접(3:1)		
준비시간	20분	면접시간	15분
답안작성	메모지 제공하며, 휴대 가능함		
문제 수 및 지문분량	2문제, A4 1장 분량		
인성질문 유무	○		
면접특징	• 오전 8시와 오후 1시 조로 나뉨 • 대기시간이 최대 3시간 정도이며, 개인 자료 열람 가능함 • 화장실 이용은 진행요원과 함께 이용 가능함 • 문제풀이는 대기실 옆 강의실에서 진행함 • 책상 위에 메모지 한 장, 문제지, 볼펜이 놓여 있음 • 문제풀이시간은 20분이며, 메모지는 회수하지 않고 면접장까지 지참 가능함 • 문제풀이시간 종료 후 면접장 입실 전까지 답변내용을 정리할 시간 있음 • 면접장에 입실하면 지성면접 내용 발표가 10분, 질의응답이 5분 정도 진행됨 • 문제 1번과 2번을 순서대로 답변하면 되고, 5분 내외로 하면 됨 • 인성질문과 개인 신상 관련 질문도 함 • 면접 종료 1분 전 조교가 노크함		

2023 학년도 기출문제

[오전 면접] 다음 제시문을 읽고 문제에 답하시오.

[제시문]
가: 복권의 1인당 구매 횟수 및 액수 제한
나: 일몰 후 공원에서 술 판매 및 음주행위 금지
다: 핸드폰 카메라 촬영 시 소리가 나도록 강제
라: 보행자가 많은 도로에서 차량운행 속도를 시속 30km 이하로 제한
마: 초·중·고등학교에서 비만을 유발하는 패스트푸드와 탄산음료 판매 금지
바: 고위험 가상자산에 대해 1인당 투자한도를 설정하고 자금을 빌려 투자하는 것을 금지
사: 지하철에 포장되지 않은 음식물 반입 금지 및 음식물 섭취 금지
아: 자동차 탑승자 전원이 안전벨트 미착용 시 시동이 걸리지 않도록 강제

문제

1. 규제 근거를 고려하여 위의 사례들을 분류하고 그 기준을 말하시오.

2. 이 중 폐지해야 할 규제를 하나 이상 고르고 이유를 설명하시오.

추가질문
• 독립운동가의 행위는 정당한가?
• 초·중·고와 대학교 생활을 통틀어서 본인이 가장 큰 성취감을 느낀 경험은 무엇인가?

[오후 면접] 다음 제시문을 읽고 문제에 답하시오.

[제시문]
가: 스토커가 자신이 좋아하는 여성의 아파트 CCTV를 해킹하는 과정에서 아파트에 침입한 강도를 발견하고 경찰에 이를 신고함
나: 성범죄자가 자신의 이웃으로 이사 오자 성범죄자의 집 대문에 빨간 라커로 'ㅇㅇ지역 출신 ㅇㅇ새끼 꺼져라'라고 낙서함
다: 고등학생 미혼모가 부잣집 문 앞에 아이를 이불에 덮고 편지를 동봉한 채 유기함
라: 환경단체 운동가가 경각심을 불러일으키기 위해 명화에 음식물을 투척하여 수억 원의 복원비용이 발생함
마: 주민을 대상으로 한 교육으로 생존을 위한 불피우는 법을 강의하다가 불씨가 날려 산불이 나 큰 산림 피해가 발생함
바: 농장주가 고라니를 잡기 위해 덫을 설치하고 경고문을 붙였으나, 너무 작게 써놓아 이를 못 본 행인이 덫을 밟아 전치 4주의 피해를 입음
사: 가정폭력의 피해자인 아내가 술에 취한 남편이 혼자 넘어져 머리부상을 입고 기절한 것을 목격하고도 신고하지 않고 집을 나와 남편이 사망함

문제
1. 제시문의 사례들을 비난 근거에 따라 분류하시오.
2. 제시문 가, 라, 바의 비난의 경중을 밝히시오.

추가질문
• 피해자가 피해를 인식하지 못하면 해악이 없다고 할 수 있나?
• 다에서 자녀에게 발생하고 있는 권리 침해가 무엇인지?
• 가, 라, 바 말고 다른 사례들도 고려했을 때 가장 비난받아야 할 것과 가장 비난의 정도가 약해야 하는 것은 무엇인가?

인성질문
• 법조인에게 필요한 능력은 무엇인가?
• 법학과 다른 학문의 차이는 무엇인가?
• 변호사가 되고 난 후 진출하고 싶은 분야는?
• 자신이 가지고 있는 강점은 무엇인가?

2022 학년도 기출문제

[오전 면접] 다음 제시문을 읽고 문제에 답하시오.

[제시문]
가: 고령자가 현행법으로 금지된 유전자치료를 받아 자신의 수명을 연장하였다.
나: A국의 해방전선 돌격대가 분리독립운동을 하면서 국군을 공격하여 다수를 사상케 하였다.

다: 자신들이 낳은 유아를 내버려 유아가 기저귀에서 번식한 세균에 감염되어 하체에 영구적인 장애를 갖게 되었다.

라: 무단횡단이 다수 일어나는 것을 알고 있는 지점에서 사고가 나도 내 책임은 아니라는 생각으로 감속하지 않고 차를 운행하다가 무단횡단하는 사람을 치어 다치게 하였다.

마: 평소 타인을 폭행하고 어머니 또한 폭행 후유증으로 숨지게 한 아들을 둔 연로한 아버지가 자신이 사망한 뒤 아들이 타인에게 미칠 해악을 우려하여 아들을 살해하였다.

바: 자녀 결혼식과 정년이 얼마 남지 않았으니 2개월만 사건처리를 미뤄달라는 성추행 가해자의 부탁을 들은 기관장이 피해자에게 해당 기간 참아주기를 강력히 종용하였고 피해자는 상심하여자살하였다.

문제

1. 위 6가지 행위 중 비난 가능한 사례를 선택하고, 그 비난 가능한 사례들의 경중을 구분하시오.
2. 비난의 정도가 가장 심하다고 주장한 사례를 변호사로서 옹호 해보시오.

[오후 면접] 다음 제시문을 읽고 문제에 답하시오.

[제시문]

가: 미성년 자녀가 치사율이 상당히 높은 질병에 대한 백신접종을 희망함에도, 백신의 부작용을 걱정한 A는 자녀의 백신접종을 허용하지 않았다.

나: 브레이크 기술 전문가인 엔지니어 B는 자신이 빌린 자동차의 브레이크가 조만간 고장 날 가능성이 높다고 예측했지만, 렌트회사 정비팀이 점검할 것으로 생각하고 아무런 고지 없이 그 자동차를 반납하였다.

다: 이탈리아 레스토랑에서 아르바이트를 하던 생물학과 4학년 C는 전공지식에 기초하여, 손님에게 시중들 샐러드에 일반적인 파슬리와 유사한 맹독성 식물이 들어 있는 것 같다고 의심했지만, 주문이 밀려 있는 상황이라 그대로 시중을 들었다.

라: D는 이웃집 사람이 평소 손놀림이 미숙하고 경솔하여 도끼나 칼 등을 사용하다가 자주 사고를 내어 다친 사실을 알고 있지만, 날카롭고 사용하기에 까다로운 전동제초기를 빌리러 온 그 사람에게 내심 걱정하면서도 빌려주었다.

마: 택시 운전사 E는 차고지가 있는 지역의 편도 1차선 도로 위에 건널목이 없는 특정 지점에서 같은 시간대에 여러 아이가 무단횡단하는 일이 반복되고 있음을 알게 되었다. 그러나 며칠 후 그곳을 통과하던 E는 특별한 조치 없이 차량의 속도를 늦추지 않고 통상적인 운행을 하였다.

문제

1) A-E에게 부정적 결과 발생을 방지할 의무가 있는 경우를 모두 고르고, 그 이유를 설명하시오.
2) 위 사례 중 가장 비난받아야 할 경우는 무엇이고, 그렇게 판단한 이유를 설명하시오.

2021 학년도 기출문제

아래 사례를 읽고 물음에 답하시오.

[보기]

A: 국가가 흉악범에게 사형을 집행함

B: 급발진 차량 사고로 타인을 치어 사망하게 함

C: SNS에서 댓글을 달아서 상대방을 자살에 이르게 함

D: 의사가 말기 암 진단을 고지하여 환자가 우울증으로 자살함

E: 가족을 살해한 범죄자가 무죄 방면되자 복수하여 사망하게 함

F: 소생이 불능한 환자의 요청에 따라 의사가 독극물을 처방하여 환자가 사망함
G: 코로나 확진 후 동선을 숨겨 타인을 감염시켜 사망케 함
H: 호스피스 병동에 수용된 중환자 가족의 간청에 따라 약물 주사로 환자를 사망케 함
I: 본인의 감염 사실을 모른 채 마스크 없이 활동하여 타인을 감염시켜 사망하게 함

문제

1. 보기의 행위들 중 비난받아야만 하는 행위와 그렇지 않은 행위를 분류하고, 기준을 설명하시오.
2. 1문에서 비난받아야만 하는 행위들을 경중에 따라 열거하고 이유를 제시하시오.

추가질문

- F와 H는 서로 대상이 중환자라는 것은 동일하고 본인과 가족이라는 점에서 다른데, 어떤 부분에서 판단이 다를 수 있는가?
- 결국 보기가 다 사망에 이르게 한 것들인데 그럼 그 결과가 (판단에) 중요한 것이 아닌가? 자신의 감염 사실을 모른 채 활동을 했다면 과연 비난을 할 수 있는 행위인가?
- C의 경우에는 댓글을 단 행위가 반드시 비난할 수 있는 행위인가? 만약 그러하다면 표현의 자유에 큰 제한이 되는 것은 아닌가?
- 마지막으로 하고 싶은 말이 있다면 무엇인가?

아래 사례를 읽고 물음에 답하시오.

[보기]
A: 헬멧을 쓰지 않고 오토바이를 타는 행위
B: 나체로 거리를 활보하는 행위
C: 의료목적이 아닌 용도로 마리화나를 사용하는 행위
D: 코로나19 확진자가 확진 사실을 숨기고 국가시험에 응시하는 행위
E: 공유수면에 허가된 양을 초과해서 공장폐수를 배출하는 행위
F: 면허정지 수준 이하의 낮은 혈중알코올농도 상태에서 음주운전을 하는 행위
G: 변호사자격이 없는 자가 대가를 받고 법률자문을 하는 행위
H: 남편이 사망한 후에 임신을 할 목적으로 보관 중인 남편의 정자를 이용하는 행위
I: 아동으로 인식될 수 있는 캐릭터가 등장하는 음란물을 시청하는 행위

문제

1. 보기의 행위 중 법적 금지가 필요한 행위와 시민의 자율에 맡겨야 하는 행위를 구분하고, 그 기준을 설명하시오.
2. 1문에서 지원자가 법적 금지가 필요한 행위로 언급한 사례들에 대한 비난의 경중을 밝히고, 그 이유를 설명하시오.

추가질문

- 오토바이 헬멧 미착용이 다른 사람에게 피해를 줄 가능성이 있는가?
- 네덜란드를 비롯해 해외 사례를 보면 마리화나를 합법화하는 경우가 많고, 마리화나는 알코올에 비해 중독성도 낮다는데 그래도 규제할 필요가 있는가?
- 면허정지 수준 이하의 낮은 혈중알코올농도 상태란 소주 한 잔 정도, 즉 거의 취하지 않은 상태를 의미하는 것인데, 거의 취하지 않아 인지능력이나 행동에 문제가 없는 상황임에도 불구하고 이를 국가가 규제하는 것은 과잉 규제가 아닌가?
- 아동 캐릭터가 아닌 실제 아동이라면 판단은 달라지는가?

지성면접 **오전**

[제시문 1]
A는 고소득자이다. A가 국제구호단체에 기부를 하면 먼 곳에서 기아로 죽어 가는 사람들을 살릴 수 있다. 하지만 A는 전혀 기부를 하지 않고 있으며 기아에 시달리는 사람들을 외면하고 있다.

[제시문 2]
불임인 B부부는 청각장애인인데 인공수정을 통해 아이를 갖고자 한다. B부부는 아이가 청각장애를 가진 자신들과 소속감과 유대감을 갖게 하고 싶고, 청각장애를 장애가 아닌 문화적 정체성의 하나로 여긴다. 그래서 일부러 청각장애 출신 집안의 정자를 구해서 인공수정을 시도했고 마침내 청각장애 아들을 얻었다.

[제시문 3]
불임인 C부부의 국가에서는 난자 제공이 합법이다. C부부는 우수한 아이를 갖기 위해 광고를 내고 특별한 조건을 제시했다. 우수한 신체조건과 높은 지능지수를 가진 사람이 난자를 제공하면 1억 원을 지급하겠다는 광고였다. 결국 그 조건에 맞는 사람의 난자로 인공수정을 통해 딸을 얻었다.

[제시문 4]
대학생 D는 공부 능률을 높여 성적을 올리고 싶었다. 그래서 병이 없음에도 불구하고 기억력을 증강시키는 데 효과가 있다는 주의력 결핍장애 치료약을 복용했다. 약을 복용한 후 우수한 성적으로 대학을 졸업한 후에 좋은 회사에 취업했다.

[제시문 5]
택시 승객 E가 목적지에 도착해서 요금을 지불한 후 택시에서 내리려고 하는데, 택시 기사가 심장 고통을 호소하며 쓰러졌다. E는 택시 기사를 방관하면 사망할 수도 있다고 생각했으나, 급한 일을 해결하기 위해서 그냥 하차하였고, 결국 택시 기사는 사망했다.

문제

1. 다음 다섯 가지 사례 가운데 비난 가능한 사례를 고르고 설명하시오.
2. 비난 가능한 사례 중 한 가지를 옹호할 수 있는 논리를 제시하시오.

지성면접 **오후**

[제시문 A]
갑의 구성원이 을의 구성원에 의해 살해당했다. 갑의 구성원들은 극도로 화가 나서 을의 구성원들에게 24시간 이내에 범인을 색출하여 죽일 것을 요구하였고, 이를 어길 시에 전쟁을 선포하겠다고 하였다. 을의 지도자 A는 하루 만에 범인을 잡을 수가 없었기 때문에 을의 구성원의 집단 학살과 공동체 붕괴 등의 피해를 막기 위해 무고한 시민 한 명을 사형시켰다.

[제시문 B]
테러범이 100명이 타고 있는 여객기를 인근 축구경기장에서 폭파시키겠다고 한다. 축구경기장에는 만여 명의 인원이 축구 경기를 관전하고 있다. 결국 지도자 B는 사망자의 수를 줄이기 위해 공군사령관에게 인적이 드문 장소에 가면 여객기를 격추시키라고 명령하였다.

[제시문 C]
갑국과 을국은 10년간 내전 중이다. 그런데 국제법상 난민이라고 주장하는 갑국의 국민 20명을 태운 선박이 을국 해안에 도착하였고, 난민들은 하선을 허락해달라고 한다. 을국의 대표자는 난민 입국에 부정적인 여론을 감안하여 하선을 허용하지 않고 공해로 돌려보냈고, 난민은 생명이 위험한 상황에 처했다.

[제시문 D]
교통사고로 중상을 입은 3명의 환자가 병원 응급실로 실려 왔다. 장비와 의료진이 부족해 3명을 동시에 수술하는 것이 불가능할 뿐만 아니라 다른 병원으로 이송하는 것도 여의치 않은 상황에서 응급실 담당의사 D는 이들 세 명의 수술 순서를 결정할 수밖에 없었다. 담당의사 D는 수술의 우선 순위를 정할 때, 병원에 장기이식을 기다리고 있는 5명의 환자가 있음을 고려해서 장기기증서약을 한 환자의 수술 순서를 가장 나중으로 하였다. 담당의사 D는 2명의 환자의 수술을 잘 마쳤으나 마지막 환자는 살리지 못했고, 그 후 사망한 환자의 장기이식을 통해 5명의 환자를 살릴 수 있었다.

문제

1. A~D의 사례 중 정당화될 수 있는 것을 고르고 이유를 설명하여라.
2. 1문에서 고른 2가지 사례 중 한 가지를 골라 그것이 정당하지 않다는 논리로 설명하여라.

인성질문

1. 무엇을 위해 법학을 공부하는가?
2. 자신의 단점은 무엇인가?
3. 최근에 읽은 책이 무엇인가?

2019 학년도 기출문제

[오전 면접] 다음 제시문을 읽고 문제에 답하시오.

[제시문 1]
아담 스미스의 국부론의 내용이다. 개인은 이익을 추구할 자유가 있다. 우리가 매일 식사를 기대할 수 있는 것은 푸줏간 주인과 양조장 주인, 그리고 제과점 주인들의 자비심 때문이 아닌, 그들이 각각 자신의 자유와 이익을 추구하여 빵을 만들고 고기를 만들기에 가능한 것이다. 따라서 사회를 존속시키기 위해선 개인의 자유를 존중해야 한다.

[제시문 2]
이익 추구 행위는 하나의 조건이 충족된다면 일관되게 자신의 이익을 추구하는 것이 반드시 대립 및 갈등을 초래하지는 않는다. 그 조건은 '자신에게 행하지 않을 행위를 타인에게 하지 말라'이다.

[사례]
1. 가격 상승을 기대하며 신축아파트를 매입하는 행위
2. 택시를 예약하고 예약을 취소하지 않은 상태에서 다른 택시를 타고 가는 행위
3. 해외에선 금지되었지만 우리나라에서는 금지되지 않은 식품첨가물을 사용하는 행위
4. 특정 주식이 폭락할 수 있는 분석기관의 보고서를 공지하지 않고 매수자의 주문대로 주식을 매수한 증권사 직원의 행위
5. 낙후지역에 카페나 식당 등이 들어서면서 유동 인구가 늘어나자, 건물값이 세 배 오른 상황에서 임대료를 2배 올린 건물주의 행위

문제 1

두 개의 제시문에 근거하여 5가지 사례 중 합리화될 수 있는 것을 설명하시오.

문제 2

사례의 행위 중 법적 개입이 필요한 사례를 말해 보시오.

[제시문]

X는 꽤 오랜 구직생활 끝에 Y회사에 입사하게 되었다. X가 입사할 때 Y회사에 다니는 친구 아내가 제공해준 정보가 매우 큰 도움이 되었다. X는 보안팀 소속이며, 보안팀장은 X의 능력을 인정하고 있다. X의 업무는 Y회사에 불이익을 초래하는 직원의 행위를 예방하고, 잘못된 행위를 알게 된 경우 즉시 법무팀장에게 보고하는 것이다. 또 사칙에는 개인정보와 프라이버시 보호를 위해 회사에 불이익을 끼치는 행위 외에는 직무를 원인으로 인지한 사실에 관해 비밀을 준수할 의무가 있다. 이 비밀 준수 의무를 어겨 퇴사까지 당한 사례가 있다. X는 직무를 수행하는 과정에서 다음의 5가지 사안을 알게 되었다. X는 이 사안에 관해 어떻게 처리해야 할지를 고민하고 있다.

가. 친구 아내가 보안팀장과 바람을 피우고 있다는 사실을 법무팀장에게 보고할지의 여부
나. 보안팀장이 영업 비밀에 해당할 가능성이 있는 정보를 외부로 유출한 사실을 법무팀장에게 보고할지의 여부
다. Y회사가 조직적으로 고객의 동의 없이 개인정보를 가공하여 판매한 사실을 경찰에 고발할지의 여부
라. X에게 부당한 지시를 일삼는 나이 어린 선배 직원이 보안팀장의 사생활을 캐고 있다는 사실을 법무팀장에게 보고할지의 여부
마. 보안팀장이 친구 아내와 고급식당에서 저녁 식사 후 비용을 회사의 접대비 명목으로 처리한 사실을 법무팀장에게 보고할지의 여부

문제 1

본인이 X라고 가정하면, 위 사안 각각에 대해 어떠한 판단을 내릴 것인가? 그리고 그 근거는 무엇인가?

문제 2

위 사안 중 가장 시급하게 보고·고발해야 하는 사안과 반대로 보고·고발 사유가 가장 약한 사안은 무엇인가? 그 근거는 무엇인가?

아주대학교

2023학년도 입시결과

(1) 신입생 정량

구분		법학적성시험	학부성적(백분위)	영어성적(TOEIC)
일반전형 (가군)	상위 25%	127.7	97.7	980
	상위 50%	125.6	95.7	965
	상위 75%	123.6	92.9	935
	평균	125.1	94.8	951.9
일반전형 (나군)	상위 25%	129.8	96.9	980
	상위 50%	125.7	94.5	970
	상위 75%	123.6	93.9	935
	평균	125.6	94.5	955

※ 일반전형 기준이며 2단계 면접성적(서면＋대면평가)이 반영된 최종등록자의 석차 기준임
※ 2022년 2월 28일 기준 최종등록자의 25%, 50%, 75%에 해당하는 학생들의 성적임
※ 법학적성시험 성적은 언어이해, 추리논증 표준점수의 합산점수임
※ 학부성적은 백분위 환산점수임
※ 공인영어성적은 TOEIC이 아닌 경우 우리 대학교 환산식에 따라 TOEIC 성적으로 환산한 기준임

(2) 출신학교

대학명	인원(명)	비율(%)	대학명	인원(명)	비율(%)
경찰대학	5	9.1	아주대학교	4	7.3
고려대학교	16	29.1	연세대학교	7	12.7
동국대학교	2	3.6	이화여자대학교	4	7.3
명지대학교	1	1.8	중앙대학교	1	1.8
서강대학교	5	9.1	카이스트	3	5.5
서울대학교	3	5.5	한국외국어대학교	1	1.8
성균관대학교	2	3.6	한양대학교	1	1.9
			합계	55	100

(3) 전공별 현황

계열	학과	인원(명)	비율(%)
간호계열	간호학과	1	1.8
건축계열	건축학	1	1.8
공학계열	기계공학과	1	1.8
	산업 및 시스템공학과	1	1.8
	신소재공학부	1	1.8
	에너지공학과	1	1.8
	응용화학생명공학과	1	1.8

공학계열	전기 및 전자공학전공	1	1.8
	전산학부	1	1.8
미디어계열	미디어학과	1	1.8
법학계열	법학과(법학부)	4	7.4
사범계열	사회과교육과	1	1.8
사회계열	경찰행정학부	2	3.6
	국제학부	2	3.6
	사회학과	3	5.5
	신문방송학과	1	1.8
	심리학과	3	5.5
	정치외교학과	3	5.5
	행정학과	3	5.5
사회복지계열	사회복지학과	1	1.8
상경계열	e - 비즈니스학과	1	1.8
	경영학과	6	10.9
	경제학과	4	7.4
인문계열	국어국문학과	1	1.8
	문헌정보학과	1	1.8
	사학과	3	15.5
	언어학	1	1.8
	중어중문학과	1	1.8
	철학과	1	1.8
	프랑스어	1	1.8
자연계열	보건정책관리학부	1	1.8
	수학과	1	1.8
계		55	100

(4) 연령/성별 현황

구분	인원(명)
23세~25세	11
26세~28세	22
29세~31세	15
32세~34세	4
35세~40세	3
계	55

구분	남자	여자	계
가군(일반-특별전형)	18	10	28
나군(일반-특별전형)	16	11	27
계	34	21	55

(1) 신입생 정량

구분		법학적성시험	학부성적(백분위)	영어성적(TOEIC)
일반 전형 (가군)	상위 25%	123.2	96.5	975
	상위 50%	121.0	96.9	980
	상위 75%	125.4	97.5	970
	평균	123.8	95.2	952.6
일반 전형 (나군)	상위 25%	125.3	92.9	955
	상위 50%	129.4	92.9	955
	상위 75%	131.5	90.9	960
	평균	122.4	94.6	952.4

※ 일반전형 기준이며 2단계 면접성적(서면+대면평가)이 반영된 최종등록자의 석차 기준임
※ 2022년 2월 28일 기준 최종등록자의 25%, 50%, 75%에 해당하는 학생들의 성적임
※ 법학적성시험 성적은 언어이해, 추리논증 표준점수의 합산점수임
※ 학부성적은 백분위 환산점수임
※ 공인영어성적은 TOEIC이 아닌 경우 우리 대학교 환산식에 따라 TOEIC 성적으로 환산한 기준임

(2) 출신학교

대학명	인원(명)	비율(%)	대학명	인원(명)	비율(%)
가천대학교	1	1.8	숙명여자대학교	2	3.6
가톨릭대학교	1	1.8	아주대학교	5	9.1
경희대학교	1	1.8	연세대학교	9	16.4
고려대학교	15	27.3	이화여자대학교	2	3.6
동국대학교	1	1.8	중앙대학교	3	5.5
서강대학교	1	1.8	한양대학교	3	5.5
서울대학교	7	12.7	홍익대학교	1	1.8
성균관대학교	3	5.5	계	55	100

(3) 전공별 현황

계열	학과	인원(명)	비율(%)
공학계열	미디어학과	1	1.8
	화학생명공학과	1	1.8
법학계열	법학과(법학부)	5	9.1
사범계열	교육학과	2	3.7
사회계열	경찰행정학부	1	1.8
	공공인재학부	3	5.4
	광고홍보학과	1	1.8
	사회복지학과	1	1.8
	사회학과	2	3.7
	심리학과	1	1.8
	정책학과	2	3.7

사회계열	정치외교학과	2	3.7
	행정학과	2	3.7
상경계열	경영학과	10	18.2
	글로벌경영학과	1	1.8
	경제학과	6	10.9
의학계열	간호학과	1	1.8
인문계열	국어국문학과	4	7.2
	불어불문학과	1	1.8
	사학과	2	3.7
	영어영문학과	1	1.8
	일어일문학과	1	1.8
	중어중문학과	1	1.8
	철학과	1	1.8
	한문학과	1	1.8
자연계열	보건정책관리학부	1	1.8
계		55	100

(4) 연령/성별 현황

구분	인원(명)
23세~25세	26
26세~28세	23
29세~31세	4
32세~34세	2
계	55

구분	남자	여자	계
가군(일반-특별전형)	11	17	28
나군(일반-특별전형)	13	14	27
계	24	31	55

면접 진행방식

면접유형	개별면접(3:1)		
준비시간	20분	면접시간	10분
답안작성	메모지 제공하며, 문제지에도 메모 가능함		
문제 수 및 지문분량	제시문 4개 3문제, A4 2장 분량		
인성질문 유무	○		
면접특징	• 대강당에서 집합 후 5층 대기실로 이동함 • 대기시간은 짧은 편이며, 개인 자료 열람 가능함 • 대기장소에서 신분증과 수험표를 보여주면 가번호가 부여됨 • 화장실 이용은 자유로움		

면접특징	• 2023학년도 입시부터 면접문제 유형이 쟁점추출형으로 바뀜 • 문제풀이 시간 종료 5분 전 시간 안내, 본인 시계 지참 가능함 • 면접실에 메모지를 들고 갈 수 있으며, 문제지는 회수해 감 • 시간이 남으면 인성질문을 할 수 있다고 사전에 공지함 • 문제풀이실에서 면접관 평가용 OMR카드 3장에 본인 가수험번호를 마킹해서 들고 입실함 • 입실 후 문에서 가장 가까이에 계신 교수님께 OMR카드 드림 • 지성면접 위주로 10분 정도 진행되며, 호루라기 소리로 종료를 알림 • 추가질문은 지원자의 답변 내용 중 사용한 용어의 개념을 묻거나 답변에 대한 반박 질문임

2023 학년도 기출문제

[가군 오전 면접] 다음 제시문을 읽고 문제에 답하시오.

[제시문 1]

타자담론(the other-discourse)은 타자(他者)를 관념화하는 인식론의 하나이다. 나와 다른 타자에 대한 호기심과 두려움은 인간의 자연스러운 감정이다. 그러나 이러한 감정을 넘어 타자와 자아의 동일성에 대한 파악 및 그 인식에 근거한 자아와 타자의 관계설정 과정에서 문명의 단상이 노출된다. 이러한 점에서 타자담론은 어느 문명에서나 존재하지만 문명별로 차이가 있다.

인류학자 레비스트로스(C. Levi Strauss)는 「슬픈열대」에서 "아메리카 발견 후, 안티야스 제도에서 스페인인들이 원주민에게도 영혼이 있는지 탐색하려고 조사단을 파견하는 동안, 원주민들은 백인의 시체가 썩는지 오랜 관찰을 통해 검증하려고 백인 포로들을 물에 빠뜨리는 데 열중했다"고 기술하였다. 유럽인은 원주민이 같은 신체를 가지고 있다는 것을 의심치 않은 반면, 원주민은 유럽인이 같은 영혼을 가지고 있다는 것을 의심치 않았던 것이다.

[제시문 2]

서구 중심주의적 근대성은 타자를 객관화하여 인식하는 것을 추구해왔다. 그러나 서구에서 타자는 자아에 의해 관념화되는 과정에서 타자 속에서 자기와 같거나 다른 모습을 찾아내는 관념 주체의 나르시시즘(Narcissism)에서 벗어나지 못하였다. 타자를 인식하는 방법으로 객관화를 채택하였다고 하지만 실제로는 다자주의적 관점이 아닌 서구 중심적 관점에서, 객관화가 아닌 주관적 관점의 타자화를 드러낸 것이 서구의 '열대이론' 또는 '오리엔탈리즘'이다.

열도는 적도를 중심으로 북위 23.27도와 남위 23.27도 사이에 있는 지리적 공간이다. 유럽을 중심으로 한 서구인들은 지리적 공간으로서 열대를 발견한 후 상상적 공간으로서 열대를 자리매김하면서 서구적 정체성을 확인하였다. 지리기후적 특성으로 덥고 습한 열대를 불결한 공간으로 간주한 서구인들은 스스로를 청결함으로 자리매김하였다. 그 결과 서구와 열대는 청결함과 불결함 그리고 문명과 야만의 대립구조로 그 정체성이 자연스럽게 형성되었다.

19세기 서구가 '오리엔트'에 대한 문명의 우월성을 논의할 때, 콜레라는 어김없이 등장한다. 콜레라를 포함하여 19세기 서구에 발생했던 모든 열대질병은 문명적 선입관 속에 논의되고 담론화를 통해 역사화되었다. 프랑스 철학자 들라포르트(F. Delaporte)는 「질병과 문명」에서 서구는 불결한 오리엔탈에서 발생한 콜레라가 깨끗한 유럽을 오염시키기 때문에, 유럽 문명을 지키기 위해 콜레라에 대한 적극적 환경위생대책을 강구하여 근대 유럽 사회를 수호할 필요성을 느꼈다고 한다. 19세기 유럽인은 메카 성지순례를 통한 수많은 이슬람인들의 이동으로 인한 콜레라의 유럽 전파를 우려하였다. 특히, 서구 사회는 그 문명의 정체성을 기독교에 두고 있었기에, 이슬람에서 발원한 콜레라에 의해 서구 문명이 위험해질 수 있다는 유럽인의 우려는 종교적 정체성과 함께 이슬람 문명을 폄훼의 대상으로까지 만들었다.

[제시문 3]

국제법의 어원은 로마 만민법에서 기원한다. 법을 의미하는 jus와 민족을 뜻하는 gent가 결합된 만민법(jus gentium)은 로마제국에서 로마 시민과 이민족 시민 간 또는 이민족 시민 간, 즉 서로 다른 민족의 사인(私人) 간 사법적(私法的) 법률관계를 규율하기 위해 제정된 법이다. 1648년 유럽의 30년 종교전쟁 후 등장한 민족국가 간 공법적 관계에 적용되는 국제규범을 지칭할 필요성이 발생하였다. 이때 유럽인들은 로마의 만민법을 민족과 민족 사이의 inter gentes라는 의미로 차용하여 사용하였고, 1780년 영국의 법학자 제레미 벤담(J. Bentham)이 국가 간의 법, international law라 지칭하기 시작하였다.

[제시문 4]
유엔의 6개 기관 중 하나인 국제사법재판소(International Court of Justice)의 규정(statute)에는 재판소가 분쟁사건에 적용하여야 할 준거법 중 하나로 "문명국들에 의해 승인된 법의 일반원칙"을 규정하고 있다.

식민제국주의가 잔재하여 있던 1960년대 가장 많이 보급된 국제법 교재의 저자인 영국의 브라이얼리(J. L. Brierly)는 국제법을 "문명국들 간의 관계에 적용되어 그들을 구속하는 법규범체"(body of rules and principles of action which are binding upon civilized states in their relations with one another)라고 정의하고 있다.

문제

1. [제시문 3]의 국제법의 어원 그리고 [제시문 4]의 브라이얼리 교수의 국제법에 대한 정의에 서구 중심적 타자담론의 사고가 담겨져 있는지에 대해 각각 판단하고, 그 근거를 제시하시오.
2. 과거 조선이 중국의 중화사상(中華思想)에 따라 스스로를 소중화(小中華)라 하고 왜(倭), 류쿠, 안남국 등에 대해 조선보다 하위문화라고 생각한 것을 타자담론을 차용하여 설명하고, 열대이론과의 차이점을 설명하시오.
3. [제시문 2]에서의 오리엔탈리즘의 의미는 무엇인지 해당 제시문을 근거로 추론하여 설명하시오.

추가질문

• 타자담론과 열대이론의 차이를 설명하시오.
• 로마가 제국임에 비추어 볼 때 서구 중심적 사고가 내포되어 있다고 생각하지 않는지?
• 전공이 뭔지? 인문인지 자연인지, 더 자세하게 말할 수 있나?

[가군 오후 면접] 다음 제시문을 읽고 문제에 답하시오.

[제시문 1]
헌법 제22조는 "모든 국민은 학문과 예술의 자유를 가진다"라고 규정하여 이러한 예술의 자유를 보장하고 있다. 예술의 자유에는 예술창작의 자유, 예술표현의 자유, 예술적 집회·결사의 자유 등이 포함된다. 예술창작의 자유는 예술창작활동을 할 수 있는 자유로서 창작소재, 창작형태 및 창작과정 등에 대한 임의로운 결정권을 포함한 모든 예술창작활동의 자유를 그 내용으로 한다. 예술표현의 자유는 창작한 예술품을 일반대중에게 전시·공연·보급할 수 있는 자유를 말하며, 예술적 집회·결사의 자유는 예술활동을 위하여 집회를 개최하고 결사를 조직할 수 있는 자유를 말한다. 예술의 자유에도 창작에서 표현에 이르는 단계까지 어디에서도 국가에 의한 사전의 허가나 검열은 금지된다. 헌법에서는 사전 허가·검열의 금지에 대해 언론·출판의 자유를 정하고 있는 제21조 제1항에서 정하고 있으나, 국가에 의한 허가·검열의 금지는 언론·출판의 자유에 한정되어 인정되는 것은 아니다.

[제시문 2]
영상물등급위원회는 영화의 내용 및 영상 등의 표현 정도에 따라 상영등급을 분류하고 있다. 영화는 전체관람가, 12세 이상 관람가, 15세 이상 관람가, 청소년관람불가, 제한상영가로 분류된다. 제한상영가 등급은 선정성·폭력성·반사회성 행위 등의 표현이 과도하여 인간의 보편적 존엄, 사회적 가치, 선량한 풍속 또는 국민정서를 현저하게 해할 우려가 있어 상영 및 광고 선전에 있어 일정한 제한이 필요한 영화의 경우 제한상영가 등급으로 분류된다.

[제시문 3]
영화 <죽어도 좋아>는 그동안 관심 밖이었던 노인의 성과 사랑을 솔직하게 그린 영화다. 외롭게 노년을 보내다가 만난 두 노인이 칠십이 넘은 나이에 사랑에 빠지고 아기자기하게 사랑을 나누는 내용에는 별 문제가 없지만 실존 인물의 실화를 소재로 하면서 노부부의 실제 성행위 장면을 묘사한 것이 문제였다. 영상물등급위원회는 당시 우리 사회 정서를 고려하여 오럴섹스 및 성기 노출이 담긴 7분간의 롱테이크 신을 지적하고 제한상영가 판정을 내렸고 영화계는 '제한상영가' 등급 철회를 촉구하는 성명을 발표했다. 이 영화는 우여곡절 끝에 '18세 이상 관람가(청불)'로 등급을 조정한 후 같은 해 12월에 개봉됐다.

[제시문 4]
2010년에 완성된 독립영화 '자가당착'은 약 5년 동안 심의문제로 온갖 우여곡절을 겪은 정치 풍자 코미디 영화다. '자가당착'은 특별계층에 대한 모욕적 표현 및 인간의 존엄을 해치는 표현수위로 제한상영가 등급을 받았다. 감독은 재심의를 신청했지만 국민 정서상 인간 존엄의 가치를 해친다며 재차 제한상영가 등급을 받았다. 이에 감독은 제한상영가 취소 소송을 법원에 냈고, 이 와중에 영화는 일본에서 <중학생 관람가>등급을 받았다. 결국 영화는 판정에 승소해

청소년관람불가 등급을 받았다. 2011년 6월, 2012년 9월 영등위의 두 번의 제한상영가 판정으로, 이에 대한 등급분류 결정 취소 소송이 대법원까지 이어졌다. 국내에 제한상영관이 한 곳도 없기 때문에, 이러한 제한상영가 판정은 사실상 '자가당착' 상영금지 조치에 해당해 더욱 논란이 됐다. 결국 2014년 대법원의 최종판결을 통해 '자가당착'의 제한상영가 판정은 무효화됐고, 2015년 7월 영상물등급위원회에 다시 심의를 신청하여 청소년관람불가 등급을 받았다.

문제

1. 제시문 3에서 예술의 자유 침해를 이유로 항의를 했다. 이때 영상물등급위원회를 대변한다면 어떤 근거로 반박하겠는가?
2. 제시문 4의 사례에서 영화감독의 입장을 대변한다면?
3. 제시문 3과 제시문 4의 차이는 무엇인가?

[나군 면접] 다음 제시문을 읽고 문제에 답하시오.

[제시문 1]
최근 동물의 권리를 보호하고 존중해야 한다는 사회적 인식이 증가하고 있다. 그런데 민법은 물건을 '유체물, 전기, 기타 관리할 수 있는 자연력'으로 규정하고 있으며, 동물은 유체물로 취급하고 있어 동물의 권리가 보호되지 못하고 있는 실정이다. 그런 까닭에 ⅰ) 반려견이 피해를 입었을 때 주인의 정신적 위자료 청구가 불가능하고, ⅱ) 동물을 학대했을 때에도 형법상 재물손괴죄 적용 외에는 별다른 방안이 없으며, ⅲ) 동물을 공장식으로 사육하고 분양하는 등의 문제가 발생하고 있다. 정부가 이 같은 문제를 해결하기 위해 법을 개정하겠다고 밝혔다. 법무부가 제안한 개정안 제98조의2 제1항에서는 "동물은 물건이 아니다"라고 규정하고 있고, 제2항에서는 "동물에 대해서는 법률에 특별한 규정이 있는 경우를 제외하고는 물건에 관한 규정을 준용한다"라고 규정하여 생명체로서의 고유한 법적 지위를 부여해 동물의 이익을 폭넓게 보호하려고 한다.

[제시문 2]
고대 스토아학파는 이성을 가진 인간에게 자연계 최고의 지위를 부여했고, 중세 기독교 사상은 인간이 동물보다 높은 위치에 있으며, 동물은 감각성이 없는 단순 물건이라서 도덕적 지위를 부여할 수 없다고 보았다. 그러나 동물 중심주의의 대표적인 철학자 피터 싱어는 공리주의의 관점에서 동물해방론을 주장하였다. 그는 도덕적 고려의 기준을 쾌고 감수능력(쾌락과 고통을 느끼는 능력)의 소유 여부로 보았으며, 동물도 인간과 같이 쾌락과 고통의 감정을 느끼므로 동물에게도 도덕적 지위를 인정하고 동물을 고통으로부터 해방시켜야 한다고 주장했다. 또한 쾌락과 고통에 관한 이익은 동등하게 고려되어야 한다는 공리주의의 입장에 근거하여 이익 평등 고려의 원칙을 제시하였는데, 이는 쾌락과 고통을 느끼는 모든 존재의 이익을 동등하게 고려해야 한다는 주장이다. 즉, 동물도 인간처럼 고통은 피하고 쾌락을 추구하려는 동일한 관심을 지니고 있으므로, 평등의 원리에 따라 동물의 이익도 인간의 이익과 동일하게 고려해야 한다는 것이다. 다만 이것은 동물을 사람과 평등하게 대우하자는 주장은 아니며, 동물과 인간 사이의 이익을 고려함에 있어서 어느 정도의 차이를 인정하고, 동물의 이용 그 자체도 부정하지는 않는다. 그러나 필수적 목적이 아니고 기호의 문제인 것, 예를 들어 개고기 식용은 허용될 수 없으며, 동물을 공장식으로 사육해서 분양하는 것은 인간의 작은 이익을 위해서 동물의 더 큰 가치와 이익을 해치는 것으로 부당하다고 본다.

[제시문 3]
종차별주의는 어떤 종에 속한 개체가 다른 종에 속한 개체보다 더 우위에 있거나 열등하다고 판단하는 것이다. 종차별주의자들은 인간과 다른 종 사이에는 분명한 차이가 있으며 이 차이가 그들의 도덕적 지위에 영향을 미친다고 본다. 종차별주의자들은 인간 종의 이익을 위해 다른 종의 이익을 배척할 수 있다는 입장을 취하고 있으며, 인간 종의 이익을 위해 다른 종들을 다르게 대우할 수 있다고 주장한다. 즉, 인간은 자율성, 합리성, 일정 수준의 지능 및 언어 사용의 능력을 갖고 있으나, 동물은 이러한 능력을 가지고 있지 않기 때문에 동물의 이익에는 동등한 고려가 필요하지 않다고 보는 것이다.
종차별주의 중 하나인 계약론은 도덕적 권리, 의무에 대한 가상의 협상 상황에서 합리적 인간 계약자가 합의한 묵시적 계약에 따라서, 타인이 내게 고통을 주지 않는 한 나도 타인에게 고통을 주지 않겠다고 합의했다고 말한다. 합리적 인간 계약자만이 계약에 참여할 수 있고, 따라서 동물은 계약을 할 수 없으므로 권리가 없다는 결론을 도출한다.

[제시문 4]
존 롤스의 영역성질론은 같은 영역 구역의 원 내부에 있기만 하다면 중심에 가까이 있든지 가장자리에 있든지 상관없이 원 안에 있는 것만으로 동일한 성질을 가진다는 점을 차용하여, 인간 종은 같은 원 안에 있는 존재로 정도의 차이

에 상관없이 도덕적으로 동등하게 대우해야 한다고 주장한다. 그러나 원 밖의 존재는 도덕적으로 평등하게 대우하지 않아도 된다고 보았다.

문제

1. 민법 개정안 제98조의2 제1항을 [제시문 3]의 종차별주의의 관점에서 평가하고, 종차별주의가 갖고 있는 내재적, 이론적 한계에 대해 말해 보시오.
2. [제시문 2]의 피터 싱어의 입장에서 볼 때, [제시문 1]의 동물 대량 교배 후 분양이라는 문제점을 해결하기 위해 민법 개정안 제98조의2 제2항의 "법률에 특별한 규정"이 필요한지 여부를 설명하시오.
3. 민법 개정안 제98조의2 제1항과 제2항의 관계를 [제시문 4]의 영역성질론을 근거로 설명하시오.

추가질문

• 인간과 동물이 같은 대우를 받아야 한다는 입장인가?

2022 학년도 기출문제

다음 제시문을 읽고 문제에 답하시오.

[제시문 1]
탄소국경세를 통해 EU 역내로 수입되는 제품 중 역내 생산 제품보다 탄소 배출량이 많은 제품에 대해 비용을 부담시킬 예정이다. EU는 탄소 배출량 감축을 위해 역내 기업에 탄소세를 부과하고 있는데, 탄소국경세 부과조치는 같은 양의 탄소를 배출하고 있음에도 비용을 부담하지 않는 국외 경쟁사들로부터 역내 기업들을 보호하려는 조치이다. 탄소 배출을 줄이기 위한 조치 때문에 역외 기업들과의 경쟁에서 뒤처질 우려가 있는 역내 기업을 보호하는 데 탄소국경세가 강력한 수단이 될 것이다. 그러나 이러한 조치가 세계무역기구(WTO) 규정에 어긋날 수 있다며 반대하는 각국 정부의 목소리는 더욱 커질 전망이다. 유로뉴스는 "이 조치가 세계무역에 대해 부당하고 차별적인 장벽으로 비쳐진다면 WTO 내 분쟁을 촉발시킬 수 있다"고 내다봤다.

문제 1

EU가 EU 외부 국가에 부과하는 탄소국경세에 대해 찬성·반대 의견을 정하고, 그 논거를 제시하시오.

[제시문 2]
일본 정부가 약 140년 만에 처음으로 성인 나이 기준을 20세에서 18세로 낮추는 민법 개정안을 올해 4월부터 시행한다. 2일 NHK에 따르면 올해 4월 시행될 개정안은 성인 나이를 20세에서 18세로 낮추고, 여성의 결혼 가능 나이를 16세에서 남성과 같은 18세로 상향하는 내용을 담고 있다. 다만 음주와 흡연, 경마, 경륜 등은 기존처럼 20세 미만은 할 수 없다. 나이 기준 완화에 따라 개정된 일본 소년법도 4월부터 시행된다. 개정안에 따르면 18세와 19세는 '특정 소년'이라는 새 범주에 포함돼 17세 이하의 청소년과 다른 취급을 받게 된다.

문제 2

식품위생법상 만 19세로 규정된 음주 연령 상향의 재조정에 대해 찬성·반대 의견을 정하고, 그 논거를 제시하시오.

[제시문 3]
현직 부장판사가 광화문 집회를 허가한 재판장의 이름을 딴 입법 발의에 대해 "위헌적 입법 시도이자 판사 겁주기"라는 글을 썼다. 해당 법률은 민주당 이원욱 의원이 감염병 우려 지역에서의 집회를 원칙적으로 금지하는 내용으로 발의한 '박형순 금지법'을 말한다. 지난 14일 서울행정법원 박형순 부장판사가 광화문 집회를 앞두고 보수단체 두 곳이 신청한 서울시의 집회금지처분에 대한 집행정지를 인용하자 이 의원이 "감염병 확산의 책임이 법원에도 있다"며 이같이 명명한 것이다.

김태규 부산지법 부장판사는 31일 자신의 페이스북에 '법률에 미운 판사 이름 붙이기'란 장문의 글을 적었다. "사고나 전염병 발생 시 대통령이나 총리가 국정의 책임자로 사과를 했던 이전과 달리 현재는 원인을 제공한 사람들을 찾는 데 애를 쓰는 듯한 인상을 받는다"고 했다. 그는 "혹시 전 정권이 사고와 전염병 등으로 정권의 기반이 흔들린 것을 지나치게 의식한 게 아니냐"고 했다.

그는 이른바 '박형순 금지법'이 위헌이라고 했다. 헌법 21조에서 "모든 국민은 언론·출판의 자유와 집회·결사의 자유를 가진다"고 했고, 집회·결사에 대한 허가제도 금지하고 있는데 '감염병 우려'를 이유로 집회 허가를 받도록 한 '박형순 금지법'은 그에 정면으로 배치된다는 것이다.

출처: 양은경, 조선일보, 2020.8.31.

문제 3

판검사의 실명 공개 언론보도에 대해 찬성·반대 의견을 정하고, 그 논거를 제시하시오.

[제시문 4]
정치권과 기업을 중심으로 주 4일제 근무 논의가 활발히 진행되고 있다. 삶과 일의 균형 '워라밸(워크 라이프 밸런스)'을 중요시하는 시대적 흐름이 큰 영향을 미쳤다. 심상정 정의당 후보 등은 주 4일제를 도입하겠다는 대선 공약도 내걸었다. '워라밸'을 중요시하는 시대적 흐름에 따라 대기업에서도 업무 단축을 도입하는 추세이다. 그러나 일각에서는 근무시간 단축에 대해 부정적으로 보는 시선도 있는데, 생산성 저하로 이어질 거라는 우려이다. 그러나 실제로 이를 도입한 기업들은 오히려 생산성이 향상됐다는 분위기이다.

문제 4

주4일제 도입에 대해 찬성·반대 의견을 정하고, 그 논거를 제시하시오.

[제시문 5]
전 국민 백신 접종률이 70%를 넘어서면서, 구직시장에서도 '백신 접종자'를 선호하는 경향이 감지되고 있다. 실제 중소기업 10곳 중 4곳은 채용 시 신규 입사자에게 백신 접종 여부를 확인하는 것으로 나타났다. 전문가들은 "미접종자에게 불이익을 주기보다 접종 완료자에게 성과보수를 주는 방식이 더 효과적"이라고 입을 모은다. 상황이 이렇다 보니 지원서에 '접종 완료'를 기재하는 구직자도 늘고 있는데, 일자리를 구하는 데 유리하게 작용할 것이라는 기대감 때문이다. 이런 현상은 미국에서 먼저 나타났다. 한편 정부는 백신 미접종자나 기저 질환 등을 이유로 접종할 수 없는 경우 48시간 내 PCR(유전자증폭) 검사 확인서를 지참하면 백신 패스와 똑같은 효과를 볼 수 있게 할 방침이다.

문제 5

기업이 직원 채용 시 접종 여부 확인하는 것에 대해 찬성·반대 의견을 정하고, 그 논거를 제시하시오.

[제시문 6]
결혼정보회사 듀오의 설문 결과, 비혼 출산에 대해 찬성 관점은 68.3%, 반대 관점은 31.7%로 긍정적 의견이 우세했다. 남성은 60.7%, 여성은 76%가 찬성해 여성이 비혼 출산에 대해 더 긍정적인 것으로 드러났다. 비혼 출산에 찬성하는 이들은 그 이유로 '개인의 자유'(60.5%), '혼인 여부와 상관없이 좋은 보호자가 될 수 있음'(16.6%), '다양한 가족 구성 인정'(14.6%)을 꼽았다. '인구 문제 해결에 도움'이라는 답은 남성은 16.5%가, 여성은 0.9% 만이 선택해 성별에 따라 큰 차이를 보였다. 반면 비혼 출산에 반대하는 이들 중 남성은 그 이유를 '생명의 상품화 우려'(35.6%), '태어날 아이

의 정서적 혼란'(27.1%), '혼자 육아하는 것의 한계'(22%) 순으로 나타났고, 여성은 '태어날 아이의 정서적 혼란'(47.2%), '혼자 육아하는 것의 한계'(33.3%), '생명의 상품화 우려'(13.9%) 순으로 답했다. 현재와 비교했을 때 비혼 출산의 전망에 대해서는 '늘어날 것'이라는 응답이 55%였다. 결혼정보업체 듀오 마케팅팀 천수현 사원은 "비혼 출산에 대한 미혼 남녀의 인식은 대체로 긍정적이었다."면서도 "정작 본인이 결혼 없이 아이만 원하는 이들은 많지 않았다는 점에서 아직까지는 비혼 출산을 차선책으로 보는 인식이 강한 듯하다."고 전했다.

문제 6

비혼여성 인공수정에 대해 찬성·반대 의견을 정하고, 그 논거를 제시하시오.

[제시문 7]
1) 다음은 존 스튜어트 밀의 '자유론'과 공권력 행사에 대한 설명이다. 개인의 자유는 타인의 안전에 위협을 끼칠 때만 제한될 수 있다. 이 경우에만 본인의 의사에 반해 본인의 자유를 제한하는 공권력의 행사가 정당화될 수 있다. 그렇다면 타인에게 위협이 되지 않지만, 본인의 건강과 안전에 위협이 되는 행동에 대해 공권력의 행사가 가능한가. 이를 정당화하는 것으로 '가부장적 공권력'이라는 것이 있는데, 이 경우에는 공권력이 너무 비대해져 개인의 자유에 대한 과도한 침해가 우려된다.
2) 교통사고가 났을 때 오토바이 운전자 등 승차자의 머리를 보호하기 위해 도로교통법은 운전자의 헬멧 착용을 의무화하고 있다. 안전모 착용 시 사망 감소 효과를 37%로 가정할 때, 이륜자동차 승차자 모두가 안전모를 착용할 경우 연간 74명의 생명을 더 살릴 수 있을 것으로 추정된다. 국토해양부(교통안전공단 자동차안전연구원) 관계자는 운전자 개개인의 안전 운전 의식 없이는 보험 가입 의무화 같은 정책도 그 효과가 제한될 수밖에 없다며, "이륜자동차 사고로부터 소중한 생명을 지키기 위해 이륜자동차 탑승 시에는 유일한 안전장치인 안전모를 반드시 착용해 줄 것"을 당부하였다.

문제 7

제시문 2)의 오토바이 헬멧 착용 의무화와 위반 시 법적 처벌에 대해 제시문 1)을 기반으로 찬성·반대 의견을 정하고, 그 논거를 제시하시오.

2021 학년도 기출문제

다음 제시문을 읽고 문제에 답하시오.

[제시문 1]
(1) 교통사고를 당한 부부 A(남편)와 B(아내)가 응급실에 실려 왔다. A는 두 다리를 다쳤고 B는 손가락을 다쳤다. A, B 모두 응급상황이고 치료하지 않을 경우 영구적인 손상을 입는다. A는 B가 피아노 연주를 하는 데에 큰 의미를 두고 있고 B가 수술을 받아야 자신도 행복해지기 때문에 B를 치료해야 한다고 주장했다.
(2) 이후 C가 병원에 이송됐는데 C는 먼저 수술하지 않으면 한쪽 다리에 영구적인 손상이 생긴다. C는 A가 수술을 받지 않을 것이라면 자신이 더 위급한 상황이므로 자신을 먼저 수술해줄 것을 의사에게 요청했다. A는 C가 평소에 정신적인 불안증세를 보여왔기 때문에 수술을 받더라도 그의 삶은 그저 조금 더 나아질 뿐이라고 생각했다. A는 C가 수술받을 것을 포기하도록 하기 위해 차라리 자신을 수술해달라고 하였다.
(3) 그래서 의사는 A를 수술하기로 결정하였으나 이러한 결정을 의사가 내리자 A는 사실은 자신이 수술받기 위해서가 아니라 B가 수술받게 하기 위한 것이었다고 하며 다시 B를 수술해달라고 하였다. C는 자신의 다리 한쪽에 대한 치료가 B를 수술하여 얻을 수 있는 A와 B의 행복추구보다 우선시되어야 한다고 주장하였다.

본인이 의사라면 누구를 먼저 치료할 것인가? (1)~(3) 주장 중에서 선택하여 답변하시오.

[제시문 2]

현재 시행되고 있는 병역특례제도는 특정한 자격을 가진 사람들이 군에 입대하는 대신, 자신의 경력을 살려 대체복무를 하거나 보충역으로 복무할 수 있도록 해주는 제도이다. 이 제도 중 특례보충역으로 편입되는 경우에도 예술·체육요원으로 대체복무하는 방법이 있는데, 최근 전 세계에 한류바람을 일으키고 있는 BTS로 인해 특례보충역에 대한 논란이 일고 있다.

병역법 시행령 제68조의11【예술·체육요원의 추천 등】 ① 법 제33조의7 제1항 전단에서 "대통령령으로 정하는 예술·체육 분야의 특기를 가진 사람"이란 다음 각 호의 어느 하나에 해당하는 사람을 말한다.

1. 병무청장이 정하는 국제예술경연대회의 경쟁부문에서 입상한 사람으로서 다음 각 목의 요건을 모두 충족하는 사람. 다만, 한국인의 참가비율과 입상비율 등을 고려하여 병무청장이 정하는 국제예술경연대회의 경우에는 경쟁부문에서 1위로 입상한 사람으로서 입상성적이 가장 높은 사람으로 하며, 입상성적이 같거나 입상성적을 확인할 수 없는 경우에는 병무청장이 정하는 추천기준에 해당하는 사람으로 한다.

   가. 2위 이상으로 입상한 사람일 것

   나. 입상성적 순으로 2명 이내에 해당하는 사람일 것. 다만, 1위로 입상한 사람이 없는 경우에는 입상성적이 가장 높은 사람으로 한정하며, 입상성적이 같거나 입상성적을 확인할 수 없는 경우에는 병무청장이 정하는 추천기준에 해당하는 사람으로 한다.

2. 병무청장이 정하는 국내예술경연대회(국악 등 국제대회가 없는 분야의 대회로 한정한다)의 경쟁부문에서 1위로 입상한 사람으로서 입상성적이 가장 높은 사람. 다만, 입상성적이 같거나 입상성적을 확인할 수 없는 경우에는 병무청장이 정하는 추천기준에 해당하는 사람으로 한다.

3. 「무형문화재 보전 및 진흥에 관한 법률」 제12조에 따라 국가무형문화재로 지정된 분야에서 5년 이상 국가무형문화재 전수교육을 받은 사람으로서 병무청장이 정하는 분야의 자격을 취득한 사람

4. 올림픽대회에서 3위 이상으로 입상한 사람

5. 아시아경기대회에서 1위로 입상한 사람

② 제1항 각 호의 어느 하나에 해당하는 사람으로서 예술·체육요원으로 복무하기를 원하는 사람은 예술·체육요원 추천원서(전자문서로 된 원서를 포함한다)에 입상 확인서 등 필요한 서류를 첨부하여 문화체육관광부장관에게 제출하여야 한다.

③ 제2항에 따른 예술·체육요원 추천원서를 받은 문화체육관광부장관은 원서를 받은 날부터 14일 이내에 추천자 명단을 병무청장에게 통보하여야 한다.

④ 예술·체육요원은 병무청장이 정하는 분야에 복무하여야 한다.

문제 2

방탄소년단 병역특례 허용 찬성·반대에 대한 입장을 정하고 논하라.

[제시문 3]

2005년 기초자치단체장 정당공천제, 3기 연임제한, 후원회 금지 등의 내용을 담은 이른바 '6·30 공선법'이 개정되고 지난 2006년 지방선거 때부터 기초단체장과 기초의원 정당공천제가 전면 도입됐다. 당시 전국 시장군수구청장협의회, 전국 기초의회, 시민단체들은 입법 재량권을 일탈한 위헌이자 '개악'이라며 반발했다.

이후 여야 모두 기초단체장과 기초의원 정당공천을 폐지하겠다고 했다. 정당공천제 폐지 법안은 국회에도 제출됐다. 2012년과 2013년 모두 6차례였지만 심의조차 하지 않은 탓에 자동 폐기됐다. 2012년 18대 대선 때 박근혜 후보는 기초단체장과 기초의원 공천 폐지를, 문재인 후보는 기초의원 정당공천제 폐지를 공약으로 내걸었다. 이처럼 정당공천제 폐지는 정치권이나 사회적으로 합의된 사항이라고 봐도 옳았다.

지난해 7월 KBS가 지방의회 부활 30년을 맞아 주민 인식조사를 했다. 이 결과 지방선거(기초·광역의원, 기초단체장)에서 10명 중 7명이 '정당공천제를 폐지'해야 한다고 응답했다. 정당공천제는 '중앙정치권의 입김과 잇속, 돈 선거의 온상'이라는 비난을 받고 있다. 이번 대선에서도 지방선거에 나서려는 후보자들이 추운 날씨에도 이른 아침부터 밤까

지 유세에 동원되는 모습을 봤다. 공천권을 쥔 국회의원이나 당협위원장의 눈에 들어야 하기 때문이다. 고액의 공천헌금을 내야 한다는 것은 비밀 아닌 비밀이다. 이 땅에 풀뿌리 민주주의를 정착시키기 위해서는 눈앞의 이익에 연연해서는 안된다. 여·야 정치권은 지금이라도 정당공천제 폐지를 재논의하기 바란다.[4]

문제 3

시·군·구의회선거에서 정당공천제를 유지해야 하는가, 폐지해야 하는가?

인성질문

- 법학 분야에서의 AI 인공지능 도입에 대해 어떻게 생각하는가?
- 의뢰인의 거짓말에 대해서 어떻게 대처할 것인가?
- 법조인에 대한 불신을 어떻게 해결할 수 있는가?
- 간단한 자기소개
- 법학 공부를 해본 결과 적성에 맞는가?
- 왜 필연적으로 아주대를 가야 하는가?
- 마지막으로 하고 싶은 말

2020 학년도 기출문제

[가군 면접] 다음 제시문을 읽고 문제에 답하시오.

[제시문 1]
국회파행 장기화로 인해 6개월째 국회가 열리지 않고 있다. 국회의 개회를 지연시키는 국회의원에 대한 국민소환제 도입을 요구하는 의견이 나오고 있다. 이미 지방의회에서는 주민소환제가 실시 중인데, 이는 지방자치단체장 또는 지방자치의회의원이 직권남용, 직무유기 등의 범죄를 저질렀을 때 이들을 절차에 따라 소환 및 파면하는 제도이다. 그러나 이 제도는 주민소환절차에 대한 서명이 필요하고, 주민소환을 할 것인지의 여부에 대한 투표 시 파생되는 비용과 지방자치단체장과 지방자치의회의원 파면 시 보궐선거비용 등의 문제가 있다. 따라서 국민소환제 도입 시에도 이러한 부작용이 발생할 것이라는 우려의 목소리가 나오고 있다.
영국은 2015년 국민소환제를 도입했는데, 일정한 사유가 있으면 자동으로 소환 절차가 시작되고, 6주 동안에 유권자의 10%가 소환에 찬성한다는 서명을 하면 별도의 소환 투표 절차 없이 국회의원이 소환된다. 그 대신에 소환된 국회의원은 소환으로 인해 치러지는 보궐선거에 출마해서 유권자들의 심판을 한 번 더 받을 수 있는 기회를 준다. 이렇게 함으로써 소환 여부를 결정하는 투표를 하고, 연이어 보궐선거를 함으로써 두 번의 투표와 선거를 치르는 문제를 피함으로써 행정적 절차에서 파생되는 비용을 절감하는 것이다.

문제 1

국회의원 국민소환제 도입에 대한 지원자의 입장을 밝히시오.

---

4 본 제시문은 다음 기사 내용을 발췌해서 사용하였음: "정당공천제 폐지 심각하게 논의해보자", 경기신문, 2022.3.10.

[제시문 2]
출산률이란 가임기 여성 1명당 평생 동안 낳을 수 있다고 예상하는 아이의 수의 비율을 의미한다. 그런데 프랑스에서는 PACS제도를 도입한 후 1.5명까지 떨어졌던 출산률을 1.9명까지 끌어올리는 데 성공했다. PACS(Pacte Civil de Solidarite)제도란 시민연대협약으로 두 사람의 지위를 법적으로 인정해주는 것이다. 즉, 결혼하지 않아도 가족수당과 사회보장급여, 소득세 산정 등에서 혼인 가구와 동일한 혜택을 주는 제도이고, 동거와 결혼의 중간 상태를 의미한다. 처음의 도입 취지는 동성 부부의 지위를 인정해주기 위함이었으며, 신청 절차도 간단하고 한 명이 팍스 해지를 요구하는 경우 행정관청에 해지 서류를 제출하면 관계는 즉시 끝난다. 프랑스에서는 결혼보다는 동거를 선호하며, 아이가 생길 경우에도 PACS 제도를 이용하는 경우가 많다. 결혼한 일반 부부와 같이 세액공제의 혜택이 동일하나, 법적 구속력이 없기 때문이다.

문제 2
우리나라도 젊은 세대들의 결혼관이 많이 바뀌었고, 결혼과 동거에 대한 인식의 변화가 크다. 따라서 우리나라에서도 PACS와 유사한 동거관계 제도를 도입할 필요성이 제기되는데, 이에 대해 찬성하는가 반대하는가?

[제시문 3]
2017년부터 직무수행과 관련이 없는 내용은 모두 가린 채로 진행하는 블라인드 채용이 지방 공공기관을 중심으로 시행되고 있다. 법에 따르면 직무수행과 관련 없는 개인의 신상 관련 내용은 밝힐 수 없고, 입증자료 수집도 불가하다. 최근 한 정부출연연구기관에서 뽑은 박사급 연구원 채용이 취소되었는데, 연구 경력을 허위기재한 사실이 밝혀졌기 때문이다. 지원자의 출신학교와 지도교수 등의 세부 정보를 가린 채 진행되는 공공기관 블라인드 채용의 특성상 이 같은 혼란으로 이어졌다. 이로 인하여 블라인드 채용에 대한 비판이 나오고 있다. 블라인드 채용이 시행된 이후에 인재의 전문성을 판별하기가 어렵고, 전문적 역량이 필요한 박사급 연구원을 채용하기 위해 최소한의 정보와 짧은 시간 동안 진행되는 면접만으로는 좋은 인재를 등용하기도 어렵다는 것이다.
이에 반해 블라인드 채용은 학벌, 지역 등 연고주의를 타파할 수 있는 제도로서, 이를 시행하지 않는다면 채용의 불공정성이 지속될 것이라는 문제 또한 제기되고 있다. 반면 외국에서는 박사급 연구원에 대해서는 그의 능력의 지표가 되는 사항은 모두 기재하여 채용에 반영하도록 하고 있다.

문제 3
블라인드 채용 방식에 대한 지원자의 의견을 말하시오.

[제시문 4]
대법원에서 가동연령, 즉 육체 노동자의 연령 상한을 기존 60세에서 65세로 높여야 한다고 판결하였다. 최근 한 설문조사에서 언제까지 일하고 싶은지에 대한 질문에 건강이 허락하기만 한다면 평균 72.9세까지라는 답이 나왔고, 우리나라는 이미 만 65세 이상이 14% 이상인 고령사회로 진입하였다. 그러나 가동연령 기준을 상향하여 정년을 연장할 경우에는 청년 일자리와 국민연금 지급 등의 문제가 발생하기 때문에 이에 대한 부정적인 시각도 있다.

문제 4
가동연령, 정년연령 및 노인연령 상향에 대해 어떻게 생각하는지 논하시오.

[제시문 5]
2018년도에 우리나라에서 산업재해로 사망한 근로자 수는 2,142명으로 근로자 1만명당 1.12명에 이른다. 이렇듯 2018년 대한민국의 산업재해 피해자 비율은 OECD 최고 수준이었다. 이에 2019년 1월 정부는 약 30년 만에 실효성 담보를 위해 산업안전보건법을 전면 개정하였다. 개정의 방향은 실효성을 높이기 위한 형사제재 강화이다. 해당 법안은 근로자의 안전·보건 유지 증진과 산업재해 방지를 목적으로 한다. 구체적으로 안전·보건 의무를 위반하여 근로자가 사망한 사건의 유죄 판결을 받은 사업주에게 형사처벌 외에도 산업안전보건법 관련 강의를 듣도록 하는 교육의무 부과

이다. 이에 사업주들은 여타 과실치사, 교통상해치사 등의 범죄에 대한 형벌과 형평성 논란이 있는 과잉 조치라고 반발하고 있다.

문제 5

사업주가 안전·보건 의무를 이행하지 않아 사업장의 근로자가 사망하여 유죄판결이 내려진 사업주에 대해 형사처벌 외에도 산업안전보건법 관련 강의를 듣도록 하는 교육의무 부과가 타당한지에 대해 지원자의 의견을 말하시오.

[나군 면접] 다음 제시문을 읽고 문제에 답하시오.

[제시문 1]
소득격차를 줄이기 위해 최고임금제를 도입하자는 의견이 나오고 있다. 최고임금제란 재벌총수나 CEO, 임원 등의 과다한 임금을 줄여서 최저임금제와 함께 사회적 불평등을 해소하는 제도이다. 유럽에서는 이미 시행하는 국가도 있으며, 우리나라에서는 민간기업 임원의 최고임금을 최저임금의 30배, 공공기관 임직원은 10배, 국회의원과 고위 공직자는 5배를 넘지 못하도록 하는 안이 발의되었다.

문제 1

최고임금제에 대한 지원자의 의견을 말하시오.

[제시문 2]
현행 형법은 피고인의 빈부격차를 고려하지 않고 죄질만을 고려하여 누구에게든 동일한 액수의 벌금을 부과하는 총액벌금제를 채택하고 있다. 따라서 피고인이 벌금형을 선고받더라도 개인의 경제적 능력에 따라 형벌에 대한 체감이 다르기 때문에 형벌로서의 기능을 다하기 어렵다는 지적이 있다. 반면 재산비례벌금제는 범죄행위의 경중에 따라 벌금 일수를 먼저 정한 뒤 피고인의 경제 사정을 고려한 하루치 벌금액을 곱해 전체 벌금액을 산정하는 방식으로 '일수벌금제'로도 불린다. 예를 들어 소득 상위 1%인 운전자와 70%인 운전자가 똑같이 혈중알코올농도 0.14%의 음주운전을 했을 경우 70일의 벌금을 내야 하지만, 소득 상위 1%인 음주 운전자는 1일당 30만 원으로 계산해서 2,100만 원을 내야하고, 소득 70%인 음주 운전자는 1일당 5만 원으로 계산해서 350만 원을 내면 된다.
1921년 핀란드에서 처음 도입된 일수벌금제는 현재 독일, 스위스, 프랑스, 스웨덴, 덴마크 등의 유럽 국가들도 도입해서 운영하고 있다. 실제로 핀란드에서는 속도를 위반한 핀란드 휴대전화 제조업체 노키아의 안시 반요키 전 부회장에게 범칙금 1억 6천만 원 정도를 부과해서 화제가 되기도 했다. 이 제도는 국민의 소득 및 재산 상황을 정확히 파악하는 조사 과정에서 개인정보가 침해될 우려가 제기되며, 같은 범죄행위에 대해 벌금을 차등화하는 것은 헌법상 평등권을 침해한다는 비판적 시각도 있지만, 형벌 집행의 실질적 평등 측면에서 바라봐야 한다는 의견도 적지 않다.

문제 2

재산비례형 벌금제에 대한 지원자의 의견을 논하시오.

[제시문 3]
혐오표현이 인터넷 등에 게재되었을 때, 사업자가 해당 혐오표현을 삭제할 의무를 부과해야 한다는 주장이 있다. 독일에 이어 프랑스에서도 SNS에 증오콘텐츠 의무삭제법이 마련되었다. 동 법안에 따르면, 페이스북 등의 인터넷 기업은 인종차별이나 혐오발언이 포함된 게시물을 24시간 안에 삭제하지 않으면 최고 125만 유로의 벌금을 물어야 한다. 그리고 이용자들이 신고할 수 있는 장치도 완비해야 하며, 동 법안은 상원의 심의를 거쳐 의결되면 바로 발효된다.
프랑스의 증오콘텐츠 의무삭제법은 독일의 사례를 참고한 것이다. 독일은 2017년부터 혐오·차별 발언, 테러 선동, 허위 정보, 아동 및 미성년자 포르노 등 불법 게시물이 발견되거나 신고되면 사업자가 24시간 이내 접근을 차단하는 내용의 'SNS 위법규제법'을 시행하고 있다. 인터넷 기업이 이를 위반할 경우 최대 5,000만 유로의 벌금형에 처해진다. 실제 독일 법무부는 최근 SNS 위법규제법를 위반했다는 혐의로 페이스북에 200만 유로의 벌금을 부과한 바 있다.

다만 증오콘텐츠의 규정이 모호하고, SNS 사업자에게 지나치게 큰 재량권을 부여했다는 비판이 나오고 있다. 인터넷 기업들은 법률 취지에 공감하면서도 콘텐츠를 검토할 시간이 너무 짧다는 입장이다.

문제 3

혐오표현이 확산되는 것을 방지하기 위해 인터넷 기업에게 증오콘텐츠를 삭제해야 할 의무를 부과하는 법안에 대한 지원자의 견해를 밝히시오.

[제시문 4]
최근 수술을 받다 사망한 사건의 원인이 담당의사가 아닌 업체의 직원이 대리수술을 했기 때문이라는 사실이 밝혀지면서 수술실 내에 CCTV를 설치해야 한다는 요구가 높아졌다. 실제로 여론조사를 통해 국민 과반수 이상이 찬성하였고, 이에 따라 경기도에서는 의료원에 CCTV를 설치 및 운영하고 있다.
국회에 수술실 CCTV 의무 설치 법안이 발의됐지만, 대한의사협회 측의 반발로 법안이 철회되었고 재발의되는 등의 과정을 겪으며 국회에 계류 중이다. 의사협회에서는 의사의 인권과 환자의 개인정보를 침해하는 등의 부작용들을 충분히 검토하지 않은 채 너무 성급한 결론을 내리는 것에 반대하며, 국민 여론에 의해 결정될 사안이 아니라는 의견을 제시했으나, 구체적으로 어떤 근거를 가지고 반대했는지는 알 수는 없다.

문제 4

수술실 내 CCTV 설치에 대한 지원자의 의견을 말하시오.

[제시문 5]
'머그샷'은 구속 피의자에 대한 경찰 사진의 속어로, 미국 등에서 수의를 입은 피의자가 식별용 번호판을 들거나 목에 걸고 찍은 사진을 말한다. 국내에서도 피의자 체포 시 식별용 사진을 촬영하는 경우가 있으나 이를 공개하지는 않고 있다. 현재 피의자 신상이 공개될 때, 실제 피의자들이 고개를 숙이거나 교묘하게 얼굴이 드러나는 것을 피하는 등의 문제점이 제시되고 있다. 따라서 피의자 신상공개제도의 실효성을 담보하기 위하여 머그샷 제도를 도입하여 그들의 신상을 공개해야 한다는 주장이 있다.

문제 5

머그샷 제도를 도입해야 하는지에 대한 의견을 논하시오.

인성질문

• 대학전공, 로스쿨 지원 계기
• 의뢰인이 진실을 숨기는 것 같으면 어떻게 할 것인가?
• 후회되거나 기억에 남는 일
• 공동주택 층간소음 문제 해결법
• 선천적 시각장애인에게 바다색을 어떻게 설명할 것인가?
• 3년간 힘든 공부를 이겨낼 장점은?
• 영리비밀을 가지고 있는데 스카웃제의 들어오면 어떻게 할 것인가?
• 경영과 법의 공통점과 차이점은 무엇인가?
• 기업변호사의 딜레마 상황은?
• 변호사는 무슨 일을 한다고 생각하나?
• 본인을 색깔로 표현하면?
• 혼자만의 시간을 많이 가지는가?
• 추천할 만한 책은?

- 본인의 가치관 형성의 계기는?
- 경기지역 발전을 위해 법조인으로서 어떻게 기여할 수 있는지?
- 흉악범 등 민감한 사건의 피의자를 변호할 수 있는지?
- 피해야 할 법조인 상은?
- 감명 깊게 본 영화는?
- 존경하는 법조인은?

2019 학년도 기출문제

다음 제시문을 읽고 문제에 답하시오.

[제시문 1]

561명의 예멘 난민이 2018년 4월 및 5월 제주도로 입국하여 난민 신청을 하였다는 단순한 사실이, 안전사회·공정사회에 대한 갈망·젠더·계층 간 갈등 등 다양한 한국 사회의 모순과 폭발적으로 결합하며 아무도 예상하지 못한 논란으로 비화했다. 70만 명 이상의 시민이 청와대에 난민법 폐지 청원을 하였다.

법무부는 작년 4월 말 예멘 난민신청자의 출도(出島)를 금지하고, 6월 1일 예멘을 무비자 국가 명단에서 삭제하였으며, 같은 달 6일에는 제주도 내 외국인 거주지역 내 순찰을 강화하여 "범죄와 불필요한 갈등을 예방하겠다"고 발표했다. 이후 2018년 말까지 법무부는 484명의 난민신청자 중 362명에게 인도적 체류 지위를 부여하고, 34명에게는 단순불인정결정을 내렸다. 결국 예멘 난민신청자 중 "난민은 전무하다"는 것이 법무부가 공식적으로 내린 결론이다. 이에 따라 구체적인 난민협약상 사유와 관련해 개별 난민심사를 하지 않고 내전 중이라는 현지 사정을 고려하여 편의적인 결정을 내렸다는 난민지원단체들의 비판을 면치 못했다. 따라서 난민인정기준을 완화하여 난민을 보다 적극적으로 받아들여야 한다는 주장이 나오고 있다.

문제 1

난민인정기준을 완화하여 난민을 보다 적극적으로 받아들여야 한다는 주장에 대한 본인의 생각과 판단의 근거를 설명하시오.

[제시문 2]

전 대법원장이 상고법원 설치라는 목적을 관철하기 위하여 청와대와 같은 권력기관과 사법거래를 하는 사법농단을 일으켰다. 해당 사건에 연루된 법관들을 국회에서 탄핵소추하는 안이 논의되었다. 탄핵제도란 일반사법제도로 책임을 묻기 어려운 고위공직자를 국회에서 탄핵소추하고 헌법재판소에서 판단하여 파면시키는 제도이다. 우리나라에서는 몇 차례 법관에 대한 탄핵이 시도된 적은 있었지만 실제로 이루어진 예는 없었다. 반면 미국에서는 상·하원이 탄핵소추를 해서 법관이 파면된 경우가 있었다.

문제 2

사법농단 법관들을 국회에서 탄핵소추해야 할 것인지에 대한 지원자의 견해와 근거를 제시하시오.

[제시문 3]

최근 호주 수의학 대학원과 연구실에서 동물실험 반대운동이 펼쳐졌다. 이처럼 동물실험에 반대하는 쪽의 주장이 날로 커져가고 있다. 또한 동물 안락사에 대한 논의도 첨예하게 대립하고 있다. 최근 한국에서는 연예인의 개가 사람을 물어서 사망에 이르게 한 사건으로 동물에 대한 안락사 논쟁이 불거지고 있다.

동물실험과 안락사에 대한 자신의 의견을 밝히시오. 또한 동물에 대해 생명권과 같은 동물권을 인정해 주자는 주장과 관련해서 자신의 생각을 말하시오.

[제시문 4]
우리나라는 제조원가 기반으로 가격을 매기고 있어 소주보다 제조원가가 높은 맥주가 소주에 비해 비싸다. 그러나 해외의 경우, 알코올 함량에 따라 주세를 차등 적용하고 있다. 이 제도가 우리나라에 들어오게 된다면 알코올 함량이 높은 소주가 맥주에 비해 높은 가격으로 판매될 것이다. 이렇게 알코올 함량에 따라 주세를 차등 적용하는 것은 알코올 섭취로 인한 건강 문제, 사회적 문제에 대한 비용 분담을 높은 알코올 함량을 섭취하는 사람이 부담하게 한다는 점에서 타당하다는 의견이 있다.

문제 4

주세 차등적용에 대한 본인의 찬반 의견을 말하시오.

[제시문 5]
국가인권위원회는 제16회 세계 사형폐지의 날을 맞아 국회에서 기념식을 갖고 '사형제도 폐지 및 대체형벌 마련을 위한 토론회'를 개최했다. 이 토론회에서 김도우 경남대 교수는 20세 이상 성인남녀 1,000명을 대상으로 실시한 '사형제도 폐지 및 대체형벌에 관한 국민인식조사' 조사 결과를 발표했다. 조사 결과 사형제도에 대한 찬반 의견을 묻는 질문에서, '당장 혹은 향후에 폐지해야 한다'는 의견이 20.3%, '강화되어야 한다'는 의견은 19.9%로 찬반 의견이 팽팽했고, '유지되어야 하지만 집행에 신중해야 한다'는 의견은 59.8%로 나왔다. 또 설문 참가자 중 71%가 '사형제도의 정책효과가 있다'고 답했고 84.5%가 '범죄예방 효과가 있다'고 답했다.
김 교수는 "사형제도 폐지에 대한 의견은 다양한 상황에 따라 다르게 나타난다"면서, "대체형벌 도입을 전제로 할 경우, 참가자 가운데 66.9%가 사형제도 폐지에 동의한 것으로 드러나 일반 국민들은 사형제도를 대신할 대체형벌 마련에 공감하고 있다"고 설명했다.
대체형벌을 묻는 중복응답이 가능한 질문에선 설문 참가자들은 석방과 가석방이 불가능한 '절대적 종신형제도'와 '징벌적 손해배상'을 병행해야 한다는 의견이 82.5%로 가장 높았고, 다음으로 절대적 종신형(78.9%), 무기징역(43.9%) 순이었다. 절대적 종신형은 가석방 없이 평생 복역을 하는 것을 의미하며, 상대적 종신형은 일정 기간 복역 이후에 가석방할 수 있는 형벌을 의미한다. 현재 한국에는 종신형 제도가 없다. 다만 정해진 복역기간 없이 무기한 수감할 수 있는 무기징역제도가 마련되어 있다. 형벌은 시대적 배경에 따라 다를 수 있고, 사회, 문화, 역사적 영향을 받는다.

문제 5

지원자는 사형제가 폐지된다고 할 때 그 대안으로 '절대적 종신형'과 '상대적 종신형' 중 어느 쪽을 찬성하는가?

[제시문 6]
올해 9월, 대전의 한 동물원에서 퓨마 한 마리가 탈출했다. 사육사의 관리 소홀로 퓨마가 열려 있는 문을 통해서 탈출한 것이다. 경찰특공대와 소방대원 등 100여 명이 넘는 인력을 동원해 퓨마를 수색했고, 퓨마는 배수지 근처에 웅크린 채로 발견됐다. 마취총을 쏘아 포획하려 했으나, 마취가 제대로 이루어지지 않았고 결국 퓨마를 사살했다. 동물원을 관리하는 측은 "날이 어두워져 수색이 어려워지는 상황이었고, 퓨마가 인명피해를 일으킬 가능성을 고려해 불가피하게 사살했다"는 입장을 밝혔다. 그러나 탈출부터 수색, 포획, 마취, 그리고 사살까지의 과정을 지켜보던 시민들은 마취를 재시도하는 등 다른 방법도 있었을 텐데 '꼭 사살해야만 했느냐'는 의문과 비판을 제기하고 있다. 또한 동물에게 과도한 스트레스를 주는 동물원을 폐쇄해야 한다는 주장까지 제기되었다.

문제 6

이에 대해서 동물원 폐쇄의 필요성에 대한 의견과 그 근거를 말하시오.

연세대학교

2023학년도 입시결과

(1) 신입생 정량

구분		학점(150점 만점)	법학적성시험(150점 만점)
일반 전형	상위 25%	148.00	142.20
	상위 50%	147.20	140.40
	상위 75%	146.05	138.90
	평균	147.00	140.47
특별 전형	상위 25%	148.00	138.90
	상위 50%	147.60	138.10
	상위 75%	147.00	136.50
	평균	147.20	137.70

(2) 출신학교

대학명	인원(명)	대학명	인원(명)
경찰대학	5	연세대학교	56
고려대학교	10	이화여자대학교	1
서강대학교	40	중앙대학교	1
서울대학교	1	한국과학기술원	1
서울시립대학교	1	한양대학원	3
성균관대학교	2	해외대(Duke University, University of Pennsylvania)	3
		계	124

(3) 전공별 현황

계열	세부 계열	인원
공학계열	기계/화학공학계열	1
	산업공학계열	2
	전기전자공학계열	1
	정보/컴퓨터공학계열	1
	(공학계열) 기타	1
법학계열	법학계열	4
사범계열	교과교육학계열	5
	교육학계열	2
사회계열	사회학계열	6
	정치학계열	15

사회계열	행정학계열	8
	(사회계열) 기타	7
상경계열	경영학계열	25
	경제학계열	13
약학계열	약학계열	1
인문계열	어문학계열	11
	역사/문화/철학계열	8
	(인문계열) 기타	3
자연계열	수학/물리/생명/화학	4
	(자연계열) 기타	1
기타	기타	5
계		124

(4) 연령/성별 현황

구분	남자	여자	계
21세 이하	1	0	1
22세	0	3	3
23세	10	16	26
24세	5	16	21
25세	18	11	29
26세	6	7	13
27세	10	6	16
28세	6	1	7
29세	1	2	3
30세 이상	3	2	5
계	60	64	124

2022학년도 입시결과

(1) 신입생 정량

구분		학점(150점 만점)	법학적성시험(150점 만점)
일반 전형	상위 25%	147.95	141.60
	상위 50%	147.00	140.40
	상위 75%	145.80	139.70
	평균	146.80	140.40
특별 전형	상위 25%	148.00	141.60
	상위 50%	146.00	141.00
	상위 75%	145.40	138.90
	평균	146.53	140.14

(2) 출신학교

대학명	인원(명)	대학명	인원(명)
가천대학교	1	연세대학교	55
경찰대학	2	이화여자대학교	2
고려대학교	8	포항공과대학교	1
서강대학교	1	한국과학기술원	1
서울대학교	42	한양대학원	1
서울시립대학교	1	University of Washington	1
성균관대학교	8	계	124

(3) 전공별 현황

계열	세부 계열	인원
공학계열	건축공학계열	1
	기계공학계열	2
	산업공학계열	2
	전기전자공학계열	1
	컴퓨터공학계열	3
농학계열	농학계열	0
법학계열	법학계열	2
사범계열	교과교육학계열	6
	교육학계열	2
사회계열	사회학계열	7
	정치학계열	17
	행정학계열	4
	(사회계열) 기타	3
상경계열	경영학계열	19
	경제학계열	13
약학계열	약학계열	2
의학계열	의학계열	1
인문계열	어문학계열	12
	역사/문화학계열	5
	철학계열	6
	(인문계열) 기타	4
자연계열	생명/화학계열	3
	수학	1
	(자연계열) 기타	3
기타	기타	5
계		124

(4) 연령/성별 현황

구분	남자	여자	계
22세	3	4	7
23세	6	13	19
24세	6	17	23
25세	9	17	26
26세	12	7	19
27세	15	6	21
28세	6	1	7
29세	1	1	2
30세 이상	0	0	0
계	58	66	124

면접 진행방식

면접유형	개별면접(3:1)		
준비시간	10분	면접시간	10분
답안작성	메모지 제공하며, 휴대 가능함		
문제 수 및 지문분량	제시문 2개, 각 제시문당 2~3개 문제, 분량이 많음		
인성질문 유무	×		
면접특징	• 오전 조와 오후 조로 나뉨 • 대강당에서 집합 후 5층 대기실로 이동함 • 대기시간 동안 개인 자료 열람 가능함 • 화장실은 30분 간격으로 이용 가능함 • 면접 시작 10여 분 전에 이동하여 복도에 마련된 자리에서 문제를 읽고 준비함 • 문제지와 메모지는 소지 가능함 • 면접장은 교수연구실로 협소한 편임 • 메모지나 문제지를 보면서 답변이 가능하고, 면접 종료 후 메모지는 제출해야 함		

2023 학년도 기출문제

다음 제시문을 읽고 물음에 답하시오.

[제시문 1]
(가) 러시아의 푸틴 대통령은 현 전쟁에 대해, 분리독립을 요구하는 돈바스 지역 주민들에 대해 적대행위를 한 우크라이나 정부의 침해행위에 대한 방위는 정당한 것이며, 침략전쟁이 아닌 상호원조조약에 근거하여 돈바스 지역에 거주하고 있는 러시아인들의 요청에 따라 UN헌장 제51조의 집단적 자위권을 행사하는 것이라고 주장하였다.
(나) 미국의 트럼프 전 대통령은 국익을 위해 세계보건기구(WHO)를 탈퇴하겠다고 선언했다. 트럼프는 WHO의 코로나19 관련 대응과 비효율성을 비판하며 WHO를 탈퇴하고 WHO에 내던 돈을 미국의 시급한 공중보건문제 해결에 사용하겠다고 밝혔다.

(A) 공무원 갑은 초과수당을 받기 위해 허위로 근무체크를 하였다. 그러나 그는 자신이 실질적으로 근무한 시간이 초과근무에 해당하므로, 자신의 행동이 초과근무에 관한 규정을 위반하지 않았다고 주장하였다.
(B) 시민 을은 단속 카메라가 없는 곳에서 제한 속도를 위반했다. 그는 단속카메라가 없는 곳에서 제한 속도 규정을 준수하는 다른 운전자를 이해할 수 없다고 말하였다.

문제 1

1. 제시문을 근거로 국가의 제도와 규범에 대한 관점과 개인의 제도와 규범에 대한 관점의 차이를 설명하시오.
2. 제도나 규범의 어떤 결함 때문에 (가) 또는 (나)의 문제가 발생할 수 있는지 설명하시오.
3. 제시문 (가), (나) 중 하나와 (A), (B) 중 하나를 연결하여 두 개의 조합을 만들고, 그렇게 연결한 이유를 설명하시오.

[제시문 2]
(가) 경제적으로 높은 위치에 있는 사람과의 사회적 연결이 많을수록 삶의 질이 높다.
(나) 더 큰 연못에 살수록 먹이사슬에서의 개구리의 위치가 높아진다.
(다) 경제적으로 성공한 친구를 두었는지를 의미하는 변수와 저소득층에서 고소득층으로 계층 이동했는가를 의미하는 변수 사이에 긍정적 상관관계가 있다.
(라) 고소득층이 20% 있는 학교보다 고소득층이 40% 있는 학교에 다니는 저소득층의 학업성취도가 더 낮고, 자신을 부정적으로 평가하는 정도도 더 높았다.
(마) 논리적 오류 혹은 다른 관점에 대해 다음을 참고하시오.
   (1) 개인의 특성을 집단에 적용하면 오류가 발생할 수 있다.
   (2) 문화적/경제적 자원이 더 많은 학교일수록 더 많은 교육적 기회가 제공되어, 저소득층 학생들이 성인이 되어서는 성공할 가능성이 높다.
   (3) 역인과성의 오류는 두 변수 간의 관계를 단순히 관찰된 연관성으로 해석하여 한 변수가 다른 변수를 원인으로 가정하는 것을 말하며, 역인과성의 오류를 범하는 경우, 잘못된 인과관계 추론이나 잘못된 결론을 도출할 수 있다.
   (4) 저소득층에 관한 무료 교육프로그램을 진행했더니 직후에만 효과가 있었다. 하지만 장기적으로는 프로그램을 진행한 학생들의 삶의 질이 더 높았다.

문제 2

1) 제시문 (가), (나)의 이론과 (다), (라)의 경험적 결과를 한 가지씩 짝지어 두 개의 조합을 만들고, 그 근거를 설명하시오.
2) 두 가지 조합에 대하여 (마)의 (1)~(5) 중 한 가지씩을 사용하여 비판하시오.

2022 학년도 기출문제

다음 제시문을 읽고 문제에 답하시오.

[제시문 1]
SNS와 정치적 양극화에 대한 이론들이 있다. SNS로 같은 의견을 가진 사람들끼리의 소통이 확산됨에 따라 정치적 양극화가 심화된다는 주장이 있지만, SNS가 플랫폼 역할을 해서 정치적 양극화가 완화된다는 주장 또한 있다.
(가) 이론 1: 토론에서 반론을 통해 진실이 밝혀질 수 있다. 반대 의견이 경합하는 과정에서 기존의 의견이 수정될 수 있다.

(나) 이론 2: 반대 의견은 분파적 경향성의 폐해를 해결하기에 충분하지 않다. 반대 의견에 대한 극렬한 거부감은 오히려 기존의 의견을 고수하게 한다.

(다) 실험 1: 진보적 성향의 집단 A와 보수적 성향의 집단 B가 있다. A와 B가 각각 토론과 소통을 거친 뒤 정치적 성향에 관한 조사를 하자 A는 더 진보적으로, B는 더 보수적으로 극단화되었다.

(라) 실험 2: 보수당 지지자 800명을 두 집단으로 나눈다. 트위터상에서 '환경 규제가 일자리와 경제 성장에 어떤 영향을 미치는가?'를 주제로, 한 집단에는 진보적 성향의 트윗을 접하게 하고, 다른 한 집단에는 변화를 주지 않았다. 한 달 뒤 정치적 성향을 조사하자 진보적 성향의 트윗을 접한 집단은 더 보수화된 반면, 변화를 주지 않은 집단은 그대로였다.

문제 1

1. 이론과 실험 하나씩을 골라 연결하고 SNS와 정치적 양극화에 대한 본인의 의견을 밝히시오.
2. 자신의 의견을 바탕으로 법적/제도적으로 SNS를 규제하는 것이 정당하다고 생각하는가?
3. 실험을 바탕으로 1-1에서 선택한 실험의 문제와 한계점은 무엇이라고 생각하는가?

[제시문 2]
운전자 A씨는 현재 적색 신호등 앞에 정차하고 있다. 그의 주변에는 단속 장치도, 경찰도 없다. 그가 적색 신호등 앞에 정차하지 않더라도 아무런 피해가 발생하지 않을 것이고 아무도 이를 인지하지 못할 것이다. 이러한 상황에서, 운전자 A에게 적색 신호등 앞에 정차해야 할 도덕적 의무가 있다면 그 이유는 무엇인가?

문제 2

아래의 네 가지 견해 중 두 가지를 선택하여 이에 근거하여 답하시오.

1. 개인은 자신의 의지에 따라 자유롭게 선택하고 행동할 권리가 있다. 그가 사전에 합의하지 않은 사안에 대해서는 어떠한 강제력도 특정 행위에 대해 강제할 수 없다.
2. 개인들은 절대권력자에게 그들의 자유와 권리를 양도하였다. 자유와 권리를 양도받은 절대권력자가 있음으로써 개인은 국가라는 틀 안에서 보호받는다.
3. 자신이 특정 규범을 준수하는 타인에 의해 수혜를 받은 적이 있다면, 그 또한 해당 규범을 지켜 타인이 해당 규범을 통해 수혜를 받도록 해야 한다.
4. 국민들의 일반의지를 수렴하여 법이 제정되고, 이에 따라 법질서가 형성된다. 개별 사안에 대해 판단이 어렵다면, 국민 일반의지의 실현인 제정법을 준수하는 것이 타당하다.

2021 학년도 기출문제

다음 제시문을 읽고 물음에 답하시오.

[제시문]
(1) 사회공동체는 구성원들의 행복 증진을 위해 사회를 운영하는 방식을 선택할 수 있다. 먼저 개인의 자유를 중요시 여기고, 구성원 개개인에게 알맞은 삶의 방식을 선택할 수 있도록 허용하는 것이다. 다만 이 경우 '개인의 자유를 어디까지 허용할 것인가'라는 문제가 제기된다. 또한 사회 질서에 중점을 두어 사회공동체의 질서 정연함을 추구할 수도 있다.
(2) 오늘날 현존하는 여러 사회를 보면, 그 구성원들이 '나'를 강조하는지 '우리'를 강조하는지에 따라 두 가지 그룹으로 분류할 수 있다. '나'를 강조하는 사회는 구성원들의 개성과 자유를 중시하며 국가가 그 구성원들의 삶에 개입

하는 것을 최소화하려는 경향이 있다. 이들은 개인이 가지는 개성, 권리와 이익을 우선적으로 고려하며, 다른 사회 구성원과의 유대감과 동질감이 상대적으로 약하다. 반대로 '우리'를 강조하는 사회는 개개인이 가진 고유의 색깔보다는 사회공동체 전체의 이익을 중시한다. 이들은 다른 사회구성원들과 공유하는 가치, 문화를 뚜렷이 인식하고, 소속 집단에 대한 정체성이 명확하다.

(3) 오늘날의 사회공동체는 문화적으로 느슨하냐 아니면 빡빡하냐에 따라 두 가지로 분류할 수 있다. 먼저 문화적으로 느슨한 사회는 사회적으로 공유되는 문화나 전통에 반하는 개개인의 행동에 대해 너그럽다. 이들 사회에서는 주류 문화에 반하는 많은 하위문화가 주류문화와 함께 공존하고 있으며, 주류문화에 대한 반대가 사회적 제재로 이어지지 않는다. 반면에 문화적으로 빡빡한 사회는 다수가 공유하는 주류문화와 전통이 주를 이루며, 이에 대한 일탈은 용납되지 않는다. 여기에 반감을 사는 행위는 곧바로 사회적 일탈로 간주하며, 여기에 대한 다른 사회구성원의 비난이나 각종 제재가 뒤따르게 된다.

자료 1) 주요 국가별 개인주의 지수(기출문제와 동일한 자료는 아님)

국가명	개인주의 지수	국가명	개인주의 지수
미국	91	독일	67
호주	90	오스트리아	55
영국	89	인도	48
네덜란드	80	일본	46
벨기에	75	러시아	39
덴마크	74	브라질	38
프랑스	71	말레이시아	26
스웨덴	71	중국	20
노르웨이	69	싱가포르	20
스위스	68	대한민국	18

출처: geerthofstede.com

자료 2) 기출문제와 동일한 자료는 아니며, 기사 내용을 토대로 저자가 재구성함

구분	국가명
빡빡한 문화권에 속하는 국가	한국, 인도, 말레이시아, 파키스탄, 싱가포르
중간 정도	미국, 영국
느슨한 문화권에 속하는 국가	호주, 벨기에, 브라질, 프랑스, 독일, 그리스, 네덜란드, 우크라이나

출처: 동아사이언스, 2021.12.11.

자료 3) 국가별 코로나 누적 확진자 수

국가명	누적확진자	국가명	누적확진자
미국	22,132,045	포르투갈	456,553
브라질	7.961.673	일본	271,118
영국	2,889,419	한국	67,358
우크라이나	1,105,169	뉴질랜드	2,188
네덜란드	758.,540		

문제

1. 제시문과 〈자료 1〉, 〈자료 2〉를 참고하여 문화적으로 느슨하면서 개인주의적 국가, 문화적으로 빡빡하면서 개인주의적 국가, 문화적으로 느슨하면서 집단주의적 국가, 문화적으로 빡빡하면서 집단주의적 국가를 하나씩 선정하고, 이들 국가가 그런 형태를 갖게 된 배경을 설명하시오.

2. 제시문과 〈자료〉를 참고하여 '개인주의 또는 집단주의', '빡빡한 문화 또는 느슨한 문화'와 코로나19 확진자 수 간의 상관관계가 존재하는지 설명하시오.
3. 국가가 휴대전화를 통해 코로나 확진자의 동선을 추적하고 파악하는 조치가 정당화될 수 있는지를 제시문을 이용하여 논증하시오.

2020 학년도 기출문제

다음 제시문을 읽고 물음에 답하시오.

제시문 (가)
'평등'이란 주어진 조건에 상관없이 모두 같은 환경에서 관람해야 한다는 논리다. 키가 큰 아버지와 큰아들 그리고 막내아들 모두 같은 크기의 발 받침대를 밟고 올라가 경기를 관람한다. 그러나 문제는 키가 큰 아버지와 큰아들은 발 받침대를 밟고 올라가면 경기를 잘 볼 수 있지만, 막내아들은 발 받침대 한 개로는 경기를 관람할 수 없다.
그렇다면 '형평'이 실현되는 모습은 무엇일까? 형평이란 균형이 맞는 상태를 의미한다. 이를 그대로 실현하면 키가 큰 아버지는 발 받침대가 없어도 경기를 관람할 수 있으므로 막내아들에게 두 개의 발 받침대를 주는 것이 맞다. 그렇게 해야만 아버지와 아들 모두 경기를 관람할 수 있기 때문이다.

제시문 (나)
우리나라는 그동안 부의 축적을 불법, 탈법과 정경유착의 산물로 보고, 특정 계층에 집중된 부를 공공부문으로 흡수하는 것이 선이라는 사회적 시각에서 상속 과세를 강화하여 왔다. 그러나 글로벌 경쟁이 심화되고 기업의 경쟁력이 국가의 존립과 직결되는 상황에서, 일자리 및 소득 창출 기업의 사회적 기여와 출발선의 평등, 과세 형평 등의 부의 양극화 완화에 대한 냉정한 평가가 필요하다. 부의 양극화 완화는 정부지출과 예산을 주된 수단으로 하고, 조세는 보조 수단으로 활용하는 것이 보다 효과적인 점을 직시해야 한다. 기업의 승계를 원활하게 하여 기업이 일자리 및 소득 창출을 계속할 수 있도록 하고, 증가된 기업활동으로 추가 징수되는 소득세·법인세·부가가치세 등으로 소득재분배 내지 사회적 약자를 지원하는 것이 보다 효과적이고 생산적인 방법이다. 미국·독일·스웨덴 등 주요 선진국은 차등 의결권 주식발행, 공익재단에 대한 주식 출연, 지분관리회사 설립 등 다양한 방식으로 경영권을 승계할 수 있으나, 우리나라는 이러한 방법들이 원천적으로 차단되어 원활한 경영권 승계가 어렵다. 현재 상속세 평가 시 최대주주의 주식은 20%(중소기업 10%)를 가산하고, 최대주주 지분이 50%를 초과하는 경우 30%(중소기업 15%)를 가산하고 있다. 미국·영국·독일·일본 등 주요국은 최대주주에 대한 일률적인 할증평가제도가 없으며, 영국·독일 등은 오히려 소액주주에 대하여 할인평가를 적용하고 있다. 최대주주에 대한 획일적인 할증평가로 인해 최대주주 상속세율이 최고 65%에 달하여, 상속 재산의 크기가 줄어들 뿐만 아니라 경영권의 승계라는 권리 자체가 불확실해져 기업가 정신이 크게 약화될 우려가 있다. 따라서 구체적 타당성이 결여되고 상속세 부담만 과중시키는 최대주주 할증평가제도는 폐지하는 것이 바람직하다.

제시문 (다)
최근 선별적 복지와 보편적 복지에 대한 논쟁이 가열되고 있지만, 논쟁의 상당 부분이 가치 혹은 이념적인 주장에 바탕을 두고 있어 선별적 복지와 보편적 복지의 타당성에 대한 결론을 내기 쉽지 않은 상황이다. 이러한 맥락에서 최근 논란이 되고 있는 무상급식, 무상보육, 반값등록금 등 보편적 복지의 전형적 사례인 무상복지 정책을 상정하여 무상복지와 선별적 복지의 소득재분배 효과를 비교하고, 무상복지 정책과 선별적 복지정책의 정책적 효과를 검토하였다. 본 연구에서 노동패널 데이터를 사용하여 분석한 결과 무상급식, 무상보육, 반값등록금 등의 무상복지 정책을 전 가구를 대상으로 시행하게 되면 정책 시행 전보다 지니계수가 0.0076~0.0084 포인트 감소하는 것으로 나타나 소득재분배와 소득분배의 불평등도 개선 효과가 있는 것으로 분석되었다. 하지만 무상복지와 동일한 정책을 유지하되 급식, 보육 및 등록금 지원 대상자의 소득분위 대상을 맨 처음 소득하위 10% 수준으로 한정한 후 이를 점차 확대시켜 나가면 지니계수가 점차 낮아지는데, 소득하위 70% 이하에서 지니계수가 가장 낮게 나타나고 소득하위 70%를 넘게 되면 지니계수가 다시 상승하는 것으로 나타났다. 소득하위 70%까지만 제공하는 경우에는 지니계수가 0.0110~0.0113 포인트 낮아지는 것으로 나타나, 선별적 복지에서의 소득재분배와 소득불평등도 전면적 무상복지에서의 소득재분배 효과보다 개선 효과가 훨씬 큰 것으로 분석되었다.

제시문 (라)
소수인종 등 사회 후발주자의 도약을 돕기 위해 마련된 미국의 적극적 우대 조치(Affirmative action)가 갈림길에 놓였다. 텍사스주 스티븐 F 오스틴 고등학교 학생이었던 애비게일 피셔는 2008년 텍사스 대학에 지원했다. 피셔의 고등학교 졸업 성적은 674명 중 82등, 대학입학자격시험(SAT)에선 1,180점(1,600점 만점)을 받았으나, 결과는 불합격이었다. 당시 텍사스 대학 신입생들의 SAT 성적은 1,120∼1,370점 사이였고, 피셔는 SAT 점수가 합격선보다 높았다는 점과 자신보다 졸업 성적이 낮았던 소수인종 동급생들은 합격했다는 점 등을 들어 대학에 항의했다. 자신이 백인이라 낙방했다며 텍사스 대학을 상대로 소송도 제기했다. 미국 수정 헌법 제14조항이 보장한 평등권을 침해당했다는 것이다.

문제

1. 제시문 (가)에 나타난 평등과 형평의 개념을 설명해 보아라.
2. 제시문 (가)의 평등과 형평의 개념을 사용하여 제시문 (나)와 제시문 (다)의 논지를 설명해 보아라.
3. 제시문 (가)에 근거해서 제시문 (라)를 옹호할 것인지 비판할 것인지를 정하고 그 논거를 제시하라.

2019 학년도 기출문제

[일반전형] 다음 제시문을 읽고 물음에 답하시오.

제시문 (가)
거인의 어깨 위에 있는 난쟁이와 같아서 거인보다 더 많이, 그리고 더 멀리 볼 수 있지만 이는 우리 시력이 좋거나 신체가 뛰어나기 때문이 아니라, 거인의 거대한 몸집이 우리를 들어 높은 위치에 올려놓았기 때문이다.
출처: 아이작 뉴턴, '내가 다른 사람보다 더 멀리 볼 수 있었던 것은 거인의 어깨 위에 올라서 있었기 때문이다.'

제시문 (나)
공자께서는 '시경', '서경'을 산삭(刪削)하시고 예악(禮樂)을 정립하시고 '주역'을 찬술(纂述)하시고 '춘수'를 편찬하셨는데, 모두 선왕의 옛것을 전술하셨을 뿐이지 일찍이 창작하신 것은 없다. 이때를 당하여 창작은 대략 완비되었으므로, 공자께서는 여러 성인이 이루어놓은 것을 집대성하여 절충하였으니, 일은 비록 전술이나 그 공은 창작보다 배나 되는 것이니 이것 또한 몰라서는 안 될 것이다.
출처: 주희, '주주금석−논어'

제시문 (다)
하느님은 인간들에게 세계를 공유물로 주셨고, 대지와 그것에 속하는 모든 것은 인간의 부양과 안락을 위해서 모든 인간에게 주어진 것이다. 그리고 대지에서 자연적으로 산출되는 과실과 거기서 자라는 짐승들은 자연 발생적인 작용에 의해서 생산되기 때문에 인류에게 공동으로 속한다. 따라서 그러한 것들에 대해서는 그것들이 자연적인 상태에 남아있는 한, 어느 누구도 처음부터 다른 사람을 배제하는 사적인 지배권을 가지지 않았다. 하지만 사람들에게 이용하도록 주어진 이상, 그것들을 특정한 사람이 일정한 용도에 맞게 사용하거나 그것으로부터 이득을 얻기 위해서는 자신의 것으로 만드는 수단과 방법이 있어야 마땅하다.
출처: 존 로크, '통치론' 소유권 논의

제시문 (라)
문장을 어떻게 지을 것인가? 논자들은 반드시 '법고(法古)'해야 한다고 한다. 그래서 마침내 세상에는 옛것을 흉내 내고 본뜨면서도 그것을 부끄러워하지 않는 자가 생기게 되었다. 그렇다면 '창신(創新)'은 어떠한가. 창신을 하여 마침내 세상에는 괴벽하고 허황되게 문장을 지으면서도 두려워할 줄 모르는 자가 생기게 되었다. 그렇다면 어떻게 해야 옳단 말인가? 소위 '법고'한다는 사람은 옛 자취에만 얽매이는 것이 병통이고, '창신'한다는 사람은 상도(常道)에서 벗어나는 게 걱정거리이다. 진실로 '법고'하면서도 변통(變通)할 줄 알고 '창신'하면서도 능히 전아(典雅)하다면, 요즈음의 글이 바로 옛 글인 것이다.

출처: 연암 박지원, '연암집' 법고창신 이론

제시문 (마)
로미오와 줄리엣을 예로 들어보자. 이 연극은 셰익스피어에 의해 씌어졌다. 그의 천재성으로 인하여 이 작품은 탄생할 수 있었다. 그는 작품을 쓰면서 타인의 재산을 도용하지 않았으며 그의 작품으로 인하여 타인의 작품활동이 곤란해진 바도 없다. 그렇다면 셰익스피어의 연극을 상속인의 허락 없이 타인이 도용하도록 법이 허용하지 말아야 한다. 셰익스피어의 작품을 훔치도록 내버려 둘 이유가 무엇이란 말인가?

출처: 로렌스 레식, '저작권법의 탄생'

제시문 (바)
워커 에반스(Walker Evans)는 완성도 높은 사진들로 새로운 예술적 가능성을 보여준 미국의 대표적인 사진작가이다. 그는 미국 남부 지방을 돌아다니면서 카메라를 사용해 당시 소작인들의 가난한 일상 풍경들을 기록하였다. 작품 '소작농의 아내'가 그의 대표적인 작품이다. 셰리 래빈(Sherrie Levine)은 워커 에반스의 작품 '소작농의 아내'를 독특한 방식으로 전시하였다. 셰리 래빈은 이후 이 작품을 전혀 수정하지 않고 사진기로 재촬영해서 '무제(워커 에반스 이후)'라는 제목을 달아 전시하였다. 셰리 래빈은 이에 대하여 '미술이란 자연이라는 도서관에서 빌려오는 것이다'라고 말했다.

제시문 (사)
아마추어 사진작가 김성필 씨의 '아침을 기다리며'는 우리나라의 소나무로 된 섬을 찍은 사진이다. 대한항공은 2011년 김성필 씨의 작품을 TV와 인터넷 광고 등에서 실제 사용하기도 했다. 하지만 영국의 사진작가 마이클 케나의 '솔섬'과 피사체 그리고 카메라의 구도와 각도가 매우 유사하여 표절 논란이 일어나기도 했다. 하지만 빛의 방향이나 양 조절, 흑백 및 컬러, 촬영 방법 등을 봤을 때 두 사진은 다르다. 김성필 씨는 자신도 또한 케나의 작품을 이전에 당연히 본 적이 있지만, 자신은 빛의 방향이나 양 그리고 촬영 방법 등을 달리하여 촬영한 것이라고 했다.

문제 1
제시문(가)에는 거인과 난쟁이의 비유가 나온다. 이를 바탕으로 인류문명의 발전을 설명하여라.

문제 2
제시문 (가)의 비유를 바탕으로 (나), (다), (라)의 논점을 말하여라.

문제 3
제시문 (나), (다), (라)를 통해 (마)에서 말하는 셰익스피어의 권리의 타당성을 논하시오.

문제 4
제시문 (바)와 (사)의 사례를 (가)의 비유를 통해 설명하시오.

[특별전형] 다음 제시문을 읽고 물음에 답하시오.

제시문 (가)

로크의 사회계약론에 의하면 자연 상태에 있는 개인들은 생명, 안전 등을 영위하기 위해서 사회계약을 통해 공동체를 이룬다. 이 과정에서 공동체 속 개인들은 자유를 일부 포기하고 공동체의 법에 따라야 한다. 하지만 자유는 공공의 안전이나 공동선을 위한 것일 때만 제한이 가능할 것이다. 즉 특정 개인의 부와 명예가 자유를 제한하려는 목적이 되어서는 안 된다.

제시문 (나)

미국은 과거 전염병인 천연두로 인한 피해를 막기 위해 모든 성인에게 예방접종에 대한 의무를 부과하고 이를 지키지 않을 시 5달러의 벌금을 부과한다. 이에 대해 국민 A는 예방접종을 거부하고 있는 상황이다. 자신의 신체와 안전에 대해 국가가 특정한 방식만을 강제하는 것은 자신의 자유를 제한하는 것이므로 따를 수 없다고 주장하고 있다.

제시문 (다)

전라남도 고흥군에는 한센병 환자들이 모여 사는 소록도가 있다. 그 기원은 구한말 개신교 선교사들이 1910년 세운 사립 나요양원에서 시작되었고, 1916년 주민들의 민원에 따라 조선총독부가 소록도에 자혜병원으로 정식 개원하였다. 일제강점기에 한센병 환자 강제수용시설로 사용하였고, 가혹한 학대와 강제 노동, 일본식 생활 강요, 불임 시술 등의 인권침해를 당하였다. 당시 한센병은 특수 전염병 3종으로 분류되어 있었으며, 전염을 우려하여 한센병 환자들을 소록도에 강제로 격리수용하였다. 남녀가 부부 사이라고 할지라도 철저하게 분리 수용되었으며, 임신과 출산까지 할 수 없도록 남자의 경우 정관수술, 여자의 경우 임신중절수술을 강제하는 방법을 취했다.

문제 1

제시문 (나)와 제시문 (다) 간의 공통점과 차이점을 말하시오.

문제 2

제시문 (가)의 내용을 바탕으로 제시문 (나)의 A를 옹호할지 반박할지 선택하고, 근거를 말하시오.

문제 3

제시문 (가)의 내용을 바탕으로 제시문 (다)의 정부의 결정이 정당한지에 대해 본인의 생각을 말하시오.

영남대학교

(1) 신입생 정량

구분	LEET(언어+추리)	학사성적	영어성적
상위 25%	119.5	4.24	980
상위 50%	115.2	4.09	965
상위 75%	113.1	4	950
평균	116	4.03	947.27

※ 일반전형, 특별전형 포함 최종합격자 대상으로 작성함
※ 학사성적은 4.5만점 기준으로 환산함
※ 공인영어성적은 합격자 75명 중 TOEIC 응시자(73명)로 기준함

(2) 출신학부/전공현황

대학명	인원(명)	대학명	인원(명)
인문계열	22	교육계열	4
상경계열	14	자연계열	1
사회계열	18	공학계열	5
법학부(과)	9	의약계열	3
		계	76

(3) 성별 현황

구분	남자	여자	계
인원(명)	32	43	75

(1) 신입생 정량

구분	LEET(언어+추리)	학사성적	영어성적
상위 25%	119.2	4.25	980
상위 50%	115	4.05	965
상위 75%	110.9	3.8	950
평균	115.52	3.97	939.24

※ 일반전형, 특별전형 포함 최종합격자 대상으로 작성함
※ 학사성적은 4.5만점 기준으로 환산함
※ 공인영어성적은 합격자 75명 중 TOEIC 응시자(73명)로 기준함

(2) 출신학부/전공현황

대학명	인원(명)	대학명	인원(명)
공학계열	1	심리학과	3
법학부(과)	5	어문계열	6
사범계열	6	예체능계열	1
사학과	2	의학계열	3
사회계열	6	인문계열	3
사회학과	4	행정학과/정치외교학과	12
상경계열	18	기타(정책과학, 공공정책 등)	5
		계	75

(3) 성별 현황

구분	남자	여자	계
인원(명)	32	43	75

면접 진행방식

면접유형	집단면접(3:6)		
준비시간	10분	면접시간	54분
답안작성	메모지 제공하며, 문제지에도 메모 가능함		
문제 수 및 지문분량	1문제, A4 2/3~3/4 분량		
인성질문 유무	×		
면접특징	• 오전 조와 오후 조로 나뉨 • 대기시간 동안 개인 자료 열람 가능함 • 화장실 이용은 진행요원과 함께 이동 시 가능함 • 첫 조가 면접장소로 이동한 후, 둘째 조는 1시간에서 1시간 반 정도를 대기실에서 기다렸다가 면접장소로 이동함 • 문제풀이실에 들어가면 진행요원이 면접진행과 관련된 내용을 설명해줌 • 문제풀이시간은 10분이며, 문제지와 메모지에 메모 가능함 • 문제풀이 후 면접고사장으로 이동함 • 면접고사장 입실 시 부여받은 가수험번호 순서대로 오른쪽부터 착석함 • 수험번호순으로 제비뽑기를 해서 발언 순서 정함(앉은 순서와 무관) • 뽑은 번호가 짝수면 찬성 입장에서, 홀수면 반대 입장에서 풀이한 문제에 대해 토론하도록 함(짝수면 반대 입장에서, 홀수면 찬성 입장에서 토론하도록 하는 것도 가능) • 한 명당 3분씩 총 3회 발언 기회가 주어짐 • 모두발언은 가수험번호 순서대로 발언기회가 주어짐 • 모두발언은 자신의 입장을 먼저 말하고 발언 시작함 • 6명의 모두발언이 끝나고 나면 거수한 순서대로 두 번째 발언기회가 주어짐 • 발언 시 자신의 입장과 예상되는 반박에 대한 재반박 그리고 핵심적인 논거를 강조한 자신의 입장을 정리하면 좋음 • 두 번째 발언 시 다른 지원자에게 질문을 할 수도 있음 • 6명이 두 번째 발언기회를 마치지 않아도 세 번째 발언을 할 수 있음 • 발언 시간 종료 30초 전에 '30초 남았습니다'라는 문구의 종이를 보여줌 • 다른 지원자가 발언 시 메모 가능함		

[가군 면접] 다음 제시문을 읽고 문제에 답하시오.

[제시문 1]
행복동에 이슬람 센터 건설이 추진되고 있다. 그러나 주민들은 치안 불안, 문화적 괴리 등을 이유로 반대의사를 표하고 있다. 이에 대해 이슬람 센터 건설 찬성 측은 기존 주민들의 반대는 이슬람에 대한 무분별한 차별성이 강하고, 이슬람에 대한 일부 몰이해적이고 검증되지 않은 주장들에 근거한 것이므로 옳지 않다고 반박하고 있다. 이에 대해 기존 주민들은 이슬람 센터의 건설은 행복동에 존재하는 기존의 사회문화적인 배경에 맞지 않다고 주장하고 있다. 특히 기존 종교시설이 밀집해 있는 환경에서 이슬람 센터의 건설이 불필요한 사회적 갈등을 낳을 수 있다고 우려하고 있다. 갈등이 고조되자 해당 지자체는 다른 장소를 선정하여 센터 건설을 추진하는 조정안을 이슬람 센터 건설 추진 측에 제시하였다. 그러나 센터 건설 추진 측은 합의안을 수용할 수 없다고 밝혔다.

추가자료 (1)
유럽 국가에서 이슬람 센터 건설 후 생긴 '샤리아 존'의 등장으로 해당 지역에 거주하는 비이슬람 시민조차 이슬람 율법인 샤리아에 강제적으로 따를 것을 강요당하는 일이 빈번하게 발생하고 있다.

추가자료 (2)
UN의 세계 인권 선언에서는 천부적 인권으로서 모든 사람이 성별과 피부색, 신념, 종교 등에 관계없이 자유롭고 평등하다고 명시되어 있다.

문제 1

홀수 번호를 뽑은 사람은 센터 건설에 찬성하는 입장에서, 짝수 번호를 뽑은 사람은 센터 건설에 반대하는 입장에서 토론하시오.

[제시문 2]
식물학자인 A는 연구목적으로 타국으로 떠났다. A는 그곳에서 해당 국가의 독재자인 B에게 납치를 당했다. B는 "네가 이 중 1명의 원주민을 죽이면 나머지 19명을 살려줄 것이지만, 만약 네가 이 제안을 거부한다면 20명의 원주민을 모두 죽일 것이다."라고 했다. 원주민들은 A가 이 제안을 수락해주기를 내심 바라고 있다. 그러나 A는 평화주의자로 절대 살인을 하지 않는다는 신념을 갖고 있다.

추가자료 (1)
칸트에 의하면 도덕법칙은 정언명령의 형식을 가져야 한다고 주장한다. 정언명령은 누구에게나 어떤 상황에서나 적용되는 무조건적인 규칙이다.

추가자료 (2)
아리스토텔레스는 도덕적 덕은 본성적으로 생기는 것이 아닌 실천을 통한 습관의 결과로 형성된다고 보았다.

추가자료 (3)
벤담은 최대 다수의 최대 행복이라는 결과만 충족시키면 동기는 고려하지 않아도 된다고 보았다.

문제 2

홀수 번호를 뽑은 사람은 B의 제안을 받아들이는 입장(찬성)에서, 짝수 번호를 뽑은 사람은 B의 제안을 거부하는 입장(반대)에서 자신의 의견을 개진하시오.

[나군 면접] 다음 제시문을 읽고 문제에 답하시오.

[제시문]

해외의 거대 플랫폼 기업들은 자사의 검색엔진을 통해 인터넷 유통시장에 거대한 영향력을 행사하고 있다. 그런 가운데 해당 기업들이 자사 제품을 위해 자사 검색엔진 알고리즘을 조작하는 것이 시장의 공정성을 훼손하는 일이며 자칫 인터넷 유통시장의 생태계에 큰 피해를 낳을 수 있다는 주장이 제기되었다. 이에 미국과 EU에서는 해당 기업들의 검색엔진 알고리즘 조작에 대해 직접적인 규제로 제재를 가하고 있다. 현재 우리나라에서도 거대 플랫폼 기업들을 중심으로 검색 알고리즘을 이용하여 자사 제품을 상단에 노출시키고 있다. 이에 대해 우리 정부도 해외 사례와 동일하게 직접적인 규제로 금지하여 시장의 공공성을 담보해야 한다는 주장이 제기되고 있다. 그에 반해 지나친 규제는 기업 활동을 위축하여 신산업으로 등장한 플랫폼산업의 성장을 방해할 수 있다는 주장도 팽팽히 맞서고 있다

[추가자료]

전문가 A: 거대 플랫폼의 해당 행위는 시장의 공공성을 심히 훼손하여 시장을 왜곡시킬 수 있다.
전문가 B: 거대 플랫폼의 행위가 더 심화되면 독과점의 폐해를 일으켜 시장의 혁신성을 저하시킬 수 있다.
전문가 C: 해당 행위는 기업으로서 법이 정한 테두리에서 행할 수 있는 자연스러운 행위이며, 오히려 시장경쟁력이 강한 국내의 거대 플랫폼 기업들이 해외시장에서의 경쟁력을 확보하려면 반드시 필요한 행위이다.
전문가 D: 정부의 성급한 규제는 정부실패로 인한 시장왜곡을 낳을 수 있다.
전문가 E: 플랫폼 기업의 영업의 자유보다는 시장의 공정성이 우선되어야 한다.

문제

홀수 번호를 뽑은 사람은 규제를 찬성하는 입장에서, 짝수 번호를 뽑은 사람은 규제를 반대하는 입장에서 의견을 개진하시오.

2022 학년도 기출문제

다음 제시문을 읽고 토론하시오.

[제시문 1]

정부가 코로나19 백신 접종 성과보수의 목적으로 '백신 패스'를 논의 중인 가운데, 미접종자의 감염·전파를 최대한 줄이는 방법을 고심 중이라고 밝혔다. 정부관계자는 '현시점에서 가장 좋은 방법은 백신 예방접종률을 최대한으로 끌어올리는 것'이라며 미접종자를 대상으로 계속해서 접종 기회를 부여하고, 고령층 미접종자에 대해서는 좀 더 섬세하게 접종 불가 사유를 파악해 '찾아가는 접종'까지 적극 검토하겠다고 덧붙였다. 정부관계자는 미접종자의 감염을 최소화하기 위해 백신 접종을 완료한 사람에게 제공하는 일종의 보건 증명서인 '백신 패스' 역시 이런 논의의 목적으로 검토 중이며, 외국의 각종 사례를 수집해서 분석하는 중인데 대상, 운영 방안 등 아직 검토해야 할 내용이 많다고 말했다.

문제 1

우리 정부의 백신패스제 도입 안건에 대해서 홀수 번호를 뽑은 사람은 찬성 측 입장에서, 짝수 번호를 뽑은 사람은 반대 측 입장에서 토론하시오.

[제시문 2]

기후변화의 위험성에 대한 위기의식이 고조되면서 2015년, 전 세계 195개국은 온실가스 배출량을 단계적으로 감축하는 협약을 파리에서 채택했다. '파리협약'이라 부르는 이 협약을 지키기 위해 현재 세계 각국은 2050년을 전후로 '탄소 중립(Net-Zero)'을 달성하기 위한 다양한 정책을 추진 중이다. 최근 우리나라 정부도 2030년까지 온실가스 배출량을 2018년 대비 40% 감축하고 2050년에는 '탄소 중립'을 달성하겠다는 목표를 발표했다. 하지만 탄소 중립 사회로 전환되는 과정에서 발생하는 문제점도 나타나고 있다. 친환경을 의미하는 그린(Green)과 물가의 지속적 상승을 의미하는 인플레이션(Inflation)의 합성어인 소위 '그린플레이션(Greenflation)'이 대표적이다. 이는 탄소 중립 사회로 이행하는 과정에서 발생하는 인플레이션을 의미한다. 최근 각국의 친환경 정책 및 규제가 주요 원자재의 공급 부족 현상을 초래하면서 세계 원자재 가격이 상승하는 부작용이 나타나고 있다. 이러한 상황에서 정부의 온실가스 감축 목표 등과 관련하여 탄소 중립 사회로의 전환에 속도 조절이 필요하다는 목소리가 커지고 있다. 온실가스 감축 목표를 지키기 위한 기업의 부담이 늘어나면서 국내 생산설비 신·증설 중단, 국외 이전 및 고용 감소로 이어질 수 있다는 우려가 제기되고 있는 것이다. 어느 입장이든 탄소 중립 사회로의 전환에 대한 필요성은 전제되어 있다. 다만, 기업 부담 및 그린플레이션 등 전환 과정에서 나타날 수 있는 부작용을 줄이는 방안과 목표 기간 등에 대한 이견이 존재할 뿐이다.

문제 2

2050년까지 탄소 중립을 이루겠다는 목표가 시기상조인지 아니면 적절한 목표인지에 관해서 홀수 번호를 뽑은 사람은 찬성 측 입장에서, 짝수 번호를 뽑은 사람은 반대 측 입장에서 토론하시오.

[제시문 3]

철학자들은 복지 의미의 행복 이론을 다음과 같이 3가지로 구분하고 있다. 첫째, 쾌락주의이론, 둘째, 다양한 욕구만족이론(desire satisfaction theories), 셋째, 객관적 목록이론(objective list theory) 또는 실질적 좋음 이론(substantive good theories)이다. 쾌락주의이론은 복지를 쾌락 경험과 동일시한다. 욕구만족이론은 복지를 다양한 욕구의 만족과 동일시한다. 따라서 복지란 단순하게 쾌락 경험을 갖는 것이 아니라 우리가 원하는 것을 실제로 갖는 것과 같다. 그러나 둘 다 주관주의에 속한다. 이 두 이론은 모두 복지를 개인의 주관적 상태에 기초하고 있다. 따라서 세 번째 객관적 목록이론은 이 주관적 상태를 벗어나 복지를 규정하려 한다. 이 이론에 의하면 우리의 태도 또는 감정과 독립해서 우리에게 유익을 줄 수 있는 어떤 것들이 객관적으로 존재한다고 생각한다.

문제 3

지원자의 친구 A가 행복한 가정생활을 하고 있는데, 우연히 지원자가 A의 배우자가 외도하고 있다는 사실을 알게 되었을 때 친구에게 알릴지 여부를 아리스토텔레스의 행복론(쾌락주의이론, 욕구만족이론, 객관적 목록이론) 중 적절한 것을 취하여 자신의 입장을 말하시오.

[제시문 4]

형사재판에서 인공지능(AI) 알고리즘 자료를 근거로 한 지방법원 판결의 타당성을 인정한 미국 위스콘신주 대법원의 판결이 나왔다. 미국 법원이 '재판의 효율성과 일관성' 등을 위해 AI 기기를 재판에 활용할 것이라는 관측은 있었지만 이를 합법화한 판결이 실제로 나온 것은 처음인 것으로 알려졌다. 법원이 증거로 인정한 AI 기기 '컴퍼스(Compass)'는 '노스포인트'사에서 개발했다. 컴퍼스는 알고리즘을 통해 "이 사건 피고인이 폭력적이고 재범 가능성이 큰 위험인물"이라는 보고서를 냈다. 피고인 에릭 루미스는 과거 3급 성폭력의 유죄판결을 받은 전력이 있다. 지방법원 담당 판사는 이를 인정해 '공동체에 대한 위험이 큰 인물'이라며 징역 6년 형을 선고했다. 루미스는 "자신이 경찰관을 기만하고 소유주의 동의 없이 차량을 운전한 혐의만 인정했는데 알고리즘을 이용해 중형을 판결한 것은 부당하다"고 항소했다.

문제 4

인공지능 알고리즘을 통해 산출한 위험지표를 형사재판 판결에 활용하는 것에 관해서 홀수 번호를 뽑은 사람은 찬성하는 입장에서, 짝수 번호를 뽑은 사람은 반대하는 입장에서 토론하시오.

다음 제시문을 읽고 토론하시오.

[제시문 1]
세계자연기금(WWF)은 COVID-19를 비롯한 인수공통감염병 확산의 원인으로 숲과 같은 생태계 교란 활동, 야생동물 밀매, 야생동물과 농장동물이 뒤섞여 판매되는 현장의 비위생성을 꼽았다. 인간이 동물을 먹고 그들을 노예로 부린 역사의 시간은 무려 1만 년에 육박하지만, 특정 야생동물의 서식지를 대거 훼손하거나 변형해 바이러스 숙주 동물(박쥐류, 사향쥐류, 모기류 등)을 괴롭히고 그 수를 급증시킨 사건은 우리 시대의 이야기이다.
동물의 권리, 즉 동물권에 대한 논의는 바로 이 편파적인 자연관의 폐기와 관련이 크다. 공장식 축산 시설에 갇혀 '사회적 거리두기'를 하지 못하는 동물들, 사람 몸에 좋다는 이유로 시장에서 밀거래되는 야생동물들, 집을 잃고 이주했거나 멸종된 동물들, 그리고 설치류나 모기 등 급증한 야생동물들이 모두 논의의 중심에 있다. 이제는 이들이 불쌍해서가 아니라 우리 자신과 후손들이 건강하게 살아남기 위해 이들의 권리를 생각해야 하는 상황까지 우리는 내몰린 셈이다.
동물의 권리에 대해 이미 1977년 유네스코(UNESCO)에서는 동물도 우리처럼 자유롭게, 자신들의 집에서, 이이들을 낳고 살아갈 권리가 있다고 했다. 또한 스위스에서는 1992년 개헌을 통해 '야생동물'이라는 단어 대신 '동물'이라는 단어를 사용했다. 브라질(1988년), 독일(2002년), 오스트리아(2013년)가 동물을 (잔혹한 상태로부터) 보호할 국가의 의무를 헌법에 명기했다. 비록 일부이기는 하나 세계 각국의 헌법은 이렇게 진보하고 있다.
이러한 분위기에 발맞춰 한 시민단체 A가 동물에게 인간과 유사한 동물권을 보장해 주어야 한다며 다음의 세 가지 주장을 제시하였다.
1) 인지능력이 있고 고통과 감정을 느끼는 동물에게도 소송능력처럼 인간과 같은 법적 권리를 인정하자.
2) 동물권을 헌법에 삽입하여 법과 제도를 마련하자.
3) 복지 제도를 개편하여 동물에게도 사회 복지가 이루어져야 한다.
반면, 시민단체 B는 이러한 주장에 대해 크게 반대하는 주장을 제시하였다. 동물은 인간과 동등한 법적 지위를 누릴 수 없으며, 인간이 법적 주체로 인정받을 수 있는 도덕적 능력과 같은 면을 동물은 갖추지 못했다. 또한 사람을 위해 마련한 복지 제도를 위해 사용되는 재원을 동물에게 사용하는 것은 지나치다는 것이다.

문제 1

"동물에게 인간과 같은 법적 권리를 부여할 수 있겠는가"에 대해 홀수 번호표를 뽑은 수험생은 찬성 입장에서, 짝수 번호표를 뽑은 수험생은 반대 입장에서 토론하시오.

[제시문 2]
범죄자 Z는 초등학생을 교회 앞에서 납치한 후 성폭행하고 심각한 장기 손상 등의 중상을 입혔지만 주취감경을 받아 징역 12년 형을 선고받았다. 이에 많은 국민들이 주취감경 폐지를 원하는 국민청원을 제기하기도 했다.
Z는 출소 후 피해자의 주거 지역에서 불과 500m 떨어진 곳에 거주지를 마련해서 피해자 가족이 Z의 거주지 이주를 주장했으나, 거주의 자유라는 기본권을 이유로 기각되었다. 결국 피해자 가족이 이사를 가는 상황이 벌어졌고, 지역 주민들의 불안도 심한 상황이다. 따라서 정부는 Z의 출소 후에도 전자발찌 착용 연장, CCTV 설치, 감시인력 증원 등의 대책을 내놓았지만, Z의 기본권 역시 보호되어야 하기 때문에 지나친 제한을 하는 것은 어렵다고 한다.

문제 2

피해자 보호를 위해 복역을 마친 가해자의 주거 및 생활지역 등을 제한할 수 있는지에 대해 홀수 번호표를 뽑은 수험생은 찬성 입장에서, 짝수 번호표를 뽑은 수험생은 반대 입장에서 토론하시오.

[제시문 3]

2023년으로 점쳐진 로봇 서비스 시장의 본격적인 확대가 1년 앞으로 다가왔다. 로봇 사업에 집중하고 있는 국내외 글로벌기업이 일제히 2023년을 신규 모델 출시, 기업공개(IPO) 등 사업 확장의 시기로 삼았다.

기대받는 로봇 서비스는 물류·공공·유통 등 다양한 산업을 아우른다. 정해진 동작만 기계적으로 수행했던 단순한 자동화에서 벗어나, 센서와 인공지능(AI)을 바탕으로 인간의 파트너로서 상호작용할 수 있는 '지능형 협동 로봇'이 주를 이룰 전망이다.

다만, 확대되는 로봇 서비스에 비례한 제조업 등 기존 산업의 일자리 감소에 대한 우려의 시선도 여전하다. 일자리 감소 충격을 완화할 대책 마련도 필요하다는 목소리와 로봇 관련 새로운 일자리 증가로 상호 보완될 것이라는 시각이 대립 중이다.

보스턴컨설팅그룹(BCG)의 조사 내용을 살펴보면 2020년 250억 달러(29조 7,000억 원)로 추산됐던 글로벌 로봇 시장은 2023년 400억 달러(47조 5,000억 원)쯤으로 성장할 예정이다. 3년 사이 1.5배 이상 성장하는 셈이다.

다만, 산업 분야에 확대되는 로봇 도입이 불러올 일자리 감소에 대한 우려는 여전하다. 특히 제조와 유통·물류업의 경우 현장 인력에 의존하는 비중이 컸기에 로봇 투입으로 인한 일자리 감소를 두려워하는 목소리가 더 커지는 모양새다. 한국은행 경제연구원의 '로봇이 노동수요에 미치는 영향' 연구를 보면 근로자 1,000명당 배정되는 로봇이 1대씩 늘어날 때마다 제조업 일자리는 2.9%, 단순 반복 일자리는 2.8%만큼 줄어드는 것으로 나타났다.

사회 전체 일자리는 산업현장의 로봇 투입 시 관련 인력 필요로 인해 줄어들지 않지만, 로봇으로 대체되는 제조와 단순 반복 업무는 유의미한 일자리 감소가 발생하는 셈이다.[5]

문제 3

기업이 로봇을 이용하여 자동화하는 것에 대해 홀수 번호표를 뽑은 수험생은 찬성 입장에서, 짝수 번호표를 뽑은 수험생은 반대 입장에서 토론하시오.

[제시문 4]

공공배달앱을 처음 런칭한 것은 2019년 군산시의 '배달의 명수'이다. 공공배달앱 이슈를 전 국민적인 관심사로 이끈 이는 경기도지사 이재명으로 지난 2020년 총선을 앞두고 이슈로 크게 뉴스화되었다. 경기도는 이재명 지사의 이슈 제기와 투자를 바탕으로 경기도 주식회사를 통해 경기도 배달특급을 런칭하고 현재까지 서비스 중이다.

여기에 대해서 논란이 존재할 수밖에 없고 수많은 소상공인, 전통시장 지원정책과 크게 다르지 않을 것이다. 즉, 공공배달앱을 잘 활용하는 소수 소상공인에게는 도움이 되는 측면이 존재할 것이고, 다수는 피부에 와닿지 않을 가능성이 크다. 전략적으로 공공배달앱 특성과 장점을 이용해 나름의 기회를 활용하는 소상공인이 존재할 가능성이 있는 반면, 이들은 소수일 것으로 보인다.

반면 다수 소상공인들은 주문 빈도도 많지 않은데 관리가 번거롭고, 어차피 배달 라이더 비용은 다르지 않은데 배달 주문 수수료가 조금 싸다는 게 도움이 되지 않는다는 생각일 것이다.

사실 공공배달앱 출발의 가장 큰 문제는 공급자인 소상공인 지원으로 출발한 점이다. 치열한 민간 경쟁시장에서 공급자의 이익을 위해 공공이 세금으로 플랫폼을 만들고 지속적인 운영비용을 부담한다는 것에 논란이 존재할 수밖에 없다. 즉, 공공배달앱이 소비자에게 제공되는 편익은 거의 없다고 볼 수 있다. 오히려 포인트, 쿠폰 등을 고려한다면 민간플랫폼이 선택받을 가능성이 크다. 다만, 세금지원으로 할인 구입이 가능한 지역모바일상품권, 지역화폐 등을 사용할 수 있게 되면서 모바일에서도 사용할 수 있게 된 측면이 편익이라면 편익일 수 있는 것이다.[6]

문제 4

공공배달앱을 지자체에서 만드는 것에 대해 홀수 번호표를 뽑은 수험생은 찬성 입장에서, 짝수 번호표를 뽑은 수험생은 반대 입장에서 토론하시오.

---

5 이민우, "로봇 서비스시장 본격화, 1년 앞으로...", IT조선, 2022.1.17.
6 김용한의 전략 인사이트, "지자체 공공배달앱 논란", 2022.4.26.

다음 제시문을 읽고 토론하시오.

[제시문 1]

B은행은 최근 AI와 빅데이터를 기반으로 한 핀테크 알고리즘을 통해 고객 자금 대출 프로세스를 확충했다. 하지만 소비자 입장에서 대출 거절률을 확인해보니 남성보다는 여성이, 화이트컬러보다는 블루컬러에 종사하는 사람이 압도적으로 높게 나타난 사안으로 보아 AI 알고리즘에 대한 공개의 요구가 높다. 이에 금융 비리에 대한 감시를 주된 업무로 하는 C시민단체는 B은행을 상대로 대출 AI알고리즘에 관한 공개를 촉구하고 있다. 그러나 B은행은 여러 가지 이유로 그 공개를 거절하고 있다.

문제 1

홀수 번호는 B은행 입장에서, 짝수 번호는 C시민단체의 입장에서 상대의 의견을 반론하고 본인의 견해를 논증하시오.

[제시문 2]

(1) 한 기관사에 대한 내용이다. 선로에 5명의 인부가 작업을 하고 있고, 다른 선로에 1명의 인부가 작업하고 있다. 그런데 브레이크가 고장이 난 상황에서 선로를 결정할 수 있다면, 기관사는 레버를 당겨서 5명을 살리고 1명을 희생시킬 것인가?

(2) 일본의 태평양 전쟁 당시 카미카제 대원으로 선발된 대원의 자기성찰 내용이다. 그 대원은 전투기 한 대로 적의 전함을 침몰시키는 영광스러운 임무를 받았으나, 동료들은 단 한 명도 돌아오지 못하고 있다는 것이다. 본인은 전쟁에서 죽는 것이 두렵고, 내일 출격도 두렵다. 과연 그는 국가를 위해 생명을 내던져야 하는 것인가?

(3) 간디와 그 아들의 갈등에 대한 내용이다. 간디의 아들은 가족보다 국가를 우선시하는 아버지에게 많은 서운함을 드러냈다.

문제 2

홀수 번호는 공공의 이익을 위해 개인의 희생을 감수해야 한다는 입장으로, 짝수 번호는 개인의 삶과 행복을 중시해야 한다는 입장으로 의견을 밝히세요.

[제시문 3]

A회사의 간부인 김모 씨는 해외 출장을 가면서 신용카드 지갑을 챙기지 못해서 현금만 들고 갔다. 그런데 도착한 후에 레스토랑에 가서 저녁을 먹은 후 현금으로 계산을 하려고 하자 신용카드로만 결제가 가능하다는 말을 듣고 당황했다.

현재 세계적으로 캐쉬리스 정책으로 현금 사용을 중단하고 신용카드나 모바일 결제 등으로 결제하자는 정책이 펼쳐지고 있다. 그러나 신용카드만 사용하게 된다면 사회적 약자는 신용카드 발급이 어려워서 일상생활에 어려움이 있을 것이고, 영세상인은 카드 수수료에 대한 부담을 떠안게 되며, 카드사용 정보를 악용할 경우 빅데이터를 이용한 대기업의 국민 감시 등의 문제가 발생할 수 있어서 시민단체 측에서 반대할 것이다.

문제 3

짝수 번호는 현금 중심사회, 홀수 번호는 신용카드 중심사회의 입장에서 본인의 견해를 논증하고, 상대의 의견을 반론하시오.

[가군 오전 면접] 다음 제시문을 읽고 문제에 답하시오.

[제시문 1]
병자호란 당시 남한산성에 갇힌 인조에게 주전파인 김상헌은 명에 대한 명분과 의리를 지켜 청나라와 끝까지 싸워야 한다고 주장하였고, 주화파인 최명길은 실리를 위해 청나라에 항복할 것을 주장하였다.

[제시문 2]
대북 제재에 있어 한미공조 과정 중 한국과 미국 간 견해에 있어 차이를 보이는 것을 서술함과 동시에 트럼프가 한국이 어떠한 행위를 하기 위해서는 미국의 '승인'이 있어야 한다는 발언을 하였다.

[제시문 3]
한중 FTA 이후 우리나라와 중국의 교역폭은 크게 증가하고 있는 반면, 한미 FTA 이후 한국과 미국 간 교역폭이 감소세로 돌아섰다는 데이터를 제시하였다.

문제

명분론과 실리론 중 한 가지의 입장에 따라 의견을 개진하시오.

[가군 오후 면접] 다음 제시문을 읽고 문제에 답하시오.

[제시문]
채용비리 문제는 지속적으로 사회문제가 되어 왔으며, 우리 사회가 추구하는 공정의 가치에 반하는 것으로 비난의 대상이 되어왔다. 채용비리에 대한 대책으로 공공기관과 공기업을 중심으로 블라인드 채용을 실시하고 있고, 사기업에서도 이를 채택하는 비율이 증가하고 있는 추세다. 이러한 블라인드 채용에 대해 찬성의 입장에서는 공정하고 객관적인 채용이라는 점을 주장하나, 반대의 입장에서는 모든 정보를 보는 것이 객관적이라고 주장하고 있다.

문제

블라인드 채용에 대해 찬성과 반대 입장에서 자신의 견해를 밝히시오.

[나군 오전 면접] 다음 제시문을 읽고 문제에 답하시오.

[제시문]
정부에서는 아동수당법을 개정하여 모든 만 6세 이하 자녀를 둔 가족에게 일률적으로 수당을 지급하려고 한다. 그러나 이를 위해서는 효율성 문제와 재정적 문제 등을 해결해야 한다.

문제

보편적 아동수당 지급에 찬성하는지 아니면 선택적 아동수당 지급에 찬성하는지 본인의 의견을 제시하시오.

[나군 오전 면접] 특별전형

[제시문]
대한민국 형법은 낙태죄를 규정하고 있다. 그리고 모자보건법 제14조에서는 우생학적, 윤리적, 범죄적, 보건의학적 사유에 따른 임신중절 수술을 허용하고 있으나, 이러한 허용 사유에는 사회·경제적 사유를 포함하지 않는 등 그 범위가 좁다. 낙태 허용 사유로는 임신의 지속이 산모의 건강에 심각한 위협이 되는 경우, 본인이나 배우자에게 전염성 질환이 있는 경우, 강간에 의해 임신된 경우, 법률상 혼인할 수 없는 혈족 또는 인척 간에 임신된 경우 등이 있다.

문제

낙태죄 존치 여부에 대한 자신의 입장을 밝히시오.

원광대학교

2023학년도 입시결과

(1) 1단계 합격자 정량평가 요소별 점수

가. GPA

구분 모집군	25%	50%	75%	1단계 합격자 전체 평균
가군(일반)	19.8885	19.7282	19.3925	19.6882
나군(일반)	19.8650	19.6957	19.3989	19.6654
나군(특별)	19.8408	19.7227	19.4596	19.6926

나. 어학성적

구분 모집군	25%	50%	75%	1단계 합격자 전체 평균
가군(일반)	20.0000	19.9180	19.4296	19.8297
나군(일반)	20.0000	19.9518	19.4542	19.8250
나군(특별)	19.9500	19.5521	19.1083	19.5570

다. 리트성적

구분 모집군	25%	50%	75%	1단계 합격자 전체 평균
가군(일반)	37.6722	36.6360	35.2370	36.6583
나군(일반)	37.7438	36.6184	35.2831	36.6181
나군(특별)	37.1163	36.0857	35.5976	35.9754

라. 1단계 정량 총점

구분 모집군	25%	50%	75%	1단계 합격자 전체 평균
가군(일반)	77.1739	76.3391	74.8216	76.1763
나군(일반)	77.1639	76.2640	74.7081	76.1085
나군(특별)	76.2891	75.2379	73.9580	75.2250

※ 25%: 1단계 합격자 전체 인원 중 상위 25%의 성적의 평균
※ 50%: 1단계 합격자 전체 인원 중 상위 25%의 성적을 제외한 26~74%에 해당하는 성적의 평균
※ 75%(하위 25%): 상위 25%, 상위 50%의 성적을 제외한 1단계 합격자 중 나머지 성적의 평균
※ 학부성적 산출방법: (평점 /4.5×2)+18(기본점수) 전적대학 성적이 4.5만점으로 기재되어 있지 않을 경우, 본교기준에 따라 환산함
※ 영어성적 산출방법: [(취득점수−750)÷(950−750)]+19 상한기준점수 이상 취득 시 상한기준점수를 취득점수로 인정함
※ 법학적성시험 산출방법: [{(언어이해 취득점수+추리논증 취득점수)/2}+72]×2/7(표준점수만 반영)

(2) 출신학과(전공) 현황

출신학과(부)	인원(명)	출신학과(부)	인원(명)
건축공학과	1	사회정의리더쉽	1
경영학과	2	사회학과	1
경제학부	1	신문방송학과	1
경찰행정학과	1	영어영문학과	2
공공인재학부	2	융합전자공학부	1
교육공학과	1	일어일문학과	1
교육학과	2	통계학과	1
국사학과	1	정책학과	3
글로벌리더학부	1	정치외교학과	11
글로벌바이오메디컬공학과	1	지구시스템과학과	1
독어독문학과	1	지리교육과	1
동양사학과	1	지속개발협력학과	1
미디어학부	1	철학과	2
법학	9	한문학	1
보건환경융합과학부	1	한약학과	1
불어불문학과	2	행정학과	6
사회복지학과	1	총합계	64

(3) 성별 현황

구분	인원(명)
남자	32
여자	32
합계	64

2022학년도 입시결과

(1) 1단계 합격자 정량평가 요소별 점수

가. GPA

구분 모집군	25%	50%	75%	1단계 합격자 전체 평균
가군(일반)	19.8766	19.7004	19.3914	19.6668
나군(일반)	19.8868	19.7111	19.3982	19.6760
나군(특별)	19.8715	19.7143	19.5424	19.7102

나. 어학성적

구분 모집군	25%	50%	75%	1단계 합격자 전체 평균
가군(일반)	20.0000	19.8805	19.4001	19.7892
나군(일반)	20.0000	19.9307	19.4569	19.8272
나군(특별)	20.0000	19.8159	19.2643	19.7130

다. 리트성적

구분 모집군	25%	50%	75%	1단계 합격자 전체 평균
가군(일반)	37.0654	35.5967	34.1263	35.5963
나군(일반)	37.0741	35.5087	34.1527	35.5623
나군(특별)	36.3184	35.3299	33.9367	35.2166

라. 1단계 정량 총점

구분 모집군	25%	50%	75%	1단계 합격자 전체 평균
가군(일반)	76.5858	75.2745	73.6344	75.0525
나군(일반)	76.1155	74.8757	73.4278	75.0654
나군(특별)	76.4281	74.9091	73.7901	74.6398

※ 25%: 1단계 합격자 전체 인원 중 상위 25%의 성적의 평균
※ 50%: 1단계 합격자 전체 인원 중 상위 25%의 성적을 제외한 26~74%에 해당하는 성적의 평균
※ 75%(하위 25%): 상위 25%, 상위 50%의 성적을 제외한 1단계 합격자 중 나머지 성적의 평균
※ 학부성적 산출방법: (평점/4.5×2)+18(기본점수) 전적대학 성적이 4.5만점으로 기재되어 있지 않을 경우, 본교기준에 따라 환산함
※ 영어성적 산출방법: [(취득점수－750)÷(950－750)]+19 상한기준점수 이상 취득 시 상한기준점수를 취득점수로 인정함
※ 법학적성시험 산출방법: [{(언어이해 취득점수＋추리논증 취득점수)/2}＋72]×2/7(표준점수만 반영)

(2) 출신학과(전공) 현황

출신학과(부)	인원(명)	출신학과(부)	인원(명)
경영학과	8	식품공학부	1
경제학과	5	신소재공학부	1
계량위험관리학과	2	심리학과	1
공공인재학부	3	영미어문학과	2
교육학과	1	영어교육과	1
국어국문학과	1	영어영문학과	1
글로벌경영학	1	정책학과	2
기계항공공학부	1	정치외교학과	1
도시공학과	1	중어중문학과	1
독어교육과	1	지리교육과	1
법학과(부)	12	한문학과	1
보건정책관리학부	1	한약학과	3
불어불문학과	1	행정학과	5
사학과	1	환경생태공학부	2
사회복지학과	1	총계	63

(3) 성별 현황

구분	인원(명)
남자	42
여자	21
합계	63

면접 진행방식

면접유형	개별면접(3:1)		
준비시간	8분	면접시간	8분 30초
답안작성	메모지 제공하며, 휴대 가능함		
문제 수 및 지문분량	1문제, A4 1/2장 분량		
인성질문 유무	○		
면접특징	• 오전 8시와 오후 1시 조로 나뉨 • 대기시간은 최대 2~3시간 정도이며, 개인 자료 열람 가능함 • 대기실에서는 가수험번호에 해당하는 자리에 앉으면 됨 • 각 조의 같은 순번이 함께 대기실에서 서명한 후 문제풀이실로 이동함 • 책상 위에 메모지, 파일 안의 문제지, 볼펜이 놓여 있음 • 8분 후에 종료하며, 메모지는 소지 가능함 • 문제풀이시간 종료 후 각자의 면접실에 입실 • 답변 시작 시 면접관이 5분 동안 발표하라고 안내하며, 나머지 3분 30초는 추가질문 및 인성질문 시간임 • 종료 30초 전과 종료 시 타종함		

2023 학년도 기출문제

[가군 면접] 다음 제시문을 읽고 문제에 답하시오.

> [제시문]
> 2022년 10월 29일 이태원 참사가 발생했으며, 사상자는 151명이다.

문제

위 뉴스 기사가 내포하는 함의와 우리 사회에 남긴 과제를 다음 제시어를 모두 포함하여 답변하시오.

> 안전관리체계, 국가의 기능, 법적·제도적 개선, 시민의식

추가질문

• 시민의식을 개선할 수 있는 방법은?

• 경찰 보고체계와 시민의식 개선에 대해 답변한 내용 말고 다른 부분은 없는가?

• 법률이나 규정으로 대책을 마련해야 한다면 어떤 법으로 규정해야 하는가?

• 본인의 장점이 로스쿨 생활에 어떻게 도움이 될지?
• 로스쿨 진학 계기는?

[나군 면접] 다음 제시문을 읽고 문제에 답하시오.

> [제시문]
> ESG경영이 전세계적으로 중시되고 있지만 다음의 문제점이 발생했다.
> 1) A기업은 자사의 제품을 친환경 원료로 만들었다고 홍보했다. 많은 소비자들은 이에 이끌려 그 제품을 구매했다. 하지만 해당 원료는 사실 환경파괴의 주범이었다. 기업의 허위광고 행위에 대해 국가가 과징금을 부과했다.
> 2) B기업은 친환경연료가 아님에도 친환경연료라고 허위광고를 했다.

문제

해당 문제에 대한 국가, 기업 등 여러 입장의 영향과 관련된 대응방안을 제시하시오.

추가질문

• ESG경영에서 기업의 사회적 책임이 강조되는 이유는?
• 소비자의 입장에서 또 다른 해결방안이 있을까요?
• 국가의 입장에서 또 다른 해결방안이 있을까요?
• ESG경영이 왜 중요해졌다고 생각하는가?
• ESG경영이 국가와 소비자 중에서 어떤 집단으로부터 시작했다고 생각하는가?
• 그린워싱이 뭔지 아는가?

인성질문

• 법조인이 되고자 하는 이유는?
• 본인을 왜 뽑아야 하는가?
• 법과 관련해서 일해본 경험이 있는가?
• 대학생인지 직장인인지?
• 법조인이 되겠다고 결심한 계기는?
• 법학을 공부해봤는가?
• 가장 자신있는 법과목은?
• 성취경험은 무엇이 있는가?
• 본인이 로스쿨에서의 공부를 잘 따라갈 수 있다는 점을 어필하라.

2022 학년도 기출문제

[가군 면접] 다음 제시문을 읽고 문제에 답하시오.

> [제시문]
> 현재 국가는 접종률을 높이기 위해 백신을 의무화하려고 하고, 백신을 맞지 않겠다는 측은 자신의 신체에 대한 자기결정권을 주장하며 개인의 자유를 국가가 강제할 수 없다며 접종을 거부하는 시민의 대립이 지속되고 있는 상황이다.

백신 접종을 거부할 수 있다는 견해와 백신 접종을 의무화해야 한다는 견해 중 지원자의 입장을 표명하시오.

[나군 면접] 다음 제시문을 읽고 문제에 답하시오.

[제시문]
아이아스는 그리스 신화에서 항상 최고의 영웅 아킬레우스에 이은 2인자로 묘사된다. 아킬레우스가 힘도 세고 달리기도 빠르고 머리도 좋은 만능의 천재라면, 아이아스는 엄청난 거구 때문에 조금 둔하고 미련해 보이지만 누구보다도 힘이 세고 잘 싸우는 걸출한 용사다. 그런데 1인자 아킬레우스가 죽은 다음, 아킬레우스가 남긴 한 벌의 갑옷을 두고 아이아스와 오디세우스가 경합을 하게 된다. 관례에 따르면 죽은 용사의 갑옷은 시신을 적의 손아귀에서 지켜낸 공로가 가장 큰 용사에게 돌아가는 것이므로 아이아스는 자신의 차지가 될 것으로 기대했는데, 총사령관 아가멤논은 갑옷의 주인으로 오디세우스를 선택했다. 아이아스는 경험이 많고 병사들과의 우애가 좋아 그를 따르는 사람들이 많았고, 오디세우스는 나이가 어리지만 '트로이목마' 전략을 성공시킨 장본인으로 언변과 지략에 능한 사람이었다. 아가멤논은 고심 끝에 오디세우스를 선택했고, 분을 삭이지 못한 아이아스는 한밤중에 그리스군 장수들을 모두 죽이려고 했지만, 이를 눈치챈 아테네 여신이 광기를 불어넣는 바람에 아이아스는 양떼를 오디세우스나 아가멤논 등으로 착각하고 도륙한다. 아침에 깨어나 제정신이 든 아이아스는 자신의 행동을 부끄럽게 여겨 자결하고 만다. 아이아스의 죽음에 그를 따르던 수많은 병사들도 의욕을 상실하여 집으로 돌아갔으며, 아가멤논은 자신의 선택이 불러온 결과로 실의에 빠졌다.

지원자는 조직 내에서 실적이 좋은 사람(A)과 덕망이 높은 사람(B) 중 어떤 사람을 승진시켜야 한다고 생각하는가?

2021 학년도 기출문제

[가군 면접] 다음 제시문을 읽고 문제에 답하시오.

[제시문]
2018년 평창 동계올림픽 스키 활강경기장으로 활용된 강원도 정선군 기라왕산 일대의 복원을 두고 산림청과 강원도, 정선군 사이에 대립이 격화되고 있다. 가리왕산은 환경부가 지정한 녹지자연도 9등급의 생태를 보존해 오던 곳인데, 2014년 평창 동계올림픽 스키 활강장으로 지정되면서 벌목공사가 시작되었다. 산림청에 따르면 활강경기장은 2012년 대상지 선정 단계부터 많은 사회적 논란이 있어서 학계, 스키 관계자, 환경단체 등 10명으로 구성된 자문위원회 검토를 거쳐 국제규격에 적합한 유일한 대상지로 가리왕산 지역을 선정했다. 특별법인 '평창올림픽법'에 따라 예외적으로 산림유전자원 보호구역 해제, 산지 전용 협의, 국유림 사용 허가 등 일련의 행정절차를 거쳐 활강경기장 시설지로 활용됐으며, 당시 강원도도 올림픽 이후에는 원래의 산림으로 복원을 약속했다. 따라서 산림청은 관련법에 따라 산림으로 복원하는 법적 의무사항을 준수하라고 요구하고 있으나 강원도와 지역 주민은 존치를 주장하고 있다. 최소한 곤돌라와 운영 도로만이라도 남겨서 후배들에게 물려줌으로써 지역의 부가가치를 높이고 싶다는 것이다.

평창 동계올림픽으로 개발된 지역을 올림픽 종료 후 원상 복구하기로 한 행정명령을 번복하는 것에 대한 자신의 견해와 그 근거를 제시하시오.

[나군 면접] 다음 제시문을 읽고 문제에 답하시오.

> [제시문]
> 개발도상국에 지속적인 국제적 원조가 이어짐에도 경제 성장률이 저조하다는 내용

문제

개발도상국에 대해 지속적으로 국제적 원조가 이어짐에도 불구하고 경제 성장률이 저조한 원인을 설명하고, 그에 대한 해결방안을 제시하시오.

인성질문

• 로스쿨에 지원한 동기는?
• 법학 공부를 해본 적이 있는지?
• 현재 일하고 있는지?
• 판사나 검사 등 지원하고 싶은 직역이 있는지?
• 자신이 로스쿨에 들어왔을 때 법학 공부를 잘 할 수 있는 근거는?
• 어떤 법조인이 되고 싶은지?

2020 학년도 기출문제

[가군 면접] 다음 제시문을 읽고 문제에 답하시오.

> [제시문]
> 최근 SNS와 유튜브 등의 인터넷 기술의 발달로 인해 가짜뉴스와 악성 댓글 등의 인터넷의 역기능이 발생하고 있다. 유명 연예인들이 악성 댓글로 인해 자살을 하고, 가짜뉴스로 인해 사회 혼란, 사회 통합의 저해, 사회불안의 확산, 소통의 어려움 등의 문제가 제기되면서 공동체가 피해를 입고 있으며 와해될 위기에 놓여 있다.

문제

인터넷의 역기능의 원인과 그에 대한 해결방안을 제시하시오.

[나군 면접] 다음 제시문을 읽고 문제에 답하시오.

> [제시문]
> 최근 우리나라에서는 사회적 약자에 대한 반감과 배제에 대한 문제점이 드러나고 있다. 제주도에서는 예멘 난민 신청을 거부하였고, 외국인 노동자의 경우 임금과 근로시간 등에서 차별을 당하는 상황이다.

문제

이런 사회적 차별의 상황을 분석하고 해결방안에 대해 논하시오.

인성질문

• 법학 공부를 해본 적 있나요?
• 법조인이 왜 되고 싶은가?
• 로스쿨은 공부의 양이 방대한데, 들어와서 잘 할 수 있다는 증거를 자신의 공부 경험으로 이야기해 보세요.

[가군 오전 면접] 다음 제시문을 읽고 문제에 답하시오.

[제시문]
우리나라는 19세기 말까지는 높은 출산율에도 불구하고 높은 사망률로 인하여 다산을 장려하는 분위기였지만, 20세기에 들어 보건의료기술 발달에 따라 사망률이 감소하고 60년대부터 시작된 강력한 인구억제정책으로 저출산 현상이 지속되자 1996년에는 인구억제정책을 폐지하게 되었다. 1980년부터 2015년까지 출산율이 1인당 2.9명에서 1.2명으로 줄어들었으며, 2001년 합계출산율 1.3명으로 초저출산 이하로 떨어지자 정부에서는 출산장려정책으로 전환하게 되었다. 이러한 정책에는 보육비나 육아비 지원, 다자녀 가정지원, 주택사업 등이 있었으나 투자 대비 큰 효과가 없다는 비판을 받았다.
반면, 프랑스에서는 동거법(시민연대협약)을 실시하여 가족의 권리를 부여하여 결속과 해체에 유연성을 부여하였고, 스웨덴은 남성 육아휴직 제도를 실행하여 출산율이 소폭 상승하는 등의 효과를 거두고 있다.

문제

우리나라 출산율 하락의 원인과 해결책에 대하여 말하라.

[가군 오후 면접] 다음 제시문을 읽고 문제에 답하시오.

[제시문]
대한민국은 현재 전체 인구의 50% 가량이 수도권에 집중해 거주하고 있다. 대도시로의 인구 이동 현상이 뚜렷한 상황에서 상대적으로 농어촌의 인구 감소는 교육에도 영향을 미치고 있다. 따라서 교육부는 교육재정 운영의 효율성을 높이기 위해 학생 수가 적어 시설 운영이 어렵고 다양한 교육 프로그램을 제공하지 못하는 학교들을 위한 '소규모 농어촌 학교 통폐합' 정책을 추진했다. 이에 대해 전라북도 교육청은 소규모 학교를 통폐합하면 학부모나 학생들이 좋은 교육을 받을 수 있는 대도시로 이전하게 되어 지역격차가 더 커질 수 있고 장거리 통학을 해야 하는 아이들이 있다고 판단하여, 누구나 가고 싶은 '어울림 학교' 정책을 펼치고 있다. 어울림 학교란 100명 이하의 소규모 학교로 민주적 자치공동체와 전문적 학습공동체를 구축하여 학생들의 인성, 지성, 사회성을 길러주고, 교육과정의 창조적 재구성을 통하여 도·농 간 교육격차를 완화하여 다시 농어촌으로 돌아오도록 하는 학교를 말한다. 이 학교에는 공동통학구형(70교), 작은 학교 협력형(6교), 초·중등학교 연계형(17교), 그리고 학교-마을 협력형(46교) 등의 유형이 있으며, 전라북도에서는 다양한 '농어촌학교 살리기' 정책이 시행되고 있다.

문제

교육부의 '소규모 농어촌 학교 통폐합' 정책과 전라북도 교육청의 '농어촌학교 살리기' 정책을 비교 분석하고 해결방안을 제시하시오.

[나군 오전 면접] 다음 제시문을 읽고 문제에 답하시오.

[제시문]
최근 공유경제의 중요성이 부각되면서 이러한 사업의 일환으로 카풀서비스를 도입하겠다고 발표하였다. 그러나 택시업계에서는 이러한 서비스가 자신들의 생계에 큰 타격을 입힐 것이라며 반대하면서 사회적 문제로 대두되고 있다.

문제

카풀서비스가 차후 어떤 영향을 줄 것인지 설명하시오.

[나군 오후 면접] 특별전형

[제시문]
어떤 직장이든지 묵묵히 자신의 일을 해내는 보통형 인재와 뛰어난 능력으로 높은 성과를 내는 엘리트형 인재가 있다.
그러나 엘리트형 인재에게 큰 보상이 이루어지는 회사 구조로 인해서 보통형 인재의 상대적 박탈감과 좌절감이 커지
고 있다.

문제

보통형 인재의 좌절감이 조직에 미치는 영향은?

이화여자대학교

(1) 신입생 정량

나 군		학부성적(40점)	공인영어성적(20점)	법학적성시험성적(70점)
일반 전형	상위 25%	38.88	20	62.47
	상위 50%	37.95	20	61.00
	상위 75%	36.84	20	60.86
	평균	37.70	19.76	61.76
특별 전형	상위 25%	39.11	20	60.93
	상위 50%	38.14	20	57.99
	상위 75%	37.95	19	57.99
	평균	37.91	19.30	58.71

※ 학부성적, 공인영어성적, 법학적성시험성적은 본교 환산점수임
※ '정량평가 요소별 평균'은 최종합격자의 전형요소별 환산점수의 평균임

(2) 출신학교

대학명	인원(명)	대학명	인원(명)
고려대학교(서울)	33	연세대학교(서울)	27
국가평생교육진흥원	1	이화여자대학교	20
서울대학교	26	한양대학교(서울)	2
서울시립대학교	1	총 계	110

(3) 출신학부(전공) 현황

구분	출신학부(전공)	인원(명)
공학계열	건축사회환경공학	1
	기후에너지시스템공학	1
	컴퓨터학	1
	화학공학	1
	환경공학	1
사범계열	교육학	4
	불어교육	1
	역사교육	1
	초등교육	2
사회계역	사회복지학	2
	사회학	4
	소비자학	1
	아동가족학	1

사회계열	언론홍보영상학	2
	외교학	1
	정치외교학	7
	정치학	1
	행정학	6
상경계열	경영학	21
	경제학	10
신학계열	기독교학	1
인문계열	국어국문학	5
	노어노문학	1
	독어독문학	1
	미학	1
	불어불문학	4
	서어서문학	4
	심리학	1
	아시아언어문명학	1
	언어학	1
	영어영문학	9
	중어중문학	5
	철학	1
자연계열	의류환경	1
	뇌인지과학	1
	화학나노과학	1
	생명과학	1
기타	국제학	1
	기타	1
계		110

(4) 연령 현황

연 령	인원(명)
21세	1
22세	4
23세	29
24세	30
25세	22
26세	14
27세	7
28세	2
30세	1
계	110

(1) 신입생 정량

나 군		학부성적(40점)	공인영어성적(20점)	법학적성시험성적(70점)
일반 전형	상위 25%	38.42	20	62.05
	상위 50%	37.40	20	60.51
	상위 75%	36.37	19	59.11
	평균	37.18	19.38	60.31
특별 전형	상위 25%	39.16	20	57.71
	상위 50%	38.04	19	56.31
	상위 75%	37.33	19	56.24
	평균	37.78	18.89	56.12

※ 학부성적, 공인영어성적, 법학적성시험성적은 본교 환산점수임
※ '정량평가 요소별 평균'은 최종합격자의 전형요소별 환산점수의 평균임

(2) 출신학교

대학명	인원(명)	대학명	인원(명)
경찰대학	1	연세대학교(서울)	19
고려대학교(서울)	37	이화여자대학교	23
서강대학교	4	한국외국어대학교(서울)	1
서울대학교	19	한양대학교(서울)	2
서울시립대학교	2	해외대학	1
숙명여자대학교	1	계	110

(3) 출신학부(전공) 현황

구분	출신학부(전공)	인원(명)
공학계열	건축도시시스템공학	1
	정보시스템학	1
법학계열	법학	2
사범계열	교육학	2
	국어교육과	1
	불어교육학	1
	사회과교육과	1
	영어교육과	4
	지리교육과	1
	초등교육과	1
사회계열	Language & Diplomacy	1
	국제학	1
	보건정책관리학	2
	사회복지학	5
	사회학	7

사회계열		소비자아동학	1
		소비자학	1
		신문방송학	2
		심리학	2
		언론정보학	1
		정책학	1
		정치외교학	10
		커뮤니케이션미디어	1
		행정학	5
상경계열		경영학	10
		경제학	7
		국제사무학	1
신학계열		기독교학	1
인문계열		Applied Linguistics	1
		고고미술사학	1
		국사학	2
		국어국문학	1
		노어노문학	1
		독어독문학	3
		불어불문학	2
		사학	3
		서양사학	1
		서어서문학	1
		아시아언어문명학	1
		아시아학	1
		언어학	1
		영어영문학	7
		유럽문화(독일어심화)	1
		일어일문학	1
		중어중문학	2
		철학	2
		한문학	1
자연계열		뇌 인지과학	2
		통계학	1
계			110

(4) 연령 현황

연 령	인원(명)
22세	3
23세	23
24세	24
25세	23
26세	16
27세	10
28세	2
29세	4
30세	3
31세	1
32세	1
계	110

면접 진행방식

면접유형	개별면접(3:1)		
준비시간	9분 30초	면접시간	10분
답안작성	메모지 제공하며, 휴대 가능함		
문제 수 및 지문분량	1주제 3문제, A4 2/3장 분량		
인성질문 유무	○		
면접특징	• 대기시간은 최대 2시간 정도이며, 개인 자료 열람 가능함 • 화장실은 자유롭게 이용 가능함 • 문제풀이실에 시계 없으므로, 개인이 시계 지참하는 것이 좋음 • 문제풀이 시 제공된 샤프만 사용 가능하며, 문제지는 케이스에 끼워져 있어서 표기가 불가능함 • 지성면접 위주로 진행됨. 경우에 따라서 인성질문이 없는 경우도 있으며, 지성질문과 인성질문 후 시간이 남으면 마지막으로 하고 싶은 말을 하라고 하는 경우도 있음 • 추가질문을 하는 면접관도 있고, 추가질문 없이 발표만 듣는 면접관도 있음 • 면접고사장 책상 위에 케이스에 끼워져 있는 문제지가 있어서 문제지와 메모지를 모두 보면서 답변하는 것이 가능함		

구치소 내 과밀 수용의 해결책으로 민영교도소를 확대하자는 의견이 있으나, 민영교도소의 설치에 반대하는 이들도 있다.

[제시문 A]
국영교도소의 과밀 수용 문제는 인간 존엄성에 어긋나며 수용자들의 인권보호에 문제가 생긴다. 그러나 추가적으로 국영교도소 건립엔 행정적인 이유로 시간이 오래 걸리기에 민영교도소를 통해 맡기는 것이 효율적이다. 또한 민영교도소는 획기적인 프로그램 운영으로 출소자 재범률이 낮다는 것을 보면 교화의 목적 달성에도 효과적이다.

[제시문 B]
국가형벌권의 행사는 민간기관으로 이전될 수 있는 성질의 것이 아니며, 민간에게 위탁할 수 없는 국가의 의무이다. 민영교도소의 재범률이 낮다는 통계는 재소자들을 선별적으로 수용하였기에 나타난 결과이다. 민영교도소 간의 여건에 따라 어느 교도소로 이감될지 선별적으로 수용하는 과정에서 비리가 발생할 수 있다. 또한 이윤 추구 목적의 민영교도소를 도입할 경우 수감자에 대한 인권 유린 등 악용 사례가 많을 수 있다. 그리고 민영교도소가 확대되면 과거 형제복지원 사건과 같은 인권 침해의 사례가 재발되지 않으리라는 보장이 없다.

문제

1. 제시문 A와 B의 공통점과 차이점에 대해 말하시오.
2. 제시문 A와 B의 견해 중 본인은 어느 쪽에 찬성하는지와 그 이유를 설명하시오.
3. 2문에서 선택한 본인 견해에 대해 제기되는 비판에 대한 대안을 제시하시오.

인성질문

- 최근 전장연의 장애인 이동권 보장을 위한 출근길 지하철 시위에 대해 어떻게 생각하는가?
- 지금까지 많은 경쟁 상황을 겪어봤을 텐데 경쟁자를 어떤 시각으로 바라보았나요?
- 변호사들이 다양한 분야로 진출할 필요성이 제기되는데 구체적으로 어떤 분야가 있겠는가?
- 자존심 상할 때 대처방안은?

다음 제시문을 읽고 문제에 답하시오.

[제시문 A]
인공지능을 탑재한 차세대 기술인 지능형 로봇은 인간이 접근할 수 없었던 공간에서 일할 수 있다. 인공지능과 로봇 기술이 결합하여 이전에는 인간이 갈 수 없었던 환경, 즉 화산이나 우주 등의 환경에서도 작업이 가능해진 것이다.

[제시문 B]
인공지능(AI)이 발달하면서 운전자가 주행할 때 직접 조작하지 않아도 스스로 주행이 가능한 자율주행자동차가 나타났다. 자율주행자동차의 인식능력은 인간의 사물 인지능력보다 더 뛰어나다. 이미 여러 연구에서 자율주행자동차가 인간이 운전하는 자동차보다 더 안전하다는 결과가 나왔다.

[제시문 C]
자율살상무기는 일반적인 전쟁 상황에서는 전투할 수 없었던 곳에서도 사용이 가능하고, 전투 인력을 불필요하게 희생시키는 것을 방지하는 효과가 있을 것이다. 또한 대량 살상으로 이어질 가능성이 높은 상황에서는 무기의 자체적인 판단에 따라 공격을 중단하기 때문에 전쟁으로 인한 피해를 최소화할 수 있다는 장점 또한 있다. 인공지능 살상무기는 인간 대신 전투를 치를 수 있고, 경제적이며, 인간보다 냉정한 판단을 할 수 있어서 불필요한 전투나 살상을 줄일 수 있다.

문제

1. 제시문 A, B, C의 공통점과 차이점이 무엇인지 논하시오.
2. 제시문 A, B, C 각각에 대해 반론하시오.
3. 제시문 C와 관련하여 2문에서 본인이 제시한 반론을 해결하는 방안과 그 이유를 말하시오.

2021 학년도 기출문제

지성면접

[제시문]
(A) 코로나19 감염병이 유행하자, 전염병 확산을 효과적으로 방지하기 위해 개인정보를 활용해야 할 필요성이 제기되었다. 그러나 이러한 개인정보에 대한 권리는 개인이 가지고 있음을 인지해야 한다. 그리고 개인의 사생활 보호를 위해 정보를 공개하고 관리하는 데 있어서 엄격한 관리가 필요하다.
(B) 국가는 전염병 확산을 방지하기 위해 방역 과정 중 개인정보를 활용해야 할 필요가 있다. 그러나 이러한 개인정보를 국가가 과도하게 제공할 수 있고, 빅브라더[7]와 같은 문제가 발생할 위험이 있다. 따라서 국가는 개인정보보호위원회 등 공적 기구를 통해 개인정보에 대한 엄격한 집행과 행정을 관리하고 있다.
(C) 빅브라더와 관련된 사례로 국가의 통제와 그에 대한 문제점이 제시되었다.

문제

1. 제시문 A와 B의 공통점과 차이점을 논하라.
2. 제시문 A와 B를 바탕으로, 다음 다섯 가지 사항 중 감염자와 관련해 공개해야 할 정보를 고르고 그 근거를 설명하라.

> (1) 이동동선 및 시간, (2) 이동수단, (3) 성별, (4) 나이, (5) 거주지역

3. 제시문 C의 내용을 참고하여 감염병 관련 개인정보 처리 및 관리가 어떤 방식으로 이루어져야 하는지에 대한 지원자의 견해를 말하시오.

인성질문

• 국민이 원하는 법조인의 자질은 무엇이라고 생각하는가?
• 불합리한 차별에 어떻게 대응하는 편인가?
• AI 시대 법조인의 역할이 어떻게 달라질까?
• 친구에게 불만스러운 점이 있을 때 어떻게 대처하는가?
• 인생에서 중요한 가치관은 무엇인가?
• 의뢰인이 거짓말을 할 경우 어떻게 대처할 것인가?

---

7 '빅브라더'는 사회학적 통찰과 풍자로 유명한 영국의 소설가 조지 오웰의 소설 「1984」에서 비롯된 용어이다. 긍정적 의미로는 선의 목적으로 사회를 돌보는 보호적 감시, 부정적 의미로는 음모론에 입각한 권력자들의 사회 통제의 수단을 말한다.

다음 제시문을 읽고 문제에 답하시오.

[제시문 A]
최근 한 병원에서 담당의사 대신 의료기기 영업사원이 수술을 해서 사고가 발생했고, 간호사가 신생아를 수술실에서 떨어뜨려 사망에 이르게 한 사건이 발생하면서 수술실 내에 CCTV를 설치해야 한다는 주장이 제기되었다. 그러나 의사들은 자신들을 잠재적 범죄자로 취급하는 것이고, 수술 집행 시에 심리적 압박감으로 인해 자신의 의술을 충분히 발휘하는 데 문제가 생긴다고 주장하며 CCTV의 설치를 반대하고 있다.

[제시문 B]
어린이집에서의 아동 학대 사고가 빈번하게 일어나자 2015년부터 어린이집에 CCTV 설치를 의무화하였다. 그러나 이에 대해 한 어린이집 교사는 학부모들이 조금만 이상한 장면이 있어도 CCTV를 보여달라고 하고 유포하는 상황 때문에 정신적인 스트레스가 심하고, 근무시간 동안 감시를 당하고 있다는 생각으로 위축되고 극심한 심리적 압박감을 느낀다고 호소하였다.

[제시문 C]
A회사는 작년부터 IC칩을 이용하여 직원들의 출퇴근 시간과 동선을 기록하고 있다. 해당 회사의 한 직원은 매 시간 자신의 일거수일투족을 감시받는 것 같아서 심리적으로 불편하고 몹시 불쾌하다고 호소하였다.

문제

1. 제시문 A, B, C의 논거의 공통점이 무엇인지 논하시오.
2. 제시문 A와 B의 논거의 공통점과 제시문 C의 논거 간의 차이점이 무엇인지 논하시오.
3. 제시문 A, B, C의 의견에 대한 자신의 견해를 찬성·반대, 절충 중 하나를 선택하여 논하시오.

인성질문

• 시민들이 법조인에게 가장 바라는 것이 무엇이며, 그것을 충족하기 위해 법조인에게 필요한 능력은 무엇이라고 생각하는가?
• 우리나라가 선진국으로서 국제사회에서 역할을 하려면 무엇이 필요한가?
• 양성평등 시대에 본교 로스쿨이 필요한가?

다음 제시문을 읽고 문제에 답하시오.

[제시문]
공공기관이 비정규직을 정규직으로 전환하려는 논의가 있다. 그런데 비정규직을 모회사가 직접 고용할지, 아니면 해당 공공기관의 자회사가 직접 고용할지와 관련하여 다음의 두 가지 견해가 있다.
A: 모회사가 비정규직을 고용할 경우, 경영상의 어려움을 초래하고, 업무의 비효율성을 초래할 수 있다. 또한 모회사의 직무와 비정규직 노동자가 수행하는 직무와 연관성이 없는 경우에는 업무의 효율성이 떨어질 수 있다.
B: 자회사가 비정규직을 직접 고용할 경우, 사실상 자회사가 용역회사처럼 운영될 여지가 있다. 또한 노동자의 복지와 지위를 보장하기 위해서는 모회사 아래 직접 전환이 이루어지는 게 맞다.

1. 제시된 A견해와 B견해의 주장 차이는 어디서 비롯되는가?
2. A와 B 중 한 견해를 택하여 다른 견해에 대해 반박해 보시오.
3. A견해와 B견해의 대안을 제시하고, 그 이유를 설명하시오.

인하대학교

2023학년도 입시결과

(1) 신입생 정량

구분		일반전형	특별전형
LEET	상위 25%	125.0	120.2
	상위 50%	127.7	125.7
	상위 75%	125.5	121.4
	평균	121.6	119.3
영어성적 (TOEIC 기준)	상위 25%	964	970
	상위 50%	990	990
	상위 75%	970	975
	평균	955	975
학점	상위 25%	3.94	4.13
	상위 50%	4.19	4.34
	상위 75%	4.02	4.10
	평균	3.67	4.08

(2) 출신학교

대학명	인원(명)	대학명	인원(명)
고려대학교	19	경희대학교	1
연세대학교	8	광운대학교	1
경찰대학	6	국민대학교	1
성균관대학교	6	중앙대학교	1
서울대학교	4	해외대	1
이화여자대학	4	한양대학교	1
인하대학교	2	계	55

(3) 출신학부(전공) 현황

학과명	인원(명)	학과명	인원(명)
정치외교학	6	생명공학	1
경영학	5	신학	1
법학	5	건축사회환경공학	1
국어국문학	3	과학기술법무	1
영어교육	3	국어교육	1
행정학	3	국제통상학	1
사학	2	독어독문학	1

김리학	2	사회복지학	1
경제학	2	서어서문학	1
교육학	2	신소재공학	1
국제학	2	역사교육	1
글로벌리더학	2	영상학	1
영어영문학	2	인류학	1
중어중문학	2	종교학	1

(4) 연령 현황

연령	인원(명)
22세 이하	0
23세~25세	22
26세~28세	16
29세~31세	15
32세~34세	2
35세~40세	0
41세 이상	0
총 계	55

2022학년도 입시결과

(1) 신입생 정량

구분		일반전형	특별전형
LEET	상위 25%	127.6	123.3
	상위 50%	123.4	121.4
	상위 75%	120.9	110.5
	평균	124.2	119.5
영어성적 (TOEIC 기준)	상위 25%	958	970
	상위 50%	975	955
	상위 75%	950	945
	평균	960	958
학점	상위 25%	4.13	3.88
	상위 50%	3.91	3.86
	상위 75%	3.7	3.57
	평균	3.85	3.78

(2) 출신학교

대학명	인원(명)	대학명	인원(명)
고려대학교	14	건국대학교	1
연세대학교	8	경인교육대학교	1
성균관대학교	7	고려사이버대학교	1
이화여자대학교	6	숙명여자대학교	1
서울대학교	5	육군사관학교	1
경찰대학	3	포항공과대학교	1
인하대학교	2	한양대학교	1
해외대	2	계	55

(3) 출신학부(전공) 현황

학과명	인원(명)	학과명	인원(명)
경제학	5	국제학	1
행정학	5	건축사회환경공학	1
법학	4	미디어학	1
중어중문학	3	산업경영공학	1
영어영문학	2	영어교육	1
정치외교학	2	국사학	1
동남아시아언어문명	1	글로벌경영학	1
물리학	1	생명과학	1
불어불문학	1	글로벌리더학	1
사회학과	1	국어국문학	1
언론정보학	1	사학	1
지구환경과학	1	심리학	1
커뮤니케이션미디어학	2	의류환경학	1
한국어문학	1	응용통계학	1
화학교육	1	철학	1
상학	1	독일지역연구학	1
사회학	1	건축도시시스템공학	1
글로벌비즈니스학	1	화학	1
초등교육	1	경제금융학	1
경영학	1		

(4) 연령 현황

연 령	인원(명)
22세 이하	2
23세~25세	18
26세~28세	18
29세~31세	9

32세~34세	3
35세~40세	3
41세 이상	2
총 계	55

면접 진행방식

면접유형	개별면접(3:1)		
준비시간	15분	면접시간	15분
답안작성	메모지 제공하며, 휴대 가능함		
문제 수 및 지문분량	2문제, A4 1/2~1장 분량		
인성질문 유무	○		
면접특징	• 오전 8시와 오후 1시 조로 나뉨 • 대기시간이 최대 3시간 정도이며, 개인 자료 열람 불가능함 • 대기실에서는 가수험번호에 해당하는 자리에 앉으면 됨 • 화장실은 자유롭게 이용 가능함 • 문제풀이실로 입실하면 책상 위에 제공된 메모지와 펜만 사용 가능하고, 스탑워치로 시간 체크함. 5분 단위로 시간 알려주고, 종료 5분 전, 3분 전, 1분 전에 알려줌 • 두 문제 모두 충분히 다룰 수 있도록 시간 분배를 잘해야 함 • 문제에 대한 답변시간은 해마다 차이가 있으나, 보통 6~7분 정도 답변시간이 주어짐 • 준비된 답변이 완료된 후 추가질문이 주어짐(인성질문은 주어질 수도 있고 그렇지 않은 경우도 있음) • 면접 시작 후 15분이 되면 바로 종료 후 퇴실함 • 면접실을 나가면서 문제지와 메모지는 제출해야 함		

2023 학년도 기출문제

[가군 면접] 다음 제시문을 읽고 문제에 답하시오.

[제시문 1]

정부에서는 명절 연휴 기간 동안 고속도로 통행료를 면제해 주고 있다. 명절 고속도로 통행료 면제는 2017년 추석을 시작으로 2020년 설까지 총 6차례에 걸쳐 시행됐으며, 2020년 설 이후엔 코로나19 확산으로 잠정 중단됐다. 지난 추석 통행료 면제를 재개했는데, 추석 통행료 면제액이 600억 원 후반대 정도인 것으로 추산되고 있다. 그런데 민간이 자본을 투자하여 고속도로를 건설, 유지·관리·운영하는 고속도로인 민자고속도로에 대해서는 국토부와 민간사업자 간 협약에 따라 정부가 면제해준 통행료를 100% 보전해 주고 있지만, 한국도로공사의 손해액은 보전해 주지 않고 있다. 한국도로공사는 부채가 많은 공공기관으로 위 정책 시행 직전인 2016년 부채가 28조 원이었고, 현재는 33조 원으로 1년에 1조 원씩 부채가 증가하고 있는 상황이다.

문제 1

명절 연휴 기간 동안의 고속도로 통행료 면제에 대한 찬성 혹은 반대 입장을 3개 이상의 근거를 들어 말해 보시오.

예술가 A는 생전에 불륜을 저질렀고, 그 경험으로부터 영감을 받아 여러 작품을 만들었다. 예술가 B는 반유대주의자였는데, 그의 오페라 작품은 최고 걸작으로 평가받는다. 지휘자 C는 나치를 지지했던 사람이다

문제 2

예술 작품의 교육과 감상에 있어서 예술가의 인성과 작품을 하나로 봐야 한다는 입장과 별개로 봐야 한다는 입장 둘 중 하나를 정하고 그 근거를 제시하시오.

[제시문 3]
교육청에서 지원받는 영재미술교육원에서 교육받고 있는 아이들을 관찰해 보았다. 어떤 아이는 자신이 다른 건 못해도 말꼬리 잡는 것 하나는 잘한다고 하고, 다른 아이는 욕 하나만큼은 자신 있다며 자랑하는 등 애들 인성에 문제가 있으며, 아이들 사이에서 예술가는 인성에 문제가 있어도 괜찮다는 공감대가 형성되어 있었다. 마치 성격이 나쁜 것이 예술가의 소양이라고 생각하는 듯하였다.

문제 3

영재미술교육원에서 인성교육을 실시해야 하는가?

추가질문

- 인성교육은 가정에서 하는 것이 아닌가?
- 미국은 제2차 세계대전 때 원자폭탄을 투하했는데, 우크라이나전쟁에서는 러시아의 핵위협을 비난하고 있다. 이에 대해 어떻게 생각하는가?
- 줄이 길게 늘어서 있을 때 새로운 창구가 열리면서 뒤에 있던 사람부터 먼저 처리해주면 어떻게 대처할 것인가?
- 최근 화재·대형참사가 발생했는데 면접장에 들어오면서 비상구는 확인했는가? 화재 경보가 울리면 어떻게 대처할 건가?
- 기술이 가치중립적이라고 생각하는가? 혹은 선한 기술, 악한 기술이 있다고 생각하는가?
- 반려동물 식용에 대해 어떻게 생각하나?
- 가장 친한 친구는 있는지, 그 친구와 어떻게 친해졌는지, 그 친구와 비교해서 지원자는 어떤 장점과 단점을 가지고 있는지?
- 친구만 탈락하면 어떻게 위로해줄 것인가?

[나군 면접] 다음 제시문을 읽고 문제에 답하시오.

[제시문 1]
(1) 개미 집단을 관찰했더니 개미의 70%는 놀고 30%의 개미만 열심히 일을 한다는 결과가 있었다. 그런데 열심히 일하는 개미의 일부를 제거했더니 놀던 개미들 중 일부가 일하는 개미로 변했다.
(2) 개인이 얼마나 힘을 쓰는지 알아보기 위하여 끈을 당기는 실험을 했다. 그런데 인원 수가 늘수록 총 힘은 증가하지만 인당 힘은 감소하였다.

문제 1

개인이 집단에 있을 때 최선을 다하지 않는 이유를 2가지 근거를 들어 설명해 보시오.

추가질문

- 인센티브를 물질적 보상, 정신적 보상 중 어떤 것으로 주는 것이 좋을까?

[제시문 2]
A: 공정무역 커피라는 게 있어서 그걸 사면 농민들에게 제대로 된 값이 돌아간다고 해. 나는 공정무역 커피를 마실 거야.
B: 그런데 공정무역 커피를 사더라도 실질적으로는 기업에게만 돈이 돌아가고 농민에게 진짜 돈이 가는지 알 수 없다는데?

문제 2

A와 B의 입장 중 누구의 입장에 설 것인지 선택하고 2가지 근거를 들어 설명해 보시오.

추가질문

• 거시적으로 볼 때 구매하는 것이 좋지 않은가?

인성질문

• 도덕적으로 비난받아 마땅한 사람이 손가락질을 받고 있다. 그는 행복할 수 있을까? 그리고 행복해도 될까?
• 초등학교 입학연령 하향에 대해서 어떻게 생각하는가?
• 지하철에서 껌을 파는 사람들에게 껌을 사줘야 하는가?
• 운기칠삼처럼 사회에 운이 작용한다고 믿는가?

2022 학년도 기출문제

다음 제시문을 읽고 문제에 답하시오.

[제시문 1]
테세우스의 배는 그리스 신화에 등장하는 역설로, 대상의 원래 요소가 교체된 후에도 그 대상은 여전히 동일한 대상인지에 대한 사고 실험이다. 그리스 신화의 영웅이며 아테네의 왕이었던 테세우스의 전설에 따르면, 테세우스는 괴물 미노타우로스를 죽인 후 미노스 왕으로부터 아테네의 아이들을 구출하여 델로스로 가는 배를 타고 탈출하였다. 매년 아테네인들은 이 전설을 기리기 위해 델로스로 순례하는 배를 타고 테세우스의 전설을 기념했다. 그런데 고대의 철학자들은 "수 세기가 지나 테세우스의 배의 모든 부분이 교체된다면 그 시점의 배는 원래 배와 여전히 같은 배라고 할 수 있는가?"라는 질문을 던졌다. 이는 "배의 모든 부분이 교체되었더라도 그 배는 여전히 '바로 그 배'인가?"라는 질문으로 요약할 수 있다.
수 세기가 지난 후 17세기 철학자 토머스 홉스는 사고 실험을 확장하여 아테네인들이 교체한 모든 배의 썩은 부분들을 모아 관리인이 두 번째 배를 만드는 상황을 가정하였다. 홉스는 관리인의 배(배 1)와 아테네인들의 배 중 어느 배(배 2)가 원래 '테세우스의 배'와 같은 배인지 질문을 던졌다.

문제 1

1) 100년 동안 수리와 교체를 거쳐 모든 자재와 부속품이 새로 교체되었다. 이 배를 테세우스의 배로 볼 수 있는지 2가지 이상의 근거를 들어 답하시오.
2) 제시문의 배 1과 배 2 중 어떤 것이 테세우스의 배라고 생각하는가? 1문 답변의 근거를 활용하여 답하시오.

[제시문 2]

선택과 집중의 삶과 다양한 분야를 경험하는 삶 중 어떠한 것이 더 좋은 삶인가. 경제이론에서 집중투자와 분산투자를 비교할 때 분산투자를 비판할 수밖에 없다. 여기서 경제는 단순히 이윤추구가 목적이지만, 삶의 목적이 성공이나 성취에만 있는 것도 아니다.

여기 A와 B가 있다. A는 골프선수인 아버지가 생후 7개월부터 골프채를 잡게 하였고, B는 테니스선수인 어머니가 테니스뿐만 아니라 야구, 축구, 핸드볼, 테니스 등 다양한 운동 종목을 접하게 했다. 이후에 A와 B는 골프선수가 되었다. 골프선수 A는 어릴 적부터 오로지 골프에만 매진했고 다른 운동은 일절 해본 적이 없다. 골프선수 B는 어릴 적부터 수영, 탁구, 테니스, 축구, 농구 등 무수히 많은 운동을 했고 그중 골프를 택했다. A와 B 모두 세계적으로 유명한 골프선수가 되었다.

문제 2

제시문에서 A와 B의 방식 중 어떠한 방식이 삶의 바람직한 방향인지 3가지 근거를 들어 말하시오.

[제시문 3]

(1) 정보가 불투명했던 과거와 달리, 디지털 정보의 홍수로 인해 현재는 정보의 투명성이 증대되었다. 최근 국가기관 내부의 의사결정이나 국가기관과 국민 간 관계, 나아가 국가 간 또는 국제적 기업 간 거래 관계에 관한 문헌에서 가장 많이 등장하는 용어 가운데 하나가 바로 투명성이다.

(2) 투명성은 더 많은 민주주의, 더 많은 정보의 자유, 더 높은 효율성을 가져다 줄 것으로 기대되고 있다. 투명성은 신뢰를 낳는다. 이것이 요즘 유행하는 믿음이다. …… 오늘날처럼 정보를 쉽게 구할 수 있게 된 사회에서는 신뢰에서 통제로의 시스템적 전환이 일어난다. 투명사회는 신뢰가 아니라 통제사회다.

(3) 투명성은 신자유주의의 요구다. 투명성은 폭력적인 방식으로 모든 것을 밖으로 표출시킨다. 그리하여 모든 것은 정보로 전환된다. 오늘날처럼 비물질적인 생산 방식이 지배하는 시대에는 정보와 커뮤니케이션의 증가가 곧 생산성의 증대와 가속화를 의미하게 된다. 반면 비밀스러운 것, 낯선 것, 다른 것은 무제한의 커뮤니케이션을 가로막는 장애물일 뿐이다. 그런 것들은 투명성의 이론으로 해체된다.

문제 3

정보의 투명성이 개인과 기업의 권리와 이익을 증진시킨다고 생각하는가, 제한한다고 생각하는가? 하나의 입장을 정하고 정치, 경제, 사회문화, 생활적 측면에서 최소 3개 이상의 근거를 들어 답하시오.

[제시문 4]

2017년 고령사회에 진입한 우리나라는 2025년이면 전체 인구의 20%가 65세 이상 고령자인 초고령 사회에 진입할 것으로 예상된다. 이에 따라 인지능력이 떨어지는 고령 운전자의 교통사고도 꾸준히 증가하게 된다. 2019년 기준 전체 운전면허 소지자 중 고령자 비율은 10.2%이나, 사망사고를 일으킨 비율은 22.9%로 2.2배나 높다. 고령 운전자 사고 예방을 위한 선제 대응이 필요한 시점이다. 이러한 사회적 흐름에 발맞춰 고령 운전자 사고 예방을 위한 개선대책을 발굴할 필요가 있다.

문제 4

1. 고령자 운전면허 문제와 관련하여 고령자 운전면허를 제한하는 제재적 접근방법과 안전한 운전 환경을 만드는 보완적 접근방법 중에 어떤 입장이 바람직한지 2개 이상의 근거를 제시하여 답변하시오.
2. 본인이 정한 입장을 실현하는 제도, 정책을 3가지 이상 제시하시오.

[가군 면접] 다음 제시문을 읽고 문제에 답하시오.

[제시문 1]

교육부가 초중고 학교 원격수업 등에 쓰일 '케이─에듀 통합플랫폼'을 구축하면서 민간 에듀테크 기업들이 공교육에 진출할 수 있도록 문을 열겠다는 방침이다. "학교가 업계의 수익처가 될 수 있다"는 우려와 함께 학생 개인정보·학습 정보의 보호 방안 등 다양한 논란이 뒤따를 전망이다.

교육부는 2022년까지 모든 초중고에서 온라인 학습콘텐츠, 학습관리시스템(LMS), 학습도구 등을 편리하게 사용할 수 있는 통합플랫폼을 구축하고 2023년부터 서비스를 시작하는 방안을 추진하고 있다.

코로나19 상황으로 실시된 원격수업에서 콘텐츠 부족과 저작권 문제, 제한적인 플랫폼 등 다양한 문제가 발생한 바 있다. 통합플랫폼 구축을 통해 이런 문제들을 해결할 뿐 아니라 학교 전반에 디지털교육을 안착시킨다는 것이 정보화 전략계획의 주된 목표다. 이와 함께 두 번째 목표는 "에듀테크 역량을 최대한 교육에 활용하는 과정에서 에듀테크 산업도 활성화될 수 있도록 지원"한다는 것이다. 이는 "기존 에듀테크 정책 접근을 '정부개발·보급'에서 '민간개발·학교 선택'으로 전환"한다는 정보화전략계획의 핵심 방향과 맞닿는다. 한마디로 공교육에 민간 에듀테크 기업들이 진출할 수 있는 길을 열어주는 계획이다.

이를 위해 통합플랫폼은 "개방형 유통시스템"으로 구축될 계획이다. 공공과 민간, 개인과 기관·기업 등을 막론하고 통합플랫폼이 요구하는 '기술표준'을 지키면 통합플랫폼에 진입할 수 있고, 학교에서는 한 번의 로그인으로 이들을 자유롭게 선택해 쓸 수 있는 구조다. 예컨대 출결관리는 ㄱ사, 과제관리는 ㄴ사의 도구를 쓰고, 수업에선 ㄷ사와 ㄹ사의 콘텐츠를 편집해서 활용하는 게 가능하다. 국가관리회계시스템(에듀파인)과 연계하는 등 사용료를 지급하는 체계도 마련할 계획이다.

또 통합플랫폼은 통합인증체계를 통해 교육행정정보시스템(NEIS)과도 연결되며, 이를 통해 학습 이력·특성·패턴·시간 등 학생 개인별 학습활동 정보를 표준화된 형태로 수집한다. 빅데이터와 인공지능(AI)이 학생별 맞춤형 콘텐츠를 제공하는 등 자기주도학습을 지원한다는 개념이다. 통합플랫폼을 통해 생성·관리되는 빅데이터는 공공뿐 아니라 민간 에듀테크 기업 등에도 개방할 방침이다. 정보화전략계획은 학생 평가와 교과서 체제 변경, 저작권 관련 제도개선, 교육정보화기본법·원격교육기본법 제정 등 법·제도 개편뿐 아니라 중기부·산업부의 에듀테크 기업 육성 사업 등과도 연관되어 있다.

코로나19로 원격수업을 실시하게 된 뒤 학교 현장에서는 디지털로 활용할 수 있는 콘텐츠나 학습도구가 부족하다고 호소해왔다. 공공뿐 아니라 민간의 질 좋은 자원들도 자유롭게 쓸 수 있도록 하겠다는 방향의 정보화전략계획은 이와 같은 학교 현장의 요구를 수용한 결과다.

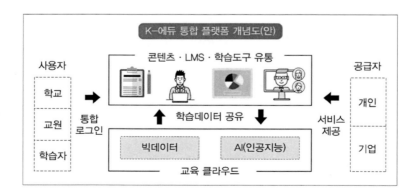

다만 이윤을 좇을 수밖에 없는 민간기업들이 공교육에 진출하는 데 따라 여러 가지 부작용이 발생할 것이라는 우려도 제기된다. 학생 개인정보와 학습활동 정보 등 데이터에 대한 관리 문제가 대표적이다. 교육부 역시 "학습 이력 등 통합플랫폼을 통해 생성·관리되는 빅데이터의 민간 에듀테크 기업에 대한 개방 범위·방안 마련", "학교·교원·학생 정보, 에듀테크 기업·사용자 정보 활용 등에 따른 개인정보 유출 방지 등 방안 마련"이 필요하다고 밝히고 있다.

교육정보화 분야에 정통한 한 교사는 "아무리 보안을 강화하더라도 교육 과정에서 생성된 학생과 학교의 데이터가 민간 업체에 넘어가는 게 불가피하게 보인다. 민간 업체 입장에서는 학생별로 취약한 부분에 대한 해법을 제시하거나 학교 간 비교 자료를 만드는 방식으로 다양한 '마케팅'을 펼 수 있다"고 지적했다. 오프라인에서 민간 출판사들은 교과서 자체보다는 교과서와 연계한 부교재를 팔아서 돈을 버는데, 온라인에서도 비슷한 현상이 나타날 수 있을 뿐 아니라 개인정보가 담겨 있어서 훨씬 더 위험하다는 것이다. 이밖에 사교육에 대한 의존 심화, 대형 업체의 독점에 따른 폐해, 학교·교사의 역할 축소 등 다양한 우려가 제기된다.[8]

문제

교육부의 'K-에듀 통합플랫폼' 구축에 대해 긍정적인 입장인지 부정적인 입장인지 3개 이상의 논거를 들어 자신의 견해를 밝히시오.

[제시문 2]
코백스 퍼실리티는 세계보건기구(WHO)·감염병혁신연합(CEPI)·세계백신면역연합(GAVI)이 중심이 돼 운영하는 국제 백신 공동 구매·배분을 위한 국제 프로젝트이다. 이는 주도적으로 코로나19 백신을 확보하기 힘든 개발도상국 등을 포함해 전 세계 국가에 코로나19 백신을 공정하게 배분하려는 목적으로 설립됐다. 기구는 2021년 말까지 전 세계 인구의 20%까지 코로나19 백신을 균등하게 공급하는 것을 목표로 한다.
코백스 참여국의 선입금을 받은 뒤 이 자금으로 백신 개발 비용을 확보, 제약회사와 선구매 계약을 체결한다. 즉, 참여국들은 코백스에 선입급을 해야 하는데, 이는 도즈(1회 접종분)당 3.5달러를 내고 백신 종류를 선택하거나, 1.6달러만 내고 백신 종류를 선택하지 않는 방식을 선택할 수 있다. 개발이 완료되면 각국은 참여 비율에 따라 백신을 공급받게 되는데, 이때는 선입금을 제외한 금액을 추가로 지불하면 된다.
한편, 우리나라를 포함해 14개국으로 구성된 코백스 퍼실리티 우호그룹은 2020년 9월 21일 코로나19 백신의 충분하고 공평한 배분을 지지하는 공동성명을 발표하였다. 해당 공동성명은 국제사회의 백신 배분을 위한 다자 협력과 연대의 정신을 강조하면서, 우호그룹 차원에서 코백스 퍼실리티에 대한 지속적인 지지 의사를 표명하는 것은 물론 코백스 메커니즘에 동참할 것을 독려하기 위해 발표되었다.

문제

코로나19에 대응하는 방안으로 제시문처럼 국제공조를 통한 방식이 적절한지 아니면 개별국가 중심 대응이 적절한지에 대해 5가지 이상의 근거를 들어 자신의 입장을 밝히시오.

[나군 면접] 다음 제시문을 읽고 문제에 답하시오.

[제시문 1-1]
올드미디어란 컴퓨터와 전자 통신의 결합으로 등장한 각종 새로운 미디어에 상대하여 이르는 말이다. 기존의 활자 미디어, 전파 미디어, 영상 미디어 등이 올드 미디어에 해당된다. 인쇄술의 발달로 등장한 활자 미디어는 최초로 정보를 기록, 저장한 미디어이다. 이후 시간과 공간을 뛰어넘는 전파 미디어 시대로 발전해 거리와 시간의 개념을 초월한 정보의 전달이 가능해졌고, 다음으로 음성 정보 전달에서 발전하여 영상 정보 전달이 가능한 영상 미디어가 등장하였다. 뉴미디어란 과학기술의 발전에 따라 생겨난 새로운 전달 매체로, 텔레비전, 라디오, 신문, 잡지, 전화 등의 기존 대중 매체에 얽매이지 않는 새로운 매체를 말한다. 뉴미디어는 통신 연결을 통해 정보를 전달하고 이에 대한 사람들의 의견과 반응을 공유하며 다양한 주제에 대해 논의할 수 있도록 한다. 또한 뉴미디어에서는 정보가 디지털화되고, 정보의 전달 및 교환이 상호적으로 일어난다. 또 미디어 사용자 및 수용자가 미디어를 더욱 능동적으로 이용할 수 있도록 하며, 기존의 여러 가지 매체의 속성이 하나로 통합된 멀티미디어적 성격을 가진다. 대표적인 예로 소셜미디어(페이스북 등), 유튜브, 넷플릭스 등이 있다.

---

8 본 제시문은 다음 기사 내용을 발췌해서 사용하였음: 최원형, "공교육에 민간 에듀테크 길 터주는 교육부... "학교가 업계 수익처 될라" 논란", 한겨레, 2020.10.27.

올드미디어와 소셜미디어의 특징과 차이점을 이야기해 보고, 각각의 장단점에 대해 설명하시오.

[제시문 1-2]

다양한 의견의 수렴을 거친 여론은 갈등 조정을 위한 정치의 출발점이다. 소셜미디어가 지배하는 디지털 세상의 여론은 어떨까? 트럼프가 당선된 2016년 미국 대선은 소셜미디어가 정치 양극화의 토양이 될 수 있음을 보여주는 사례다. 이민자 등 약자에 대한 증오와 혐오 발언이 난무하고 여론은 양극단으로 분열되었다. 의도적으로 취사 선택된 허위 정보는 소셜미디어에서 급속도로 확산되고 미국은 사실상 두 개의 세계로 쪼개지기 시작했다.

사람은 자신의 믿음에 부합하는 사실과 의견들만을 선택해 믿는 확증편향이 있다. 기존 연구들에 따르면 이런 인지 편향은 소셜미디어에서 더 강력하게 작용한다. 또한 소셜미디어의 알고리즘은 이용자의 관심사에 맞춰 필터링된 정보를 제공하고 이용자들은 편향된 정보에 갇힌다. 그 결과 유튜브 등 거대플랫폼은 이용자들을 반향실에 밀어 넣고 더 많은 극단적인 콘텐츠를 제공해 사실과 신뢰에 의존하는 민주주의를 약화시킨다.

민주주의는 집단 간 갈등이 공론장에서 진행되는 토론과 숙의를 통해 해결되는 정치체제다. 인간은 다른 견해를 가진 사람들과 접촉하고 다양한 견해에 노출될 때 더 나은 결정을 하며 혼자서는 불가능한 문제도 해결한다. 즉, 전체가 부분의 합보다 크기에 유지될 수 있는 체제다.

사회학자 하버마스는 "인터넷이 원심력을 만들어낸다"고 말했다. 소셜미디어가 지배하는 세상에서 공론장이 무너질 수 있다는 경고다. 법학자 캐스 선스타인도 "온라인 공간이 확증편향을 선호하는 경향이 있으며 집단의 양극화를 악화시켜 극단주의, 사회 안정을 위태롭게 하는 경향이 있다"고 우려했다.

대안은 어디서 찾을 수 있을까? 독일 주간지 <디 차이트> 편집장 바스티안 베르브너가 주도한 사회실험은 아직은 흐릿하지만 의미 있는 가능성을 보여준다. 그는 정치적 극단화로 인한 균열과 혐오와 편견으로 파편화된 사회를 극복하기 위해 더 많은 '접촉'을 제안한다. 우리를 에워싸고 있는 필터 버블을 걷어내고 '나와 다른 사람', 사회에서 배제된 소수자들과 더 많이 접촉함으로써 편견을 줄여야 한다고 강조한다. 난민, 무슬림, 동성애자 등을 혐오하던 이들이 그들과 작지만 사소한 일상을 공유하면서 극단주의가 사라지는 수많은 경험에 기반한 주장이다. 그래서 더욱 울림이 크다.

1. 올드미디어에 비하여 소셜미디어가 정보의 편향성을 심화시키는지, 소셜미디어를 통해 정보를 균형 있게 얻을 수 있는지 논거를 들어 설명하시오.

2. 소비자들은 자신이 원하는 정보 위주로 정보를 취득한다고 생각하지만, 마케팅 기업 등에 의해 선별적으로 정보가 제공되는 경우가 많다고 한다. 이처럼 선택적 정보 제공이 우리 사회의 분열, 적대감에 영향을 미친다고 생각하는가?

[제시문 2]

사피엔스는 모든 생명체를 지배하는 물리적 힘, 화학반응, 자연선택 과정에 종속한다. 그 결과 호모사피엔스는 다른 어떤 생명체도 누리지 못했던 거대한 운동장을 갖게 되었다. 하지만 이 운동장에도 여전히 경계선이 있다. 따라서 사피엔스는 아무리 열심히 노력하고 아무리 많은 것을 이룩한다고 할지라도 생물학적으로 결정되어 있는 스스로의 한계를 벗어날 수 없을 것이다.

현대 사회에서 생존에 유리한 인간의 자질 3가지를 제시하시오.

• 가짜 뉴스를 막기 위한 방법에는 무엇이 있는가?
• 유전자 가위를 사용하는 것에 대해 어떻게 생각하는가?
• 그렇다면 유전자 가위를 사용할 수 있도록 정부가 지원해주면 어떠한가?
• 능력중심주의 사회에서 능력 있는 자를 우대하는 것은 차별인가?
• 능력이 부족한 사람들은 어떻게 해야 하는가?

- 능력은 교육으로 키울 수 있다고 생각하는가?
- 사과대행서비스에 대해서 어떻게 생각하는가?

2020 학년도 기출문제

[가군 면접] 다음 제시문을 읽고 문제에 답하시오.

> [제시문 1]
> 1-1. 스티브는 수줍음이 많고 남을 잘 도와주는 사람이지만, 타인과 현실의 세계에 별로 관심이 없다. 그는 물건이 제자리에 정리되어 있는 것을 좋아하고, 자신의 일을 매우 꼼꼼히 한다. 그는 참을성이 많으며, 질서와 배열을 중시한다. 스티브가 사서일 확률이 높은가 농부일 확률이 높은가?
> 1-2. 야구공과 야구방망이는 합쳐서 1달러 10센트이다. 야구방망이는 야구공보다 1달러가 비싸다. 야구공은 얼마인가?
> 2-1. 비행기가 버드 스트라이크로 사고가 날 가능성이 높아 관제탑에서는 회항을 명령했다. 하지만 조종사는 회항할 수 없는 상황이라고 판단해서 공항 인근에 있는 강에 불시착을 시도했고 그 결과 모두 살아남았다.
> 2-2. 한 건물에 불이 나서 소방관이 화재를 진압하고 있었다. 소방관은 평소와 다르게 불길이 잘 진압되지 않아 이상함을 느끼던 중 갑자기 그곳에 있는 것에 대해 불안함을 느끼고 모든 사람을 건물 밖으로 대피시켰다. 이후 건물은 붕괴되었고 모두 살아남을 수 있었다.

문제

1-1과 1-2는 직관적 이성의 공허함을 나타낸 사례이고, 2-1과 2-2는 직관적 이성의 적합성을 나타낸 사례이다. 답변자는 직관적 이성에 대해 찬성하는지 반대하는지 밝히고, 그 근거를 들어 설명하시오.

> [제시문 2]
> 빅터 프랑켄슈타인 박사는 크리처(creature)라는 흉측한 생명체를 창조하기에 이른다. 크리처는 인간을 뛰어넘는 능력과 체력을 겸비했다. 처음에는 선량했으나 사회로부터 받은 핍박과 박해 등으로 인해 점점 흉악해졌으며 결국 빅터의 동생과 하인을 살해하기에 이른다. 크리처는 빅터에게 자신을 닮은 여자를 만들어달라고 한다. 자신이 이렇게 된 것은 지금까지 사회로부터 받은 편견, 시선 등으로 인해 불행해졌으며, 그 불행이 있기에 자신과 닮은 여자가 있으면 더욱 돈독해질 것이고 이제는 변할 것이라는 것이다. 자신에게 선을 베푸는 사람에게는 몇 배의 선을 베풀 것이며 악을 행하는 사람에게는 그 이상의 악으로 보복할 것이며, 만약 여자를 만들어준다면 인간들이 사는 세상과 멀리 떨어진 곳에서 여자와 함께 살 것이라고 한다. 빅터는 고민에 빠졌다.

문제

당신이 만약 크리퍼의 창조자인 빅터의 절친이라면, 빅터에게 크리처의 요구를 수용하라고 할 것인가 거절하라고 할 것인가? 본인의 입장을 선택하고 논거를 최소 3개 이상 제시하시오.

[나군 면접] 다음 제시문을 읽고 문제에 답하시오.

> [제시문]
> 1951년 의료지원법 제정 이후 현재까지 서구의 의학인 양방 의료와 전통적 의학인 한방 의료는 이원화되어 있는 상황이다. 한의사들은 정부에 양방 의료기기 사용을 허가해달라고 요청했고, 양방 의사들은 한약의 자료화를 요구하고 있다. 또한 한방과 양방의 이중 진료로 인한 의료사고가 발생하고 있어서, 중국과 일본과 같이 한방과 양방의 일원화 도입이 논의되고 있다.

양의학과 한의학의 의료일원화 문제에 대해서 찬반을 정하고 논거를 제시하라.

• 불법체류 외국인 노동자가 국내 경제에 긍정적인지 부정적인지 정하고 논거를 제시하라.

2019 학년도 기출문제

[가군 면접] 다음 제시문을 읽고 문제에 답하시오.

[제시문 1]

올해 6월 28일 헌법재판소는 대체복무제가 없는 병역법 조항은 위헌이라고 결정했다. 헌법재판소의 결정에 따라 '병역의 종류'를 규정하는 병역법 제5조 제1항이 2019년 12월 31일까지 개정된다.

국방법의 개정안에 따르면, 새로운 대체복무제는 합숙 근무의 형태로 36개월을 복무해야 하며, 그 분야는 군 관련 업무가 아닌 민간분야의 업무이다. 해당 내용이 공개되자 국가인권위원회와 시민단체는 우려를 표했다. 대체복무기간이 현역 군복무기간의 1.5배를 넘겨서는 안 된다는 국제권고사항에 비해 긴 2배에 달하고, 교정시설 합숙 근무가 징벌적 성격을 띤다는 것이다. 또한 양심적 병역거부자 심사 및 대체복무 운영은 국방부 및 군 관계자와 완전히 분리해야 한다고 주장한다.

시민단체의 반발이 타당한지 부당한지에 대해 자신의 입장을 논하시오.

[제시문 2]

A는 지적장애가 있는 성인이다. A는 B놀이공원의 자유이용권을 소지하고 있고, 이전에도 여러 놀이기구를 탄 적이 있다. 오늘은 '해적 대탐험'이라는 놀이기구를 타기 위해서 줄을 서서 기다렸다. 그러나 A의 탑승 순서가 되자 직원은 지적장애인은 탑승할 수 없다고 말했다. 이 놀이기구는 운전 도중 수동으로 벨트를 풀 위험성이 있고, 이용 안내문에 '신장 110cm 미만 아동은 보호자 동반하에 탑승이 가능함. 단 정신지체장애인은 보호자 동반 시에도 탑승이 불가함'이라고 적혀 있기 때문이다.

지적장애인의 탑승을 막은 결정에 대해 사회경제적, 인권적, 윤리적 입장에서 찬반을 논하시오.

[나군 면접] 다음 제시문을 읽고 문제에 답하시오.

[제시문 1]

우리나라의 난민 신청자가 증가 추세이다. 최근 법무부에서 발표한 내용을 보면, 지난 2014~2018년 제주출입국외국인청에 난민 신청을 한 외국인은 2,379명이다. 특히 지난해 예멘 난민 사태가 이어진 후 1년 동안 1,227명이 난민 신청을 했다. 2014~2017년 난민 신청 수가 200~300명이었던 것에 비하면 엄청난 수가 급증한 것이다.

난민들을 돌보고 관리하고 있는 시민단체는 일반 국민의 난민에 대한 부정적인 인식을 우려하며, 난민 이슈를 '문제'로만 규정하지 말고, '미래'로 보는 사회적 관심이 필요하다고 말하였다.

우리나라의 국제적 위상과 경제적 영향의 측면에서 난민 인정 문제에 대한 지원자의 견해를 밝히시오.

A지역에는 멸종위기에 놓인 희귀종을 포함한 많은 동물이 생존하는 동물원이 있다. A지역 시장이 재선에 나서면서 지역 주민들이 동물원을 많이 좋아하고 아이들에게도 교육적 효과가 높다는 이유를 들어 동물원을 확충하겠다는 공약을 내걸었다. 그런데 동물보호단체에서는 동물원 내에서 발생하는 동물 학대와 동물들이 생존하는 열악한 환경 등의 이유로 동물원 폐지를 요구하고 나섰다.

문제

그 지역 주민으로서 당신은 동물원 폐지에 찬성하는지 반대하는지에 대해 논하시오.

전남대학교

2023학년도 입시결과

(1) 신입생 정량

구분	LEET 표준점수			학사성적 백분율		
	일반전형	특별전형	지연인재	일반전형	특별전형	지연인재
상위 25%	127.7	123.6	121.5	96.9	97.0	98.0
상위 50%	125.6	119.3	117.5	95.2	95.2	95.6
상위 75%	121.6	117.9	113.1	92.7	93.2	93.6
평균	124.8	120.0	117.0	94.9	95.3	95.3

※ 2022학년도 공인영어성적은 P/F

(2) 출신학교 및 전공

계열	학과	인원
공학계열	건축학	2
	도시공학	1
사범계열	가정교육	1
	과학교육	1
	교육학	2
	국어교육	1
	불어교육	1
	유아교육	1
	지리교육	1
	체육교육	1
	초등교육	2
	Educational Studies	1
법학계열	법학	24
사회계열	공공사회학	1
	공공인재학	6
	국제통상학	1
	국제학	1
	글로벌리더학	1
	문헌정보학	1
	미디어커뮤니케이션학	2
	사회복지학	1
	사회학	2
	심리학	1

사회계열	언론·정보		1
	정책학		4
	정치외교학		9
	행정학		8
상경계열	경영학		12
	경제학		9
	글로벌경영학		1
	파인낸스경영학		1
신학계열	신학		1
예체능계열	연출		1
인문계열	국어국문학		6
	러시아어학		1
	사학		1
	스페인어		1
	언어인지과학		1
	역사문화학		1
	역사학		1
	영어영문학		3
	융합일본지역		1
	중어중문학		1
	철학		5
	터키·아제르바이잔어		1
	페르시아어·이란학		1
자연계열	생명과학기술학		1
	유전생명공학		1
기타	자율전공		2
계			130

2022학년도 입시결과

(1) 신입생 정량

구분	LEET 표준점수			학사성적 백분율		
	일반전형	특별전형	지연인재	일반전형	특별전형	지연인재
상위 25%	125.3	121.2	121.1	96.4	94.5	97.7
상위 50%	121.4	121.2	117.0	94.7	93.0	95.2
상위 75%	119.1	119.1	110.9	92.8	91.5	92.0
평균	122.4	120.2	116.7	94.1	92.4	94.6

※ 2022학년도 공인영어성적은 P/F

(2) 출신학교 및 전공

전공	대학	인원	전공	대학	인원
가정교육	고려대학교(서울)	1	사회학	고려대학교(서울)	1
간호학	중앙대학교(서울)	1		전남대학교(광주)	1
건설시스템공학	서울과학기술대학교	1		중앙대학교(서울)	2
경영학	서강대학교	3	산업공학	한양대학교(서울)	1
	이화여자대학교	1	상담심리학	삼육대학교	1
	전남대학교(광주)	1	소방행정학	원광대학교	1
경제금융학	한양대학교(서울)	1	스페인어	한국외국어대학교(서울)	2
경제학	가톨릭대학교	1	식품영양학	한양대학교(서울)	1
	경희대학교(서울)	2	식품자원경제학	고려대학교(서울)	1
	고려대학교(서울)	2	신학	연세대학교(서울)	3
	서강대학교	1	실내건축학	연세대학교(서울)	1
	서울대학교	1	심리학	이화여자대학교	1
	이화여자대학교	1		전남대학교(광주)	1
	전북대학교	1	아동가족학	연세대학교(서울)	1
	홍익대학교(서울)	1	언론홍보영상학	연세대학교(서울)	1
경찰행정학	동국대학교(서울)	1	언어학	고려대학교(서울)	1
공공인재학	전북대학교	3	영어영문학	연세대학교(서울)	1
	중앙대학교(서울)	3	의료공학	연세대학교(원주)	1
교육학	연세대학교(서울)	2	일어일문학	고려대학교(서울)	1
	이화여자대학교	1	전기공학	조선대학교	1
국어국문학	고려대학교(서울)	1	전자컴퓨터공학	전남대학교(광주)	1
	중앙대학교(서울)	1	정책학	한양대학교(서울)	4
국제사무학	이화여자대학교	1	정치국제학	중앙대학교(서울)	1
국제통상학	한국외국어대학교(서울)	1	정치외교학	고려대학교(서울)	2
국제학	국민대학교	1		성균관대학교	1
글로벌경영학	성균관대학교	1		숙명여자대학교	1
기독교학	이화여자대학교	1		연세대학교(서울)	1
기후·에너지시스템공학	이화여자대학교	1		이화여자대학교	1
노어노문학	고려대학교(서울)	1		전남대학교(광주)	1
도시공학	연세대학교(서울)	1		전북대학교	2
문헌정보학	전남대학교(광주)	1		한양대학교(서울)	2
바이오시스템의과학	고려대학교(서울)	1	중국어문화학	조선대학교	1
법학	가천대학교	2	중어중문학	이화여자대학교	1
	가톨릭대학교	4		전남대학교(광주)	1
	경찰대학	1	천문우주학	연세대학교(서울)	1
	광운대학교	1	철학	전남대학교(광주)	2
	단국대학교(죽전)	2		전북대학교	1
	동국대학교(서울)	1		중앙대학교(서울)	1

법학	명지대학교(서울)	1	초등교육	광주교육대학교	1
	목포대학교	1		전주교육대학교	1
	성신여자대학교	1	특성화학부	건국대학교(서울)	1
	조선대학교	2	행정학	경찰대학	3
	한국방송통신대학교	1		고려대학교(서울)	2
	홍익대학교(서울)	3		동아대학교	1
벤처중소기업학	숭실대학교	1	현대조형미디어학	조선대학교	1
보건관리학	이화여자대학교	1	화학공학	전남대학교(광주)	1
불어불문학	전남대학교(광주)	1	환경생태공학	고려대학교(서울)	1
사학	고려대학교(서울)	2	회계학	숭실대학교	1
	한양대학교(서울)	1	휴먼기계바이오공학	이화여자대학교	1
사회복지학	연세대학교(서울)	1	계		132
	중앙대학교(서울)	1			

(3) 연령/성별 현황

구분	20대							30대							계
	23	24	25	26	27	28	29	30	31	32	33	34	35	36	
남자	—	4	8	6	16	7	13	6	2	3	2	—	5	1	73
여자	1	2	12	15	9	7	3	3	2	2	2	1	—	—	59
계	1	6	20	21	25	14	16	9	4	5	4	1	5	1	132

면접 진행방식

면접유형	개별면접(3:1)		
준비시간	10분	면접시간	15분
답안작성	메모지 제공하며, 휴대 가능함		
문제 수 및 지문분량	1문제, A4 1/2~2/3장 분량		
인성질문 유무	○		
면접특징	• 오전 8시와 오후 1시 조로 나뉨 • 대기시간 동안 개인 자료 열람 불가능함 • 화장실은 진행요원과 함께 이용 가능하며, 금속탐지기로 검사함 • 문제풀이실로 입실하면 책상 위에 메모지와 펜이 제공됨. 종료 1분 전에 알려줌 • 문제풀이 종료 후 면접장으로 이동 중 답변을 머릿속으로 정리하는 것이 좋음(면접장에 따라 면접장 입실 전 1분 정도 정리할 시간을 부여하기도 하고 바로 입실하기도 함) • 면접 시작 후 5분간 답변하고, 나머지 10분은 지원자의 발표 내용에 대한 추가질문에 소요됨 • 대체로 압박면접 분위기임		

[가군 면접] 다음 제시문을 읽고 문제에 답하시오.

> 저출산 고령화로 인해 노동인구가 감소하고 있다. 이에 따라 부족한 노동인구를 충당하기 위해 외국인 근로자의 취업 확대 정책을 펼치고 있다. 이러한 정책의 일환으로 2004년 8월부터 고용허가제를 시행하고 있는데, 고용허가제는 심각한 인력부족을 겪고 있는 제조업이나 3D업종 부문의 사업체들에 대해 해외의 노동력을 공급하려는 취지에서 도입된 제도이다. 이 제도에 따르면, 외국인 근로자는 1년마다 사업주와 고용계약을 갱신하도록 하며 최대 5년 이내의 고용을 유지할 수 있다. 사업주는 외국인 근로자를 대상으로 임금·근로시간·휴일 등의 고용조건에 대한 근로계약을 체결해야 하며, 근로조건이나 노동관계법·사회보험의 적용에서 내국인 근로자와 부당한 차별을 할 수 없다. 대부분의 유럽 국가에서 시행되고 있는 노동허가제의 경우에는 외국인 근로자의 자유로운 직장이동을 허용하는 반면, 우리나라의 고용허가제는 외국인 근로자들이 정해진 기간 동안 지정된 사업체에서만 일할 수 있는 것으로 규제하고 있다.
>
> 그러나 고용허가제로 인해 시골 지역에서 외국인 노동자들이 임금 체납 혹은 부당한 비인간적인 대우를 받아도 제대로 대응을 하지 못하고 있다. 이 법안의 적법 여부에 대해 헌법소원이 제기됐으나, 헌법재판소는 외국인 근로자들에 대한 선택권을 과도하게 제한하지 않았고, 국가는 국민경제를 관리해야 하는 입장에 있으므로 외국인 근로자에 대한 취업제한은 타당하며, 일정 정도의 이직 기회를 부여한 수단의 적절성 등 비례성의 원칙을 준수한 제도이므로 합헌으로 판정했다.

문제

고용허가제의 폐지·유지 등의 문제와 관련하여 외국인 근로자의 고용 확대에 대한 자신의 생각을 찬성 혹은 반대 입장에서 말하고 이에 대한 논거를 제시하시오.

추가질문

- 서비스업은 고용허가제의 대상에서 제외되어 있다. 이에 대한 지원자의 생각은?
- 국가의 역할 중 내국인의 권리를 우선시하는 것이 좋을까? 아니면 인류는 평등하다는 생각하에 모든 사람을 공평하게 대해야 하는가?

[나군 면접] 다음 제시문을 읽고 문제에 답하시오.

> [제시문]
> 방범용 CCTV와 관련하여 다음의 의견들이 있다.
> 1) 자살을 하려던 시민의 모습을 CCTV로 확인한 경찰관이 시민을 구출해냈다.
> 2) 방범용 CCTV는 실질적인 범죄예방의 효과가 없다.
> 3) CCTV로 사생활 침해의 가능성이 있다.
> 4) 범죄와 관련한 시민의 불안감을 CCTV 설치로 해소할 수 있다.
> 5) 지인의 이혼녀의 위치와 신상을 CCTV를 통해 본 경찰관이 지인에게 알려주었다.
> 6) 범죄자가 CCTV가 설치된 것을 보고 범죄를 단념했다.
> 7) CCTV를 통해 범인의 동선을 파악해서 수배범을 체포했다.
> 8) 쓰레기 무단 투기 등 시민의식을 저버린 행동들을 방지하는 데 쓰일 수 있다.
> 9) 인적이 드문 거리 등 범죄가 일어날 수 있는 장소 등에 설치하면 시민의 불안감을 감소시킬 수 있다.
> 10) 풍선효과는 특정 지역의 범죄가 단순히 다른 지역으로 이동하는 것을 의미하므로 전체적으로 봤을 때 범죄예방 효과가 미미할 수 있다.
> 11) CCTV는 범죄예방 효과가 미미한 데 비해 설치하고 유지하는 데에 비용이 많이 든다.
> 12) 특정 신체 부위를 수집하는 등의 방식으로 악용할 경우 당사자에게 수치심을 주는 등 인권 침해 소지가 있다.

제시문을 읽고 제시문의 찬반 논거를 정리하여 자신의 견해를 밝히시오.

추가질문

• 사생활 침해라는 사익보다 범죄예방이라는 더 큰 공익 목적이 있는데, 확대하는 것이 타당하지 않은가?
• 수술실 CCTV 설치에 대해 어떻게 생각하는가?
• 범죄예방 효과가 있다고 하더라고 사람들이 자기 얼굴이 노출되고 찍혀서 사생활 침해받는 걸 싫어하면 어떡하냐?
• 시설 및 비용에 대한 문제는? 많이 든다는 사람도 있고 적게 든다는 사람도 있는데?

인성질문

• 전문지식 외에 법조인이 가져야 할 자질은 무엇인가?
• 세대 간 갈등은 무엇이라고 생각하고 해결방안은 무엇인가?
• 변호사 친구가 자신의 의뢰인을 믿지 못한다고 말한다면 어떤 조언을 해줄 것인가?
• 무리한 주장을 하는 친구가 있으면 어떻게 할 것인가?
• 그런데 조율이 되지 않으면? 계속 고집을 부리면?
• 다수결의 문제점은?
• 마지막으로 하고 싶은 말이 있으면 1분 이내로 말해 보시오.

2022 학년도 기출문제

다음 제시문을 읽고 문제에 답하시오.

[제시문 1]
미국 대형 금융회사 씨티그룹이 신종 코로나바이러스 감염증(코로나19) 백신을 맞지 않은 직원을 해고하기로 했다. 프랑스에서는 이르면 이번 주말부터 백신을 맞아야만 식당, 카페와 같은 다중이용시설에 들어갈 수 있다. 정부가 단계적 일상회복과 관련해서 백신패스제도 도입도 고려하는 가운데 고위험 시설에 한시적으로 도입하는 방안을 검토한다. 백신패스는 현재 접종률이 상당수 올라온 일부 국가에서 시행 중인 조치로 백신접종자에게 다중이용시설 이용 제한을 완화하는 조치다. 미접종자는 PCR 음성 확인서가 있어야만 같은 조치를 받을 수 있다

문제 1

백신접종 의무화와 백신패스제도 도입에 대한 찬반 의견 및 본인의 견해를 말해 보시오.

[제시문 2]
전문가들은 일정 조건을 충족시킨 외국인에게 지방선거권을 주는 것은 세계적인 흐름이라고 본다. 연구진은 "이주민에게 대선과 같은 중앙선거 투표권을 주는 나라는 드물다"면서도 "다만 1970년대 이후 일부 서유럽국가를 시작으로 많은 민주주의 국가가 비시민권자나 외국인에게 지방선거에서 투표할 수 있도록 하고 있다"고 설명했다.

문제 2

외국인의 지방선거권 부여에 대해 찬반 양측에서 생각해 보고 본인 생각을 말해 보시오.

[가군 면접] 다음 제시문을 읽고 문제에 답하시오.

[제시문]

2013년 미국 연방대법원은 동성커플을 이성커플에 비해 차별하고 있던 결혼보호법이 평등 보호에 반한다고 선언하였다. 그리고 2015년에는 결혼에 반한 권리는 인간의 자유권에 내재된 기본적 권리로서 이성커플뿐만이 아니라 동성커플에게도 이러한 권리와 자유가 훼손당하지 않고 보장되어야 하므로, 이것을 금지하는 주의 모든 행위를 위헌이라고 결정하였다. 이에 따라서 미국은 동성 간에 혼인이 가능한 국가가 되었다. 또한 프랑스에서도 2013년 동성혼인법을 제정하여 동성 간의 결합을 혼인으로 인정하는 법이 시행되었다.

위의 판결과 법에 근거하여 미국과 프랑스에서는 공동체를 구성하고 생활해온 동성커플의 합법적인 혼인이 가능하게 되었다. 이에 미국 어느 주에서 동성커플이 혼인을 하고 담당공무원에게 결혼증명서 발급을 요청하였다. 그러나 담당 공무원은 자신의 종교적 신념에 근거하여 동성커플에게 결혼증명서 발급을 거절하고 이로 인하여 징계를 받게 되었다. 또한 프랑스에도 혼인식 수행 사무를 처리하는 공무원들이 개인의 양심의 자유를 근거로 이를 거부하는 현상이 나타나고 있다. 뿐만 아니라 일부 지역의 사진사협회는 동성 간 혼인을 하는 커플에 대한 사진 촬영을 거부하기로 하였다.

문제

1. 동성커플에게 결혼증명서 발급을 거절한 공무원에 대해 징계를 하는 것은 정당한가?
2. 동성 간 혼인을 하는 커플에 대한 사진 촬영을 거부하기로 한 사진사협회에 대해 제재수단이 마련되어야 하는가?

추가질문

- 공무원은 그렇다고 쳐도 사기업인 사진사협회에 제한을 가하는 것이 타당한가? 개인의 자유를 더 인정해 주어야 하는 것이 아닌가?
- 사진사협회에 대한 제재가 부당하다면, 장애인 고용차별에 대한 제재는 어떻게 생각하는가?
- 공무원들은 항상 법에 따라 행동해야 하는가? 개인의 신념이나 자유에 의해 선택을 하는 경우도 있지 않는가?
- 제시문의 공무원이 종교적 이유로 결혼증명서 발급을 거절한 것과 양심적 병역거부자들은 어떤 차이가 있는가?
- 입대 후 총기 훈련을 종교상의 이유로 거부하는 군인에 대해 어떻게 생각하는가?
- 공무원을 징계하는 것이 타당하다고 하면서 공무원은 국가의 지시를 잘 따라야 한다고 했는데, 나치정권의 아이히만이 법정에서 "본인은 나치의 명령을 따랐을 뿐이다"라고 했다. 만약 공무원을 국가의 지시에 따르지 않았다는 이유로 징계한다면, 경우에 따라서는 부정의에 대해 대항하지 않을 수도 있다. 이것에 대해서는 어떻게 생각하는가?

[나군 면접] 다음 제시문을 읽고 문제에 답하시오.

[제시문]

최근 우리나라에서 방송인으로 활동하는 일본 국적을 가진 A가 혼인하지 않은 상태로 출산하여 비혼모가 되었음을 밝혔다. 국내에서는 결혼한 부부에게만 정자 기증을 할 수 있기 때문에 일본에서 정자 공여 시술을 받아 출산한 것이다. 사실 우리나라는 미혼 여성의 보조생식술 시술 금지 및 처벌에 대해 뚜렷한 법률적 근거가 마련되어 있지 않다. 그러나 대한산부인과학회의 인공수정 시술에 대한 가이드라인에서는 '비배우자 간 인공수정 시술은 원칙적으로 법률적인 혼인 관계에 있는 부부만을 대상으로 시행한다'고 규정하고 있다.

그러나 비혼여성은 결혼, 임신, 출산에 대해 '자신이 원하는 대로' 가족을 꾸릴 자유와 권리가 있다. 다만 한편에서는 태어날 자녀의 복리와 전통적인 가족 개념 등에 대한 우려의 목소리도 있는 것이 사실이다.

문제

비혼여성의 정자기증을 통한 출산에 대한 지원자의 입장을 말하시오. 찬성한다면 보완책을 제시하고, 반대한다면 예외적으로 허용 가능한 경우를 제시하시오.

• 출생한 아이가 친부에 대해 알 권리에 대해서는 어떻게 생각하는가?
• 정자공여를 통한 비혼출산이 가능하다면, 남성의 경우에도 대리모 계약을 통한 출산을 허용할 수 있는가?
• 중혼의 편법으로 이용될 수도 있지 않은가?

• 스트레스를 받은 경험은? 있다면 어떻게 극복했는지?
• 법조인으로서 가져야 할 덕목은 무엇인가?
• 일차적 목표는 변호사가 되는 것일 텐데, 변호사가 된 후에 구체적으로 어떤 방향으로 진로를 결정할 것인가?
• 마지막으로 하고 싶은 말은?

2020 학년도 기출문제

[가군 면접] 다음 제시문을 읽고 문제에 답하시오.

[제시문 1]
최근 아이돌 가수인 방탄소년단(BTS)은 아시아 가수 최초로 빌보드 차트에서 1위에 오르며 전 세계에 국위선양을 하고 있고 이들의 경제적 효과가 1조 7천억 원이라는 말이 나오고 있다. 이러한 성과 속에서 방탄소년단에 대해 병역특례를 줘야 한다는 주장이 있으나 일각에서는 병력이 부족한 현 상황이 더욱 악화되며, 형평성 문제 및 병력감소현상 등이 우려된다고 주장한다.

문제

BTS에게 병역특례를 부여하는 것에 대한 자신의 견해를 밝히시오.

[제시문 2]
최근 가짜뉴스로 인해 사회적으로 심각한 문제들이 발생하고 있고, 가짜뉴스를 규제하기 위한 법안도 발의된 상태다. 이 법안은 법원, 언론중재위, 선관위가 주체가 되어 가짜뉴스를 규제하는 방안에 중점을 두고 있으며, 가짜뉴스를 생산하고 유통하는 업체에 대한 규제도 포함하고 있다.

가짜뉴스에 대한 구체적인 규제
1. 가짜뉴스 생산자에 대한 형사처벌
2. 가짜뉴스의 플랫폼이자 유통창구인 기업들에 대한 모니터링 의무 부과
3. 기업이 모니터링 의무를 수행하지 않을 시 과징금 부과
4. 방송통신위원회에 의한 가짜뉴스 유통금지 조치

그러나 가짜뉴스 규제에 대해서도 논란이 있다. 가짜뉴스 규제를 통해서 가짜뉴스로 인한 피해, 사회적 해악을 막는다는 점에 대해서는 긍정적이나, 가짜뉴스 규제가 가능한 기존의 입법이 있고, 규제의 모호성으로 인해 언론의 자유를 침해하는 등 악용될 가능성이 있음을 우려하는 목소리도 존재한다.

문제

가짜뉴스 규제에 대한 자신의 견해를 밝히시오.

[나군 면접] 다음 제시문을 읽고 문제에 답하시오.

> **[제시문 1]**
> 최근 한 병원에서 담당의사 대신 의료기기 영업사원이 수술을 해서 사고가 발생했고, 간호사가 신생아를 수술실에서 떨어뜨려 사망에 이르게 한 사건이 발생하면서 수술실 내에 CCTV를 설치해야 한다는 주장이 제기되었다. 그러나 의사단체는 수술실 내 CCTV 설치는 의사들을 잠재적 범죄자로 취급하는 것이고, 수술 집행 시 심리적 압박감으로 인해 자신의 의술을 충분히 발휘하는 데 문제가 생긴다고 주장하며 CCTV의 설치를 반대하고 있다.
> 수술실 내 CCTV 설치 의무화에 관하여 환자단체연합회와 의사단체가 갈등을 일으키고 있다. 환자단체연합회 측에서는 대리수술, 성폭행 등 범죄행위와 수술실 내 생일파티, 셀프카메라 촬영 등 비윤리적인 행위가 벌어지고 있고, 의료사고 발생 시 증거수집이 용이해져서 환자의 인권을 보호할 수 있다고 하며 CCTV를 설치해야 한다고 주장한다. 그러나 의사단체 측에서는 수술실 내에 CCTV 설치는 의사의 의료행위에 대한 부담으로 작용하며 의사와 환자의 인격권 침해가 일어날 수 있다는 이유로 반대한다.

문제

환자단체연합회와 의사단체의 견해 중 자신의 견해를 선택하고 근거를 제시하시오.

> **[제시문 2]**
> 최근 전 세계적으로 가뭄과 홍수, 날씨의 급격한 변화 등으로 인해 환경문제가 큰 이슈가 되고 있고, 환경문제를 일으키지 않는 새로운 에너지원에 대한 관심이 뜨겁다. 그중 원자력은 발전비용이 저렴하고, 온실가스 배출 문제가 심각한 석탄을 대체할 수 있는 이산화탄소 배출량이 매우 적은 친환경적인 에너지원이라는 점에서 이목이 집중되고 있다.
> 그러나 2011년 후쿠시마 원전 사고처럼 안전성에 심각한 문제가 있고 한번 발생한 사고의 여파는 너무나 크다. 또한 핵폐기물 처리비용과 노후시설 보수비용이 많이 들기 때문에 경제적이지 않다는 지적도 많다.
> 이러한 우려에도 불구하고, 원자력은 우리나라에서 전력 공급을 가장 많이 책임지고 있기 때문에 쉽게 포기할 수 없는 문제이다.

문제

탈원전정책에 대한 자신의 견해를 밝히시오.

2019 학년도 기출문제

[가군 면접] 다음 제시문을 읽고 문제에 답하시오.

> **[제시문 1]**
> 우리나라 형법은 사물변별능력이 없거나 부족한 경우에는 감면 또는 감경을 하고 있다. 이를 형법상 대원칙 중 하나인 책임 원칙이라고 한다. 심신미약자도 동일한 맥락이다. 형법은 '심신장애로 인하여 사물을 변별할 능력이 없거나 미약한 자의 행위는 벌하지 아니하거나 형을 감경한다'고 규정함으로써 심신미약자의 책임 원칙을 명시하고 있다.
> 그런데 최근 발생한 PC방 살인사건의 피의자가 심신미약을 주장하고 나섰다. 이 사건이 보도되자, 심신미약 감형과 관련해 국민청원이 올라왔고, 처음으로 청와대 청원 100만 명을 돌파했다. 하지만 법원에서 심신미약이 인정될 확률은 낮다. 이로 인해 심신미약 제도 자체의 문제가 아니라는 지적도 나오고 있다.
> 한편 주취감경에 대해서도 입법적인 개선이 필요하다는 주장이 제기되고 있다. 그러나 심신미약자의 책임을 감경하고 있는 취지를 보았을 때, 주취에 대해서만 배제하기도 쉽지 않다.

제시문에 관한 지원자의 견해를 말하시오.

[제시문 2]

장기이식 대기자 규모가 4만 명에 임박한 가운데, 실제 기증은 전체 대기자의 약 10%에 불과한 것으로 드러났다.

국회 보건복지위원회 기동민 간사(더불어민주당, 성북 을)가 질병관리본부 장기이식관리센터에 받은 자료에 의하면 2019년 8월 기준 장기이식 대기자는 39,301명으로 나타났다. 2015년 27,444명이던 장기이식 대기자 수는 2016년 30,286명, 2017년 34,187명, 2018년 37,217명으로 계속 증가하고 있다. 매년 평균 3,258명이 증가하고 있는 셈이다. 현재 추세에 따르면 2019년 말 장기이식 대기자는 4만 명을 넘어설 것으로 보인다

장기이식 대기자와 달리 장기기증자의 규모는 크게 상승하지 못했다. 2015년 2,569명이던 장기기증자는 2016년 2,886명, 2017년 2,897명, 2018년 3,396명으로 조금씩 증가했다. 그러나 장기이식 대기자 수의 10%에 미치지 못하고 있다.

이 중 생존 시 기증과 달리 많은 장기기증이 가능해 중요성이 큰 뇌사기증은 2016년 이후 계속 감소하고 있었다. 2016년 573명까지 올라선 뇌사기증자는 이후 계속해서 줄어 2018년에는 500명 아래로 내려갔다. 뇌사자 가족들의 기증 동의율 또한 2016년 이후 매년 전년 대비 8%씩 낮아져 과거 50% 이상의 동의율이 35%까지 하락했다. 현행법상 가족이 동의하지 않으면 뇌사자의 장기기증은 불가하다.

장기기증 희망 등록자의 수도 급감해 장기이식의 수요와 공급의 불균형이 더 심화될 것으로 보인다. 2014년 10만 명을 넘었던 장기기증 희망 등록자는 2015년 88,524명, 2016년 85,005명, 2017년 75,915명으로 줄어들었다. 2018년 장기기증 희망 등록자 수는 7만 763명으로 2014년에 비해 35%나 감소했다.

장기이식 대기자가 늘고 장기기증자가 줄면서 장기이식 대기자의 대기시간도 늘어났다. 2014년에서 2018년간 장기이식 대기자의 평균 대기시간은 1,182일이었다. 이식을 받기 위해 약 3년 3개월을 기다려야 한다. 이마저도 대기시간이 점차 길어지고 있다. 2018년 장기이식 대기시간은 1,220일로 2014년에 비해 82일이 늘어났다.

따라서 장기매매를 합법화해야 한다는 주장과, 합법화할 경우 발생하는 문제가 너무나 심각하기 때문에 장기매매를 합법화하면 안 된다는 주장이 팽팽하게 대립하고 있다.

장기매매 합법화 문제에 대한 찬성과 반대 두 가지 입장 중 하나를 골라 자신의 의견을 논증하시오.

[나군 면접] 다음 제시문을 읽고 문제에 답하시오.

[제시문 1]

종교인 과세는 종교 관련 종사자가 종교 관련 활동을 하고 소속 종교단체(민법 제32조에 따라 설립된 비영리법인 종교단체)로부터 받은 소득(소득세법 제21조 제1항 제26호)에 세금을 부과하는 것을 말한다. 한국표준직업분류에 따라 종교인에는 성직자(목사, 신부, 승려, 교무, 그 외 성직자)와 기타 종교 관련 종사원(수녀, 수사, 전도사, 그 외 종교 관련 종사자) 등이 속한다.

세법에는 특정 직업에 대해 비과세한다는 규정이 없는데 관례적으로 종교인에 대해서는 소득세 비과세를 해 왔다. 그러다 1968년 국세청장이 처음 종교인 과세를 추진했으나 종교계의 반대로 무산됐다. 2015년 종교인 과세안이 국회를 통과했으나 종교계의 반발로 시행이 유예됐다가 논의가 시작된 지 50년 만인 2018년 1월 1일부터 종교인 과세가 시행됐다. 그러나 종교인의 퇴직금에 대한 소득세 과세 범위를 종교인 과세가 시행된 2018년 1월 1일 이후 발생분으로 줄여주는 내용 등이 포함된 소득세법 개정안이 2019년 3월 국회 기획재정위원회를 통과하면서 도입 1년 만에 완화 움직임이 일고 있다.

이러한 종교인 과세문제에 대해서는 의견이 대립하고 있다. 즉, 종교인은 자신들에게 과세하는 대상을 한정하고, 과세 방법과 기준이 불분명하며, 세무조사를 통해 국가가 종교계를 통제하는 수단으로 악용될 수 있다는 점을 들어 법 시행을 2년 더 유예하자는 의견을 냈고, 준비 부족 등의 이유로 종교인 과세가 시행 예정보다 2년 더 연기되었다. 반면 국회는 종교인 과세를 계속해서 발의하면서 입법을 추진하고 있다.

종교인 과세에 대한 공론화위원회가 구성되었고 면접자가 공론화위원회의 위원으로 참가하게 된다면 어떠한 주장을 펼칠 것인가?

[제시문 2]
'Uber'는 독일어로 '최고'라는 의미로 온라인을 이용한 승용차 공동사용중개 업체의 일종이라 할 수 있다. 미국에서 2009년 사업을 시작한 이래 많은 사람들이 이용하여 폭발적인 성장세를 보이고 있다. 우버 사업체는 많은 개인 승용차의 정보를 보유하고 고객으로부터 주문을 받으면 고객 근처에 있는 승용차를 보내는 방식으로 운영되고 있으며, 승용차로부터 일정한 수수료를 받고 있다. 이외에도 숙박 분야의 에어비앤비, 공간 불건 등의 공유 시장 형태인 쉐어피플 등 이른바 '공유경제(sharing economy)' 사업으로서 협력 소비 내지 공동 소비의 영역을 확대하고 있다. 그런데 이러한 공유경제의 성격을 가지는 영역들이 여러 가지 이유로 사업을 그만두는 경우도 있다.
우리나라는 현재 택시 시장의 경쟁이 너무나 치열하여 기존의 택시 회사에서는 다른 운송 수단이 들어오는 것에 대한 반대가 심한 상황이다.

문제

제시문에서와 같이 자가용을 택시처럼 이용하는 것에 대한 찬성과 반대 두 가지 입장의 논거를 모두 말하고, 자신의 입장을 밝히시오.

전북대학교

(1) 신입생 정량

구분	학부성적	LEET 성적	어학 성적
상위 25%	14.5	32.55	9.90
상위 50%	14.0	31.96	9.75
상위 75%	13.5	31.20	9.39
평균	14.11	31.46	9.56

※ 환산점수 기준

(2) 출신학부(전공) 현황

구분	출신학부(전공)	인원(명)
공학계열	국제이공학부(엔지니어링사이언스)	1
	신소재공학과	1
농학계열	동물생명공학과	1
법학계열	법학과/부	7
사범계열	교육학과	3
	독어교육과	2
사회계열	공공인재학과	3
	관광학부	1
	글로벌리더학부	1
	미디어학부	1
	사학	1
	사회심리학과	1
	소비자학과	1
	아동학과	1
	융합인지학과	1
	자율전공학과	1
	정책학과	2
	정치외교학과	6
	행정학과	3
상경계열	경영학과	10
	경제금융학과	1
	경제학과	2
예체능계열	산업디자인	1
	무용학과	1

예체능계열		연극영화학과	1
		연기예술학과	1
인문계열		교육학과	1
		국어국문학과	5
		국어국문학과, 영미어문학과	1
		국제사무학과	1
		독일어과	1
		사학과	1
		영어영문	9
		중어중문	4
		철학과	5
		프랑스어학과	1
자연계열		생물학과	1
		화학과	1
		간호학과	1
		뇌인지과학 전공, 자기설계 복수전공	1
계			88

(4) 성별 현황

구분	일반전형	특별전형	계
남자	34	2	36
여자	47	5	52
계	81	7	88

2022학년도 입시결과

(1) 신입생 정량

구분	학부성적	LEET 성적	어학 성적
상위 25%	14.5	31.90	9.90
상위 50%	14.5	31.13	9.70
상위 75%	14.0	30.29	9.44
평균	14.16	30.60	9.55

※ 환산점수 기준

(2) 출신학부(전공) 현황

구분	출신학부(전공)	인원(명)
공학계열	건설환경공학과	1
	건축공학과	1
	기계공학부	1

계열	학과	인원
공학계열	산업공학과	1
	화공생물공학과	1
법학계열	법학과/부	10
	국제법무학과	1
사범계열	교육학과	1
	영어교육과	1
	지리, 영어교육과	1
	초등교육학과	1
사회계열	공공인재학과	3
	국제학과	3
	미디어학부	1
	사회복지학과	1
	사회학과	6
	소비자가족학과	1
	신문방송학과	1
	심리학과	1
	언론정보학과	1
	정책학과	3
	정치외교학과	4
	주거환경학과	1
	지리학과	1
	커뮤니케이션학과	1
	행정학과	6
상경계열	경영학과	9
	경제학과	2
	해사수송과학부	1
예체능계열	스포츠과학과	1
의학계열	수의학과	1
인문계열	교육학과	1
	국어국문학과	3
	국제학부	1
	독어독문학과	1
	몽골어과	1
	사학과	1
	영어영문	2
	중어중문	2
	중어중문, 국어국문학과	1
	철학과	3
	프랑스어문학과	1
자연계열	생명과학과	1
계		86

(4) 성별 현황

구분	일반전형	특별전형	계
남자	33	4	37
여자	47	2	49
계	80	6	86

면접 진행방식

면접유형	집단면접(6:3)		
준비시간	10분	면접시간	60분
답안작성	메모지 제공하며, 휴대 가능함		
문제 수 및 지문분량	1문제, A4 2/3장 분량		
인성질문 유무	○		
면접특징	• 오전 8시 30분과 오후 1시 30분 조로 나눠 실시함 • 화장실은 진행요원과 함께 이용 가능함 • 2022학년도 입시부터 집단면접이 시행됨 • 수험생 대기실에서 발언 순서 및 찬반 팀을 제비뽑기로 결정함 • 10분 문제풀이 후 면접 실시함 • 수험생별로 최초발언 1회(3분), 중간발언 2회(각 2분), 마무리발언 1회(2분) 등 총 4회 발언 기회가 주어짐 • 최초발언은 3분 이내로 순번표 순서대로 진행함 • 중간발언은 거수로 희망자 순서대로 2분 이내로 발언함 • 마무리발언은 순번표 순서대로 2분 이내로 발언함 • 면접 종료 후 진행위원이 문제지 및 면접 순번표 회수함		

2023 학년도 기출문제

[가군 면접] 다음 제시문을 읽고 문제에 답하시오.

[제시문 1]

최근 우크라이나전쟁 발발로 유가가 급등하면서 정유사가 10조 원이 넘는 초과수익을 거뒀다. 이에 대해 횡재세를 부과하는 것에 대해 논의가 되고 있다. 정유사를 상대로 한 횡재세 부과와 관련하여 다음과 같은 의견이 있다.

1) 고유가로 인한 정유사의 초과이익은 기업의 자율적이고 창의적인 산물이다.

2) 반도체 기업에는 초과이익에 대한 부담을 지우지 않으면서 정유사에게만 부과하는 것은 옳지 않다.

3) 정유사의 실질적인 초과이익은 크지 않고, 착시현상에 불과하다.

4) 소비자에 부담 전가로 인한 물가인상이 우려된다.

5) 유가하락으로 인해 정유사가 손해를 입을 때 정부가 손해를 보전해 준다는 보장이 없다.

6) "국가는 균형 있는 국민경제의 성장 및 안정과 적정한 소득의 분배를 유지하고, 시장의 지배와 경제력의 남용을 방지하며, 경제주체 간의 조화를 통한 경제의 민주화를 위하여 경제에 관한 규제와 조정을 할 수 있다"라고 규정하고 있는 헌법 제119조 제2항에 근거하여 횡재세를 부과할 수 있다.

7) 기업은 이미 법인세 등 납세의 의무를 지고 있는데 횡재세까지 부과하는 것은 이중과세로 부당하다.

8) 우연의 결과로 얻어진 이익이며 기업은 사회적 책임인 사회환원의 의무가 있다.

9) 소비자와 사회적 약자의 보호가 필요하다.
10) 전쟁 상황에서 정유사의 이익은 노력이 아닌 행운이 개입한 결과이다.

문제 1

정유사를 상대로 한 횡재세 도입과 관련하여 지문을 읽고 찬반을 나누어 토론하시오.

[제시문 2]
헌법재판소는 8촌 이내 혈족 사이의 혼인을 금지한 민법 제809조 제1항과 관련하여 위헌법률심판제청에 대해서 합헌 결정을 내렸다. 이와 관련하여 다음과 같은 의견이 있다.
1) 근친혼을 할 경우 자녀에게서 유전적 문제가 발생한다고 하지만, 8촌 간의 혼인과 그 외의 사람과의 혼인에서 기형아 발생율은 비슷하다.
2) 8촌 이내 혈족의 혼인을 막았던 이유는 가족끼리 혼인해 상대를 착취하는 사례가 발생했기 때문이다.
3) 8촌 이내 혈족 혼인 금지는 우리의 문화적 전통이 아니다.
4) 사회적 인식이 변화하여 8촌 등 방계 혈종을 더 이상 가족으로 인식하지 않는 경우가 많다.
5) 근친혼 자녀의 유전적 문제의 안정성이 아직 확실하지 않다.
6) 8촌은 생각보다 먼 관계가 아니라 가족이라는 공동체에 속한다고 인식하고 있다.
7) 8촌 이내 혈족 사이의 혼인을 허용함에 따라 생기는 혼돈, 즉 친인척 간의 위계질서, 상속 등 재산분할 문제, 성폭력 문제 등을 미연에 방지해야 한다.

문제 2

8촌 이내 혈족 사이의 혼인에 대한 제시문을 읽고 찬반을 나누어 토론하시오.

[나군 면접] 다음 제시문을 읽고 문제에 답하시오.

[제시문 1]
노란봉투법은 노조의 파업으로 발생한 손실에 대한 회사 측의 무분별한 손해배상 청구를 제한하는 법안이다.
[A] 노란봉투법은 합법적인 파업에 대해서만 해당하는 것이고 불법적인 파업에 대해서는 금지하고 있다. 그렇기에 노란봉투법은 과도한 제한이 아니다.
[B] 합법적인 파업의 범위가 늘어나면 잦은 파업으로 기업이 파산될 우려가 커지고, 이로 인해 파산하게 되면 기업과 근로자뿐만 아니라 국가 입장에서도 경제적인 타격이 크다. 또한 노조의 불법파업에 대한 면죄부가 될 수도 있다.

문제 1

노란봉투법에 대한 A와 B의 의견을 읽고 찬반을 나누어 토론하시오.

[제시문 2]
능력주의는 개인의 능력에 따라 사회적인 지위나 권력이 주어지는 보상체계이다. 그렇다면 능력주의는 우리 사회의 보상체계로 적절한가?
1) 능력주의는 부모의 재능이나 경제적인 환경 등 선천적인 요소에 영향을 많이 받는다.
2) 능력이란 것 자체가 그 시대에 따라 주관적인 측면이 강하기에 공정한 보상체계가 아니다.
3) 개인의 노력이 배제된 배경으로 미래가 결정되는 상황이면 사회, 경제적 불평등을 심화시키게 된다.
4) 실제 능력을 평가할 기준이 모호하다.
5) 지나친 경쟁을 불러일으킬 수 있다.

문제 2

능력주의에 대한 지문을 읽고 찬반을 나누어 토론하시오.

[가군 면접] 다음 제시문을 읽고 문제에 답하시오.

[제시문 1]

C지역 D동의 주민들은 자신들의 주거지역에 이슬람교도들이 사원건축허가를 낸 것을 반대하며 시위를 하고 있다. 건축허가를 요청한 부지는 D동의 주거지로서, 주거로 사용되는 옆 건물과 불과 1m 정도밖에 떨어져 있지 않다.

A단체는 이슬람사원을 건립하는 것에 찬성하는 입장이다. 우리 헌법에는 종교의 자유를 보장하고 있고, 종교를 이유로 한 차별을 금지하고 있다. 또한 다른 종교와의 형평성 측면에서 볼 때 D동 주민이 제기한 소음문제는 기독교나 천주교 등 다른 종교의 예배장소에서도 충분히 발생 가능한 문제로, D동 주민들은 이슬람사원 건립을 반대할 합리적인 사유가 존재하지 않음에도 불구하고 건립을 반대하고 있으며, 이는 명백한 차별행위라고 주장한다.

B단체는 이슬람사원 건립에 반대하는 입장이다. B단체는 주민들이 주거밀집지역에 이슬람사원을 건립하는 것에 대해 동의한 적이 없고, 소음문제가 발생하거나 교통이 혼잡해질 가능성이 있다며 사원건립을 반대한다. 또한 이슬람단체의 기부금 모금활동은 등록이 되어야 할 수 있음에도 불구하고 등록되지 않은 상태에서 기부금을 요구한 상황으로 절차상 하자가 존재한다는 것이다. 그리고 이슬람교의 배타성은 공동체를 해칠 우려가 있다는 점을 강조한다.

문제 1

이슬람사원 건립에 대해 홀수 번호는 A단체의 입장에서, 짝수 번호는 B단체의 입장에서 토론하시오.

[제시문 2]

과학기술정보통신부(이하 과기부)와 한국지능정보사회진흥원(NIA)이 23일 세미나를 개최했다. 이날 열린 세미나의 첫 번째 주제는 <인공지능의 법률적 지위와 책임>이었다. 즉 인공지능(AI)에게 법인격을 부여할 수 있는지와 법인격이 부여되었을 때의 책임 문제가 핵심적인 논의사항이었다. 현행법상 법인격은 자연인(사람)이나 법인만이 갖고 있다. 그러나 자율주행차, 로봇, 로지와 같은 가상 인플루언서가 등장하면서 AI에게 법인격을 부여할 것인지와 법인격을 부여한다면 어디서부터 어디까지 법적 권리를 인정해 줄 것인지에 대한 논의가 이루어지고 있는 것이다.

이러한 법인격 부여 문제에 대해 A는 찬성하는 입장이다. 이미 회사 등 법인에 대해 법인격을 부여하고 있으며, AI가 인간과 유사한 판단능력을 보유해 가고 있는 이상 법인격을 부여하더라도 문제가 될 것이 없다는 입장이다.

B는 AI는 인간과 다르며, AI는 개발자 알고리즘의 파생물에 지나지 않기 때문에 AI에 법인격을 부여하는 문제에 대해 반대한다.

문제 2

인공지능(AI)을 권리주체로 인정하여 법인격을 부여할 것인지에 대해 홀수 번호는 찬성하는 입장에서, 짝수 번호는 반대하는 입장에서 토론하시오.

[나군 면접] 다음 제시문을 읽고 문제에 답하시오.

[제시문 1]

최근 앱 생태계 내 플레이어들 간에 첨예한 갈등이 발생하고 있는데, 앱 마켓과 앱·콘텐츠 개발사의 갈등도 그중의 하나이다. 개정 전기통신사업법에서도 가장 큰 이득을 기대하는 곳은 자체 결제시스템의 개발 및 운영 능력을 갖춘 국내 대형 앱 마켓 사업자의 플랫폼뿐이다. 따라서 일각에서 지적하는 바와 같이 자체 결제시스템에 적용되는 수수료가 지금보다 더 낮아진다 하더라도, 이제 막 창업한 중소 개발사들이 별도 비용을 들여자체 결제시스템을 구축하는 결정을 쉽게 내릴 수 있을지 의문이다. 결국 제도 변화의 혜택을 받는 것은 대형 앱 마켓 사업자의 플랫폼인 것이다. 플랫폼 간 갈등 속에서 피해를 볼 수 있는 또 다른 대상은 소비자다. 외부 결제 시에는 앱 마켓 사업자의 플랫폼에서 제공하는 자녀 보호 기능, 가족 결제 수단, 정기결제 관리 등 이용자 보호를 위한 조치가 제공되지 않을 수 있는데, 그럼에도 불구하고 해당 법안은 소비자를 보호하기 위한 대응방안을 충분히 마련하지 못한 것으로 보인다. 소비자가 배제된 상태에서 논의되는 행정은 탁상공론에 불과하다.

거대 플랫폼 기업에 대한 규제 완화 혹은 강화에 대해 지문을 읽고 찬반을 나누어 토론하시오.

[제시문 2]
가상화폐에 대한 정부 규제의 필요성에 대해 찬반 양론이 나뉘고 있다.

A의 입장: 규제해야 한다.
1) 가상화폐가 투기 수단으로 변질되고 있어 반드시 규제가 필요하다.
2) 장기적 관점에서 볼 때 투자자를 보호하고 시장질서를 바로잡기 위해서는 가장 먼저 할 일이 공정거래 시스템을 구축하는 일이다. 이를 '규제'라고 호도해선 안 된다.
3) 규제가 없거나 느슨하면 한탕주의가 횡행하게 된다.

B의 입장: 규제해선 안 된다
1) 막무가내식 규제보다 건전한 시장을 조성하는 것이 먼저다.
2) 정부의 과도한 간섭은 새로운 시장을 위축시키는 행위로, 시대 흐름에 역행하는 것이다.
3) 가상화폐에 대한 보호 장치 없이 세금만 부여하는 것은 공정하지 못하다.

문제 2

가상화폐에 대한 정부 규제의 필요성에 대해 A, B 중 하나의 입장에서 토론하시오.

2021 학년도 기출문제

[가군 오전 면접] 다음 제시문을 읽고 문제에 답하시오.

[제시문]
(1) 2021년 국경 없는 기자회에서 발표한 세계 언론자유 지수를 보면, 한국은 최근 3년 연속 아시아 1위, 세계 42위에 위치하고 있으며, 이는 미국(44위), 일본(67위), 대만(43위) 등의 국가보다도 상당히 앞선 수치란 점에서 한국은 국제사회 속에서 언론의 자유가 잘 보장되는 국가로 인정받고 있다고 할 것이다.
(2) 반면 영국 옥스퍼드대 부설 로이터저널리즘연구소가 최근 발간한 '디지털 뉴스리포트 2020'에서 한국이 조사 대상 40개국 중 언론 신뢰도 21%로 올해도 최하위를 기록했다. 지난해에도 22%로 최하위였고, 조사에 포함된 이래로 매년 최하위권이다. 핀란드가 1위, 미국은 31위였다.
(3) 한국 언론은 언론자유에 비해 거기에 걸맞은 신뢰도를 보여주지 못하고 있다. 그런 이유로 가짜뉴스에 대해 징벌적 손해배상제도를 도입하자는 주장이 제기되었고, 이러한 제도의 도입을 놓고 의견이 분분하다. 징벌적 손해배상제도는 불법행위로 인해 피해가 발생할 경우, 그 행위로 인해 생긴 손해액보다 더 큰 액수를 배상금으로 지불하게 하는 제도로, 국가가 처벌의 성격을 가진 고액의 손해배상을 부과해 유사한 불법행위의 재발을 막는 것을 목적으로 하고 있다.

문제

언론사의 징벌적 손해배상제도에 대한 찬성과 반대 입장을 정하고, 근거를 들어 설명하시오.

추가질문
• 언론사에 대한 규제가 표현의 자유를 침해한다는 주장에 대해서는 어떻게 생각하는가?
• 아예 가짜뉴스를 원천적으로 금지하는 것은 어떤가?
• 언론의 생명은 신속성인데 오보를 처벌한다면 표현의 자유가 위축되지 않는가?

[가군 오후 면접] 다음 제시문을 읽고 문제에 답하시오.

[제시문]
갑과 을 부부는 1976년에 결혼하여 3명의 친자녀가 있으며 현재 한 명만 미성년자이다. 그러나 남편 갑이 1998년 동거녀와 혼외 자녀를 낳았고 2000년부터 현재까지 동거녀, 혼외자와 함께 살고 있다. 남편 갑은 꾸준히 부인 을에게 생활비를 100만 원씩 보내왔으나, 동거녀와의 사이에서 혼외자(미성년)를 출산하고 양육하면서, 동거녀와 혼외자를 중심으로 한 가정에 충실한 생활을 하고 있다. 2000년경 남편 갑은 건강 악화로 직장을 그만두고 퇴직연금으로 생활을 하게 된다. 이후 남편 갑이 병세가 심해져 신장 투석을 받던 중, 부인 을과 친자녀들에게 신장이식을 부탁했지만 거절당했다. 이후 2015년 남편 갑은 부인 을과의 혼인 관계를 종료해야겠다는 진지한 결심을 하게 되면서 부인 을에 대한 생활비 지급을 중단했다. 2020년 남편 갑은 '실질적 결혼생활 종료'를 사유로 이혼을 청구했다. 이에 부인 을은 혼인 관계가 회복될 수 있다는 믿음과 자녀들의 안위를 고려해서 이혼을 거부하고 있다. 부인 을은 2020년 현재 63세의 고령에 암 수술을 받고 갑상선약을 복용 중이며, 이러한 건강 상태로 인해 경제활동이 불가능한 상태이다.

문제
위 사안에서 법원은 갑의 이혼 청구를 승인해야 하는가? 본인의 생각과 근거를 말하시오.

추가질문
• 을에게 금전적 배상만으로 상처 회복이 가능한가?
• 갑의 이혼 청구를 승인한다면, 을의 행복추구권을 침해하는 결과가 되지는 않는가?
• 파탄에 이른 혼인 관계를 해소하는 것이 옳다고 보는 의견에 대해 어떻게 생각하나요?
• 결혼 관계를 여타 다른 민법상의 계약 관계와 동일하게 취급하는 것이 타당한가?

[나군 오전 면접] 다음 제시문을 읽고 문제에 답하시오.

[제시문]
4차 산업 기술혁명이 진전됨에 따라, 개인정보를 활용하는 빅데이터가 중요해지고 있다. 인공지능(AI), 사물인터넷(IoT) 등 다양한 부분에서 개인정보는 4차 산업의 원유, 쌀이라고 불릴 만큼 핵심을 차지하고 있다. 개인정보를 활용하려는 기업 입장에서는 자신의 서비스를 무료로 제공함으로써 사용자들의 개인정보를 요구하는 측면이 있다. 기업들의 사업 범위가 확장됨에 따라 더 많은 개인정보 수집을 요구하고 있고, 사용자들은 이에 대해 무의식적으로 동의를 함에 따라 개인정보 무단 사용으로 이어지기도 한다. 실제 개인정보가 유출된 사례도 존재한다. Facebook-캠브릿지 애널리티카에서 개인정보가 유출된 사건에 있어서 독일은 페이스북을 비롯한 인터넷 플랫폼 기업들이 취해야 할 조치들을 발표하기도 했다.

문제
개인정보 제공 여부는 자신이 결정해야 한다는 입장과 4차 산업혁명 시대에 데이터를 이용하여 경쟁력을 강화해야 한다는 입장을 요약하고, 본인의 입장을 선택하여 근거 3가지와 대안책을 제시하시오

[나군 오후 면접] 다음 제시문을 읽고 문제에 답하시오.

[제시문]
운전면허 없이 만 13세 이상이면 누구나 이용할 수 있도록 한 전동킥보드 안전 규제가 다시 강화된다. 국회가 관련 산업 진흥을 목적으로 규제를 완화했다가 전동킥보드 관련 사고가 늘어날 것이라는 지적이 나오자 안전 규제를 강화한 것이다.
국회 행정안전위원회는 3일 전체 회의에서 원동기장치자전거면허 이상의 운전면허를 취득해야 전동킥보드 이용이 가능하게 하는 도로교통법 개정안을 의결했다. 이에 따라 원동기면허 취득이 불가능한 만 16세 미만은 탑승이 제한된다. 지난 5월 국회를 통과해 오는 10일부터 시행되는 전동킥보드 규제 완화법은 만 13세 이상도 운전면허 없이 전동킥보드를 이용할 수 있도록 해 안전 문제에 대한 우려가 지속해서 제기됐다. 국회는 당초 관련 산업을 진흥시키고 이용자

들의 편의를 도모하겠다며 안전 규제를 완화했다. 그러나 전동킥보드 관련 사고가 날로 늘고 있는 가운데 운전면허 규제를 풀어 낮은 연령대까지 이용할 수 있게 되면 관련 사고가 더욱 늘어날 것이라는 우려가 지속적으로 제기됐다.

경찰청에 따르면 전동킥보드 등 공유 개인형 이동수단(PM) 관련 교통사고는 2017년 117건에서 2018년 225건, 2019년 447건으로 급증했다. 국회가 뒤늦게 법 개정에 나섰지만, 법 개정 약 7개월 만에 시행조차 되지 않은 상황에서 스스로 바꾼 법을 도로 돌린 셈이라 신중하지 못한 안전 규제 완화에 대한 비판을 피하기 어렵게 됐다. 오는 9일 규제 강화 법이 본회의를 통과해도 시행까지 4개월의 공백이 있는 만큼 당분간 혼선이 이어질 것으로 보인다. 한편 개정안에서 전동킥보드 최고 속도를 시속 25km에서 20km로 낮추도록 한 조항은 소위 심사 과정에서 제외됐다.

문제

12월 10일부터 시행되는 도로교통법 개정안에 대한 지원자의 찬반 의견과 근거를 제시하시오.

인성질문

- 전북대에 지원한 이유는?
- 가장 재미있게 공부했던 과목은 무엇이며, 그 이유는?
- 어떤 법조인이 되기를 원하는가? (검사는 어떤가?)
- 법조인이 되려고 로스쿨에 지원한 이유는 무엇인가?
- 법학 공부를 해 본 적 있나?
- 입학해서 도움이 될 부분과 힘들 것 같은 부분은?
- 변호사 숫자가 늘어나면서 수익을 보장받기 힘들어지고 있는데 왜 변호사가 되고자 하는가?
- 마지막으로 하고 싶은 말은?

2020 학년도 기출문제

[가군 오전 면접] 다음 제시문을 읽고 문제에 답하시오.

[제시문]

문재인 대통령 정부 당시 유은혜 교육부 장관은 "특권과 불평등한 교육제도와 사회제도를 과감히 개선하겠다"며 서울 주요 대학의 2022학년도 대학수학능력시험에서부터 수시 비중을 줄이고 정시 비중을 늘리겠다고 발표했다.

학생들의 창의성을 막고 폐단을 일으킨다는 공감하에 김영삼 정부에서 시작한 수시전형은 기존의 취지와는 달리 부모의 배경과 능력, 출신 고등학교 등이 입시 결과에 많은 영향을 미쳤고, 수시전형의 과정이 객관적이고 투명하지 않다는 비난이 제기되었다. 따라서 객관적 평가 기준이 있는 정시전형이 학생 선발 기준으로 더 공정하다는 것이다. 그러나 입시전문가들 사이에서는 정시전형은 자사고나 특목고, 강남 8학군 등의 경제력이 높은 집안의 자녀가 명문대에 입학할 가능성이 훨씬 높을 것이라며 우려의 목소리도 나오고 있다.

공정성에는 교육의 공정성과 사회 복지의 공정성이 있다. 교육의 공정성은 평가 요소 이외의 것이 포함되지 않는 것으로 평가 특성 외에는 평가 집단에 따라 결과의 차이가 없는 것을 의미한다. 반면, 사회 복지의 공정성이란 집단 혹은 조직적 생활 과정에서 여러 인격에 대한 대우 또는 복리의 배분 등을 기준에 따라 공평히 하는 것 또는 취약계층에 분배가 적정하게 이루어지는 것을 의미한다. 교육의 공정성이란 특정한 성향이 나오지 않는 것이며, 사회 복지의 공정성은 실질적인 평등을 실현하는 것이다.

문제

공정성 담보를 위해 수능으로만 학생을 선발하는 것에 대해 찬성 또는 반대 입장을 밝히고 근거를 제시하시오.

[가군 오후 면접] 다음 제시문을 읽고 문제에 답하시오.

[제시문]

성인지 감수성(gender sensitivity)의 개념에 대한 합의된 정의는 아직 없지만 대체로 성별 간의 차이로 인한 일상생활 속에서의 차별과 유·불리함 또는 불균형을 인지하는 것을 말한다. 국내에서는 2000년대 초반부터 정책 입안이나 공공 예산 편성 기준 등으로 활용되기 시작했으며, 법조계에서는 성범죄 사건 등 관련 사건을 심리할 때 피해자가 처한 상황의 맥락과 눈높이에서 사건을 바라보고 이해해야 한다는 개념으로 사용되고 있다.

성인지 감수성은 2018년 4월 대법원 판결에서 등장하면서 화제를 모으기도 했는데, 당시 대법원 제2부는 학생을 성희롱했다는 이유로 징계를 받은 대학교수가 낸 해임 결정 취소소송 상고심에서 원고 승소 판결한 원심을 깨고 원고 패소 취지로 파기 환송했다. 재판부는 이때 판결에서 "법원이 성희롱 관련 소송 심리를 할 때는 그 사건이 발생한 맥락에서 성차별 문제를 이해하고 양성평등을 실현할 수 있도록 '성인지 감수성'을 잃지 않아야 한다"고 밝힌 바 있다. 그 전까지는 성폭력 재판에서 피해자가 저항하지 않았는지를 기준으로 하여 저항이 없었으면 피고인에 대해 무죄 판결을 함으로써 가해자 중심의 판단을 하던 관행이 있었다.

한편, '성인지 감수성'이란 기준이 모호하고 추상적이어서 성범죄 관련 재판 결과가 판사에 따라 달라지고 있다는 비판의 목소리도 있다.

문제

1. 성범죄 재판에서 성인지 감수성을 반영하여 판결할 때의 장점과 단점은 무엇인가?
2. A는 B에게 성폭행을 당했다고 주장하는데, A가 주장하는 성폭행 이후 A는 B와 주변을 산책했고, 주변에 충분히 신고 가능한 상황임에도 신고하지 않았다. 원심은 이를 토대로 A의 주장을 받아들이지 않고 무죄를 선고하였다. 만약 당신이 2심 판사라면 원심에 대해 어떤 판단을 내릴 것인가?

[나군 면접] 다음 제시문을 읽고 문제에 답하시오.

[제시문]

헤이트스피치(hate speech)란 특정한 인종이나 국적·종교·성별 등을 기준으로 다른 사람들에 대한 증오를 선동하는 발언을 일컫는다. 현재 우리나라도 김치녀, 한남충 등의 단어를 사용하면서 남녀 갈등뿐만 아니라 다문화가정 및 사회적 약자에 대한 혐오 표현이 많이 등장하는 실정이다. 미국, 영국, 독일 등을 비롯한 여러 국가에서도 외국에서 이주한 사람들에 대해 "테러리스트 아니냐, 너희 나라로 돌아가라"라는 혐오 표현들이 난무하고 있다. 영국, 프랑스, 독일, 캐나다는 혐오표현에 대해 형사처벌을 통한 엄격한 규제를 하고 있다. 일본의 극우단체는 "조선인은 일본을 떠나라, 조선인을 죽여라", "재일조선인이 일본을 장악하고 있다.", "재일조선인들 때문에 일자리가 부족하다." 등등의 구호를 노골적으로 길거리에서 외치며 헤이트스피치를 일삼고 있다. 이에 맞서기 위해 결성된 한 단체는 '헤이트스피치는 국적, 민족, 성별, 출신지에 관계없이 모든 인간이 존엄성과 인권을 가지고 있다는 신념과 평화, 공존하려는 정신을 언어와 물리적 폭력으로 손상하는 행위'라고 말했다. 일본은 헤이트스피치 금지법을 제정하여 규제하지만 형사처벌을 규정하지는 않아 거리 행진에서 혹은 인터넷상 혐오표현 제재에 어려움이 있다. 하지만 표현의 자유를 폭넓게 인정하는 미국의 법원은 이러한 혐오표현 그 자체가 아무리 선동적이고 폭력적일지라도 급박한 위험이 없는 한 처벌하는 것은 위헌이며, 혐오표현이 위법하거나 폭력, 차별 행위와 같은 명백한 범죄행위로 나아갔을 경우에만 처벌 가능하다고 판결을 내렸다.

문제

혐오표현에 대한 형사처벌 규제 실시에 대해 찬반 여부를 밝히고 근거를 제시하시오.

인성질문

• 본인이 가장 빛나던 순간은?
• 법학전공자인데 가장 잘하고 재밌다고 느끼는 법과목은?
• 변호사가 된다면 어떠한 분야로 진출하고 싶은가?
• 면접이 끝나면 가장 먼저 하고 싶은 것이 무엇인가?

[가군 오전 면접] 다음 제시문을 읽고 문제에 답하시오.

[제시문]
우리나라의 저출산 문제가 심각하다. 2016년 출생아 수는 40만 6,300명, 2017년 출생아 수는 35만 7,700명 수준으로 40만 명 선이 무너졌다. 약 11.9% 정도가 감소한 수치이다. 따라서 정부는 저출산 문제를 해결하기 위해서 출산수당, 아동수당, 신혼부부 주거안정 지원 등의 다양한 정책을 시행하고 있다. 그러나 이러한 정책 중 국민들의 비판을 받는 사례도 몇 가지 있다. 2016년 행정자치부가 홈페이지에 '가임기 여성 출산지도'를 게재했으나 비난이 심해지자 게재를 내린 것이다. 이 지도는 국내 지역별로 합계출산율, 출생아 수, 가임기 여성 수에 대한 정보를 제공하는 것으로, 자체별 자율경쟁을 명목으로 제작되었다.
또 다른 비난의 사례는 강원도에서 내놓은 신혼부부 주거비 지원 정책이었다. 이 정책은 신혼부부 소득에 따라 3년간 월 5만 원부터 14만 원까지 차등 지원하는 것이나, 결혼한 여자가 만 44세 이하인 신혼부부이거나, 44세 초과 시에는 자녀를 출산했거나 임신 중인 상태여야만 해당 대상이 되는 것이었다.

문제

위 두 가지 사례에 대하여 '인권 및 법적 관점'과 '행정의 효율성 및 실효성의 관점'에서 논평하시오.

[가군 오후 면접] 다음 제시문을 읽고 문제에 답하시오.

[제시문]
최근 SNS와 유튜브 등의 인터넷 기술의 발달로 인해 가짜뉴스와 악성 댓글 등의 인터넷의 역기능이 발생하고 있다. 유명 연예인들이 악성 댓글로 인해 자살을 하고, 가짜뉴스로 인해 사회 혼란, 사회 통합의 저해, 사회불안의 확산, 소통의 어려움 등의 문제가 제기되면서 공동체가 피해를 입고 있으며 와해될 위기에 놓여 있다.
미국이 경우에도 예외가 아니다. 트럼프와 힐러리 대선 때도 프로파간다(어떤 것의 존재나 효능 또는 주장 따위를 남에게 설명하여 동의를 구하는 일이나 활동으로, 주로 사상이나 교의 따위의 선전을 이름)로 인해 양측의 갈등이 팽배했다. 문재인 정부 때도 '북한에 쌀을 지원하기 때문에 쌀값이 폭등한다'는 가짜뉴스로 인해 정부에 대한 신뢰가 떨어지는 원인이 되었다.

문제

가짜뉴스 규제에 대한 찬반 의견을 밝히고 이유를 제시하시오.

[나군 오전 면접] 다음 제시문을 읽고 문제에 답하시오.

[제시문]
H사는 노동조합과 단체협약을 맺었다. 이 중 "노동조합원이 업무상 재해로 사망 혹은 장애로 퇴직했을 경우 당사자의 직계가족 또는 배우자 중 1인이 요청할 경우, 결격사유가 없는 한 요청일로부터 6개월 이내에 특별고용을 해야 한다."라는 규정이 있다. A는 노동조합원인 아버지가 업무상 재해로 사망하고, 이러한 단체협약 규정을 근거로 하여자신을 특별고용해 줄 것을 요청했다.

문제

A의 요청을 우리나라의 법적, 정의적 측면에서 보았을 때 받아들여야 한다고 생각하는가?

[나군 오후 면접] 다음 제시문을 읽고 문제에 답하시오.

[제시문]
(1) 세계적 미래학자이자 경제학자인 제레미 리프킨은 공유경제의 중요성을 역설했다. '우버'로 대표되는 공유경제 모델과 기존 체제와의 충돌 문제에 대해 그는 "앞으로 40년은 자본주의와 공유경제라는 두 개의 상이한 경제가 함께 존재하는 시기가 될 것"이라며 "자본주의가 부모님이라면 공유경제는 자식"이라고 말했다. 그는 "부모(자본주의) 입장에서는 혼란스럽지만 공유경제는 디지털화된 사회에 새롭게 나아갈 돌파구가 될 것"이라며 "자본주의와 공유경제가 '하이브리드' 경제를 형성하는 구도로 나아갈 것"이라고 전망했다.
(2) 여객자동차 운수사업법 제81조 제1항에서는 사업용 자동차가 아닌 자동차(자가용자동차)를 유상으로 운송용으로 제공하거나 임대하여서는 안 되며, 누구든지 이를 알선하여서는 안 된다고 규정하고 있지만, 출퇴근 때 승용자동차를 함께 타는 경우에는 자가용자동차를 유상으로 운송용으로 제공 또는 임대하거나 이를 알선할 수 있다고 규정하고 있다.
(3) 대기업에서 운영하고 있는 카풀서비스에 대해 택시 사업자들이 반발하고 있다.

문제

1. 카풀서비스 사업자의 이익과 택시 사업자의 이익의 성질상 차이를 논거를 들어 설명하시오.
2. 출퇴근 시간을 정할 수 있는 기준을 제시하시오.
3. 카풀서비스 이용자의 안전 보장 및 신뢰 구축 방안을 제시하시오.

[특별전형] 제시문을 읽고 문제에 답하시오.

[제시문]
자치경찰은 경찰 사무를 국가, 수사, 자치로 분리하여 도민의 생활과 밀접한 치안을 담당한다. 자치경찰제 도입은 1991년 지방자치 실시와 함께 경찰 활동의 민주성·분권성·주민 지향성을 위해 지속적으로 논의되어 왔으며, 특히 '지방분권법'은 자치경찰제 도입을 국가의 의무로 규정하고 있다.
미국·영국·독일 등 여러 선진국에서도 국가경찰제와 자치경찰제를 혼합 운영하면서 상호 개선·보완하는 형태로 발전시켜 나가고 있다.

문제

1. 자치경찰제도가 시행되었을 때 경찰 내부에서 생길 수 있는 장단점에 대해 설명하시오.
2. 시민들에게 생길 수 있는 장단점에 대해 설명하시오.
3. 자치경찰제도 시행에 대한 지원자의 견해를 밝히시오.

제주대학교

(1) 신입생 정량

구분		학사성적	공인영어성적 (TOEIC)	법학적성시험(표준점수)	
				언어이해	추리논증
가군 일반전형	상위 25%	98.400	985	47.20	72.10
	상위 50%	97.400	965	45.10	68.00
	상위 75%	95.600	945	43.00	65.90
	평균	96.653	956.053	45.332	66.453
가군 특별전형	평균	92.050	882.5	43.000	67.950
특별전형	상위 25%	96.600	980	47.20	72.10
	상위 50%	96.000	945	43.00	70.00
	상위 75%	94.900	935	40.90	68.00
	평균	95.790	948.750	43.745	68.995

※ 각 점수는 정량평가 요소별 상위 25%, 50%, 75%지점 점수임
※ 나군 특별전형 합격자는 1명으로 성적 공개하지 않음
※ 일반전형 나군 공인영어성적(NEW TEPS) 제출자 1명으로 성적 공개하지 않음

(2) 출신대학·학부(전공) 현황

계열	대학	학과(전공)	인원(명)
법학계열 (10명)	광운대	법학부	1
	국민대	법학부	1
	단국대	법학과	1
	동국대	법학과	3
	성신여대	법학과	1
	숙명여대	법학과	2
	홍익대	법학과	1
교육계열 (2명)	이화여대	사회과교육과	1
	제주대	영어교육과	1
사회계열 (8명)	경희대	행정학과	1
	명지대	정치외교학과	1
	아주대	사회학과	1
	이화여대	정치외교학과	1
		공공인재학부	1
	인하대	정치외교학과	1
	중앙대	공공인재학부	1
	한국외대	정치외교학과	1

상경계열 (8명)	건국대	경영학과	1
		국제무역학과	1
	경희대	경영학과	1
	서강대	경영학과	1
	연세대	경제학과	1
	인하대	국제통상학과	1
	제주대	관광경영학과	1
	중앙대	경영학부	1
예체능계열 (2명)	이화여대	한국음악과	1
		건반악기과	1
인문계열 (9명)	고려대	일어일문학과학과	1
	성균관대	프랑스어문학과	1
		독어독문학과	1
	숙명여대	사회심리학과	1
	이화여대	영어영문학과	1
	제주대	중어중문학과	1
	한국외대	포르투갈어과	1
	홍익대	독어독문학과	1
		영어영문학과	1
공학계열 (1명)	고려대	산업경영공학과	1
자연계열 (2명)	고려대	통계학과	1
	연세대	수학과	1
계			42

(3) 연령/성별 현황

구분	남자	여자	계
22세 이하	−	1	1
23세~25세	5	16	21
26세~28세	6	6	12
29세~31세	7	1	8
32세~34세	−	−	−
35세~40세	−	−	−
41세~50세	−	−	−
51세 이상	−	−	−
계	18	24	42

(1) 신입생 정량

구분		학사성적	공인영어성적 (TOEIC)	법학적성시험(표준점수)	
				언어이해	추리논증
가군 일반전형	상위 25%	97.30	980	49.90	67.10
	상위 50%	96.50	950	45.90	65.00
	상위 75%	95.20	910		62.80
	평균	96.13	931.19	47.22	63.85
가군 특별전형	평균	92.65	962.5	40.80	63.90
특별전형	상위 25%	97.30	970	49.90	69.20
	상위 50%	96.30	945	45.90	67.10
	상위 75%	94.70	935	41.80	65.00
	평균	95.29	945.27	44.36	66.74

※ 각 점수는 정량평가 요소별 상위 25%, 50%, 75%지점 점수임
※ 나군 특별전형 합격자는 1명으로 성적 공개하지 않음
※ 일반전형 나군 공인영어성적(NEW TEPS) 제출자 1명으로 성적 공개하지 않음

(2) 출신대학·학부(전공) 현황

계열	대학	학과(전공)	인원(명)
법학계열 (19명)	가천대	법학과	1
	경기대	법학과	1
	경상대	법학과	1
	광운대	법학부	1
	국민대	법학부	2
	단국대	법학과	2
	동국대	법학과	2
	성균관대	법학과	1
	성신여대	법학과	1
	숙명여대	법학부	2
	울산대	법학과	1
	한양대	법학과	1
	홍익대	법학부	2
	Shanghai Fudan	법학부	1
교육계열 (2명)	이화여대	국어교육과	1
	중앙대	교육학과	1
인문계열 (8명)	서울시립대	철학과	1
	숭실대	기독교학과	1
	이화여대	기독교학과	1
		불어불문학과	1
		사학과	1

인문계열 (8명)	이화여대	영어영문학부	1
		중어중문학과	1
	중앙대	심리학과	1
사회계열 (11명)	고려대	자유전공학부(미디어학)	1
	국민대	정치외교학과	2
	연세대	언론홍보영상학부	1
	이화여대	사회복지학과	1
		행정학과	1
	제주대	정치외교학과	1
	중앙대	국제물류	1
		사회학과	1
	충남대	자유전공학부(공공안전학)	1
	조지워싱턴대	정치학과	1
자연계열 (2명)	덕성여대	바이오공학과	1
	제주대	수의학과	1
의학계열(1명)	고려대	간호학과	1
계			43

(3) 연령/성별 현황

구분	남자	여자	계
22세 이하	—	—	—
23세~25세	1	16	17
26세~28세	8	9	17
29세~31세	4	2	6
32세~34세	2	—	2
35세~40세	1	—	1
41세~50세	—	—	—
51세 이상	—	—	—
계	16	27	43

면접 진행방식

면접유형	그룹/개별면접(3:4)		
준비시간	30분	면접시간	50분
답안작성	문제지에 메모 가능		
문제 수 및 지문분량	지성 2문제, 인성 2문제, A4 2/3~1장 분량		
인성질문 유무	○		
면접특징	• 오전 조와 오후 조로 나뉨 • 대기시간 최대 3~5시간 정도이고, 개인 자료 열람 불가능함 • 대기 중 문제풀이실 이동 10분 전, 5분 전을 안내해줌 • 화장실은 진행요원과 함께 이용 가능함		

면접특징	• 문제풀이실로 입실하면 책상 위에 문제지와 필기도구 제공됨
	• 문제풀이 종료 후 시험지 지참하여 면접실 앞에서 대기 후 입실함
	• 대기 중에 제비뽑기로 인성문제 추첨함
	• 면접실 입실 후 4명이 순서가 돌아가면서 답변함(1번 문제: 1, 2, 3, 4순으로 답변, 2번 문제: 2, 3, 4, 1순으로)
	• 지성문제의 답변이 찬반으로 나뉘면, 각자 입장에서 반대되는 주장에 대한 반론을 하라고 주문함
	• 처음 답변할 경우, 모든 쟁점을 다 이야기하되 자신의 입장에 중점을 두고 발언하면 좋음. 논리적 사고력을 평가하는 문제임
	• 1분 30초에서 2분 가량 답변하며, 초과 시 답변을 종료시킴
	• 압박면접 분위기는 아니나, 다른 지원자와 함께 면접을 보기 때문에 긴장이 됨
	• 마지막으로 하고 싶은 말을 한마디씩 하는 시간이 있으므로 미리 준비하는 것이 좋음
	• 다른 지원자의 답변내용을 너무 열심히 적는 것이 부정적으로 비칠 수 있음

2023 학년도 기출문제

[가군 면접] 다음 제시문을 읽고 문제에 답하시오.

[제시문 1]

환자가 불치병에 걸려 있고 의사 역시 불치병임을 인정하고 치료해도 사망에 이르는 상태라는 것을 알고 있다. 환자는 병으로 인해 극심한 고통을 겪고 있으며, 의사에게 자신을 치료해주지 말 것을 요청했다.

〈상황 1〉

환자의 요청으로 의사는 환자를 치료하는 것을 중단했으며, 환자는 얼마 지나지 않아 사망했다.

〈상황 2〉

환자는 치료 중단을 요청했고, 죽기를 원한다는 의사를 밝혔다. 이에 의사는 환자에게 죽음에 이르는 약을 제공했고 환자는 사망했다.

〈상황 3〉

의사는 환자에게 죽음에 이르는 약을 투약했고, 환자는 사망했다.

문제 1

1. 상황 1, 2, 3에서 의사의 행동이 정당화될 수 있는지 설명하시오.
2. 만약 환자가 '극심한 고통'이 아닌 '경제적 부담' 때문에 치료를 받는 것을 중단하기를 원한다면 의사의 행동은 정당화될 수 있는가?

[제시문 2]

그린 택소노미는 녹색 산업을 뜻하는 그린(green)과 분류학을 뜻하는 택소노미(Taxonomy)의 합성어로, 환경적으로 지속가능한 경제 활동의 범위를 정하는 것이다. 즉, 어떤 산업 분야가 친환경 산업인지를 분류하는 녹색 산업 분류체계로, 녹색 투자를 받을 수 있는 산업 여부를 판별하는 기준으로 활용된다.

유럽연합(EU)이 2020년 6월 세계 최초로 그린 택소노미를 발표했는데, 당시에는 원자력발전을 포함한 원자력 관련 기술이 포함되지 않았다. 그러나 이 기준에 속하지 않으면 투자 기회를 잡기 어려워지기 때문에 해당 산업 입장에서는 이 기준에 포함되는 것이 유리하다. 반면 이 기준에 포함되는 산업은 활성화될 수 있어 환경단체는 그린 택소노미 확대를 반대하는 등 포함 여부를 두고 이해관계가 엇갈린다.

원자력과 천연가스를 녹색에너지로 분류하는 유럽연합 집행위원회의 그린 택소노미 법안이 2022년 7월 6일 최종 관문인 유럽연합 의회를 통과했다. 이날 의회를 통과한 법안은, ⅰ) 신규 원전 건설과 안전한 운영, ⅱ) 기존 원전의 수명 연장 운영, ⅲ) 핵폐기물 발생을 최소화하는 혁신적 원전의 연구·개발 등이 일정 조건을 충족할 경우에 환경적으로 지속 가능한 경제활동으로 분류하도록 했다.

그린 택소노미 최종안이 확정되기까지 유럽은 1년 이상 갈등을 빚었다. 원전 대국인 프랑스를 중심으로 한 찬성파와 대표적 탈원전 국가인 독일을 중심으로 한 반대파가 팽팽히 맞서면서. 하지만 독일이 천연가스를 택소노미에 포함시키기 위해 프랑스와 타협하면서 지난 2월 2일(현지시각) 집행위에서 최종안이 확정됐다.

그린 택소노미는 탄소중립에 맞는 친환경 산업 분류 체계로, 기업과 투자자들이 투자 여부를 결정할 때 지침서로 활용된다. 이 때문에 원자력 산업계는 한숨 돌리게 됐다. 재생에너지 산업계와 마찬가지로 유럽연합이 향후 10년 동안 1조 유로(약 1,340조 원) 이상 투입하려는 '유럽 그린 딜' 자금을 끌어들일 수 있게 된 것이다. 신규 원전 건설과 노후 원전 수명 연장, 최근 부각되고 있는 소형모듈원자로(SMR) 개발에 대한 투자 유치도 기대할 수 있다.

반면, 원자력의 녹색분류에는 까다로운 조건이 붙어 있어 원전산업으로 녹색 자금이 몰려 이른바 '원전 르네상스'로 이어지는 계기가 되기는 어려울 것이란 전망도 나온다. 신규 원전에 대한 투자가 녹색 경제활동으로 인정되려면, 2045년 이전에 건설허가를 받아야 하고 2050년까지 고준위 방사성 폐기물 처분 시설을 운영하기 위한 세부 단계가 포함된 계획을 문서화된 형태로 보유해야 한다. 기존 원전에 대해서는 합리적으로 실행 가능한 수준까지 안전을 개선하고, 2025년부터 더욱 안전하다고 평가받는 핵연료를 사용하는 것을 조건으로 2040년까지 승인을 받아야 한다.

출처: 김정수, 한겨레, 2022.7.6.

문제 2

1. EU 그린 택소노미의 논의 동향에 비추어 핵에너지 사용에 대한 찬반 입장을 밝히시오.
2. 탄소중립적인 관점에서 핵에너지 사용에 대해 찬성하는가 아니면 반대하는가?

[제시문 3]
카페를 운영하던 B씨는 배달 플랫폼에서 배달을 하는 투잡을 하다가 사업 악화로 카페를 정리하고 배달로만 생계를 이어가고 있었다. B는 오토바이로 피자 배달을 하고 있었고, 배달앱의 특성상 배달까지 걸리는 시간을 소비자에게 알리기 위해 오토바이로 이동 중 핸드폰을 조작하다가 교통사고가 발생해 치료를 받아야 했다. 그런데 피자가게 사장 C는 자신들이 직접 B를 고용한 것이 아니고 배달 플랫폼을 통해 배달원을 배정받은 것이기 때문에 책임이 없음을 주장했다. 그리고 배달 플랫폼 업체 D는 B는 회사의 근로자가 아니며 업체는 그저 음식점과 배달원을 연결시켜주는 일을 할 뿐이라고 주장하며 치료비 부담을 거부했다.

문제 3

B의 치료비는 누가 부담해야 하는가?

[나군 면접] 다음 제시문을 읽고 문제에 답하시오.

[제시문 1]
비트코인의 거래는 P2P 기반 분산 데이터베이스에 의해 이루어지며 이러한 거래 내역을 담고 있는 저장소를 블록체인이라고 부른다. 블록체인은 각자 가지고 있으며, 서로 신뢰하지 않는 컴퓨터가 연결된 네트워크에서도 동일한 데이터를 하나로 유지할 수 있고 위조할 수 없다.

문제 1

1. 비트코인 등 가상화폐가 법정화폐를 대신할 수 있는가?
2. 블록체인 기술을 활용한 전자투표 도입 시 투표의 4원칙에 미치는 영향은?

청소노동자를 민·형사상 고소하는 일이 발생했다. 이들 대학생들은 청소노동자들을 업무방해와 집회 및 시위에 관한 법률(집시법) 위반 혐의로 고소했고, 학습권 침해로 인한 스트레스 및 '미래의 정신적 트라우마'를 고려해 청소노동자들이 약 ○○○만 원을 배상하라는 손해배상청구 소송도 제기했다. 청소노동자들은 시급을 440원 인상하고 정년퇴직 인원만큼의 인력 충원, 샤워실 설치 등을 요구하는 집회를 개최해왔다.

이에 대해 "학생들이 낸 등록금으로 먹고 사는 청소노동자들의 노조 활동으로 인해서 왜 학생들의 공부가 방해받아야 하나", "노동자들이 왜 그렇게 할 수밖에 없는지에 대해 조금이라도 생각해 봤다면 소송을 제기할 수 있었을까", "사회적 약자라도 타인에게 피해를 주는 시위는 타당하지 않다", "법의 보호를 받지 못해 시위에 나오는 노동자들을 법으로 단죄하겠다는 생각이 굉장히 위험하고 동료 시민으로서 가져야 할 바람직한 자세가 아니다" 등 다양한 의견이 온라인 익명 커뮤니티에 올라왔다.

전문가는 집회·시위의 속성에 관해 생각해 보아야 한다고 말한다. 한국다양성연구 소장은 "집회·시위는 그 자체가 목적을 달성하기 위해 불편을 초래하는 속성이 있다"며 "성명을 내고, 기자회견을 해도 개선되지 않아 집회를 하고, 전철을 멈추고, 파업을 하는 상황으로까지 간다. 불편을 끼치지 않는 방식으로는 얘기해도 관심을 갖지 않기 때문"이라고 설명했다. 이어 "소송을 제기한 학생들은 학습권, 교육권을 주장하는데 노동자에게도 노동권은 중요하다. 교육권과 노동권의 책임은 학교에 있다"며 "'시끄러우니까 말하지 마'라고 하는 것은 문제의 본질을 해결하는 방식으로 보기 어렵다. 해결의 주체를 향해 권리를 요구하는 목소리를 함께 내는 것이 문제를 해결하는 올바른 방향"이라고 강조했다.

문제 2

1. 청소노동자와 학생의 입장 중 어느 입장이 타당한가?
2. 학생들의 대처는 과도하다고 생각하는가?

문제 3

정년연장에 대해 어떻게 생각하는지 토론하시오.

2022 학년도 기출문제

다음 제시문을 읽고 문제에 답하시오.

[제시문 1]
(1) 법무부는 민법 제92조의2에 '동물은 물건이 아니다'는 조항을 신설하는 법률 개정안을 19일 입법 예고했다. 현행 민법 제98조는 물건을 '유체물 및 전기 기타 관리할 수 있는 자연력'으로 규정하고 동물은 유체물로서 물건으로 취급한다. 법무부 관계자는 "민법 개정안은 '동물은 물건이 아니다'라는 조항을 신설해 동물을 법적으로 더 이상 물건으로 취급하지 않고, 동물 그 자체로서의 법적 지위를 인정하는 것"이라고 설명했다. 이어 "동물학대에 대한 처벌이나 동물피해에 대한 배상수위가 높아지고, 생명존중을 위한 다양하고 창의적인 제안들이 제시되는 등 우리 사회가 동물을 포함해 생명 그 자체를 존중하는 사회로 나아가는 데 도움이 될 것이라고 기대한다"고 말했다. 그런데 법무부는 개정안이 통과되더라도 동물은 여전히 권리의 객체로 법률에 특별한 규정이 있는 경우를 제외하면 물건에 관한 규정을 준용하게 된다고 설명했다.
(2) 갑은 X라는 강아지 잡종을 지인에게 무상으로 분양받아 4년여간 애지중지 기르던 중이었다. 그런데 산책을 하다가 초록색 불이 켜지자마자, X가 횡단보도에 뛰어들어서 을이 몰던 차에 치였다. 자동차를 몰았던 을은 신호등의 초록불이 켜졌음에도 속도를 줄이지 않았다. 갑은 X를 아가라고 부르며 가족같이 지냈다. 현재 잡종 강아지의 가격은 10만 원이고, 갑이 강아지 X를 약 4년간 기르는 데 사용된 비용은 150만 원이다. 을은 연봉이 5,000만 원 정도의 평범한 회사원이며, 보신탕도 즐겨먹는다.

1. 민법 개정안이 시행되었을 때 발생할 수 있는 긍정적인 측면과 부정적인 측면은 무엇인가?
2. 민법 개정안의 〈동물〉 범위에 파충류와 어류도 포함되어야 한다고 생각하는가?
3. 지원자가 갑과 을의 중재인이 되어 갑이 받을 수 있는 손해배상액을 제시하고, 그 근거를 설명해 보시오.

[제시문 2]
여성이 남성보다 사회적으로 열등한 지위를 갖게 된 원인을 생물학적인 원인에서 찾는 세 가지 이론을 제시하면 다음과 같다.

〈이론 1〉
여성은 남성보다 힘이 약하다. 힘이 강한 남성은 여성을 힘으로 굴복시키고, 사회에서의 영향력을 증대시켰다. 나아가 정치에서의 영향력도 장악했다.

〈이론 2〉
여성은 공격적이지 않은 반면, 남성은 폭력적인 성향을 지닌다. 남성은 싸움을 즐기고 호전적이기 때문에 전쟁을 일으키고 군대를 통제하게 되었으며, 민간사회에서도 주인이 되었다. 역사가 수많은 전쟁과 더불어 발전함에 따라 남성의 군과 사회에서의 지배력이 확대되었다.

〈이론 3〉
남성은 다른 남성과의 경쟁을 통해 가임기 여성을 쟁취하여 자신의 유전자를 후대에 남겼다. 그러한 경쟁 과정에서 능력을 키우고 사회적 지배력을 키웠다.

---

1) 각 이론이 가지고 있는 여성에 대한 편견을 설명하시오.
2) 각 이론을 반박하시오.

[제시문 3]
동굴탐사 애호가 단체의 회원 5명은 어느 날 중부 고원지대의 석회암 동굴을 탐사하고 있었다. 로저 웻모어(가상인물)를 포함한 5명이 동굴입구에서 멀리 떨어져 내부로 들어가는 도중에 산사태가 나 거대한 바위들이 동굴의 입구를 막아버렸다. 이들은 가족들에게 자신들이 동굴 안에 갇힌 사실을 알렸고, 가족들은 이 사실을 동굴협회 관계자에게 알렸다. 그래서 구조대가 현장에 급파되었다. 그러나 구조작업은 난항을 겪었는데 많은 장비와 인력이 투입되었음에도 불구하고, 수차례의 산사태로 인하여 몇 명의 인부들이 목숨을 잃었다.
동굴 안에는 식량이 소량밖에 없었으며, 결국 20일째 되던 날 구조대는 탐사대가 무전기를 갖고 있음을 알게 되어 그들과 교신을 하게 되었다. 회원들은 구조에 얼마나 시간이 걸릴 것인지를 물었고, 구조대는 최소한 10일이 걸릴 것이라고 답하였다. 그들은 의사와 통화하여 앞으로 아무것도 먹지 않고 10일을 버틸 수 있을지를 물었다. 의사는 가능성이 희박하다고 말하였다. 이후 회원 중에 웻모어가 의사와 다시 통화하여 자신들이 한 명을 죽여 그 살을 먹는다면 살 수 있는지를 물었고, 의사는 가능할 수 있다고 답변하였다. 그 후 통화는 더 이상 이루어지지 않았다. 동굴에 들어간 후 23일째 되던 날 회원 동료들이 로저 웻모어를 죽여 그의 살을 먹은 사실이 구조 후에 알려졌다.
재판정에 선 4명의 피고인 증언에 따르면 처음에 한 명을 희생하여 4명의 식량으로 이용하자고 제안했던 회원은 로저 웻모어였다고 한다. 웻모어가 자신이 가지고 있던 주사위를 사용해 희생양을 정하고자 처음 제안하였다는 것이다. 그러나 주사위를 던지기 바로 전에 웻모어가 자신은 주사위로 희생양을 결정하는 일에 참여하지 않겠다고 선언했다는 것이다. 다른 사람들은 웻모어가 약속을 파기하였다고 그를 비난하며 주사위 던지기를 강행하였다. 웻모어의 순서가 되었을 때 피고인들은 그에게 주사위 던지기의 공정성에 반대하는가를 물었고, 그는 반대하지 않는다고 말하였다. 피고인 중 한 명이 그를 대신하여 주사위를 던졌고, 행운의 여신은 그의 손을 들어주지 않았다. 그는 결국 살해되어 동료들의 식량으로 사용되었다.

〈조건〉
① 이 나라의 법률에는 '사람을 죽인 자는 사형에 처한다'는 규정이 있다.
② 1심 재판에서 판사는 피고인들에게 살인죄를 선고했다.

③ 피고인들의 형을 징역 6개월로 감경해달라는 청원이 올라왔다.
④ 피고인들의 형 감경에 대한 청원은 판사가 아닌 국가의 원수가 승인 여부를 결정할 수 있다.

문제 3

1) 탐사대원이 4명이 아니라 10명이었다면 이들에 대한 평가가 달라질 여지가 있는가?
2) 지원자가 이 국가의 원수라면, 징역 6개월로 감형해달라는 청원을 승인할 것인지 여부에 대해 말하고, 그 근거를 설명하시오.
3) 피고인들에게 살인죄가 적용되어야 하는지 여부와 그 근거를 설명하시오.

[제시문 4]

(1) 생물학자인 개릿 하딘은 1968년 사이언스(Science)에 실린 그의 논문에서 공유지의 희귀한 공유자원은 어떤 공동의 강제적 규칙이 없다면 많은 이들의 무임승차 때문에 결국 파괴된다는 사실을 지적했다. 이른바 '공유지의 비극 이론'이다.

영국의 어느 마을 한가운데에 누구나 양들을 끌고 와서 먹일 수 있는 무성한 목초지가 있었다. 이 목초지는 공유지였기 때문에 누구나 아무 제한 없이 먹이를 먹일 수 있었다. 하지만 풀이 다시 자라날 수 있도록 한꺼번에 먹이는 양의 수를 제한해야만 했다. 마을 사람들이 번갈아 목초지를 관리하고 목초지에 방목된 양의 수를 제한해보기도 하였지만 별 성과없이 흐지부지되고 말았다. 결국 모든 농부들은 목초지가 망가지기 전에 자기 양 떼를 먹이려 했고, 삽시간에 양들이 모여들어 목초지는 벌거숭이가 되고 말았다.

(2) 죄수의 딜레마는 1950년에 미국 랜드연구소의 두 과학자 메릴 플러드(Merrill Flood)와 멜빈 드레셔(Melvin Dresher)가 시행한 게임이론 연구에서 시작되었다. 후에 랜드의 고문 앨버트 터커(Albert W. Tucker)는 이 게임에 '죄수의 딜레마'라는 이름을 붙였다.

두 명의 범죄 조직원이 체포되어 왔다. 이 범죄자들은 각각 독방에 수감되었다. 경찰로서는 두 명의 공범을 기소하기 위한 증거가 부족한 상황이다. 이러한 상황에서 경찰은 이들에게서 자백을 받아 범죄를 입증할 계획을 세우고 각 범죄자들을 대상으로 신문을 한다. 이때 경찰은 두 공범에게 동일한 제안을 한다. 다른 한 명의 공범에 대해 자백을 하면 자백한 그 사람은 석방하는 반면, 다른 공범은 징역 3년을 받게 된다는 것이다. 이는 상대편 공범이 자백을 했을 경우에도 마찬가지이다. 즉, 누구든 자백을 하면 자백을 한 그 사람은 석방되지만 상대편 공범은 3년의 징역을 받는다. 그러나 두 공범이 모두 자백을 하면 각각 징역 2년을 받으며, 둘 다 자백하지 않고 묵비권을 행사하면 각각 징역 6개월을 받게 된다.

범죄자들에게 가장 좋은 선택은 둘 다 묵비권을 행사하여 징역 6개월의 형량을 받는 것이다. 그러나 범죄자들은 묵비권을 행사하는 것이 모두를 위해 최선의 선택이라는 것을 알면서도, 상대가 묵비권을 행사하고 가기가 자백을 하면 자신은 석방되고 자신이 묵비권을 행사하더라도 상대가 자백을 하면 자신은 가중처벌될 것이기 때문에 자백의 유혹을 뿌리치지 못한다. 결국 두 범죄자 모두 자백을 선택하고 만다. 두 범죄자가 서로를 믿고 모두 묵비권을 행사했다면 징역 6개월형에 그쳤겠지만, 서로를 믿지 못하고 자백함으로써 모두 2년형을 받게 되어 결국 둘 다 불행해지고 만 것이다.

문제 4

1. '공유지의 비극'에서 말하는 환경문제를 '죄수의 딜레마' 이론을 적용하여 설명하시오.
2. '공유지의 비극'에서 말하는 환경문제를 '죄수의 딜레마' 이론을 적용하여 설명하는 것이 타당한지 의논하시오.
   (1) '타당하다'는 입장에서 논하시오.
   (2) '타당하지 않다'는 입장에서 논하시오.

[제시문 5]

가상의 국가 X에서는 달리기를 중요한 능력으로 보기 때문에, X국에서는 달리기 대회에서 우승한 자가 사회적 명예와 부를 누린다. A는 경제적으로 풍족한 가정환경에서 자라면서 어릴 때부터 전문교육과 훈련을 받아 달리기 대회에서 우수한 성적을 거뒀고, 사회적으로 명망을 얻고 부를 쌓았다. 한편 B는 경제적으로 풍족하지 못한 부모 밑에서 태어나

아르바이트를 통해 생계를 유지하면서 달리기를 잘 하기 위해 노력했으나, 달리기 대회에서 좋은 성과를 내지는 못했다. X국에서 시행되는 달리기 대회는 국민 누구나 자유롭게 참가할 수 있으며, 대회 절차나 과정에서 투명성과 공정성이 보장되어 있다.

A는 X국이 공정하다고 생각한다. 누구나 노력하여 달리기 능력을 기른다면 좋은 성과를 낼 수 있고, 투명하고 공정하게 치러지는 달리기 대회에서 좋은 성적을 거둬 자신이 부와 명예를 누리는 것은 정당하다고 생각한다. 그러나 B는 X국이 공정하지 않다고 생각한다. B는 자신도 A와 똑같이 노력했으며, 달리기 능력만이 부와 명예를 얻을 수 있는 기준이 되는 것은 타당하지 않다고 주장한다.

문제 5

1. A가 사회적 명망과 지위를 누리는 것이 정당하다고 생각하는가?
2. B가 생각하는 '공정'의 의미를 말하고, B의 주장에 대한 지원자의 견해를 말하시오.
3. 지원자가 생각하는 '공정'의 개념을 정의하고, 공정한 사회로 나아가기 위한 방안을 제시하시오.

[제시문 6]

(1) 민주주의란 자유와 평등의 기본가치를 실현하고자 국민이 주인이어야 하는 국가구조원리를 말한다. 민주주의는 자유와 평등을 실현하려는 정치원리로서, 모든 국가권력의 정당성이 국민에게 있으며 국민에 의해 국가권력이 만들어지고 행사되도록 하는 국가구성원리이다. 민주주의의 내용으로는 국민주권, 국민에 의한 국가의사결정, 선거, 정당, 지방자치, 표현·청원·선거 등에 관한 기본권 보장을 들 수 있다. 국민주권은 모든 권력의 원천이 국민에게 기초하고 있는 민주주의의 원리와 매우 밀접한 관련을 맺고, 민주주의는 곧 곧 국민주권을 실현하는 원리이다.

헌법 제1조 제2항은 "대한민국의 주권은 국민에게 있고…"라고 하여 국민주권을 직접 명문으로 선언하고 있다. 그런데 헌법은 국가의사의 결정을 국민이 직접 행사하는 방법을 취하지 않고 다른 국가기관에 위탁하여 행사시키는 방법을 택하고 있다. 민주국가에서 주권이 국민에게 있다고 하여 국민이 직접 모든 사항을 결정하고 집행하는 것은 불가능하다. 우리 헌법은 기본적으로 대의민주주의를 채택하고 있다. 대의제를 채택하여도 대통령이나 국회의원과 같은 국가기관은 국민이 직접 선출하도록 하고 있다.

(2) 전문가주의는 전문가들의 지식과 경험에 기반한 의사결정과 리더십을 강조하는 사상 체계를 말한다. 또한 전문가주의는 전문성을 갖춘 사람들이 사회적으로 중요한 문제를 해결하는 데 필요한 권한과 영향력을 갖는 것을 말하기도 한다. 전문가주의는 의료, 법률, 정책 결정, 경제 등 다양한 분야에서 적용될 수 있으며, 전문성을 바탕으로 정당하고 효과적인 결정을 내릴 수 있다. 하지만 전문가주의는 항상 독자적인 판단과 비판적인 사고가 필요한 접근 방식이기 때문에 전문가들의 결정이 민주적인 절차를 통해 나온 결정과 충돌할 수 있으며, 전문가들의 편견, 오류, 무관심한 태도 등이 비판의 대상이 되기도 한다.

문제 6

우리나라의 경우 대통령과 국회의원은 민주주의 방식인 선거로 국민이 선출하지만, 판사나 검사는 국민이 선출하지 않는다. 이를 민주주의를 위협하는 전문가주의의 사례라고 할 수 있는가?

2021 학년도 기출문제

[가군 면접] 다음 제시문을 읽고 문제에 답하시오.

[제시문 1]

음주운전 사고 처벌을 강화한 '특정범죄 가중처벌 등에 관한 법률', 이른바 윤창호법 시행에도 음주운전 사고가 줄지 않고 있는 것으로 드러났다. 국회 행정안전위원회 소속 더불어민주당 한병도 의원이 경찰청으로부터 제출받은 국정감사 자료에 따르면 지난해 음주운전 교통사고 발생 건수는 1만 7,247건에 달했다. 이는 윤창호법 시행 직후인 2019(1만 5,708건)에 비해 10%가량 증가한 것으로, 시행 초기 반짝 감소하다 다시 증가세로 돌아선 것으로 분석된다.

문제 1

윤창호법과 민식이법을 평가하고 극복방안을 제시해 보시오.

[제시문 2]
인공지능(AI)은 우리 삶의 많은 부분을 자동화하고 기계화해 삶의 질을 높여줄 것이다. 1, 2차 산업에 해당하는 직종은 대부분이 인공지능을 탑재한 자동 기계로 대체될 것이다. 자동화는 시장의 공급면에서 엄청난 증진을 뽑아낼 수 있을 것이다. 이에 맞추어 기본소득 등의 제도를 통해 수요를 공급에 맞는 수준까지 올릴 수 있다면, 막대한 경제 발전이 이루어질 것이다. 일을 하지 않아도 살아갈 수 있는 시대가 미래에는 올 것이란 얘기이다. 또한 인공지능이 할 수 없는 고도의 사고가 필요한 곳에는 여전히 인력이 필요할 것이다. 다시 말해 모든 직업이 전문화될 것이며, 그에 맞는 인재가 되기 위한 사람만이 교육을 받는, 교육받을 권리의 선택이 이루어질 것이다. 즉, 일하고자 하는 자는 교육을 받아 취직을 하고, 원하지 않는 자는 다른 취미 생활들을 즐기는 삶을 살 것이란 얘기이다. 더 이상 노동은 경제적 자립을 위해 해야만 하는 의무가 아니라 온전히 개인의 선택으로 즐기는 여가생활이 될 것이다. 이처럼 인공지능이 만들어 낼 자동 기계는 현대 사회의 가장 중요한 문제 중 하나라고 할 수 있는 일과 생활의 균형, 이른바 워라밸(Work－Life－Valance)을 이루는데 크게 기여할 것이다. 게다가 인공지능은 항상 컴퓨터 스스로 발전을 거듭하기에, 기술의 개발과 그로 인한 의료, 산업, 건설 분야 등의 무궁무진한 발전을 주도할 것이다. 이 하나의 기술이 인류 전체를 먹여 살릴 수도 있는 것이다.
현재 활발히 활용되고 있는 인공지능의 사례로는 음성인식 기술, 자율주행, 의료 부문, 교육 서비스, 게임이나 공장, 산업, 비즈니스 등 다양하다.

문제 2

인공지능이 인간을 더 행복하게 할지, 불행하게 할지에 대한 지원자의 견해를 말하시오.

[제시문 3]
추미애 법무부 장관이 '검언유착' 의혹에 연루된 한동훈 검사장의 수사 비협조를 비판하면서 휴대전화 비밀번호 잠금 해제를 강제할 수 있는 법 제정을 지시한 것에 대해 '인권침해, 위헌 소지가 있다'는 비판이 거세지고 있다. 정치권에서도 논쟁이 나오고 있지만 진보단체에서도 이 법에 대한 문제를 지적하고 있으며 여당 내에서도 문제점을 지적하는 목소리가 나오고 있어 감정적인 대립보다는 신중한 논의가 우선 필요하다는 지적이 나온다.
추미애 장관은 이날 자신의 SNS를 통해 "피의자가 압수대상 증거물인 핸드폰의 비밀번호를 알려주지 않아 수사가 난관에 봉착했다고 한다. 인권수사를 위해 가급적 피의자의 자백에 의존하지 않고 물증을 확보하고 과학수사기법으로 전환해야 하는데 핸드폰 포렌식에 피의자가 협력하지 않는다면 과학수사로의 전환도 어렵다고 본다."며 법 제정이 필요하다는 입장을 밝혔다.
추 장관은 "영국은 암호를 풀지 못할 때 수사기관이 법원에 암호해독명령허가를 청구를 하고 불응하면 국가 안전이나 성폭력 사범 5년 이하, 기타 일반사범 2년 이하로 각각 징역형에 처하도록 하고 있다. 프랑스, 네덜란드, 호주에서도 암호해제나 복호화 요청 등에 응하지 않는 경우 형사별로 처벌하는 법제를 갖고 있다"는 근거도 밝혔다.
'민주사회를 위한 변호사모임'은 헌법 제12조 제2항에 따라 누구나 자신에게 불리한 진술을 강요당하지 않을 '자기부죄거부의 원칙'이 있고 형법 제155조에도 '타인의' 형사사건 또는 징계사건에 대한 증거인멸 등은 처벌하지만 자신의 범죄에 대해서는 그 구성요건 해당성 자체를 배제하도록 규정하고 있는데 검토 지시 법률은 이에 배치된다"고 반대 입장을 밝혔다.
'인권침해' 요소가 분명 있기에 법안의 신중한 검토가 필요한 건 분명하지만 감정적인 시각이나 쟁점화를 위한 시각으로 볼 경우, 디지털 범죄를 막을 수 있는 공론의 장이 깨진다는 것을 생각해볼 때 이번 법 제정 논란은 법 내용을 잘 살피면서 신중한 논의를 통해 혼란을 최소화하는 것이 중요한 사항이 됐다.

휴대전화 비밀번호 강제해제법 도입에 대해 찬성 또는 반대 의견을 말하시오.

[제시문 4]

인간 유전체에 대한 연구가 계속됨으로써 인체 유전자의 구조와 기능이 밝혀지고 있고, 인간은 그가 원하는 어떠한 생물체도 원리적으로는 마음대로 만들 수 있게 되었다. 따라서 더 이상 유전형질은 부모로부터 물려받았기 때문에 선천적인 것이고, 어찌할 수 없는 운명으로 받아 들이지 않게 되었다. 이제 마음만 먹으면 나쁜 형질의 유전자가 있으면 그것을 제거할 수 있고(소극적 유전자 조작), 우수한 형질의 유전자로 바꿔 넣을 수도 있게 된 것이다(적극적 유전자 조작).

공리주의 관점에서 보면, 유전자 조작과 관련시켜 행복과 고통의 양을 계산하는 것은 대단히 어렵다. 왜냐하면 인체는 대단히 복잡한 유기체여서, 특정 질환에 대한 유전자 치료를 함으로써 그에 대한 고통은 제거되었지만 그로 인해 또 다른 질환을 야기시킬지도 모르고, 특정 형질의 유전자를 개선함으로써 한 가지 행복은 증대되었으나 그 유전자의 변이로 인해 또 다른 문제를 야기시켜 더 큰 고통을 가져다줄지도 모르기 때문이다.

	소극적 유전자 조작(유전자 치료)	적극적 유전자 조작(유전자 강화)
가	찬성	찬성
나	찬성	반대
다	반대	반대

문제

1. 적극적 유전자 조작(자녀의 키, 외모 등을 우수하게 만들기 위해 유전자에 조작을 가하는 경우)을 허용해야 하는지의 여부에 대해 논거를 들어 자신의 입장을 밝히시오.
2. 소극적 유전자 조작, 예컨대 불치병, 난치병, 유전병 등 질병을 후대에 물려주지 않기 위해 유전자에 조작을 가하는 경우를 허용해야 하는지의 여부에 대해 논거를 들어 자신의 입장을 밝히시오.

2020 학년도 기출문제

다음 제시문을 읽고 문제에 답하시오.

[제시문 1]

키즈 유튜버는 아동이 등장하거나 아동을 대상으로 한 콘텐츠를 제공하는 유튜버로서, 현재 많은 키즈 유튜버들이 활동을 하고 있다. 이들도 성인 유튜버들과 마찬가지로 광고를 통한 수입이 대부분이지만, 아동학대나 불건전한 콘텐츠라는 논란이 있었던 키즈 유튜버들에 대해서는 유튜브가 시정조치를 내렸다. 즉, 이러한 키즈 채널엔 광고 게재를 중단시킨다는 것이다. 유튜브는 국내 키즈 유튜버들에게 '콘텐츠가 어린이를 위해 제작되었는지의 여부를 유튜브에 고지하라'며 아동용 채널로 확인될 경우, 개인 맞춤 광고 게재가 중단되고 댓글 등 일부 기능을 사용하지 못한다고 하였다. 따라서 유튜브는 키즈 유튜버들에게 4개월의 유예기간을 주고, 이 기간 안에 아동용 채널임을 자발적으로 신고하면 유튜브 방송은 계속할 수 있지만, 광고 수익은 포기해야 한다.

문제 1

1. 키즈 유튜버들의 광고 수익을 전면적으로 제한하는 것에 대한 본인의 입장과 논거를 함께 제시하시오.
2. 본인의 의견과 반대입장을 평가하시오.

[제시문 2]
2018년 11월에 김정은 북한 국무위원회 위원장의 서울 방문 계획에 대하여 서울에 거주하는 만 19세 이상의 성인 2,000명을 대상으로 설문 조사한 결과, 응답자의 64%가 찬성했고 36%가 반대했다. 하지만 김정은 북한 국무위원회 위원장의 부산에서 열리는 '2019년 한·아세안 특별정상회담'을 위한 회담 방문 계획에 대하여 같은 조사기관에서 2019년에 전국 성인 남녀 500명을 대상으로 설문 조사한 결과, 응답자의 54%가 찬성했고 46%가 반대했다.

문제 2

1. 김정은 국무위원회 위원장의 한국 방문에 대한 본인의 입장과 논거를 함께 제시하시오.
2. 본인의 의견과 반대입장을 평가하시오.

[제시문 3]
현대 사회는 가족의 형태가 대가족에서 1인 가구라는 형태로 변화를 보이고 있다. 1인 가구의 증가에 따라 반려동물을 기르는 가구 또한 증가하고 있다. 이들이 주로 키우는 애완동물 종류는 개가 약 20%, 고양이가 약 6%, 그 외가 약 2% 정도이고, 반려인은 590만 명 정도에 이른다.
그런데 이러한 반려동물을 비행기에 태우는 것에 대해서는 많은 논란이 있다. 현재 반려동물을 비행기에 태우는 것에 대해서는 항공사별로 수화물 규정을 통해 규제하고 있으나, 항공사마다 차이가 있고 반려동물을 항공기에 태우는 것이 사실상 어려운 게 현실이다. 항공기 내 반려동물 동반 탑승과 관련된 법과 제도가 마련되어 있지 않은 상태인 것이다.

문제 3

1. 항공기 내 반려동물 동반 탑승 허용에 대한 본인의 입장과 논거를 함께 제시하시오.
2. 본인의 의견과 반대입장을 평가하라.

[인성질문] 1문제만 제비뽑기로 답변

[상황 1]
A교수는 설명식 강의보다는 토론식 강의가 학생의 참여도를 높이고 학습 효과도 높다고 판단하여, 이번 학기부터 토론식 강의를 진행하고 있다. 수업 도중 수강생인 B학생이 자신의 의견을 개진하였는데 발언이 너무 길어졌고, 많은 학생들이 웅성거리기 시작했다. 그러나 A교수는 B학생의 발언을 중단시키지 않았다.

문제 1

본인은 해당 수업에 참여하는 C학생이다. 이런 상황에서 어떤 행동을 할 것이고 어떤 방법으로 할 것인지, 왜 그렇게 할 것인지 제시하시오.

[상황 2]
한 학생이 진로를 고민하고 있다. 아버지는 작은 건설 회사를 운영하시는데, 이 학생이 건축학을 전공하여자신의 건설 회사를 물려받기를 원하신다. 반면, 어머니는 학생이 자신이 이루지 못한 꿈인 의사가 되기를 원하신다. 그러나 학생은 법학전문대학원에 진학하여 법조인이 되고 싶다.

문제 2

본인이 해당 학생이라면 어떤 행동을 할 것이고 어떤 방법으로 할 것인지, 왜 그렇게 할 것인지 제시하시오.

[상황 3]
나는 겨울방학에 친구 두 명과 함께 해외여행을 가려는 계획을 세웠다. 그러나 두 친구는 여행지 선정에서부터 의견이 달랐다. 친구 A는 유럽 여행을, 친구 B는 동남아 여행을 희망한다. 여행지에서의 선호하는 이동 수단도 다르다. 친구 A는 돈을 절약하기 위해 대중교통을 이용하자고 하고, 친구 B는 이동의 편의성을 위해 차를 빌리자고 한다. 또한 숙박시설과 관련해서도 친구 A는 아낀 돈으로 좋은 호텔에서 묵기를 원하지만, 친구 B는 여기서야 말로 돈을 아껴야 한다면서 모텔이나 저렴한 숙박시설로 가자고 한다.

문제 3

나는 이런 상황에서 어떤 행동을 할 것이고 어떤 방법으로 할 것인지 왜 그렇게 할 것인지 제시하시오.

[상황 4]
A변호사는 법조인으로서의 경력이 10년 정도 되었고, 승소율도 80% 정도도 매우 높은 편이다. A변호사가 한 의뢰인의 사건을 맡게 되었고 이번 사건에서도 승소하기 위해 많은 노력을 기울였다. 그러나 어떤 이유인지 소송에서 패하게 되었고, 의뢰인은 패소의 원인이 변호사 때문이라며 항의하고 있다.

문제 4

내가 A변호사라면 어떤 행동을 할 것이고 어떤 방법으로 할 것인지, 왜 그렇게 할 것인지 제시하시오.

[나군 면접] 다음 제시문을 읽고 문제에 답하시오.

[제시문 1]
젠트리피케이션이란 부유한 중산층들이 상대적으로 빈곤 계층이 있는 지역으로 유입됨으로써 지역 경제가 발전하는 대신 기존 거주민이 밀려나는 현상을 말한다. 1964년 루스 글래스(Ruth Glass)가 처음으로 젠트리피케이션을 사용하였다. 글래스는 런던 서부에 위치한 첼시와 햄프스테드 등 하층 계급 주거지역이 중산층 이상의 계층 유입으로 인하여 고급 주거지역으로 탈바꿈하였으나, 기존의 하층 계급 주민은 치솟은 주거비용을 감당하지 못하여 결과적으로 살던 곳에서 쫓겨남으로써 지역 전체의 구성과 성격이 변한 현상을 설명하기 위해 이 단어를 처음 사용했다.
젠트리피케이션의 긍정적 측면은 중하류층이 생활하는 낙후된 구도심에 상류층 주민이 유입되어 주거 지역이나 고급 상점가가 새롭게 만들어진다는 것이다. 즉, 지역경제 활성화, 지방 세수 확보, 낙후 지역 발전, 부동산 가치의 상승, 다양한 구성원의 유입, 인구의 재배치, 범죄율 하락 등이 있다. 그러나 젠트리피케이션의 부정적인 측면은 고비용 임대료 상승으로 인해 지역 원주민들이 원하지 않는 이사를 해야 하고, 무주택자들이 생기는 등의 현상이 발생한다는 문제가 제기되고 있다.

문제 1

젠트리피케이션을 평가하고 이에 대한 개선방안을 제시하시오.

[제시문 2]
원천적 불평등을 우리는 운(Luck)이라고도 한다. 세상에는 운 좋은 사람이 있고 불운한 사람도 있다. 이 같은 운을 우리는 복(福)이라고도 한다. 운은 크게 두 가지로 나뉘는데, 첫 번째는 우리가 타고난 자연적 능력인 자연적 운이다. 천재로 태어나는 것과 같은 지능과 재능이 대표적인 예이다. 두 번째는 사회적 지위와 같은 사회적 운으로, 좋은 환경 및 부와 지위를 지닌 부모가 대표적인 예이다. 우리가 이 두 가지의 운을 어떤 방식으로 대우하고 관리하는가에 따라 우리 사회의 정의 여부가 달라진다고 할 수 있다.
즉, 정의로운 사회란 정당 근거가 없는 자의적인 요소에 맡겨지고 주어진 그대로 방치된 사회일 수가 없다. 정의 사회는 우리가 도덕적인 관점에서 모두 합의할 수 있는 정당하고 인간적인 질서를 갖춘 사회라 할 수 있다.
최근 우리나라는 젊은 세대를 칭할 때 '금수저'와 '흙수저'라는 용어를 사용한다. 금수저는 금수저를 물고 태어났다는 뜻으로, 좋은 가정환경과 조건을 가지고 태어났다는 것이다. 반면 흙수저는 부모의 능력이나 형편이 넉넉하지 못해서 경제적 도움을 전혀 받지 못하는 사람을 뜻한다.

문제 2

공정성과 정의의 관점에서 운을 평가하고, 이에 대한 대안을 논하시오.

2019 학년도 기출문제

[가군 면접] 다음 제시문을 읽고 문제에 답하시오.

[제시문 1]

경제는 생태에서 배울 것이 대단히 많다. 제한된 자원을 둘러싸고 포식자가 너무 많이 존재하면 항상 문제가 생긴다. 특히 그 자원이 공유 자원이면 더욱 그렇다. 생물학자인 개릿 하딘(Garrett Hardin)은 1968년 <사이언스(Science)>에 실린 그의 논문에서 공유지의 희귀한 공유 자원은 어떤 공동의 강제적 규칙이 없다면 많은 이들의 무임승차 때문에 결국 파괴된다는 사실을 지적했다. 이른바 '공유지의 비극(Tragedy of the Commons) 이론'이다.

개릿 하딘은 마을의 초지를 공유하는 사람들이 자신의 이익을 챙기기 위해 가능한 한 많은 소 떼들을 초지에 풀어놓게 되고, 그 결과 발생하는 비극을 이렇게 은유적으로 설명했다.

"파멸은 모든 인간이 달려가는 최종 목적지다. 공유 자원은 자유롭게 이용해야 한다고 믿는 사회에서 각 개인이 자신의 최대 이익만을 추구할 때 도달하는 곳이 바로 이 파멸인 것이다. 이처럼 공유 자원에서 보장되는 자유는 모두를 파멸의 길로 이끈다."

모든 사람들은 공유지의 비극이 항상 나타나도록 만들 정도로 바보는 아니다. 사람들은 장기적인 상황을 예측할 수 있을 정도로 계획적이어서 서로 소통을 하며 상황을 정리해 나간다. 또 사유화보다는 공유 자원을 그대로 유지하는 편이 유리하다는 것을 알고 있고, 정부 개입 없이 이해관계자들이 서로 조정해 공유지를 유지할 정도로 사회성을 지니고 있다. 2009년에 여성으로서 노벨 경제학상을 처음 수상한 엘리너 오스트롬(Elinor Ostrom)은 이해관계자들의 조정을 통해 공유지의 비극 문제를 얼마든지 해결할 수 있음을 보여줬다.

공유 자원에서 발생하는 공유지의 비극을 해결하기 위해 많은 연구들이 이루어졌고, 세 가지 방안이 제시되었다.

첫 번째 방안은 국가의 규제를 통한 해결 방안이다. 이는 국가가 공유 자원의 사용에 대해 직접적으로 개입하여 '공유지의 비극'을 해결하려는 방안이다. 즉 공유 자원 사용에 대한 규제를 설정하고, 이를 위반하는 자를 처벌, 제재하는 방식으로 이루어진다.

두 번째 방안은 사적 소유권을 이용한 해결 방안이다. 이는 공동체 안에서 공유 자원에 대한 사적 소유권을 인정하여 '공유지의 비극'을 해결하려는 방안이다.

세 번째 방안은 공동체 차원의 해결 방안이다. 이는 공동체 내에 자체적인 규제와 관리, 감독을 통해 '공유지의 비극'을 해결하려는 방안이다.

문제 1

각각의 해결 방안이 필요한 이유와 문제점을 근거를 들어 제시하시오.

[제시문 2]

2018년 7월 14일 최저임금위원회는 내년도 최저임금을 시급 8,350원으로 의결했다. 이는 작년보다 10.9% 인상된 금액이다. 이번 의결 과정에서 사용자위원 전원은 급격한 최저임금의 인상에 항의하며 전원 불참하였으나, 고용노동부 장관은 의결된 인상안을 승인하였다. 이번 최저임금 인상에 대해 소상공인의 지불 능력을 고려하지 않았다는 비판이 있다. 하지만 고용노동부 장관은 크게 문제가 되지 않는다며 인상안을 승인했다. 따라서 일각에서는 최저임금 인상이 고용률 및 시장경제 전반에 어떤 영향을 미칠지에 대한 고민이 더 필요하다고 주장한다.

1. 최저임금 인상에 찬성하는 측에서 2가지 이상의 논거를 제시하시오.
2. 최저임금 인상에 반대하는 측에서 2가지 이상의 논거를 제시하시오.
3. 최저임금 인상에 대한 본인의 입장을 근거를 들어 제시하시오.

[제시문 3]
4차 산업 혁명 시대에 발맞춰 인공지능과 빅데이터와 같은 기술과 함께 우리의 일상생활은 큰 변화를 맞이할 것이다. 특히 직업 시장의 변화는 많은 사람들의 관심사로 등장하고 있다. 세계경제포럼(WEF)은 지난해 2022년까지 1억 3,300만 개의 새로운 일자리가 창출될 것이며, 로봇이 기존 일자리 7,500만 개를 대체할 것이라고 언급했다. 다른 일각에서는 이러한 기술의 발전은 새로운 일자리를 만들고 오히려 일자리가 늘어날 것이라는 주장을 하기도 한다.

문제 3

오늘날의 기계 발달 및 일자리의 변화와 비교해 4차 산업혁명 시대에 따른 일자리의 변화에는 어떠한 차이가 있을지에 대한 본인의 의견을 제시하시오.

[나군 면접] 다음 제시문을 읽고 문제에 답하시오.

[제시문 1]
(가) 미투 운동(영어: Me Too movement)은 성폭행이나 성희롱을 여론의 힘을 결집하여 사회적으로 고발하는 것으로, 미국에서 시작되었다. 2017년 10월 할리우드 유명 영화제작자인 하비 와인스틴의 성추문을 폭로하고 비난하기 위해 소셜 미디어에 해시태그(#MeToo)를 다는 것으로 대중화되었다. 수많은 저명인사 및 일반인들이 자신의 경험을 공개했고, 전 세계적으로 확산되었다.
(나) 'no means no rule'은 상대방이 거절 의사를 표시했는데도 성관계를 했을 경우 강간으로 보고 처벌하는 원칙을 말하고, 'yes means yes rule'은 상대방의 명확한 동의 의사가 없는 모든 성관계는 강간으로 간주하는 원칙이다.
(다) 펜스룰은 미국 부통령인 마이크 펜스가 2002년 당시 미국 의회 전문지 '더 힐' 인터뷰에서 아내가 아닌 다른 여성과는 단둘이 식사하지 않고, 아내 없이는 술자리에 참석하지도 않는다고 말한 발언에서 비롯된 용어이다. 이는 의도하지 않은 성적 논란의 발생을 피하기 위한 개인적인 신념 혹은 행동 양식이다.
(라) 갑은 A회사의 사장이고, 을은 그 회사의 직원이다. 회식이 끝난 어느 날, 단둘이 술자리를 더 갖자고 갑이 제안을 하였고 그 이후에 둘은 호텔을 갔다. 이후 6개월 후 을은 심경의 변화를 느끼고 갑을 성폭행으로 신고했다. 갑은 을이 거절하지 않아 동의한 것으로 생각했다고 주장했다.

문제 1

1. 미투 운동 확산의 사회적 배경이 무엇이라 생각하는가?
2. 팬스룰에 대한 수험생의 견해를 말하시오.
3. 각자 갑 또는 을의 입장이 되어 yes means yes 또는 no means no 중 무엇을 기준으로 하는 것이 옳다고 생각하는지 토론해 보시오.

[제시문 2]
법무부는 작년 4월 말 예멘 난민신청자의 출도(出島)를 금지하고, 6월 1일 예멘을 무비자 국가 명단에서 삭제하였으며, 같은 달 6일에는 제주도 내 외국인 거주지역 내 순찰을 강화하여 '범죄와 불필요한 갈등을 예방하겠다'고 발표했다. 이후 2018년 말까지 법무부는 484명의 난민 신청자 중 362명에게 인도적 체류 지위를 부여하고, 34명에게는 단순 불인정 결정을 내렸다. 결국 예멘 난민신청자 중 "난민은 전무하다"는 것이 법무부가 공식적으로 내린 결론이다.

문제 2

1. 난민에 대한 수험생의 견해에 대해 자유토론 하시오.
2. 난민 문제와 관련하여 법조인이 할 수 있는 역할은 무엇인가?

중앙대학교

(1) 신입생 정량

구분	학부성적 (100점 만점 환산점수)	외국어성적 (100점 만점 환산점수)	법학적성시험 (100점 만점 환산점수)
상위 25%	100	100	98
상위 50%	100	100	97
상위 75%	100	99	97
평균	99.7	99.6	97.4

※ 최종 합격자의 학부성적, 법학적성시험 각각의 환산점수를 기준으로 상위 25%, 50%, 75%지점에 해당하는 학생성적을 작성함.

(2) 출신학부(전공) 현황

출신학부(전공)	인원(명)
건축학부	1
경영학부(학과)	12
경제학부(학과)	5
고고미술사학과	1
공공인재학부	6
교육학과	1
국어교육과	2
국어국문학과	1
기계항공공학부	1
미디어커뮤니케이션학부	1
법학과	2
사회학과	1
산업보안학과	1
소비자아동학부	3
심리학과	1
언론홍보영상학부	1
언어학과	2
영어영문학과	2
일어일문학과	1
정치국제학과	1
정치외교학부(학과)	5
지구과학교육학과	1
행정학과	3
계	55

(3) 성별 현황

구분	남자	여자	계
계	26	29	55

2022학년도 입시결과

(1) 신입생 정량

구분	학부성적 (100점 만점 환산점수)	외국어성적 (100점 만점 환산점수)	법학적성시험 (100점 만점 환산점수)
상위 25%	100	100	98
상위 50%	99	100	98
상위 75%	99	100	98
평균	99.4	99.9	98.7

※ 최종 합격자의 학부성적, 법학적성시험 각각의 환산점수를 기준으로 상위 25%, 50%, 75%지점에 해당하는 학생성적을 작성함.

(2) 출신학부(전공) 현황

출신학부(전공)	인원(명)
경영학과	8
경제학(과)부	4
공공인재학부	4
광고홍보학과	1
국어국문학과	4
글로벌리더학부	1
독어교육과	2
불어불문학과	1
사학과	1
사회복지학과	1
서양사학과	1
서어서문학과	1
심리학과	1
언어학과	1
영어교육과	1
영어영문학과	1
인류학과	1
자유전공학부	4
정치외교학(과)부	10
중어중문학과	1
철학과	2
행정학과	4
계	55

(3) 성별 현황

구분	남자	여자	계
계	26	29	55

면접 진행방식

면접유형	개별면접(3:1)		
준비시간	15분	면접시간	15분
답안작성	메모지와 문제지에 메모 가능함		
문제 수 및 지문분량	1주제 2문제, A4 2/3~1장 분량		
인성질문 유무	○		
면접특징	• 오전 조와 오후 조로 나뉨 • 대기시간이 최대 4~5시간 정도이고, 개인 자료 열람 가능함 • 화장실은 진행요원과 함께 이용 가능함 • 문제풀이실로 입실 후 조교가 문제지 배부함 • 문제풀이실 책상 위에 메모지와 필기도구 비치되어 있음 • 15분간 문제풀이를 하고, 종료 10분, 5분, 1분 전에 알려줌 • 문제풀이 종료 후 문제지와 메모지는 제출하고 면접실로 이동 • 면접장 입실 시 진행요원이 자신이 작성한 문제지와 메모지를 돌려줌 • 기조발언은 5분 내로 하라고 안내해줌 • 진행요원이 면접 종료 시 노크로 알려줌		

2023 학년도 기출문제

다음 제시문을 읽고 문제에 답하시오.

[제시문 가]
고대 그리스에 제욱시스(Zeuxis)와 파라시오스(Parrhasius)라는 유명한 두 화가가 있었다. 어느 날 이들은 그림으로 대결을 펼치기로 했고, 결전의 날이 되었다. 먼저 제욱시스가 자신의 그림을 가리고 있던 베일을 벗기자 포도넝쿨 그림이 드러났는데, 그게 얼마나 실물 같았던지 날아가던 새가 진짜 포도인 줄 알고 그림에 머리를 박을 정도였다. 이를 본 파라시오스는 자기도 그림을 보여 주겠다며 제욱시스를 화실로 데려갔다. 그곳에는 커튼이 쳐진 그림이 있었는데 제욱시스는 어서 커튼을 걷고 밑에 있는 그림을 보자고 했다. 그런데 이내 제욱시스는 그것이 실제 커튼이 아니라 커튼을 그린 그림이라는 것을 깨닫게 된다. 제욱시스는 자신은 새를 속였지만 파라시오스는 자기를 속였으니 그가 이겼다고 하며 스스로 패배를 인정했다고 한다.

[제시문 나]
키치(kitch)는 '속악한 것', '속임수의', '모조품의' 혹은 '본래의 목적으로부터 빗나간', '사용방법을 이탈한 것'을 가리키는 용어이다. 즉 겉으로 봐서는 예술품이지만 그 속을 들여다보면 싸구려 상품이 바로 키치이다. 우리나라에서 키치는 처음에 '이발소그림'과 동의어였다. 허름한 이발소의 벽면을 차지한 싸구려 액자 속에는 새끼들에게 젖을 물리는 어미 돼지나 가을 추수가 끝난 전원풍경, 밥짓는 연기가 굴뚝으로 뿜어나오는 해질녘 시골집의 풍경과 같이 평범한 사람들이 염원하는 행복의 이미지들이 들어 있었다. 이발소그림과 같은 키치는 누구나 이해할 수 있는 정서나 내용을 담고 있는, 미적 수준에서는 한없이 저급한 그림들을 지칭한다. 그러나 오늘날에 와서 키치는 단지 이발소그림과 같이 미적으로 저급하거나 조악한, 그러면서도 평범한 사람들의 삶에 가장 밀착된 특수한 장르화뿐 아니라 자본주의 문화 일반,

나아가 삶의 방식과 태도를 가리키는 대단히 포괄적인 개념으로 확장되었다. 로젠버그(1906~1978)는 키치를 오히려 이 시대의 일상적인 예술로 정의하였으며, 그것은 서구의 산업화된 사회 어느 곳에서나 발견되는 값싸고 감상적이며 또 귀여운 복제품 전부를 지칭한다는 것이다. 그린버그(1909~1994)는 전위예술이 예술의 최전선이라고 한다면 키치는 가장 후방의 예술이라고 비유했다. 실상 오늘날 기존 미술의 정제된 모습을 염두에 둘 때 이것에 대한 하나의 반발로써 키치의 이념은 설득력 있는 것이라 할 수 있다.

[제시문 다]
앤디 워홀은 루브르 박물관에 전시되어 있던 단 하나의 모나리자를 서른 개 복사하여 붙여버려 기존의 미술이 가졌던 유일성을 깨 버린다. 앤디 워홀은 전 세계의 유일한 모나리자를 보면서 느낀 감동을 깨트림으로써 기존의 예술이 가졌던 고귀함과 숭고함에 반항한다. 워홀의 작업실인 '팩토리'에서 만들어진 '서른 개가 하나보다 낫다'는 대량생산에 접어든 당시 미국 사회의 결정체라고 할 수 있다. 바야흐로 양의 시대가 왔음을 알리는 작품인 것이다. 기존의 검은색으로만 배열되어 찍힌 30명의 모나리자에서 29명의 모나리자를 돌려 찍고 색채에 변화를 주었다. 색채도 다르고 기울어진 각도도 다르지만 이들은 모두 '모나리자'로 획일화되어 있다. "내가 그린 그림을 다른 사람이 그릴 수 있어야 한다고 생각한다. 내가 그린 그림인지 다른 사람이 그린 그림인지 구분할 수 없다면 멋질 것이다."라는 앤디 워홀의 언급에서 그의 예술철학을 짐작해 볼 수 있다.

문제

1. 가, 나, 다 속에 나타난 복제의 차이를 구분하는 기준점을 제시하고, 복제의 차이를 체계적으로 설명하시오.
2. 앤디워홀이 작품 이름을 '30개가 하나보다 낫다'라고 지은 이유와 하나가 30개보다 낫다라는 입장에서 앤디 워홀의 작품 방식이 가질 수 있는 문제점을 설명하시오.

추가질문

• 저작권의 문제를 언급했는데, 다 빈치의 모나리자와 앤디 워홀의 복제품은 서로 같은 그림인가, 다른 그림인가?
• 로댕의 생각하는 사람도 많이 복제되었는데, 워홀의 작품과의 차이점은 무엇이라고 생각하는가?
• 앤디 워홀은 대량생산에 대해 긍정적으로 보는가, 부정적으로 보는가?

인성질문

• 지원자만의 장점은 무엇인가?
• 고등학교 때부터 법조인이 꿈이었는가?
• 1분 동안 자기소개를 해보시오.
• 갈등을 해결해본 경험에 대해 말해 보시오.
• 대학생활을 하면서 가장 보람됐던 일은 무엇인가?

[제시문 1]
레미제라블에서 장발장이 코제트에 대한 자신의 부성애를 토로하는 대사

[제시문 2]
제우스가 인간들이 다투거나 폭력적이지 않게 하기 위해 그들을 둘로 쪼개놨고, 일생 동안 나머지 반려자를 찾아다니는 것이 사랑이다.

[제시문 3]
사랑하는 사람과의 갈등이 꼭 나쁜 것만은 아니다. 진정한 사랑은 정반합의 구조로, 항상 갈등을 수반할 수밖에 없다. 참된 갈등을 통해 새로운 카타르시스, 지혜를 형성하는 것이 사랑이다.

문제

1. 사랑에 대한 자신만의 기준을 이야기하고, 그에 따라 제시문 1과 2에서의 사랑의 차이점을 설명하고, 제시문 1과 2의 사랑을 각각 명명하시오.
2. 제시문 3의 관점에 따라 제시문 2와 같이 믿는 사람들에게 나타날 수 있는 문제점을 쓰고, 그에 따른 대안을 설명하시오.

[가군 면접] 다음 제시문을 읽고 문제에 답하시오.
● 토요일 오전 면접문제

[제시문 1]
인간은 세상을 천막 삼아 살면서 계곡을 누볐고, 널찍한 평원을 가로질렀으며, 산꼭대기에 올랐었다. 그러다가 인간이 집을 갖게 되면서 자신이 만든 도구의 도구가 되고 말았다. 소유하고 정주하는 문명적 존재 이전에 인간은 자연을 이용하며 유희하는 유목민에 가까웠다. 허기가 지면 열매를 따 허기를 채우고 농부가 돼 농사를 지으며 축적하게 됐다. 나무 아래서 잠시의 피신처로 만족하던 인간이 집을 갖게 되며 밖에서 야생의 밤을 보내지 않게 됐다. 그러면서 땅에 자리 잡고 앉아 하늘을 잊어버렸다.
예전의 미개인들은 자연 상태에서 자족적으로 풍요로웠다. 그러나 미개의 삶을 개선하기 위해 인공적으로 진화한 문명인들은 역설적으로 점점 가난하게 됐다. 집을 소유하고, 옷을 마련하기 위해 은행에 빚을 져야 하는 일이 많아졌다. 가난한 문명인의 곤혹은 삶에 대한 기본적인 태도에서 기인한다. 가령 인간은 필수품이 부족해 굶주린다기보다 사치품에 굶주리는 경우가 많다. 욕망과 과시소비는 문명인을 더 가난하게 만들고, 부채에 시달리게 한다.
출처: 우찬제 교수, "가난한 문명인, 풍요로운 미개인", 세계일보, 2016.4.11.

[제시문 2]
지금 미국에서는 집을 포기하고 밴이나 RV, 심지어 세단 등의 다양한 차에서 거주하는 사람들이 있다. 이들은 일자리를 찾아 미국 전역을 누비고 다니며, 이들 대부분은 더는 주거비용을 감당할 수 없는 은퇴 연령대의 사람들이다. 이들은 집을 포기하고 차에서 먹고 잔다. 소위 워캠퍼(Workamper)라고 불리는 유랑 노동자이다. 이들은 미국 전역을 RV 차량을 타고 돌아다니면서 계절성 단기 일자리를 전전하며 비정규직으로 일한다. 운이 좋게 정규직 제안을 받을 수도 있지만, 대체로 그런 일은 일어나지 않는다. 왜냐하면 이들은 대부분 고령이기 때문이다. 이들은 자신들이 홈리스(Homeless)가 아니라 하우스리스(Houseless)라고 말한다. 그들은 법률적 관점에서 보면 자신들이 홈리스(Homeless)임을 알고 있다.

문제

1. 제시문 1의 가난한 문명인과 제시문 2의 하우스리스 개념을 비교하시오.
2. 제시문 2의 길 위의 희망에 대해 홈리스와 하우스리스 개념을 통해 자세히 설명하시오.

● 토요일 오후 면접문제

[제시문 1]
중세의 교회 또한 고리대금을 엄격히 금지했다. 단테의 '신곡'에서 고리대금업자는 지옥 7층에서 고통을 당한다. 이자를 받고 돈을 빌려주는 것은 십계명의 네 이웃의 재물을 탐내는 절도라 하였다. "고리대금업은 자궁 속의 아이를 살해하고, 젊은이의 구애를 가로막고, 침대에 중풍을 가져오고, 젊은 신부와 그녀의 신랑 사이에 드러눕는다." 토마스 아퀴나스는 "돈은 돈을 낳지 않는다. 돈은 교환을 위해 발명된 것이다. 빌려준 돈을 사용한 것에 대한 대가를 받는 것은 부당하다."고 하였다. 아이러니컬하게도 고리대금업은 당시 소외받던 유태인들의 주된 돈벌이가 되었다. 자기 동족이 아니면 이자놀이를 할 수 있었기 때문이었다.
1) 포도주나 밀처럼 소유권을 이전하는 형태의 거래만 정의롭다. 다만 집은 사용한다고 해서 닳는 게 아니므로 괜찮다.
2) 아리스토텔레스는 돈의 주목적이 거래와 이전이라고 했는데, 이자는 둘 다 해당하지 않으므로 정의롭지 않다.
3) 유대인들이 자기 이웃이나 친척들에게는 이자를 받지 않으면서 다른 사람에게 받는 것은 불평등하다.
4) 이자를 자발적으로 내는 사람들은 괜찮다는 반박이 있다. 그러나 현실적으로 이자는 필요에 의해 내는 것이지 자발적으로 내는 사람은 없다.

[제시문 2]
1997년부터 시작된 외환위기 때 IMF가 우리 정부에 고금리 정책을 유지하라고 권고한 것에 따라 이자제한법을 폐지하였다. 당시 제출된 이자제한법 폐지법률안의 제안이유에는 "자금의 수급상황에 따라 금리가 자유로이 정해질 수 있

도록 하여자원 배분의 효율성을 도모하고자 최고이자율을 정하고 있는 이자제한법을 폐지"한다는 설명이 있었다. 이후 2007년 이자제한법이 다시 제정되어 시행되고 있다. 최근 경제 영역의 자유화와 민주화에 따라 최고이자율을 폐지하는 이자제한법 개정안이 발의되었다. 세계화 추세에 발맞추어 생산성과 효율성 향상 및 자원의 효율적인 배분을 위해서는 현행의 금리상한제를 없애야 한다는 것이다.

문제

제시문 2의 관점에서 제시문 1의 주장과 논리를 비판적으로 검토하시오.

● **일요일 오후 면접문제**

[제시문 1]
대화는 서로 이해하기 위해 경청하지만, 논쟁은 상대방의 결함을 발견해 이를 공격하는 것이다. 논쟁은 승자와 패자가 존재하지만, 대화는 승자나 패자가 존재하지 않는다. 논쟁은 그 결과로 자신의 의견을 바꾸지 않고 끝까지 고수하지만, 대화는 각자의 입장 자체는 바뀌지 않더라도 그 결과로 서로 변화하게 된다.

[제시문 2]
극단주의는 사회적 폭포 현상으로 인해 더욱 심화된다. 사회적 폭포 현상이란 사람이 어떤 판단을 내릴 때 다른 사람의 생각과 행동에 의존하려는 경향을 말한다. 집단 극단화는 같은 생각을 하는 사람들이 모여 집단을 이루게 되면 특정 사안에 대한 의견이 계속 심화하고, 극단주의까지 이르게 될 수 있음을 말한다.

[제시문 3]
인간은 집단을 이루는 것이 본성이다. 인간은 이러한 본성에 따라 집단을 이루게 되고, 다수가 집단을 이루면 다수 의견이 지배적인 의견이 된다. 이 과정에서 소수는 배제되고, 다수의 횡포는 점점 소수 의견을 억압하게 된다.

문제

1. 제시문 1은 이분법적으로 논쟁과 대화를 설명하고 있다. 이를 바탕으로 제시문 2에서 말하는 집단 극단화의 문제점을 설명하시오.
2. 사회적 갈등에 대한 제시문 1과 제시문 3의 해결 방법이 다른데, 두 해결 방법의 차이점과 그 원인을 설명하시오.

2021 학년도 기출문제

[가군 면접] 다음 제시문을 읽고 문제에 답하시오.

● **토요일 오전 면접문제**

[제시문 1]
(가) 로데스 섬에서는 기아 상태로 사람들이 죽어가고 있다. 어떤 상인이 곡물을 싣고 로데스 섬에 가고 있다. 그는 자신이 도착한 이후 많은 곡물을 싣고 있는 배가 뒤따라 도착할 것을 혼자만 알고 있다. 상인은 선한 사람이기 때문에 자신의 행동이 부도덕하다는 것을 알면 그것을 행하지 않을 것이다. 하지만 주민들에게 사실을 알리지 않고 곡물을 파는 행위가 부도덕한지 아닌지 알 수가 없다. 상인이 사실을 로데스 주민에게 알리지 않는다면 곡물을 비싸게 팔아치울 수 있다. 어떤 사실을 알릴지 말지의 여부를 결정함에 있어서 사실을 알리지 않는 것이 도덕적이지 않다는 입장과 그 반대의 입장이 각각 존재하는 것이다.
(나) 어떤 착한 집주인이 있다. 그는 자신이 사는 집에서 뱀이 나오며 나쁜 목재를 써서 집이 허물어질 위험이 있다는 사실을 알고 있다. 이때 집을 구매하기를 희망하는 사람이 나타나고, 집을 팔면서 집의 하자 부분을 숨긴 채 적정가격보다 비싼 가격으로 집을 팔 수도 있고 그렇지 않을 수도 있다. 집주인이 자신의 집의 하자를 말하지 않은 것이 도덕적이지 않다는 입장과 도덕적이라는 입장이 존재한다.

1. 제시문 (가)와 (나)는 각각에서 상반된 견해가 도출될 수 있다. 이러한 상반된 견해가 무엇인지 말하고, 그 견해가 나타난 근거를 추론해보시오.
2. 침묵은 거짓말과 같이 부정적으로 평가될 수 있다. (나)의 침묵이 부정적으로 평가될 수 있는지 말하고, 그 근거를 제시하시오.

● **토요일 오후 면접문제**

[제시문 2]
(가) 한 연구진이 사형제도에 대해서 찬성하는 그룹과 반대하는 그룹을 데리고 실험을 진행했다. 두 그룹에게 사형제도에 대한 찬성과 반대의 내용이 섞인 기사를 읽게 한 후, 의견을 다시 들었다. 그러자 사형제도를 찬성했던 그룹은 더욱 찬성한다는 의견이 강해졌고, 반대로 사형제도를 반대했던 그룹 또한 더욱 반대한다는 의견이 강해졌다. 속성 일치 정보를 속성 비일치 정보보다 더욱 타당하게 인지하고자 하는 개인의 경향을 편향 동화라고 하는데, 바로 이 현상 때문이다.
(나) 전쟁이 발생하면 항상 대두되는 문제가 군인들의 민간인이나 적군을 상대로 한 잔혹한 행위이다. 전쟁에 나가기 전에는 너무나 평범하고 착한 사람들이 왜 군인으로 전쟁에 참전하면서부터 악마로 돌변하는 것인가? 군복을 입는 순간 개인은 사라지고, 군인으로서의 집단적 정체성이 형성되는 것이다. 군중 혹은 집단 속에서 때때로 자신의 정체성을 자각하지 못하는데 이 현상이 바로 탈 개인화이다.
(다) 포퓰리즘의 핵심 기제는 정치적 이원화이다. 포퓰리즘이 만연한 사회는 적 혹은 동지로 나뉘게 되고, 엘리트와 민중이 계급적 차이를 뛰어넘어 한 편이 되기도 한다.

문제 2

1. 제시문 (다)의 포퓰리즘의 특징을 바탕으로 제시문 (나)에서 평범한 개인들이 어떻게 악마화될 수 있는지를 설명하시오.
2. 제시문 (가), (나), (다)에 나온 핵심 개념을 활용하여 민주주의의 건전한 작동에 어떠한 위협이 될 수 있는지 설명하고 그 이유를 말하시오.

● **일요일 오전 면접문제**

[제시문 1]
(가) 민족은 본래 주권을 가진 것으로 상상되는 정치공동체이다. 가장 작은 민족의 성원들도 대부분의 자기 동료들을 알지 못하고 그들에 대한 이야기도 듣지 못하지만, 그들 각자의 마음에는 서로에 대한 친교의 이미지가 살아 있기 때문에 민족이란 상상된 것이다. 민족이 제한된 것으로 상상된다는 것은 민족과 민족 사이에 경계가 존재함을 의미한다. 어떤 민족도 그 자신을 인류 전체와 동일시하지는 않으며, 모든 인류가 자신의 민족에 동참할 것이라고 기대하지도 않는다. 민족이 주권을 가진 것으로 상상된다는 것은 이 개념이 등장한 시기와 관련이 있다. 민족이라는 개념이 등장한 18세기 말은 그제껏 종교적으로 뒷받침되어온 왕국의 합법성이 붕괴되던 시기였다. 이러한 단계에서 민족들은 자유롭기를 꿈꾸었고 이 자유의 표식과 상징은 주권국가이다. 마지막으로 민족은 공동체로 상상된다. 민족 내부에 실질적으로 존재하는 불평등에도 불구하고 민족은 형제애라는 심오하고 수평적인 동료 의식으로 상상되기 때문이다.
(나) 시민으로서 공공의 일에 참여할 수 있었던 그리스−로마적 국가에서 '시민사회'는 곧 '국가'로 이해되었다. 그러나 근대 산업사회의 구성원은 자기 자신의 이익을 자기의 목적으로 삼는 사인으로서의 '시민'이다. 이들을 구성원으로 갖는 '시민사회'는 아직은 보편적 의지의 현실태인 진정한 의미에서 국가라 할 수 없다. 그러나 개인들이 시민사회의 체험을 통해 단지 이기적으로 자신을 보존하는 것이 아니라, 그들의 특수한 목적을 보편적인 목적으로 고양시킴으로써 하나의 전체가 될 때 '국가'는 비로소 구체적으로 실현된다.
(다) 1909년 일제강점기에는 민족의 흥망성쇠에 대해 개인주의를 앞세운 자들을 비판하고 민족 공동체를 강조하였다. 개인주의를 우선시한 사람들은 결국 국가의 위기를 가져왔다.

문제 1

1. 제시문 (가)의 '주권을 가진 민족', '공동체적 민족'의 개념을 바탕으로 제시문 (나)의 개인과 민족의 관계를 말하시오.
2. 제시문 (다)의 '개인주의를 앞세운 자'가 의미하는 바와 같은 것을 제시문 (나)에서 고르고 그 이유를 말하시오.

● 일요일 오후 면접문제

[제시문 2]
(가) 계몽이란 인간이 스스로 책임져야 할 미성년상태에서 벗어나는 것이다. 미성년상태란 다른 사람의 지도 없이 자신의 지성을 이용하지 못하는 상태이다. 미성년상태를 스스로 책임져야 하는 것은, 그 원인이 지성의 부족에 있는 것이 아니라 다른 사람의 지도 없이 지성을 사용하려는 결단과 용기의 부족에 있는 경우이다. 그러므로 과감히 알려고 하라! 너 자신의 지성을 사용할 용기를 가져라! 하는 것은 계몽의 표어이다. 계몽을 위한 방법으로는 자유 이외에 다른 방법은 불필요하다.
   이성의 경우 이성의 공적인 사용은 이성의 사적인 사용과 구분된다. 이성의 공적인 사용은 공론장에서 비판의 역할을 담당한다. 이성의 공적인 사용은 언제나 자유롭지 않으면 안 된다. 이 이성의 공적인 사용만이 인류에게 계몽을 가져올 수 있다. 이성의 사적인 사용이란 인간이 "그에게 맡겨진 어떤 시민적 지위나 공직에서" 이성을 사용하는 것으로, 현실의 직분을 다하기 위해 공동체의 일원으로서 의무적으로 사고하는 것을 말한다. 공동체의 이해가 걸려 있는 많은 일들은 어떤 기계적 장치를 필요로 하는데, 공동체의 구성원들은 이 장치에 의해 단지 수동적으로 그 일을 수행할 뿐, 비판하지 않는다. 그러나 그 기계 장치의 한 부분이 자신을 전체 공동체의 한 구성원으로서, 혹은 세계시민으로서 비판할 수 있다.

출처: 임마누엘 칸트, <계몽이란 무엇인가>

(나) 아돌프 아이히만(Adolf Eichmann, 1906~1962)은 독일 나치의 친위대 장교로, 제2차 세계 대전 중 독일과 독일 점령하의 유럽 각지에 있는 유태인을 체포하고 강제 이주시키는 계획을 실행한 인물이다. 1960년 아이히만이 체포되었을 당시 사람들은 그가 포악한 성정을 가진 악인일 것이라고 추측했다. 그러나 반대로 지극히 평범하고 가정적인 사람이라는 것에 충격을 받았다. 아이히만을 검진한 정신과 의사들 역시 아이히만이 매우 '정상'이어서 오히려 자신들이 이상해진 것 같다고 말할 정도였다. 아이히만은 히틀러 직속으로 소위 유대인 문제를 해결하는 총책임자 힘러(Heinrich Himmler)의 지시를 가장 효율적으로 해결하는 부하였다.
   재판 과정에서 아이히만은 임무를 수행하는 과정에서 죄책감을 느끼지 못했고 오히려 월급을 받으면서 일을 제대로 하지 못하면 양심의 가책을 느꼈을 것이라고 진술했다. 그는 내적인 갈등 없이 관료주의의 효율을 위해 기술적으로 임무를 수행했을 뿐이었다. 즉 반인륜적인 상부의 지시에 무조건 따르면서 '악의 평범성'에 빠진 것이다.

문제 2

1. 국립국어원에서 계몽이란 "지식수준이 낮거나 인습에 젖은 사람을 가르쳐서 깨우침"을 의미한다. 제시문 (가)에서의 계몽의 의미와 사전적 의미 간의 차이점을 설명하고, 이성의 사적 사용과 이성의 공적 사용 간의 차이를 실례를 들어 설명하시오.
2. 제시문 (가)의 논지를 토대로 제시문 (나)의 아이히만의 악의 평범성이 발현된 이유를 말하시오.

2020 학년도 기출문제

[오전 면접] 다음 제시문을 읽고 문제에 답하시오.

[제시문 1]
원나라 때 이잠부(李潛夫)의 작품으로 알려져 있는 희곡 <회란기(灰闌記)> 중의 내용이다. 이 희곡에 포청천(包靑

天)이 등장한다. 마씨 집안의 첩이 아들을 낳았는데, 이를 질투한 정실부인이 남편을 독살하고 첩에게 뒤집어씌웠다. 또 남편의 재산을 상속받기 위해 첩의 아이가 자신의 아이라고 주장하며 동네 산파와 이웃을 매수해 거짓 증언을 하도록 했다. 첩과 그 오라비가 억울함을 호소하자 포청천은 땅바닥에 석회로 동그라미를 하나 그린 다음 아이를 그 안에 세웠다. 그러고 나서는 첩과 정실부인에게 아이의 양팔을 각각 잡게 하고 원 밖으로 끌어내는 쪽이 친모일 것이라고 선언했다. 정실부인은 사력을 다해 아이를 잡아당겼으나 첩은 아이가 아파하는 것을 보고 아이를 놓아 버렸다. 그러자 포청천은 첩이 진짜 어머니라는 판결을 내렸다.

[제시문 2]
반란이 일어나 총독이 살해당하고 총독 부인은 피란 가는 와중에 어린 아들을 놔둔 채 도망간다. 젊은 하녀 그루쉐가 아이를 구해 온갖 위험과 고생을 겪으며 피란길에 오른다. 반란이 진압된 뒤 총독 부인이 아이를 찾으러 온다. 아이가 있어야 총독의 재산을 상속받을 수 있기 때문이다. 그러나 그루쉐는 아이를 돌려주고 싶지 않았고 결국 재판이 열린다. 재판관 아츠닥은 원 안에 아이를 놓은 후, 아이의 양팔을 각각 잡게 하고 원 밖으로 끌어내는 쪽이 친모일 것이라고 선언했다. 그루쉐는 아이가 아플 것을 알면서 팔을 잡아당길 수 없다며 손을 놓아 버린다. 아츠닥은 그루쉐가 진짜 어머니라고 선언했다.

문제

1. 제시문 (가)와 (나)를 읽고 기준을 제시한 후 기준에 따라 공통점과 차이점을 설명하라.
2. 제시문 (나)의 아츠닥이 말한 진짜 어머니의 의미는 무엇인가?
3. 제시문 (나)의 아츠닥의 재판의 문제점을 제시하고, 자신이 재판관이었다면 어떻게 판결했을지 말하라.

인성질문

• 지원동기
• 어떤 법조인이 되고 싶은가?
• 법조인이 된 후 공익의 대척점에 서 있는 사람의 변호를 한다면 어떻게 할 것인가?
• 요즘 '내로남불'이라는 단어가 이슈인데, 이 단어에 대해 어떻게 생각하나?

[오후 면접] 다음 제시문을 읽고 문제에 답하시오.

[제시문]
(1) A는 중고상품 거래 앱 회사에서 근무하고 있다. 하루는 사장님이 A에게 회사 어플에 글을 도배하다시피 하는 '거북이알'이 누구인지와 그 이유에 대해서 알아보라는 지시를 내린다. '거북이알'과 직접 중고 거래를 통해 만남을 가진 A는 그녀가 왜 물건을 많이 판매하는지에 대한 사연을 듣게 된다.
    카드회사 공연기획팀 소속인 거북이알은 회사로부터 월급을 현금이 아닌 신용카드 포인트로 받게 된 것이다. 당장 회사를 그만두지 못하고 포인트로 구매할 수 있는 물건이 한계가 있기 때문에 고민 끝에 중고사이트에서 포인트로 산 물건을 되팔아서 현금을 만들고 있는 것이었다. 이 회사의 대표는 약속했던 승진도 취소시키고, 강남에서 판교로 일방적으로 전보 조치를 시키는가 하면 급기야 월급을 카드 포인트로 지불하는 등의 행동을 하고 있어서 '거북이알'은 몹시 힘들어하는 상황이다.
(2) 최근에는 젊은 세대뿐만이 아니라 나이가 많은 세대들도 SNS를 활발하게 활용하고 있고, 현대 사회에서는 떼려야 뗄 수 없는 것이 되어 버렸다. 그러나 SNS의 부정적 영향에 대한 우려의 목소리도 크다. 일반적으로 많은 사람들은 SNS에 자신의 삶 중에서 가장 즐겁고 부러움의 대상이 될 만한 상황을 많이 드러내기 때문에 과시 경쟁이 치열해진다. 또한 SNS에 긍정적인 글만 올림으로써 부정적인 일에 대처하는 능력이 떨어지며, 항상 SNS에 노출이 되어 있다 보니 혼자만의 시간을 갖는 것에 힘들어하고, 혼자 있으려는 욕구 또한 감소한다. 가장 우려되는 것은 가족이나 친구, 연인과 함께 있을 때조차도 SNS를 하느라 대화를 거의 나누지 않고 대화를 나누어야겠다는 필요성조차 느끼지 못하고 서로 간의 거리가 멀어져 간다는 것이다.

문제

1. 제시문 (1)의 주인공인 '거북이알'이 회사의 갑질에 대처한 대응방식을 설명하고, 이를 옹호 또는 반박하시오.
2. 제시문 (1)의 사례를 바탕으로, (2)에 나오지 않은 SNS의 순기능에 대해 설명하시오.

인성질문

• 학업 외적인 요소로 가장 기억에 남는 일은?
• 지원자가 차별화될 수 있는 부분은?
• 본인이 생각하는 중요한 법조인의 자질은?
• 중앙대에 지원한 이유는?

2019 학년도 기출문제

[가군 면접] 다음 제시문을 읽고 문제에 답하시오.

● **토요일 오전 면접문제**

[제시문 (가)]
용서의 진정한 의미를 모르기 때문에 용서하는 것이 힘들다. 어떤 사람들은 용서를 나에게 상처 준 상대의 행동에 정당성을 부여하는 것으로 오해한다. 또 관계를 유지하기 위해 용서를 하기도 한다. 아니면 그 일에 대해서 없었던 일로 하고 잊어버리는 것을 용서라고 생각하기도 한다. 많은 사람들은 화해를 하기 위해 용서가 필요하다고 오해한다.

[제시문 (나)]
A는 연구원으로 지도교수와 후배 연구원과 책을 공동으로 집필하고 있다. 하루는 교수가 학회 준비로 너무나 바빠서 시간이 부족하자, 자신이 맡은 챕터의 일부를 연구원 둘에게 맡긴다. 그런데 나중에 책이 출간될 때 확인해보니 각자가 처음 맡았던 부분에 대한 공로는 인정해 주었으나, 교수 대신 공동으로 맡았던 일부를 교수가 담당했다고 적혀 있었다. 후배 연구원은 이에 대해 연구윤리위원회에 문제 제기를 하려고 했지만, A씨는 지도교수와의 관계가 나빠지지 않을지가 걱정스럽고, 책에는 자신과 후배의 이름도 함께 올라가 있으니 자신에게 특별히 손해나는 것은 없다며 교수를 '용서'하겠다고 말한다.

[제시문 (다)]
'밀양'이라는 영화의 줄거리는 주인공의 딸이 유괴된 후 살해된 채 발견되고 주인공은 분노에 휩싸인다. 그 분노는 자신의 딸의 처참한 죽음과 범인의 가벼운 처벌, 주변에서 무책임한 엄마라며 내리는 비난과 자신이 딸을 지키지 못했다는 좌절감 등이었다. 그런 사건이 벌어진 후 교회를 다니게 되고 거기에서 하나님의 용서를 알게 된다. 주인공은 가해자를 용서하기로 마음먹고 교도소를 찾아가는데, 그곳에서 가해자는 이미 하나님이 자신을 용서해주셨다며 주인공에게도 하나님을 믿으라고 말한다. 그 말을 듣는 순간 주인공은 또 참을 수 없는 분노를 느낀다.

문제

제시문 (가)를 읽고, 제시문 (나)의 A 그리고 제시문 (다)의 주인공이 진정한 용서를 했다고 생각하는지 답변하시오.

● **토요일 오후 면접문제**

[제시문 (가)]
인간의 행동에 관한 재미난 실험이 하나 있다. 사람들에게 100장의 숫자 카드 중 무작위로 하나를 뽑게 한 뒤에 UN 가입국 중 아프리카 국가의 수를 맞추라는 질문을 했을 때, 자신이 뽑은 숫자 카드와 비슷한 숫자의 대답을 하였다. 물론 사람들은 무작위로 뽑은 숫자와 국가의 수가 연관성이 없을 것이라는 것을 충분히 예측할 수 있는데도 말이다.

[제시문 (나)]

한 연구자가 재미난 실험을 진행했다. 당신은 주식 투자할 기회가 있는데 현금이 부족한 상황이었다. 그런데 작은 할 아버지께서 나에게 유산을 상속하셨고, 충분한 자금이 생기자 투자를 하고 싶은 상황이다. 실험자를 두 개의 그룹으로 나누었고, 첫 번째 그룹에게는 재산을 현금으로 물려받게 되었다고 이야기했고, 두 번째 그룹에게는 재산을 현금과 주식을 섞어서 받게 되었다고 이야기했다. 그런 후 자신에게 주어진 재산으로 현금, 주식, 국채, 상대적으로 리스크가 높은 회사채에 분산하여 투자하게 하였다. 그러자 두 그룹의 투자 결과가 다르게 나타났다. 재산을 현금과 주식으로 받은 집단이 더 안전한 투자를 선호한 것이다. 즉, 사람들은 자신에게 주어진 상황에 따라 다른 판단을 한다는 것을 보여주는 실험이었다.

문제

제시문 (가)와 (나)에서 공통적으로 나타나는 인간의 행동 성향을 말하고, 이를 바탕으로 판매자에게 주는 시사점이 무엇인지 말하라.

● 일요일 오전 면접문제

[제시문 (가)]

사회적 자본이란 사람들 사이의 협력을 가능하게 하는 구성원들의 공유된 제도, 규범, 네트워크, 신뢰 등 일체의 사회적 자산을 포괄하여 지칭하는 것으로, 이 중 사회적 신뢰가 사회적 자본의 핵심이다. 물질적 자본, 인적 자본에 뒤이어 경제성장의 중요한 요소로 손꼽히고 있다. 사회적 자본이 잘 확충된 나라일수록 국민 간의 신뢰가 높고 이를 보장하는 법 제도가 잘 구축돼 있어 거래비용이 적고 효율성은 높다. 따라서 생산성이 올라가고 국민소득은 높아지게 마련이다.

문제

최근 한국 사회에서 논란이 되고 있는 '떼법' 문화와 사회적 자본이 어떠한 연관이 있다고 생각하는지 설명하시오.

[제시문 (나)]

중국은 세계 2위의 경제력 및 많은 자원을 보유한 나라임에도 불구하고, 국가신뢰도가 낮고 국가브랜드 가치가 낮다.

문제

1. 중국 같은 경우 경제력 측면에서는 G2의 반열에 올라 있음에도 불구하고 왜 국가브랜드 지수 순위는 그에 미치지 못하는가?
2. 한국에 비해 일본의 순위가 왜 높은지에 대해 답하시오.

● 일요일 오후 면접문제

[제시문 (가)]

A는 아파트 6층에 거주하고, B는 같은 아파트 7층에 거주 중이다. 어느 날 B가 전기세를 절감하기 위해 자신의 아파트 베란다에 태양광 발전기를 설치했다. 그런데 이 발전기를 작동시킬 때마다 뜨거운 바람이 A의 창문을 통해 들어오는 문제가 발생한다. 따라서 A는 에어컨 바람을 싫어하는 사람인데도 불구하고, 에어컨 사용을 늘려야 하는 상황에 처하게 된다. 잦은 에어컨 사용으로 인해 A는 전기세를 더 내는 상황이다.

[제시문 (나)]

코즈의 정리는 소유권이 잘 확립되고 거래비용이 없을 때 시장 참여자가 자발적인 협상을 통해 외부성(externality)의 문제를 해결할 수 있다는 이론이다. 이 이론은 미국 경제학자 로널드 코즈가 1937년 발표한 논문 '기업의 본성(the nature of the firm)'에서 처음으로 제기했다. 코즈의 정리는 부정적 외부 효과뿐만 아니라 긍정적 외부 효과에 대해서도 작동하며, 협상 등에 필요한 거래 비용이 크거나 이해 당사자가 많으면 협상이 이뤄지기 힘들어진다. 또한 외부 효과를 일으키는 행위에 대한 법적 권리가 누구에게 있는지에 상관없이 협상을 통해 모든 사람이 이득을 얻을 수 있도록 진행돼 시장은 효율적인 결과에 도달할 수 있다.

[제시문 (다)]
다니엘 카네만(Daniel Kahneman)의 '손실 회피성'이란, 손실은 같은 액수의 이익보다도 훨씬 더 크게 느껴지는 특성이 있다. 따라서 같은 액수의 손실로 인한 불만족은 이익이 주는 만족보다 더 크다는 의미가 된다. 카너먼과 트버스키의 실험에 따르면 1,000원의 손실이 주는 불만족은 1,000원의 이익이 주는 만족보다 2배에서 2.5배나 큰 것으로 나타났다.

이러한 손실 회피성이 사람의 행동에 미치는 영향으로 '보유효과'와 '현상유지 바이어스'를 둘 수 있다. '보유효과'란 어떤 것을 실제로 소유하고 있을 때는 그것을 갖고 있지 않을 때보다 높게 평가하는 것을 말한다. 1950년대에 1병에 5달러를 주고 산 와인이 현재는 100달러의 가치가 있음에도 팔 생각이 없고, 반면에 같은 와인을 지금 살 경우에는 35달러 이상은 주지 않으려고 하는 사람의 사례가 이를 잘 보여준다. 따라서 경제학적 합리성은 현실적으로 불가능하며, 인간은 항상 합리적으로 사고하지 않는다.

문제

제시문 (나)와 (다) 중 더 적합한 입장 한 가지를 선택해 제시문 (가)의 상황을 설명하시오.

충남대학교

2023학년도 입시결과

(1) 신입생 정량

구분	LEET	학부성적	영어성적
상위 25%	68.06	97.3	100.00
상위 50%	66.38	95.7	100.00
상위 75%	63.65	94.09	100.00
평균	66.01	95.36	99.89
비고(배점점수)	120	100	100

※ 각 정량평가 요소별에 대한 상위 25%, 50%, 75%지점 점수이므로 최종합격자의 순위와는 관계가 없음
※ LEET, 대학성적, 공인영어성적에 대한 점수는 우리 대학교 성적반영 방법에 따라 환산된 점수를 적용하여 나타낸 것임
※ 각 점수는 소수점 셋째 자리에서 반올림함

(2) 출신학부(전공) 계열 및 성별 현황

전공계열	남자	여자	계
공학	1	2	3
농학	–	–	–
법학	4	5	9
사범	5	1	6
사회	21	16	37
상경	10	8	18
신학	–	–	–
약학	–	–	–
예체능	–	2	2
의학	1	0	1
인문	6	20	26
자연	2	4	6
기타	–	–	–
계	50	58	108

(1) 신입생 정량

구분	LEET	학부성적	영어성적
상위 25%	69.28	98.35	100.00
상위 50%	67.02	97.34	100.00
상위 75%	65.51	96.50	100.00
평균	63.79	95.28	99.88
비고(배점점수)	120	100	100

※ 각 정량평가 요소별에 대한 상위 25%, 50%, 75%지점 점수이므로 최종합격자의 순위와는 관계가 없음
※ LEET, 대학성적, 공인영어성적에 대한 점수는 우리 대학교 성적반영 방법에 따라 환산된 점수를 적용하여 나타낸 것임
※ 각 점수는 소수점 셋째 자리에서 반올림함

(2) 출신학부(전공) 계열 및 성별 현황

전공계열	남자	여자	계
공학	3	1	4
농학	0	0	0
법학	8	2	10
사범	2	2	4
사회	19	6	25
상경	11	8	19
신학	1	1	2
약학	0	0	0
예체능	0	0	0
의학	0	0	0
인문	16	15	31
자연	5	2	7
기타	0	2	2
계	65	39	104

면접 진행방식

면접유형	개별면접(3:1)		
준비시간	10분	면접시간	15분
답안작성	문제지에 메모하고, 휴대 가능함		
문제 수 및 지문분량	학업능력 영역 2~4문제, 인성·의사소통능력 영역 2~3문제, A4 1장 분량		
인성질문 유무	×		
면접특징	• 대기시간 동안 개인 자료 열람 불가능함 • 전체 대기실이 있는 1층 내에서는 자유롭게 이동 가능함 • 5층 문제풀이실로 입실하면 책상 위에 문제지와 필기도구 제공됨. 메모지 요청하면 줌 • 10분간 문제풀이를 하며, 종료시간은 종을 울려 알려줌		

면접특징	• 문제풀이 종료 후 문제지를 소지하고 면접실로 이동함 • 첫 번째 문제에 대한 답변이 끝나면 추가질문이 주어지고, 이후 두 번째 문제를 답변하도록 함 • 전체적인 분위기는 좋으나, 지성문제에 대한 추가질문은 지원자의 발언 내용 중의 허점을 지적함 • 면접 태도도 중요한 평가요소임

2023 학년도 기출문제

[가군 면접] 다음 제시문을 읽고 문제에 답하시오.

● 학습능력영역

[제시문 1]

전 세계적으로 탄소중립이 주목받고 있다. 탄소중립은 이산화탄소를 배출한 만큼 이산화탄소를 흡수하는 대책을 세워 이산화탄소의 실질적인 배출량을 '0'으로 만든다는 개념이다. 지구 온난화를 막기 위한 기후변화협약에 따라 교토의정서에서 '온실가스 배출권거래제도'가 도입되었다.

각국별로 온실가스(이산화탄소) 배출 감축 의무와 연간 배출허용량을 정한 뒤 국가마다 할당된 감축량 의무 달성을 위해 자국의 기업별·부문별로 배출량을 할당하는데, 이때 할당량만큼 온실가스 감축이 불가능한 국가·기업의 경우 다른 나라 기업으로부터 할당량을 매입할 수 있도록 허용한 제도이다. 허용량보다 온실가스를 많이 배출한 국가나 기업은 초과분만큼의 탄소배출권을 탄소배출권거래소에서 구입해야 하며, 허용량보다 적게 배출한 국가나 기업은 미달분만큼 탄소배출권을 팔 수 있다.

이처럼 온실가스 감축에 많은 비용이 소요되는 기업이나 국가는 감축 목표를 초과 달성한 국가·기업으로부터 배출권을 시장에서 사들이는 방법으로 감축 의무를 이행할 수 있게 돼, 시장 전체로서는 최소한의 비용으로 목표를 달성할 수 있다는 이점이 있다.

탄소 배출에 있어서 미국과 개발도상국의 갈등이 존재한다. 미국은 탄소배출권거래제도의 활성화를 통해 탄소중립 목표를 달성해야 한다고 주장한다. 그렇지만, 개발도상국들은 선진국들이 제시하는 기준은 자신들에게 과중한 부담이며, 지구환경 악화에 대하여는 선진국들에게 역사적인 누적 책임이 있기 때문에 개선 의무도 선진국들이 주로 부담해야 한다고 주장한다.

문제

1. 탄소중립의 목적이 전 세계의 탄소 총합을 줄이기 위함이라면, 몇몇 국가들의 탄소배출을 제한하는 것만으로 효과가 있겠는가?
2. 만약 효과에 의문이 있다면, 탄소배출권거래제도에 반대하는 입장을 논거를 들어 이야기해 보시오.

추가질문

• 탄소배출권거래제도에 긍정적인 입장을 보이는데, 탄소중립을 달성하기에 탄소배출권거래제도로는 부족한 것 아닌가? 다른 추가적인 방안이나 대안이 있는가?
• 개도국의 경우 정부의 부정부패 또는 외화를 취득할 목적으로 탄소배출권을 마구 팔 수 있고, 선진국 역시 탄소배출권을 사들여서 국내생산을 늘림으로써 오히려 세계의 탄소배출량이 증가할 수도 있는데, 이에 대해 어떻게 생각하는가?
• 탄소배출권거래제도는 정당한가?

[제시문 2]
공자 사후 전국시대 중기의 맹자는 성선설을, 말기의 순자는 성악설을 바탕으로 학설을 전개했다. 성선설은 사람의 본성이 선(善)이라는 학설이다. 그리고 이러한 선한 능력 또는 덕성을 수양에 의해 충실히 발전시키어 덕을 완성하는 것을 목적으로 하였다. 성악설은 사람의 타고난 본성은 악(惡)하다고 생각하는 윤리사상이다. 순자는 맹자의 성선설에 반대하고 나섰으나 그 목적은 맹자와 마찬가지로 사람들에게 수양을 권하여 도덕적 완성을 이루고자 하는 것이었다. 성악설은 사람이 태어나면서부터 가지고 있는 욕망에 주목하고, 그것을 방임해 두면 사회적인 혼란이 일어나기 때문에 악이라는 것이며, 따라서 수양은 사람에게 잠재해 있는 것을 기르는 것이 아니라 외부의 가르침이나 예의에 의하여 후천적으로 쌓아가는 것이라고 하였다.

문제

1. '성선설'과 '성악설'을 평가하시오.
2. 동일한 범죄를 저질러도 '교화 가능성'이 있다고 판단되는 범죄자에게는 비교적 가벼운 처벌을 내리기도 한다. 동일 범죄에 다른 처벌을 내리는 것이 정당한가?
3. 형사미성년자제도를 유지해야 하는가? 필요하다면 어떻게 시행하는 것이 적절한지 말해 보시오.

추가질문

• 촉법소년 연령 하향이 필요하다면 범죄소년 연령 하향도 필요하다고 생각하는가?
• 형사미성년자제도는 폐지해야 하는가?
• 한국에서만 만 14세에서 13세로 연령을 낮추자는 목소리가 있는데, 이에 대해서는 어떻게 생각하는가?
• 1심과 2심의 결과가 달라지는 것에 대해 어떻게 생각하는가?
• 동일 범죄를 저지르고 양형 요소의 평가에서도 동일한 범죄자 2명이 있다. 이 2명에 대해 각기 다른 형벌을 부과하는 것에 대해 어떻게 생각하는가?
• 마지막으로 하고 싶은 말이 있으면 해보시오.

[나군 면접] 다음 제시문을 읽고 문제에 답하시오.
● 학습능력영역

[제시문 1]
TV에서 로봇개를 차는 장면이 방영되고 있다.
갑: 사람들이 로봇개를 발로 걷어차는 행위는 부도덕하다. 실제 개가 아니더라도 발로 차는 행동을 보면 사람들이 불편해 한다.
을: 로봇개는 생명이 있는 실제 개가 아니다. 물건을 차는 행위를 부도덕하다고 할 수 없다.
갑: 로봇과 사랑에 빠질 수 있다.
을: 로봇과 사랑에 빠질 수 없다. 상호작용이 없으면 사랑이라고 할 수 없다.
갑: "자연을 사랑한다", "인형을 사랑한다"라는 말이 성립하듯 로봇도 사랑할 수 있다.
을: 자연에 대한 사랑도 같은 의미로 진짜 사랑이 아니다.

문제

1. 갑과 을의 입장은 어떻게 다른가? 그리고 그것을 어떻게 받아들여야 하는가?
2. 로봇개를 발로 차는 행위가 도덕적으로 문제가 되는가?
3. 로봇개를 발로 차는 행위와 살아 있는 개를 발로 차는 행위는 어떻게 다른가?
4. 인간과 로봇이 서로 사랑하는 것이 가능하다고 생각하는가?

추가질문

• 로봇개도 부서지는 등 피해가 발생할 수 있는데 어떻게 생각하는가?

[제시문 2]

"층간소음"이란 공동주택의 입주자 또는 사용자의 활동으로 인해 발생하는 소음이나 음향기기를 사용하는 등의 활동에서 발생하는 소음 등으로서 다른 입주자 또는 사용자에게 피해를 주는 소음을 말하며, 뛰거나 걷는 동작 등으로 인해 발생하는 직접충격 소음과 텔레비전, 음향기기 등의 사용으로 인해 발생하는 공기전달 소음이 여기에 속한다.

코로나 이후 사람들이 집에 있는 시간이 늘어나면서 층간소음을 호소하는 사람이 많아졌다. 이로 인해 흉기로 위층 사람을 살해하는 일까지 벌어지는 등 문제가 되자 주민들끼리 아예 접촉을 금지하는 규정을 만들었다. 또한 층간소음 문제를 해결할 법적 제도가 없기 때문에 피해세대가 구제받을 방법이 없다. 이에 피해세대는 가해세대로 직접 찾아가기도 해 무단 가택침입 등으로 신고당하기도 한다.

문제

1. 층간소음에 대한 사회적, 도의적 책임은 누구에게 있다고 생각하는가?
2. 세대 간 접촉금지규정에 대해서 어떻게 생각하는가?

추가질문

• 설계 및 시공자 이외에 책임자는 없다고 생각하는가?
• 악의적으로 윗집이 아랫집을 괴롭히는 경우는 어떻게 하는 것이 좋은가?

2022 학년도 기출문제

[가군 면접] 다음 제시문을 읽고 문제에 답하시오.

[제시문 1]

A는 모 기업 법무팀에서 10년간 사내변호사로 재직하고 있다. A는 회사에서 능력을 인정받아 입사 8년차 때 3년 동안 미국 로스쿨로 유학을 다녀왔으며, 귀국하자마자 승진도 했다. A씨는 5년 뒤 독립하여 회사 선배 변호사와 함께 기업법 전문 법무법인을 운영할 계획을 가지고 있으며, 슬하에 두 명의 자식을 두고 행복하게 살고 있다.

그런데 최근 자신이 다니고 있는 회사의 불법행위를 발견하였고, 지금도 계속 문제가 있음을 알게 되었다. 그리고 동업을 같이 하려고 했던 선배 변호사가 회사의 불법행위에 적극적으로 가담한 정황까지 알게 되었다. A씨는 이러한 불법행위를 뒷받침할 만한 설득력 있는 간접적 증거들을 다수 확보하였고, 수사기관이나 언론기관에 제보할지 고민하고 있다.

A씨는 입사 당시 회사와 회사의 직무상 비밀을 유출할 경우 20억 원을 배상해야 한다는 내용의 약정을 체결하였으며, 유학을 다녀온 후 3년 이내에 퇴사할 경우 유학자금(3억)을 반환해야 한다는 내용의 약정도 체결한 상태다.

변호사법 제26조에는 "변호사 또는 변호사이었던 자는 그 직무상 알게 된 비밀을 누설하여서는 아니 된다. 다만, 법률에 특별한 규정이 있는 경우에는 그러하지 아니하다"고 명시하고 있다.

변호사업계에서는 한 기업에서 사내변호사로만 10년 정도 근무했을 경우 단독개업하는 것은 쉽지 않으며, 수사기관이 회사에 대한 수사에 적극적이지 않을 경우 A씨가 오히려 비밀유지계약 위반 등으로 처벌받을 가능성도 있다. 반면에 A씨는 공익신고자보호법에 따라 퇴직이나 해고 등의 보복에 대해서 보호받을 수 있다.

문제

당신은 A씨에게 어떤 조언을 할 것인가?

[제시문 2]

2020년의 코로나 팬데믹을 제외하면 지난 20~30년간 우리 삶에 영향을 미친 가장 큰 두 흐름은 세계화(globalization)와 IT 혁명이라는 것에는 이론의 여지가 없다. 세계화란 정치·경제·문화 등 사회의 여러 분야에서 국가 간 교류가 증대하여 개인과 사회집단이 갈수록 하나의 세계 안에서 삶을 영위해 가는 과정을 가리키는 용어이다. 20세기 후반 급속하게 진행된 세계화는 세계경제를 통합하는 방향으로 작용했다. 이는 경제의 효율성 증대, 경제성장, 소득증가 등에 도움이 되었다. 그런데 세계화가 진행됨에 따라 있는 자와 없는 자 사이의 간격이 커지고 승자와 패자가 부각되는 것에 대한 우려가 커지고 있다. 새 시대를 알리는 축하의 나팔소리에 일각의 한숨 소리가 가려질 수 있다. 더욱이 만일 승자의 성취가 패자의 것을 빼앗아 이루어진 것이라면 그 성취의 미래는 매우 불안한 것이 될 수도 있다. 세계화의 옹호론자들은 세계화가 전 지구적으로 경제성장을 가져오고 빈곤감소에도 긍정적인 영향을 미친다고 주장한다. 반면에 비판론자들은 세계화가 경제성장을 가져오지만 불평등은 오히려 심화될 수 있다는 점을 지적한다. 또한 세계화에는 필연적으로 이득을 보는 측과 손해를 보는 측, 즉 승자와 패자가 생기게 되고, 이는 국가 간에도 발생할 수 있는 상황이다.

아시아의 일부 나라는 세계화에 맞추어 기회를 잘 활용하여 빈곤을 크게 줄인 사례도 있지만, 아직도 많은 국가들에서 빈곤의 문제는 심각한 국가적 과제로 남아 있다. 2017년 기준으로 아시아에서는 전체 인구의 10.3%인 약 4억 명이 세계은행이 정한 1일 1.9달러 이하로 생활하는 절대빈곤 속에 살고 있다. 이는 전 세계 절대빈곤 인구의 52%에 해당하는 수치로 2000~2004년의 65%보다는 그래도 크게 개선된 것이다. 동아시아 및 태평양 지역에서는 빈곤자가 급격히 감소하고 있는 반면 남아시아의 상황은 여전히 별로 개선되지 못하고 있다.

문제

1. 세계화의 옹호론자와 비판론자를 평가하시오.
2. 세계화와 아시아 국가들의 빈곤문제는 관련성이 있다고 생각하는가?
3. 아시아 국가들의 빈곤문제에 대해 대한민국은 어떤 역할을 할 수 있는가?

[나군 면접] 다음 제시문을 읽고 문제에 답하시오.

[제시문 1]

전 세계 28개 나라의 간호사들을 대표하는 국제기구가 유엔에 코로나19 백신에 대한 지식재산권 효력을 정지시켜달라고 청원을 했다. 국제간호사연대(GNU)와 진보주의 인터내셔널(PI)이 주도한 간호사 연합조직은 몇몇 부자나라들이 코로나19 백신 보급과 의료계 종사자의 건강에 핵심적인 백신 지식재산권의 효력 정지를 못하도록 막아 인권을 침해하고 있다고 주장했다고 <워싱턴포스트>가 29일 보도했다. 이들 조직은 유엔 특별보고관에게 오미크론 변이의 확산을 거론하며 백신의 불평등한 보급이 "새로운 변이의 발생 가능성을 높이고 있다"며 백신에 대한 지재권 효력의 일시 정지를 요구했다. 또한 이들 조직은 인도와 남아공이 제안한 백신 지재권 효력 유예를 "격렬히 막고 늦춘" 국가 및 조직으로 구체적으로 유럽연합과 영국, 노르웨이, 스위스, 싱가포르를 명시했다.

그동안 코로나19 백신의 지재권 유예를 주장하는 쪽에선 백신 제조법을 공개해 아프리카 등 저소득 국가에서도 백신 공급을 늘려야 코로나19를 통제할 수 있다고 주장해왔다. 그러나 이에 반대하는 쪽에선 이들 지재권 보호야말로 제약회사의 이익을 보장해 신약 개발에 동기를 부여할 핵심적인 장치라며 맞서왔다.

양 진영의 논쟁은 주로 '무역 관련 지식재산권 협정'(TRIPS)에 대한 1995년 세계무역기구(WTO)의 합의에 대한 해석을 둘러싸고 진행됐다. 유예 지지 진영에서는 "무역 관련 지재권 협정은 회원국 정부가 공중 건강을 지키기 위해 움직이는 것을 막지 않고 막아서도 안 된다"는 규정이 코로나19 백신에도 적용되어야 한다고 주장했다. 당시 이런 규정이 합의된 것은, 아프리카의 저소득 국가들에 값싼 에이즈 치료약을 제공해야 한다는 국제사회의 압력에 따른 것이다. 합의에 따라 에이즈 치료약의 지재권이 유예되고 복제약이 생산되어 에이즈 퇴치에 크게 이바지했다.

'국경없는의사회'의 제네바 센터 책임자인 레베카 파파도폴루는 성명을 내어 "코로나19 백신과 진단기구, 치료제에 대한 접근이 심각하게 제한된 곳이 많은 상황에서 저소득 나라들이 코로나19를 다루는 데 긍정적인 영향을 끼칠 무역 관련 지재권 협정의 유예와 같은 제안에 반대하는 국가들이 있다는 것은 정말 비윤리적"이라고 비판했다.

출처: 박병수 기자, 한겨레, 2021.12.1.

[제시문 2]

알고리즘을 둘러싼 가장 큰 논란은 알고리즘 공정성 여부다. 전문가들은 현재 활용되는 AI 기반 알고리즘은 인간이 추구하는 가치나 편견에서 자유로울 수 없다고 강조한다.

일반적으로 알고리즘은 인간이 설정해놓은 목표나 목적 등에 맞게 만들어진다. 이 과정에서 목적을 달성하지 못할 경우 알고리즘이 변경되거나 조작되기도 한다. 김진형 중앙대 석좌교수는 "알고리즘은 사람이 생각한 것을 그대로 실천하는 하나의 프로그램일 뿐"이라며 "인간의 주관이 개입할 수밖에 없다. 따라서 알고리즘 자체가 공정하다는 것은 말이 안 된다. 공정하고 객관적으로 알고리즘을 설계할 수 있도록 노력할 수밖에 없다"고 말한다.

알고리즘 공정성과 관련하여 안희갑 포스텍(포항공대) AI대학원 교수는 '건축가와 건축 자재'로 비유한다. "알고리즘을 설계한 사람은 건축가, 알고리즘을 통해 나타난 결과물은 집에 비유할 수 있다. 건축가는 집을 설계할 때 토지 등 공간이나 주변 환경, 의뢰자 요구 등과 함께 설계자 노하우나 철학을 반영한다. 마찬가지로 알고리즘 역시 객관적 요소와 함께 프로그램 작성자의 설계 방식이나 선택 등 주관적 요소가 함께 존재한다."

전창배 한국인공지능윤리협회 이사장은 "현재 AI 알고리즘은 초보적인 기술 수준이기 때문에 세상의 편향된 데이터를 토대로 그대로 학습할 수밖에 없는 구조"라고 말했다. 결국 알고리즘 자체만으로는 공정성을 담보하기 어렵다는 결론이 나온다. 따라서 인공지능이 사회적 덕목인 공정성을 판단하는 기준을 구체화하고 다듬는 작업이 앞으로 지속되어야 한다. 공정성은 사회 구성원 모두가 보편타당하게 받아들이는 가치를 말하지만, 어떤 정보와 데이터를 기반으로 공정성을 판단하느냐에 따라 그 결과가 확연히 달라질 수 있기 때문이다.

출처: 강승태 기자, 매일경제, 2020.11.6.

문제

1. 국경없는의사회와 제약회사가 각자의 입장에서 공정성과 타당성을 정당화하는 논거를 제시하시오.
2. 국경없는의사회와 제약회사의 입장을 타협하여 문제를 해결할 때 고려해야 할 요소를 제시하시오.
3. 일반적인 공정성과 달리 알고리즘 공정성에서 특별히 고려해야 할 요소를 제시하시오.
4. 기술적 윤리(사람들이 어떻게 생각하는가?)와 규범적 윤리(사람들이 어떻게 행동하는가?) 두 개념을 이용하여 알고리즘 공정성을 규정하시오.
5. 알고리즘의 산출 결과가 공정성이 없어 타당하지 않다는 비판에 대해서 어떻게 생각하는지, 알고리즘 산출의 공정성이 요구되지 않는 분야가 존재하는지에 대해서 자기 생각을 제시하시오.

2021 학년도 기출문제

다음 제시문을 읽고 문제에 답하시오.

[제시문 1]
한 아파트는 단지 내 헬스장 운영비를 '평수'에 따라 거두어들이는데, 이에 대해 '헬스장을 이용하지 않는 주민이 헬스장 비용을 왜 내야 하느냐'라는 문제가 발생하였다. 다음은 주민 A, B, C, D의 의견이다.
A: 아파트 내에는 헬스장을 이용하지 않는 주민들도 있다. 노인정이나 어린이 놀이터 등을 이용하지도 않는 사람들이 비용을 지불하게 되는 경우가 있는데 이는 부당하다. 따라서 헬스장을 이용하는 주민들만 비용을 지불하게 해야 한다.
B: 헬스장을 주민 모두가 부담하게 되면, 이를 마구잡이로 사용할 것이다. 사용할 주민들만 비용을 지불하게 해야 이러한 문제를 막을 수 있다.
C: 아파트 내의 공유 헬스장이므로 모든 주민이 부담해 운영하는 것이 맞다.
D: 헬스장을 이용하는 주민들만 걸러내기 위한 노력이 필요할 것이다. 이에 쓰는 시간과 노력이 너무 쓸모없는 것 같다.

문제

1. 아파트 헬스장과 본질적으로 비슷한 사례를 말하시오.
2. 네 가지 주장의 타당성을 검토하시오.
3. 아파트 헬스장 비용을 누가 내야 하는지 개인적인 견해를 말하시오.

[제시문 2]

가) 저에게는 꿈이 있습니다. 조지아의 붉은 언덕 위에서 과거에 노예로 살았던 부모의 후손과 그 노예의 주인이 낳은 후손이 식탁에 함께 둘러앉아 형제애를 나누는 날이 언젠가 오리라는 꿈입니다. 저에게는 꿈이 있습니다. 삭막한 사막으로 뒤덮인 채 불의와 억압의 열기에 신음하던 미시시피주조차도 자유와 정의가 실현되는 오아시스로 탈바꿈되리라는 꿈입니다. 저에게는 꿈이 있습니다. <u>저의 네 자식들이 피부색이 아니라 인성에 따라 평가받는 나라에서 살게 되는 날이 언젠가 오리라는 꿈입니다.</u>

나) 내게는 저건 터키 놈, 저건 불가리아 놈, 이건 그리스 놈 하던 시절이 있었습니다. 두목, 당신이 들으면 머리카락이 쭈뼛할 짓도 조국을 위해서랍시고 태연하게 했습니다. 나는 사람의 목도 따고 마을에 불고 지르고, 강도짓도 하고 강간도 하고 일가족을 몰살하기도 했습니다. 왜냐구요? 불가리아 놈이나 터키 놈이었기 때문입니다. 나도 때로는 나 자신을 질책하기도 했습니다. '썩을 놈, 지옥에나 떨어져, 이 돼지 같은 놈! 썩 꺼져버려, 이 멍청아!' 그런데 요즘에는 이 사람은 좋은 사람, 저 사람은 나쁜 사람? 이렇게 봅니다. 그리스인인지 불가리인인지 터키인인지는 개의치 않습니다.

문제

1. 다음 중 밑줄 친 부분과 가장 어울리지 않는 것은?

① 일을 많이 하든 적게 하든 같은 급여를 받아야 한다.
② 여자는 포크레인 기사가 될 수 없다.
③ 성적 하위 70%에게는 성적장학금을 주지 말아야 한다.
④ 먼저 온 순서대로 자리를 고를 수 있다.

2. 1문에서 고른 보기를 선택한 이유를 말하시오.

[제시문 3]

미국 연방대법관 지명자인 에이미 코니 배럿(Amy Coney Barrett)의 상원 인준 청문회 과정에서 문제가 있었다. 그녀가 '성적 취향(Sexual Preference)'이라는 단어를 사용한 것을 두고, 메이지 히로노(Mazie Hirono) 상원의원은 성적 취향은 동성애에 대한 모욕적 표현이며, 성적 정체성이라는 용어를 사용하는 것이 옳다고 지적했다.

문제

성적 취향이라는 단어가 논란이 된 이유를 성적 정체성이라는 단어와의 차이를 근거로 답해 보시오.

[제시문 4]

안락사는 회복의 가망이 없는 중환자의 고통을 덜어주기 위해 인위적으로 생명을 단축시켜 사망케 하는 의료행위이다. 이에 대해 찬성하는 입장과 반대하는 입장이 있다. 먼저 안락사를 찬성하는 입장은 환자의 고통을 줄여줄 수 있고, 죽음에 대한 자기결정권을 존중해야 하며, 회복 가능성이 없는 환자에게 들어가는 의료비용의 부담을 줄여줄 수 있다는 것이다.

이에 비해 안락사를 반대하는 입장은 생명의 존엄성을 침해하고, 의사의 윤리적 가치관에 반하는 결정을 하는 것이며, 정치적·사회적으로 안락사가 악용될 수 있고, 호스피스 등 대체 의료가 이미 있어서 삶의 질을 유지시켜줄 수 있다는 것이다.

문제

1. 안락사에 대한 찬반과 그 근거를 제시하시오.
2. 소극적 안락사가 적극적 안락사에 비해 명백하게 도덕적으로 우월하다고 볼 수 있는가?

[가군 면접] 다음 제시문을 읽고 문제에 답하시오.

[제시문 1]
A, B, C는 음식을 만들고 싶은데 소금이 없었다. A는 B가 소금을 사 오면 요리를 하겠다고 했다. B는 C에게 냄비가 있으면 소금을 사 오겠다고 했다. C는 B가 자신이 빌려준 냄비로 요리하지 않는다면 빌려주겠다고 한다.

문제

1. A는 음식을 만들 수 있을까?
2. 음식을 만드는 과정에 A, B, C의 기여도를 평가하고, 자신은 이 중 어떤 역할을 맡고 싶은지 말하라.

[제시문 2]
친일 문학가 이광수와 최남선 등은 일제강점기 초반에만 해도 한국 현대문학의 시작을 알리고, 해체시를 발표하는 등 한국문학의 근대화에 이바지하였다. 또한 <기미독립선언서>의 작성에도 참여하였다. 그러나 이들은 일제강점기 후반에 변절하여 조선인들이 일제를 위해 군에 입대할 것을 종용하는 등 독립정신을 폄훼하고 민족정신에 해를 끼치는 만행을 저질렀다. 이들에 대해, 첫째, 작가의 삶과 작품은 동일시되어야 하므로 이들의 작품 역시 문학사에서 퇴출시켜야 한다는 일원론과 둘째, 작가의 삶과 작품을 분리하여 그에 대한 공과를 평가해야 한다는 이원론으로 견해가 나뉜다.

문제

1. 일원론과 이원론 중 자신은 어떤 입장인가?
2. 식민지근대화론에 대해 다양한 근거를 들어 비판하되, 1문에서 취한 입장을 사용하라.

[나군 면접] 다음 제시문을 읽고 문제에 답하시오.

[제시문 1]
형평과 정의는 서로 비슷하지만 다르다. 형평은 법에 따른다는 의미에서 정의로운 것이 아니라, 법적 정의를 바로 잡는 것이라는 의미에서 정의로운 것을 말한다. 이것은 모든 법은 보편적인데 어떤 것들과 관련해서는 보편적 규정을 올바르게 말할 수 없다는 데 그 까닭이 있다. 법은 보편적으로 규정을 세워 놓기는 해야 하는데 올바르게 할 수 없는 경우, 잘못할 수 있다는 것을 모르지 않은 채 대부분의 경우에 맞는 것을 취한다. 하지만 이것은 법 자체가 잘못된 것임을 의미하는 것도 그것의 입법자에게 문제가 있음을 의미하는 것도 아니다. 오히려 문제는 사태의 본성 속에 있다. 공정성은 성문화된 법이 남긴 빈 공간을 채우는 역할을 하며 바로 그 점에서 법을 바로잡는 것이다. 그리고 바로 이것이 공정한 것의 본성으로 보편적인 규정으로 말미암아 모자라는 한에서의 법을 바로잡는 것이다.

[제시문 2]
양도소득세는 부동산의 양도금액과 취득금액 간 차익에서 보유기간에 따른 장기보유특별공제액을 차감하여 그 크기에 따라 6~26%의 세율을 적용한다. 일반적으로 양도 당시 1가구가 1주택을 2년 이상 보유한 경우라면 비과세 혜택을 받을 수 있다. 갑(甲)은 서울 내의 주택을 보유한 자로 해당 집에서 가족과 함께 20년 이상 거주하였다. 최근에 갑의 양친은 사망하였고, 갑이 모르는 채로 강원도 산간의 시가 수백만 원으로 추정되는 주택이 상속되었다. 갑은 원래 거주하던 주택을 처분하고 다른 곳으로 주거를 옮기고자 한다. 하지만 이 시기에는, 부동산 양도소득세와 관련된 법제가 완성되지 않아 추가로 주택을 취득하여 일시적 2주택이 된 경우에 비과세 혜택이 유지되는 경과규정이 마련되지 않은 상황이다. 갑은 과세당국으로부터 2억 원의 부동산 양도소득세를 추징당했다.

문제

1. 제시문 1에서 아리스토텔레스가 말한 근원적 공정성과 정의의 관계를 설명하시오.
2. 제시문 2에서 갑에게 부동산 양도소득세 규정을 적용하는 것은 타당한가? 비슷한 사례와 함께 설명하시오.

지적장애인 학생인 A는 16명의 4개 고등학교 학생들로부터 집단 성폭행을 당했다. 화장실에서 볼 일을 보는 것을 어려워하며 고통을 호소하는 것을 이상하게 여긴 보건 교사에 의해 이 같은 사실이 밝혀진 것이다. 하지만 학교 측에서는 사건을 은폐, 축소하였고, "가해 학생이 미성년자인데다 피해자가 강하게 저항하지 않았고 폭력이 수반되지 않았다"는 이유로 가해 학생들은 불구속 입건되었다. 가해 학생 중 일부는 대학 입시를 앞두고 있었고, 가해 학생들의 담임교사들은 부모들의 강한 요구에 따라 학교생활기록부에 관련 사항이 기록되지 않을 정도의 징계만을 내렸다. 가해 학생 중 한 명은 이후에 명문대에 진학하였다. 일각에서는 "사회적 약자인 장애인에 대한 사회안전망이 허술한 상황에서 많은 장애인 성범죄가 은폐되며, 솜방망이 처벌은 현실적으로 개선할 필요가 있다"고 주장하였다.

- 위와 같은 장애인 성범죄, 더 나아가 비장애인 여성들에 대한 성폭행의 숫자가 줄어들지 않는 이유는 무엇이라고 생각하는가? 자유롭게 이야기해 보시오.
- 해당 사안에서 학교생활기록부에 장애인 여중생 집단 성폭행과 관련된 사항이 기록되지 않은 것은 적절한가?
- 가해 학생 학부모들이 자식들을 위해서 적극적으로 행동한 것에 대해서는 어떻게 생각하는가?

2019 학년도 기출문제

[가군 면접] 다음 제시문을 읽고 문제에 답하시오.

[제시문 1]
존엄사란 인간으로서 지녀야 할 최소한의 품위를 지키면서 죽을 수 있게 하는 행위 또는 그런 견해이다. 의사는 환자의 동의 없이 원칙적으로 치료 행위를 할 수 없다는 것으로, 소극적 안락사라고도 한다. 칼렌 앤 퀸런의 치료 중단을 요구한 부모의 주장을 인정한 재판에서 생겨난 말이다.
인간은 태어나면서부터 누구도 침해할 수 없는 존엄성을 갖는다. 인간으로 태어나서 존엄할 권리가 있다면 죽음을 선택할 권리 또한 있다. 따라서 불치병이나 암에 걸린 환자의 경우에 있어서 소극적 안락사를 희망하는 경우가 발생하면서 소극적 안락사에 대한 논의가 이루어지고 있다.

문제

1. 소극적 안락사로 추구하고자 하는 웰 다잉(Well-Dying)은 무슨 의미인가?
2. 소극적 안락사를 시행한 의사는 살인행위를 한 것인가?

[제시문 2]
정부는 신고리 5호기와 6호기의 문제로 인한 사회적 합의를 도출하기 위해 공론화위원회를 열었다. 이 과정에서 찬성과 반대를 주장하는 단체들이 자신들의 입장을 설명하고 공론화위원회 시민들을 설득하는 과정이 있었다. 결국 반대했지만 원전을 점차 '줄이자'고 국가에 권고하였다. 찬성과 반대 의견은 다음과 같다.

찬성 측 논거로는
1) 가장 경제적이다.
2) 안전성이 검증되었다.
3) 환경친화적 에너지이다.
4) 국내기반산업으로, 우리나라의 인력과 기술로 만든 에너지이다.

반대 측 논거로는
1) 원전부지 선정에 따른 사회갈등비용 및 핵폐기물 처리비용 등을 고려하면 결코 경제적이지 않다.
2) 일본의 후쿠시마 원전 사태와 같이 자연재해로 인한 위험이 발생할 수 있으므로 안전하지 않다.
3) 안전성이 담보되지 않은 상태에서 공사를 재개하면 국민들의 반감이 클 것이다.
4) 탈원전, 신재생에너지 정책을 시행하는 데 방해가 된다.
5) 원자력 발전에 비해 신재생에너지를 개발할 경우, 관련 일자리가 더 증가하고 고용이 증대된다.

문제

원자력 발전 촉진 정책 찬반에 대한 자신의 주장을 밝혀라.

[나군 면접] 다음 제시문을 읽고 문제에 답하시오.

[제시문 1]

유럽의 정의의 여신상

한국의 정의의 여신상

문제

1. 유럽의 정의의 여신상은 눈을 가리고 한 손에는 저울, 한 손에는 칼을 들고 있다. 각각의 의미를 설명하시오.
2. 한국의 정의의 여신상은 눈을 가리지 않았고 한 손에는 법전, 한 손에는 저울을 들고 있다. 각각의 의미를 설명하시오.
3. '악법도 법이다'라는 제언에 대해서 유럽 또는 한국의 정의의 여신상을 설명한 것을 바탕으로 본인의 생각을 설명하시오.
4. 본인만의 정의의 여신상을 만들면 어떻게 만들 것인지 설명하시오.

[제시문 2]
(1) 전통적 윤리에서는 이성적 사고를 하는 존재가 도덕적 고려의 대상이 된다고 판단하였다. 그러나 제러미 벤담 (Jeremy Bentham)을 중심으로 한 공리주의에서는 도덕적 고려 대상의 기준을 '쾌고감수능력'의 소유 여부로 보았다. 쾌고감수능력을 그대로 풀이하면 쾌락과 고통을 느낄 수 있는 능력이라는 의미이다. 쾌고감수능력이 있는 존재는 자신의 쾌락을 극대화하고 고통을 최소화하려고 한다. 벤담은 인간뿐만 아니라 동물도 쾌락을 좋아하고 고통을 피하고 싶어하므로, 동물에게도 도덕적으로 고려받을 권리가 있다고 주장하며, 인간 이외의 존재에게 직접적인 도덕적 지위를 부여하였다.
이후 오스트레일리아의 철학자 피터 싱어(Peter Singer)가 벤담의 공리주의 관점을 계승하여 현대 동물운동으로 확대시켰다. 그는 1975년 저서 ≪동물해방(Animal Liberation)≫을 통하여 동물이 느끼는 고통을 감소시켜야 한다는 동물해방론을 주장하였다. 싱어는 쾌고감수능력에 기반하여 이익 평등 고려의 원칙(principle of equal consideration of interests)을 내세웠는데, 이익 평등 고려의 원칙이란 어떤 행위에 대해서 영향을 받는 모든 사람들의 이익은 동등하게 고려되어야 한다는 원칙이다. 싱어는 이익 평등 고려의 원칙을 동물에게도 적용하며 동물도 쾌고감수능력을 가지고 있으므로 이에 근거하여 사람뿐만 아니라 동물의 이익도 동등하게 고려되어야 한다고 보았으며, 이를 바탕으로 동물에게 고통을 가하는 동물 학대와 육류 산업 등을 금지해야 한다고 주장하였다.

(2) 공리주의의 4가지 원칙은 다음과 같다.

첫째, 도덕적 판단의 대상이 될 수 있는가의 기준은 오로지 쾌락 혹은 고통을 느낄 수 있는가 여부이며, 그 이외의 나머지 것들은 그 기준이 아니다.

둘째, 도덕적 판단의 대상이 되는 주체들은 그가 어느 종에 속하느냐와 관계없이, 그리고 모두 동등하게 도덕적 지위(권리)를 갖는다.

셋째, 도덕적 판단의 대상이 되는 주체들 간의 고통이나 행복에 차이가 있을 경우, 더 많은 고통을 느끼는 주체의 고통이 더 적은 고통을 느끼는 주체의 고통보다 더 먼저 해소되어야 한다.

넷째, 도덕적 판단의 대상이 되는 주체들 간의 고통이나 행복이 동등한 경우, 같은 고통을 느끼더라도, 그가 겪는 고통으로 인해 더 많은 대상에게 이익을 가져오는 고통이 더 적은 대상에게 이익을 가져오는 고통보다 더 늦게 해소되어야 한다.

문제

1. 공리주의 원칙 4가지를 들어 동물을 보호해야 하는 이유에 대해 설명하시오.
2. 육식도 금해야 하고, 동물실험도 금해야 하는가?

충북대학교

(1) 신입생 정량

구분	LEET성적 반영점수	학사성적 반영점수	영어성적 반영점수	비 고
상위 25%	168.67	98.16	–	[요소별 배점] LEET성적: 200 학사성적: 100 영어성적: P/F
상위 50%	168.74	98.50	–	
상위 75%	163.41	98.00	–	
평 균	162.67	98.16	–	

※ 우리 대학의 성적반영에 따라 환산된 점수임
※ 각 요소별에 대한 상위 25%, 50%, 75%지점 점수이므로 최종합격자 순위와는 관계없음

(2) 출신대학 및 출신학부

출신학과(전공)	출신대학	인원
간호	경희대학교	1
	중앙대학교	1
	충남대학교	1
경영	국민대학교	1
	서울대학교	1
	성균관대학교	1
	서강대학교	1
경제	SUNY at ALlbany	1
	서강대학교	1
	연세대학교	1
	충남대학교	1
	서울대학교	1
	서강대학교	1
	한국외국어대학교	1
경찰행정	동국대학교	1
골프산업	경희대학교	1
국어국문	고려대학교	3
	성균관대학교	1
글로벌리더학부	성균관대학교	1
글로벌바이오메디컬공학	성균관대학교	1
금속공예학	서울과학기술대학교	1
노어노문학	고려대학교	1
독어교육	한국교원대학교	1

독일언어문화학과	충북대학교	1
무역학	경희대학교	1
문화인류학	연세대학교	1
물리학	충남대학교	1
방송영상뉴미디어	한국외국어대학교	1
법학	경기대학교	1
	경찰대학	2
	고려대학교	1
	상명대학교	1
	순천향대학교	2
	서울대학교	1
	숙명여자대학교	1
	홍익대학교	2
불어교육	한국교원대학교	1
불어불문학	이화여자대학교	1
사학과	경희대학교	1
사회과교육	이화여자대학교	1
사회복지학	성균관대학교	1
	연세대학교	1
사회학	국민대학교	1
생명과학	서강대학교	1
스칸디나비아어	한국외국어대학교	1
스페인어	한국외국어대학교	1
스포츠산업학	한양대학교	1
식품생명공학	동국대학교	1
심리학	서강대학교	1
아동청소년학	성균관대학교	1
역사교육	한국교원대학교	1
영어영문학	고려대학교	2
영화	중앙대학교	1
전자전기공악	홍익대학교	1
정보산업공학	연세대학교	1
정책학	한양대학교	1
정치외교	서강대학교	1
	연세대학교	2
	서강대학교	2
철학	건국대학교	1
	고려대학교	1
통계학	고려대학교	1
프랑스어학	경희대학교	1

행정		경찰대학	1
		연세대학교	1
		이화여자대학교	1
		동국대학교	1
화학공학교육		충남대학교	1
계			76

(3) 성별 현황

구분	남자	여자	계
인원(명)	40	36	76

2022학년도 입시결과

(1) 신입생 정량

구분	LEET성적 반영점수	학사성적 반영점수	영어성적 반영점수	비 고
상위 25%	165.39	100.00	–	[요소별 배점] LEET성적: 200 학사성적: 100 영어성적: P/F
상위 50%	160.49	98.00	–	
상위 75%	157.30	98.00	–	
평 균	160.04	98.11	–	

※ 우리 대학의 성적반영에 따라 환산된 점수임
※ 각 요소별에 대한 상위 25%, 50%, 75%지점 점수이므로 최종합격자 순위와는 관계없음

(2) 출신대학 및 출신학부

출신학과(전공)	출신대학	인원
간호학과	중앙대학교	1
건축학과	서울대학교	1
경영학	서강대학교	2
	고려대학교	1
	단국대학교	1
	성균관대학교	1
	국민대학교	2
경제학	서강대학교	1
	경희대학교	1
	연세대학교	1
	서울대학교	1
교육학과	이화여자대학교	1
국사학과	서울시립대학교	1
국제통상학과	덕성여자대학교	1
기계공학과	연세대학교	1
독어독문학	이화여자대학교	1

무용과	이화여자대학교	1
미디어커뮤니케이션학과	건국대학교	1
미술사학	University of Minnesota-Twin Cities	1
바이오의공학부	고려대학교	1
법학	경찰대학	2
	단국대학교	1
	덕성여자대학교	1
	한국방송통신대학교	1
	한양대학교	1
	숙명여자대학교	1
	인천대학교	1
	한동대학교	1
	홍익대학교	2
	국민대학교	1
	National Taiwan University	1
보건환경융합과학부	고려대학교	1
분자생물학과	단국대학교	1
불어불문학	충남대학교	1
사학과	경희대학교	1
사회과학	성공회대학교	1
	한국외국어대학교	1
사회학	이화여자대학교	1
	성균관대학교	1
소비자학과	이화여자대학교	1
	충남대학교	1
식품영양학과	이화여자대학교	1
신소재공학부	성균관대학교	1
신학과	대전가톨릭대학교	1
	연세대학교	1
영미문학전공	한국외국어대학교	1
영어교육과	한국교원대학교	1
영어영문학	연세대학교	1
외식경영학과	경희대학교	1
이탈리아어과	한국외국어대학교	1
자유전공학부	충남대학교	1
전재T미디어공학과	서울과학기술대학교	1
정치국제학과	중앙대학교	1
정치외교학	서강대학교	1
	경희대학교	1
	고려대학교	1
	한국외국어대학교	1
	서울대학교	1

조선해양공학과	서울대학교	1
중어중문학	이화여자대학교	1
지리교육과	충북대학교	1
철학과	고려대학교	1
	성균관대학교	1
초등교육과	공주교육대학교	1
	청주교육대학교	1
	한국교육대학교	1
컨벤션경영학과	경희대학교	1
컴퓨터공학	서강대학교	1
특수교육과	이화여자대학교	1
행정학과	경찰대학	1
	한국외국어대학교	1
화학공학	경희대학교	1
계		76

(3) 성별 현황

구분	남자	여자	계
인원(명)	50	26	76

면접 진행방식

면접유형	개별면접(3:1)		
준비시간	5분	면접시간	10분
답안작성	문제지에 메모하고, 휴대 가능함		
문제 수 및 지문분량	3문제 중 택 1, A4 1장 분량		
인성질문 유무	○		
면접특징	• 오전 조와 오후 조로 나뉨 • 대기시간 동안 개인 자료 열람 가능함 • 화장실은 자유롭게 이동 가능함 • 면접실 앞에 있는 책상에서 문제풀이함 • 기본사항을 작성해야 해서 실제로 문제풀이할 수 있는 시간은 5분 미만임 • 세 문제 중 한 문제를 택일하고, 문제지 뒷장에 메모 가능함 • 5분간의 문제풀이 종료 후 문제지를 소지하고 면접실로 이동하고, 종료 후 조교에게 문제지를 제출해야 함 • 문제지에 관리번호를 적어야 하며, 그 외의 이름 등을 표기할 시 실격 처리됨 • 면접관이 몇 번 문제에 답변할 것인지를 물어보면 "○번 문제입니다."라고 답변하면 됨. "그럼 5분간 답변하세요"라고 함 • 지성문제 답변이 끝나면 인성질문을 함 • 10분의 시간이 되면 조교가 노크해서 종료를 알림 • 면접에 임하는 태도가 매우 중요함		

[가군 면접] 다음 제시문을 읽고 문제에 답하시오.

> [제시문 1]
> 다국적 기업인 P담배회사는 인간의 건강에 유해성이 덜한 담배를 제조하기 위한 연구를 진행하면서 A병원과 B병원에 연구비를 지원해 줄 것을 약속했고, 이에 대해 A병원은 이를 승낙하여 연구를 진행했고, B병원은 P담배회사로부터 연구비를 지원받는 것은 연구자 윤리 문제를 낳을 수 있다고 판단해 이를 승낙하지 않았다

문제 1

1) A병원과 B병원 중 어느 입장을 지지하는가?
2) WHO의 1차적 이익, 2차적 이익에 기반한 규제에 대해 찬반을 논하시오.

추가질문

- 윤리적인 문제를 해소할 수 있는 방안을 제시하시오.
- 가습기 살균제와 관련하여 살균제에 대한 연구를 맡은 교수는 어떤 점을 잘못했으며, 이에 대해 어떤 책임을 져야 하는가?

> [제시문 2]
> 최근 코로나19 문제로 해외 생산품 수급이 잘 되지 않아 문제가 발생하고 있다. 이에 제조업체를 해외에서 국내로 불러들이자는 리쇼어링이 주장되고 있다. 리쇼어링은 해외에 나가 있는 자국기업들을 각종 세제 혜택과 규제 완화 등을 통해 자국으로 불러들이는 정책을 말한다. 싼 인건비나 판매시장을 찾아 해외로 생산기지를 옮기는 오프쇼어링의 반대 개념이다.

문제 2

리쇼어링을 반대하는 입장에서 논해 보시오.

추가질문

- 청년층이 제조업을 기피하는 현상을 해결할 방법이 있는가?
- 리쇼어링을 통해 국내 인력들에게 일자리를 줄 수 있지 않은가?

> [제시문 3]
> 반도체산업을 육성하기 위해 대학에 반도체학과를 신설하고 인원을 증원하려고 한다. 이에 수요조사를 한 결과 수도권 대학들이 비수도권 대학에 비해 훨씬 많은 수요가 나타났다. 그러나 이 조사결과대로 시행할 경우 기존의 지역균형발전 정책과 충돌하는 결과를 낳을 수 있다.

문제 3

조사결과대로 수도권 대학에 반도체학과를 신설하고 인원을 증원해야 하는가?

추가질문

- 일각에서는 지방 정책과는 역행하는 정책이라는 비판이 있다. 이에 대해서는 어떻게 생각하는가?
- 국가적 산업발전 차원에 도움이 되리라는 의견도 있는데 어떻게 생각하는가?
- 지역할당제에 대해선 어떻게 생각하는가?

[나군 면접] 다음 제시문을 읽고 문제에 답하시오.

[제시문 1]
갑: 미국으로 유학을 다녀온 딸이 문신을 하고 귀국을 했다. 그리고 같이 들어온 여자친구와 문신업을 하고자 한다. 요즘 트렌드라 이해했는데, 내 딸이 여자친구를 애인이라고 소개하고 결혼을 하겠다고 한다.

문제 1

갑의 친구 입장에서 해줄 수 있는 말은?

[제시문 2]
고용에 있어 사회적 약자 및 소수자를 우대하는 정책 중 블라인드 채용과 관련하여 여러 가지 논란이 있다.

문제 2

블라인드 채용 제도의 역기능과 개선방안을 말하시오.

[제시문 3]
정부가 신생아 감소 등의 이유를 들어 교원시험의 합격자 수를 1,000명 감축하기로 발표했다. 이에 교원대는 시험을 준비한 4학년생들이 피해를 볼 수 있다며 반대하고 있다.

문제 3

4학년의 입장에서 교원 임용 인원의 감축에 대해 찬반을 논하시오.

추가질문

• 교원의 감축은 결국 필요한 상황인데 실현 방안은 어떻게 해야 하는가?

인성질문

• 의료분쟁을 어떻게 하면 줄일 수 있는가?
• 법조인을 지망하는 이유는?
• 최근 이태원 참사에 대해 어떻게 생각하는가?
• 의뢰인의 이익과 정의가 대립할 때 어떤 선택을 할 것인가?

2022 학년도 기출문제

[가군 면접] 다음 제시문을 읽고 문제에 답하시오.

[제시문 1]
무엇이 국내 암호화폐 시장 과열과 급등락의 광풍을 몰고 왔을까. 국내 주식뿐만이 아니라 해외주식까지 쉽게 사고파는 청년들이 극도로 투기적인 암호화폐 시장에서도 주력으로 자리 잡은 것이다. 앞서 신한은행이 발표한 '2020년 보통 사람(20~64세) 금융생활 보고서' 내용과 같은 맥락이다. 20대의 마이너스 통장 대출 잔액이 1년 새 75% 급증한 대목도 눈여겨볼 필요가 있다.

최근 20대의 주식투자 참여비율이 높아졌다. 한 조사결과 20대 응답자들의 거의 50%에 가까운 숫자가 주식투자를 하고 있다고 답변했다. 이렇게 20대가 주식투자에 많이 참여하게 된 사회적 배경은 무엇이고, 이에 따른 폐해는 무엇인지 논하시오.

[제시문 2]
구글, 아마존, 네이버, 카카오 등의 플랫폼 기업들이 소비자에게 '편리함'이라는 큰 이익을 주고 있는 것은 사실이다. 그러나 플랫폼 비즈니스는 그 유명한 '네트워크 효과'를 지녔기 때문에 독점의 DNA를 충분히 갖고 있다. 각 분야에서 주요 플랫폼 기업이 시장을 장악했을 때 이용자들과 생산자들 모두에게 불공정 거래의 영향력들이 나타날 수 있다. 빅테크(Bigtech) 기업들에 대한 사회적 관리가 필요하다.

문제 2

최근 SNS 기업이나 포털 기업들의 독점이 사회적인 문제로 떠오르고 있어서 플랫폼 기업들의 독점을 규제해야 한다는 주장이 제기되고 있다. 규제찬성론 입장의 논거를 제시해 보고, 규제찬성론 입장을 다시 반박해 보시오.

[나군 면접] 다음 제시문을 읽고 문제에 답하시오.

[제시문 1]
학생들의 체육활동이 중요하다는 범국민운동이 필요하다. 책만 보고 컴퓨터만 보는 아이들을 만들면 안 된다. 신분이 안정된 지도자가 많아야 생활체육이 활성화될 수 있다. 이런 바탕이 마련되면 엘리트체육도 자연스럽게 발전하게 된다. 생활체육 활성화가 비용이 많이 든다고 하지만 아이부터 어른까지 국민 모두가 건강해지면 의료비 등 국가 비용이 줄어들고, 체육계의 자리 마련 효과도 발생한다.

문제 1

엘리트체육과 생활체육 중 우선되어야 할 것과 그 이유에 대해 설명하시오.

[제시문 2]
우리 경제의 최대 위협으로 떠오른 저출산과 고령화 문제를 해결하기 위해 이민자를 적극적으로 수용해야 한다는 주장이 다시 대두되고 있다. 다만 이민 적극 수용은 저출산과 고령화 문제의 해결책이 될 수는 있지만, 이들을 바라보는 국민 정서가 걸림돌이다. 단일민족이라는 인식이 강한 우리 국민의 특성상 이민자에 대한 거부감이 크기 때문이다.

문제 2

저출산 문제 해결책으로 제시된 외국인 수용 정책에 대한 지원자의 의견을 말해 보시오.

[제시문 3]
2008년 캐나다에서는 정자 기증으로 태어난 이들이 생물학적 아버지의 기록 공개 및 파기와 관련한 집단소송을 제기했고, 대법원은 이들의 '알권리'를 인정했다. 국내에서는 헌법상 "모든 자녀는 생물학적 부모를 알 권리가 있다"고 규정하고 있지만, 기증자의 "알리고 싶지 않은 권리"도 있어서 법적으로 충돌하는 상황이다.

문제 3

정자 기증자인 생물학적 아버지의 정보공개에 대한 지원자의 의견을 말해 보시오.

3개의 문제 중 1개의 문제를 선택하여 답하시오.

[제시문 1]
해마다 고령 운전자 교통사고가 늘어나면서 이들의 사고 예방 및 안전 대책을 둘러싼 사회적 고민도 커지고 있다. 지난해 말 기준 65세 이상 고령 운전자는 334만 명을 기록했으며, 이미 버스·택시·화물차 등 운수종사자 중 65세 이상 비중은 17.4%에 달한다. 문제는 고령 운전자가 돌발 상황에 대처할 수 있는 능력이 상대적으로 떨어진다는 데 있다. 도로교통공단이 발표한 보고서에 따르면 65세 이상 운전자의 경우 차선 유지를 위한 핸들 움직임이 상대적으로 많고 신호등 색상 판별에 더 많은 인지 시간이 필요한 것으로 나타났다. 이에 따라 지자체와 정부에서는 65세 이상 고령 운전자들이 운전면허증을 자진 반납하면 10만 원 상당의 교통카드를 지원하는 등 자진 운전면허 반납을 유도하고 있다. 그러나 면허 반납은 여전히 미미한 상태다. 고령 운전자 사이에서는 평생 사용했던 이동 수단을 대체하는 것치고 혜택이 적다는 불만이 존재한다. 이에 따라 지자체들은 교통카드 지원 금액을 올리고 반납 절차를 간소화하는 등 대책 마련에 나섰다.

문제 1
고령 운전자들이 자진해서 운전면허증을 반납하도록 하는 제도에 대한 본인의 견해를 밝히시오.

[제시문 2]
많은 고등학교에서 이루어지고 있는 등교 후 휴대전화 일괄 수거가 학생들의 인권을 침해한다는 판단이 나왔다. 국가인권위원회는 매일 아침 조례 시간에 학생들의 휴대전화를 수거하고 종례 시간에 돌려주는 한 고등학교의 생활 규정은 학생들의 기본권을 침해한다고 판단했다. 인권위는 이 규정이 헌법상 일반적 행동과 통신의 자유를 침해한다고 판단해 해당 규정을 개정할 것을 권고했다. 인권위에 따르면 이 고등학교는 매일 오전 8시 20분에 학생들의 휴대전화를 걷어가고 방과후학교가 끝난 오후 8시 30분에 돌려준다. 특히 실제 사용하는 휴대전화인지를 확인하기 위해 담당 교사와 선도부원이 학생들의 휴대전화를 일일이 켜 보거나 공기계를 제출한 학생에게는 벌점을 부과했다. 학교 현장에서는 인권위 판단에 대해 "수업 현실을 고려하지 않은 것"이라는 반응이 나온다. 한국교총은 "국가인권위원회가 교사의 수업권과 학생의 학습권 등 교육 본질을 훼손하는 권고를 계속하고 있다."며 "교실은 휴대전화와 전쟁 중이라는 학교 현실을 고려해야 한다."고 주장했다.

문제 2
청소년의 휴대폰 사용을 학교에서 일률적으로 규제하는 것에 대한 본인의 견해를 밝히시오.

[제시문 3]
미국의 대형 제약사인 화이자와 독일 제약사인 바이오앤테크는 공동 개발 중인 코로나19 후보물질에 대한 3상 임상시험 결과, 90% 이상의 예방효과가 나타났다고 밝혔다. 통상적으로 기대되는 60% 수준을 크게 웃도는 결과이다. 화이자는 조만간 미식품의약국(FDA)에 긴급 사용 승인을 신청할 예정이다. 이에 코로나19 백신·치료제 공급을 위한 강제실시권이 국회 입법을 통해 추진된다. 더불어민주당 박홍근 의원은 5일 이 같은 내용을 담은 감염병예방법과 특허법 일부 개정 법률안을 각각 발의했다. 강제실시권이란 세계무역기구 무역 관련 지적재산권에 관한 협정 제31조에서 규정하고 있는 권리로, 정부 등이 공익적 목적을 위해 특허권자의 허가 없이 특허를 사용할 수 있도록 규정하고 있다. 즉, 코로나19 팬데믹과 같은 공중보건 위기나 국가비상상황에 정부가 강제실시권을 발동해 코로나19 백신이나 치료제의 복제약을 생산해 공급할 수 있도록 하는 특허권의 예외를 인정하는 규정이다.

문제 3
이와 같은 코로나19 백신·치료제 강제실시권에 대한 본인의 견해를 밝히시오.

- 어떤 변호사가 되고 싶은가?
- 진학 이후 공부 계획
- 살면서 겪은 역경이 있는가?
- 지원동기
- 충북대가 왜 지원자를 뽑아야 하는지를 말하세요.
- 법조인으로서의 자질은? 그러한 자질을 갖추기 위해 여태 해온 노력은 무엇인가?

2020 학년도 기출문제

[가군 면접] 다음 제시문을 읽고 문제에 답하시오.

[제시문 1]
최근 SNS를 통해 개 구충제인 펜벤다졸을 먹고 항암치료를 하여 완치되었다는 글이 퍼졌다. 이후에 많은 암 환자들이 이 약을 구입해서 복용하는 상황이 벌어졌고, 의사협회 등에서는 검증되지 않은 약을 의사의 처방 없이 먹으면 위험하다는 안내를 했다.

문제 1

개 구충제를 암치료를 위해 복용하는 환자를 정부가 규제하는 것이 타당한가?

문제 2

연예인에 대한 악플을 단 사람의 형사처벌을 강화해야 되는지에 대해 찬성 혹은 반대의 입장을 밝히고 근거를 제시하시오.

[제시문 3]
후쿠시마 원전 사고 이후 많은 사람들이 원자력 발전소의 안전성에 대해 의구심과 우려를 하고 있다. 이런 불안감 등으로 독일, 스페인 등의 선진국에서는 이미 폐지하는 추세이다. 그러나 우리나라는 전기생산비용 절감 효과가 크고 온실가스인 이산화탄소 배출량이 적은 친환경에너지라는 점과, 폐지할 경우 전력 공급 문제가 생길 것이라는 지적도 있다.

문제 3

원자력 발전소를 축소 내지 폐지해야 하는 것에 대해 찬성 혹은 반대의 입장을 밝히고 근거를 제시하시오.

[나군 면접] 다음 제시문을 읽고 문제에 답하시오.

[제시문 1]
국민연금(NPS)은 운용자산규모가 700조가 넘고, 자산규모가 세계 3대 연기금에 해당한다. 또한 전체 상장사 시가총액 대비 국민연금의 주식 투자 비중은 7%를 넘는다. 그러나 국민연금의 투자는 대기업 경영진 일가의 부도덕한 경영 등으로 기업가치가 하락함으로써 발생하는 문제 등으로 인해 국민연금 수익률은 5% 밖에 되지 않는 실정이다. 국민연금이 고갈될 경우 청년층 부담이 가중되고, 정부 또한 국민연금을 부도덕한 경영이나 손실로부터 보호해야 한다. 따라서 기금운용위원회가 '적극적 주주권 행사 가이드라인'을 의결하면서 기금 전체 자산에 환경·사회·지배구조(ESG)를 고려하는 책임투자를 도입하고, 기업 경영진의 횡령·배임 등 법률 위반, 배당 정책, 사회 책임형 투자 등의 사안에서 기업가치가 훼손되면 주주 제안을 통해 정관변경·이사해임 등의 주주권을 행사할 수 있게 되었다.

이러한 정부 방침에 대해 찬성하는지 반대하는지 의견을 제시하시오.

[제시문 2]
서울대학교는 최근 좋은 학점을 받은 학생들을 대상으로 설문조사를 실시하였다. 학점을 잘 받는 이유를 알아보는 조사였는데, 학생들의 답변은 교수님들이 강의한 내용을 대부분의 학생들이 녹음을 했고, 이 내용을 그대로 답안지에 작성했다는 것이다. 교수님과 다른 생각을 가진 학생들도 자신의 의견을 쓰기보다는 교수님이 말씀하신 답을 작성한다는 것이다. 이러한 수업과 평가 방법은 학생들의 창의성과 비판적 사고를 저하시킬 것이며, 미래 지향적인 인재 양성을 위해서는 대학 교육에 변화가 필요하다는 목소리가 커지고 있다.

문제 2

지원자는 평가 방법이 어떻게 변해야 한다고 생각하는지 대안을 제시하시오.

[제시문 3]
(1) 행정안전부는 북한 찬양, 반미, 자본주의 부정 등의 내용을 담은 서적이 자국 의무경찰의 국방 정신을 저해하고 기강을 문란하게 할 수 있다고 판단하였다. 이에 해당 서적을 불온서적으로 지정하고 의무경찰의 독서를 금지하였다. 이에 대해 경찰의 자유권을 침해한다는 지적이 있다.
(2) 사회에서 동성애 행위 자체가 처벌되지 않는 것과 달리 군대 내에서의 동성애 행위는 처벌 대상이다. 군 형법에 따르면 동성애 행위를 한 사람은 2년 이하의 징역에 해당하는 처벌을 받는다. 국방부의 이러한 조처에 대해 과도한 기본권 침해 소지가 있다는 지적이 있다.

문제 3

군대 내에서 북한 찬양과 같은 불온서적을 제한하는 것에 대해 개인의 책 읽을 기본권이 침해되는 것 아닌지, 그리고 군대 내 동성애 제한에 대해 개인의 기본권이 침해되는 것 아닌지에 대한 지원자의 견해를 말하시오.

인성질문

• 로스쿨에 지원하게 된 계기
• 학부 전공 및 사회생활
• 법학에 대한 공부 경험 여부

2019 학년도 기출문제

[가군 면접] 아래의 문제 중 한 문제를 선택하여 자신의 입장을 논하시오.

[제시문 1]
(1) 최근 가짜뉴스로 인해 사회적으로 심각한 문제들이 발생하고 있고, 가짜뉴스를 규제하기 위해 국회에서 법안이 발의되었다. 이 법안의 내용은 법원, 언론중재위, 선관위가 주체가 되어 가짜뉴스에 대해 규제하는 방안에 중점을 두고 있으며, 가짜뉴스를 생산하고 유통하는 업체에 대한 규제도 포함하고 있다.
(2) 가짜뉴스에 대한 구체적인 규제로는 다음과 같은 것들이 있다.
    1. 가짜뉴스 생산자에 대한 형사처벌

2. 가짜뉴스의 플랫폼이자 유통창구인 기업들에 대한 모니터링 의무 부과
3. 기업이 모니터링 의무를 수행하지 않을 시 과징금 부과
4. 방송통신위원회에 의한 가짜뉴스 유통금지 조치

(3) 그러나 가짜뉴스 규제에 대해서도 논란이 있다. 가짜뉴스 규제를 통해서 가짜뉴스로 인한 피해, 사회적 해악을 막는다는 점에 대해서는 긍정적이나, 가짜뉴스 규제가 가능한 기존의 입법이 있고, 규제의 모호성으로 인해 자유를 침해하는 등에 악용될 가능성이 있음을 우려하는 목소리도 존재한다.

문제 1

가짜뉴스 규제에 대한 자신의 입장을 밝히시오.

[제시문 2]
소년범죄 수는 줄어들고 있으나, 소년의 강력범죄는 증가하는 상황이다. 최근 인천에서 초등학생을 잔혹하게 살해한 가해자는 15년형을 선고받았다. 가해자가 만 18세 미만이어서 소년범에 적용되어 감형을 받은 것이다. 가해자가 성인이었다면 사형 내지 무기징역에 해당하는 범죄였다.

문제 2

미성년 범죄자 강력처벌에 대한 지원자의 견해를 밝히시오.

[제시문 3]
유전자 변형은 특정 작물에 없는 유전자를 인위적으로 결합시켜 새로운 특성의 품종을 개발하는 유전공학적 기술로, 유전자변형농산물(GMO)은 이와 같은 유전자 변형을 가한 농수산물을 가리킨다. 이는 미국 몬산토사가 1995년 유전자변형 콩을 상품화하면서 일반에 알려지기 시작했다.
구체적으로 GMO는 어떤 생물의 유전자 가운데 추위·병충해·살충제·제초제 등에 강한 성질 등 유용한 유전자만을 취하여 이를 다른 생물체에 삽입하여 새로운 품종을 만든 것이다. 예를 들어 식물 A가 특정 병충해 B에 취약할 경우 동종 또는 이종의 작물에서 병충해 B에 강한 유전자를 추출, 식물 A에 결합시켜 또 다른 품종 A1을 개발하는 것이다. GMO는 아그로박테리움법, 원형질세포법, 입자총법 등 3가지의 방법을 통해 동물·식물·박테리아·바이러스 등에서 필요한 유전자를 뽑아 이식, 생산된다. 그러나 GMO가 알레르기를 유발할 수 있고 예기치 않은 독성을 드러내 인체에 해를 끼칠 수 있다는 주장이 제기되고 있다. 특히 ≪Nature≫지에 모나크(monarch) 나비의 유충이 GM 옥수수의 꽃가루를 먹고 죽었다는 기사가 나오면서부터, 유럽과 일본 등지에서 GMO 농산물 반대 운동이 확산되기도 했다.
한편, 우리나라에서는 2001년 3월부터 소비자에게 올바른 구매정보를 제공하기 위하여 '농수산물 품질관리법'에 근거하여 콩·옥수수·콩나물·감자에 대한 'GMO 표시제'를 시행하고 있다.

문제 3

식품에 대한 GMO 완전표시제 도입에 대한 본인의 견해를 밝히시오.

[나군 면접] 아래의 문제 중 한 문제를 선택하여 자신의 입장을 논하시오.

[제시문 1]
최근 A고등학교에서 여학생 2명이 액체손세정제가 든 물을 마신 뒤 병원에 옮겨져 치료를 받은 사건이 발생했다. 경찰은 수사하는 과정에서 물통에 묻어 있는 지문을 발견하고 두 학급의 학생들에게 학부모의 동의 없이 지문을 채취하였다. 물론 학생들에게는 지문채취를 거절할 수 있다고 고지하였으나, 이를 거절할 경우 범인으로 의심받을 수 있다고 생각한 학생들은 모두 이에 응한 것이다. 이후 학생들과 학부모는 이러한 수사 과정이 인권침해의 소지가 있다며 강력히 항의하고 있다.

문제 1

학교 내 범죄발생 시 지문을 채취하는 것이 인권침해에 해당하는가?

[제시문 2]

2018년 7월 14일 최저임금위원회는 내년도 최저임금을 시급 8,350원으로 의결했다. 이는 작년보다 10.9% 인상된 금액이다. 이번 의결 과정에서 사용자위원 전원은 급격한 최저임금의 인상에 항의하며 전원 불참하였으나, 고용노동부 장관은 의결된 인상안을 승인하였다. 이번 최저임금 인상에 대해 소상공인의 지불 능력을 고려하지 않았다는 비판이 있다. 하지만 고용노동부 장관은 크게 문제가 되지 않는다며 인상안을 승인했다. 따라서 일각에서는 최저임금 인상이 고용률 및 시장경제 전반에 어떤 영향을 미칠지에 대한 고민이 더 필요하다고 주장한다.

문제 2

최저임금 인상이 우리 경제에 긍정적인 영향을 미칠 것인지 아니면 부정적인 영향을 미칠 것인지 판단하고, 그 근거를 제시하시오.

[제시문 3]

정부는 탈원전과 미세먼지 저감을 위해 원자력에너지와 화석에너지를 신재생에너지로 대체하고자 한다. 정부의 계획에 따르면 태양광 발전, 해상풍력 발전 등을 통해 원자력발전소를 대체하는 전력 생산을 하고자 한다. 정부는 20년간 신재생에너지 시설을 운영하고 그 이후 지속 여부를 판단한다는 방침이다.

문제 3

원자력에너지를 화석에너지와 신재생에너지로 대체하고자 하는 정부의 입장에 대한 찬반 입장을 밝히시오.

한국외국어대학교

2023학년도 입시결과

(1) 신입생 정량

구분	LEET성적	학부성적	어학성적
상위 25%	134.0	98.77	100
상위 50%	131.7	97.79	100
상위 75%	127.8	96.15	100
평균	130.14	97.67	99.96

※ 각 점수는 정량평가 요소별 상위 25%, 50%, 75% 지점 점수임
※ LEET성적: 언어이해+추리논증 표준점수의 합
※ 학부성적: 본교 환산방법에 의한 백점 만점 환산점수
※ 어학성적: 본교 환산방법에 의한 TOEIC, TOEFL(IBT), TEPS, FLEX 등 영어점수

(2) 출신학교

대학명	인원(명)	대학명	인원(명)
경찰대학	10	숙명여자대학교	2
고려대학교	6	숭실대학교	1
동국대학교	1	연세대학교	8
서강대학교	1	육군사관학교	1
서울대학교	9	한국외국어대학교	13
성균관대학교	1	한양대학교	1
성신여자대학교	1	계	55

(3) 출신학부(전공) 현황

출신전공	인원(명)	대학명	인원(명)
Language & Diplpmacy	2	사학과	1
Language & Trade	1	사회과학과, 사회복지학과, 사회학과	4
간호학과	1	스페인어과	2
경영학과	7	심리학과	1
경제학과	5	언론정보학과	1
국제관계학과	1	영어교육과, 영어영문학과	2
국제통상학과	3	융합일본지역학과, 일본언어문화전공	3
국제한국학과	1	정치외교학과	1
문화관광학과	1	철학과	2
법학과	5	행정학과	8
불어교육과, 불어불문학과	2	화학공학과	1

(4) 성별 현황

구분	남자	여자	계
인원(명)	34	21	55

2022학년도 입시결과

(1) 신입생 정량

구분	LEET성적	학부성적	어학성적
상위 25%	133.8	98.61	100
상위 50%	131.5	97.77	100
상위 75%	129.4	96.74	100
평균	131.47	97.68	99.96

※ 각 점수는 정량평가 요소별 상위 25%, 50%, 75% 지점 점수임
※ LEET성적: 언어이해+추리논증 표준점수의 합
※ 학부성적: 본교 환산방법에 의한 백점 만점 환산점수
※ 어학성적: 본교 환산방법에 의한 TOEIC, TOEFL(IBT), TEPS, FLEX 등 영어점수

(2) 출신학교

대학명	인원(명)	대학명	인원(명)
경북대학교	1	연세대학교	8
경찰대학	4	중앙대학교	4
고려대학교	14	학점은행제	1
동국대학교	3	한국외국어대학교	8
서강대학교	2	한양대학교	4
서울대학교	4	홍익대학교	1
성균관대학교	1	계	55

(3) 출신학부(전공) 현황

출신전공	인원(명)	대학명	인원(명)
Language & Diplomacy	1	신소재공학부	1
경영학과, 경영학부	5	심리학부	1
경제학과	5	영어영문학과	2
광고PR 브랜디 전공	1	화학공학	1
국사학과	1	의료환경학과	1
국어교육과	1	정보시스템학과	1
국어국문학과	2	정책학과	1
농경제사회학부	1	정치국제학과	1
독일어과	1	정치외교학과	5
독일어교육과	1	중국외교통상학과	1
말레이인도네시아어과	1	철학과	2

법학과, 법학부	6	프랑스어과	1
사학과	2	행정학과	3
사회학과	3	화공생명공학	1
서어서문학과	1	화학생물공학부	1

(4) 성별 현황

구분	남자	여자	계
인원(명)	31	24	55

면접 진행방식

면접유형	개별면접(3:1)		
준비시간	10분	면접시간	10분
답안작성	메모지 배부함		
문제 수 및 지문분량	1문제, A4 1/3장 분량		
인성질문 유무	○		
면접특징	• 오전 조와 오후 조로 나눔 • 대기시간 동안 개인 자료 열람 가능함 • 화장실은 자유롭게 이용 가능함 • 면접준비실 책상에 메모지와 플러스펜이 제공되고, 문제지에는 필기 불가함 • 10분간 답안작성 후 조교가 답안지 및 문제지를 걷어감. 답안지를 복사해서 면접관에게 배부하며, 답안지 자체는 점수에 반영되지 않음 • 면접준비실에서 스크린을 통해 종료 시간을 알려줌 • 면접실 입실 시 홀수번호는 바로 입장하고 짝수번호는 면접실 앞에서 10분간 대기함 • 면접실에 입실하면 지원자가 쓴 답안지와 문제지가 책상에 놓여 있음 • 면접종료 시간이 가까워지면 조교가 노크 소리를 내고, 면접관이 인성질문 1개 정도를 한 후 면접이 종료됨		

2023 학년도 기출문제

다음 제시문을 읽고 문제에 답하시오.

[제시문 1]
최근 들어 공원 내에서 취식과 더불어 음주를 많이 해서 이에 대한 규제의 필요성이 제기됨에 따라 지자체들은 공원 내 음주에 대해 논의를 진행하고 있다. A, B, C 지자체 모두 공원 내 음주행위에 대한 규제의 필요성을 느끼고 있다. 그런데 A지자체는 반대의견을 감안하여 별도의 제지조치를 취하고 있지 않다. 반면, B지자체는 공원 내 음주를 금지했으며, C지자체는 음주에 대한 계도조치만 시행하고 있다.

문제 1

공원 내에서의 음주 허용 여부에 대한 지원자의 견해를 논거를 들어 밝히시오.

• 공원 내 흡연에 대해서는 어떻게 생각하는가?

[제시문 2]
투표의무제란 헌법이나 선거법을 통해 "국민은 모두 의무적으로 투표에 참여해야 한다"고 규정해 투표를 권리가 아닌 의무로 정한 제도를 말한다. 현재 벨기에·브라질·싱가포르·아르헨티나·이집트·호주 등 전 세계 26개국이 의무투표제를 시행하고 있다. 의무투표제를 실시하는 나라들은 투표 불참자에게 소명 요구, 주의, 공표, 벌금, 참정권 제한, 공직취업 제한 등 다양한 제재 조치를 가하고 있다. 이들 국가의 국민들은 투표 기권 의사가 있더라도 원칙적으로 투표장까지는 가거나, 불참할 수밖에 없는 사정을 선거관리위원회 측에 알려 납득시켜야 한다.

문제 2

투표의무제 도입에 대해 논거를 들어 찬성 또는 반대의 입장을 밝히시오.

추가질문

• 미래세대를 위해 투표할 의무가 있다고 볼 수 있지 않은가?

[제시문 3]
고령화사회로 진입하면서 최근 노인연령을 상향하자는 주장이 대두되고 있다. KDI가 이를 해결하기 위해 2025년부터 10년에 1살씩 노인연령을 상향하는 점진적 상향안을 제시하였다. 이 경우 노인연령이 80살이 되려면 150년이나 걸린다. 하지만 이 역시 시기상조라는 반대 의견이 있다.

문제 3

노인연령 상향 문제에 대해 논거를 들어 찬반 의견을 밝히시오.

추가질문

• 노인연령 상향이 노인권리를 침해하는 것인가 아니면 보장하는 것인가?

[제시문 4]
병역법 제33조의7 제1항에 의거, 예술·체육 분야의 특기를 가진 사람은 병역 혜택을 받을 수 있다는 조항이 있는데, 현역 군 복무 대신 해당 특기 분야에서 지속적인 활동을 하게 함으로써 국위 선양에 기여할 수 있도록 하고 있다. 1973년 제정된 병역특례법에는 순수 문화예술인과 체육인만을 대상으로 하고 있고, 방탄소년단과 같은 대중문화예술인은 제외되어 있다. 이에 최근 법개정의 움직임이 있다.

문제 4

대중문화예술인의 병역특례 혜택을 위한 병역특례법 개정에 대해 찬반 의견 중 하나를 선택해 답변하시오.

추가질문

• 오징어 게임이 전 세계에서 메가히트를 치며 국위를 선양했다고 볼 수 있는데, 이 경우 주연 배우 이정재씨는 병역특례의 대상이 되는가?

인성질문

• 대한민국 사회의 가장 큰 문제는 무엇이라고 생각하는가?
• 만약 로스쿨에 떨어진다면 어떤 진로를 생각하는가?
• 단체에서 잘 적응할 수 있는가?

[제시문 1]

정치권에서 국회의원의 특권을 없애기 위해 국회의원 4선 연임을 금지하자는 주장이 나왔다. 지역구와 비례대표 국회의원 당선 횟수를 합해 3연속 당선된 사람은 다음 총선에서 후보로 등록할 수 없도록 하는 내용의 공직선거법 개정안 공동발의를 추진한다는 것이다. 국회의원의 연임을 제한하는 해외 사례는 드물다. 미국, 독일, 프랑스, 영국, 일본 등 대부분의 국가들이 연임을 제한하고 있지 않으며, 멕시코, 필리핀 정도가 연임을 제한하는 국가에 해당된다.

문제 1

국회의원 연임제한에 대한 본인의 견해를 개진하시오.

[제시문 2]

19세기 프랑스의 공학자이자 자유주의자인 미셸 슈발리에는 "훌륭한 통계는 협박과 유혹에 흔들리지 않는 확고한 증언이다"라고 했다. 영국 정치가 벤저민 디즈레일리는 "거짓말에는 세 가지 종류가 있다. 거짓말, 새빨간 거짓말, 그리고 통계"라는 말을 하기에 이른다. 그럼에도 불구하고 여전히 통계의 힘은 강하다.

문제 2

통계 자료의 신뢰도 유무에 대해 찬반 의견 중 하나를 선택해 답변하시오.

[제시문 3]

모빌리티와 금융 서비스를 중심으로 카카오의 플랫폼 독점문제가 '쿠팡, 배달의 민족, 직방, 야놀자' 등 각 분야의 플랫폼 독과점문제로 불거지면서 기존 사업자와 중소 사업자의 생존권과 소비자 권익 보호를 위한 규제가 논의 중이다.

문제 3

플랫폼 산업 규제에 대해 찬반 의견 중 하나를 선택해 답변하시오.

[제시문 4]

ESG는 환경(Environment), 사회(Social), 지배구조(Governance)의 영문 첫 글자를 조합한 단어로, 기업 경영에서 지속가능성(Sustainability)을 달성하기 위한 3가지 핵심 요소이다. GRI 표준은 경제, 환경, 사회 부문으로 나누어 기업이나 기관의 지속가능성을 평가하기 위한 지표를 설정하고 있다. 현재 GRI 표준은 전 세계 기업과 기관이 지속가능 보고서나 ESG 보고서를 발간하는 데 기본적인 프레임워크 중 하나로 활용되고 있다. 최근 국가가 기업의 보고서 공개 및 평가를 강제하는 것을 검토 중이다. 일각에서는 영업의 자유를 과도하게 침해한다는 반대의견이 있지만, ESG 보고서 공개를 통해 기업들이 보다 투명한 재무구조를 갖추고 환경을 보호하는 등 사회적 책임을 유도할 수 있다는 긍정적인 측면도 있다.

문제 4

정부가 ESG 관련 정보 공시를 의무화하는 것에 대해 찬반 의견 중 하나를 선택해 답변하시오.

[가군 오전 면접] 다음 제시문을 읽고 문제에 답하시오.

[제시문 1]
지속 가능한 발전이라는 기조하에 UN을 중심으로 국가, 기업, 시민단체, 가계 등 구성원들 전부가 환경보호에 앞장서도록 하는 환경규제가 이루어지고 있다. 국제사회는 저탄소정책을 통해 환경을 보호하고자 한다. 그러나 이러한 저탄소정책은 기업의 생산비용을 높인다는 점에서 비판을 받기도 한다. 따라서 적극적으로 환경을 규제해나가야 한다는 적극적 환경보호정책과, 다른 나라의 규제 속도에 맞추어 점진적으로 규제해나가야 한다는 온건한 환경보호정책이 대립하고 있는 상황이다.

문제

기후변화로 인한 환경문제에 대비하기 위해 저탄소정책을 시행하려고 한다. 적극적으로 환경규제를 이어나가야 한다는 환경보호정책과, 다른 나라의 규제 속도에 맞추어 점진적으로 규제해야 한다는 온건한 환경보호정책 중 하나를 선택하여 주장하시오.

[가군 오후 면접] 다음 제시문을 읽고 문제에 답하시오.

[제시문 2]
우리나라는 코로나19 상황을 적극적으로 대처하여 초기에 확산을 방지하기 위해 개인정보 공개 조치가 이루어졌다. 확진자의 동선을 추적하여 방역에는 성공했다는 평가를 받고 있으나, 상대적으로 프라이버시권 침해라는 비판도 함께 제기됐다. 반면, 미국이나 유럽 등은 프라이버시권을 침해한다는 이유로 개인정보 공개 조치가 이루어지지 않았고 국가의 각종 강제적인 규제에 심한 반발을 일으키고 있으며, 현재 감염자와 사망자 수가 지속적으로 증가하고 있는 상황이다.

문제

국가적 코로나19 방역을 위한 개인정보 공개 조치에 대한 지원자의 생각을 말하시오.

인성질문

• 살면서 가장 힘들었던 일이 무엇이었는지?
• 살면서 읽었던 책 중에 가장 기억에 남는 책이 무엇인가요?
• 자기 소개를 해 보시오.
• 법공부가 힘들 텐데 스트레스를 극복할 만한 본인만의 계획이 있는지?
• 법공부 경험은?

[나군 오전 면접] 다음 제시문을 읽고 문제에 답하시오.

[제시문 1]
정부는 의대정원 확대를 주장하고 있다. 현재 활동하는 의사 수는 약 10만 명으로 경제협력개발기구(OECD) 평균 16만 명과 단순 비교해도 절대적으로 부족하다는 것이다. 또한 서울 인구 1천명 당 의사 수가 3.1명인 데 비해 경북은 1.4명, 충청남도는 1.5명에 불과해 공공의대 도입이 불가피하다고 주장하고 있다. 따라서 정부는 2022학년도부터 10년 간 한시적으로 의대정원을 연 400명 증원하여 총 4,000명의 의사를 추가로 양성하고, 공공의대를 설립해서 지방과 특수분야 의사 수 부족 문제를 해결한다는 방침이다. 그러나 의료계에서는 인구 감소 및 의사 증가율을 고려해야 하고, 근본적인 해결책이 빠져 있는 포퓰리즘적 정책이라며 비난하고 나섰다.

정부의 '의대정원 확대와 공공의대 설립' 정책에 대해 자신의 생각을 논하시오.

[나군 오후 면접] 다음 제시문을 읽고 문제에 답하시오.

[제시문 2]
그동안 가짜뉴스 확산 등을 방관했다는 이유로 '페이크북'이란 비아냥을 들어왔던 페이스북이 미국 대선을 앞두고 오명을 벗기 위해 적극적으로 나선다. 자체 알고리즘 제어 툴(도구)을 미 대선 관련 포스팅에 적용할 계획이다. 지난 6월 발생했던 글로벌 기업들의 '페이스북 보이콧' 움직임이 또다시 일어나는 것도 방지하려는 의도다. (중략) 하지만 일각에선 이 같은 도구가 악용될 수 있다며 우려하고 있다. 즉 페이스북이 마음만 먹으면 언제든지 특정 게시물 노출 및 확산에 깊숙이 개입할 수 있다는 이야기다. 실제로 일부 페이스북 직원들도 대선 중 페이스북의 관여에 특정한 정치적 의도가 숨어들 수 있다며 걱정하고 있다.

문제

미 대선철에 페이크 뉴스를 별도로 규제하는 것이 타당한지를 논하시오.

2020 학년도 기출문제

다음 제시문을 읽고 문제에 답하시오(시간대별로 다른 문항을 풀게 됨).

[제시문 1]
우리나라는 징병제 국가에 해당하며 징병에 관한 이야기는 항상 많은 논쟁을 일으킨다. 징병제란 나라를 지키기 위해 젊은이들을 강제로 군에 의무 복무시키는 제도이고, 모병제는 군에 스스로 지원을 해서 복무하는 형태를 말한다. 그런데 최근 모병제 도입에 대한 논의가 진행되면서 찬반 논란이 다시 뜨거워졌다. 모병제 찬성 측은 인구가 급격히 줄어드는 '인구절벽' 시대를 대비하고 군의 정예화 등을 위해 점차 직업군인을 늘려야 한다는 입장이다. 그러나 반대 측은 가난한 청년들만 지원하는 불공정성과 모병 기피 현상, 예산 문제 등을 우려해 모병제에 부정적이다.

문제

징병제와 모병제의 장단점은 무엇이며 현재 우리나라는 두 제도 중 무엇을 선택하는 것이 타당한가?

[제시문 2]
미국의 경제학자 마크 손턴은 "여러 나라의 정부가 이미 로봇에 과세하고 있다"며 "실질적으로 로봇 개발 및 제작에 들어가는 모든 것이 과세 대상"이라고 하였다. 2017년 로봇세를 처음 제안하고 나선 이는 마이크로소프트(MS) 창업자 빌 게이츠다. 급속도의 자동화 추세를 누그러뜨리고 노인 돌봄·교육 같은 새로운 프로그램의 재원을 마련하기 위해서다.

문제

로봇 산업이 발전함에 따라 인간의 일자리가 줄어드는 결과가 발생할 수 있는데, 이에 따른 세수의 감소를 충당하기 위해 로봇세를 거두는 것에 대한 지원자의 견해를 밝히시오.

[제시문 3]
최근 커피전문점, 음식점 등을 중심으로 미취학 아동의 입장을 제한하는 분위기가 조성되고 있다. 업소들은 아이들이 영업에 방해를 주며 아이가 다칠 경우 손해배상을 해주는 등의 불이익이 많아 어쩔 수 없다는 입장이다. 반면 일각에서는 노키즈존이 확산되는 것은 결국 아이와 아이를 가진 부모에 관한 사회적인 배려가 부족하기 때문이며, 이는 공동체 의식을 저하시키는 영향을 줄 것이라고 우려하고 있다.

문제

노키즈존 확산에 대한 찬반 의견을 말하시오.

[제시문 4]
핀란드의 노키아 부회장은 헬싱키에서 50km로 제한되어 있는 도로에서 75km로 주행을 하다가 과속으로 적발되었다. 핀란드는 소득 수준에 따라 차등 지불해야 하는 벌금 제도가 있기 때문에 노키아 부회장은 자신의 소득에 비례하여 11만 6천 유로(한화 약 1억 6,700만 원)의 범칙금을 부과받았다. 다른 나라도 차등벌금제에 대한 논의가 이루어지고 있다.

문제

재산에 비례하여 범칙금을 부과하는 차등벌금제에 대한 찬반 의견을 말하시오.

2019 학년도 기출문제

[가군 오전 면접] 다음 제시문을 읽고 문제에 답하시오.

[제시문]
프로 바둑기사 이세돌과 구글 인공지능 알파고의 대결에서 알파고가 4:1로 승리했다. 구글은 향후 스타크래프트 게임에서 인공지능과 프로게이머의 결투를 준비 중이다. 미래학자들은 조만간 인공지능이 인간의 일반적인 지능을 앞서는 시대가 올 것이며 이후 역사는 완전히 바뀔 것이라고 예측하고 있다.
즉, 인공지능은 인간보다 더 빠르고 합리적이며 정확한 분석을 할 수 있게 되는 것이다. 따라서 미래에는 인공지능이 인간보다 훨씬 객관적으로 윤리적 판단을 할 수 있는 시대가 올 것이라고 전망하는 이들도 나오고 있다.

문제

인공지능이 인간을 대신해 결정을 내린다면 어떤 윤리적 문제가 있는가?

[가군 오후 면접] 다음 제시문을 읽고 문제에 답하시오.

제시문 (가)
독일의 메르켈 총리가 이끄는 기민당과 사민당 연정정부의 이민포용정책이 동력을 잃을 것으로 보인다. 최근 선거에서 보수당 AFD가 세력을 확장함으로써 반이민정책이 강화될 것으로 보인다. 독일 앙겔라 메르켈 총리와 호르스트 제포버 내무장관은 오스트리아의 국경지대에 난민 송환을 위한 '환승센터'를 만들기로 합의했지만, 3당 합의를 통해 이 계획을 취소하기로 했다.

제시문 (나)
미 연방대법원은 하와이 주 정부가 이슬람권 5개국 국민의 미국 입국을 금지한 트럼프의 반이민 행정명령이 종교적 차별을 금지한 헌법을 위반했다며 제기한 소송에서 원고 패소판결을 내렸다. 트럼프 대통령은 4월부터 불법으로 입국하는 모든 성인을 기소하고 함께 온 아이를 부모로부터 격리해 수용하는 정책을 이행했다가 미국 내부적으로는 물론 전 세계적으로 많은 비난을 받았다. 이로써 트럼프 대통령이 지난해 1월 취임 후 몇 차례 수정을 거듭하며 발동한 반이민 행정명령의 정당성을 둘러싼 법적 공방은 일단락됐다. 이번 판결로 트럼프 대통령의 강경한 반이민 정책이 탄력을 받을 것으로 예상된다. 트럼프 대통령은 이 판결을 엄청난 승리라고 환영하며 테러와 범죄, 극단주의자로부터 국가를 지키도록 권한을 계속 사용하겠다고 밝혔다. 그러나 다른 한편에서는 불법이민자에 대한 무관용 정책 등 비인도주의적 정책에 대한 도전도 커지고 있고, 트럼프 대통령의 행정발표 이후 불법이민자들의 자녀와의 격리 등 인권침해에 대한 비판도 커지고 있다.

문제

서구권 국가의 반이민 정책의 명암을 논하고, 이에 대한 자신의 견해를 밝히시오.

[나군 오전 면접] 다음 제시문을 읽고 문제에 답하시오.

[제시문]
4차 산업혁명이 발달하면서 '신 디지털 격차'라는 용어가 등장하였다. 디지털 기술은 점차 저렴한 비용으로 접근이 가능하고 유비쿼터스 기술의 발달로 장소의 제약도 없어지고는 있지만, '디지털 격차' 문제가 발생하는 것이다. 즉, 연령, 지역, 경제적 차이에 따라 디지털 기술을 활용할 수 있는 정도의 차이가 다르게 나타난다. 특히 오늘날에는 '신 디지털 격차'가 나타나는데, 이것은 부유한 지역의 학교의 아이들일수록 오히려 디지털 기기를 멀리하려고 하며, 가난한 지역의 학교일수록 디지털 기기와 접하려는 양상으로 나타난다. 한 설문에 따르면, 저소득층 가정 청소년의 디지털 스크린 시청 시간은 하루 평균 8시간 7분이지만, 고소득층은 5시간 42분으로 디지털 환경을 제어하지 못하는 저소득층 가정의 청소년들은 디지털 기기에 무방비로 노출되고 있다. 따라서 세계 각국은 디지털 기술의 발전이 가져오는 사회적 문제에 대하여 많은 해법을 고민하고 있다.

문제

'신 디지털 격차'에 대한 자신의 의견을 말하시오.

[나군 오후 면접] 다음 제시문을 읽고 문제에 답하시오.

[제시문]
글로벌 공공선이란 특정 국가가 자국민의 이익만을 위해서 타 국민에게 피해를 가하는 것을 스스로 자제해야 한다는 의미이다. 그러나 글로벌 공공선을 강조하다 보면 경제적 가치와 충돌하는 경우가 많이 발생한다.

문제

글로벌 공공선에 대한 본인의 견해를 말하시오.

한양대학교

(1) 신입생 정량

구분	학부성적(20점 만점)		LEET언어이해/추리논증(40점 만점)	
	일반전형	특별전형	일반전형	특별전형
상위 25%	19.020	19.020	31.622	30.578
상위 50%	18.705	18.390	30.773	29.889
상위 75%	18.250	18.250	29.959	27.637
평균	18.529	18.464	30.803	28.801

(2) 출신학교

대학명	인원(명)	대학명	인원(명)
건국대학교	1	성균관대학교	2
경북대학교	1	숙명여자대학교	1
경찰대학	3	연세대학교	15
경희대학교	2	이화여자대학교	1
고려대학교	18	중앙대학교	1
부산대학교	1	한국항공대학교	1
서강대학교	4	한양대학교	25
서울대학교	32	홍익대학교	1
서울시립대학교	1	계	110

(3) 출신학부(전공) 현황

전공	대학	인원	전공	대학	인원
공학계열	건설환경공학과	1	상경계열	경영학과	3
	건설환경공학부	1		경제금융학부	1
	건축학과	1		경제학과	5
	건축학전공	1		경제학부	5
	기계공학부	1		농경제사회학부	2
	기계항공공학부	2		응용통계학과	1
	신소재공학과	1		통계학과	1
	재료공학부	3		호텔·컨벤션경영학전공	1
	전기전자공학부	1	인문계열	국사학과	2
	화학공학과	1		국어국문학과	7

계열	학과	인원	계열	학과	인원
법학계열	법학과	4	인문계열	독어독문학과	1
사범계열	교육학과	1		동양사학과	1
	사회교육과	1		사학과	1
	영어교육과	2		서양사학과	1
	체육교육과	1		서어서문학과	1
사회계열	공공인재학부	1		영어영문학과	1
	미디어커뮤니케이션학과	1		일어일문학과	1
	미디어학부	1		종교학과	2
	보건정책관리학부	1		중국문화	1
	사회심리학과군	1		중어중문학과	1
	사회정의리더쉽	1		철학과	5
	사회학과	3		한문학과	1
	심리학과	4	자연계열	응용물리학과	1
	자유전공학부	1		환경생태공학부	1
	정책학과	15	기타	자유전공학부	1
	정치외교학과	5	계		110
	정치외교학부	2			
	행정학과	4			

(4) 연령/성별 현황

구분	22세~25세	26세~28세	29세~31세	32세~34세	35세~40세	계
남자	19	33	8	4	–	64
여자	16	15	3	1	1	36
합계	35	48	11	5	1	100

2022학년도 입시결과

(1) 신입생 정량

구분	학부성적(20점 만점)		LEET언어이해/추리논증(40점 만점)	
	일반전형	특별전형	일반전형	특별전형
상위 25%	18.88	19.16	31.27	29.50
상위 50%	18.42	18.67	30.60	28.72
상위 75%	17.39	18.00	29.95	28.33
평균	18.33	18.47	30.67	28.71

(2) 출신학교

대학명	인원(명)	대학명	인원(명)
경인교육대학교	1	성균관대학교	3
경찰대학	1	연세대학교	15

경희대학교	2	울산과학기술원	1
고려대학교	21	이화여자대학교	3
단국대학교	1	인하대학교	1
서강대학교	7	한국교원대학교	1
서울교육대학교	1	한국외국어대학교	2
서울대학교	32	한양대학교	17
서울시립대학교	1	계	110

(3) 출신학부(전공) 현황

전공	대학	인원	전공	대학	인원
공학계열	경영공학과	1	상경계열	경영학과	11
	도시공학과	1		경영학부	1
	산업공학과	2		경제학과	4
	원자력공학과	1		경제학부	5
	자동차공학과	1		자유전공학부	1
	전자전기정보공학부	1	약학계열	제약학과	1
	화공생명공학과	1	예체능계열	연극영화학과	1
	화학생물공학부	1	인문계열	국어국문학과	3
법학계열	법학과	2		노어노문학과	1
사범계열	교육학과	1		독어독문학과	1
	국어교육과	1		미학과	1
	사회교육과	1		사학과	2
	지리교육과	2		사회학과	1
	초등교육과	2		서어서문학과	2
사회계열	경제학부	3		심리학과	1
	글로벌리더학부	1		아시아언어문명학부 일본언어문명전공	1
	문화인류학과	1		영미문학 · 문화학과	1
	미디어커뮤니케이션학과	1		영어영문학과	2
	방송 · 영상 · 뉴미디어	1		종교학과	1
	사회학과	4		중어중문학과	1
	소비자아동학부	1		철학과	4
	신문방송과	1		철학전공	1
	심리학과	1		프랑스문화학전공	1
	언론정보학과	1	자연계열	식품영양학과	1
	인류학과	1		의류학과	1
	정책학과	6		지구환경과학과	1
	정치외교학과	5		화학과	1
	정치외교학부	3	기타	아동가족학과	1
	지리학과	1		자유전공학부	1
	행정학과	6	계		110
	행정학전공	1			

(4) 연령/성별 현황

구분	23세~25세	26세~28세	29세~31세	32세~34세	35세~40세	계
남자	19	35	11	2	1	68
여자	28	10	4	–	–	42
합계	47	45	15	2	1	110

면접 진행방식

면접유형	개별면접(2:1)		
준비시간	10분	면접시간	10분
답안작성	문제지에 작성		
문제 수 및 지문분량	1문제, A3 2/3장 분량		
인성질문 유무	×		
면접특징	• 대기시간 동안 개인 자료 열람 가능함 • 화장실은 자유롭게 이용 가능함 • 면접준비실 책상에 문제지와 필기도구 제공됨. 문제지에 필기 가능함 • 10분간 답안을 작성할 수 있고, 종료 2분 전 진행요원이 알려줌 • 문제지 앞면에만 필기가 가능하고, 종료 후 종이를 절반으로 접어서 들고 면접장으로 입실함 • 면접 종료 3분 전, 1분 전에 진행요원이 알려줌		

2023 학년도 기출문제

다음 제시문을 읽고 문제에 답하시오.

[제시문]
오늘날에는 감정도 자본의 단위가 되어 삶의 형태에 영향을 미친다. 개인의 감정생활이 자본주의의 논리를 따라가는 감정 자본주의가 전개되고 있는 것이다. 그러나 감정 자본주의로 인해 특정 감정만이 강요되는 모습도 보인다. 개인이 느끼는 기분마저 상업화되어 남들에게 평가받는 등 생산성과 상품화의 자본주의 논리에 따라 개인의 감정까지 계량되고, 거래되고 있는 것이다.

20세기 중반 이후 대중문화에 만연한 자아실현, 자기계발의 논리에 따라 자신을 무조건적으로 긍정했다. 이에 적응하지 못하고 자아를 실현하지 못한 평범한 사람들은 감정 고통을 겪는 '나'로 전락했다. 즉, 자아실현, 자기계발이 위계화되고 이를 위해 노력하지 않는 사람들을 사회에서는 패배자로 여기게 된 것이다. 현대사회에서는 자아실현, 자기계발의 과정마저 사회가 제시하는 바람직한 모습을 따라야 하는 것처럼 된 것이다.

문제

제시문을 읽고 요지를 파악한 후 본인의 견해를 밝히시오.

추가질문

• 감정 자본주의의 예시가 무엇이라고 생각하는가?
• 감정 자본주의가 공동체를 해치는가?
• 대중이 감정 자본주의를 극복한 사례를 제시해 보시오.

- 대중문화가 소외계층에게 박탈감을 불러오지 않는가?
- 상품화가 되어서는 안 되는 것이 있다면 무엇인가?

2022 학년도 기출문제

다음 제시문을 읽고 문제에 답하시오.

> [제시문 A]
> 습관은 학습된 행위가 되풀이되어 생기는 비교적 고정된 반응 양식을 말한다. 인간은 태어나면서부터 어머니에게서 사회가 만들어 놓은 관습이나 사상을 배우게 된다. 이를 통해 인간은 자유를 억압당하고 사회가 제시하는 관습하에서 생활이나 행동의 제약을 받는다. 개인은 이러한 사회의 관습과 제도 속에서 생활하기 시작하며 결국은 사회와 공동체에서 벗어나기 힘든 존재가 된다.
>
> [제시문 B]
> 아이는 혼자서는 성장할 수 없는 존재다. 유아를 성장시키고 살아갈 수 있도록 돕는 것이 바로 사회다. 아이가 태어나면 부모와 사회는 양육과 가르침을 통해 아이를 길러낸다. 아이는 사회가 오랜 기간을 거쳐 쌓아온 지식과 경험을 배우고 익히면서 자신의 능력을 발견하고 키우게 된다. 사회의 지식과 경험, 그리고 개인의 노력이 합쳐져 진보가 이루어진다. 인간은 태어나면서부터 사회의 관습을 학습하며 발전해나가는 존재이기 때문에 개인은 사회에 빚을 지고 있는 것이다.

문제

제시문 A와 B를 요약하고, 두 견해 중 자신의 생각에 더 부합하는 입장을 선택하고 근거를 설명하시오.

2021 학년도 기출문제

다음 제시문을 읽고 문제에 답하시오.

> [제시문 A]
> 사회는 단순한 개인의 총합을 넘어선다. 그리고 사회는 사회 공동의 가치를 내면화한 개인으로 이루어져 있다. 마이클 샌델(Michael Sandel)은 사회 통합의 가능성을 참여 의식과 공동체 의식의 함양에서 보았다. 사회는 일률적인 가치를 보유함으로써 상호 간의 이해를 기르게 되고 공동체로서의 일원이 된다. 현재 우리 사회에서 갈등이 극단적으로 대립함에 따라 사회의 존속과 발전에 큰 장애가 되고 있는 상황이다. 만약 사회와 갈등을 빚고 있다면 공동체 의식 함양 수준을 의심해 보아야 한다. 이에 대한 해결을 위해 공동체의 가치에 대한 합의가 필요하며, 이런 극단적 갈등이 발생했을 때 그러한 합의가 부재하고 있는 것은 아닌지 생각해보아야 한다.
>
> [제시문 B]
> 프랑스의 철학자 마르쉘 고셰(Marcel Gauchet)의 주장에 따르면 사회 통합을 강조할수록 오히려 사회의 갈등이 심화된다고 한다. 사회의 구성원들이 모두 다른 입장을 갖고 있는 사회에서 하나의 가치를 강요하는 데에서 갈등이 발생한다는 것이다. 현대 사회는 다양한 가치를 추구하는 개인으로 구성된다. 다원주의 사회에서 개인마다 자신이 중요하

게 생각하는 가치를 추구할 권리가 있다. 이러한 개인의 권리를 강조하는 것이 중요하며, 사회의 여러 갈등 상황이 오히려 구성원이 서로를 수평적인 당사자로 인식함으로써 사회통합에 기여할 수 있도록 한다. 사회는 다양한 대립을 통하여 이루어진다. 이때 이러한 대립이 있음으로써 역설적으로 사회의 통합 가능성이 비추어진다.

문제

한국의 사회 갈등을 봉합하고 사회 통합을 이루는 데 좋은 견해를 제시문 중 하나 고르고, 구체적인 예시를 들어 설명하라.

2020 학년도 기출문제

다음 제시문을 읽고 문제에 답하시오.

[제시문]
(가) 정돈하는 누군가가 없다면 집은 금방 지저분해진다. 열역학 제2법칙(이른바 '엔트로피 법칙')이 지배하는 세상에서 만물은 무질서로 회귀한다. 즉, 정리하는 사람 없이 물건들이 제자리로 돌아갈 리 없고, 벽돌들이 스스로 모여 건물이 될 수는 없다. 이처럼 질서는 누군가의 개입 없이는 형성되지 않는다. 인간 사회도 예외일 수 없다. 토머스 홉스(Thomas Hobbs)는 정부의 통제 없는 혼돈이 불가피하다고 주장했고, 이는 인간 사회도 물리 세계의 법칙에 종속된다는 것을 통찰한 탁견이었다. 늪에 빠진 사람이 자기 머리카락을 당겨 빠져나올 수 없는 것처럼 질서는 결코 스스로 일으켜 세울 수 없는 것이다.
(나) 아프리카와 남아메리카에 서식하는 군대개미는 필요에 따라 서로 몸을 연결하여 집을 짓거나 허공에 다리를 만들기도 한다. 군대개미에게 건축지식이 있거나 건축가 개미가 따로 있는 것은 아니다. 이들 군대개미는 단지 주변에 있는 다른 개미들에게 반응했을 뿐인데, 국지적인 상호작용이 모여 하나의 건축물이 탄생한다. 인간 사회도 누군가의 기획이나 개입이 아닌, 자율적 개체들의 상호작용을 통해 저절로 생겨난 '아래로부터의 질서'에 따르고 있다. 예를 들면 주변 사람들의 옷차림을 따라 하는 과정에서 유행이 생겨나고, 다른 사람들의 의견을 듣고 반응하는 연쇄 과정에서 여론이 만들어지는 것이다.

문제

질서에 대한 두 입장 중 어느 것에 찬성하는지 밝히고 근거를 대시오.

2019 학년도 기출문제

다음 제시문을 읽고 문제에 답하시오.

제시문 (가)
비정규직은 IMF 시기에 기업의 경영난을 해소하기 위해 처음으로 우리나라에 도입되었다. 그러나 비정규직은 정규직과 동일한 노동을 함에도 불구하고 임금에서 차별을 받으며, 고용 안정성이 담보되지 않는 등의 여러 가지 어려움을 호소하고 있다. 비정규직을 정규직으로 전환할 경우에는, 업무의 연속성이 확보되고 숙련된 인력을 확보할 수 있다는 장점이 있다.

제시문(나)

A대기업의 정규직 사원들이 비정규직의 정규직 전환에 대한 입장문을 발표했다. 내용은 다음과 같다. '우리 직원들은 비정규직의 정규직 전환에 대해서는 대찬성이다. 비정규직의 처우 개선 및 비정규직의 직업 안정성 향상을 위해서 필요한 조치라고 본다. 그러나 정규직은 비정규직 근로자들에 비해 A회사를 들어오기 위해 훨씬 많은 노력을 했다. 노력의 수치가 다른데 비정규직과 정규직을 동등하게 처우하는 것은 오히려 정규직을 역차별하는 행위이며, 선발 공정성에도 문제가 있으므로 용납할 수 없다. 이는 정규직의 상대적 박탈감을 가져올 수 있는 문제이다. 그러나 정규직 공채를 늘렸을 경우 기업의 입장에서는 우수한 인력을 확보할 수 있기 때문에 인력 채용 시 공채를 늘려야 한다.

사례)

H회사의 경영진은 H회사에서 기존에 고용하고 있었던 비정규직 100명의 계약 만료 기간이 도과하여 이들의 처분에 대하여 회의를 하였는데, 이 회사는 정규직 100명을 충원할 계획이 있다. 회의 끝에 '비정규직 100명을 전부 정규직으로 전환'하는 A안과, '비정규직 100명의 계약 연장을 하지 않고 100명분의 직원을 신규 공채 정직원으로 채용'하는 B안이 나왔다.

문제

제시문 (가)와 (나)를 참고하여 자신이 H회사의 경영진이라면 A안과 B안 둘 중에 어떤 것을 선택할지에 대해 말하고, 그 이유를 말하시오.